Sterbehilfe im deutsch-spanischen Rechtsvergleich

Recht & Medizin

Herausgegeben von den Professoren
Dr. Erwin Deutsch, Dr. Adolf Laufs, Dr. Hans-Ludwig Schreiber

Bd./Vol. 80

PETER LANG
Frankfurt am Main · Berlin · Bern · Bruxelles · New York · Oxford · Wien

Regina Leitner

Sterbehilfe im deutsch-spanischen Rechtsvergleich

PETER LANG
Europäischer Verlag der Wissenschaften

Bibliografische Information Der Deutschen Bibliothek
Die Deutsche Bibliothek verzeichnet diese Publikation in der Deutschen Nationalbibliografie; detaillierte bibliografische Daten sind im Internet über <http://dnb.ddb.de> abrufbar.

Zugl.: München, Univ., Diss., 2005

D 19
ISSN 0172-116X
ISBN 3-631-55310-2

www.peterlang.de

Meinen Eltern

Danksagung

Danken möchte ich zunächst meinem verehrten Doktorvater, Herrn Prof. Dr. Claus Roxin, der trotz seines Status als Emeritus stets erreichbar war und diese Doktorarbeit mit weisem Rat und Interesse unterstützt hat. Des weiteren danke ich Herrn Prof. Dr. Heinz Schöch für die schnelle Erstellung des Zweitgutachtens. Beide Professoren ermöglichten es, das Dissertationsverfahren nach Abgabe meiner Doktorarbeit in Rekordzeit zu bewältigen.
Zu danken habe ich auch der Universität Salamanca, Spanien, die mir die Nutzung ihrer Institutionen zur Recherche des spanischen Rechts ermöglichte.
Besonderer Dank gebührt meiner Freundin Paula Andrea Ramírez Barbosa, mit deren Hilfe und Unterstützung ich zur intensiven Recherche spanischer Rechtsprechung und Literatur in der Lage war, und Herrn Christian Obojkovits, der sich die Zeit nahm, meine Dissertation Korrektur zu lesen.
Schließlich danke ich meiner Familie, insbesondere meinen Eltern, die mich immer unterstützt und stets an mich geglaubt haben.

Vorwort

Die Arbeit an der vorliegenden Dissertation wurde im Frühsommer 2005 abgeschlossen. Spanische Rechtsprechung und Literatur konnten allerdings nur bis Herbst 2004 berücksichtigt werden. Die sowohl in Spanien als auch in Deutschland stets hoch aktuelle und viel diskutierte Problematik der Sterbehilfe bringt es mit sich, dass ein Werk wie diese Doktorarbeit nur einen bestimmten Stand der Diskussion behandeln und dokumentieren kann. Auf einen nach der Abgabe meiner Dissertation veröffentlichten Beitrag zur deutschen Sterbehilfediskussion, den ich in meiner Arbeit nur noch an wenigen Stellen andeuten konnte, möchte ich aber dennoch in diesem Vorwort genauer eingehen, da er meiner Auffassung nach als Fortschreibung des bedeutsamen Alternativ-Entwurfs Sterbehilfe (AE-Sterbehilfe) aus dem Jahr 1986 besondere Beachtung verdient und in der juristischen Fachwelt sicherlich erlangen wird: der Alternativ-Entwurf Sterbebegleitung (AE-StB).
Der AE-StB wurde von Prof. Heinz Schöch und Prof. Thorsten Verrel gemeinsam mit den weiteren Professoren, die Mitglieder des Arbeitskreises deutscher, österreichischer und schweizerischer Strafrechtslehrer sind, unter anderen auch meinem Doktorvater Prof. em. Claus Roxin, sowie unter Mitarbeit weiterer Fachexperten aus den Bereichen der Medizin und der Theologie herausgegeben und im Herbst 2005 veröffentlicht (Alternativ-Entwurf Sterbebegleitung, GA 2005, 553 ff.).
Der AE-StB kommt in vielen Fragen zu ähnlichen Ergebnissen wie diese Dissertation, divergiert aber in anderen durchaus nicht unerheblich. Im Folgenden möchte ich daher in der gebotenen Kürze auf die wichtigsten Eckpunkte des AE-StB und Gemeinsamkeiten sowie Unterschiede zu den hier im Folgenden vertretenen Positionen eingehen.

Der AE-StB erkennt die wichtigsten Leitgedanken des früheren AE-Sterbehilfe als weiterhin richtig an, erweitert und modifiziert diesen aber in einigen wesentlichen Punkten, insbesondere hinsichtlich der Beachtlichkeit von Patientenverfügungen, der Präzisierung der indirekten Sterbehilfe, der Respektierung einer ärztlich assistierten Selbsttötung bei gleichzeitiger Beurteilung einer Beihilfe zur Selbsttötung aus Gewinnsucht als strafwürdig, und der vollständigen Absage an die aktive Sterbehilfe. Sämtliche vorgesehenen Fälle zulässiger Behandlungsmaßnahmen und –begrenzungen sind dabei als Rechtfertigungsgründe konzipiert (GA 2005, 553, 558 f.). Neben Änderungen des Strafgesetzbuches schlägt er auch ein völlig neues Sterbebegleitungsgesetz vor, in dem vor allem bußgeldbewehrte Dokumentationspflichten der Ärzte bzw. der ärztlich ermächtigten Personen bei einer Schmerzbehandlung oder bei Unterlassen lebenserhaltender Maßnahmen und bei ärztlich assistierter Selbsttötung festgeschrieben werden.

Der AE-StB misst nunmehr der Beurteilung der Beendigung, der Begrenzung und des Unterlassens lebenserhaltender medizinischer Maßnahmen besondere Bedeutung zu und betont das besondere Bedürfnis nach rechtsverbindlicher Regelung. Wie auch die vorliegende Dissertation lehnt der AE-StB es als mit dem umfassenden Selbstbestimmungsrecht des Einzelnen unvereinbar ab, die Möglichkeit einer Behandlungsbegrenzung aufgrund ausdrücklichen oder mutmaßlichen Willens des Patienten auf irreversible Krankheitsverläufe und Todesnähe zu begrenzen (GA 2005, 553, 562 f.). Des weiteren setzt er sich für eine gesetzliche Regelung der Form und Bindungswirkung von Patientenverfügungen (auch) im Bereich des Strafrechts ein. Aussagekräftige schriftliche Patientenverfügungen sollen demnach in einem neu zu schaffenden § 214 Abs. 1 Nr. 2 StGB als eigenständige Legitimationsgrundlage eines Behandlungsabbruchs festgeschrieben werden, die dogmatisch zwischen dem ausdrücklichen und dem mutmaßlich gewünschten Behandlungsverzicht steht. Dabei wird auch eine Begrenzung der Reichweite von Patientenverfügungen auf bestimmte Erkrankungen, wie vom XII. Zivilsenat des BGH formuliert (BGHZ 154, 205), dem zufolge das Grundleiden irreversibel sein und trotz medizinischer Behandlung nach ärztlicher Erkenntnis zum Tode führen müsse, ausdrücklich abgelehnt (GA 2005, 553, 567 f.). In Abkehr vom AE-Sterbehilfe aus dem Jahr 1986 wird allerdings gefordert, dass es angesichts diagnostischer und prognostischer Unsicherheiten wie auch einem mangelnden gesellschaftlichen Konsens in dieser Frage keine einseitigen Behandlungsbegrenzungen bei Wachkomapatienten geben dürfe. Vielmehr liege es am Einzelnen, durch eine individuelle Patientenverfügung Vorsorge zu treffen (GA 2005, 553, 568 f.). Hinsichtlich für notwendig erachteter Ergänzungen des Betreuungsrechtes schlägt der AE-StB vor, das Vormundschaftsgericht im Rahmen eines modifizierten Konfliktmodells zu beteiligen. Denn es müsse ein Kompromiss gefunden werden zwischen Missbrauchskontrolle und Absicherungsbedürfnis einerseits und Praktikabilität sowie Erhalt der Freiheit einer verantwortlichen Entscheidung von Ärzten und Stellvertretern der Patienten andererseits. So sei ein in § 1904 BGB klarzustellender Grundsatz der Genehmigungsbedürftigkeit von Behandlungsbegrenzungen auf Maßnahmen vor Beginn der Sterbephase zu beschränken. Bei Einvernehmen zwischen Arzt und Betreuer über die Auslegung des Patientenwillens könne von der Einschaltung des Vormundschaftsgerichts abgesehen werden, wenn die Gründe hierfür nach einem neu zu schaffenden Sterbebegleitungsgesetz überprüfbar konkret dokumentiert würden. Auch Behandlungsentscheidungen des Bevollmächtigten seien von der Genehmigungspflicht auszunehmen, wenn er hierzu von dem Patienten durch eine schriftliche Vollmacht ausdrücklich ermächtigt worden ist. Somit würde sich – neben der jederzeit und jedermann möglichen Einschaltung des Vormundschaftsgerichts zur Verhinderung missbräuchlicher Behandlungsentscheidungen – die Zuständigkeit des Vormundschaftsgerichts auf Fälle beschränken, in denen es zwischen Arzt und Betreuer zu Zweifeln oder einem Dissens bei der Beurteilung des Willens des noch nicht im Sterbeprozess befindlichen Patienten gekommen ist. Zudem sei klarzustellen, dass der freiverantwortlich gebildete oder mit hinreichender Sicherheit zu mutmaßende Wille des Patienten Vorrang vor fremdbestimmten Entscheidungen habe, so dass zum Einen der Betreuer streng an den Patientenwillen gebunden, zum Anderen in den Fällen, in denen der Patientenwille ausreichend feststeht, die (erstmalige) Bestellung eines Betreuers nicht notwendig sei (GA 2005, 553, 569 ff.). Schließlich sieht § 214 Abs. 1 Nr. 4 AE-StB eine einseitige Therapiebegrenzung bei nahe bevorstehendem Tod und Irreversibilität des Leidens vor, die klarstellt, dass die sog. Hilfe beim Sterben durch Unterlassen nach „ärztlicher Erkenntnis" nicht indizierter Maßnahmen nicht strafbar sei (GA 2005, 553, 572 f.).

Zweifelhaft ist allerdings, ob diese Regelungen insbesondere dem Problem der Früheuthanasie gerecht werden. Denn nicht bei allen schwerstgeschädigten Neugeborenen steht der Tod „nahe bevor", wie von § 214 Abs. 1 Nr. 4 AE-StB vorausgesetzt; indes können sich Situationen ergeben, in denen eine Behandlungsbegrenzung dennoch wünschenswert ist. Ein Abstellen auf den mutmaßlichen Willen scheidet bei einem Neugeborenen, das zur eigenen Willensbildung noch gar nicht fähig ist, aber aus. Nichtsdestotrotz besteht meines Erachtens ein Bedürfnis nach Behandlungsbegrenzung etwa in Fällen, in denen das Neugeborene jegliche Fähigkeit zur Wahrnehmung und Kommunikation irreversibel verloren hat bzw. keinerlei Aussicht besteht, dass es diese Fähigkeit jemals erlangen wird (vgl. unten S. 295). Ob es im Übrigen unter dem Aspekt wirksamer Missbrauchskontrolle tatsächlich ausreicht, die Einschaltung des Vormundschaftsgerichts praktisch auf Konfliktfälle zwischen Arzt und Betreuer zu beschränken, lässt sich bestreiten, wenn auch dieser Vorschlag zur Erhaltung der Funktionsfähigkeit der Vormundschaftsgerichtsbarkeit zweckmäßig erscheint (vgl. S. 294 f.). Zu begrüßen ist schließlich die Ablehnung einseitiger – nicht auf den zumindest mutmaßlichen Willen des Patienten gestützter – Behandlungsbegrenzungen bei Wachkomapatienten, denn ein „Sterbenlassen auf Verdacht" darf es unter Berücksichtigung des hohen Stellenwerts des Rechts auf Leben nicht geben (vgl. unten S. 292 ff.).

Im Zusammenhang mit der sog. indirekten Sterbehilfe, die die schmerzlindernde Medikation mit unbeabsichtigter Beschleunigung des Todeseintritts beinhaltet, fordert der AE-StB eine gesetzliche Klärung von Voraussetzungen und Grenzen in einem neu zu schaffenden § 214a StGB, da dies für eine wirksame Schmerztherapie unerlässlich sei. So müsse geregelt werden, dass nicht nur „Sterbende", sondern auch „tödlich Kranke" in den Anwendungsbereich strafloser indirekter Sterbehilfe fallen, und zudem nicht nur die Linderung von Schmerzen, sondern auch schwerer, anders nicht zu behebender Leidenszustände umfasst ist. Da allerdings die bislang allein aufgrund des subjektiven Tatbestands vorgenommene Abgrenzung zur verbotenen aktiven Sterbehilfe, wonach der Tod des Schmerzpatienten „nicht beabsichtigt" sein darf, sowohl den anzustrebenden Lebensschutz als auch die dogmatische Klarheit und forensische Beweisbarkeit gefährde, schlägt der AE-StB ein zusätzliches objektives Tatbestandsmerkmal der indirekten Sterbehilfe vor: die Leidensminderung nach den Regeln der medizinischen Wissenschaft. Weiterhin sei die indirekte Sterbehilfe auf Ärzte oder Personen mit ärztlicher Ermächtigung zu beschränken. Schließlich wird eine – bußgeldbewehrte – spezialgesetzliche Dokumentationspflicht bezüglich des Therapieverlaufs in einem neu zu schaffenden Sterbebegleitungsgesetz vorgeschlagen sowie die obligatorische Zuziehung eines zweiten Arztes bei sehr hohen Dosierungen bzw. außergewöhnlichen Dosissteigerungen. Eine Missachtung dieser Dokumentationspflicht sei dann gewichtiges, kaum widerlegbares Indiz für eine nicht lege artis ausgeführte Behandlung (GA 2005, 553, 573 ff.).
Diesen Vorschlägen entspricht der in dieser Dissertation enthaltene Entwurf einer strafgesetzlichen Regelung der indirekten Sterbehilfe in weiten Teilen (vgl. S. 291 f.). Kritisch ist allerdings anzumerken, dass der AE-StB eine Sonderregelung hinsichtlich der Leidensminderung bei Neugeborenen für nicht erforderlich hält, da nicht lebensfähige Neugeborene zu den „tödlich Kranken" gehörten, bei denen „die allgemeinen Regeln für leidensmindernde Maßnahmen gelten" (GA 2005, 553, 576). Denn zuvor wird als Legitimation der indirekten Sterbehilfe ein rechtfertigender Notstand nach § 34 StGB als nicht ausreichend erachtet, vielmehr seien daneben auch die Einwilligung bzw. mutmaßliche Einwilligung heranzuziehen (GA 2005, 553, 574). Eine (mutmaßliche) Einwilligung eines Neugeborenen kann es aber nicht geben, da dieses zu einer derartigen Willensbildung auch theoretisch noch nicht fähig ist – und, wenn es nicht lebensfähig ist, auch nie sein wird. Der Verweis auf die „allgemeinen Regeln" widerspricht also den zuvor angeführten Legitimationsgrundlagen der indirekten Sterbehilfe. Als Konsequenz wird daher im Rahmen dieser Dissertation die dogmatische Grundlage zulässiger indirekter Sterbehilfe bei Neugeborenen allein im rechtfertigenden Notstand gesucht (vgl. S. 144 f.). Auch erscheint das formelhafte Abstellen auf die „Regeln der medizinischen Wissenschaft", die durch die Richtlinien der Weltgesundheitsorganisation und Lehrbücher der Schmerztherapie objektiviert und forensisch nachprüfbar seien, insoweit problematisch, als die Praxis zeigt, dass es keinen durchgehenden Konsens in der Schmerztherapie gibt. So war der auch vom AE-StB zitierte Fall BGH NStZ 1997, 182 gerade von widersprüchlichen Stellungnahmen verschiedener Sachverständigen geprägt. Dennoch ist der Ansatz, die Grenzen zulässiger indirekter Sterbehilfe auf objektivere Fundamente zu stellen, als solcher zu begrüßen, wenn er auch nicht dazu führen sollte, dass ggf., um nicht von den WHO-Richtlinien abweichen zu müssen, selbst trotz ausdrücklichen Wunsches des Patienten nur unzureichende Schmerzlinderung erfolgt. Jedoch ist zu hoffen, dass der unbestimmte

Rechtsbegriff „Regeln der medizinischen Wissenschaft" in der Praxis die nötige Flexibilität ermöglichen würde. Im Übrigen kann aber auch darauf verwiesen werden, dass bereits bei der jetzigen, allein subjektiven Grenzziehung zulässiger indirekter Sterbehilfe die Außerachtlassung der lex artis ein gewichtiges Indiz für die Tötungsabsicht ist, so dass sich grundlegende Unterschiede zur derzeitigen Rechtslage kaum ergeben werden.

Hinsichtlich der Problematik der Selbsttötung bewegt sich der AE-StB zunächst in der Tradition des AE-Sterbehilfe und statuiert entgegen der widersprüchlichen Rechtsprechung in § 215 Abs. 1 AE-StB eine Klarstellung, dass es nach einer freiverantwortlichen Suizidentscheidung keine nachträgliche Rettungspflicht gebe. Des weiteren fordert der AE-StB angesichts der Tatsache, dass nicht alles Leiden mittels palliativmedizinischer Maßnahmen verhindert werden kann, und um Verzweiflungstaten solcher Patienten zu vermeiden, eine Klarstellung in § 4 des entworfenen Sterbebegleitungsgesetzes, dass ein ärztlich assistierter Suizid unter engen Voraussetzungen zulässig ist. Allerdings soll der einzelne Arzt hierzu nicht verpflichtet sein, den Patienten auf dessen Wunsch aber nach Möglichkeit an einen anderen Arzt verweisen. Der AE-StB verbindet damit die Hoffnung, dass das ärztliche Standesrecht einer solchen gesetzlichen Änderung angepasst würde. Schließlich schlägt der AE-StB angesichts der derzeit großen Gefahr, dass private Unternehmer oder Organisationen die Notlage schwerkranker Patienten, denen ärztlich assistierter Suizid in Deutschland verwehrt ist, ausnutzen und ohne ärztliches Ethos sowie ohne den Vorrang therapeutischer Hilfen aus gewinnsüchtigen Motiven Beihilfe zur Selbsttötung leisten, einen neuen Straftatbestand der Suizidbeihilfe aus Gewinnsucht vor. Voraussetzung wäre demnach ein Handeln bei Steigerung des Erwerbssinns auf ein ungehemmtes, überzogenes, sittlich anstößiges Maß, das aber schon vorliegen soll, wenn – unter Ausnutzung der Notlage eines Suizidwilligen – über den Ersatz von Kosten, Auslagen und eine angemessene Honorierung der ärztlichen Leistung hinaus Geldzahlungen gefordert werden. Rechtsgut einer solchen Norm wäre demnach die Ausnutzung der Notlage eines tödlich kranken Menschen, die bei Gewinnsucht sozialethisch verwerflich sei (GA 2005, 553, 579 ff.).
Hierbei ist allerdings fraglich, ob der ärztlich assistierte Suizid tatsächlich wünschenswert ist und ob er nicht als mit dem derzeit herrschenden ärztlichen Ethos unvereinbar anerkannt werden muss. Zudem fragt sich, ob eine derartig restriktive Norm tatsächlich erforderlich ist, um dem auch in dieser Dissertation erkannten Bedürfnis nach Eindämmung verwerflicher Beeinflussung des sich in einer besonderen Notsituation befindlichen Suizidwilligen gerecht zu werden. Denn das Strafrecht darf stets nur ultima ratio sein. Dann muss es aber ausreichen, wenn eine verwerfliche Beeinflussung des freiverantwortlichen Suizidenten ausgeschlossen ist. Welche Motive der Gehilfe verfolgt, muss demnach irrelevant sein, wenn der Suizidwillige aus völlig freien Stücken dessen Hilfe in Anspruch nimmt, und auch dessen Bedingungen akzeptiert. Unter der Prämisse, dass ärztlich assistierte Suizidbeihilfe möglich ist, wie es der AE-StB fordert, wird es für andere Formen von Suizidbeihilfe, die den Einzelnen in verwerflicher Weise finanziell ausnutzen, wohl schon keinen Markt geben. Doch auch wenn man, wie in dieser Dissertation vertreten, ärztliche Suizidbeihilfe letztlich für nicht erstrebenswert hält, bestehen andere Möglichkeiten der Eindämmung unerwünschter Formen von Suizidhilfeorganisationen. Andererseits stellt sich die Frage, ob der Straftatbestand einer „Unterstützung einer Selbsttötung aus Gewinnsucht" (§ 215a AE-StB) überhaupt ausreichenden Schutz vor verwerflicher Einflussnahme auf die Willensbildung des Suizidwilligen bietet. Es ist daher ausreichend, aber auch erforderlich, die Verleitung des Einzelnen zum Suizid aus selbstsüchtigen Motiven unter Strafe zu stellen (vgl. unten S. 297 ff.).

In Abweichung vom AE-Sterbehilfe kommt der AE-StB schließlich zur Forderung der Aufrechterhaltung eines umfassenden Verbots aktiver direkter Sterbehilfe. Auch ein Absehen von Strafe, wie in § 216 Abs. 2 AE-Sterbehilfe vorgesehen, wird abgelehnt. Denn angesichts der heutigen Möglichkeiten der Palliativmedizin bis hin zur terminalen Sedierung, zulässiger Sterbehilfebegleitung und der Straflosigkeit ärztlich assistierten Suizids bestehe schon kein Bedürfnis für eine Lockerung des Verbots aktiver Sterbehilfe, zumal Missbrauchsgefahren und Ausweitungstendenzen bei Zulassung aktiver Sterbehilfe unter bestimmten Voraussetzungen (wie in den Niederlanden und Belgien sichtbar geworden) zu vermeiden seien. Es sei Aufgabe der Gerichte, in extremen Ausnahmesituationen zu gerechten Einzelfallentscheidungen zu kommen (GA 2005, 553, 582 f.).
Ob dies dem Bedürfnis nach Rechtssicherheit, aber auch Einzelfallgerechtigkeit tatsächlich gerecht wird, muss indes bezweifelt werden (vgl. unten S. 289 ff., 296 f.).

Festzuhalten bleibt, dass der Alternativ-Entwurf Sterbebegleitung einen höchst fundierten und gewichtigen Beitrag zur derzeitigen Sterbehilfediskussion in Deutschland darstellt. Es ist zu hoffen, dass der Gesetzgeber nunmehr endlich tätig wird.

INHALTSVERZEICHNIS

A: Einleitung

Der Kampf des vom Hals abwärts gelähmten Spaniers Ramón Sampedro, der vor den spanischen Gerichten ein Recht auf Selbstmord einzuklagen suchte, bewegte in den 1990er Jahren bereits die spanische Gesellschaft, aufgrund der oskarprämierten Verfilmung seines Schicksals in dem Streifen „Mar adentro" nunmehr die Weltöffentlichkeit. Auch der Versuch der sterbenskranken Britin Diane Pretty, vor dem Europäischen Gerichtshof für Menschenrechte ein Recht auf ein von ihr selbst als würdig verstandenes Sterben zu erstreiten, fand in der öffentlichen Diskussion breiten Widerhall. Erst kürzlich bewegte das Schicksal der Wachkomapatientin Terri Schiavo in den USA und der Streit um die Einstellung ihrer künstlichen Ernährung die internationale Öffentlichkeit. Die wenigen Beispiele zeigen, dass die Probleme der Sterbehilfe, die ethischen und rechtlichen Fragen um Sinn und Grenzen des Lebens und des Sterbens von höchster Aktualität sind.
Die Problematik der Sterbehilfe gehört zu einem der dogmatisch wie rechtspolitisch umstrittensten Feldern des Strafrechts. Im deutschen Recht herrscht zwar de lege lata oft Konsens zumindest im Ergebnis hinsichtlich der Lösung der vordringlichsten dogmatischen Probleme, im Einzelnen ist indes noch vieles strittig. Daraus resultiert auch eine nicht unerhebliche Rechtsunsicherheit. Und jedenfalls aus rechtspolitischer Sicht bleiben die Lösungen häufig unbefriedigend. Unter dem Blickwinkel des weiteren Zusammenwachsens Europas stellt sich zudem die Frage nach dem Einfluss anderer europäischer Rechtsordnungen. Die Regelung der Sterbehilfe im spanischen Rechtssystem schließlich war – soweit ersichtlich – bislang noch nicht Gegenstand einer größeren Abhandlung in deutscher Sprache.
Diese Arbeit soll daher zunächst einen Überblick geben über die Regelungstendenzen in anderen europäischen Rechtsordnungen. Weiterhin soll die deutsche und anschließend die Rechtslage in Spanien genauer untersucht werden. Dabei sind im Vergleich zur deutschen Rechtslage Unterschiede und Gemeinsamkeiten zu erforschen. Schließlich können daraus idealerweise Impulse für die weitere Behandlung der Sterbehilfe in beiden Ländern unter gesamteuropäischem Einfluss deduziert werden.

B: Europäischer Kontext

Zunächst soll nun der beabsichtigte Rechtsvergleich in einen gesamteuropäischen Kontext eingebettet werden. Denn angesichts eines immer enger zusammenwachsenden Europas kann ein Rechtsvergleich zweier (west-)europäischer Rechtsordnungen ohne die Einbeziehung der jeweiligen Einflüsse auch anderer europäischer Rechtsordnungen kaum vollständig sein. Auch der wachsende Einfluss des Völkerrechts und supranationalen Rechts aufgrund der Zusammenarbeit im Rahmen des Europarates und der Europäischen Union im Bereich des Strafrechts und im Bereich der Sterbehilfe im Speziellen soll dabei berücksichtigt werden.

I. Auswirkungen europäischer Zusammenarbeit im Bereich der Sterbehilfe

Die internationalen Übereinkommen zum Schutz der Menschenrechte, wie insbesondere die Europäische Menschenrechtskonvention vom 04.11.1950, die Allgemeine Erklärung der Menschenrechte vom 10.12.1948 und der Internationale Pakt über bürgerliche und politische Rechte vom 19.12.1966 nehmen zum Problemkreis der Sterbehilfe nicht explizit Stellung. In allen Abkommen wird ein Recht auf Leben in allgemeiner Form garantiert, ohne jedenfalls auf die Frage nach einem möglichen Verzicht auf das Lebensrecht, einem „Recht auf den eigenen Tod" und damit Sterbehilfe auf Wunsch des Patienten einzugehen. Auch auf die Problematik der passiven Sterbehilfe, dem Verzicht oder Abbruch medizinischer Maßnahmen, wird nicht ausdrücklich eingegangen.[1]
Gerade auf dem Gebiet der europäischen Zusammenarbeit ist aber vor allem in den letzten Jahrzehnten eine verstärkte Auseinandersetzung mit den Rechten von Kranken im Allgemeinen und der Sterbehilfe im Speziellen zu verzeichnen. Diese Tätigkeiten sollen nun im Folgenden – ohne allzu sehr ins Detail zu gehen – dargestellt werden. Dabei sind grundsätzlich zwei Bereiche zu unterscheiden: die Zusammenarbeit europäischer Staaten auf der Grundlage der Europäischen Menschenrechtskonvention (insbesondere die Tätigkeit des Europarates und des Europäischen Gerichtshofes für Menschenrechte) und die Zusammenarbeit im Rahmen der Europäischen Union.

---

[1] Vgl. Koch/Heinemann, in: Eser/Koch, Materialien zur Sterbehilfe, S. 779 f.; erwähnenswert sind in diesem internationalen Kontext aber die Stellungnahmen des Weltärztebundes, eines internationalen Zusammenschlusses nationaler Ärztorganisationen. Diese enthalten (wenn auch letztlich unverbindliche standesrechtliche) Richtlinien insbesondere zum Sterben in Würde und einem eventuellen Unterlassen (weiterer) Behandlung. Euthanasie als absichtliche Herbeiführung des Todes eines Patienten auch auf dessen Wunsch hin wird ausdrücklich abgelehnt. Ebenso wird die ärztliche Hilfe beim Selbstmord als unethisch angesehen. Die Erklärungen des Weltärztebundes können im Internet abgerufen werden unter der Adresse http://www.bundeaerztekammer.de/30/Auslandsdienst/99Handbuch2003.pdf.

1. Tätigkeiten europäischer Zusammenarbeit im Bereich der Sterbehilfe

a) Die Zusammenarbeit europäischer Staaten auf der Grundlage der Europäischen Menschenrechtskonvention

aa) Die Tätigkeit des Europarates

Der Europarat als ein Zusammenschluss europäischer Staaten zur Wahrung des gemeinsamen europäischen Erbes hat die Aufgabe, allgemein auf eine engere Zusammenarbeit der Mitgliedstaaten hinzuwirken und ihren wirtschaftlichen und sozialen Fortschritt zu fördern.[2] Eines der bedeutendsten Abkommen, das im Rahmen des Europarates geschlossen wurde, ist die Europäische Menschenrechtskonvention (EMRK).[3] Im Rahmen seiner Kompetenzen hat sich der Europarat auch immer wieder mit den Problemen rund um die Sterbehilfe beschäftigt.

(1) Empfehlung 779 und Entschließung 613, betreffend die Rechte der Kranken und Sterbenden

Zunächst hatte sich der Europarat im Jahre 1976 mit dem Themenkreis der Sterbehilfe auseinander gesetzt.

In der an das Ministerkomitee gerichteten Empfehlung 779, betreffend die Rechte der Kranken und Sterbenden[4], wies die Versammlung auf die Probleme, die durch die Fortschritte der medizinischen Wissenschaft für den Kranken entstehen könnten, hin (Nr. 1-2). Insbesondere betont die Empfehlung das Recht des Kranken auf Respektierung seines Willens sowie auf Würde und auf Information (Nr. 4-5). Weiterhin unterstreicht sie die Pflicht des Arztes zur Leidenslinderung, wenn er auch kein Recht darauf habe, den natürlichen Verlauf des Todes absichtlich zu beschleunigen (Nr. 6-7), womit also die Möglichkeit indirekter Sterbehilfe anerkannt wird. Auch weist sie darauf hin, dass kein Arzt dazu gezwungen werden dürfe, mit Hinblick auf das Recht des Kranken, nicht übermäßig leiden zu müssen, gegen das eigene Gewissen zu handeln (Nr. 9).

In der Entschließung 613, betreffend die Rechte der Kranken und Sterbenden[5], die auf die Empfehlung 779 Bezug nimmt, wird insbesondere auf die unter Umständen wünschenswerte Möglichkeit eines Behandlungsabbruchs sowie die Bestimmung des Todeszeitpunkts eingegangen.

---

[2] Organe sind unter anderem die Parlamentarische Versammlung, die sich aus von den Parlamenten der Mitgliedstaaten entsandten Abgeordneten zusammensetzt und das Ministerkomitee, das im Rahmen des Europarates handelt. Die Parlamentarische Versammlung hat dabei allerdings lediglich beratende Funktion und kann daher nur Empfehlungen gegenüber dem Ministerkomitee oder auch den Mitgliedstaaten aussprechen. Zu beachten ist, dass es sich beim Europarat lediglich um ein Organ der völkerrechtlichen Zusammenarbeit der souveränen Mitgliedstaaten handelt; er darf keinesfalls mit dem Europäischen Rat als Organ der Europäischen Union verwechselt werden.

[3] Koch/Heinemann, in: Eser/Koch, Materialien zur Sterbehilfe, S. 780, Peters, Einführung in die EMRK, S. 1; s. dazu auch unten bb (1).

[4] abgedruckt bei Koch/Heinemann, in: Eser/Koch, Materialien zur Sterbehilfe, S. 786 ff.

[5] abgedruckt bei Koch/Heinemann, in: Eser/Koch, Materialien zur Sterbehilfe, S. 788 f.

(2) Empfehlung zum Schutz der Menschenrechte und der Würde der Todkranken und Sterbenden

Mit der Empfehlung zum Schutz der Menschenrechte und der Würde der Todkranken und Sterbenden vom 25.6.1999[6] hat der Europarat erneut zum Thema Sterbehilfe Stellung genommen.

Fundament der Empfehlungen ist die Achtung und der Schutz der Würde terminal kranker Patienten. Die grundlegenden Rechte, die sich aus der Würde des Todkranken oder Sterbenden ergeben, seien durch eine Vielzahl von Faktoren bedroht, wobei insbesondere der unzureichende Zugang zu Palliativpflege und guter Schmerzkontrolle sowie die künstliche Verlängerung des Sterbeprozesses durch unverhältnismäßige medizinische Maßnahmen oder durch ein Fortsetzen der Behandlung ohne Zustimmung des Patienten genannt werden (Nr. 7 I, III). Die parlamentarische Versammlung fordert daher die Mitgliedstaaten direkt bzw. über den Ministerrat auf, die Würde von Todkranken und Sterbenden in jeder Hinsicht zu achten und (auch gesetzlich) zu schützen, insbesondere durch Anerkennung und Schutz des Rechts auf umfassende Palliativpflege, wobei das Anrecht auf angemessene Schmerzlinderung auch dann sicherzustellen sei, wenn es beim Betroffenen zu einer Lebensverkürzung beitragen kann (Nr. 8, 9a, vgl. insbesondere Nr. 9a VII).

Weiterhin sei das Recht auf Selbstbestimmung des Patienten als Teil seiner Menschenwürde zu schützen (Nr. 9b). Alle medizinischen Maßnahmen seien am Willen des Patienten auszurichten, Zwang und Druck auf den Patienten streng untersagt (Nr. 9b III). Auch sei die Beachtung von Patientenverfügungen sicherzustellen. Stellvertretende Entscheidungen für den Patienten werden nur für den Fall anerkannt, dass der Patient sich nicht direkt in der Situation äußert oder wenn kein erkennbarer Wille auszumachen ist. Es sei zu gewährleisten, dass keine stellvertretenden Entscheidungen auf der Grundlage allgemeiner gesellschaftlicher Werturteile zugelassen werden und dass im Zweifel der Lebensschutz überwiege (Nr. 9b IV).

Die aktive direkte Sterbehilfe als vorsätzliche Lebensbeendigung (wie auch die aktive Suizidbeihilfe) wird dagegen unter Verweis auf Art. 2 EMRK, dem zufolge niemand vorsätzlich seines Lebens beraubt werden darf, abgelehnt (Nr. 9c).

Dadurch werden passive und indirekte Sterbehilfe also als zulässig anerkannt, während die aktive direkte Sterbehilfe weiterhin als absolut unzulässig erachtet wird.

(3) Die Biomedizinkonvention

Von gewisser Bedeutung für den Themenbereich der Sterbehilfe ist auch die sog. Biomedizinkonvention (Übereinkommen zum Schutz der Menschenrechte und der Menschenwürde im Hinblick auf die Anwendung von Biologie und Medizin: Übereinkommen über Menschenrechte und Biomedizin, vom 04.04.1997), die am 01.12.1999 in Kraft getreten ist. Neben den Mitgliedstaaten des Europarats ist auch die Europäische Gemeinschaft Konventionsmitglied. In der Biomedizinkonvention werden insbesondere die freie, aufgeklärte Einwilligung als Voraussetzung jeglicher Intervention im Gesundheitswesen und der Schutz nicht einwilligungsfähiger Personen festgelegt. Nach Art. 9 sind zudem auch, wenn sich der Patient im Zeitpunkt des medizinischen Eingriffs nicht äußern kann, die Wünsche zu berücksichtigen, die er früher im Hinblick auf eine solche Intervention geäußert hat. Damit wird im Grunde eine, wenn auch sehr allgemeine, Regelung von Patientenverfügungen getroffen. Die Bio-

---

[6] Empfehlung 1418 (1999), abrufbar im Internet etwa unter http://www.ierm.at/Dokumente/Eurorat.doc.

medizinkonvention wurde aber (im Gegensatz zu Spanien, wo die Konvention bereits seit 01.01.2000 in Kraft ist) von der Bundesrepublik Deutschland noch nicht gezeichnet.[7]

(4) Studie der Bioethikkommission des Europarates zum Thema Sterbehilfe

Im Jahr 2003 erarbeitete die Bioethikkommission des Europarates eine Studie über die Rechtslage und Praxis hinsichtlich (aktiver) Sterbehilfe und anderen Entscheidungen am Lebensende in den verschiedenen Mitgliedstaaten.[8] Sie beruhte auf der Auswertung der Angaben der 35 Mitgliedstaaten, die auf einen im Jahr 2001 versandten umfangreichen Fragebogen geantwortet hatten.[9] Abgefragt wurden unter anderem die Nutzung bestimmter Definitionen, die geltende Gesetzgebung, sonstige Regelung und Praxis bezüglich aktiver direkter Sterbehilfe und Beihilfe zum Suizid, die Möglichkeit eines Behandlungsverzichts oder –abbruchs, die Regelung und Verbindlichkeit von Patientenverfügungen und die Möglichkeiten, gegen Ärzte vorzugehen, sowie die tatsächliche Verfolgungspraxis.
Zusammenfassend kann festgestellt werden, dass aktive direkte Sterbehilfe mit Ausnahme der Niederlanden und Belgiens, deren Zulassung aktiver Sterbehilfe unter bestimmten Voraussetzungen unten genauer ausgeführt wird, in allen Mitgliedsstaaten des Europarates gesetzlich, wenn auch meist nicht aufgrund einer Spezialnorm, verboten und strafbar ist. Allerdings wurden Strafen offensichtlich bislang nicht in allen Staaten und jedenfalls nur in seltenen Fällen verhängt.[10]
Uneinheitlich waren die Antworten bezüglich der Beihilfe zum Selbstmord, da nur teilweise spezifische Regelungen bezüglich der Suizidbeihilfe bestehen, in den meisten Mitgliedsländern aber eine solche unter (allgemeine) strafrechtliche Regelungen fallen dürfte. Nur Estland und die Schweiz gaben positiv an, dass Suizidbeihilfe zulässig sei bzw. sein könne, während die Niederlande auf ihre Regelung verwiesen, die Suizidbeihilfe unter bestimmten Voraussetzungen zulässt.[11] Es ist daher davon auszugehen, dass in den anderen Mitgliedsländern eine Suizidbeihilfe zumindest unter bestimmten Voraussetzungen strafbar ist.
Hinsichtlich des Rechts eines Patienten, eine bestimmte Behandlung abzulehnen, ist festzustellen, dass dieses in praktisch allen Mitgliedsländern anerkannt ist, wenn auch teilweise auf bestimmte notwendige Voraussetzungen und gewisse Einschränkungen hingewiesen wurde. Uneinheitlich waren allerdings die Antworten bezüglich der Frage, ob und unter welchen Umständen lebensverlängernde Maßnahmen auch bei einem einwilligungsunfähigen Patienten eingestellt werden können.[12]
Zur Frage nach Patientenverfügungen gab zwar nur eine Minderheit von sieben Staaten an, dass diesbezüglich eine Regelung bestehe, doch ließ sich den Antworten der Staaten ent-

---

[7] was aber allein auf andere, in der Konvention hauptsächlich angesprochene Problemkreise im Zusammenhang mit der Genforschung etc. zurückzuführen sein dürfte.
[8] Im Internet abrufbar unter http://www.coe.int/T/E/Legal_Affairs/Legal_co-operation/Bioethics/Activities/Euthanasia/INF(2003)8e_replies_euthanasia.pdf.
[9] Nicht geantwortet hatten die Mitgliedsländer Andorra, Armenien, Aserbaidschan, Island, Liechtenstein, Moldawien, Mazedonien, Österreich und die Ukraine. Teilgenommen an der Evaluierung hatten dagegen die USA, die zwar kein Mitgliedsstaat des Europarates sind, aber seit dem Jahr 1995 einen sog. Beobachterstatus innehaben.
[10] Allerdings wurde letztere Frage von mehr als der Hälfte der Staaten unbeantwortet gelassen, weil man sich nicht zu einer (verbindlichen bzw. abschließenden) Aussage in der Lage sah.
[11] Letztlich ebenso die USA unter Hinweis auf den „Death with Dignity Act" im Staat Oregon.
[12] 17 Länder bejahten diese Frage, sieben verneinten sie und zehn legten sich nicht fest. Auch diejenigen Staaten, die diese Frage nicht eindeutig beantworten wollten, gaben aber zum großen Teil an, der Abbruch lebensverlängernder Maßnahmen könne unter Umständen zulässig sein, etwa aufgrund des mutmaßlichen Willens oder der völligen Sinnlosigkeit der Behandlung.

nehmen, dass dennoch in einer Mehrheit der Länder solch vorweggenommene Behandlungsanweisungen zulässig und in einem Großteil der Staaten entsprechende Regelungen auch geplant sind. Höchst uneinheitlich wurde dagegen die Frage nach der Bindungswirkung einer solchen Patientenverfügung beantwortet, während die Widerruflichkeit einer solchen Erklärung ganz überwiegend bejaht wurde.
Insgesamt ergab die Studie ein sehr inhomogenes Bild der Regelung von Sterbehilfe und Suizidbeihilfe in den befragten Mitgliedsstaaten. Spezialgesetze existieren nur in wenigen Ländern. Trotz der fast ausnahmslosen Strafbarkeit aktiver direkter Sterbehilfe und des weitgehenden Verbotes der Beihilfe zum Selbstmord zumindest unter bestimmten Voraussetzungen findet eine Sanktionierung entsprechender Verhaltensweisen aber nur selten statt.[13] Zu berücksichtigen bleibt, dass die Studie verbindliche Aussagen ohne genaue Hintergrundkenntnisse der jeweiligen Rechtsordnungen nur schlecht zulässt, denn dazu waren die Antworten zu sehr von dem jeweils eigenen (und unterschiedlichen) Verständnis der zugrunde gelegten Begriffe geprägt und häufig auch zu unbestimmt.

(5) Weitere Entwicklung

In der Folgezeit wurde – auf der Grundlage eines Berichts des Schweizer Liberalen Dick Marty – ein Vorschlag in die Parlamentarische Versammlung eingebracht, aufgrund dessen letztendlich den Mitgliedstaaten die Entkriminalisierung aktiver Sterbehilfe und aktiver Suizidbeihilfe empfohlen werden sollte. Derzeit würde Sterbehilfe als Teil der medizinischen Praxis bereits im Verborgenen weithin stattfinden und – obgleich in fast allen Mitgliedstaaten strafbar – kaum je strafrechtliche Konsequenzen nach sich ziehen. Diese heimliche Praxis bringe die größten Missbrauchsgefahren mit sich. Um die Achtung vor dem Gesetz aufrecht erhalten zu können, müssten Gesetz und Rechtswirklichkeit wiederum in Einklang gebracht werden. Niemand habe das Recht, einem Todkranken oder Sterbenden gegen seinen Willen eine Pflicht zum Leben in unerträglichem Leiden aufzuerlegen. Genauso wenig könne daraus allerdings eine Verpflichtung von im Gesundheitswesen tätigen Personen, einen Sterbehilfeakt vorzunehmen, gefolgert werden. Eine Unvereinbarkeit (aktiver) Sterbehilfe mit dem Recht auf Leben nach Art. 2 EMRK sei im Übrigen nicht anzunehmen.[14]
Nach heftiger Diskussion in der Parlamentarischen Versammlung kam es jedoch zu keiner abschließenden Entscheidung, vielmehr wurde die entsprechende Vorlage am 27.04.2004 an den Sozialausschuss zurückverwiesen. Der Entwurf wurde nochmals überarbeitet, inhaltlich aber kaum abgeändert. So wurde etwa nun ein stärkerer Akzent auf den Ausbau der Palliativmedizin gelegt, die grundsätzliche Forderung einer klaren Regelung, ob und unter welchen Bedingungen ein Arzt oder auch ein Dritter straflos einem Patienten bei seinem Wunsch zu sterben helfen darf, seinem Leben ein Ende zu setzen, aber aufrecht erhalten.[15] Doch auch die überarbeitete Fassung konnte nach erneuter Beratung im April 2005 in der Parlamentarischen

---

[13] Daraus kann aber keineswegs ohne weiteres auf die geringe praktische Relevanz der Thematik „Sterbehilfe“ geschlossen werden, da etwa Fragen nach einem eventuellen Dunkelfeld in der Studie völlig ausgeschlossen waren.

[14] Der entsprechende Bericht des Sozial-, Gesundheits- und Familienausschusses (Doc. 9898) ist im Internet abrufbar unter http://assembly.coe.int/Documents/WorkingDocs/Doc03/EDOC9898.htm. Zur Begründung der Auffassung durch den niederländischen Gesetzgeber, die vorgenommene Entkriminalisierung aktiver Sterbehilfe auf Verlangen (dazu unten) verstoße nicht gegen internationales Recht, s. auch Alonso Herreros, LL 5685 (2002), 1, 7.

[15] Spielberg, DÄBl 102 (2005), A-28/B-20/C-19

Versammlung keine Mehrheit finden.[16] Die Debatte über eine Empfehlung aktiver Sterbe- und Suizidbeihilfe an die Mitgliedstaaten ist damit – vorerst – abgeschlossen.

bb) Die Rechtsprechung des Europäischen Gerichtshofes für Menschenrechte – das Urteil Diane Pretty

(1) Die Bedeutung des Europäischen Gerichtshofes für Menschenrechte

Der Europäische Gerichtshof für Menschenrechte (EuGMR) ist das zuständige Organ zur Auslegung der EMRK und zur rechtlichen Überprüfung von Verstößen gegen diese. Im Individualbeschwerdeverfahren können Einzelpersonen, die der Gerichtsbarkeit eines Mitgliedsstaates unterstehen, Verletzungen der EMRK geltend machen. Im Jahr 1994 wurde der EuGMR in eine ständige Gerichtsbarkeit umgewandelt, die zuvor vorgeschaltete Kommission abgeschafft.[17]

Die EMRK ist ein völkerrechtlicher Vertrag und wurde als solcher mit dem Zustimmungsgesetz in deutsches Recht transformiert. Ihr kommt nunmehr der Rang eines einfachen Bundesgesetzes zu, vgl. Art. 59 Abs. 2 GG. Bei der Auslegung deutscher Gesetze gilt im übrigen der Grundsatz der Völkerrechtsfreundlichkeit, d.h. auch nach der Ratifikation der EMRK verabschiedete deutsche Gesetze müssen konform der EMRK ausgelegt werden. Denn es ist zu vermuten, dass sich der Gesetzgeber völkerrechtstreu verhalten wollte.[18]

In Spanien steht die EMRK zwar nicht im Verfassungsrang, jedoch über den einfachen Gesetzen.[19] Nach Art. 10 Abs. 2 der spanischen Verfassung ist die EMRK zudem bei der Auslegung der Grundrechte und Grundfreiheiten heranzuziehen; die Rechtsprechung des EuGMR kann hier also sehr weitgehenden Einfluss über nationales Recht gewinnen.

(2) Die Rechtsprechung des EuGMR im Bereich der Sterbehilfe im weitesten Sinn

Der EuGMR hatte bislang noch nicht häufig Gelegenheit, zum Thema Sterbehilfe Stellung zu nehmen. In der Entscheidung 48335/99 vom 26.10.2000 (Sanles Sanles v. Spain) wurde die

---

[16] Vgl. SZ vom 27.04.2005, S. 13, SZ vom 28.04.2005, S. 7.

[17] Peters, Einführung in die EMRK, S. 6 f. Urteile des EuGMR entfalten materielle Rechtskraft insoweit, als nach Art. 46 Abs. 1 EMRK alle Organe des betroffenen Staates (der Gesetzgeber, die Verwaltung, die Gerichte) völkerrechtlich verpflichtet sind, diese Urteile zu befolgen. Die Bindungswirkung erstreckt sich dabei grundsätzlich nur auf den betroffenen Staat und nur innerhalb der durch den Streitgegenstand bestimmten persönlichen, sachlichen und zeitlichen Grenzen, vgl. BVerfG NJW 1986, 1425, 1427, Peters, Einführung in die EMRK, S. 253 f., Grabenwarter, EMRK, § 16 Rdnr. 1, Meyer-Ladewig/Petzold, NJW 2005, 15, 16, 20 (zu berücksichtigen ist dabei auch, dass der EuGMR prinzipiell nur Feststellungsurteile bzw. Leistungsurteile hinsichtlich einer Entschädigung fällen kann und daher auch keine Gesetze, Urteile staatlicher Gerichte oder Verwaltungsakte aufheben kann). Für die anderen Mitgliedsstaaten ergibt sich aber eine Orientierungswirkung insoweit, als die Urteile des EuGMR Anlass zur Überprüfung der eigenen Rechtsordnung geben und sie sich bei einer eventuell erforderlichen Änderung an dieser Rechtsprechung des EuGMR orientieren sollen, vgl. BVerfG NJW 2004, 3407, 3409, Grabenwarter, EMRK, § 3 Rdnr. 13, § 16 Rdnr. 6, Meyer-Ladewig/Petzold, NJW 2005, 15, 18.

[18] BVerfGE 74, 358, 370, BVerfGE 82, 106, 115 (bezüglich des Grundgesetzes). Durch ein neueres Urteil des Bundesverfassungsgerichts (BVerfG NJW 2004, 3407) wird die Bindungswirkung der Urteile des EuGMR nun genauer bestimmt. Demnach ist der Grundsatz der Völkerrechtsfreundlichkeit nicht unbegrenzt. Die EMRK entfaltet daher nur Wirkungen im Rahmen des demokratischen und rechtsstaatlichen Systems des Grundgesetzes. Ausnahmsweise kann der Gesetzgeber Völkerrecht nicht beachten, sofern nur auf diese Weise ein Verstoß gegen Grundsätze der Verfassung abzuwenden ist, BVerfG NJW 2004, 3407, 3408 ff.; ausführlich hierzu Meyer-Ladewig/Petzold, NJW 2005, 15, 17 ff.

[19] Grabenwarter, EMRK, § 3 Rdnr. 3

Individualbeschwerde als unzulässig abgelehnt, so dass keine Entscheidung in der Sache erging.[20] In dem Verfahren Litovchenko v. Russia, Nr. 69580/01, in dem eine Verletzung der Art. 8 EMRK (Recht auf Achtung des Privatlebens) und Art. 9 EMRK (Recht auf Gewissensfreiheit) durch Vornahme einer Bluttransfusion gegen den Willen der Patientin gerügt wurde, erging ebenfalls keine Entscheidung in der Sache, da die EMRK zur Zeit der Vorgänge in Russland noch nicht in Kraft getreten war.

(a) Das Recht auf Ablehnung medizinischer Maßnahmen

Allerdings wurde das Recht auf Ablehnung (auch lebensnotwendiger) medizinischer Maßnahmen bereits vom EuGMR als grundsätzlich von Art. 8 Abs. 1 EMRK geschützt anerkannt.[21]

Auch in dem Urteil Glass v. United Kingdom (Nr. 61827/00) vom 09.03.2004 wurde das Recht auf Ablehnung bestimmter medizinischer Maßnahmen als Teil des Rechts auf körperliche Unversehrtheit angesehen. Zudem wurde dort die Problematik medizinischer Entscheidungen für ein minderjähriges Kind, das zu eigenen Entscheidungen im medizinischen Bereich nicht fähig ist, erörtert.[22]

Der EuGMR nahm an, dass die Verabreichung von Heroin als Sedativum ohne Zustimmung der Mutter einen Eingriff in die durch Art. 8 Abs. 1 EMRK geschützte körperliche Integrität des Kindes darstellte. Ein solcher Eingriff könne zwar nach den insoweit mit Art. 8 EMRK kohärenten nationalen Vorschriften in einem Notfall gerechtfertigt sein, doch sei auch nach

[20] Antragstellerin war die Schwägerin von Ramón Sampedro, auf dessen Schicksal später noch ausführlicher eingegangen werden wird. Dieser spanische Staatsbürger war nach einem Unfall vom Hals abwärts gelähmt und hatte mehrere Jahre erfolglos vor den spanischen Gerichten geklagt (und bereits einmal die Kommission angerufen, was aber mangels Erschöpfung des innerstaatlichen Rechtsweges abgewiesen wurde (Nr. 25494/94, vom 17.05.1995)), um Straflosigkeit derjenigen Personen zu erreichen, die ihm Beihilfe zu einem Selbstmord leisten würden. Im Jahr 1998 beging er tatsächlich Selbstmord, die daran beteiligten Personen konnten nicht genau ermittelt werden, so dass das Strafverfahren eingestellt wurde. Die Fortführung der zu diesem Zeitpunkt anhängigen Verfassungsbeschwerde vor dem spanischen Verfassungsgericht durch seine Schwägerin als Erbin wurde von diesem abgelehnt; hiergegen richtete sich die Beschwerde vor dem EuGMR. Die Antragstellerin machte Verstöße gegen das Recht auf Leben, den Schutz vor unmenschlicher und erniedrigender Behandlung, die Freiheit, die Gewissensfreiheit, den Gleichheitsgrundsatz und das Recht auf ein faires Verfahren geltend. Der EuGMR entschied jedoch, dass die Antragstellerin die für Art. 34 EMRK erforderliche eigene, unmittelbare Betroffenheit (Ausschluss der Popularklage) nicht nachweisen konnte und die Beschwerde, was die Rüge der überlangen Verfahrensdauer anging, auch jedenfalls nach Art. 35 EMRK als unzulässig abzulehnen war, weil sie offensichtlich unbegründet war.

[21] Kommissionsentscheid vom 10.12.1984 (10435/83); dass Art. 8 Abs. 1 EMRK das Selbstbestimmungsrecht über den eigenen Körper und damit die physische und psychische Integrität des Einzelnen schützt, ist auch in der Literatur anerkannt, vgl. Grabenwarter, EMRK, § 22 Rdnr. 7, 22.

[22] Der im Jahr 1986 geborene 1. Antragsteller war schwer geistig und körperlich behindert, die 2. Antragstellerin war seine Mutter. Im Verlaufe einer schweren Krankheit wurde er in ein staatliches Krankenhaus eingeliefert, operiert und dort weiter behandelt. In der Folge entwickelten sich zwischen den behandelnden Ärzten und Familienangehörigen gravierende Meinungsverschiedenheiten über den Zustand des Kindes (der von den Ärzten zeitweise als im Sterbevorgang begriffen eingeordnet wurde) und die zu treffenden Maßnahmen. So wurde von den behandelnden Ärzten die Behandlung mit Sedativa vorgeschlagen, um das Leiden des kranken Kindes zu lindern, was von der Mutter und anderen Familienmitgliedern aufgrund der Vermutung, dass hier versteckt Sterbehilfe praktiziert werden solle, abgelehnt wurde. Schließlich wurde dem Kind – wobei sich der Streit mit der Familie dramatisch zuspitzte – auch tatsächlich ohne Einwilligung der Mutter Heroin als Sedativum verabreicht. Des weiteren war zeitweise eine „Do Not Resucitate (DNR) order" (eine Anweisung, eventuelle Wiederbelebungsmaßnahmen zu unterlassen) in die Krankenakte aufgenommen worden, ohne die Mutter zu konsultieren.

nationalen Vorschriften im Konfliktfall grundsätzlich eine gerichtliche Entscheidung herbeizuführen. Dies war hier zu Unrecht unterlassen worden, denn, so führte der EuGMR aus, eine Entscheidung des Gerichts hätte zum Einen schon zuvor, als sich der Konflikt mit der Mutter (und den übrigen Familienangehörigen) bereits abzeichnete, herbeigeführt werden können und müssen, zum Anderen hätte aber auch in der konkreten Situation selbst noch die Herbeiführung einer Eilentscheidung des Gerichts versucht werden müssen (Nr. 79-82 der Urteilsausführungen). Angesichts der festgestellten Verletzung des Art. 8 EMRK ließ der EuGMR die Beurteilung der ohne Wissen der Mutter aufgenommenen DNR order dahinstehen.[23]

(b) Das Urteil Diane Pretty

Von zentraler Bedeutung vor allem im Zusammenhang mit dem Problemkreis aktiver Sterbehilfe bzw. aktiver Beihilfe zum Selbstmord ist indes das Urteil Diane Pretty (Pretty v. the United Kingdom, Nr. 2346/02, vom 29.04.2002)[24], in dem sich der EuGMR ausführlich mit der Frage nach einem Recht auf den eigenen Tod auf der Grundlage der EMRK auseinander setzte.

Die Antragstellerin, Diane Pretty aus Großbritannien, litt an einer degenerativen und unheilbaren Erkrankung, die mit fortschreitender Muskelschwäche verbunden ist. Der Tod tritt bei dieser Krankheit regelmäßig infolge der Schwäche der Atemmuskulatur in Verbindung mit der Schwäche der Sprech- und Schluckmuskulatur ein, was zu Atemversagen und Lungenentzündung führt. Die letzten Stadien dieser Krankheit sind äußerst quälend und wurden von der Antragstellerin als unwürdiger Zustand erachtet. Zur Zeit der gerichtlichen Verfahren war sie bereits vollständig gelähmt. Durch ihre Krankheit war die Antragstellerin daran gehindert, eine (nach britischem Recht zulässige) Selbsttötung, mit der sie sich diese letzten Qualen ersparen wollte, ohne fremde Hilfe durchzuführen. Die Beihilfe zur Selbsttötung ist jedoch nach dem britischen Suicide Act 1961 ausnahmslos strafbar. Im Hinblick darauf, dass sie mit der Beihilfe ihres Ehemannes eine Selbsttötung vornehmen könnte, erbat die Antragstellerin von der Anklagebehörde eine verbindliche Zusage, den Ehemann nicht zu bestrafen, falls er ihr auf ihren Wunsch Beihilfe zur Selbsttötung leisten sollte. Die Anklagebehörde lehnte dies indes ab; das gerichtliche Vorgehen der Antragstellerin blieb in allen Instanzen ohne Erfolg.

Mit der Beschwerde beim EuGMR machte sie geltend, die Ablehnung der Anklagebehörde, ihrem Gatten Straffreiheit zu gewähren, falls er ihr bei einer Selbsttötung helfen würde, und das Verbot des Heimatrechts bezüglich der Beihilfe zur Selbsttötung stelle eine Verletzung ihrer Rechte aus Art. 2 EMRK (Recht auf Leben) dar, der auch das Recht des Menschen, selbst zu wählen, ob er weiterleben möchte oder nicht, schütze. Der Artikel schütze nämlich nur das *Recht auf* Leben, nicht das Leben selbst, und das Tötungsverbot beziehe sich, wie Satz 2 zeige, nur auf den Schutz vor Dritten, nicht vor sich selbst (Nr. 35 der Urteilsausführungen). Zudem sei Art. 3 EMRK (Schutz vor unmenschlicher oder erniedrigender Behandlung) verletzt, der eine Abwägung mit Interessen der Allgemeinheit (Schutz Wehrloser gegen aufgezwungene Selbsttötung etc.) schlechthin nicht zulasse, hier jedenfalls aber unverhältnismäßig wäre (Nr. 44, 45 der Urteilsausführungen). Auch machte die Antragstellerin eine Verletzung von Art. 8 EMRK (Recht auf Achtung des Privatlebens) sowie von Art. 9 EMRK (Recht auf Gewissensfreiheit) und Art. 14 EMRK (Gleichheitsgrundsatz) geltend.

---

[23] Nr. 83 der Urteilsausführungen, vgl. auch die insoweit abweichende Meinung von Richter Casadevall, der eine eigene Prüfung für durchaus erforderlich hielt.

[24] Das Urteil ist etwas zusammengefasst abgedruckt in NJW 2002, 2851 ff.

(aa) Die Ausführungen des EuGMR

Der EuGMR lehnte eine Verletzung der Antragstellerin in den genannten Rechten indes ab. Art. 2 EMRK enthalte zwar nicht nur ein Abwehrrecht gegenüber dem Staat, sondern verpflichte auch, entsprechende Schritte zum Schutz des Lebens derjenigen einzuleiten, die sich in seiner Hoheitsgewalt befinden. Art. 2 EMRK behandele indes keine Fragen im Hinblick auf die Lebensqualität oder darauf, was jemand mit seinem Leben anfängt.[25] Dieser Artikel könne nicht ohne Verzerrung der Sprache dahingehend ausgelegt werden, dass er sich auf das diametral entgegengesetzte Recht bezieht, d.h. das Recht zu sterben, noch könne er ein Recht auf Selbstbestimmung in dem Sinne schaffen, dass er jemandem das Recht verleiht, den Tod dem Leben vorzuziehen (Nr. 38, 39 der Urteilsausführungen). Eine Verletzung von Art. 2 EMRK liege daher nicht vor.

Auch Art. 3 EMRK sei nicht verletzt. Zwar erfordere diese Vorschrift von den Staaten auch Schutzmaßnahmen, damit niemand in deren Hoheitsgewalt einer unmenschlichen und erniedrigenden Behandlung (auch durch Privatpersonen) ausgesetzt werde. Leiden, das sich aus einer natürlich eintretenden psychischen oder physischen Krankheit ergebe, könne aber nur dann von Art. 3 EMRK abgedeckt sein, wenn es durch eine Behandlung, für die der Staat verantwortlich gemacht werden könne, verschlimmert werde oder das Risiko hierzu bestehe. Dies sei hier nicht der Fall. Zudem müsse Art. 3 EMRK in Übereinstimmung mit Art. 2 EMRK als Verbot der Anwendung tödlicher Gewalt oder sonstiger zum Tode eines Menschen führender Handlungen ausgelegt werden und bringe daher für niemanden den Anspruch mit sich, vom Staat fordern zu können, dass dieser den Tod erlaube oder ermögliche (Nr. 51-54 der Urteilsausführungen).

Des Weiteren liege auch keine Verletzung des Art. 8 EMRK vor.

Zwar sei der Begriff der Achtung des „Privatlebens" weit auszulegen und umfasse neben der physischen und psychischen Integrität auch das Recht auf Entfaltung der Persönlichkeit. Die von ihr gewählte Art, die letzten Augenblicke ihres Lebens zu verbringen, sei ein Teil ihres Lebens und ihrer Selbstbestimmung, und die Antragstellerin habe grundsätzlich ein Recht

---

[25] Diese Aussagen werden wohl auch nicht durch das Urteil des EuGMR im Fall Vo v. France (Nr. 53924/00) vom 08.07.2004 relativiert. Dort hatte der EuGMR in einem gänzlich anders gelagerten Fall, in dem es um den Schutz ungeborenen Lebens gegen eine fahrlässige Verursachung des Absterbens entgegen dem Willen der Mutter ging, geurteilt, es sei weder wünschenswert noch möglich, die abstrakte Frage zu beantworten, ob ein ungeborenes Kind eine „Person" i.S.d. Art. 2 EMRK ist. Es bestehe auf europäischer Ebene kein Konsens über Wesen und Status des Embryos. Es könne allenfalls als gemeinsame Grundlage aller Staaten angesehen werden, dass der Embryo zur menschlichen Rasse gehört. Die Potentialität dieses Wesens und seine Fähigkeit, eine Person zu werden, erfordere Schutz im Namen der Menschenwürde, ohne es zu einer „Person" mit einem „Recht auf Leben" gemäß Art. 2 EMRK zu machen (Nr. 84, 85 der Urteilsausführungen). Das Urteil hat in der öffentlichen Diskussion einige Aufregung hervorgerufen. Die vorgenommene Trennung von Person und Menschenwürde sei auch von Auswirkung auf die Sterbehilfeproblematik. Denn wenn man Würde haben kann und dennoch nicht die Rechte einer Person, man das Leben verlieren und dennoch seine Menschenwürde behalten kann, dann könne man sogar im Namen der Menschenwürde getötet werden. Das Auslöschen der Existenz, so ließe sich folgern, sei dann kein Verstoß gegen die Menschenwürde, sofern die personalen Qualitäten des Moribunden zum bloßen Menschsein herabgesunken sind (vgl. etwa SZ vom 12.07.2004, S. 13). Zu beachten ist aber zunächst, dass der EuGMR trotz seiner Ausführungen hierzu die Frage nach der Personenqualität des ungeborenen Lebens ausdrücklich offen halten wollte. Auch die Besonderheiten des Schutzes *ungeborenen* Lebens sind zu berücksichtigen und lassen bezweifeln, dass der EuGMR vorstehender Qualifikation hinsichtlich der Sterbehilfe zustimmen würde. Es ist vielmehr zu erwarten, dass der EuGMR trotz der ethisch umstrittenen Frage nach den Anforderungen an das Personsein keine Schwierigkeiten darin finden würde, jedem Menschen nach der Geburt unabhängig von geistigen Fähigkeiten wie etwa zur Selbstwahrnehmung oder Selbstbestimmung das Recht auf Leben als von Art. 2 EMRK jedenfalls rechtlich zuerkannt anzusehen. Insoweit behält die Aussage des absoluten Lebensschutzes unabhängig von einer etwaigen Beurteilung der Lebensqualität ihre Gültigkeit.

darauf, dass dies respektiert werde. Ohne das Prinzip der Unantastbarkeit des Lebens in Frage stellen zu wollen, sei davon auszugehen, dass der Begriff der Lebensqualität über Art. 8 EMRK Bedeutung gewinne. Es sei „nicht auszuschließen", dass die Hinderung der Antragstellerin, ihren freien Willen auszuüben, um das zu vermeiden, was sie als unwürdiges und verzweifeltes Ende ihres Lebens betrachtet, einen Eingriff in Art. 8 Abs. 1 EMRK darstelle (Nr. 61-67 der Urteilsausführungen).
Im Folgenden prüft der EuGMR, ob dieser Eingriff gemäß Abs. 2 des Art. 8 EMRK rechtens ist insoweit, als er dem Ziel des Schutzes des Lebens und damit der Rechte anderer diene. Problematisch sei allein die Notwendigkeit des Eingriffs, die voraussetze, dass der Eingriff durch ein drängendes soziales Bedürfnis gegeben und insbesondere dem auf diese Weise verfolgten legitimen Ziel angemessen ist. Angegriffen werde durch die Antragstellerin insbesondere die Allgemeingültigkeit des Verbotes der Suizidbeihilfe insoweit, als unberücksichtigt bleibe, dass sie als Erwachsene und im Vollbesitz ihrer geistigen Kräfte eine absolut freie Entscheidung getroffen habe und insoweit nicht schutzbedürftig sei. Jedoch seien die Staaten verpflichtet, durch Anwendung des allgemeinen Strafrechts Handlungen zu unterbinden, die Leben und Unversehrtheit anderer bedrohen. Je schwerer der mögliche Schaden, desto schwerer wiege der Aspekt der öffentlichen Gesundheit und Sicherheit gegen den entgegenstehenden Grundsatz der Selbstbestimmung. Es obliege in erster Linie den Mitgliedstaaten, die Gefahr und die Wahrscheinlichkeit des Missbrauchs hinsichtlich der Schwachen und Wehrlosen und vor allem derjenigen, die nicht in der Lage sind, fundierte, mündige Entscheidungen zu treffen, bei einer Lockerung des generellen Verbotes der Beihilfe zur Selbsttötung zu bewerten. Die Allgemeingültigkeit des Verbotes der Beihilfe zum Selbstmord sei daher nicht unangemessen, zumal das britische Recht eine gewisse Flexibilität im Rahmen der Strafverfolgung zulasse (Nr. 68-67 der Urteilsausführungen).
Weiterhin liege keine Verletzung des Rechts auf Gewissensfreiheit gemäß Art. 9 EMRK vor, denn nicht alle Meinungen und Überzeugungen (wie etwa eine Verpflichtung gegenüber dem Prinzip der Selbstbestimmung) seien eine Weltanschauung in diesem Sinne und zudem stelle nicht jede Handlung, die durch eine Religion oder Weltanschauung motiviert ist, deren „Ausübung" dar (Nr. 82, 83 der Urteilsausführungen).
Schließlich sei die Antragstellerin auch nicht in ihrem Recht aus Art. 14 EMRK auf Gleichbehandlung verletzt. Zwar könne eine nach Art. 14 EMRK verbotene Benachteiligung auch dann gegeben sein, wenn Staaten es ohne objektive und vertretbare Rechtfertigung unterlassen, Menschen, deren Lage sich erheblich von der anderer unterscheidet, auch unterschiedlich zu behandeln. Doch liege hier eine solche Rechtfertigung, wie im Rahmen des Art. 8 EMRK bereits festgestellt, vor, da es schlüssige Gründe dafür gebe, keine Ausnahmeregelungen in das Verbot der Suizidbeihilfe einzuführen. So werde die Grenze zwischen den wehr- und schutzlosen Personen und solchen, die keinerlei Schutz benötigen, häufig sehr eng sein, und würde der Versuch, Ausnahmeregelungen einzuführen, den beabsichtigten Schutz des Lebens stark aushöhlen und die Gefahr des Missbrauchs erheblich erhöhen (Nr. 87-89 der Urteilsausführungen).

(bb) Beurteilung und Konsequenzen

Nach der Verkündung des Urteils sagte die Antragstellerin: „Das Gesetz hat mir alle meine Rechte genommen." Sie starb knapp zwei Wochen später nach tagelangem Todeskampf an der Seite ihres Ehemannes, ohne dass dieser auf den Sterbevorgang Einfluss genommen

hätte.[26] Trotz ihres tragischen Schicksals und dem weitverbreiteten Verständnis, das ihrem Wunsch zu sterben entgegen gebracht wurde, wurde das restriktive Urteil überwiegend positiv aufgenommen.[27]
Kritisiert wurde aber etwa, dass der EuGMR nicht weiters ausgeführt habe, ob die staatliche Schutzpflicht für das Leben gemäß Art. 2 EMRK nicht zurücktreten kann oder gar muss, wenn und weil der Rechtsträger hierauf verzichtet, ob also der staatliche Schutz gegen den erklärten Willen des Betroffenen erfolgen soll. Es sei unter dem Aspekt der Gebotenheit nicht offensichtlich, dass diese Schutzpflicht im konkreten Fall eine staatliche Befugnis zu strafen enthält.[28] Auch wäre eine strenge Verhältnismäßigkeitsprüfung im Rahmen des Art. 8 EMRK vorzunehmen gewesen, da die Intimsphäre der Antragstellerin deutlich betroffen gewesen sei. Insofern hätte eine genauere Auseinandersetzung mit der Frage stattfinden müssen, ob nicht mildere Mittel wie die Statuierung eines Ausnahmetatbestandes, ggf. in Verbindung mit verfahrensrechtlichen Sicherungen für den Lebensschutz ausreichend gewesen wären, und damit mit der Frage der Erforderlichkeit der aktuellen britischen Regelung.[29] Schließlich seien auch die abschließenden Feststellungen des Gerichtshofes, dass entsprechende Ausnahmen vom Verbot der Suizidbeihilfe ernsthaft den Schutz des Lebens aushöhlen und das Missbrauchsrisiko erheblich vergrößern würden, fragwürdig insoweit, als sie sich den Vortrag der britischen Regierung völlig zu eigen zu machen scheinen und zu dem Missverständnis, die EMRK gebiete daher ein solches ausnahmsloses Verbot der Beihilfe zum Selbstmord, Anlass geben.[30]
Im Ergebnis ergebe sich aber auch aus dem Urteil des EuGMR hinreichend deutlich, dass die EMRK zwar die strafrechtliche Ahndung einer Beihilfe zum Suizid ohne Ausnahmen nicht verbietet, sie aber wohl auch nicht gebietet. Eine abschließende Beurteilung der Straflosigkeit der Selbstmordbeihilfe zumindest unter bestimmten Umständen wie in Deutschland (s. dazu unten C II. 4b) oder den Niederlanden (s.u. II.1a) enthält das Urteil indes also nicht.[31]
Dem Urteil des EuGMR ist letztendlich zuzustimmen, denn die EMRK gewährleistet eben nur ein Minimum an Grundrechtsstandards, die auf der gemeinsamen Rechtsüberzeugung aller europäischen Mitgliedsstaaten beruhen.[32] So etwas wie einen gemeinsamen europäischen Konsens gibt es in dem hochumstrittenen Bereich der aktiven Sterbehilfe und aktiven Suizidbeihilfe jedoch nicht. Es handelt sich vielmehr weitgehend um kriminalpolitische Optionen, deren Beurteilung aber dem Ermessen der einzelnen Staaten überlassen bleiben muss.[33] Das muss nicht bedeuten, dass jegliche Entscheidung am Lebensende außerhalb der EMRK steht. So dürfte etwa eine strafrechtliche Sanktion der (versuchten) Selbsttötung auf der Grundlage einer vollkommen freien Entscheidung einen unverhältnismäßigen Eingriff in Art. 8 Abs. 1 EMRK darstellen. Wie die Intervention eines Dritten in diesen Vorgang strafrechtlich zu beurteilen ist, muss demgegenüber grundsätzlich dem Verfassungsrecht und der Kriminalpolitik des einzelnen Staates überlassen bleiben. Wie auch der EuGMR ausgeführt hat, kann es insofern auch ausreichen, dass innerhalb des strafrechtlichen Instrumentariums ausreichende Fle-

---

[26] Vgl. Heymann, JuS 2002, 957, 958, Faßbender, JURA 2004, 115, 116.
[27] Heymann, JuS 2002, 957, 958, Faßbender, JURA 2004, 115, 118
[28] Faßbender, JURA 2004, 115, 119
[29] Faßbender, JURA 2004, 115, 120
[30] Faßbender, JURA 2004, 115, 120
[31] Heymann, JuS 2002, 957, 958, Faßbender, JURA 2004, 115, 120
[32] Vgl. Grabenwarter, EMRK, § 2 Rdnr. 14.
[33] Dies gilt auch für die Annahme einer Schutzpflicht des Staates aus Art. 2 EMRK, denn auch insoweit kommt den Mitgliedsstaaten ein gewisser Gestaltungsspielraum zu, s. hierzu grundsätzlich Grabenwarter, EMRK, § 20 Rdnr. 13 ff.

xibilität gewährleistet ist, um den Besonderheiten des Einzelfalls hinreichend Rechnung zu tragen.

b) Die Zusammenarbeit im Rahmen der Europäischen Gemeinschaft (EG) bzw. der Europäischen Union (EU)

Fraglich bleibt, inwieweit der Zusammenschluss europäischer Staaten zur EG bzw. zur EU von Auswirkung auf die Problematik der Sterbehilfe ist.[34]

Dabei ist zunächst der vorrangige Charakter insbesondere der EG als Wirtschaftsgemeinschaft zu betonen. Zu beachten ist indes auch, dass die EMRK auf den Grundrechtestandard der EU (und damit der EG) einwirkt. Denn gemäß Art. 6 Abs. 2 EU „achtet" die Union die Grundrechte, wie sie sich aus der EMRK ergeben, wenn sie auch nicht unmittelbar an die EMRK gebunden ist. Zudem legen der EuGMR und der Europäische Gerichtshof die jeweiligen Grundrechte bzw. Grundfreiheiten (aus der EMRK bzw. aus dem Unionsvertrag, dem EG-Vertrag und der EU-Grundrechtecharta) weitgehend parallel aus.[35]

Kriminalstrafrecht auf EG-Ebene im Sinne eines Gemeinschaftskriminalstrafrechts existiert derzeit nicht und ist für eine Setzung von Kriminalstrafrecht jedenfalls auf dem hier relevanten Gebiet der Sterbehilfe auch gar keine Befugnis der EG gegeben.[36] Zwar bestehen grundsätzlich weitgehende Harmonisierungsmöglichkeiten des jeweiligen nationalen Strafrechts durch sog. Rahmenbeschlüsse und völkerrechtliche Verträge zwischen den Mitgliedstaaten im Rahmen der polizeilichen und justiziellen Zusammenarbeit in Strafsachen (insbesondere in den Bereichen organisierte Kriminalität, Terrorismus und illegaler Drogenhandel) der EU, doch sind auch hier keinerlei Übereinkünfte hinsichtlich des rechtspolitisch höchst strittigen Themas der Sterbehilfe zu erwarten, das als Regelung des Lebensschutzes auch in den Kernbereich nationalen Strafrechts fällt.[37]

---

[34] Erwähnenswert sind insoweit auch die „Grundsätze der ärztlichen Ethik", die 1987 von der „Internationalen Konferenz der Ärztekammern und Organisationen mit entsprechenden Aufgaben" verabschiedet wurden. Dabei handelt es sich um einen Zusammenschluss entsprechender Ärzteorganisationen auf der Ebene der Europäischen Union. Diese Grundsätze stellen eine Art supranationale ärztliche Berufsordnung dar und enthalten auch einen eigenen Abschnitt zum Thema Sterbehilfe. Demnach sind das Leben des Patienten, die berufliche Ethik und die Entscheidungsfreiheit des Patienten stets zu achten. Im terminalen Stadium einer unheilbaren Krankheit könne sich der Arzt indes darauf beschränken, die körperlichen und moralischen Leiden des Patienten zu lindern. Es sei unabdingbares Gebot, dem Sterbenden bis zu seinem Tod beizustehen und so vorzugehen, dass seine Würde unangetastet bleibt. Vgl. zu diesen Grundsätzen Koch/Heinemann, in: Eser/Koch, Materialien zur Sterbehilfe, S. 782, 791 f.; sie sind dort auch auszugsweise abgedruckt. Zwar sind die Grundsätze sehr allgemein gehalten, doch lässt sich aus dem Gebot der Achtung des Lebens des Patienten zumindest eine Ablehnung aktiver (direkter) Sterbehilfe ableiten.

[35] Peters, Einführung in die EMRK, S. 2, 28 ff., Satzger, Die Europäisierung des Strafrechts, S. 31 Fn. 177, vgl. auch Grabenwarter, EMRK, § 4 Rdnr. 1 ff. In Art. 35 der Grundrechtecharta ist festgelegt, dass jede Person das Recht auf Zugang zur Gesundheitsvorsorge und auf ärztliche Versorgung nach Maßgabe der einzelstaatlichen Rechtsvorschriften und Gepflogenheiten zukommt. Bei der Festlegung und Durchführung aller Politiken und Maßnahmen der Union wird demnach ein hohes Gesundheitsschutzniveau sichergestellt. Zudem schützt die Grundrechtecharta wie die EMRK insbesondere das Recht auf Leben (Art. 2 der Charta) sowie auf Achtung des Privatlebens (Art. 7 der Charta), des weiteren explizit auch die Menschenwürde (Art. 1 der Charta). Die Grundrechtecharta ist allerdings derzeit noch nicht verbindlich (sie wird mit dem Europäischen Verfassungsvertrag, frühestens ab 01.11.2006, in Kraft treten) und kann daher nur als Orientierungshilfe herangezogen werden.

[36] Vgl. ausführlich zur Frage des Bestehens von Kriminalstrafrecht auf EG-Ebene und einer Befugnis zur Setzung solchen Kriminalstrafrechts Satzger, Europäisierung des Strafrechts, S. 58 ff., 92 ff.

[37] Zudem wäre insoweit das Einstimmigkeits- und ggf. Ratifikationserfordernis zu beachten, das eine Rechtsangleichung auf dem Gebiet der Sterbehilfeproblematik als zur Zeit völlig ausgeschlossen erscheinen lässt. Vgl.

Insgesamt ist die Tätigkeit der Europäischen Gemeinschaft bzw. Europäischen Union im Bereich der Sterbehilfe gering. Dies rührt schon aus den eingeschränkten Kompetenzen der EG bzw. der EU; so ist in Art. 152 Abs. 1 EG allein bestimmt, dass bei der Festlegung und Durchführung aller Gemeinschaftspolitiken und -maßnahmen ein „hohes Gesundheitsschutzniveau" sicherzustellen ist. Die Tätigkeit der Gemeinschaft ergänzt demnach nur die Politik der Mitgliedstaaten und ist auf die Verbesserung der Gesundheit der Bevölkerung, die Verhütung von Humankrankheiten und die Beseitigung von Ursachen für die Gefährdung der menschlichen Gesundheit gerichtet. Allerdings hat das Europäische Parlament in einer Entschließung im Jahr 1984 zwar die Kommission aufgefordert, einen Vorschlag für eine Europäische Charta der Rechte der Kranken vorzulegen, der unter anderem auch das „Recht auf einen würdigen Tod" enthalten sollte.[38] Soweit ersichtlich, ist eine solche spezifische Patientenrechtscharta aber bislang im Rahmen der Europäischen Union nicht ergangen.[39]
Bemerkenswert sind aber etwa die Programme der EU zur Förderung von Forschungsbereichen von besonderem europäischen Interesse.
So wurde im 4. Rahmenprogramm (Förderzeitraum 1994 – 1998) etwa eine Studie über Entscheidungen am Lebensende in Intensivstationen 17 europäischer Länder (unter anderem Spanien und Deutschland) erstellt.[40] Danach wurden sehr häufig Entscheidungen am Lebensende, insbesondere über Nichtaufnahme oder Abbruch lebenserhaltender Maßnahmen getroffen (in 73 % der Fälle). Ein aktives Verkürzen des Sterbeprozesses, also aktive direkte Sterbehilfe, war hingegen selten, kam aber gleichwohl in sieben Ländern vor (ca. 2 % der Fälle), vor allem in Mittel- und Nordeuropa. Insgesamt blieb für die Selbstbestimmung der Patienten wenig Raum: in 97 % aller Fälle wurde die Entscheidung am Lebensende nicht mit ihnen besprochen, wobei 95 % aller Patienten überhaupt nicht in der Lage waren, eine solche Entscheidung zu treffen, etwa weil sie bereits bewusstlos waren. Zwar wurde häufig die jeweilige Entscheidung mit der Familie besprochen, aber in etwa 32 % aller Fälle eine Unterredung aus verschiedenen Gründen auch unterlassen. Die Wünsche des Patienten sind demnach üblicherweise nicht bekannt. Kritisch wurde insoweit angemerkt, ob die Äußerung solcher Wünsche nicht bereits in einem früheren Stadium hätte ermöglicht werden können, um die Selbstbestimmung des Patienten in diesem Entscheidungsprozess zu stärken.[41]
Im 5. Rahmenprogramm (Förderzeitraum 1998 – 2002) wurde des weiteren eine Studie über ärztliche Entscheidungen am Lebensende, insbesondere über Fragen der Sterbehilfe, in sechs verschiedenen europäischen Staaten verfasst.[42] Dazu wurden von Juni 2001 bis Februar 2002 Daten über die Entscheidung der Nichtaufnahme oder des Abbruchs der Behandlung, der Schmerzlinderung mit lebensverkürzendem Effekt und der Überlassung oder Verabreichung von Mitteln mit dem direkten Ziel der Lebensbeendigung in Belgien, Dänemark, Italien, den

---

zur grundsätzlichen Möglichkeit der Harmonisierung nationaler Rechtsordnungen im Rahmen der polizeilichen und justiziellen Zusammenarbeit Satzger, Die Europäisierung des Strafrechts, S. 465 ff., 472.

[38] S. dazu Hanika, MedR 1999, 149, 150.

[39] Zu einem Überblick über die derzeitige Regelung der Patientenrechte in den EU-Mitgliedstaaten s. Hanika, MedR 1999, 149, 152 ff.

[40] Der Abschlussbericht „End of life decision-making and life ending procedures in European Intensive Care Units" ist im Internet unter http://europa.eu.int/comm/research/biosociety/pdf/bmh4_ct98_3788_partb.pdf abrufbar. Unter Förderung der Europäischen Kommission wurde auch eine Studie über Entscheidungen am Lebensende auf Intensivstationen für Neugeborene in sieben europäischen Ländern im Zeitraum 1996/1997 erstellt, s. Cuttini et al., The Lancet, 355 (2000), 2112 ff.

[41] S. den Abschlussbericht „End of life decision-making and life ending procedures in European Intensive Care Units" (Fn. 40), S. 14 ff.

[42] „Medical end-of-life decisions: attitudes and practices in six European Countries". Der 1. Teil der Studie wurde im Jahr 2003 in der medizinischen Fachzeitschrift „The Lancet" veröffentlicht.

Niederlanden, Schweden und der Schweiz erhoben. Grob zusammengefasst lässt sich dazu sagen, dass Länder mit restriktiver Gesetzgebung (wie Schweden, Dänemark und insbesondere Italien) generell niedrigere Werte hinsichtlich Entscheidungen am Lebensende aufwiesen.[43] Die Länder, deren Gesetzgebung oder geplante Gesetzgebung als liberaler anzusehen ist, wiesen dagegen generell höhere Fallzahlen von Entscheidungen am Lebensende auf.[44] Allerdings ist eine Verfälschung dieses Ergebnisses etwa durch die nur äußerst geringe Beteiligung Italiens an der Befragung nicht auszuschließen.[45] In jedem Fall sind die Zahlen hinsichtlich indirekter und direkter aktiver Sterbehilfe nicht uneingeschränkt verlässlich. Denn unter die Fallgruppe der Schmerzlinderung mit möglicherweise lebensverkürzendem Effekt (indirekte Sterbehilfe) wurden auch solche Fälle gezählt, in denen die Schmerzlinderung zumindest „teilweise mit der Absicht, den Tod des Patienten zu beschleunigen" durchgeführt wurde. Wo die lebensverkürzende Wirkung aber nicht mehr nur möglich erscheint oder sicher vorausgesehen wird, sondern ausdrücklich beabsichtigt wird, kann nicht mehr von indirekter Sterbehilfe die Rede sein.[46]

2. Die Auswirkungen europäischer Zusammenarbeit auf die nationalen Rechtsordnungen

Insgesamt kann daher festgestellt werden, dass zwar auf dem Gebiet europäischer Zusammenarbeit hohe Aktivitäten gerade auch im Bereich der Sterbehilfe und der Sterbebegleitung zu verzeichnen sind. Doch haben diese Aktivitäten wenig konkrete Auswirkungen. So sind bislang auf europäischer Ebene keinerlei für die Nationalstaaten verbindliche Entscheidungen oder Rechtstexte ergangen, die direkte Auswirkungen auf die einzelstaatliche Regelung der Sterbehilfe zeitigen konnten. Zwar sind solche verbindlichen Entscheidungen im Einzelfall (etwa durch ein Urteil des EuGMR) durchaus denkbar, doch sind sie gerade auf dem Gebiet der Sterbehilfe kaum zu erwarten. Denn es handelt sich insoweit um rechtspolitisch und ethisch höchst strittige Fragen, in denen auf europäischer Ebene nur ein Minimalkonsens (z.B. grundsätzliche Strafwürdigkeit der Tötung auf Verlangen außerhalb von Sterbehilfesituationen) zu erreichen ist. Doch darf insoweit die Signalwirkung von Vorschriften mit bloßem Empfehlungscharakter nicht zu gering eingeschätzt werden. Eine ausdrückliche Billigung etwa aktiver Sterbehilfe durch den Europarat hätte auf die Diskussion in den einzelnen Mitgliedstaaten großen Einfluss und würde den Befürwortern einer solchen Sterbehilfe ein Argument besonderen Gewichts verleihen, ist aber in näherer Zukunft höchst unwahrscheinlich. Die rechtliche, ethische und rechtspolitische Debatte bleibt indes erhalten.

---

[43] mit Ausnahme Dänemarks bei der Schmerzlinderung mit lebensverkürzenden Effekten und in geringerem Maße bei der aktiven direkten Lebensbeendigung ohne Verlangen des Patienten.

[44] Interessanterweise nehmen allerdings die Niederlande, was die Schmerzlinderung mit lebensverkürzenden Effekten, im Grunde also (auch) die Palliativmedizin, angeht, den vorletzten Häufigkeitsrang ein.

[45] Van der Heide et al., The Lancet, 361 (2003), 345 ff.

[46] S. insoweit auch die Kritik von Reuter, Die gesetzliche Regelung der aktiven ärztlichen Sterbehilfe des Königreichs der Niederlande, S. 121 f. hinsichtlich des Remmelink-Reports in den Niederlanden, vgl. unten Fn. 50.

II. Überblick über (ausgewählte) Regelungen im europäischen Ausland

Im Folgenden wird ein kurzer Überblick über die Behandlung der Sterbehilfe in ausgewählten europäischen Rechtsordnungen gegeben, deren Regelungen bezüglich der Sterbehilfe aufgrund ihrer Eigenarten von besonderem Einfluss auf die Diskussion in Deutschland und/oder Spanien zu erachten sind.[47]. Als herausragend sind in diesem Sinne sicherlich die Regelungen der Niederlanden und Belgiens zu werten, die mit ihrer Regelung aktiver Sterbehilfe, also der aktiven gezielten Tötung Schwerkranker, um deren Leiden abzukürzen (zur Begrifflichkeit s. im Einzelnen die Darstellung bei der Rechtslage in Deutschland (Abschnitt C I.) und Spanien (D III.1)), weitgehend juristisches Neuland beschritten haben. Aber auch die Behandlung der Sterbehilfe in der Schweiz, obgleich nicht Mitglied der Europäischen Union, ist aufgrund ihrer Besonderheiten (und sicherlich auch der geographischen Nähe sowie der teilweise gemeinsamen Sprachkultur) gerade für die rechtliche Debatte in Deutschland von Bedeutung, so dass auf diese ebenfalls näher eingegangen wird.

1. Die Regelung der Sterbehilfe in den Niederlanden

Im Rahmen der Sterbehilfe werden in den Niederlanden grundsätzlich drei Formen der Lebensbeendigung unterschieden: Die Euthanasie als bewusste, aktive Lebensverkürzung durch einen Arzt auf Verlangen des schwerkranken Patienten[48], die Beihilfe zum Selbstmord, bei der eine Person, regelmäßig ein Arzt, zur lebensbeendenden Handlung eines Selbstmörders beihilft, und die Lebensbeendigung ohne Verlangen, wenn die schwerkranke Person nicht in der Lage ist, ihren Willen zu formen und erkennbar zu machen, wie Komapatienten oder Neugeborene.[49]

---

[47] Einen Überblick über die Regelung europäischer Staaten im Bereich der Sterbehilfe bietet die Studie der Bioethikkommission des Europarates vom 20.01.2003 (Fn. 8), s. dazu oben I,1,a,aa,(4).

[48] Der Begriff „Euthanasie“ wird zwar wegen der negativen Vorbelastung in Deutschland aufgrund des sog. Euthanasieprogramms während der nationalsozialistischen Machtherrschaft, mit dem die gezielte Tötung Geisteskranker und Schwerbehinderter als sog. „lebensunwerten Leben“ praktiziert wurde, im Rahmen dieser Arbeit grundsätzlich vermieden; es soll stattdessen prinzipiell von „Sterbehilfe“ die Rede sein (s.u. C I.). Da der Begriff „Euthanasie“ im niederländischen Recht aber zur Umschreibung eines ganz bestimmten Falls der Sterbehilfe üblich ist, soll er in diesem spezifischen Sinne aus Gründen der Klarheit der Darstellung auch hier verwendet werden.

[49] Sagel-Grande, ZStW 111 (1999), 742 f. Der Begriff „passive Sterbehilfe“ als Unterlassen lebensverlängernder oder –erhaltender Maßnahmen wird in den Niederlanden nicht verwendet. Dazu kann ausgeführt werden, dass grundsätzlich eine Behandlung nicht ohne Zustimmung des Patienten abgebrochen werden darf. Ausnahmen bestehen aber, wenn die Behandlung medizinisch sinnlos geworden ist oder der Patient zuvor eine – im Zivilgesetzbuch vorgesehene – Verfügung getroffen hatte, dass er in diesem Fall der Entscheidungsunfähigkeit eine Behandlung ablehnt, vgl. die Studie des Europarates (Fn. 8), S. 3, 42. Auch wird der Begriff der indirekten Sterbehilfe nicht verwendet. Vielmehr fallen solche ärztlichen Maßnahmen, die auf Schmerzbekämpfung abzielen, auch wenn dadurch der Eintritt des Todes beschleunigt wird, unter das „normale ärztliche Handeln“ und sind somit nicht strafbar, vgl. Reuter, Die gesetzliche Regelung der aktiven ärztlichen Sterbehilfe des Königreichs der Niederlande, S. 6.

a) Die aktuelle gesetzliche Regelung und ihre Entstehung

Die heutige Regelung ist Ergebnis einer langjährigen Entwicklung und in wesentlichen Teilen Kodifizierung der Rechtsprechung der niederländischen Gerichte und der ärztlichen Praxis.[50] Dabei ist zunächst festzuhalten, dass Euthanasie, Beihilfe zum Selbstmord und Beendigung des menschlichen Lebens ohne Verlangen auch in den Niederlanden grundsätzlich strafbar sind.[51]

aa) Entwicklung der Rechtsprechung und erste gesetzgeberische Reaktionen

Hatte die Rechtsprechung bereits zuvor nur äußerst milde Urteile in Fällen mit Bezug zu Sterbehilfesituationen gefällt und dabei schon wesentliche Voraussetzungen der Euthanasie formuliert, musste sich der Hohe Rat, das höchste Gericht der Niederlande, zum ersten Mal im Jahr 1984 mit der Frage einer eventuellen Straflosigkeit der Euthanasie auseinandersetzen. Er hielt eine Rechtfertigung ärztlicher Euthanasie grundsätzlich für möglich und hat in den darauf folgenden Jahren die von der Königlich Niederländischen Gesellschaft der Ärzte formulierten Bedingungen, nämlich Freiwilligkeit des Ersuchens, gründliche Überlegungen, dauerhafter Wunsch, das Leben zu beenden, schweres, unerträgliches Leiden und die Konsultation eines Kollegen, als Kriterien einer solchen Rechtfertigung aufgestellt. In der Praxis führte dies dazu, dass alle ärztlichen Handlungen, die das Leben eines Menschen beendeten, dem zuständigen Amtsarzt gemeldet werden mussten, der seinerseits verpflichtet war, die Staatsanwaltschaft zu unterrichten. Diese konnte im Rahmen des (umfassend geltenden) Opportunitätsprinzips von der Eröffnung des Strafverfahrens absehen, wenn die Lebensbeendigung auf das dringende Verlangen des Patienten hin erfolgte und die entsprechenden Sorgfaltskriterien eingehalten wurden. Dieses Meldeverfahren wurde im Jahr 1994 durch Ergänzung des Bestattungsgesetzes auf eine gesetzliche Grundlage gestellt.[52] Im Jahr 1998 wiederum wurde das Meldeverfahren neu geregelt und wurden insbesondere fünf interdisziplinäre regionale Kommissionen für die Prüfung der Lebensbeendigungen auf Verlangen und die Beihilfe zur Selbsttötung geschaffen. Die Kommissionen hatten dann eine Stellungnahme gegenüber dem Kollegium der Obersten Staatsanwälte abzugeben, die allerdings nicht bindend war. Es war aber davon auszugehen, dass die Staatsanwaltschaft, wenn die Kommission zu der Ansicht kam, dass die Sorgfaltskriterien eingehalten waren, regelmäßig von der Strafverfolgung absah. Eine Entkriminalisierung im eigentlichen Wortsinn lag damit aber noch nicht vor.[53]

---

[50] Tak, ZStW 113 (2001), 905, 907, Janssen, ZRP 2001, 179, 183

[51] So ist die Tötung eines Menschen auf sein Verlangen hin in Art. 293 Abs. 1 niederländisches StGB mit Freiheitsstrafe bis zu zwölf Jahren oder Geldstrafe bedroht, die Beihilfe zum Selbstmord gemäß Art. 294 Abs. 1 nlStGB mit Freiheitsstrafe bis zu drei Jahren oder Geldstrafe. Die Beendigung menschlichen Lebens ohne Ersuchen ist grundsätzlich als Totschlag oder Mord einzustufen und damit gemäß Art. 287, 289 nlStGB mit einer Freiheitsstrafe bis zu 20 Jahren oder ebenfalls Geldstrafe bedroht. Allerdings bestand bereits früher die Möglichkeit einer Straffreiheit nach allgemeinen Vorschriften, insbesondere aufgrund Notstands gemäß Art. 40 nlStGB, vgl. Sagel-Grande, ZStW 111 (1999), 742, 743; s. dazu auch Reuter, Die gesetzliche Regelung der aktiven ärztlichen Sterbehilfe des Königreichs der Niederlande, S. 11 f.

[52] Sagel-Grande, ZStW 111 (1999), 742, 745 ff.

[53] Sagel-Grande, ZStW 111 (1999), 742, 750 ff., zur Entwicklung der Rechtsprechung und des gesetzgeberischen Verfahrens s. auch ausführlich Tak, ZStW 113 (2001), 905, 907 ff., Janssen, ZRP 2001, 179 ff. sowie Reuter, Die gesetzliche Regelung der aktiven ärztlichen Sterbehilfe des Königreichs der Niederlande, S. 15 ff., 71 ff. Zur Entwicklung der ärztlich-berufsständischen Regelwerke und des Standesrechts in den Niederlanden s. weiterhin Reuter, aaO, S. 50 ff.

bb) Das Gesetz über die Kontrolle der Lebensbeendigung auf Verlangen und der Hilfe bei der Selbsttötung vom 12.04.2001

Durch das Gesetz über die Kontrolle der Lebensbeendigung auf Verlangen und der Hilfe bei der Selbsttötung vom 12.04.2001, in Kraft getreten am 01.04.2002, wurde nunmehr ein besonderer Strafausschließungsgrund in Art. 293 Abs. 2 nlStGB eingefügt, dem zufolge die Tötung eines anderen auf sein Verlangen hin nicht strafbar ist, wenn sie von einem Arzt begangen worden ist, der dabei die Sorgfaltskriterien gemäß Art. 2 des Gesetzes zur Überprüfung von Lebensbeendigung auf Verlangen und Hilfe bei der Selbsttötung erfüllt und den kommunalen Leichenbeschauer nach Art. 7 Abs. 2 des Gesetzes über das Leichen- und Bestattungswesen informiert hat. In einem neuen Abs. 2 des Art. 294 nlStGB wird auf Art. 293 Abs. 2 nlStGB verwiesen und damit die Straflosigkeit der Beihilfe zu einer Selbsttötung ermöglicht, wenn sie von einem Arzt begangen wurde.[54]

Nach den Sorgfaltskriterien in Art. 2 des Gesetzes über die Lebensbeendigung muss der Arzt zu der Überzeugung gelangt sein, dass der Patient freiwillig und nach reiflicher Überlegung um Sterbehilfe gebeten hat und sein Zustand aussichtslos sowie sein Leiden unerträglich ist. Weiterhin muss er den Patienten über seinen Zustand und dessen Aussichten informiert haben und mit ihm zur Überzeugung gelangt sein, dass es in diesem Krankheitsstadium keine angemessene andere Lösung mehr gibt. Zudem muss er mindestens einen anderen unabhängigen Arzt hinzugezogen haben, der den Patienten gesehen und ein schriftliches Urteil über die Einhaltung dieser Kriterien abgegeben hat, und schließlich bei der aktiven Lebensbeendigung bzw. der Suizidbeihilfe aus medizinischer Sicht sorgfältig vorgegangen sein.

Anschließend muss er dem kommunalen Leichenbeschauer die Sterbehilfe unter Beifügung eines anhand eines Formulars erstellten Berichts über die Einhaltung der Sorgfaltskriterien melden. Kommt der kommunale Leichenbeschauer zur Auffassung, dass die genannten Kriterien nicht eingehalten wurden, so stellt er keinen Totenschein aus, sondern meldet dies vielmehr dem Staatsanwalt. In jedem Fall teilt er den Vorgang unverzüglich der in Art. 3 des Gesetzes über die Lebensbeendigung geregelten regionalen Kontrollkommission mit. Diese Kommission muss dann die Einhaltung der Sorgfaltskriterien überprüfen und innerhalb von sechs Wochen dem Arzt ihr begründetes Urteil zur Kenntnis zu bringen. Kommt die Kommission zu dem Ergebnis, dass die vorgeschriebenen Sorgfaltskriterien nicht eingehalten wurden, informiert sie die Staatsanwaltschaft und die regionale Gesundheitsbehörde. Diese überprüfen dann beide, ob der Arzt strafrechtlich zu verfolgen ist.

Hinsichtlich nicht mehr äußerungsfähiger Patienten ist lediglich in Art. 2 Abs. 2 des Gesetzes über die Lebensbeendigung die Möglichkeit einer vorweggenommenen Verfügung, einer Art Patientenverfügung, hinsichtlich der Lebensbeendigung vorgesehen.[55] Auch in Bezug auf Minderjährige ist in begrenztem Umfang straffreie Euthanasie möglich.[56]

---

[54] Hintergrund dieser Regelung ist nicht nur, die besondere Konfliktsituation des Arztes in Sterbehilfesituationen anzuerkennen, sondern auch der Wunsch der niederländischen Politik, sichtbar zu machen, was passiert, und damit Kontrolle über die Praxis ärztlicher Sterbehilfe zu bekommen bzw. zu behalten, Wolfslast, FS für Schreiber, S. 913, 922.

[55] Der Arzt darf auf dieser Grundlage das Leben des Patienten beenden, wenn dieser mindestens 16 Jahre alt ist und nun nicht mehr zur Willensäußerung fähig ist, er aber die schriftliche Erklärung mit der Bitte um Lebensbeendigung in einem Zustand abgegeben hat, in dem von seiner angemessenen Einschätzung seiner Belange ausgegangen werden konnte. Die Sorgfaltskriterien sind dann entsprechend anzuwenden.

[56] So kann der Arzt bei Patienten zwischen 16 und 18 Jahren einem Verlangen nach Euthanasie bzw. der Bitte nach Suizidbeihilfe nachkommen, wenn davon ausgegangen werden kann, dass sie zu einer vernünftigen Beurteilung ihrer Interessen in der Lage sind, und der oder die Erziehungsberechtigten in die Beschlussfassung einbezogen wurden, Art. 2 Abs. 3 des Gesetzes über die Lebensbeendigung. Das Gleiche gilt bei Patienten zwischen 12 und 16 Jahren, die zu einer vernünftigen Beurteilung ihrer Interessen fähig erscheinen, wenn Eltern

Neben dem besonderen Rechtfertigungsgrund nach Art. 293 Abs. 2 nlStGB ist im Übrigen noch der allgemeine Strafausschließungsgrund des Art. 40 nlStGB anwendbar und kann aktive Sterbehilfe damit ausnahmsweise straflos bleiben, obschon die Voraussetzungen des Art. 293 Abs. 2 nlStGB nicht erfüllt sind. Denn Art. 293 Abs. 2 nlStGB soll nicht als abschließende Sonderregelung für Sterbehilfekonstellationen anzusehen sein.[57]
Schließlich ist noch festzuhalten, dass der Patient auch nach der Neuregelung keinen Anspruch auf Euthanasie oder Suizidbeihilfe gegen den Arzt hat. Denn es handelt sich insoweit zwar um eine „medizinische Behandlung", die nach den Regeln der ärztlichen Kunst auszuführen ist, jedoch nicht um eine *normale* medizinische Behandlung. Der Arzt kann sich daher dem Verlangen des Patienten ohne weiteres verweigern. Es wird allerdings erwartet, dass er ihn dann an einen anderen Arzt verweist, wenn er hierzu auch nicht gesetzlich verpflichtet ist.[58]

b) Die Sterbehilfe in der niederländischen Rechtswirklichkeit

Von höchster Bedeutung ist nun der Umgang mit Sterbehilfe, insbesondere der Euthanasie und der Suizidbeihilfe, in der niederländischen Rechtswirklichkeit.[59]
Besonders interessant erscheint dabei, ob anhand der verfügbaren statistischen Zahlen vor und nach der Gesetzesänderung Auswirkungen der rechtlichen Regelungen auf die Rechtswirklichkeit festgestellt werden können, insbesondere, ob sich ein Hinweis auf den so oft beschworenen Dammbruch ergibt. Allerdings sind Zahlen zur Häufigkeit von ärztlichen Entscheidungen am Lebensende nach der offiziellen Entkriminalisierung noch nicht verfügbar. Jedoch lassen sich evtl. Rückschlüsse auch aus Zahlenmaterial aus den Jahren zuvor im Zusammenhang mit der allmählichen Liberalisierung ziehen. Dabei können hier nur grobe Anhaltspunkte gegeben werden, die umfassende Auswertung solcher Daten der Rechtswirklichkeit würde indes den Rahmen der vorliegenden Arbeit sprengen.
Im sog. Remmelink-Report aus dem Jahr 1990, der Studie van der Wal/van der Maas aus dem Jahr 1995 und dem Bericht über medizinische Entscheidungen am Lebensende aus dem Jahr 2001 wurden Daten über die Sterbehilfepraxis niederländischer Ärzte gesammelt. Dabei wurden Ärzte in anonymisierter Weise befragt, in wie vielen und welchen Fällen sie das Leben von Patienten beendet und inwieweit sie sich dabei an die (von der Rechtsprechung aufgestellten) Sorgfaltskriterien gehalten hatten, sowie die ausgestellten Totenscheine einer Untersuchung unterworfen.
Euthanasie (also aktive, direkte Sterbehilfe in Form einer Tötung auf Verlangen) wurde demnach 1990 bei 2.300 Menschen durchgeführt, Beihilfe zum Selbstmord in 400 Fällen. Im Jahr 1995 wurde demgegenüber bei 3.200 Menschen Euthanasie durchgeführt, und in ebenfalls 400 Fällen Suizidbeihilfe. Damit ergibt sich für das Jahr 1995 eine Zunahme von 900 Fällen, in denen Euthanasie durchgeführt wurde. Im Jahr 2001 wurde indes bei 3.500 Menschen Euthanasie vorgenommen und bei 300 Personen Beihilfe zum Suizid. Es ist damit gegenüber dem Jahr 1995 eine Zunahme von 300 Personen hinsichtlich Euthanasie und eine Abnahme der Selbstmordbeihilfe um 100 Fälle zu verzeichnen. Dabei wurden im Jahr 1990 nur 18 %

---

oder Vormund sich damit einverstanden erklären, Art. 2 Abs. 4 des Gesetzes über die Lebensbeendigung. Vgl. die Darstellung der aktuellen Gesetzeslage bei Schreiber, FS für Rudolphi, S. 543, 546 ff., Tak, ZStW 113 (2001), 905, 914 ff. sowie bei Oduncu/Eisenmenger, MedR 2002, 327 f.

[56] Oduncu/Eisenmenger, MedR 2002, 327, 328

[57] Tak, ZStW 113 (2001), 905, 919 f.

[58] Vgl. Tak, ZStW 113 (2001), 905, 918 f.

[59] Vgl. Lindemann, ZStW 117 (2005), 208 f., 213 ff.

aller Euthanasie-Fälle an die Staatsanwaltschaft gemeldet, im Jahr 1995 (also bereits nach Einführung des offiziellen Meldeverfahrens) immer noch nur 41 % und im Jahr 2001 schließlich 54 % der Euthanasie-Fälle. Zudem wurden im Jahr 1990 bei 1000 Patienten aktive Sterbehilfe durchgeführt, ohne dass deren Verlangen vorlag, im Jahr 1995 waren es 900 Patienten und im Jahr 2001 980.[60]
Von Interesse ist schließlich auch der Vergleich, in wie vielen Fällen ein Verlangen nach Euthanasie ausgesprochen wurde. Dies waren im Jahr 1990 8900 Fälle, in denen ausdrücklich ein Verlangen nach Euthanasie vorlag, im Jahr 1995 wie auch im Jahr 2001 dagegen 9700 Bitten, wobei die Ärzte jeweils nur etwa einem Drittel der Bitten nach Euthanasie nachkamen.[61]

c) Bewertung und Kritik

Höchst unterschiedlich sind nun die Folgerungen, die aus diesen Zahlen gezogen werden können.
So sollen diese nach einer Ansicht „unmissverständlich" offenlegen, dass die bisherige Duldungspolitik des niederländischen Staates einen nicht mehr aufzuhaltenden Missbrauch der Euthanasie in Gang gesetzt habe. Dies wird vor allem auf die hohen Zahlen derjeniger, bei denen Euthanasie ohne deren ausdrückliches Verlangen durchgeführt wurde, wie auch den weiterhin hohen Anteil von Nichtmeldungen trotz Einführung des Meldeverfahrens und faktischer Straffreiheit der Euthanasie bei Beachtung der Sorgfaltskriterien gestützt.[62]

---

[60] Oduncu/Eisenmenger, MedR 2002, 327, 328 f., Finger, MedR 2004, 379 f. Von besonderem Interesse sind aber auch Zahlen, die zur indirekten Sterbehilfe erhoben und als „normales ärztliches Handeln" nicht als Euthanasie eingeordnet wurden. So wurden in 22.500 Fällen im Jahr 1990 Medikamente mit dem Ziel der Schmerzbekämpfung in derart hoher Dosis verabreicht, dass nahezu sicher das Leben des Patienten verkürzt wurde. Dabei spielte zu einem großen Teil auch die Absicht, das Leben zu beenden, eine Rolle. In 6.750 dieser Fälle wurden Schmerzmittel „teilweise zum Zweck der Lebensverkürzung" verabreicht (wobei die „Billigung möglicher Lebensverkürzung" eine eigene, andere Kategorie bildete), in weiteren 1.350 Fällen „zum unverhüllten Zweck der Lebensverkürzung" eingesetzt. Damit stellt sich die Frage, ob nicht im Grunde weitere 8.100 Fälle als aktive direkte Sterbehilfe ohne Verlangen oder als „Euthanasie" im Sinne der niederländischen Rechtslehre und Rechtsprechung, also aktive direkte Sterbehilfe mit Verlangen, einzuordnen wären; kritisch hierzu Reuter, Die gesetzliche Regelung der aktiven ärztlichen Sterbehilfe des Königreichs der Niederlande, S. 121 f., 156 sowie Oduncu/Eisenmenger, MedR 2002, 327, 328 f. Die Zahlen aus dem Jahr 1995 für die indirekte Sterbehilfe sind indes kaum mit denen aus dem Jahr 1990 vergleichbar. So wurden der Untersuchung der Totenscheine zufolge in etwa 2.600 Fällen schmerzbekämpfende Mittel „teilweise zum Zweck, das Lebensende zu beschleunigen" verabreicht, wobei nur eine andere Kategorie „Billigung der Beschleunigung des Lebensendes" gegenüber stand (die zusätzliche im Jahr 1990 verwendete Kategorie „zum unverhüllten Zweck der Lebensverkürzung" fehlte indes). In der retrospektiven Untersuchung stand den Ärzten zur Frage nach ihren Absichten bei der Verabreichung von Schmerzmitteln ausschließlich die Antwort „Billigung der Beschleunigung des Lebensendes" zur Auswahl. Insofern kann eine Abnahme der Fälle, in denen die Verabreichung von schmerzlindernden Mitteln (zumindest auch) in der Absicht der Lebensverkürzung erfolgte, nicht geschlussfolgert werden. Im Jahr 2001 sind wiederum Zahlen verfügbar, denen zufolge in ca. 29.400 Fällen von einer potentiellen Lebensverkürzung infolge Schmerz- oder Symptombekämpfung auszugehen ist. Davon war in 2.800 Fällen die Beschleunigung des Todeseintritts das ausdrückliche Ziel, während dies in den übrigen 26.600 Fällen nur in Kauf genommen wurde. Danach ergibt sich für die Fälle, in denen schmerzbekämpfende Mittel auch mit der Absicht, das Lebensende zu beschleunigen, eingesetzt wurden, gegenüber 1995 eine Zunahme von 200 Fällen, vgl. Finger, MedR 2004, 379, 381.

[61] Oduncu/Eisenmenger, MedR 2002, 327, 328, Finger, MedR 2004, 379, 380

[62] Oduncu/Eisenmenger, MedR 2002, 327, 329; die Gefahr des Missbrauchs bereits unter dem in den 1990er Jahren eingeführten Kontrollregime betont insbesondere Reuter, Die gesetzliche Regelung der aktiven ärztlichen Sterbehilfe des Königreichs der Niederlande, S. 187 ff. Demnach ist eine wirksame Kontrolle schon deshalb

Eine andere Auffassung hebt indes positiv hervor, dass nach den Untersuchungen etwa Geldmangel keine Rolle bei der Entscheidung, aktive Sterbehilfe auch ohne Verlangen durchzuführen, gespielt habe. Vielmehr sei es den Ärzten überwiegend darauf angekommen, unerträgliches Leiden zu beenden oder ein würdiges Sterben zu ermöglichen. Des weiteren werden die Gründe, aus denen heraus kein Verlangen vorliegen konnte (Bewusstlosigkeit, Demenz etc.), hervorgehoben.[63] Auch wird die hohe Anzahl derjenigen Fälle, in denen kein Verlangen nach Euthanasie vorlag, und die Durchführung aktiver Sterbehilfe ohne Verlangen auch nicht gemeldet wurde, nur zum Anlass genommen, ein spezielles Prüfungsverfahren bzw. eine gesetzliche Regelung dieser Sterbehilfe ohne Verlangen zu fordern, nicht aber etwa, ein härteres Vorgehen der Strafverfolgungsbehörden zu verlangen.[64]
Offensichtlich scheint die Einstellung des jeweiligen Autors bei der Beurteilung der Zahlen nicht ganz ohne Bedeutung zu sein. Dabei ist aber auch zu berücksichtigen, dass Schlüsse aus diesen Zahlen nur mit großer Vorsicht und unter großen Schwierigkeiten gezogen werden können. So ist bei dem Vergleich absoluter Zahlen schon auf den Anstieg von Todesfällen im Jahr 2001 (immerhin 4.700 Todesfälle mehr) gegenüber 1995 und von 1995 (6.900 Todesfälle mehr) gegenüber 1990 hinzuweisen, wobei unklar ist, auf welchen Faktoren dieser Anstieg beruht (demographische Ursachen, Zunahme bestimmter Krankheiten, oder gerade die vermehrte Praktizierung von Sterbehilfe?). Auch ist aus dem Anstieg der Anzahl an Euthanasie-Verlangen und der Durchführung von Euthanasie allein noch kein Missbrauch erkennbar. Vielmehr ließe sich ein solcher Anstieg ja auch gerade darauf zurückführen, dass nunmehr Patienten, die sich ansonsten zu unerträglichem Leiden gezwungen gesehen hätten, eben von der Möglichkeit (faktisch strafloser) Euthanasie Gebrauch machen wollten. Denkbar ist auch, dass in Fällen, in denen zuvor Schmerzmittel mit der Absicht der Lebensverkürzung angewandt wurden, nunmehr Euthanasie durch Injektion direkt lebensverkürzender Mittel praktiziert wurde, was zugleich die (jedenfalls scheinbare) Abnahme „indirekter Sterbehilfe“[65] erklären würde. Schließlich kann die hohe Anzahl derer, die Euthanasie-Fälle nicht meldeten, mit der damals noch bestehenden Rechtsunsicherheit einer bloß faktischen, nicht aber offiziellen Straflosigkeit im Sinne einer formellen Entkriminalisierung zusammenhängen.
Interessant sind im Übrigen aber auch die Einstellungen der niederländischen Ärzte und ihre Veränderung mit der Zeit. So hat die Bereitschaft, Euthanasie durchzuführen, konstant zugenommen (1990 lehnen 4 % der Ärzte jegliche Mitwirkung an Euthanasie (auch durch Überweisung an einen anderen Arzt) ab; 1995: 3 %; 2001: nur noch 1 %). Gleichzeitig nahm die Prozentzahl derjenigen, die niemals Euthanasie ohne Verlangen leisten würden, weit zu (1990: 41 % aller Ärzte; 1995: 45 % und 2001: 71 %).[66] Entgegen den Dammbruchbefürchtungen scheint die Einstellung der Ärzte also prinzipiell eher restriktiv zu werden.

---

nicht gewährleistet, weil sich diese auf eine nachträgliche Prüfung der Sorgfaltspflichten durch die Prüfungskommissionen beschränkt. Verstöße würden (voraussichtlich) nicht nur regelmäßig toleriert, sondern seien auch im Einzelfall schlicht nicht feststellbar. Dem Missbrauch durch Falschmeldung seien Tür und Tor geöffnet. Die befürchtete unfreiwillige aktive ärztliche Sterbehilfe sei unkontrollierbar und damit letztendlich unvermeidbar. S. auch Reuter, aaO, S. 141 ff., zur Entwicklung aktiver ärztlicher Sterbehilfe ohne Verlangen, insbesondere bei einwilligungsunfähigen Patienten.

[63] Tak, RP 12 (2003), 109, 116 ff.

[64] Vgl. etwa Finger, MedR 2004, 379, 382 unter Berufung auf die Ergebnisse des Berichtes über medizinische Entscheidungen am Lebensende aus dem Jahr 2001.

[65] Zur Einschätzung, dass auch solche Fälle an sich weitgehend unter (grundsätzlich) strafbare Euthanasie zu zählen sein dürften, s.o. Fn. 60.

[66] S. Onwuteaka-Philipsen et al., The Lancet 362 (2003), 395, 397 ff. Allerdings nahm auch der Anteil derjenigen Ärzte zu, die der Ansicht waren, dass wirtschaftliche Maßnahmen in der Gesundheitsversorgung den Druck auf Ärzte, Sterbehilfe zu leisten, erhöhen würden (1990: 9 % der Ärzte; 1995: 12 % und 2001: 15 %).

Letztendlich würden solche Zahlen indes erst dann volle Relevanz gewinnen, wenn sie mit solchen aus Ländern wie Deutschland, in denen aktive direkte Sterbehilfe grundsätzlich unter keinen Umständen zulässig ist (dazu ausführlich unten C II.1c) verglichen werden könnten, um den Einfluss einer liberaleren oder restriktiveren Politik in diesem Zusammenhang auch nur ansatzweise abschätzen zu können. Denn es dürfte nicht zu bestreiten sein, dass auch bei absolutem Verbot der Tötung auf Verlangen eine gewisse Dunkelziffer an Fällen, in denen gleichwohl aktiv Sterbehilfe geleistet wurde, angenommen werden muss. Zwar weisen nach derzeit verfügbarem Zahlenmaterial Länder mit restriktiver Gesetzgebung generell niedrigere Werte hinsichtlich Entscheidungen am Lebensende gegenüber Ländern auf, deren Gesetzgebung oder geplante Gesetzgebung als liberaler anzusehen ist.[67] Doch bleibt danach der Einfluss anderer Faktoren wie etwa die überwiegenden religiösen Einstellungen der Bevölkerung oder sonstiger sozio-kultureller Faktoren unbestimmt. Und zu bedenken ist auch, dass allein höhere Fallzahlen noch nicht unbedingt auf einen Missbrauch hindeuten: so kann etwa eine weitere Lebensverlängerung aufgrund restriktiver Vorschriften im Einzelfall auch eine bloße sinnlose oder unerwünschte Leidensverlängerung darstellen.

Unabhängig von einer detaillierten empirischen Auswertung lässt sich an der niederländischen Regelung aber Kritik üben. So ist die Abgrenzbarkeit hoffnungsloser Zustände des Kranken schwierig. Lässt man eine aktive gezielte Tötung auf Verlangen überhaupt zu, können – durch die Frage an den Kranken, ob man sein Leben beenden solle – Gefahren für krankes und schwergeschädigtes Leben entstehen. Gerade angesichts knapper werdender Ressourcen besteht das Risiko, dass, wenn Alte und Kranke vor die Alternative gestellt werden, mit hohen Kosten weiter behandelt zu werden, oder ein schnelles Ende zu verlangen, ein erheblicher Einfluss auf diese Entscheidung genommen werden könnte.[68] Auch lässt sich anführen, dass bei der Zulassung bestimmter Ausnahmen eine immanente Tendenz zur Ausweitung besteht. Als Argument kann hier dienen, dass nunmehr in den Niederlanden bereits die Frage einer Rechtfertigung in der Diskussion ist, wenn ein Verlangen im Zeitpunkt der Sterbehilfe nicht vorliegt bzw. vorliegen kann.[69] Die niederländische Regelung ist auch insofern angreifbar, als die (nur nachträglichen) Kontrollmechanismen allzu leicht umgangen werden können. Der Arzt kann der gesetzlich vorgeschriebenen Sorgfaltspflicht einfach dadurch entkommen, dass er nicht meldet und stattdessen eine natürliche Todesursache bescheinigt.[70] Auch der praktische Ausschluss der Staatsanwaltschaft durch Übertragung der Kontrolle auf eine externe Kommission wird kritisiert, weil dadurch ein gravierendes Defizit an rechtsstaatlicher Kontrolle entstehe.[71] Gerade im Bereich der Verfolgung von Straftaten gegen das Leben als gravierendsten Delikten erscheint ein Zurückziehen des Staates zu Gunsten staatlicher Kontrolle kaum unterstehender Kommissionen zweifelhaft. Zusammengefasst führt die niederländische Regelung zwar zu einer erheblichen Bürokratisierung ärztlicher Entscheidungen am Lebensende, der aber keine wirksame Missbrauchskontrolle durch den Staat gegenüber steht.

---

[67] Vgl. insoweit etwa die Studie über ärztliche Entscheidungen am Lebensende und damit insbesondere über Fragen der Sterbehilfe in sechs verschiedenen europäischen Staaten mit Daten aus den Jahren 2001 und 2002 (Fn. 42).

[68] Schreiber, FS für Rudolphi, S. 543, 550 f., vgl. auch Oduncu/Eisenmenger, MedR 2002, 327, 329.

[69] Schreiber, FS für Rudolphi, S. 543, 550 (oder etwa auch die Frage einer Suizidbeihilfe, wenn dem Betroffenen im Grunde nichts fehlt als der Wille weiterzuleben, vgl. Tak, ZStW 113 (2001), 905, 921 f.).

[70] Oduncu/Eisenmenger, MedR 2002, 327, 329; dabei darf aber nicht übersehen werden, dass dies ebenso im Falle einer Regelung, die ein absolutes Verbot der Tötung auf Verlangen vorsieht, möglich ist, da eine Obduktion regelmäßig nicht angeordnet werden wird, wenn der Patient bereits schwer krank war und der behandelnde Arzt einen natürlichen Tod bescheinigt.

[71] Kintzi, DRiZ 2002, 256, 262, s. auch Oduncu/Eisenmenger, MedR 2002, 327, 329.

d) Auswirkungen auf die Rechtspraxis anderer Länder

Hinsichtlich der Auswirkungen der niederländischen Regelung der Sterbehilfe auf die Rechtspraxis anderer Länder, insbesondere Deutschland und auch Spanien, lassen sich zwei Aspekte unterscheiden.

So ist zunächst die Frage nach einem unmittelbaren Einfluss der Regelung derart, dass es zu einer Art „Euthanasie-Tourismus" von schwerkranken Patienten insbesondere aus Deutschland in die Niederlande kommen könnte, zu behandeln. Die einzuhaltenden Sorgfaltskriterien werden allerdings dahingehend interpretiert, dass zwischen dem Arzt und dem Patienten ein Vertrauensverhältnis bestehen und der Arzt den Patienten gut kennen muss. Denn nur dann könne der Arzt beurteilen, ob sich der Patient in einem aussichtslosen Zustand befinde, unerträglich leide und seine Bitte um Sterbehilfe freiwillig und nach reiflicher Überlegung geäußert habe. Auch das Erfordernis, der Arzt müsse den Patienten über sein Leiden und seine Aussichten informiert haben und mit ihm zur Überzeugung gekommen sein, dass kein anderer Ausweg möglich sei, setzt ein gewisses Vertrauensverhältnis voraus. Ein „Sterbehilfe-Tourismus" von Deutschen in die Niederlande, um die dortige liberale Rechtsregelung auszunutzen, dürfte daher ausscheiden.[72]

Einen zweiten, anderen Aspekt stellt aber die Auswirkungen der niederländischen Entkriminalisierung auf die deutsche wie auch die spanische Rechtsdiskussion dar. Insoweit kann der Einfluss der Neuregelung nicht hoch genug geschätzt werden. Dabei ist zu betonen, dass die niederländische Regelung nicht nur eine Debatte in juristischen Kreisen zur Folge hatte, sondern auch von der Öffentlichkeit in besonderem Maße wahrgenommen wurde. Ganz überwiegend dürften dabei die kritischen und ablehnenden Stimmen gewesen sein.

An dieser Stelle kann bereits festgehalten werden, dass die Entwicklung in den Niederlanden sicherlich nicht in allen Punkten wünschenswert ist. Auch die aktuelle gesetzliche Regelung weist gravierende Defizite jedenfalls insoweit auf, als die nachträgliche Kontrolle viel zu leicht umgangen werden kann und der Rückzug staatlicher Kontrollorgane in einem Feld, in dem es immerhin um die Beendigung menschlichen Lebens, also den Schutz eines der allerhöchsten Rechtsgüter geht, äußerst bedenklich ist.[73]

2. Die Regelung der Sterbehilfe in Belgien

Im Folgenden soll nun die Behandlung aktiver Sterbehilfe in Belgien als zweitem Land in Europa, das eine offizielle Entkriminalisierung aktiver Sterbehilfe auf Verlangen unter bestimmten Voraussetzungen vorgenommen hat, kurz dargestellt werden. Die Regelung der Sterbehilfe in Belgien durch Gesetz vom 28.05.2002 ist offensichtlich von der Regelung des Nachbarlandes Niederlanden beeinflusst; es ist der niederländischen Regelung in weiten Teilen vergleichbar.

Sterbehilfe stellt nach Art. 2 des Gesetzes vom 28.05.2002 jede von einem Dritten vorgenommene Handlung dar, welche das Leben einer Person auf deren Verlangen hin vorsätzlich beendet. Umfasst ist daher die aktive direkte Sterbehilfe, nicht aber die (aktive) Beihilfe zum Suizid.[74]

---

[72] Oduncu/Eisenmenger, MedR 2002, 327, 328, Janssen, ZfL 2002, 107, 108 f., Lindemann, ZStW 117 (2005), 208, 217

[73] Zu einer abschließenden rechtspolitischen Bewertung und eigenen Vorschlägen s.u. C.II.1c,bb sowie F.I. und F.III.

[74] Aktive Sterbehilfe erfüllt grundsätzlich den Tatbestand des Mordes (Art. 397 Code Penal) oder des Totschlages (Art. 393 Code Penal), wobei Motivation des Täters oder Einwilligung des Getöteten an sich keine Rolle

In Art. 3 des Gesetzes vom 28.05.2002 sind nun die Voraussetzungen zulässiger aktiver Sterbehilfe auf Verlangen geregelt.[75]
Geregelt sind auch bestimmte Formen einer Art Patientenverfügung, vorweg genommene Erklärungen, die Geltung erlangen und damit auch aktive Sterbehilfe ermöglichen, wenn der Patient bewusstlos geworden ist, an einer schweren und unheilbaren Krankheit leidet und diese Situation nach dem aktuellen medizinischen Wissensstand irreversibel ist, Art. 4 § 1, § 2 des Gesetzes vom 28.05.2002. Weiterhin dürfen nicht mehr als fünf Jahre seit Errichtung der Erklärung vergangen sein.
Zur Kontrolle der Einhaltung der vorgeschriebenen Voraussetzungen hat der Arzt die Durchführung der Sterbehilfe an die in Art. 6 des Gesetzes vom 28.05.2002 vorgesehene interdisziplinäre Kontroll- und Ermittlungskommission zu melden. Innerhalb von zwei Monaten nach dem Tod muss die Kommission die Daten überprüfen. Kommt sie mit einer Zwei-Drittel-Mehrheit zu dem Ergebnis, dass die gesetzlichen Voraussetzungen nicht eingehalten wurden, gibt sie den Fall an die Staatsanwaltschaft ab, Art. 8 des Gesetzes.
Schließlich enthält Art. 14 des Gesetzes vom 28.05.2002 die Vorschrift, dass weder der Arzt noch sonstige Personen verpflichtet sind, Sterbehilfe vorzunehmen bzw. an ihr mitzuwirken. Das Sterbehilfeverlangen bzw. die Patientenverfügung sind also nicht bindend. Der Arzt muss

---

spielen. Allerdings wurden in der Rechtsprechung durchaus bereits mildernde Umstände bei Fällen aktiver Sterbehilfe anerkannt. Die Beihilfe zum Suizid ist hingegen nicht kodifiziert und daher an sich straflos, vgl. Wernstedt, Sterbehilfe in Europa, S. 40. Allerdings kann ggf. eine Strafbarkeit aufgrund unterlassener Hilfeleistung angenommen werden, vgl. die Studie des Europarates über Sterbehilfe (Fn. 8), S. 30 f. Die Mitwirkung eines Arztes am Selbstmord seines Patienten ist zudem gemäß Art. 95 der standesrechtlichen Vorschriften der Ärzte untersagt. Hinsichtlich passiver Sterbehilfe sind die Bestimmungen in Art. 97 i.V.m. Art. 96 der standesrechtlichen Vorschriften von Interesse, denen zufolge der Arzt bei Sterbenden die Entscheidung über Nichtaufnahme oder Abbruch einer Behandlung nach Konsultierung mindestens eines anderen Kollegen und des Patienten bzw., wenn dessen Meinung nicht eingeholt werden kann, seiner nahen Angehörigen oder seines gesetzlichen Vertreters zu treffen hat, vgl. die Studie des Europarates über Sterbehilfe (Fn. 8), S. 11 f. Demnach liegt die Letztentscheidung über das Unterlassen einer bestimmten Behandlung also grundsätzlich beim Arzt. Allerdings ist auch in Belgien das Recht des Patienten, eine bestimmte Behandlung abzulehnen, prinzipiell anerkannt, vgl. die Studie des Europarates (Fn. 8), S. 36 f. Schließlich ist auch die indirekte Sterbehilfe ärztlich wie auch juristisch anerkannt, s. Wernstedt, Sterbehilfe in Europa, S. 40.

[75] Nach Art. 3 § 1 des Gesetzes macht sich ein Arzt, der aktive Sterbehilfe leistet, nicht strafbar, soweit er sich versichert hat, dass der geschäftsfähige (auf die Volljährigkeit kommt es dabei nicht zwingend an) Patient zurechnungsfähig und zur Zeit seines Ersuchens bei Bewusstsein ist. Das Ersuchen muss auf freiwillige, wohlüberlegte Art und Weise und wiederholt ausgedrückt worden sein und darf nicht auf äußerem Druck beruhen. Weiterhin muss sich der Patient in einer medizinisch aussichtslosen Situation und einem Zustand dauernder unerträglicher physischer oder psychischer Qualen befinden, der nicht gelindert werden kann, und der auf einem schweren und unheilbaren, unfall- oder krankheitsbedingten Leiden beruht. Weiterhin muss der Arzt die in diesem Gesetz beschriebenen Voraussetzungen und Verfahrensvorschriften beachten. Nach Art. 3 § 2 des Gesetzes vom 28.05.2002 muss der Arzt den Patienten in jedem Fall über seinen Gesundheitszustand informiert und mit ihm die noch in Betracht kommenden therapeutischen und palliativmedizinischen Möglichkeiten und deren Konsequenzen besprochen haben. Er muss weiterhin mit dem Patienten zur Überzeugung kommen, dass keine andere angemessene Lösung existiert. Zur Feststellung des dauerhaften körperlichen oder seelischen Leidens und des wiederholten Sterbeverlangens muss er mit dem Patienten mehrere Gespräche in angemessenem zeitlichem Abstand führen. Dann muss ein anderer Arzt hinsichtlich der Schwere und der Unheilbarkeit des Leidens konsultiert werden. Ist der Arzt der Auffassung, dass der Tod nicht innerhalb kurzer Zeit eintreten wird, ist gemäß Art. 3 § 3 des Gesetzes zudem ein dritter, unabhängiger Arzt (ein Psychiater oder Spezialist der betreffenden Krankheit) hinzuzuziehen. Zwischen der Abfassung des Wunsches und der Durchführung der Sterbehilfe muss dann ein zeitlicher Abstand von einem Monat liegen. Schließlich ist das Verlangen des Patienten gemäß Art. 3 § 4 des Gesetzes vom 28.05.2002 schriftlich abzugeben, wenn er dazu (körperlich) nicht mehr in der Lage ist, kann das Ersuchen schriftlich durch eine volljährige Person seiner Wahl erfolgen, die kein materielles Interesse am Tod des Patienten haben kann.

aber auf Wunsch des Patienten bzw. dessen Vertrauensperson die Krankenakte an einen anderen Arzt weiterleiten.
Parallel zu dieser Neuregelung hat das belgische Parlament ein Gesetz zur Palliativbehandlung erlassen, in dem der Anspruch jeden Bürgers auf palliative Behandlung, sei es im Krankenhaus oder zu Hause, festgeschrieben wird.
Obgleich einige der Regelungen gerade gegenüber der niederländischen Regelung der aktiven Sterbehilfe wie etwa die Verankerung eines Rechtsanspruchs auf Palliativmedizin und die zusätzlichen, teils sehr detaillierten formellen Voraussetzungen begrüßt wurden[76], ist das Gesetz in anderer Hinsicht auf heftige Kritik gestoßen, insbesondere, weil es den Zeitpunkt möglicher aktiver Lebensbeendigung weit vor den natürlichen Todeszeitpunkt verlegt hat und ausdrücklich nicht nur auf physische, sondern auch auf psychische Leiden abstellt, so dass letztlich auch die bloß subjektive Lebensablehnung ausreichen dürfte.[77] Im Übrigen wird die bezüglich der niederländischen Regelung bereits formulierte Kritik der (auch hier bestehenden) Missbrauchsanfälligkeit, der gefährlichen Tendenz zur Ausweitung und der rechtsstaatlich bedenklichen Umgehung der Staatsanwaltschaft wiederholt.[78]

3. Die Regelung der Sterbehilfe in der Schweiz

Im Folgenden soll nun noch die Regelung der Sterbehilfe in der Schweiz etwas eingehender dargestellt werden. Im Gegensatz zu den soeben ausgeführten (Neu-)Regelungen der Niederlanden und Belgiens existiert in der Schweiz keine spezialgesetzliche Regelung, die die aktive Sterbehilfe straffrei stellt. Unter bestimmten Umständen ist aber die aktive Beihilfe zum Selbstmord straflos.
Nach Art. 114 schwStGB ist die Tötung eines anderen „auf sein ernsthaftes und dringendes Verlangen" hin mit einer gegenüber der vorsätzlichen Tötung nach Art. 111 schwStGB (Zuchthaus nicht unter fünf Jahren) milderen Gefängnisstrafe bestraft, wenn der Täter „aus achtenswerten Beweggründen, namentlich aus Mitleid" gehandelt hat. Nach Art. 115 schwStGB wird mit Zuchthaus bis zu fünf Jahren oder mit Gefängnis bestraft, wer einen anderen aus selbstsüchtigen Motiven zum Selbstmord verleitet oder ihm dazu Hilfe leistet, wenn der Selbstmord ausgeführt oder zumindest versucht wurde.

a) Aktive Sterbehilfe und Teilnahme am Suizid

Strafbar ist damit die aktive direkte Sterbehilfe auch auf Verlangen des Patienten, wenn also das Leben des Patienten gezielt verkürzt wird, wobei grundsätzlich täterschaftliches Verhalten des Dritten vorliegen muss. Stellt sich sein Verhalten hingegen nur als Teilnahme am Suizid dar, ist es lediglich nach Art. 115 schwStGB strafbar, wenn die erforderliche selbstsüchtige Motivation hierfür gegeben ist.[79]

---

[76] Vgl. Kintzi, DRiZ 2002, 256, 260.
[77] Vgl. Kintzi, DRiZ 2002, 256, 260, Oduncu/Eisenmenger, MedR 2002, 327, 330.
[78] Oduncu/Eisenmenger, MedR 2002, 327, 336 f., Schreiber, FS für Rudolphi, S. 543, 550 f., Kintzi, DRiZ 2002, 256, 262 f.
[79] Liegt ein Verlangen des Opfers i.S.d. Art. 114 schwStGB nicht vor oder fehlt es an der achtenswerten Motivation, bleibt allerdings noch die Möglichkeit, das Verhalten als Totschlag nach Art. 113 schwStGB zu qualifizieren, wenn der Täter in einer nach den Umständen entschuldbaren heftigen Gemütsbewegung oder unter großer seelischer Belastung gehandelt hat, und damit eine gegenüber Art. 111 schwStGB ebenfalls gemilderte Strafe von allerdings immerhin Zuchthaus bis zu 10 Jahren oder Gefängnis von einem bis zu zehn Jahren zu verhängen.

Im Folgenden soll noch etwas genauer auf die Vorschrift des Art. 115 schwStGB eingegangen werden. Tathandlung des Art. 115 schwStGB ist das „Verleiten" zum (freiverantwortlichen) Selbstmord, das einer Anstiftung gleichgesetzt wird, oder alternativ das Hilfeleisten zum Suizid des anderen, das einer Beihilfe entspricht.[80] Der Mitwirkende muss überdies aus „selbstsüchtigen Beweggründen" gehandelt haben, d.h. einen persönlichen, nicht unbedingt materiellen Vorteil verfolgt haben oder zur Befriedigung von Hass, Rachsucht oder Bosheit etc. handeln. Nicht ausreichend ist dagegen wohl die Gleichgültigkeit des Handelnden, so dass eine Strafbarkeit nach Art. 115 schwStGB ausscheiden muss.[81] Da die aktive Sterbehilfe regelmäßig aus humanitären, nicht selbstsüchtigen Motiven heraus vorgenommen wird, ist sie nach schweizerischem Recht also straflos, wenn sie sich auf die bloße Beihilfe zum Selbstmord beschränkt, überschreitet sie hingegen die Grenze zur Tötung auf Verlangen, ist sie nach Art. 114 schwStGB grundsätzlich strafbar.[82]

b) Passive Sterbehilfe

Hinsichtlich der passiven Sterbehilfe, also dem Unterlassen lebensverlängernder oder –erhaltender Maßnahmen ist eine Strafbarkeit hingegen problematisch und strittig, insbesondere, weil unklar ist, inwieweit Art. 114 und Art. 115 schwStGB auch im Unterlassensbereich anwendbar sind.[83] Der h.M. entspricht es aber zumindest, dass – anders als nach der deutschen Rechtsprechung (dazu unten C II.2a,bb, 4b,cc) – mit Eintreten der Bewusstlosigkeit keine Rettungspflicht des Suizidgehilfen ausgelöst wird, sondern dieser vielmehr die freiverant-

---

[80] Vgl. etwa Rehberg, Strafrecht III, § 1 6.1 – dies, obwohl der Wortlaut „Verleiten" grundsätzlich weiter als das „Bestimmen eines anderen zur Tat", mit dem die Anstiftung zur fremden Tat in Art. 24 schwStGB beschrieben wird, erscheint.

[81] Stratenwerth, Strafrecht BT I, § 1 Rdnr. 56 m.w.N.

[82] Die indirekte Sterbehilfe, wenn in der Endphase einer unheilbaren Krankheit der Eintritt des Todes durch Anwendung schmerzlindernder Mittel möglicherweise beschleunigt wird, wird allerdings ganz überwiegend für zulässig erachtet, wobei die dogmatischen Begründungen hierbei zwischen rechtfertigender Wirkung der Berufspflicht des Arztes gemäß Art. 32 schwStGB, der Anwendung eines rechtfertigenden Notstands nach Art. 34 schwStGB oder der Annahme eines bloß entschuldigenden Notstandes divergieren, Heine, JR 1986, 314, 315 m.w.N., Rehberg, Strafrecht III, § 1 7.1 (Rechtfertigung aufgrund der Berufspflicht des Arztes), Schubarth, System Einl Rdnr. 40 (rechtfertigender Notstand); vgl. auch Queloz, in: Díez Ripollés/Muñoz Sánchez, El tratamiento jurídico de la eutanasia, S. 206. Nicht bis ins Letzte geklärt ist allerdings, ob zulässige indirekte Sterbehilfe auch vorliegt, wenn die – nicht beabsichtigte – Lebensverkürzung mit Sicherheit eintritt, vgl. Schubarth, System Einl Rdnr. 41.

[83] Grundsätzlich sind auch unechte Unterlassungsdelikte nach der ganz herrschenden schweizerischen Lehre und Rechtsprechung strafbar, obgleich eine Vorschrift, die das Unterlassen dem Tun (unter bestimmten Voraussetzungen) gleichstellt, im schweizerischen StGB nicht enthalten ist. Voraussetzung für eine Strafbarkeit wegen Unterlassen ist dann aber das Vorliegen einer Garantenstellung, insbesondere aufgrund Gesetzes, Vertrages oder Ingerenz. Im Einzelnen ist hier vieles noch ungeklärt, vgl. Rehberg, Art. 9 StGB, Stratenwerth, Strafrecht AT I, § 14 Rdnr. 8 ff., ders., Strafrecht AT I, § 14 Rdnr. 9, Meyer, Die Garantenstellung beim unechten Unterlassungsdelikt, S. 70 ff. Zu beachten bleibt, dass in Art. 128 schwStGB die Unterlassung der Nothilfe unter Strafe gestellt ist, so dass insoweit auch keine Garantenstellung erforderlich wäre. Demnach wird, wer einem Menschen, der in unmittelbarer Lebensgefahr schwebt, nicht hilft, obwohl es ihm den Umständen nach zugemutet werden könnte, oder andere davon abhält oder sie dabei behindert, Nothilfe zu leisten, mit Gefängnis oder (Geld-)Buße bestraft. Zwar ist dabei die Ursache der Lebensgefahr grundsätzlich unbeachtlich, doch soll dies nach wohl h.L. bei einem auf einem freien Willensentschluss beruhenden Selbstmordversuch anders sein; hier könne keine Hilfeleistungspflicht bestehen, vgl. Rehberg, Art. 128 StGB, ders., Strafrecht BT III, § 4 2.21, vorsichtig auch Statenwerth, Strafrecht BT I, § 4 Rdnr. 68. Zur Anwendung der Art. 114, 115 schwStGB im Unterlassensbereich vgl. etwa Schubarth, Art. 114 StGB Rdnr. 16 f., Art. 115 StGB Rdnr. 36 ff., Stratenwerth, Strafrecht BT I, § 1 Rdnr. 50, Rehberg, Art. 115 StGB, ders., Strafrecht BT III, § 1 6.1.

wortliche Selbsttötung achten und passiv bleiben darf.[84]
Übereinstimmung besteht zudem jedenfalls insoweit, als die auf dem (ausdrücklichen) Willen des Patienten beruhende Unterlassung lebensverlängernder oder –erhaltender Maßnahmen nicht strafbar ist.[85] Ist der Patient hingegen nicht mehr entscheidungsfähig, ist auf seinen mutmaßlichen Willen abzustellen und kann demzufolge passive Sterbehilfe möglich sein.[86]
Schließlich wird auch passive Sterbehilfe ohne oder gegen den Willen des Patienten unter Umständen für möglich gehalten, wenn das Grundleiden mit infauster Prognose einen irreversiblen Verlauf genommen hat, der dem Patienten kein bewusstes und umweltbezogenes Leben (mehr) erlauben wird.[87] Dem Arzt sei nicht geboten, verlöschendes Leben bis zu den äußersten Grenzen des technisch Möglichen zu verlängern, sofern dem überwiegende Interessen, insbesondere des Patienten selbst, entgegenstehen.[88]

c) Standesrechtliche Vorschriften

Auffällig ist in der Schweiz nun sicherlich die weitgehende Regelung durch Standesrecht. So hat die Schweizerische Akademie für Medizinische Wissenschaften (SAMW) mehrere Richtlinien erlassen, die (auch) den Bereich der Sterbehilfe betreffen und in denen dem Arzt zum Teil recht konkrete Anhaltspunkte für sein Verhalten in den Grenzsituationen menschlichen Lebens gegeben werden.[89] Des weiteren hat die Schweizerische Gesellschaft für Neonatologie hinsichtlich der speziellen Problematik der sehr unreifen Frühgeborenen die sog. Empfehlungen zur Betreuung von Frühgeborenen an der Grenze zur Lebensfähigkeit herausgegeben. Diesen Richtlinien wurde aufgrund der Bezugnahme von Rechtslehre und Rechtsprechung zu überragender Bedeutung verholfen. So orientieren sich Lehre und Rechtsprechung bei der

---

[84] Vgl. Wolfslast, FS für Schreiber, S. 913, 919 f.

[85] Rehberg, Strafrecht BT III, § 1 7.2, Schubarth, System Einl Rdnr. 43.

[86] Einer Ansicht nach wäre ein Sterbenlassen dann aufgrund dieses mutmaßlichen Willens auf der Grundlage des (zivilrechtlichen) Instituts der Geschäftsführung ohne Auftrag gerechtfertigt, s. Heine, JR 1986, 314, 316 f. Nach a.A. ist dagegen auf den mutmaßlichen Willen direkt abzustellen, der die Garantenstellung des Arztes entfallen lasse, Rehberg, Strafrecht BT III, § 1 7.2, vgl. auch Schubarth, System Einl Rdnr. 44 f., der zudem auf Schwierigkeiten bei der Feststellung des mutmaßlichen Willens und darauf hinweist, dass dies letztendlich zu einer Ermessensentscheidung des Arztes führe; zum Rechtsinstitut der mutmaßlichen Einwilligung als Rechtfertigungsgrund s. Stratenwerth, Strafrecht AT I, § 10 Rdnr. 24 ff. Anders soll es hingegen liegen, wenn ein gesetzlicher Vertreter des entscheidungsunfähigen Patienten vorhanden ist. Dieser könne die Zustimmung zu lebensverlängernden Maßnahmen im Namen des Patienten verweigern, so dass ein Rückgriff auf den mutmaßlichen Willen des Patienten unnötig sei. Allerdings dürfe der gesetzliche Vertreter dabei nicht gegen die objektiven Interessen des Schutzbefohlenen handeln, s. Rehberg, Strafrecht BT III, § 1 7.2.

[87] Rehberg, Strafrecht BT III, § 1 7.2 m.w.N.

[88] Stratenwerth, Strafrecht BT I, § 1 Rdnr. 7

[89] Dabei handelt es sich um die medizinisch-ethischen Richtlinien zur Betreuung von Patienten am Lebensende (aktualisiert im Jahr 2004), zur Behandlung und Betreuung zerebral schwerstgeschädigter Langzeitpatienten aus dem Jahr 2003 (die Situation von Langzeitpatienten wurde (im Gegensatz zur Fassung der Richtlinien für die ärztliche Betreuung sterbender und zerebral schwerst geschädigter Patienten im Jahr 1995) aufgrund der dort zu beachtenden Besonderheiten erstmals Gegenstand eigener Richtlinien, die Richtlinien zur Betreuung von Patienten am Lebensende demgegenüber auf Sterbende beschränkt), die medizinisch-ethischen Richtlinien und Empfehlungen zur Behandlung und Betreuung von älteren pflegebedürftigen Menschen aus dem Jahr 2004 sowie die medizinisch-ethischen Richtlinien zu Grenzfragen der Intensivmedizin aus dem Jahr 1999. Die Richtlinien der SAMW richten sich an medizinisches Fachpersonal (Ärzte, Pflegende und Therapeuten) und haben im Prinzip verbindlichen Charakter. Dies gilt insbesondere für Ärzte, da die Richtlinien in der Regel in die Standesordnung der Ärzte aufgenommen werden, vgl. Medizinisch-ethische Richtlinien und Empfehlungen zur Behandlung und Betreuung von älteren, pflegebedürftigen Menschen, I Fn. 3. Die Richtlinie ist im Internet abrufbar unter http://www.samw.ch/content/Richtlinien/D_RiL_AeMiA_2004.

Auslegung des geltenden Rechts weitgehend an den Standesrichtlinien.
Besonders relevant für den Bereich der Sterbehilfe sind naturgemäß die Richtlinien zur Betreuung von Patienten am Lebensende (hinsichtlich Personen, deren Krankheitsprozess innerhalb von Tagen oder einigen Wochen zum Tode führen wird) und zur Behandlung und Betreuung von zerebral schwerstgeschädigten Langzeitpatienten (hinsichtlich Personen mit schwersten Hirnschädigungen mit anhaltendem, nicht behandelbarem Verlust der Kommunikationsfähigkeit, wie insbesondere Wachkomapatienten, Alzheimerkranken im Endstadium oder auch Neugeborenen oder Kleinkindern mit schwersten Hirnschädigungen).[90]
In den Richtlinien zur Behandlung von Patienten am Lebensende wird zunächst das Recht auf Selbstbestimmung jedes Patienten betont (Nr. II 2) und die Respektierung des Willens des urteilsfähigen Patienten bezüglich seiner Behandlung als zwingend festgeschrieben.[91] Hinsichtlich nicht urteilsfähiger Patienten sei auf den mutmaßlichen Willen abzustellen. Patientenverfügungen seien bindend, soweit nicht Anhaltspunkte dafür vorliegen, dass sie dem derzeitigen Willen des Patienten nicht mehr entsprechen. Weiterhin werden die Kriterien für einen Behandlungsabbruch, der sich nicht auf den (mutmaßlichen) Patientenwillen stützen kann, angesichts des Sterbeprozesses formuliert.
Hinsichtlich der Palliativtherapie wird der Arzt verpflichtet, Schmerzen und Leiden zu lindern, auch wenn dies im Einzelfall zur Verkürzung der Lebensdauer führen sollte (Nr. II 3.1). Damit wird also die indirekte Sterbehilfe für zulässig und ggf. sogar für geboten erachtet.
Schließlich wird auf die Frage einer Suizidbeihilfe eingegangen (Nr. II 4.1). Zwar sei es nicht Aufgabe des Arztes, von sich aus Suizidbeihilfe anzubieten, sondern vielmehr, die einem solchen Suizidwunsch zugrunde liegenden Leiden nach Möglichkeit zu lindern. Jedoch sei die persönliche Gewissensentscheidung des Arztes, im Einzelfall in bestimmten Grenzsituationen, wenn der Betroffene aufgrund seiner unerträglichen Situation dauerhaft den Wunsch nach Suizidbeihilfe entwickelt habe, Beihilfe zum Suizid zu leisten, zu respektieren.[92] Dabei müsse er aber prüfen, ob aufgrund der Erkrankung des Patienten dessen Lebensende wirklich nahe, der Patient urteilsfähig und sein Sterbewunsch wohlerwogen, ohne äußeren Druck entstanden und dauerhaft sei (was zusätzlich durch eine unabhängige Drittperson zu überprüfen ist), sowie alternative Möglichkeiten der Hilfestellung erörtern und anbieten. Damit ist also, und das ist sicherlich eine der herausragendsten Charakteristika der schweizerischen Regelung der Sterbehilfe, der medizinisch assistierte Selbstmord zulässig.[93]

---

[90] Die Richtlinien zur Behandlung von Patienten am Lebensende sind im Internet abrufbar unter http://www.samw.ch/content/Richtlinien/d_RL_Sterbehilfe.pdf, die Richtlinien zur Behandlung und Betreuung von zerebral schwerstgeschädigten Langzeitpatienten sind abgedruckt in Schweizerische Ärztezeitung 2004, 50 ff.

[91] Bemerkenswert ist insoweit die Bindung an den Patientenwillen nach den medizinisch-ethischen Richtlinien zu Grenzfragen der Intensivmedizin, im Internet abrufbar unter http://www.samw.ch/content/Richtlinien/d_Inten sivmedizin.pdf. Diesen zufolge kommt ein Abweichen vom Patientenwillen ausnahmsweise dort in Betracht, wo sich nicht entscheiden lässt, ob der aktuell geäußerte dem längerfristig zu vermutenden Patientenwillen entspricht. Dies sei etwa dann der Fall, wenn ein Patient nach einem Suizidversuch in intensivmedizinische Behandlung gelangt und bei Bewusstsein an seinem Todeswunsch festhält (oder bei Bewusstlosigkeit sein Wille aufgrund eines vorab verfassten Dokumentes oder Zeugenaussagen feststeht). Liege keine prognostisch infauste Situation vor, seien die notwendigen Maßnahmen zum Überleben des Patienten einzuleiten (Nr. II 1.1.e, Nr. III ad 1.1.e). Die Richtlinien sind hier also durchaus kohärent: im Falle eines Sterbenden ist dessen Wille unbedingt bindend, außerhalb dieser Fälle kann ein Abweichen vom Patientenwillen aber ausnahmsweise zulässig sein.

[92] Demgegenüber führten die Richtlinien aus dem Jahr 1995 noch ausdrücklich aus, die Beihilfe zum Suizid sei kein Teil der ärztlichen Tätigkeit, und wiesen auf die psychisch labile Lage von Suizidenten und mögliche Missbrauchsgefahren hin (Nr. II 2.2, Nr. III zu 2.2).

[93] In den medizinisch-ethischen Richtlinien und Empfehlungen zur Behandlung und Betreuung von älteren, pflegebedürftigen Menschen wird die Möglichkeit eines medizinisch assistierten Selbstmordes aufgrund einer

Die aktive Sterbehilfe durch Tötung auf Verlangen, und das wird ausdrücklich betont (Nr. II 4.2), bleibt demgegenüber unter allen Umständen unzulässig.
Die Richtlinie zur Behandlung und Betreuung von zerebral schwerstgeschädigten Langzeitpatienten enthält demgegenüber vor allem Bestimmungen zur Palliativtherapie und hinsichtlich eines eventuellen Behandlungsverzichts (also passiver Sterbehilfe).
Die Empfehlungen zur Betreuung von Frühgeborenen an der Grenze der Lebensfähigkeit[94] (von der 22. bis 26. Schwangerschaftswoche) beinhalten insbesondere Orientierungshilfen hinsichtlich der einzusetzenden Behandlungsmaßnahmen. Die Motivation für einen Therapieverzicht oder –abbruch (und damit passive Sterbehilfe) müsse, so wird betont, sein, dem Frühgeborenen unverhältnismäßig großes Leiden zu ersparen, und nicht etwa der Wunsch, zu verhindern, dass es mit einer Behinderung überlebt. Unter Umständen soll auch indirekte Sterbehilfe zulässig sein, keinesfalls aber aktive direkte Sterbehilfe. Zu betonen bleibt, dass den Eltern des Frühgeborenen nach diesen Empfehlungen keinerlei Letztentscheidungskompetenz zukommt.

d) Reformbestrebungen und Gesetzesänderungen

Abschließend kann noch darauf hingewiesen werden, dass in der Schweiz seit etwa Mitte der 1970er Jahre gegensätzliche Reformbestrebungen (gesetzliche Verankerung der Zulässigkeit bestimmter Formen der Sterbehilfe gegenüber dem Verlangen nach einem Vertiefen des gesetzlichen Lebensschutzes) bestehen, die aber bislang im wesentlichen ohne Erfolg blieben.[95]
Die eigentlichen Veränderungen im Umgang mit dem Thema Sterbehilfe wurden vielmehr durch die Richtlinien der SAMW vorgenommen, an denen sich Rechtslehre und Rechtsprechung traditionell orientieren, im Grunde also durch Standesrecht. Besonders hervorzuheben ist dabei die nunmehr standesrechtliche Zulässigkeit der Beihilfe zum Suizid, die auch international besonderes Aufsehen erregt hat.

ärztlichen Gewissensentscheidung demgegenüber nicht wiederholt. Vielmehr wird die Pflicht des Arztes und des Pflegepersonals betont, Maßnahmen zum bestmöglichen Schutz und zur Unterstützung der betreffenden Person, insbesondere der Verbesserung der Therapie-, Pflege- und Betreuungssituation, einzuleiten (Nr. II 5.2). Weiterhin wird *empfohlen* (denn der SAMW kommt gegenüber Institutionen der Langzeitpflege keine Regelungskompetenz zu), dass das Personal einer Institution der Langzeitpflege zu keinem Zeitpunkt an der Durchführung eines Suizids mitwirken sollte (Nr. III 5). Zu beachten ist in diesem Zusammenhang auch noch, dass aufgrund einer durch den eidgenössischen Bundesrat im Jahr 2001 genehmigten Regelung etwa die Bewohner und Patienten von städtischen Alten- und Krankenheimen in Zürich Suizid mit Hilfe einer Sterbehilfeorganisation begehen können, vgl. Richter, Ärzte Zeitung vom 29.01.2004, im Internet unter http://www.aerztezeitung.de/docs/2004/01/29/016a0602.asp, sowie Wolfslast, FS für Schreiber, S. 913, 920 und Arzt, FS für Schreiber, S. 583 Fn. 2.

[94] Im Internet abrufbar unter http://www.neonet.ch/assets/doc/gestationsalter-d.pdf.

[95] Vgl. Heine, JR 1986, 314, 318, Queloz, in: Díez Ripollés/Muñoz Sánchez, El tratamiento jurídico de la eutanasia, S. 194 ff., 219 ff., Wolfslast, FS für Schreiber, S. 913, 920 f. Im Jahr 1990 trat allerdings eine Reform des Strafgesetzbuches in Kraft, die die strafrechtlichen Regelungen im Zusammenhang mit der Sterbehilfe eher verschärften. So wurde das Erfordernis der achtenswerten Beweggründe, insbesondere Mitleid, in Art. 114 schwStGB eingeführt und damit die zuvor umstrittene Frage, ob die Strafe nach Art. 64 Abs. 2 schwStGB wegen „achtungswerter“ Beweggründe zusätzlich gemildert werden könnte, negativ entschieden, vgl. Stratenwerth, Strafrecht BT I, § 1 Rdnr. 44. Zudem wurde die allgemeine Nothilfepflicht des Art. 128 schwStGB geschaffen, die aber im Fall des freiverantwortlichen Suizids, wie oben ausgeführt, ohnehin außer Betracht bleibt, so dass insofern keine Änderung eintrat. Die Änderung der Bundesverfassung im Jahr 2000 hat zwar nunmehr zum Einen in Art. 10 Abs. 1 das Recht jedes Menschen auf Leben positiviert, zum Anderen statuiert Art. 7 Bundesverfassung jetzt ausdrücklich, dass die Würde des Menschen zu achten und zu schützen ist. In der Sache ist damit aber, da diese Rechte bereits zuvor als verfassungsrechtlich verankert angesehen wurden (vgl. Queloz, in: Díez Ripollés/Muñoz Sánchez, El tratamiento jurídico de la eutanasia, S. 203 f.), keine Änderung eingetreten.

C: Die Rechtslage in Deutschland

I. Begrifflichkeit

Unter Sterbehilfe ist eine Hilfe zu verstehen, die einem schwer erkrankten Menschen geleistet wird, um ihm einen menschenwürdigen Tod zu ermöglichen. Häufig wird dabei gefordert, dass diese Hilfe auf seinen Wunsch hin oder mit Rücksicht auf seinen mutmaßlichen Willen erfolgen müsse. Doch lässt sich Sterbehilfe auch als die durch Mitleid bestimmte Lebensverkürzung bei einem unheilbarem Leiden und mehr oder minder großer Todesnähe und so unabhängig vom Willen des Betroffenen umschreiben.[96] Anstelle des Begriffs der Sterbehilfe wird teilweise auch der der Euthanasie verwendet. Dieser Ausdruck ist aufgrund des sog. Euthanasieprogramms während der nationalsozialistischen Machtherrschaft, mit dem die gezielte Tötung Geisteskranker und Schwerbehinderter als sog. „lebensunwerten Leben" praktiziert wurde, indes in Deutschland negativ vorbelastet.[97] Nach der ursprünglichen Bedeutung im Griechischen bedeutet Euthanasie allerdings lediglich der „gute, schöne Tod".[98] Aufgrund der negativen Assoziationen mit dem Begriff „Euthanasie" und schlicht auch, um der in der deutschen Rechtslehre ganz überwiegend verwendeten Terminologie zu entsprechen, soll jedoch im Rahmen der vorliegenden Arbeit allein von der „Sterbehilfe" die Rede sein.
Bei der Sterbehilfe kann zwischen der sog. Sterbehilfe im weiteren und im engeren Sinne unterschieden werden. Dabei ist unter Sterbehilfe im engeren Sinne diejenige zu verstehen, die am „Sterbenden" geleistet wird, also an einer Person, deren Tod nahe bevorsteht. Sterbehilfe im weiteren Sinne liegt vor, wenn der Sterbevorgang noch nicht eingesetzt hat, eine Person aber an einer schweren und unheilbaren Krankheit leidet. Überwiegend wird diese Differenzierung im Zusammenhang mit passiver Sterbehilfe (dazu sogleich) verwendet.[99] Sie kann

---

[96] Vgl. etwa Roxin, Medizinstrafrecht, S. 93, NK-Neumann, Vor § 211 Rdnr. 86 f. (an sich keine Sterbehilfe bei Maßnahmen gegen oder ohne den Willen des Patienten), demgegenüber etwa LK-Jähnke, Vor § 211 Rdnr. 12, Schreiber, NStZ 1986, 337, 338, Kutzer, NStZ 1994, 110. Zu den verschiedenen Aspekten bei der Begriffsabgrenzung s. Möllering, Schutz des Lebens, S. 4 ff. Sterbehilfe ist jedenfalls begrifflich nur möglich beim noch Lebenden, also vor Eintritt des Hirntodes, vgl. Sch/Sch-Eser, Vorbem §§ 211 ff. Rdnr. 22, Laber, Der Schutz des Lebens im Strafrecht, S. 189, Landau, ZRP 2005, 50; zum Hirntodkriterium s. etwa Sch/Sch-Eser, Vorbem §§ 211 ff. Rdnr. 16 ff., Tröndle/Fischer, Vor §§ 211 bis 216 Rdnr. 5 ff., Lackner/Kühl-Kühl, Vor § 211 Rdnr. 4, LK-Jähnke, Vor § 211 Rdnr. 7 ff., SK-Horn, § 212 Rdnr. 5 f., NK-Neumann, Vor § 211 Rdnr. 16 ff., Laber, Der Schutz des Lebens im Strafrecht, S. 31 ff. Vgl. demgegenüber aber auch Antoine, Aktive Sterbehilfe in der Grundrechtsordnung, S. 323 ff.

[97] Zur „Euthanasie" im Nationalsozialismus s. etwa Benzenhöfer, Der gute Tod?, S. 109 ff., Kutzer, ZRP 2003, 209, 210 f., der auch einen kurzen Überblick über Euthanasie bzw. Sterbehilfe in der europäischen Geistesgeschichte gibt, ebenso Nagel, Passive Euthanasie, S. 23 ff., Thias, Möglichkeiten und Grenzen eines selbstbestimmten Sterbens, S. 26 ff. Ausführlich arbeitet die Geschehnisse im Zusammenhang mit dem Euthanasie-Programm während der nationalsozialistischen Machtherrschaft und ihre Vorgeschichte der Historiker Michael Burleigh in seinem Werk „Tod und Erlösung – Euthanasie in Deutschland 1900 – 1945" auf.

[98] Vgl. MüKo-Schneider, Vor §§ 211ff Fn. 288, Haft, StR BT, S. 81, Trück, Mutmaßliche Einwilligung und passive Sterbehilfe durch den Arzt, S. 9 f., Oduncu/Eisenmenger, MedR 2002, 327, 337; ausführlich Benzenhöfer, Der gute Tod?, S. 9, 13 ff., Wernstedt, Sterbehilfe in Europa, S. 66 f.

[99] Vgl. Lackner/Kühl-Kühl, Vor § 211 Rdnr. 8, MüKo-Schneider, Vor §§ 211 ff. Rdnr. 93, NK-Neumann, Vor § 211 Rdnr. 89, Otto, JURA 1999, 434, 437; s. auch in der Terminologie etwas unklar BGH St 40, 257, 260 (zunächst: Fall der passiven Sterbehilfe liegt nicht vor, dann: Sterbehilfe im weiteren Sinne); kritisch zu dieser Einengung des Begriffs Sterbehilfe durch den BGH etwa NK-Neumann, Vor § 211 Rdnr. 89, Weißau-

aber auch im Rahmen der übrigen Fallgruppen der Sterbehilfe Anwendung finden, wenn sie auch dort praktisch kaum relevant wird.[100]
Innerhalb der Sterbehilfe ist zu differenzieren zwischen der sog. aktiven Sterbehilfe (die wiederum in „reine", indirekte und direkte Sterbehilfe unterteilt wird) und der sog. passiven Sterbehilfe. Ein Sonderproblem stellt die sog. „Früheuthanasie" bei Neugeborenen mit schwersten Schädigungen dar. Zum Problemfeld der Sterbehilfe gehören schließlich auch im weitesten Sinn die Selbsttötung Schwerkranker und die Beteiligung daran.

II. Darstellung der gesetzlichen Regelung der einzelnen Formen und strafrechtliche Beurteilung

Die Sterbehilfe hat im deutschen Recht bis zum heutigen Tag keine ausdrückliche gesetzliche Regelung erfahren. In § 216 StGB ist lediglich ein Teil der Problematik erfasst. Die Frage einer Strafbarkeit ist daher unter Anwendung der allgemeinen Regeln, insbesondere der Tötungsdelikte der §§ 211 ff., 222 StGB, evtl. i.V.m. § 13 StGB (bei Unterlassung gebotener Handlungen des Garanten), der Körperverletzungsdelikte und § 323c StGB zu lösen.[101]

1. Aktive Sterbehilfe

Unter den Begriff der aktiven Sterbehilfe kann man all diejenigen Verhaltensweisen im Bereich der Sterbehilfe zusammenfassen, die sich durch aktives Tun im Sinne eines tätigen Herbeiführens des Todes auszeichnen.[102]

---

er/Opderbecke, MedR 1995, 456, 457 f., Saliger, JuS 1999, 16, 17 f., Diederichsen, FS für Schreiber, S. 635, 643.

[100] Nach LK-Jähnke, Vor § 211 StGB, Rdnr. 12, 20a, sollen lebensbeendende Maßnahmen vor Beginn des Sterbevorgangs allerdings keine Sterbehilfe darstellen. Um eine griffige Differenzierung aller möglichen Situationen, in denen sich eine Sterbehilfe-Problematik stellen kann, zu ermöglichen, soll hier der Begriff allerdings im beschriebenen Sinne verwendet werden; über die Zulässigkeit einer solchen Sterbehilfe ist damit ja noch keinerlei Aussage getroffen.

[101] Muschke, Gesetzliche Regelung der Sterbehilfe?, S. 10 ff. In den ärztlichen Berufsordnungen ist zwar Art und Weise der Berufsausübung geregelt. Soweit die Berufsordnungen von der jeweiligen Landesärztekammer beschlossen und von den Aufsichtsbehörden genehmigt sind, sind sie für die Ärzte auch rechtsverbindlich, vgl. Muschke, aaO, S. 12 ff., Wolfslast/Conrads, Textsammlung Sterbehilfe, S. 223. Die Berufsordnungen enthalten aber im Grunde keine über das Strafrecht hinausgehende konkrete Regelungen hinsichtlich der Sterbehilfe, vgl. die Musterberufsordnung für die deutschen Ärztinnen und Ärzte 1997 (nur allgemeine Umschreibung der ärztlichen Aufgaben und Behandlungsgrundsätze in § 1 Abs. 2, § 7 und § 8 (Behandlungsrecht nur bei Einwilligung). Die Regelung in § 16 – Beistand für den Sterbenden – beschränkt sich auf allgemeine Aussagen zur zulässigen passiven Sterbehilfe unter Vorrang des Willens des Patienten und zum Verbot aktiver Sterbehilfe). Die Richtlinien der Bundesärztekammer zur Sterbehilfe sind weder Gesetz noch schaffen sie unmittelbar geltendes ärztliches Standesrecht, sie dienen allenfalls der Rechtsprechung als Orientierungshilfe, vgl. Schreiber, FS für Deutsch, S. 773, 774 f.

[102] Vgl. etwa Lackner/Kühl-Kühl, Vor § 211 Rdnr. 6 f., SK-Horn, § 212 Rdnr. 26d, MüKo-Schneider, Vor §§ 211 ff. Rdnr. 91, Chatzikostas, Die Disponibilität des Rechtsguts Leben, S. 27 f., Antoine, Aktive Sterbehilfe in der Grundrechtsordnung, S. 30.

a) Die „reine" Sterbehilfe

Unter „reiner" bzw. „echter" Sterbehilfe oder auch „Hilfe *im* Sterben" ist die bloße Schmerzlinderung ohne lebensverkürzendes Risiko zu verstehen, zu der auch die menschliche Zuwendung, Pflege und psychische Betreuung des Kranken gehören.[103] Sie ist selbstverständlich straflos, wenn sie nicht dem erklärten oder ausnahmsweise dem mutmaßlichen Willen des Patienten widerspricht. Denn ein solcher Wunsch des Kranken, keine schmerzlindernde bzw. beruhigende Mittel verabreicht zu bekommen, etwa um dem Tod bei klarem Bewusstsein entgegenzusehen, ist aufgrund seines Selbstbestimmungsrechts zu respektieren. Wird dem Kranken gleichwohl ein solches Mittel beigebracht, ist dies als Körperverletzung i.S.d. § 223 StGB strafbar.[104] Umgekehrt liegt eine Körperverletzung durch Unterlassen vor (§§ 223, 13 StGB), wenn der Patient um Schmerzlinderung bittet, diese aber vom Arzt oder nahen Angehörigen als Garanten nicht (ausreichend) gewährt wird. Denn der Patient hat einen Rechtsanspruch darauf, dass ein Arzt alle heute möglichen Verfahren der Linderung schwerster und chronischer Schmerzen zum Vorteil des Kranken ausschöpft. Unterlässt ein Nichtgarant die aufgrund dieses Wunschs gebotene und zumutbare Hilfe, ist er nach § 323c StGB wegen unterlassener Hilfeleistung strafbar.[105] Wirkt sich die unterlassene Schmerzbekämpfung lebensverkürzend aus, kommt gar eine Strafbarkeit wegen Tötung durch Unterlassen in Betracht.[106] Zu erwähnen ist dabei auch die Möglichkeit, dass der Patient wegen unerträglicher Dauerschmerzen in nicht eigenverantwortlicher Weise Suizid begeht. Dann erscheint eine Strafbarkeit wegen Totschlags in mittelbarer Täterschaft durch Unterlassen denkbar.[107]

b) Die indirekte Sterbehilfe

Von aktiver indirekter Sterbehilfe spricht man, wenn bei einem Patienten eine Schmerzlinderung mittels aktiver Maßnahmen herbeigeführt wird, welche aber als unbeabsichtigte, wenn auch unvermeidbare Nebenfolge den Tod beschleunigen können.[108] Die indirekte Sterbehilfe

---

[103] Sch/Sch-Eser, Vorbem §§ 211 ff. Rdnr. 21, 23, NK-Neumann, Vor § 211 Rdnr. 89, MüKo-Schneider, Vor §§ 211 ff. Rdnr. 90, Schreiber, NStZ 1986, 337, 338, Roxin, Medizinstrafrecht, S. 94, Thias, Möglichkeiten und Grenzen eines selbstbestimmten Sterbens, S. 45 f., Möllering, Schutz des Lebens, S. 8; nach SK-Horn, § 212 Rdnr. 26, ist die nicht lebensverkürzende „Hilfe im Sterben" hingegen überhaupt nicht zum Bereich der Sterbehilfe zu zählen. Dies ist aber abzulehnen, weil eine solche Eingrenzung der Terminologie der umfassenden rechtlichen Beurteilung einer Sterbebegleitung (im weitesten Sinne) entgegensteht und insoweit der Diskussion nicht förderlich ist.

[104] Zur dogmatischen Beurteilung der eigenmächtigen Heilbehandlung als Körperverletzung s. Lackner/Kühl-Kühl, § 223 Rdnr. 8, Sch/Sch-Eser, § 223 Rdnr. 31, Tröndle/Fischer, § 223 Rdnr. 9 ff., Schroeder, Besondere Vorschriften gegen Eigenmächtige und Fehlerhafte Heilbehandlung?, S. 9 ff., Thias, Möglichkeiten und Grenzen selbstbestimmten Sterbens, S. 70 ff.; zur deliktsrechtlichen Verankerung der eigenmächtigen Heilbehandlung im Zivilrecht s. Taupitz, Gutachten A zum 63. DJT, S. A 13 ff. Die Schaffung von eigenen Straftatbeständen für eigenmächtige und fahrlässige fehlerhafte Heilbehandlungen war zwar im ursprünglichen Entwurf des 6. Strafrechtsreformgesetzes vom Juni 1996 enthalten (§ 229 Abs. 1 StGB-E sowie § 230 Abs. 1 StGB-E), wurde aber im Laufe des Reformvorhabens aufgegeben.

[105] Vgl. NK-Neumann, Vor § 211 Rdnr. 91, Sch/Sch-Eser, Vorbem §§ 211 ff. Rdnr. 23, Roxin, Medizinstrafrecht, S. 94 f., Kutzer, FS für Salger, S. 663, 667, Möllering, Schutz des Lebens, S. 9 f., Thias, Möglichkeiten und Grenzen eines selbstbestimmten Sterbens, S. 46.

[106] Sch/Sch-Eser, Vorbem §§ 211 ff., Rdnr. 23, Langer, in: Kruse/Wagner, Sterbende brauchen Solidarität, S. 136 f.

[107] Kutzer, FS für Salger, S. 663, 671

[108] BGH St 42, 301, 305 = NStZ 1997, 182, 184, BGH NJW 2001, 1802, 1803, MüKo-Schneider, Vor §§ 211 ff. Rdnr. 91, Tröndle/Fischer, Vor §§ 211 bis 216 Rdnr. 18, LK-Jähnke, Vor § 211 Rdnr. 12, 15, Lackner/Kühl-

ist nach ganz h.M. rechtlich zulässig[109], wenn sie dem erklärten oder mutmaßlichen Patientenwillen entspricht.[110] Die Gegenauffassung nimmt dagegen eine strafbare Tötungshandlung an. Denn das lebensverkürzende Verhalten des Täters fällt an sich unter § 216 StGB, wenn ein Verlangen des Patienten nach der indirekten Sterbehilfe vorlag, ansonsten unter den Totschlag gemäß § 212 StGB bzw. ggf. unter Mord gemäß § 211 StGB. Die Motive für die Schmerzmedikation können danach nur bei der Strafzumessung berücksichtigt werden. *Gössel* etwa begründet dies damit, dass Erfahrungen aus der NS-Zeit dazu zwingen, den „Anfängen zu wehren“ und jedermann den unabänderlichen Willen der Rechtsordnung zum konsequenten und lückenlosen Lebensschutz auch und gerade in den Grenzbereichen klarzumachen.[111] Dies ist aber abzulehnen. Dem einzelnen Patienten die Schmerzbehandlung mit Hinweis auf die Geschichte oder abstrakte Missbrauchsgefahren zu verweigern, scheint angesichts der Tatsache, dass die Euthanasieprogramme des Dritten Reiches ganz andere Sachverhalte betrafen (mit Rasseneugenik oder utilitaristischen „Volksgesundheitserwägungen“ hat die ärztliche Schmerzmedikation sicherlich wenig zu tun), geradezu unmenschlich.

aa) Begründung der Straflosigkeit der indirekten Sterbehilfe

Strittig bleibt allerdings die Begründung für die Straflosigkeit der indirekten Sterbehilfe:

(1) Gewohnheitsrecht

Zu denken ist hierbei zunächst an strafbarkeitseinschränkendes Gewohnheitsrecht.
Art. 103 Abs. 2 GG stünde nicht entgegen, da danach nur strafbarkeitsbegründendes Gewohnheitsrecht unzulässig ist. So wird zum Teil ein „Gewohnheitsrecht der strafbefreienden Pflichtenkollision bei Sterbehilfe“ angenommen. Sterbehilfe in der Form, dass der Arzt eine Schmerzmedikation aufgrund einer Abwägung zwischen der Pflicht, das Leben des Patienten zu erhalten und zu verlängern, und der Pflicht, dessen Leiden abzukürzen, vornimmt, werde in Deutschland weitgehend in der Überzeugung, es geschehe nichts Strafwürdiges, praktiziert und bleibe auch ungestraft.[112] Für die Annahme von Gewohnheitsrecht spricht auch, dass Re-

---

Kühl, Vor § 211 Rdnr. 7, Sch/Sch-Eser, Vorbem §§ 211 ff. Rdnr. 26, Schreiber, NStZ 1986, 337, 340, Thias, Möglichkeiten und Grenzen eines selbstbestimmten Sterbens, S. 48

[109] und wird auch in der Ethik als zulässiges Verhalten anerkannt. Zur Beurteilung nach der christlichen Morallehre, in der indirekte Sterbehilfe ebenfalls als zulässig angesehen wird, vgl. die Ansprache von Papst Pius XII. an die Teilnehmer eines Anästhesistenkongresses vom 24.02.1957, in: Wolfslast/Conrads, Textsammlung Sterbehilfe, S. 231, 246 ff.; dazu und zum zugrunde liegenden sog. Prinzip der Doppelwirkung s. etwa Antoine, Aktive Sterbehilfe in der Grundrechtsordnung, S. 50 ff.

[110] BGH St 46, 279, 284 f., SK-Horn, § 212 Rdnr. 26e, NK-Neumann, Vor § 211 Rdnr. 95 f., SK-Horn, § 212 Rdnr. 26e, Sch/Sch-Eser, Vorbem §§ 211 ff. Rdnr. 26, MüKo-Schneider, Vor §§ 211 ff. Rdnr. 95, LK-Jähnke, Vor § 211 Rdnr. 15, Wessels/Hettinger, StR BT I, § 1 III 2, Roxin, Medizinstrafrecht, S. 96, Thias, Möglichkeiten und Grenzen eines selbstbestimmten Sterbens, S. 49 ff., Beckert, Probleme um Suizidbeteiligung und Sterbehilfe, S. 326. Erfolgt sie gegen den expliziten Willen des Patienten, ist sie hingegen als Totschlag oder gar Mord strafbar. Der Wille, eine Schmerzmedikation mit lebensverkürzender Nebenwirkung nicht verabreicht zu erhalten, ist unbedingt zu achten. Umgekehrt besteht nach h.M. sogar ein Anspruch auf indirekte Sterbehilfe insoweit, als die Unterlassung schmerzlindernder Medikation mit unbeabsichtigter Nebenfolge der Lebensverkürzung entgegen dem Willen des Patienten wie bei der reinen Sterbehilfe als Körperverletzung durch Unterlassen gemäß §§ 223, 13 StGB bzw. als unterlassene Hilfeleistung strafbar sein kann, vgl. NK-Neumann, Vor § 211 Rdnr. 96, Beckert, Probleme um Suizidbeteiligung und Sterbehilfe, S. 325 ff., Tröndle, ZStW 99 (1987), 25, 29, Verrel, MedR 1997, 248, 250, Kutzer, MedR 2001, 77, 78.

[111] Gössel, StR BT/1, § 2 Rdnr. 30 ff.

[112] Wimmer, FamRZ 1975, 438, 439

geln der ärztlichen Standesethik, soweit sie eine dauernde, im ganzen gleichförmige Übung verkörpern und die Beachtung nach dem Willen der Gemeinschaft erfolgt, Recht zu setzen, gewohnheitsrechtliche Bedeutung zukommen kann.[113] Nach den „Grundsätzen der Bundesärztekammer zur ärztlichen Sterbebegleitung" kann bei Sterbenden die „Linderung des Leidens so im Vordergrund stehen, dass eine dadurch bedingte möglicherweise unvermeidbare Lebensverkürzung hingenommen werden darf".[114]
Gegen die Annahme von Gewohnheitsrecht spricht aber, dass die Regeln der ärztlichen Standesethik vornehmlich die Gestaltung der Beziehungen zwischen Arzt und einzelnem Patienten zum Inhalt haben. Der Charakter von Gewohnheitsrecht ist daher nur ausnahmsweise gegeben, denn bei dem zugrundeliegenden Geltungswillen handelt es sich nicht um einen solchen der Allgemeinheit, sondern nur der Ärzteschaft.[115] Weiterhin ist die oben angesprochene Pflichtenkollision auch Inhalt des rechtfertigenden Notstandes nach § 34 StGB und damit Gegenstand einer positivrechtlichen Regelung. Schließlich ist die indirekte Sterbehilfe weder in der ärztlichen Praxis noch in der strafrechtlichen Literatur so umfassend anerkannt, wie dies für die Annahme von Gewohnheitsrecht erforderlich wäre. Dafür sprechen die Klagen über den immer noch zurückhaltenden Einsatz von Schmerzmitteln in deutschen Kliniken und den Rückstand der deutschen Palliativmedizin.[116] Offensichtlich herrscht auch unter den Ärzten noch immer Unsicherheit über die Grenzen zulässiger Sterbehilfe. Und in der strafrechtlichen Literatur gibt es weiterhin – wenn auch nur vereinzelt – Stimmen, die sich für die Strafbarkeit indirekter Sterbehilfe aussprechen.[117]

(2) Vorsatzausschluss

Kaum noch vertreten wird heute die Auffassung, dass es am Vorsatz des Handelnden fehle und daher eine Strafbarkeit nach § 212 bzw. § 216 StGB nicht in Betracht komme.[118] Denn i.d.R. wird zumindest bedingter Tötungsvorsatz des Handelnden vorliegen, der die Beschleunigung des Sterbevorgangs als möglich voraussehen und zum Zweck der Schmerzlinderung bewusst in Kauf nehmen wird. In manchen Fällen wird der behandelnde Arzt aufgrund seiner wissenschaftlichen Erfahrung die beschleunigende Wirkung sogar als sicher annehmen. Zwar liegt nur dann indirekte Sterbehilfe vor, wenn der Handelnde die Todesfolge nicht beabsichtigt (zur Abgrenzung zur aktiven direkten Sterbehilfe s. auch unten bb (2)), dies schließt jedoch nur die Annahme von dolus directus ersten Grades aus.[119] Zweifel an der Annahme bzw. zumindest an der Nachweisbarkeit eines Tötungsvorsatzes sind aber aufgrund neuerer Erkenntnisse der Schmerzmedizin gewachsen. Danach ist die Indizwirkung, die die Dosierung für einen etwaigen Tötungsvorsatz hat, ausgesprochen problematisch. So zeigt der BGH St 42, 301 zugrundeliegende Fall, dass schon die Kausalität bestimmter Dosen für den Zeitpunkt des Todeseintritts zweifelhaft sein kann. Zu berücksichtigen ist nämlich die „antagonistische Wirkung" des Schmerzes. Je stärker der Schmerz, desto höher muss auch die Dosis sein, so

---

[113] Trockel, NJW 1971, 1057, 1060

[114] Grundsätze der Bundesärztekammer zur ärztlichen Sterbebegleitung (2004), Ziff. I, im Internet unter http://www.bundesaerztekammer.de/30/Richtlinien/Empfidx/Sterbebegleitung2004/, ebenso bereits Grundsätze der BÄK zur ärztlichen Sterbebegleitung, Ziff. I, NJW 1998, 3406, 3407.

[115] Trockel, NJW 1971, 1057, 1060. Den Standesrichtlinien kommt also wie im Schweizer Recht nur Bedeutung als Orientierungshilfe für die Rechtsprechung zu, wobei zudem zu berücksichtigen ist, dass eine derartige Orientierung in der deutschen Rechtsprechung weit weniger ausgeprägt ist.

[116] Vgl. dazu etwa Kutzer, FS für Salger, S. 663 ff., DIE WELT vom 12.08.2002.

[117] S.o. sowie die Nachweise bei Sch/Sch-Eser, Vorbem §§ 211 ff. Rdnr. 26.

[118] So etwa Bockelmann, Strafrecht des Arztes, S. 25, 70 f., Engisch, FS für Bockelmann, S. 519, 532 f.

[119] Vgl. NK-Neumann, Vor § 211 Rdnr. 97.

dass bei Schmerzpatienten aus therapeutischen Gründen Dosierungen gegeben werden dürfen, die für normale Patienten tödlich wären. Die Grenze für letale Schmerzmedikamentskonzentrationen ist daher variabel.[120]

Dies hindert aber nur die Annahme von dolus directus, nicht von dolus eventualis. Denn dafür ist ausreichend, dass der Handelnde die Möglichkeit einer Lebensverkürzung erkennt und sie billigend in Kauf nimmt. Nach der Rechtsprechung genügt dabei ein „Billigen im Rechtssinne", das auch dann vorliegen kann, wenn dem Täter der Erfolg an sich unerwünscht ist. Es komme vielmehr darauf an, ob der Täter den Erfolg, sei dieser auch unerwünscht, akzeptiert bzw. sich innerlich mit ihm abgefunden habe.[121] Das ist bei einem Arzt schon dann der Fall, wenn er die Dosierung überschreitet, die bei Normalpatienten mit Sicherheit tödlich wirkt. Denn dann muss der Arzt auch trotz der Besonderheiten beim Schmerzpatienten zumindest damit rechnen, dass die Medikation eine Lebensverkürzung bewirkt. Dies akzeptiert er auch gleichwohl um der Schmerzlinderung willen. Eine Begründung der Straflosigkeit der indirekten Sterbehilfe mit mangelndem Vorsatz scheidet daher aus.[122] Zu beachten ist weiterhin, dass eine solche Lösung über den subjektiven Tatbestand auch die Frage einer eventuellen Fahrlässigkeitsstrafbarkeit aufwürfe.

(3) Tatbestandsausschluss

Nach einer anderen Meinung schließt die indirekte Sterbehilfe hingegen den (objektiven) Tatbestand der §§ 212, 216 StGB aus.

Begründet wird dies damit, dass eine solche Behandlung nach ihrem sozialen Gesamtsinn etwas ganz anderes sei also eine „Tötungshandlung". Sie richte sich nämlich nicht gegen das Leben, sondern wolle diesem durch Schmerzlinderung vielmehr gerade dienen.[123] Daher sei die indirekte Sterbehilfe sozialadäquat bzw. werde vom Schutzzweck der Tötungsverbote nicht erfasst. Der Schutzumfang des Tötungsverbots könne nämlich nur soweit gehen wie die Behandlungspflicht des Arztes. Wo den Arzt keine Behandlungspflicht treffe, handle er auch dem Tötungsverbot nicht zuwider. Die Behandlungspflicht wiederum finde ihre Grenze in der Unmöglichkeit, den Sterbevorgang aufzuhalten. Das Lebenserhaltungsgebot wandele sich dann in das Gebot der Leidensminderung um.[124] Auch wird angeführt, dass das Vorliegen einer medizinischen Indikation die Verhaltenspflichten des Arztes bestimme; wenn und soweit die Schmerzlinderung bei einem schwer leidenden Patienten angezeigt ist, könne die Befolgung des ärztlichen Auftrags daher nicht zugleich den Tatbestand des Totschlags erfüllen.[125] Die Schmerzlinderung mit lebensverkürzender Wirkung wird also als Teil der medizinischen lex artis angesehen und damit außerhalb des Bereichs strafrechtlicher Tatbestände. Problematisch ist dabei indes, dass die normative Frage, ob eine bestimmte Tötungshandlung erlaubt sein kann, der Zuständigkeit der möglichen Täter anvertraut wird. Dies kann geradezu als Selbstlegitimation des betroffenen Berufsstandes aufgefasst werden.[126]

---

120 BGH NStZ 1997, 182, 183

121 So die neuere Rechtsprechung, s. anstelle vieler Sch/Sch-Cramer/Sternberg-Lieben, § 15 Rdnr. 81 f.; im Einzelnen ist die Definition des Eventualvorsatzes immer noch sehr strittig.

122 Ob die indirekte Sterbehilfe wegen der genannten Unsicherheiten der Feststellung bei hohen Schmerzmitteldosen auf den Eventualvorsatz zu beschränken ist (so etwa Schöch, NStZ 1997, 409, 410 f.), kann indes hier noch offen bleiben.

123 Wessels/Hettinger, StR BT I, § 1 III 2, Krey, StR BT/1, Rdnr. 14

124 LK-Jähnke, Vor § 211 Rdnr. 16

125 LK-Jähnke, Vor § 211 Rdnr. 16, Tröndle, ZStW 99 (1987), 25, 30

126 Merkel, JZ 1996, 1145, 1148; dem kann auch nicht entgegen gehalten werden, dass von einer Selbstlegitimation des betroffenen Berufsstandes ebensowenig gesprochen werden könne wie bei dem Architekten, der die

Schließlich wird im Zusammenhang mit der Begründung eines Tatbestandsausschlusses auch von erlaubtem Risiko gesprochen.[127] Wenn der Arzt unter Anwendung der in der konkreten Situation erforderlichen Sorgfalt dem Schmerzlinderungsinteresse des Patienten nachkommen will und das damit verbundene Todesrisiko unter verständiger Würdigung seiner Lage in Kauf nimmt (bzw. im Fall seiner Entscheidungsfähigkeit mutmaßlich in Kauf nehmen würde), so bewegt sich nach *Eser* die Schmerzlinderung innerhalb der durch die Rechtsfigur des „erlaubten Risikos" gezogenen Grenzen. Soweit sich das lebensverkürzende Risiko fast zur Gewissheit verdichtet, will aber auch *Eser* auf die Grundsätze des rechtfertigenden Notstandes zurückgreifen.[128] Gegen die Annahme „erlaubten Risikos" spricht indes, dass der Grund für die Nichtzurechnung bei den Fällen des erlaubten Risikos darin besteht, dass im Moment der Zuspitzung des (abstrakten) Risikos zur konkreten Verletzungsgefahr eine Vermeidepflicht zwar entsteht, aber nicht mehr erfüllt werden kann. So müsste etwa auch der vorher sorgfältige Autofahrer ausweichen, wenn er noch könnte.[129] Die Situation bei der indirekten Sterbehilfe ist aber eine ganz andere, denn der Arzt könnte die schmerzlindernde Medikation jederzeit einstellen, wenn er die lebensverkürzende Wirkung erkennt.
Gegen die Tatbestandslösungen lässt sich zudem insgesamt einwenden, dass eine Legitimation einer aktiven Lebensverkürzung wohl stets nur das Ergebnis einer komplexen Abwägung sein kann. Dies versuchen die Tatbestandslösungen aber zu verschleiern, indem sie die indirekte Sterbehilfe von vornherein aus dem Bereich tatbestandsmäßigen Verhaltens herausnehmen wollen. Die Begründung, die indirekte Sterbehilfe sei nicht sozialwidrig und daher tatbestandslos, stellt nämlich in Wahrheit nur eine Behauptung auf, ohne eine Antwort auf die Frage geben zu können, warum man denn hier von einer sozialadäquaten Tat sprechen kann. Hinter dieser Einstufung als sozialadäquat steht aber die Wertung, dass das schmerzvolle, unerwünschte Leben, also das qualitativ andere Leben, verkürzt werden darf. Eine solche Begründung verdrängt diese Opfer aber von vornherein aus der Schutzsphäre des Strafrechts – dies ist mit Art. 1, 2 und 3 GG indes nicht zu vereinbaren.[130] Dieselbe Wertung liegt auch der Begründung zugrunde, die indirekte Sterbehilfe sei vom Schutzzweck der Tötungsverbote nicht umfasst. Denn wie weit dieser Schutzzweck und die Behandlungspflicht des Arztes beim unheilbar Kranken und schwer Leidenden geht, ist wiederum Ergebnis der vorgenannten Abwägung.
Einen anderen Weg geht *Herzberg*, der nunmehr auch für eine Tatbestandslösung plädiert.[131] Auch er betont, dass die bisherigen Tatbestandslösungen – entgegen ihren Erklärungen – gerade eine Wertaussage über das Stück Leben, das dem Kranken zum Zweck der Schmerzlinderung genommen wird, treffen. Denn wäre die Bewahrung auch dieser Lebensspanne ein

---

Regeln der Baukunst beachtet (so das Gegenargument von LK-Jähnke, Vor § 211 Rdnr. 16). Denn die Regeln der Baukunst werden nur solange als maßgeblich anerkannt, als nicht feststeht, dass durch ihre Befolgung fremde Rechtsgüter verletzt werden. Dies ist bei der indirekten Sterbehilfe aber gerade der Fall.

[127] Sch/Sch-Eser, Vorbem §§ 211 ff. Rdnr. 26, Eser, in: Auer/Menzel/Eser, Zwischen Heilauftrag und Sterbehilfe, S. 89 f., Möllering, Schutz des Lebens, S. 15 ff., Laber, Der Schutz des Lebens im Strafrecht, S. 205 ff. Zur umstrittenen Einordnung dieser Rechtsfigur s. Roxin, StR AT/I, § 11 Rdnr. 59 f.; hier wird die Überschreitung des erlaubten Risikos als Teil der objektiven Zurechnung und damit als Teil des objektiven Tatbestandes verstanden.

[128] Eser, in: Auer/Menzel/Eser, Zwischen Heilauftrag und Sterbehilfe, S. 89 f., s. auch Möllering, Schutz des Lebens, S. 21, Bottke, in: Bottke/ Fritsche/Huber/Schreiber, Lebensverlängerung aus medizinischer, ethischer und rechtlicher Sicht, S. 116; gegen die Lösung über das erlaubte Risiko bei Lebensverkürzung als sicherer Nebenfolge s. des weiteren NK-Neumann, Vor § 211 Rdnr. 98, Arzt/Weber, StR BT, § 3 Rdnr. 7 Fn. 11.

[129] Merkel, JZ 1996, 1145, 1150

[130] Merkel, JZ 1996, 1145, 1149, ders., Früheuthanasie, S. 204 ff., vgl. auch NK-Neumann, Vor § 211 Rdnr. 98.

[131] Herzberg, NJW 1996, 3043

höherer Wert als die Befreiung von Schmerzen, dann dürfte der Arzt nicht um der Schmerzfreiheit willen die Lebensverkürzung bewirken.[132] Eine Lösung über den rechtfertigenden Notstand scheitert seiner Ansicht nach jedoch daran, dass die von § 34 StGB vorausgesetzte Interessenkollision nicht vorliegen könne, da in der Situation des unheilbar kranken und unter schwersten Schmerzen leidenden Patienten weder ein Lebensinteresse des Patienten noch ein Taburespektierungsinteresse der Allgemeinheit mehr vorliege. Im Rahmen der objektiven Zurechnung des Erfolges müsse nun vielmehr die vorgenannte Wertung vorgenommen werden. Wenn diese ergebe, dass die Linderung von Schmerzen und Vermeidung unnötiger Todesqualen Vorrang haben müsse vor der qualvollen Lebensverlängerung, an der der Kranke kein Interesse mehr hat, dann wird der Erfolg – die Tötung – durch ein sozialadäquates Verhalten verursacht, so dass schon kein „Töten" i.S.d. §§ 212, 216 StGB gegeben sei.[133]

(4) Rechtfertigender Notstand, § 34 StGB

Nach überwiegender Meinung in der Literatur wird heute indes das Vorliegen einer tatbestandsmäßigen Tötungshandlung angenommen. Allerdings soll die indirekte Sterbehilfe nach § 34 StGB gerechtfertigt sein.[134]

Ein rechtfertigender Notstand wird damit begründet, dass die indirekte Sterbehilfe als Ergebnis einer Abwägung unter Berücksichtigung des Willens des Patienten, bei der die Pflicht zur längstmöglichen Lebenserhaltung hinter der Pflicht zur Leidensminderung zurücktreten kann, vorgenommen wird. § 216 StGB stehe nicht entgegen, weil der Strafgrund dieser Vorschrift, nämlich der Schutz vor Kurzschlusshandlungen des Sterbewilligen und Tabuinteressen der Allgemeinheit, das ärztlich begleitete Sterben nicht erfasse.[135] Auch die Rechtsprechung ist dieser Auffassung zugeneigt. In der bislang einzigen Entscheidung, in der sich der BGH unmittelbar mit der Zulässigkeit der indirekten Sterbehilfe befasst hat, wird die Begründung dieser Straflosigkeit offen gelassen. Die indirekte Sterbehilfe könne aber „jedenfalls" nach § 34 StGB gerechtfertigt sein. Denn die Ermöglichung eines Todes in Würde und Schmerzfreiheit gemäß dem erklärten oder mutmaßlichen Patientenwillen sei ein höherwertiges Rechtsgut als die Aussicht, unter schwersten, insbesondere sog. Vernichtungsschmerzen noch kurze Zeit länger leben zu müssen.[136]

Eine Rechtfertigung nach § 34 StGB setzt allerdings voraus, dass man das Leben überhaupt in den Kreis der abzuwägenden Rechtsgüter einbezieht und dabei auch Gesichtspunkte der Lebensqualität maßgeblich sein lässt.[137] Dies wird bei der Abwägung nach § 34 StGB außerhalb

[132] Herzberg, NJW 1996, 3043, 3045

[133] Herzberg, NJW 1996, 3043, 3048

[134] Vgl. SK-Horn, § 212 Rdnr. 26e, Lackner/Kühl-Kühl, Vor § 211 Rdnr. 7, NK-Neumann, Vor § 211 Rdnr. 99, der zugleich die Annahme anderer Rechtfertigungslösungen ablehnt: ein Abstellen auf die (mutmaßliche) Einwilligung (vgl. Roxin, Medizinstrafrecht, S. 96 f.) dürfte an der Einwilligungssperre des § 216 StGB scheitern, eine rechtfertigende Pflichtenkollision (so etwa Leonardy, DRiZ 1986, 281, 287) insoweit, als diese bei einer Kollision von Handlungs- und Unterlassungspflicht nicht anwendbar ist. Für eine Lösung über § 34 StGB weiterhin etwa MüKo-Schneider, Vor §§ 211 ff. Rdnr. 100 ff., Möllering, Schutz des Lebens, S. 33, v. Dellingshausen, Sterbehilfe und Grenzen der Lebenserhaltungspflicht des Arztes, S. 185 ff., Roxin, Medizinstrafrecht, S. 97, Chatzikostas, Die Disponibilität des Rechtsgutes Leben, S. 328 f., Schreiber, NStZ 1986, 337, 340 f., Kutzer, NStZ 1994, 110, 115, Otto, JURA 1999, 434, 440.

[135] Roxin, Medizinstrafrecht, S. 97

[136] BGH St 42, 301, 305 = NStZ 1997, 182, 184, für eine Rechtfertigung nach § 34 StGB auch BGH St 46, 279, 285.

[137] Schreiber, NStZ 1986, 337, 341, MüKo-Schneider, Vor §§ 211 ff. Rdnr. 101 ff.

der Sterbehilfeproblematik zwar strikt abgelehnt.[138] Doch kann man eine Ausnahme von diesem Grundsatz bei der indirekten Sterbehilfe aus dem Grund machen, weil in die Abwägung nach § 34 StGB stets nur Interessen des Sterbenden, des Patienten selbst, einbezogen werden.[139] *Sein* Lebensverlängerungsinteresse wird gegen *sein* Leidensvermeidungsinteresse abgewogen. Dies hat auch aus streng subjektiver Sicht zu erfolgen, wie das Erfordernis der ausdrücklichen oder zumindest mutmaßlichen Einwilligung des Patienten in die lebensverkürzende Schmerzmedikation zeigt.[140]

Verfassungsrechtliche Bedenken können dabei nicht durchgreifen. Art. 2 Abs. 2 Satz 1 GG steht einer Abwägung nicht entgegen, denn entgegen vielfacher Behauptung ist das Leben kein von der Verfassung absolut geschützter Wert, sondern unterliegt wie auch alle anderen Grundrechte (mit Ausnahme der Menschenwürde) dem Vorbehalt verfassungsimmanenter Schranken. Konflikte mit anderen Rechtsgütern von Verfassungsrang sind nach dem Grundsatz praktischer Konkordanz aufzulösen, also letztlich durch Abwägung. Als zu berücksichtigende Verfassungsgüter sind hier das Selbstbestimmungsrecht des Patienten nach Art. 2 Abs. 1 GG sowie die Menschenwürde gemäß Art. 1 Abs. 1 GG zu nennen.[141]

Eine Rechtfertigung nach § 34 StGB scheitert auch nicht daran, dass eine solche Abwägung widerstreitende, also beiderseits vorhandene Interessen voraussetzt. Denn es ist nicht so, dass bei einem Patienten, der unter schwersten Schmerzen leidet und auch selbst diese Leidensphase nicht mehr durchleben will, jedes Lebensinteresse fehlt.[142] Vielmehr ist ein Lebensinteresse latent noch vorhanden (ein solcher Selbsterhaltungstrieb ist der menschlichen Natur wohl grundsätzlich zu eigen und zeigt sich auch in dem Kampf, den ein geschwächter Körper während des Krankheitsverlaufs durchaus noch durchzustehen vermag). Das Lebensinteresse ist aber zugegebenermaßen nur noch äußerst schwach. Die Gegenansicht verkennt, dass ein Lebensinteresse allenfalls an einem schmerzerfüllten Weiterleben entfällt. Unter der Voraussetzung der Schmerzfreiheit ist auch für den Todkranken sein Leben subjektiv noch wertvoll. Der Leidende nimmt also die Lebensverkürzung um der Schmerzfreiheit willen in Kauf – sein Interesse ist nicht auf Lebensverkürzung schlechthin gerichtet, vielmehr entspräche es seinem Interesse, wenn er *schmerzfrei* noch den vollen Rest des ihm verbleibenden Lebens verbringen könnte. Dies scheitert aber nur an der physikalisch-medizinischen Unmöglichkeit der Ermöglichung von Schmerzfreiheit bei gleichzeitig voller Lebensdauer. Zudem ist ein grundsätzliches Taburespektierungsinteresse der Allgemeinheit auch beim ärztlich begleitenden Sterben durchaus anzuerkennen.[143] Auch dieses ist bei einer Schmerzbehandlung mit unbeab-

---

[138] Lackner/Kühl-Kühl, § 34 Rdnr. 7, Sch/Sch-Lenckner/Perron, § 34 Rdnr. 23, Tröndle/Fischer, § 34 Rdnr. 10, Roxin, StR AT/I, § 16 Rdnr. 29 ff., Laber, Der Schutz des Lebens im Strafrecht, S. 151 ff. (ganz h.M.)

[139] S. auch Hirsch, FS für Welzel, S. 775, 795 Fn. 66

[140] Eine solche Abwägung der Interessen einer einzelnen Person ist im Rahmen des Notstands gemäß § 34 StGB auch zulässig, denn weder der Wortlaut noch die systematische Stellung des § 34 StGB verbieten die Subsumtion einer solchen Konstellation unter den Notstand. Vielmehr kann davon ausgegangen werden, dass, wenn zugunsten überwiegender Interessen sogar ein Eingriff in Interessen Dritter erlaubt ist, dann erst recht in eigene (nachrangige) des von dem Eingriff Begünstigten, vgl. Merkel, Früheuthanasie, S. 154, NK-Neumann, Vor § 211 Rdnr. 99, MüKo-Schneider, Vor §§ 211 ff. Rdnr. 101, v. Dellingshausen, Sterbehilfe und Grenzen der Lebenserhaltungspflicht des Arztes, S. 190 ff., Lilie, FS für Steffen, S. 273, 280. A.A. allerdings Jakobs, StR AT, Abschn. 13 Rdnr. 34, Trück, Mutmaßliche Einwilligung und passive Sterbehilfe durch den Arzt, S. 88 ff.

[141] Hufen, NJW 2001, 849, 855, s. auch Antoine, Aktive Sterbehilfe in der Grundrechtsordnung, S. 161 ff., Wolfslast, FS für Schreiber, S. 913, 916: schon die Erlaubnis zur Tötung in Notwehr und der Befehl zum Töten im Kriegsfall zeigen, dass der Lebensschutz und damit das Verbot der Fremdtötung keineswegs absolut seien. Nach BVerfGE 88, 203, 253 f. ergibt sich bereits aus dem Gesetzesvorbehalt des Art. 2 Abs. 2 Satz 3 GG, dass der Schutz des Lebens nicht absolut ist. Vgl. dazu auch Laber, Der Schutz des Lebens im Strafrechts, S. 135 ff.

[142] So aber Herzberg, NJW 1996, 3043, 3045 f.

[143] Zum Taburespektierungsinteresse bei aktiver direkter Sterbehilfe s. genauer unten c,aa (2)(b).

sichtigter Lebensverkürzung sehr abgeschwächt. Aber gerade das ermöglicht, dass im Rahmen der Abwägung nach § 34 StGB das Leidensvermeidungsinteresse des Patienten überwiegt und die indirekte Sterbehilfe als gerechtfertigt beurteilt werden kann.

bb) Reichweite der indirekten Sterbehilfe

Klärungsbedürftig bleibt allerdings die Reichweite der (straflosen) indirekten Sterbehilfe. Dabei stellen sich insbesondere Fragen nach der zeitlichen Dimension indirekter Sterbehilfe, der erforderlichen Vorsatzform sowie den Anforderungen an den Willen des Opfers.

(1) Zeitliche Dimension der indirekten Sterbehilfe

Zunächst ist fraglich, innerhalb welcher zeitlichen Grenzen indirekte Sterbehilfe zulässig ist. Denkbar ist, dass vor dem Einsetzen des Sterbevorgangs zulässige Sterbehilfe schlechthin nicht geleistet werden kann. Sterbehilfe gäbe es demnach nur gegenüber „Sterbenden".[144] Richtigerweise ist eine Beschränkung auf den Sterbevorgang selbst zu eng. Auch der tödlich Kranke, der unter schwersten Schmerzen leidet, hat ein Recht auf Schmerzlinderung und Erleichterung seines Leidenszustandes, auch wenn er unter Umständen noch länger leben wird.[145] Die oben vorgenommene Abwägung zwischen Lebensverlängerungs- und Leidensverminderungsinteresse greift auch hier.

(2) Erforderliche Vorsatzform

Schwieriger zu beantworten ist die Frage, welche Vorsatzform bei der indirekten Sterbehilfe vorliegen muss. Ursprünglich ging die überwiegende Meinung davon aus, dass zulässige indirekte Sterbehilfe nur bei dolus eventualis des Handelnden gegeben sein könnte.[146] Sieht der Sterbehilfe Leistende dagegen die Lebensverkürzung als sicher voraus, handelte er also mit dolus directus 2. Grades, sollte (strafbare) direkte Sterbehilfe vorliegen. Auch nach den Grundsätzen der Bundesärztekammer darf nur eine *möglicherweise* unvermeidbare Lebensverkürzung hingenommen werden.[147]

Die Rechtsprechung hat sich zu dieser Frage nicht eindeutig geäußert. Nach BGH St 42, 301 wird eine schmerzlindernde Medikation „nicht dadurch unzulässig, dass sie als unbeabsichtigte, aber in Kauf genommene unvermeidbare Nebenfolge den Todeseintritt beschleunigen kann".[148] *Schöch* interpretiert dies dahingehend, dass der BGH die erlaubte indirekte Sterbehilfe auf den Eventualvorsatz beschränke.[149] *Roxin* folgert wiederum aus der Wortwahl „un-

---

[144] Vgl. LK-Jähnke, Vor § 211 Rdnr. 12, 20a, SK-Horn, § 212 Rdnr. 26e, Kaufmann, MedR 1983, 121, 122, Schreiber, NStZ 1986, 337, 341, Dölling, JR 1998, 160, 161 f. unter Berufung auf BGH St 42, 301; s. auch die Grundsätze der Bundesärztekammer zur ärztlichen Sterbebegleitung (2004), Ziff. I.

[145] So erstreckt der Alternativ-Entwurf Sterbehilfe die indirekte Sterbehilfe auch auf „tödlich Kranke"; diesem folgt etwa Roxin, Medizinstrafrecht, S. 98. Siehe weiterhin Tröndle/Fischer, Vor §§ 211 bis 216 Rdnr. 18a, NK-Neumann, Vor § 211 Rdnr. 95, MüKo-Schneider, Vor §§ 211 ff. Rdnr. 95, Bottke, in: Bottke/Fritsche/Huber/Schreiber, Lebensverlängerung, S. 117, Beckert, Probleme um Suizidbeteiligung und Sterbehilfe, S. 23 f., 26.

[146] so noch SK-Horn, § 212 Rdnr. 26e, Kaufmann, MedR 1983, 121, 122, Kutzer, NStZ 1994, 110, 115, Schöch, NStZ 1997, 409, 411.

[147] Grundsätze der Bundesärztekammer zur ärztlichen Sterbebegleitung (2004), Ziff. I

[148] BGH St 42, 301

[149] Schöch, NStZ 1997, 409, 411, so auch Antoine, Aktive Sterbehilfe in der Grundrechtsordnung, S. 48, Dölling, JR 1998, 160, 162.

vermeidbar“ statt „möglicherweise unvermeidbar“, dass auch der dolus directus 2. Grades einbezogen sein soll.[150] In einer neueren Entscheidung hat der BGH die Straflosigkeit einer indirekten Sterbehilfe mit Eventualvorsatz des Täters betont, allerdings nicht abschließend ausgeführt, ob zulässige indirekte Sterbehilfe bei Vorliegen eines direkten Vorsatzes 1. Grades von vornherein ausgeschlossen sein soll.[151] Die wohl h.L. geht inzwischen davon aus, dass zulässige indirekte Sterbehilfe auch vorliegen kann, wenn die lebensverkürzende Wirkung als sicher vorausgesehen wird.[152]

Dann stellen sich aber durchaus Probleme bei der Abgrenzung der zulässigen indirekten (dolus directus II) von der unzulässigen direkten Sterbehilfe (dolus directus I). Diese resultieren aus faktischen Schwierigkeiten, die subjektive Tatseite bei der aktiven Sterbehilfe festzustellen, denn allein im subjektiven Bereich liegt der Unterschied zwischen vorsätzlicher Tötung und erlaubter indirekter Sterbehilfe. Da der innere Wille des Menschen der unmittelbaren Wahrnehmung entzogen ist, muss das Gericht meist aus den objektiven Tatumständen auf die Vorstellung des Täters zur Tatzeit rückschließen. Zu diesen Umständen gehört vor allem die Dosierung des lebensverkürzenden Schmerzmittels. Die Indizwirkung der Dosierung für eine Tötungsabsicht kann aber durchaus problematisch sein.[153] Denn nach den Feststellungen von Schmerzsachverständigen gibt es wegen der „antagonistischen Wirkung des Schmerzes“ praktisch keine Grenze mehr, bei der die Todesursächlichkeit der Schmerzmittelmedikation sicher festgestellt werden kann.[154] Es kann also jede therapeutisch noch vertretbare Schmerzmitteldosierung gewählt werden, ohne den Bereich des dolus eventualis zu überschreiten. Die seltenen Fälle, in denen dann noch sicheres Wissen um die tödliche Nebenwirkung denkbar ist, lassen sich aber forensisch kaum mehr von der verbotenen beabsichtigten Tötung unterscheiden.[155] Deshalb muss nach *Schöch* jede Form des direkten Vorsatzes aus dem Rechtfertigungsbereich ausscheiden.[156]

Dem kann aber nicht gefolgt werden. Zum Einen ist schon zweifelhaft, ob die wegen der antagonistischen Wirkung des Schmerzes möglichen Dosissteigerungen, die sich vor allem bei Tumor-Patienten ergeben haben, auch bei anderen Erkrankungen gelten.[157] Zum Anderen erscheint es nicht gerechtfertigt, denjenigen als strafbar zu erachten, der etwa aufgrund Expertenwissens bei der hohen Dosierung um die tödliche Wirkung sicher weiß, diese aber hinnimmt, um dem an schwersten Schmerzzuständen leidenden Patienten zu helfen. Dies widerspräche auch dem Interesse des Patienten an einer wirksamen Palliativbehandlung.[158] Des weiteren stellt sich die Frage forensischer Beweisbarkeit subjektiver Tateinstellungen auch außerhalb der Sterbehilfeproblematik. Wie auch dort, ist die subjektive Tatseite bei der Sterbehilfe durch weitere Indizien zu klären, wobei Transparenz und Nachvollziehbarkeit der Medikationsentscheidung durch umfassende Dokumentation eine überragende Rolle spielen. Vergleichsweise hohe Einstiegsdosierungen und auffällige Dosierungssprünge müssen sich

---

[150] Roxin, Medizinstrafrecht, S. 99, ebenso MüKo-Schneider, Vor §§ 211 ff. Rdnr. 95.

[151] BGH NJW 2001, 1802, 1803 in einem obiter dictum.

[152] NK-Neumann, Vor § 211 Rdnr. 95, Lackner/Kühl-Kühl, Vor § 211 Rdnr. 7, MüKo-Schneider, Vor §§ 211 ff. Rdnr. 95, Tröndle/Fischer, Vor §§ 211 bis 216 Rdnr. 18, Rieger, Die mutmaßliche Einwilligung in den Behandlungsabbruch, S. 19 f., Merkel, Früheuthanasie, S. 152 f., Antoine, Aktive Sterbehilfe in der Grundrechtsordnung, S. 48 f., Otto, JURA 1999, 434, 440, Kutzer, MedR 2001, 77, 78

[153] Verrel, MedR 1997, 248, 249; vgl. auch Schöch, NStZ 1997, 409, 410 f., LK-Jähnke, Vor § 211 Rdnr. 15.

[154] BGH NStZ 1997, 182, 183

[155] Schöch, NStZ 1997, 409, 410 f.

[156] Schöch, NStZ 1997, 409, 411, genauso Dölling, JR 1998, 160, 162.

[157] So auch Schöch, NStZ 1997, 409, 411

[158] In diesem Sinne auch Kutzer, MedR 2001, 77, 78

therapeutisch rechtfertigen lassen; auch etwa die Konsultation eines Kollegen kann dabei Indiz sein.[159]
Richtigerweise umfasst die straflose indirekte Sterbehilfe also auch das Handeln mit dolus directus 2. Grades.

(3) Einwilligung oder mutmaßliche Einwilligung des Betroffenen

Nach h.M. ist zulässige indirekte Sterbehilfe möglich, wenn diese dem Willen oder zumindest dem mutmaßlichen Willen des Patienten entspricht.[160] Interessant ist dabei gerade angesichts der sehr umstrittenen Diskussionen über die Bedeutung und Bestimmung des mutmaßlichen Willens bei der passiven Sterbehilfe (s. dazu unten 2c,bb), dass regelmäßig ohne besondere Erörterung auch der mutmaßliche Wille als ausreichend erachtet wird.[161] Insbesondere dürfte sich auch hier die Frage stellen, ob nicht eine Einwilligung des Betreuers des entscheidungsunfähigen Patienten und deren Genehmigung durch das Vormundschaftsgericht gemäß § 1904 BGB (direkt) in die lebensverkürzende Schmerzmedikation erforderlich ist. Nach § 1904 Abs. 1 BGB bedarf die Einwilligung des Betreuers in eine Heilbehandlung der Genehmigung des Vormundschaftsgerichts, wenn die begründete Gefahr besteht, dass der Betreute auf Grund der Maßnahme stirbt oder einen schweren und länger dauernden gesundheitlichen Schaden erleidet. Heilbehandlung ist auch die bloße Schmerzlinderung, so dass diese bei Beschleunigung des Sterbevorgangs eigentlich der Genehmigung bedürfte.[162] Dabei lässt sich nicht allein anführen, dass die Bestellung eines Betreuers häufig aus Zeitgründen nicht in Betracht komme.[163] Auch die Tatsache, dass indirekte Sterbehilfe nach der h.M. aufgrund Notstands gemäß § 34 StGB, nicht aber mutmaßlicher Einwilligung gerechtfertigt ist (was angesichts der Einwilligungssperre des § 216 StGB auch problematisch wäre), hilft nur insoweit weiter, als sie die fehlende Diskussion der Einwilligung des Betreuers und der Genehmigung des Vormundschaftsgerichts erklären könnte. Richtigerweise darf man den betreuungsrechtlichen Aspekt auch bei der indirekten Sterbehilfe nicht vernachlässigen, wenn dieser auch im Strafrecht letztendlich irrelevant sein wird (vgl. dazu die Erörterungen bei der passiven Sterbehilfe unten 2c,bb (4)(c)).

c) Die direkte Sterbehilfe

Unter direkter Sterbehilfe versteht man eine aktive Tötung Sterbender oder Schwerkranker, die gerade auf Lebensverkürzung abzielt.[164]
Sie ist nach geltendem Recht strafbar gemäß den §§ 211 ff., insbesondere § 216 StGB. Voraussetzung der Privilegierung des § 216 StGB ist dabei, dass der Außenstehende durch das ausdrückliche und ernstliche Verlangen des Sterbewilligen zur Tötung bestimmt wurde. Verlangen ist mehr als das bloße Einverständnis des Getöteten, er muss darüber hinaus auf den

---

[159] Verrel, MedR 1997, 248, 249
[160] BGH St 42, 301, Sch/Sch-Eser, Vorbem §§ 211 ff. Rdnr. 26, LK-Jähnke, Vor § 211 Rdnr. 15, MüKo-Schneider, Vor §§ 211 ff. Rdnr. 95, SK-Horn, § 212 Rdnr. 26e, NK-Neumann, Vor § 211 Rdnr. 96, Dreier-Schulze-Fielitz, Art. 2 II GG Rdnr. 63, v. Dellingshausen, Sterbehilfe und Grenzen der Lebenserhaltungspflicht des Arztes, S. 233 ff., Beckert, Probleme um Suizidbeteiligung und Sterbehilfe, S. 326, Dölling, JR 1998, 160, 162, Eser, in: Auer/Menzel/Eser, Zwischen Heilauftrag und Sterbehilfe, S. 90, Möllering, Schutz des Lebens, S. 19 f., 33, Engisch, FS für Bockelmann, S. 519, 532 f.
[161] Antoine, Aktive Sterbehilfe in der Grundrechtsordnung, S. 58
[162] Palandt-Diederichsen, § 1904 BGB Rdnr. 9.
[163] so aber Dölling, JR 1998, 160, 162 Fn. 30.
[164] Lackner/Kühl-Kühl, Vor § 211 Rdnr. 7

Willen des Täters eingewirkt haben, wenn auch die Initiative nicht unbedingt von ihm ausgegangen sein muss. War der Täter ohnehin bereits zur Tötung entschlossen oder war die Aufforderung nicht hauptsächlich bestimmendes Tatmotiv, scheidet jedoch § 216 StGB mangels „Bestimmen" aus.[165] Ausdrücklich ist das Verlangen, wenn es unzweideutig und unmissverständlich war.[166] Ernstlich ist das Verlangen nur, wenn der Sterbewille endgültig und „defektfrei" war. Letzteres fehlt bei einem Mangel der natürlichen Einsichts- oder Urteilsfähigkeit, bei Vorliegen von Störungen i.S.d. § 20 StGB, bei Zwang und bei Motivirrtümern sowie in der Regel, wenn es nur einer Augenblicksstimmung oder vorübergehenden Depression entsprungen ist. Das Verlangen muss also Ausdruck eines überlegten Entschlusses des freiverantwortlich handelnden Opfers sein.[167]

Von der grundsätzlich strafbaren direkten Sterbehilfe sind zu unterscheiden die indirekte Sterbehilfe (s.o. b)), der technische Behandlungsabbruch, der ebenfalls aktive Handlungen voraussetzen kann (s.u. 2a,dd) und die Beteiligung am Selbstmord (s.u. 4b)).[168] Dass die aktive Tötung eines Schwerkranken oder leidenden Patienten im Grundsatz strafbar auch dann ist, wenn sie auf Verlangen des Patienten erfolgt, ergibt sich aus § 216 StGB. Eine eigene Privilegierung angesichts der besonderen Leidenssituation des Patienten existiert nicht. Die Ratio des § 216 StGB, der eine Ausnahme von dem allgemeinen Grundsatz „volenti non fit iniuria", dass also die Verletzung eines Rechtsgutes durch die Einwilligung des Rechtsgutsinhabers gerechtfertigt wird, darstellt, ist nicht abschließend geklärt.[169] So führt eine Ansicht

---

[165] Sch/Sch-Eser, § 216 Rdnr. 5, 9, SK-Horn, § 216 Rdnr. 5, NK-Neumann, § 216 Rdnr. 10, 16, Tröndle/Fischer, § 216 Rdnr. 7, LK-Jähnke, § 216 Rdnr. 8

[166] Das schließt das Verlangen durch entsprechende Gebärden oder in Frageform aber nicht aus, vgl. BGH NStZ 1987, 365, 366 – Scophedal, SK-Horn, § 216 Rdnr. 7, Sch/Sch-Eser, § 216 Rdnr. 7, NK-Neumann, § 216 Rdnr. 13, Tröndle/Fischer, § 216 Rdnr. 7, Kühl, JR 1988, 338, 339, Roxin, NStZ 1987, 345 f.

[167] Im Einzelnen bestehen hier aber noch weitgehende Zweifel; vgl. zur Ernstlichkeit des Verlangens BGH NJW 1981, 932, NK-Neumann, § 216 Rdnr. 14 f., Sch/Sch-Eser, § 216 Rdnr. 8 (Beschränkung auf wesentliche Motivirrtümer), SK-Horn, § 216 Rdnr. 8; ein bedingtes Verlangen ist nach h.M. ausreichend, wenn die Bedingung eingetreten ist (BGH NStZ 1987, 365, 366 - Scophedal, Roxin, NStZ 1987, 345, 346, Kühl, JR 1988, 338, 339, Maurach/Schroeder/Maiwald, StR BT/1, § 2 Rdnr. 62, Wessels/Hettinger, StR BT I, § 2 V 1), s. dagegen SK-Horn, § 216 Rdnr. 8; nach NK-Neumann, § 216 Rdnr. 12 ist eine Bedingung des Sterbeverlangens nur möglich, wenn sich diese nur auf die Umstände des Vollzugs des Sterbewillens bezieht. Strittig ist auch, ob es sich bei dem ausdrücklichen und ernstlichen Verlangen um ein objektives Tatbestandsmerkmal handelt, auf das sich auch der Vorsatz des Täters richten müsste, so Sch/Sch-Eser, § 216 Rdnr. 14, NK-Neumann, § 216 Rdnr. 17, Lackner/Kühl-Kühl, § 216 Rdnr. 5, LK-Jähnke, § 216 Rdnr. 18, dagegen SK-Horn, § 216 Rdnr. 3.

[168] Roxin, Medizinstrafrecht, S. 109 f.

[169] Vgl. NK-Neumann, § 216 Rdnr. 1, Sch/Sch-Eser, Vorbem §§ 211 ff. Rdnr. 1, Tröndle/Fischer, § 216 Rdnr. 2, Kaufmann, MedR 1983, 121, 124. Zu den verfassungsrechtlichen Grundlagen eines Verbotes der Tötung auf Verlangen s. ausführlich Antoine, Aktive Sterbehilfe in der Grundrechtsordnung, S. 252 ff. Danach soll die Tötung auf Verlangen grundsätzlich in den Schutzbereich eines Rechts auf freie Verfügung über das eigene Leben als negatives Freiheitsrecht des Art. 2 Abs. 2 Satz 1 GG fallen. Eine „Fremdverfügung" liege nicht etwa aufgrund des Vollzugs der Handlung durch einen anderen vor, solange dem Dritten nicht das Leben zu dessen beliebiger Verfügung nach dessen Zwecken oder Interessen übergeben werde. Ein (unzulässiger) irreversibler Grundrechtsverzicht liege nicht vor, in Anlehnung an die Doktrin vom Grundrechtsverzicht sei allerdings die freie Widerruflichkeit Zulässigkeitsbedingung für die Einwilligung in die eigene Tötung. Andererseits begründet Art. 2 Abs. 2 Satz 1 i.V.m. Art. 1 Abs. 1 GG eine Verpflichtung des Staates, menschliches Leben vor Eingriffen Dritter zu schützen. Das betreffe aber allein die Bedrohung des Lebens Dritter angesichts von möglichen Missbrauchs- und Dammbruchsgefahren. Die daraus folgende Einschränkung des Rechts auf Verfügung über das eigene Leben gemäß Art. 2 Abs. 2 Satz 1 GG sei indes im Wege der Grundrechtskollision aufzulösen. S. etwa auch Jarass/Pieroth, Art. 2 GG Rdnr. 8, 76, 81, der das Recht auf Selbstschädigung in Art. 2 Abs. 1 GG verankert und aus Art. 2 Abs. 2 Satz 1 GG eine Schutzbefugnis, nicht aber eine unbeschränkte Schutzverpflichtung des Staates hinsichtlich aktiver Sterbehilfe annehmen will; ebenso Dreier-Schulze-Fielitz, Art. 2 II GG Rdnr. 32,

lediglich die Unverfügbarkeit des Rechtsgutes Leben an.[170] Nach a.A. schützt § 216 StGB die individuellen Interessen des Rechtsgutsinhabers, nämlich vor einer Verletzung seines Lebens durch ihn selbst.[171] Richtig dürfte es hingegen sein, die Ratio des § 216 StGB im gesellschaftlichen Interesse an einer Tabuisierung fremden Lebens, also der Unverbrüchlichkeit der allgemeinen Achtung vor (fremdem) menschlichem Leben zu sehen.[172] Die durchgängige Strafbarkeit aktiver Sterbehilfe ist rechtspolitisch sehr umstritten (dazu genauer unten bb)). Aber auch nach geltendem Recht stellt sich die Frage, ob die Strafbarkeit der aktiven direkten Sterbehilfe wirklich so ausnahmslos gilt, wie dies die h.M. in Literatur und Rechtsprechung annimmt.[173] Dies soll nun im Folgenden näher untersucht werden.

aa) Strafbarkeitseinschränkungen der Tötung auf Verlangen nach geltendem Recht

In der Literatur werden nämlich durchaus verschiedene dogmatische Begründungen für eine begrenzte Straffreistellung der Tötung auf Verlangen diskutiert.[174]

(1) Tatbestandsbegrenzung auf unvernünftige Tötungen

Nach einer Ansicht in der Literatur ist § 216 StGB einschränkend so auszulegen, dass sein Tatbestand nur unvernünftige Tötungen erfasse. Ist der Todeswunsch des Sterbwilligen aber vernünftig, so ist er zu respektieren. Danach liegt der Tatbestand des § 216 StGB nicht vor, wenn der Sterbewunsch objektiv begründet ist.[175] Dies ist aber abzulehnen. Denn eine derartige Einschränkung kann weder dem Wortlaut noch dem Sinn und Zweck des § 216 StGB entnommen werden. So will § 216 StGB nicht nur vor Kurzschlusshandlungen bewahren, sondern auch die grundsätzliche Respektierung und damit Unantastbarkeit fremden Lebens bewahren.[176] Zudem stellen sich Schwierigkeiten bei der Frage, was „objektiv vernünftig" ist,

---

64. A.A. v. Mangoldt/Klein/Starck-Starck, Art. 2 GG Rdnr. 191, 198 (absoluter Lebensschutz wegen Art. 2 Abs. 2 Satz 2 GG gegenüber aktiver Sterbehilfe).

[170] Rengier, StR BT/II § 6 Rdnr. 1, Wessels/Hettinger, StR BT I, § 1 I, wohl auch Lackner/Kühl-Kühl, § 216 Rdnr. 1.

[171] Vgl. Chatzikostas, Die Disponibilität des Rechtsgutes Leben, S. 263 ff., Beckert, Probleme um Suizidbeteiligung und Sterbehilfe, S. 225, 229, Hoerster, NJW 1986, 1786, 1789, Jakobs, FS für Kaufmann, S. 459, 470. Dies dürfte angesichts der Irreversibilität der Entscheidung vor allem einen Schutz vor leichtsinnigen oder übereilten Entscheidungen beinhalten.

[172] NK-Neumann, § 216 Rdnr. 1, vgl. auch Herzberg, NJW 1986, 1635, 1641 ff.; häufig werden auch mehrere Aspekte angeführt, wie etwa die Unantastbarkeit fremden Lebens und die Missbrauchsgefahr (Sch/Sch-Eser, § 216 Rdnr. 1).

[173] Vgl. BGH St 37, 376, Laber, Der Schutz des Lebens im Strafrecht, S. 191 ff., Sch/Sch-Eser, Vorbem §§ 211 ff. Rdnr. 25, Lackner/Kühl-Kühl, Vor § 211 Rdnr. 7, § 216 Rdnr. 1, LK-Jähnke, Vor § 211 Rdnr. 14 m.w.N. Zum Verbot aktiver Sterbehilfe für den Arzt vgl. auch § 16 der Musterberufsordnung für die deutschen Ärztinnen und Ärzte 1997 sowie die Grundsätze der Bundesärztekammer zur ärztlichen Sterbebegleitung (2004), Ziff. I.

[174] Nach NK-Neumann, Vor § 211 Rdnr. 129 kommt eine Notstandsrechtfertigung (dazu unten (2)) sogar in Betracht, wenn sich die aktive Sterbehilfe nicht auf den Wunsch, sondern nur die tatsächliche oder mutmaßliche Einwilligung des Betroffenen stützen kann. Dies dürfte aber zu weit gehen (s. dazu unten cc)) sowie zum Sonderfall der Früheuthanasie unten 3a,aa und 3c).

[175] Jakobs, Tötung auf Verlangen, S. 29 ff.

[176] Engisch, FS für H. Mayer, S. 399, 412 f.

denn dieser Begriff ist höchst unbestimmt.[177] Eine Tatbestandsbegrenzung auf unvernünftige Tötungen ist daher abzulehnen.

(2) Rechtfertigung nach § 34 StGB

Anderer Auffassung nach ist zwar bei einer direkten Tötung auf Wunsch des Patienten der Tatbestand des § 216 StGB erfüllt. Doch können unter Umständen die Voraussetzungen für einen rechtfertigenden Notstand vorliegen.

(a) Grundsätzliche Möglichkeit einer Rechtfertigung

Die Annahme eines rechtfertigenden Notstands wird teilweise mit dem Argument von vornherein abgelehnt, dass § 216 StGB eine grundsätzliche Einwilligungssperre bzgl. des Rechtsguts Leben zum Ausdruck bringt. Das Verbot der Anwendung des Rechtfertigungsgrundes der Einwilligung dürfe aufgrund des bezweckten Lebensschutzes nicht dadurch unterlaufen werden, dass statt der Einwilligung nun eine andere Konstruktion eines Rechtfertigungsgrundes gesucht werde.[178] Richtig daran ist, dass eine Rechtfertigung bei § 216 StGB ausscheiden muss, soweit sie nur mit dem ausdrücklichen und ernstlichen Verlangen des Getöteten, also seiner Einwilligung, begründet wird. Das schließt aber nicht aus, dass die Tat aufgrund rechtfertigenden Notstands, also aufgrund einer Abwägung aller relevanten Interessen, nach § 34 StGB gerechtfertigt sein kann.
Zum Teil wird auch vorgetragen, dass eine Abwägung im Bereich der direkten Sterbehilfe zumindest beschränkt werden muss, da ansonsten die Strafbarkeitsgrenzen einer unerträglichen Rechtsunsicherheit ausgesetzt wären und der Lebensschutz ausgehöhlt würde.[179] Ausschlaggebend ist dabei die Angst vor einem „Dammbruch"[180] oder dem „Prinzip der schiefen Ebene"[181]. Argumentiert wird regelmäßig, indem eine Ereignisfolge etwa folgender Art prognostiziert wird: Sterbehilfe, die auf einer autonomen Entscheidung des Betroffenen beruht, führt zu Sterbehilfe bei Patienten, die nicht in der Lage sind, ihren Willen zu äußern sowie zu Tötungshandlungen, die nur den Anschein haben, auf der autonomen Entscheidung des Betroffenen zu beruhen. Sterbehilfe für Menschen, die nicht fähig sind, ihren Willen zu äußern, führt wiederum zu Sterbehilfe, die gegen den Willen des Betroffenen verstößt. Dies führt in der Folge schließlich zur Tötung von Menschen gegen ihr subjektives und objektives Interesse.[182]
Dabei darf indes nicht übersehen werden, dass diese Angst vor einem Dammbruch durchaus hinterfragt werden muss. *Herzberg* etwa lehnt das Dammbruchargument gar vollständig ab, da es zum Einen nicht möglich sei, dem konkreten Handelnden eine *gegebene*[183] Notstandsrechtfertigung deshalb wieder abzusprechen, weil andere denselben Rechtfertigungsgrund als Deckmantel benutzen oder missbräuchlich herbeiführen könnten. Zum anderen müsste die Warnung vor einem Dammbruch für *jede*[184] tätergünstige Güterabwägung und Ausschöpfung

---

[177] Vgl. auch Roxin, Medizinstrafrecht, S. 115, dem zufolge die Vieldeutigkeit eines Kriteriums wie die „Vernunft" zudem ein Einfallstor für bedenkliche Tendenzen sein könnte.
[178] Vgl. etwa Muschke, Gesetzliche Regelung der Sterbehilfe?, S. 33.
[179] Vgl. Roxin, 140 Jahre GA, S. 177, 188 f.
[180] LK-Jähnke, Vor § 211 Rdnr. 14
[181] Vgl. Guckes, Das Argument der schiefen Ebene, S. 4 ff.
[182] Guckes, Das Argument der schiefen Ebene, S. 210 f.
[183] Hervorhebung durch den Autor
[184] Hervorhebung wiederum durch den Autor

einer Rechtfertigungsnorm gelten.[185] Schließlich sei es wissenschaftlich keineswegs erwiesen, dass eine begrenzte Zulassung der aktiven direkten Sterbehilfe zu einer Zunahme von Tötungen führen würde, die nicht mehr vom eigentlichen Willen der Betroffenen getragen seien. Der Einwand sei vielmehr rein spekulativ; wer ihn vortrage, müsse zumindest Indizien angeben können, die für eine derartige Fehlentwicklung sprechen und darf nicht nur auf die logische Möglichkeit einer solchen Entwicklung verweisen.[186]

Diese Kritik hat zwar durchaus ihre Berechtigung.[187] Doch darf nicht außer Acht gelassen werden, dass ein empirischer Nachweis einer solchen Dammbruchtheorie kaum möglich sein dürfte. Denn um die Effekte einer begrenzten Zulassung abschätzen zu können, müsste zunächst eine solche Zulassung tatsächlich erfolgen. Sollten sich die Befürchtungen eines Dammbruchs allerdings bewahrheiten, so wären die dadurch verlorenen Leben sicherlich ein zu hoher Preis für die Erforschung der Frage, ob ein Dammbruch wirklich zu erwarten ist. Allenfalls können Parallelen aus anderen Rechtsordnungen gezogen werden, die eine begrenzte Zulassung der direkten Sterbehilfe vorgenommen haben, wie dies etwa in den Niederlanden der Fall ist. Aussagekräftige Studien, die den Schluss auf eine tatsächliche Zunahme der Fälle aktiver Sterbehilfe in Situationen, in denen eine solche nicht indiziert ist, zulassen, liegen bislang nicht vor.[188]

Dennoch hat die Angst vor einem Dammbruch – auch angesichts der Kostenexplosion im Gesundheitswesen und der demographischen Entwicklung, der zunehmenden Überalterung der Gesellschaft, durchaus ihre Bedeutung. Dass eine Tendenz besteht, Kostenfaktoren bei Fragen der notwendigen Gesundheitsversorgung der Bevölkerung einzubeziehen, zeigt auch etwa der Vorschlag der Professoren Friedrich Breyer und Joachim Wiemeyer im Juni 2003, bestimmte kostspielige Operationen und andere medizinische Leistungen ab einem gewissen Lebensalter (die Rede war von Menschen über 75 Jahren) nicht mehr durch die gesetzlichen Krankenkassen zu decken.[189] Zwar lässt sich einwenden, dass § 216 StGB stets das ausdrückliche und ernstliche Verlangen des Patienten voraussetzt und deshalb die Gefahr eines Missbrauchs verringert ist – will der Patient nicht sterben, so braucht er ja nicht darum zu bitten. Nicht zu verkennen ist allerdings der mittelbare Druck, der auf die Patienten ausgeübt würde. Auch ohne dass Angehörige oder Vertreter des Gesundheitssystems Einfluss auf den jeweiligen Patienten nehmen würden, könnte die alleinige Tatsache, dass die Tötung auf Verlangen gerechtfertigt und damit zulässig sein kann, dazu führen, dass sich schwer kranke Personen dazu veranlasst sehen, um Sterbehilfe zu bitten, auch wenn dies nicht ihrem eigentlichen Willen entspricht. Diese Gefahr ist angesichts einer zunehmend individualistischen Gesellschaft, in der etwa Familiensolidarität eine immer geringere Rolle spielt, durchaus real.

Doch ist auf der anderen Seite wiederum zu berücksichtigen, dass die passive Sterbehilfe ganz überwiegend für zulässig gehalten wird (dazu unten 2.), obgleich genauso gut denkbar ist, dass auf Patienten dahingehend Druck ausgeübt wird, auf eine Behandlung zu verzichten oder

---

[185] Herzberg, NJW 1986, 1635, 1642

[186] Herzberg, NJW 1996, 3043, 3044 f.

[187] Vgl. Guckes, Das Argument der schiefen Ebene, S. 10, wonach für ein gutes Schiefe-Ebene-Argument vor allem nötig ist, dass die Vermutung, es komme zu einer bestimmten Ereignisfolge, empirisch hinreichend gestützt ist.

[188] So lassen etwa Zahlen, die in der politischen Debatte über eine Zulassung aktiver Sterbehilfe vorgebracht werden, schon mangels Vergleichbarkeit mit früheren Zahlen keinen Schluss darauf zu, dass ein sprunghafter Anstieg von aktiver Sterbehilfe vorliegt, vgl. SZ vom 21.11.2003, S. 11.

[189] S. Broschüre des Bundesministeriums für Gesundheit und Soziale Sicherung, Referat Öffentlichkeitsarbeit, Stand Juli 2003, S. 4 ff., abrufbar unter http://www.bmgs.bund.de/download/broschueren/A317.pdf.

ihren Abbruch zu verlangen.[190] Die unterschiedliche Behandlung bei der aktiven direkten Sterbehilfe ist insoweit nicht ganz einleuchtend. Mit *Simson* ist daher festzustellen, dass der Gedanke „Wohin wird das einmal führen?“ hier nicht entscheiden kann. Er darf notwendige barmherzige Taten nicht verhindern, sondern zwingt nur, die engen, aber klaren Grenzen der Barmherzigkeit einzuhalten.[191]
Schließlich sieht sich die Rechtfertigung nach § 34 StGB bei der direkten Sterbehilfe dem Einwand ausgesetzt, dass diese seltsam anmute, wenn die Person, der geholfen werden soll, liquidiert wird. Es existiere dann nämlich kein Subjekt mehr, an dem sich die Leidenslinderung auswirken könnte.[192] Dieser Einwand ist durchaus legitim. Doch resultiert er aus den spezifischen Eigenarten der Sterbehilfeproblematik. Es ist nicht Voraussetzung für eine Rechtfertigung nach § 34 StGB, dass die Person, zugunsten deren überwiegenden Interesses die Tat ausgeführt wurde, diese auch bewusst wahrnehmen kann. Es muss hier ausreichen, dass dem Leidenden im Moment der Ausführungshandlung bewusst ist, dass seinem Wunsch entsprochen und sein Leiden beendet wird.
Die direkte Sterbehilfe kann einer Abwägung daher zumindest nicht von vornherein entzogen sein. Es ist somit zu prüfen, ob eine Abwägung nach § 34 StGB unter Berücksichtigung der betroffenen Rechtsgüter und Interessen im Einzelfall dazu führen kann, dass die Tötung auf Verlangen im Bereich der Sterbehilfe nicht (wenigstens ausnahmsweise) gerechtfertigt ist.[193]

(b) Die einzubeziehenden Interessen

Nach § 34 StGB ist eine Rechtfertigung möglich, wenn nach einer umfassenden Abwägung der Interessen, insbesondere der betroffenen Rechtsgüter, das geschützte Interesse das beeinträchtigte wesentlich überwiegt.
Will man eine Rechtfertigung für möglich halten, ist dabei wie bei der indirekten Sterbehilfe (s.o. b,aa (4)) das Lebenserhaltungsinteresse des Patienten gegen sein Leidvermeidungsinteresse abzuwägen. Zwar kann auch hier wiederum eingewandt werden, dass das Leben als höchster Verfassungswert bei der Abwägung nach § 34 StGB ansonsten nie einbezogen wird; das Leben als solches darf nach ganz allgemeiner Ansicht weder qualitativ noch quantitativ abgewogen werden.[194] Doch wenn man bei der indirekten Sterbehilfe annimmt, dass ausnahmsweise auch das Rechtsgut Leben in den Kreis der abzuwägenden Interessen einbezogen werden kann, weil anders als im Normalfall nicht das Leben zweier oder mehrerer unterschiedlicher Personen gegeneinander abgewogen, sondern nur die Interessen des Patienten selbst berücksichtigt werden, so ist kein Grund ersichtlich, bei der direkten Sterbehilfe anders zu verfahren.[195] Berücksichtigt man nur das Lebenserhaltungsinteresse des Patienten gegen-

---

[190] Guckes, Das Argument der schiefen Ebene, S. 223, Chatzikostas, Die Disponibilität des Rechtsgutes Leben, S. 249 f., Wolfslast, FS für Schreiber, S. 913, 916 f.

[191] Simson, FS für Schwinge, S. 89, 92

[192] Eser, in: Auer/Menzel/Eser, Zwischen Heilauftrag und Sterbehilfe, S. 91

[193] So auch NK-Neumann, Vor § 211 Rdnr. 127 („zumindest in den Fällen extremen Leidens des Moribunden“), Chatzikostas, Die Disponibilität des Rechtsgutes Leben, S. 320 ff., Merkel, JZ 1996, 1145, 1150 f., Herzberg, NJW 1986, 1635, 1639, Otto, JURA 1999, 434, 441; s. weiterhin Hirsch, FS für Welzel, S. 775, 794 und Simson, FS für Schwinge, S. 89, 109, die noch von „übergesetzlichem Notstand“ sprechen.

[194] Vgl. etwa Lackner/Kühl-Kühl, § 34 Rdnr. 7 f., Sch/Sch-Lenckner/Perron, § 34 Rdnr. 23.

[195] Zur grundsätzlichen Ablehnung der Unterscheidung zwischen indirekter und direkter Sterbehilfe anhand der Kriterien „beabsichtigte“ und „bloß in Kauf genommene“ Tötung und zur Annahme des § 34 StGB auch in Fällen direkter Sterbehilfe s. auch Merkel, Früheuthanasie, S. 174 ff. Im Anschluss daran lehnt auch etwa NK-Neumann, Vor § 211 Rdnr. 127 f. eine Nichtabwägbarkeit des Rechtsgutes Leben nur bei der direkten Sterbehilfe ab.

über seinem Leidvermeidungsinteresse, scheint eine Rechtfertigung angesichts der Tatsache, dass der Patient ausdrücklich und ernsthaft seine Tötung wünscht, selbst also kein Lebenserhaltungsinteresse geltend macht, das Ergebnis der Abwägung vorweggenommen zu sein. Doch sind noch weitere Interessen in die Abwägung einzubeziehen, wobei im Einzelnen zu prüfen ist, welche dies sein können.
Zu denken könnte nämlich auch an ein ökonomisches Interesse der Angehörigen des Patienten bzw. der Allgemeinheit (Interesse der Niedrighaltung von Kosten für das Gesundheitssystem, das durch schwerst chronisch erkrankte und auf dauernde Hilfe angewiesene Patienten belastet wird) sein. Dies ist aber abzulehnen. Das Grundrecht auf Menschenwürde, Art. 1 Abs. 1 GG, wie auch das Sozialstaatsprinzip nach Art. 20 Abs. 2 GG verbieten, dass der Einzelne, und zwar gerade der Schwache und auf die Solidarität seiner Mitmenschen Angewiesene, zum Objekt reiner Kosten-Nutzen-Erwägungen würde. Dies ist mit dem Menschenbild des Grundgesetzes eindeutig nicht zu vereinbaren. Die Menschenwürde als absoluter und höchster Verfassungswert ist einer Einschränkung nicht zugänglich.[196] Doch selbst wenn man – entgegen der hier vertretenen Ansicht – auch ein Kosteninteresse der Allgemeinheit in die Abwägung nach § 34 Satz 1 StGB einbeziehen wollte, so ist die darauf gestützte Tat sicherlich nicht „angemessen" i.S.v. § 34 Satz 2 StGB, so dass letztendlich das Kosteninteresse keinesfalls durchzuschlagen vermag.
Wie auch bei der indirekten Sterbehilfe ist aber ein grundsätzliches Taburespektierungsinteresse der Allgemeinheit im Bereich der Sterbehilfe anzuerkennen.[197] Dies ist im Fall der aktiven direkten Sterbehilfe auch prinzipiell sehr stark.[198] Die Reaktion auf die Regelung der aktiven Sterbehilfe in den Niederlanden hat gezeigt, dass in der deutschen Bevölkerung ein starkes Bedürfnis besteht, die direkte Sterbehilfe weiterhin zu tabuisieren. Ein Taburespektierungsinteresse der Allgemeinheit ist auch nicht nur ideologisches Wunschdenken, wie die oben dargestellten Befürchtungen vor einem Dammbruch zeigen. Die Abwägung mit dem Taburespektierungsinteresse ist zudem möglich, da dieses Interesse der Gemeinschaft nicht *gegen* das Leben abgewogen, sondern vielmehr zur Verstärkung des Lebensschutzes herangezogen wird.

(c) Die Abwägung im Einzelnen

Angesichts des starken Tabuinteresses der Allgemeinheit führt eine Abwägung regelmäßig dazu, dass eine Tötung auf Verlangen nicht gerechtfertigt ist. Dieses Ergebnis wird durch die Überlegung unterstützt, dass die Beteiligung am Selbstmord in Deutschland an sich straflos ist (dazu s.u. 4b,aa). Es kann also davon ausgegangen werden, dass derjenige, dessen körperlicher Zustand es zulässt, und der sich aufgrund seines Leidenszustandes freiwillig und eigenverantwortlich entschlossen hat, sein Leben nicht länger ertragen zu wollen, diesem Leben selbst ein Ende setzen wird. Zwar kann der Betroffene dabei regelmäßig nicht auf ärztliche Suizidbeihilfe zurückgreifen, weil eine solche Suizidbeihilfe dem Arzt durch Standesrecht untersagt ist und der Arzt Suizidbeihilfe unter Berufung darauf in der Regel verweigern wird.[199] Es bleibt ihm aber unbenommen, die Hilfe eines Dritten in Anspruch zu nehmen.

---

[196] Vgl. Maunz/Dürig/Herzog/Scholz-Di Fabio, Art. 2 Abs. 2 Rdnr. 11, Jarass/Pieroth, Art. 1 GG Rdnr. 12, v. Mangoldt/Klein/Starck-Starck, Art. 1 Abs. 1 GG Rdnr. 30.
[197] Vgl. Herzberg, NJW 1986, 1635, 1640, 1644.
[198] S. zum „Tabu" auch kritisch Chatzikostas, Die Disponibilität des Rechtsgutes Leben, S. 238 ff.
[199] Die verfassungsrechtliche Zulässigkeit des absoluten Verbots der Beihilfe zum Suizid durch den Arzt in den ärztlichen Berufsordnungen verneint etwa Antoine, Aktive Sterbehilfe in der Grundrechtsordnung, S. 385 ff. mangels ausreichender Ermächtigungsgrundlage.

Um Missbräuchen vorzubeugen, ist die direkte Sterbehilfe auf absolute Ausnahmefälle zu beschränken. Meiner Ansicht nach kommt eine Rechtfertigung nur in solchen Ausnahmefällen in Betracht, in denen eine Person aufgrund ihrer körperlichen Verfassung nicht mehr in der Lage ist, eine Selbsttötung vorzunehmen. Denkbar sind dabei im Grunde nur zwei Fallgruppen, wenn nämlich eine Person etwa vollständig gelähmt ist oder aufgrund einer Muskelkrankheit nicht mehr in der Lage ist, irgendwelche Bewegungen selbständig auszuführen, oder aber im Endstadium einer Krankheit sehr geschwächt und nicht mehr mit Palliativmedizin kontrollierbaren Schmerzzuständen ausgesetzt ist.[200] Zwar mögen Situationen, in denen der Betroffene nicht einmal mehr in der Lage ist, den zubereiteten Gifttrunk etwa mit einem Strohhalm eigenständig zu trinken, überaus selten sein. Doch sollte zumindest der terminal Kranke, der unter nicht anders vermeidbaren Schmerzzuständen leidet und demgemäß nur unter großen Qualen zu einem solchen Selbstmord in der Lage wäre, nicht auf diesen schmerzhaften Weg des Selbstmordes verwiesen werden, so dass in einem solchen Fall eine ausnahmsweise zulässige aktive Sterbehilfe gegeben wäre. Beim „nur" vollständig Gelähmten, für den ein solcher Suizid keine körperlichen Qualen hervorruft, wenn er auch eine psychische Belastung darstellen mag, wird man aber wohl restriktiver sein müssen und verlangen, dass er – wo physisch möglich – auf einen solchen Suizid ausweicht. Denn die Gefahr, dass hier anhand von Grenzfällen die erforderliche Beschränkung auf absolute Ausnahmefälle verwischt wird, ist viel zu groß.
Bittet eine solche Person nun über einen gewissen Zeitraum hinweg und offensichtlich nicht nur aus einer vorübergehenden Depression heraus um Hilfe zum Sterben, so erscheint es geradezu unmenschlich, dieser Person ihren Wunsch nicht zu erfüllen, weil die Gesellschaft ein absolutes Tötungsverbot aufrechterhalten will. Der Einzelne kann um der Gemeinschaft willen zu Einschränkungen in seinen persönlichen Freiheiten gezwungen sein, doch dürfen diese Einschränkungen nicht zum Selbstzweck werden (vgl. auch die verfassungsrechtlichen Ausführungen zur Frage einer Pflicht zum Leben, unten 4a,bb). Zwar lässt sich auch hier einwenden, dass die Zulassung direkter Sterbehilfe in solchen Fällen dazu führen könnte, dass andere Personen in vergleichbarer Situation, die ihrem Leben aber durchaus noch Lebenswert abzugewinnen vermögen, sich zur Bitte um Sterbehilfe gedrängt sehen könnten. Diese Gefahr ist wiederum nicht gering zu schätzen. Doch kann dem etwas Rechnung getragen werden durch das Erfordernis zumindest einer mehrmaligen Bitte im Falle eines unter schwersten Vernichtungsschmerzen leidenden terminal Kranken oder der Bitte über einen längeren Zeitraum hinweg bei einem nicht tödlich Kranken, aber etwa vollständig Gelähmten. Denn dies bietet eine gewisse Gewähr gegen Kurzschlussreaktionen und bloßen Bitten aus „Gefälligkeit".[201]

(3) Verantwortungsausschluss aufgrund der Gewissensentscheidung des Handelnden

Will man der hier vertretenen Ansicht einer möglichen Rechtfertigung nach § 34 StGB nicht

---

[200] Ähnlich Antoine, Aktive Sterbehilfe in der Grundrechtsordnung, S. 367 ff., 394, dem zufolge das ausnahmslose Verbot der aktiven Sterbehilfe in § 216 StGB das verfassungsrechtliche Übermaßverbot verletzt, wenn der Patient zum Selbstmord außerstande ist und eine Sedierung des Patienten unter Einstellung der künstlichen Ernährung als Ausweg nicht möglich ist. Nur bei Annahme eines rechtfertigenden Notstandes gemäß § 34 StGB in diesen Fällen ist § 216 StGB als verfassungsgemäß zu erachten.

[201] Die Anerkennung aktiver Sterbehilfe in extremen Ausnahmefällen wird heute in der Lehre, wenn auch oft nur versteckt, zumeist anerkannt. Allerdings besteht keine Einigkeit über die dogmatische Begründung; der rechtfertigende Notstand wird explizit nur selten herangezogen. Vgl. etwa Roxin, Medizinstrafrecht, S. 116 f., Simson, FS für Schwinge, S. 89, 109, Hirsch, FS für Welzel, S. 775, 795 f., Kutzer, ZRP 2003, 209, 211 f. (nur, wenn der Sterbeprozess eingesetzt hat und nur in besonderen Ausnahmesituationen), Lackner/Kühl-Kühl, Vor § 211 Rdnr. 7 m.w.N.

folgen, stellt sich die Frage nach anderen Möglichkeiten der Straffreiheit der aktiven direkten Sterbehilfe.

Wenig geklärt ist in der Rechtslehre bislang die Rechtsfigur der Gewissenstat als Strafbefreiungsgrund. Da das Grundrecht der Gewissensfreiheit, Art. 4 Abs. 1 GG, grundsätzlich auch die Freiheit umfasst, dem Gewissen gemäß zu handeln, kann sich danach für den Gewissenstäter unter Umständen ein Strafbefreiungsgrund aus Art. 4 Abs. 1 GG ergeben.[202] Diese Grundsätze gelten an sich auch dort, wo jemand das qualvolle Leiden eines unheilbar Kranken auf dessen Bitten verkürzt. Zwar erfüllt der Gewissenstäter auch hier den Tatbestand des § 216 StGB. Doch ist zu berücksichtigen, dass die Gewissensentscheidung von dem Bewusstsein des Leidens und dem Respekt gegenüber dem Willen des unheilbar Kranken getragen ist.[203]

Richtigerweise kommt eine Straffreistellung aber allenfalls dann in Betracht, wenn dem Handelnden dabei keine „gewissensneutrale Alternative" zur Erreichung seines Ziels zur Verfügung stand.[204] Das dürfte wiederum nur dann der Fall sein, wenn der Zustand des Kranken ihm nicht mehr erlaubt, sich selbst zu töten, denn ansonsten könnte der Handelnde dem Willen des Kranken durch eine (straflose) Beihilfe zum Suizid entsprechen.[205] Zu denken wäre auch an Palliativmedizin und indirekte Sterbehilfe als „gewissensneutrale Alternative", wenn damit die Schmerzen und das Leiden des Kranken ausreichend gelindert werden können. Mit der Begrenzung der Gewissenstat durch eine etwaige „gewissensneutrale Alternative" scheidet aber eine Straffreistellung außerhalb der Fälle, in denen bereits nach der oben vertretenen Ansicht von einer Rechtfertigung ausgegangen wird (s.o. (2)(c)), aus.

Die dogmatische Begründung mit Hilfe der Gewissenstat sieht sich zudem nicht ganz zu Unrecht dem Vorwurf der mangelnden Konsequenz ausgesetzt: das Missbrauchsargument, das zunächst diente, um eine Rechtfertigung des Handelnden zu verneinen, muss nämlich bei der Strafbefreiung aufgrund der Gewissenstat genauso gelten.[206] Weiterhin erscheint die Gefahr eines Missbrauchs und damit eines Dammbruchs bei dieser Rechtsfigur, deren Einordnung und Voraussetzungen noch so ungeklärt sind, sogar noch größer als bei einer Rechtfertigung nach § 34 StGB. Was dem Einzelnen sein Gewissen gebietet oder nach welcher Überzeugung er sich zu handeln verpflichtet fühlt, ist tatrichterlich weitaus schwerer zu ermitteln als die Abwägungsgründe, die eine Rechtfertigung zuzulassen vermögen. Und auch Zweifel ganz allgemeiner Art können an der Rechtsfigur der Gewissenstat angebracht werden: so ist fraglich, ob die Rechtsordnung die Verbindlichkeit ihrer Normen für den Einzelnen unter rechtsstaatlichen Gesichtspunkten von der Gewissensbilligung dieser Einzelperson abhängig ma-

---

[202] Rudolphi, FS für Welzel, S. 605; vgl. auch BVerfGE 32, 98, 108 f. zur Möglichkeit eines Strafausschlusses mangels Vorwerfbarkeit der Tat aufgrund der Glaubensfreiheit des Art. 4 Abs. 1 GG.

[203] Rudolphi, FS für Welzel, S. 605, 628. Nach a.A. handelt es sich bei dem Sterbehelfer nicht um einen Gewissenstäter, sondern um einen bloßen Überzeugungstäter, der die Tat zwar ebenfalls aus einem Sollbewusstsein heraus, aber ohne unüberwindlichen inneren Zwang begeht. Vom Gewissenstäter unterscheidet er sich dadurch, dass seine Entscheidung zwar auf einer Wertung zugunsten des „Richtigen" gegen das „Unrichtige" beruht, jedoch nicht im ethischen Kernbereich des „Gut" und „Böse" liegt. Er orientiert sein Verhalten allerdings an einer als verpflichtend empfundenen höheren Norm und versieht seine Handlungsmaximen mit dem Anspruch der Allgemeingültigkeit, vgl. Ebert, Der Überzeugungstäter, S. 74 f. Der Sterbehelfer sei daher ein Täter aus sozialethisch achtbarer Überzeugung. Zwar mögen die Gründe, die hinter dessen Überzeugung stehen, für eine Rechtfertigung nicht ausreichen, doch könne ihnen bei der sozialethischen Gesamtwürdigung, welche das Schuldurteil darstellt, die Wirksamkeit nicht versagt werden (Ebert, Der Überzeugungstäter, S. 79 f., der „jedenfalls" eine Schuldminderung annimmt). S. auch Engisch, FS für Dreher, S. 309, 321.

[204] Roxin, FS für Maihofer, S. 389, 396 f.

[205] Roxin, FS für Maihofer, S. 389, 403

[206] S. Herzberg, NJW 1986, 1635, 1642 f. für die Annahme eines Schuld- bzw. Strafausschließungsgrundes im allgemeinen.

chen kann.[207] Zwar betont die Einordnung als Gewissenstat den Charakter als Ausnahmeentscheidung. Doch lässt sich der gleiche Effekt erzielen, wenn man die Rechtfertigung – wie hier geschehen – auf absolute Ausnahmefälle beschränkt. Der mit der Lösung über den Strafausschluss verbundene „Vorteil", dass die Verwirklichung des Erfolgsunrechts festgestellt und damit der Lebensschutz formal gestärkt wird, kann die damit einhergehende Rechtsunsicherheit nicht aufwiegen.

(4) Entschuldigung gemäß § 35 StGB und übergesetzlicher Schuld- bzw. Strafausschluss

Zuletzt wird von einigen Autoren noch auf den entschuldigenden Notstand gemäß § 35 StGB sowie auf die Konstruktion eines übergesetzlichen Schuld- bzw. Strafausschlusses gemäß § 35 StGB analog zurückgegriffen.[208]

Ein entschuldigender Notstand gemäß § 35 StGB liegt vor, wenn jemand eine rechtswidrige Tat begeht, um eine gegenwärtige, nicht anders abwendbare Gefahr für Leib, Leben oder Freiheit von sich, einem Angehörigen oder einer anderen ihm nahestehenden Person abzuwenden. Im Bereich der Sterbehilfe kommt eine Entschuldigung gemäß § 35 StGB dann zumeist nur in Betracht, wenn ein Angehöriger die Sterbehilfe leistet. Denn der Begriff der „nahestehenden Person" setzt, wie sich aus der Gleichsetzung mit den Angehörigen ergibt, das Bestehen eines auf eine gewisse Dauer angelegten zwischenmenschlichen Verhältnisses voraus, das ähnliche Solidaritätsgefühle wie unter Angehörigen hervorruft und im Notfall zu einer vergleichbaren psychischen Zwangslage führt.[209] Das ist beim Arzt, der dem Patienten hauptsächlich im Rahmen seiner Berufsausübung begegnen wird, nur in seltenen Ausnahmefällen besonderer Verbindung gegeben. Weiter ist zu beachten, dass eine Gefahr für den „Leib" des anderen im Sinne körperlicher Unversehrtheit[210] nur etwa bei unerträglichen Schmerzenszuständen vorliegen kann, nicht hingegen im Fall eines dauerhaft Gelähmten, der in seinem Leben keinen Sinn mehr sieht, ihm ohne fremde Hilfe aber kein Ende zu setzen vermag. In den Fällen unerträglicher Schmerzzustände im Endstadium einer Krankheit, die auch durch Schmerzmittel nicht mehr beherrscht werden können, kann also ein Angehöriger, der direkte Sterbehilfe leistet, um dem Angehörigen diese letzte qualvolle Lebensspanne zu ersparen, nach § 35 StGB entschuldigt sein.[211]

Wenn ein *Arzt* direkte Sterbehilfe leistet und/oder dem Patienten keine Schmerzzustände mehr bevorstehen, er aber sein Leben beenden möchte, ohne dazu physisch im Stande zu sein, scheidet indes eine Entschuldigung gemäß § 35 StGB aus. In diesen Fällen wird nun aber teilweise das Eingreifen eines übergesetzlichen Schuld- bzw. Strafausschlusses diskutiert.

Der übergesetzliche Notstand wird zwar nicht von der Rechtsprechung, aber der herrschenden Lehre in Situationen anerkannt, in denen der Täter die Nachsicht des Rechts verdient, obwohl eine Rechtfertigung ausgeschlossen ist, weil die beteiligten Rechtsgüter eine quantitative oder qualitative Differenzierung nicht zulassen, und auch eine Entschuldigung gemäß § 35 StGB

---

[207] Zur Kritik an der Rechtsfigur der Gewissenstat als Entschuldigungsgrund im Allgemeinen und im Bereich der direkten Sterbehilfe s. v. Dellingshausen, Sterbehilfe und Grenzen der Lebenserhaltungspflicht des Arztes, S. 333 ff., die von einer „Kapitulation des Strafrechts vor dem Gewissenstäter" spricht; ihr folgend Beckert, Probleme um Suizidbeteiligung und Sterbehilfe, S. 274.

[208] Zum übergesetzlichen Notstand s. etwa Langer, in: Kruse/Wagner, Sterbende brauchen Solidarität, 121 ff., Hirsch, FS für Lackner, S. 597, 615; vgl. des weiteren Beckert, Probleme um Suizidbeteiligung und Sterbehilfe, S. 270 ff.

[209] Sch/Sch-Lenckner/Perron, § 35 Rdnr. 15; für den Problemkreis der Sterbehilfe s. auch Beckert, Probleme um Suizidbeteiligung und Sterbehilfe, S. 272 f.

[210] Lackner/Kühl-Kühl, § 35 Rdnr. 3

[211] (wenn man die Tat nicht schon gerechtfertigt sein lassen will), vgl. etwa Herzberg, JZ 1988, 182, 187

ausscheidet, da die Gefahr nicht dem Täter bzw. seinen Angehörigen etc. droht.[212] Diskutiert wurde der übergesetzliche Schuldausschluss insbesondere im Zusammenhang mit dem Fall der NS-Euthanasieärzte, die an der „Auswahl" einer Anzahl von Opfern mitgewirkt und sie damit der Tötung preisgegeben hatten, um die große Mehrheit zu retten, die bei einer Verweigerung jeglicher Beteiligung vermutlich auch verloren gewesen wäre (weil die Ärzte dann von linientreuen Ärzten ersetzt worden wären und damit keinerlei Patienten mehr hätten schützen können).[213] Die Begründung einer übergesetzlichen Entschuldigung ist im Einzelnen noch strittig. Zutreffenderweise ist sie darin zu sehen, dass sowohl der Unrechts- als auch der Schuldgehalt der Tat wesentlich gemindert ist.[214]
Bei der direkten Sterbehilfe sei nun der Unrechtsgehalt der Tat dadurch gemindert, dass diese zugleich ein anderes rechtliches Interesse (körperliches Wohlbefinden des Patienten und sein Interesse an der Beendigung unerträglicher Qualen) schütze. Zudem werde kein unbeteiligtes Rechtsgut geschädigt, sondern ein bereits durch die Notstandslage unmittelbar betroffenes. Auch sei zu beachten, dass der Wille des Betroffenen letztlich gewahrt werde (wenn dies wegen § 216 StGB auch nicht rechtfertigen kann). Zudem sei die Schuld des handelnden Arztes aufgrund seiner psychischen Zwangslage gemindert: sind schwerste Leiden eines Moribunden mit herkömmlichen Methoden nicht mehr zu lindern, so sehe sich der Arzt vor die Entscheidung gestellt, entweder den Qualen des Patienten tatenlos zuzusehen (und damit rechtskonform zu handeln) oder dem Verlangen des Kranken zu entsprechen (und sich damit gegen die Rechtsordnung zu stellen). Der Arzt, der in einem solchen Gewissenskonflikt direkte Sterbehilfe leiste, orientiere sich an Handlungsmaximen, die vom Standpunkt der auch in der Rechtsordnung verkörperten ethischen Werte Achtung verdiene. Sein Verhalten sei nicht Ausdruck einer rechtsfeindlichen oder rechtsgleichgültigen Gesinnung.[215]
Auch diese Lösung muss sich allerdings den Einwand der Inkonsequenz gefallen lassen. Wenn der Arzt, der Sterbehilfe leistet, sich an Handlungsmaximen orientiert, die nach den ethischen Werten auch der Rechtsordnung Achtung verdienen, so ist nicht einzusehen, warum ihm sein Verhalten überhaupt zum Vorwurf gemacht werden soll. Konsequenter ist daher die Auffassung, dass die Tat in solchen extremen Ausnahmefällen (wie oben beschrieben) gerechtfertigt ist. Ein Aufweichen des grundsätzlichen Tötungsverbots und des Respekts vor dem Leben sowie eine Missbrauchsgefahr sind damit ebenso wenig (bzw. ebenso sehr) verbunden wie bei der Annahme einer auf Ausnahmesituationen beschränkten übergesetzlichen Entschuldigung.

bb) Regelung der direkten Sterbehilfe de lege ferenda

Die wohl überwiegende Meinung in der Literatur lehnt eine Strafbeschränkung bei der Tötung auf Verlangen nach geltendem Recht indes ab. Dann aber stellt sich die Frage nach einer (Neu-)Regelung de lege ferenda.

---

[212] Sch/Sch-Lenckner, Vorbem §§ 32 ff. Rdnr. 115

[213] Roxin, StR AT/I, § 16 Rdnr. 32 ff., § 22 Rdnr. 147 ff. Der BGH hat die Annahme eines Schuldausschließungsgrundes im Fall der NS-Euthanasieärzte allerdings nicht anerkannt. Vielmehr hat er auf die Möglichkeit eines (unvermeidbaren) Verbotsirrtums verwiesen. Doch wenn der BGH zuvor feststellt, es widerspreche der von der christlichen Sittenlehre her bestimmten Kulturanschauung, den für die Erhaltung von Sachwerten angemessenen Grundsatz des kleineren Übels anzuwenden und den rechtlichen Unwert der Tat nach dem Gesamtergebnis abzuwägen, wenn menschliche Leben auf dem Spiel stehen (BGH NJW 1953, 513, 514), so ist die Annahme eines Verbotsirrtums, der zudem unvermeidbar gewesen sein soll, kaum zu begründen, vgl. Roxin, StR AT/I, § 22 Rdnr. 155.

[214] v. Dellingshausen, Sterbehilfe und Grenzen der Lebenserhaltungspflicht des Arztes, S. 340 ff.

[215] v. Dellingshausen, Sterbehilfe und Grenzen der Lebenserhaltungspflicht des Arztes, S. 342 ff.

(1) Reformbedarf

Häufig wird allerdings bereits Reformbedarf diesbezüglich bestritten. So lehnt etwa *Otto* in seinem Gutachten zum 56. Deutschen Juristentag ein Tätigwerden des Gesetzgebers ab. Ein solches sei nicht nötig, da das geltende Recht gravierende Regelungslücken nicht aufweise. Eine Regelung aktiver direkter Sterbehilfe verbiete bereits die Tatsache, dass sich eine Rechtfertigung auf extreme Ausnahmefälle beschränke. Diese seien aufgrund ihrer Ausnahmesituation einer Typisierung nicht zugänglich.[216] Eine gesetzliche Regelung würde zudem die Handlungsverantwortung des seinem Gewissen und seiner Standesethik verpflichteten Arztes auf Kosten angemessener Einzelfallentscheidungen unnötig einengen.[217] Auch wird vor der zu Missverständnissen Anlass gebenden Signalwirkung, die von dem Vorhandensein einer einschlägigen Vorschrift ausgehen würde, gewarnt. Jede neue strafeinschränkende Gesetzesregelung entwickele einen Einladungseffekt, sich auf sie zu berufen.[218] Schon das bloße Bestehen einer Ausnahmeregelung pflege ihre Ausweitung im Gefolge zu haben, weil neu begehrte Ausnahmen nicht mehr an der Norm selbst, sondern an den bereits zugelassenen Ausnahmen gemessen werden.[219] Schließlich werde mit der Freigabe der Euthanasie nun einmal das Unverbrüchlichkeitsprinzip des Lebensschutzes durchbrochen. Wenn diese Tabu-Grenze einmal überschritten sei, werde die Frage auftauchen, welchen Anspruch das sozial nutzlose oder zur Belastung gewordene Leben noch hätte, um von den Angehörigen oder der Gesellschaft „durchgeschleppt" zu werden und welches Argument der aussichtslos Kranke gegen die Erwartung seiner Umwelt, von seinem Recht auf Getötetwerden endlich Gebrauch zu machen, noch entgegensetzen könne.[220] Auch wird warnend auf die Gräueltaten im Rahmen des nationalsozialistischen „Euthanasie-Programmes" hingewiesen, denen mit der vorangegangenen Euthanasie-Debatte zumindest ein Nährboden geschaffen worden war. Zwar seien die Motive heutiger Befürworter aktiver Sterbehilfe gänzlich andere, doch gebe es eine gemeinsame Grundauffassung, dass nämlich der staatliche Schutz vor Tötungen nach dem unterschiedlich eingeschätzten Lebenswert der Opfer abgestuft oder sogar aufgehoben werden darf.[221] Hauptargument ist im Grunde also die Angst vor einem Dammbruch.[222]

Demgegenüber wird in der Literatur indes auch erheblicher Entscheidungs- und Regelungsbedarf für den Gesetzgeber im Bereich der Sterbehilfe im allgemeinen, aber auch der direkten Sterbehilfe im besonderen formuliert.[223] Die Regelung der Tötung auf Verlangen gemäß § 216 StGB als einzige direkt heranziehbare, aus dem Jahr 1871 stammende Norm sei keineswegs mehr geeignet, angesichts der Entwicklung der modernen Intensivmedizin den möglichen Sterbehilfesituationen voll gerecht zu werden.[224] Auch sei ein klärendes Wort des Gesetzgebers schon deshalb geboten, weil im Grenzbereich zwischen Lebensschutz, Sterbehilfe

---

[216] Otto, Gutachten D zum 56. DJT, S. D 90 ff.

[217] Kutzer, MedR 2001, 77, 79

[218] Hirsch, FS für Lackner, S. 597, 617

[219] Tröndle, ZStW 99 (1987), 25, 41 f.; nach *Tröndle* empfiehlt sich ohnehin keine isolierte gesetzliche Regelung der Sterbehilfe; vielmehr genüge es, wenn sich der Gesetzgeber auf einen Straftatbestand über die „eigenmächtige ärztliche Behandlung" beschränke. Dadurch entfiele die Tatbestandsmäßigkeit einer der lex artis entsprechenden (indirekten oder passiven) Sterbehilfe, nicht aber der aktiven direkten Sterbehilfe, vgl. Tröndle, ZStW 99 (1987), 25, 36, 42 f.

[220] Eser, in: Jens/Küng, Menschenwürdig sterben, S. 174, vgl. auch Kutzer, ZRP 2003, 209, 212, Laber, Der Schutz des Lebens im Strafrecht, S. 198 f.

[221] Kutzer, ZRP 2003, 209, 210 f.

[222] Ausführlich zu den gegen eine Zulassung aktiver Sterbehilfe vorgetragenen Argumenten Beckert, Probleme um Suizidbeteiligung und Sterbehilfe, S. 248 ff.

[223] So etwa von Schreiber, NStZ 1986, 337, 343, 345.

[224] Muschke, Gesetzliche Regelung der Sterbehilfe?, S. 132

und Selbstbestimmungsrecht weitgehende Orientierungslosigkeit herrsche. Diese Fragen seien für den Bürger und das allgemeine Rechtsbewusstsein von so hoher Bedeutung, dass sie nicht nur der „Urteilskraft erfahrener Ärzte und Richter“ anvertraut werden dürften.[225] Die aktuelle Rechtslage sei keineswegs so klar, dass sie den Betroffenen die erforderliche Rechtssicherheit garantiere.[226] Der Vergleich mit dem NS-Euthanasieprogramm trage nicht, da es dort gerade nicht um Sterbehilfe und Respektierung des Selbstbestimmungsrechts auch am Lebensende, sondern um staatlichen Mord an Schutzbefohlenen gehandelt habe.[227] Zwar könne eine Missbrauchsgefahr nicht stets völlig ausgeschlossen werden, doch müsse gefragt werden, ob nicht die Konsequenz, schwerst leidenden Menschen unter diesem Hinweis die gewünschte Sterbehilfe ausnahmslos zu verweigern, die Interessen der Schwächsten opfere, um die Gesellschaft zur Fürsorge zu zwingen.[228] Schließlich wird zum Teil vorgebracht, dass es keinen grundsätzlichen wertungsmäßigen Unterschied zwischen der Tötung auf Verlangen und der (aktiven) Teilnahme an der Selbsttötung gebe; unter Umständen sei die (nach geltendem Recht straflose, dazu unten 4b,aa) Teilnahme am Suizid sehr viel gravierender als eine Tat nach § 216 StGB.[229] Diejenigen Autoren, die eine Strafbegrenzung bei der direkten Sterbehilfe nach derzeitigem Recht auch für extreme Ausnahmefälle nicht anzunehmen glauben können, obgleich sie eine solche für wünschenswert halten, treten dann häufig für eine Verbesserung insoweit ein.[230]

Auch durch gesellschaftspolitische Gruppierungen wie die Humanistische Union oder die Deutsche Gesellschaft für Humanes Sterben wird rechtlicher Handlungsbedarf formuliert.

(2) Möglichkeiten einer Strafbegrenzung de lege ferenda

Diskutiert werden nun verschiedene Möglichkeiten, die eine Strafbegrenzung de lege ferenda möglich machen würden.

(a) Abschaffung des § 216 StGB im Bereich ärztlicher Sterbehilfe

Die am weitestgehende Forderung ist sicherlich die nach einer völligen Abschaffung des § 216 StGB, also einer Strafbarkeit der Tötung auf Verlangen, im Bereich der ärztlichen Sterbehilfe.[231] So gehe es bei der Zumessung strafausschließender Wirkung für die Einwilligung bzw. das Verlangen des Getöteten nicht etwa um eine Ausnahmeregelung zum Tötungsverbot, sondern vielmehr um die Beseitigung der Ausnahmeregelung des § 216 StGB zu dem allgemeinen Rechtsgrundsatz, dass die Selbstschädigung nicht strafbar ist und daher auch nicht die Schädigung eines anderen, der auf den Rechtsschutz wirksam verzichtet hat.[232] Die Legitimation des § 216 StGB stehe auf schwachen Füßen, denn mit einer moralisch oder religiös fundierten Unverfügbarkeit des Lebens lasse sich keine staatliche Strafnorm begründen. Das Leben als höchstpersönliches Recht i.S.d. Art. 2 Abs. 2 GG sei nämlich nicht juristisch

---

[225] Schöch, ZRP 1986, 236 (unter Verweis auf Kutzer, MDR 1985, 710, 716, der genau hierfür eintritt)

[226] Schöch, ZRP 1986, 236

[227] Wolfslast, FS für Schreiber, S. 913, 916

[228] Wolfslast, FS für Schreiber, S. 913, 916 f.

[229] Kaufmann, MedR 1983, 121, 124

[230] Vgl. etwa Hanack, in: Hiersche, Euthanasie, S. 155 f.

[231] Vereinzelt wird gar die völlige Abschaffung des § 216 StGB, also der Strafbarkeit der einverständlichen Tötung gefordert, vgl. dazu Schmitt, FS für Maurach, S. 113, 117 ff., Kaufmann, in: Meyer, ZStW 83 (1971), 243, 251 f. Dies führt allerdings weit über die Problematik der Sterbehilfe hinaus und soll hier daher unerörtert bleiben.

[232] Kaufmann, MedR 1983, 121, 124

unverzichtbar; der Einzelne sei der Gemeinschaft zwar verpflichtet, aber nur solange er lebe, er sei der Gemeinschaft indessen nicht verpflichtet zu leben. Dafür spreche auch der Gedanke der Selbstbestimmung des Menschen.[233] Auch Beweisschwierigkeiten bei der Frage, ob das Opfer tatsächlich seine Tötung verlangt hat, könnten eine Strafwürdigkeit nicht begründen, da diese Schwierigkeiten ja auch bei der Abgrenzung zwischen Totschlag und Tötung auf Verlangen stets auftauchen. Schließlich sei die unterschiedliche Behandlung der (straflosen) aktiven Beihilfe zum Selbstmord und der (strafbaren) aktiven direkten Sterbehilfe widersprüchlich, da beide Sachverhalte oft nahe beieinander liegen und dann nur schwer abzugrenzen sind.[234]
Doch werden diese Thesen mit Recht kritisiert. So lässt sich aus Art. 2 Abs. 2 GG nichts dagegen einwenden, dass § 216 StGB ein Allgemeininteresse an der Achtung des Lebens des Mitmenschen festschreibt. Art. 2 Abs. 2 GG enthält keine unbeschränkte verfassungsrechtliche Garantie, dass jemand den darin Einwilligenden töten darf.[235] Zwar kann das Argument besonderer Beweisschwierigkeiten die Strafbarkeit nach § 216 StGB wohl nicht stützen. Doch spricht gegen eine generelle Zulässigkeit der direkten Sterbehilfe, dass dadurch der Schutz des Lebens der Mitmenschen durch die prinzipielle Unantastbarkeit fremden Lebens aufgeweicht wird.[236] Im Interesse der Sicherung des Lebens der Mitmenschen ist also eine weitgehende Tabuisierung fremden Lebens angebracht.[237] Auch besteht der behauptete Widerspruch zur straflosen Beihilfe zum Selbstmord in Wirklichkeit nicht. Denn dem Gesetzgeber erschien die Autonomie des suizidalen Aktes gegen mögliche Fremdbestimmung eben nur dadurch gesichert, dass der Sterbewillige den Selbstmord höchstpersönlich begeht, d.h. die „Herrschaft über den todbringenden Moment" in der Hand hält.[238] Mit anderen Worten: die Beihilfe zum Selbstmord ist straflos, weil der Suizident die Tötung letztendlich selbst vornimmt und damit verantwortet, während er sich bei der Tötung auf Verlangen in die Hände des Dritten begibt und damit seiner Verantwortung unterstellt (genauer hierzu unten 4b,aa (2)(b)).
Eine völlige Abschaffung des § 216 StGB im Bereich ärztlicher Sterbehilfe ist daher abzulehnen.

(b) § 216 Alternativ-Entwurf für Sterbehilfe

Weniger weitgehend ist der im Jahr 1986 von einem aus Strafrechts- und Medizinprofessoren bestehenden Arbeitskreis vorgelegte „Alternativentwurf eines Gesetzes über Sterbehilfe" (AE).[239] Nach § 216 Abs. 2 AE kann das Gericht von einer Strafe absehen, wenn die Tötung auf Verlangen der Beendigung eines schwersten, vom Betroffenen nicht mehr zu ertragenden Leidenszustandes dient, der nicht durch andere Maßnahmen behoben oder gelindert werden

---

[233] Kaufmann, MedR 1983, 121, 124 ; kritisch zu letzterem Argument Hirsch, FS für Lackner, S. 597, 610 f.
[234] Kaufmann, MedR 1983, 121, 124
[235] Hirsch, FS für Welzel, S. 775, 777. Vgl. auch die Ausführungen von Antoine, Aktive Sterbehilfe in der Grundrechtsordnung, S. 292 f., 299 ff., der aus Art. 2 Abs. 2 Satz 1 GG ein Recht auf freie Verfügung über das eigene Leben ableitet, das allerdings unter dem Vorbehalt kollidierender Grundrechte Dritter stehe. Zwar stehe die Erhöhung des Risikos unfreiwilliger Tötungen nicht von vornherein außer Verhältnis zur Legalisierung der freiwilligen aktiven Sterbehilfe. Allerdings gebiete es der Wert des Lebens, dass der Gesetzgeber besondere Schutzanstrengungen unternimmt, um die Gefahren für das Leben Dritter in weitem Umfang präventiv abzuwenden. Eine Abschaffung des § 216 StGB im Bereich ärztlicher Sterbehilfe würde diesen Anforderungen sicher nicht ohne weiteres gerecht. S. zu Art. 2 Abs 2 GG auch unten 4a,bb.
[236] Hirsch, FS für Lackner, S. 597, 614
[237] Hirsch, FS für Welzel, S. 775, 779
[238] Roxin, 140 Jahre GA, S. 177, 184
[239] Baumann u.a., Alternativentwurf eines Gesetzes über Sterbehilfe

kann. Durch die nur fakultative Straffreistellung wird dabei der Ausnahmecharakter der Vorschrift betont.
Diese Lösung wird von weiten Teilen der Literatur befürwortet.[240] Ausschlaggebend ist dabei das Bedürfnis, zum Einen an der Unverbrüchlichkeit des Lebensschutzes festzuhalten, zum Anderen gerade angesichts der oft schmalen Grenze gegenüber straflosem Verhalten auch dem tragischen Einzelfall gerecht zu werden.[241]
Dogmatisch erscheint indes bedenklich, dass eine Straffreistellung zwar nur in Fällen in Betracht kommen soll, in denen die Entscheidung des Täters, aus mitmenschlichen Gründen die Achtung vor fremdem Menschenleben gegenüber der ausweglosen Not des Leidenden zurücktreten zu lassen, keine strafrechtliche Sanktion verdient.[242] Es handelt sich also im Grunde um Situationen, in denen das Recht dem Einzelnen aufgrund der besonderen Umstände seines Handelns keinen Vorwurf mehr machen kann. Dieser Vorwurf wird durch die bloß fakultative Strafausschließung jedoch explizit formuliert.
Als Vorteil wird nun angeführt, dass der Täter nicht nur der Gefahr der Strafverfolgung, sondern auch der Bestrafung ausgesetzt bleibe. Er müsse sich vor Gericht verantworten, die Gründe für seine Entscheidung darlegen und trage das Risiko, dass die Situation des Leidenden und damit sein eigenes Handeln vom Gericht anders bewertet würden.[243] Zwar trägt der Täter auch bei der (grundsätzlichen) Annahme einer Rechtfertigung oder Entschuldigung das Risiko einer anderen Bewertung durch das Gericht, jedoch setzt sich der Handelnde bei nur fakultativem Strafausschluss der zusätzlichen Ungewissheit aus, ob das Gericht im konkreten Fall gewillt ist, seine Motive angesichts der Situation des Getöteten anzuerkennen. Allerdings wird man hier kein Recht des Gerichts, auch bei Vorliegen einer typischen Fallkonstellation etwa mit dem Motiv, den Lebensschutz zu stärken, eine Strafe zu verhängen, anerkennen können. Vielmehr unterliegt die Entscheidung des Tatgerichts pflichtgemäßem Ermessen, ist also an die Wert- und Zweckvorstellungen des Gesetzes gebunden.[244] Sind die Voraussetzungen des § 216 Abs. 2 AE gegeben und liegen keine außerordentlichen Umstände vor, die das Verhängen einer Strafe ermöglichen, so bliebe der Täter auch nach dieser Regelung zwingend unbestraft. Andernfalls wäre Willkür Tür und Tor geöffnet. Dann aber ist der Unterschied zur Annahme einer Rechtfertigung oder Entschuldigung nur noch marginal.

(c) Vorschlag von *Hoerster*

Hoerster schlägt nun einen neuen § 216a StGB vor. Danach handelt ein Arzt, der einen schwer und unheilbar leidenden Menschen tötet, nicht rechtswidrig, wenn der Betroffene die Tötungshandlung aufgrund freier und reiflicher Überlegung, die er in einem urteilsfähigen und über seine Situation aufgeklärten Zustand durchgeführt hat, ausdrücklich wünscht oder

[240] So wurde der Vorschlag einer Änderung nach dem Vorbild des § 216 Abs. 2 AE auch durch die Mehrheit des 56. DJT angenommen, vgl. Beschlüsse des 56. DJT, NJW 1986, 3069, 3073; vgl. auch Wassermann, DRiZ 1986, 291, 297 (Ausdehnung des Schuldspruchs unter Strafverzicht).
[241] Vgl. etwa Hanack, in: Hiersche, Euthanasie, S. 155 f., Roxin, Medizinstrafrecht, S. 115 ff. Interessant ist allerdings, dass in dem geplanten Alternativ-Entwurf Sterbebegleitung (AE-StB), der aus Sicht der Verfasser den Alternativ-Entwurf Sterbehilfe aktualisieren und fortschreiben soll, und der voraussichtlich im Sommer 2005 veröffentlicht werden wird, wegen der Unantastbarkeit fremden Lebens und der Sorge vor einem Dammbruch beim Lebensschutz ein Absehen von Strafe im Fall direkter Sterbehilfe nicht mehr vorgesehen ist, sondern vielmehr auf die Möglichkeit einer gerechten Einzelfallentscheidung in besonderen Ausnahmesituationen, etwa über den rechtfertigenden Notstand, verwiesen wird.
[242] Baumann u.a., Alternativentwurf eines Gesetzes über Sterbehilfe, S. 36
[243] Baumann u.a., Alternativentwurf eines Gesetzes über Sterbehilfe, S. 36
[244] Lackner/Kühl-Lackner, § 46 Rdnr. 50

wenn, sofern der Betroffene zu solcher Überlegung nicht im Stande ist, die Annahme berechtigt ist, dass er die Tötungshandlung augrund solcher Überlegung für den gegebenen Fall ausdrücklich wünschen würde. Dabei müssen diese Voraussetzungen von dem Arzt, der die Tötungshandlung vornimmt, sowie von einem weiteren Arzt in begründeter Form schriftlich dokumentiert worden sein.[245]
Der Vorteil einer solchen Regelung liegt darin, dass für eine Zulässigkeit der direkten Sterbehilfe ein Verfahren konstituiert wird, dass den einzelnen Arzt der Kontrolle eines anderen und durch das Erfordernis der Dokumentation auch weiterer Überprüfung unterwirft. Dadurch werden die Missbrauchsgefahren gemindert.[246]
Die Regelung erscheint aber insgesamt viel zu weit. Unabhängig von der Frage, ob man direkte Sterbehilfe auch ohne Vorliegen eines ausdrücklichen Verlangens zulassen will (dazu unten cc)), würde durch diesen Vorschlag die direkte Sterbehilfe zum Regelfall erklärt, der Ausnahmecharakter solcher Entscheidungen untergraben. Solange noch eine Selbsttötung möglich ist, bleibt ein nach geltendem Recht bereits strafloser letzter Ausweg in Form der bloßen Beteiligung am Selbstmord.[247] Ein Bedürfnis für eine gesetzlich institutionalisierte, prozedural geregelte (Fremd-)Tötung auf Verlangen besteht dann nicht.[248] Nur eine Beschränkung auf extreme Ausnahmefälle wahrt aber, wie oben ausgeführt, das Taburespektierungsinteresse der Allgemeinheit und die prinzipielle Unantastbarkeit fremden Lebens.
Der Vorschlag *Hoersters* ist daher abzulehnen.

(d) Zulassung der aktiven Sterbehilfe im Anschluss an die Regelungen der Niederlanden und Belgiens

Mit der Zulassung aktiver ärztlicher Sterbehilfe in den Niederlanden und Belgien (vgl. dazu oben Abschnitt B II.1, 2) wurde die rechtspolitische Debatte intensiviert; es stellt sich nun auch in Deutschland die Frage einer gesetzlichen Regelung insbesondere nach diesen Modellen.[249]

---

[245] Hoerster, Sterbehilfe im säkularen Staat, S. 169 f.

[246] Vgl. Hoerster, Sterbehilfe im säkularen Staat, S. 182 f.

[247] Der Einwand von Hoerster, Sterbehilfe im säkularen Staat, S. 172 f., eine Selbsttötung sei fast immer noch möglich, in Grenzfällen bestehe aber kein nennenswerter Unterschied zwischen Beihilfe zur Selbsttötung und Tötung auf Verlangen, trägt nicht, denn auch in Grenzfällen besteht ein Unterschied zwischen der Tötung eines anderen und der Selbsttötung, wenn er auch nur gering sein mag. Doch ist eine Grenzziehung eben nötig, um eine uferlose Ausdehnung aktiver Sterbehilfe und damit die Gefahr von Missbrauch und Dammbruch zu verhindern.

[248] Roxin, Medizinstrafrecht, S. 116

[249] Dezidiert hat sich *Reuter* mit dem Problem der Übertragbarkeit der niederländischen Regelung noch vor der gesetzlichen Entkriminalisierung im Jahr 2002 auf die bundesdeutsche Rechtslage auseinander gesetzt. Dabei lehnt sie ein bloßes System der Nichtverfolgung auf der Grundlage eines Meldeverfahrens und des Opportunitätsprinzips der Staatsanwaltschaft für Deutschland schon wegen Verstoßes gegen den nemo tenetur-Grundsatz (§ 136 Abs. 1 Satz 2 StPO, Art. 1 Abs. 1 GG) und das für die Staatsanwaltschaft prinzipiell geltende Legalitätsprinzip in § 152 Abs. 2 StPO ab. Denkbar sei aber grundsätzlich eine Rechtfertigung nach § 34 StGB oder die Einführung eines Rechtfertigungsgrundes in § 216 StGB. Dabei seien jedoch – bei der Einführung eines Rechtfertigungsgrundes in § 216 StGB bzw. über § 34 Satz 2 StGB, dem zufolge die Tat ein angemessenes Mittel zur Gefahrenabwehr sein muss – die befürchteten Fernwirkungen rechtmäßiger aktiver ärztlicher Sterbehilfe auf Verlangen zu berücksichtigen. Insoweit liefere die „niederländische Erfahrung" Beweise für die Vermutung, dass sich zumindest einige der befürchteten Fernwirkungen wie Verlust an Vertrauen in die Ärzte, schwindende gesellschaftliche Bereitschaft zu kostspieliger Pflege und Behandlung Schwerstkranker, eine missbräuchliche Unterstellung von Sterbewünschen bei Schwerstkranken und Dammbrüche auf dem Weg zur unfreiwilligen Sterbehilfe wahrscheinlich realisieren, wenn nur der erste Schritt getan ist. Demzufolge ist es angesichts der

Die gesetzliche Regelung aktiver Sterbehilfe in den Niederlanden und auch in Belgien ähnelt dabei im Grunde sehr dem Vorschlag *Hoersters*, wenn auch aktive Sterbehilfe aufgrund des nur mutmaßlichen Willens danach nicht zulässig ist (jedoch auf der Grundlage eines besonders geregelten Patiententestaments).
Auch *Wolfslast* schlägt in jüngerer Zeit eine Straffreistellung aktiver Sterbehilfe in engen Grenzen vor, die sich teilweise an die Regelung aktiver Sterbehilfe in den Niederlanden anzulehnen scheint. Voraussetzungen einer solchen Straflosigkeit sollen sein, dass aktive Sterbehilfe nur an objektiv aussichtslos Kranken, die subjektiv unerträglich leiden, auf ausdrückliches Verlangen des Patienten und nur an (aktuell) einsichtsfähigen Patienten (was Minderjährige jedenfalls nicht per se ausschließe) vorgenommen wird.[250] Aktive Sterbehilfe aufgrund einer Patientenverfügung komme dagegen nicht in Betracht. Ob eine solche Privilegierung – wie in den Niederlanden und Belgien – nur für Ärzte gelten soll, bedürfe einer ausführlicheren Diskussion. Des weiteren sei darüber nachzudenken, ob nicht zusätzliche Bedingung einer Straflosigkeit sein solle, dass der Arzt seine Entscheidung zuvor von einer interdisziplinär besetzten Ethikkommission überprüfen und „genehmigen" lassen solle, wobei dies nichts an der grundsätzlichen Verantwortlichkeit des Arztes ändern dürfe.[251]
Doch ist in diesem Zusammenhang auf die bereits geäußerten Bedenken gegenüber dem niederländischen und belgischen Modell hinzuweisen. Die nachträglichen Kontrollmechanismen sind leicht zu umgehen und insofern unzureichend. Zudem wird der unerwünschte Effekt erzeugt, dass gemeldete unzulässige Sterbehilfe nicht mit der gebotenen Härte verfolgt werden kann, wenn nicht riskiert werden soll, dass insbesondere Grenzfälle zukünftig gar nicht mehr gemeldet werden. Eine nur milde Bestrafung birgt aber wiederum die Gefahr einer schrittweisen Ausweitung auf an sich unerwünschte Formen von Sterbehilfe.[252] Eine Rege-

---

Entwicklung von Rechtsprechung, Rechtslehre und Rechtspolitik in den Niederlanden einer Rechtfertigung wegen Notstands immanent, dass sie sich nicht auf bestimmte, eng umgrenzte Tatsituationen wie das Vorliegen eines freiwilligen, wohlerwogenen und dauerhaften Verlangens des Patienten nach dem Tode begrenzen lasse, wenn Rechtfertigungsmotiv nicht nur das Selbstbestimmungsrecht des Patienten, sondern eben auch sein besonderer Leidenszustand sei. Eine effektive Kontrolle der Praxis werde zudem durch eine solche Regelung ebenfalls nicht erreicht. Die niederländische Regelung zeige, dass Missbrauch selbst dann unvermeidlich ist, wenn dem Arzt nahezu jeder denkbare Anreiz geboten wird, ungestraft öffentlich Verantwortung abzulegen, s. Reuter, Die gesetzliche Regelung der aktiven ärztlichen Sterbehilfe des Königreichs der Niederlande, S. 227 ff. Kritisch zur zunehmenden Erweiterung zulässiger Sterbehilfe durch die gesellschaftspolitische Duldungspraxis, der keine adäquaten Bemühungen, die faktisch vorgenommene unzulässige nichtfreiwillige Sterbehilfe zu unterbinden, gegenüberstehen, und der Tendenz der Rechtsprechung, in heiklen Präzedenzfällen wie etwa im Bereich der Früheuthanasie durch Freispruch oder äußerst milde Strafen eine rechtliche Anerkennung zu schaffen, auch Antoine, Aktive Sterbehilfe in der Grundrechtsordnung, S. 311 f. Zweifel an der Vereinbarkeit der niederländischen Regelung mit der EMRK äußert in Hinblick auf den Grundsatz der Selbstbelastungsfreiheit zudem Lindemann, ZStW 117 (2005), 208, 232 ff.

[250] Ablehnend zur Übertragbarkeit der niederländischen Regelung hinsichtlich aktiver Sterbehilfe bei Minderjährigen auf die deutsche Rechtsordnung schon aufgrund verfassungsrechtlicher Bedenken, da das kindliche und jugendliche Selbstbestimmungsrecht gemäß Art. 2 Abs. 1 (i.V.m. Art. 1 Abs. 1) GG seine Schranken im elterlichen und staatlichen Erziehungsauftrag gemäß Art. 6 Abs. 2 GG finde und aktive Sterbehilfe bei Minderjährigen ohne elterliche Zustimmung somit – selbst wenn man aktive Sterbehilfe unter Umständen nach den grundrechtlichen Wertungen für möglich halten wollte – keinesfalls zulässig sei, Czerner, MedR 2001, 354, 359 ff. (allerdings noch zu der ursprünglich im Hinblick auf Minderjährige vorgeschlagenen Gesetzesfassung, die im endgültigen Gesetzestext nur abgemildert enthalten ist); a.A. Antoine, Aktive Sterbehilfe in der Grundrechtsordnung, S. 306.

[251] Wolfslast, FS für Schreiber, S. 913, 924 ff.

[252] Vgl. Antoine, Aktive Sterbehilfe in der Grundrechtsordnung, S. 312 ff., der das niederländische Modell daher für mit deutschem Verfassungsrecht unvereinbar hält.

lung aktiver Sterbehilfe in Anlehnung an das niederländische oder belgische Modell ist daher abzulehnen.

(3) Stellungnahme

Auch wenn nach der hier vertretenen Auffassung eine Tötung auf Verlangen in eng umgrenzten Ausnahmefällen de lege lata bereits gerechtfertigt sein kann, erscheint eine klarstellende Regelung durch den Gesetzgeber in diesem sensiblen Bereich wünschenswert.
Eine solche Regelung würde Rechtssicherheit für alle Beteiligten schaffen und zumindest eine ehrliche Antwort für derartige extreme Konfliktsituationen schaffen. Auch würde die Möglichkeit verfahrenstechnischer Sicherungen eröffnet, etwa durch Institutionalisierung eines Verfahrens, das die Ernsthaftigkeit und Dauerhaftigkeit der Wünsche des Sterbewilligen prüft und den Ausnahmecharakter der Zulassung direkter Sterbehilfe betont. Dieses Verfahren könnte sich an dem niederländischen Modell einer interdisziplinären Kommission, bestehend etwa aus einem Mediziner, einem Ethiker und einem Juristen, orientieren.
Andererseits ist fraglich, ob sich die hier vertretene Begrenzung auf extreme Ausnahmefälle mit der Festschreibung eines Rechtfertigungsgrundes erreichen lässt, oder ob ein solcher „zwingender" Rechtfertigungsgrund mit der gleichzeitig vagen Formulierung „besonderer" Ausnahmefälle eine kaum zu vermeidende Tendenz zur Ausweitung zur Folge hätte. Im Interesse des Lebensschutzes gerade auch der Schwachen, Kranken und Behinderten ist eine enge Umgrenzung jedoch unumgänglich. Insofern erscheint wiederum – trotz der oben formulierten Bedenken – die Festlegung eines bloß fakultativen Strafausschließungsgrundes vorzugswürdig. Direkte Sterbehilfe darf stets nur der allerletzte Ausweg sein in Situationen, in denen der Einzelne dem fremden Verlangen nach dem Tod nur unter der Prämisse widerstehen könnte, dass er selbst niemals in die gleiche leidvolle und hilflose Situation geraten könnte. Das aber kann niemand für sich in Anspruch nehmen.
Ein abschließender rechtspolitischer Vorschlag soll allerdings den Schlussfolgerungen am Ende dieser Arbeit vorbehalten werden.

cc) Rechtslage beim Fehlen eines ausdrücklichen und ernstlichen Verlangens

Fraglich bleibt nun nur noch die Rechtslage beim Fehlen eines ausdrücklichen und ernstlichen Verlangens. Eine aktive direkte Tötung stellt dann Totschlag gemäß § 212 StGB bzw. sogar Mord nach § 211 StGB dar.
Eine Rechtfertigung oder Entschuldigung wie bei der Tötung auf Verlangen muss hier indes ausscheiden. Zwar ist eine mutmaßliche Einwilligung denkbar, wenn der Patient selbst nicht mehr äußerungsfähig war. Anders als bei Straftatbeständen in Bezug auf unbeschränkt disponible Rechtsgüter kann die mutmaßliche Einwilligung allein im Bereich der Tötungsdelikte aber keine rechtfertigende Wirkung zukommen, da schon die ausdrückliche Einwilligung allenfalls zu einer Privilegierung führt, wie § 216 StGB zeigt.[253] Doch auch die Annahme einer auf zusätzliche Umstände wie den schweren Leidenszustand des Patienten oder die Irrevisibilität seines Zustands gestützten Rechtfertigung nach § 34 StGB oder auch Entschuldigung ist von vornherein abzulehnen. Denn dies würde Tür und Tor öffnen für eine „objektive" In-

[253] Zum Problem aktiver Sterbehilfe aufgrund einer Patientenverfügung s. Antoine, Aktive Sterbehilfe in der Grundrechtsordnung, S. 342 ff., 347, 365, der diese grundsätzlich für möglich hält. Dabei ist aber zu beachten, dass eine auf ein gemäß § 216 StGB grundsätzlich rechtswidriges Verhalten gerichtete Patientenverfügung insoweit keine Wirksamkeit entfalten dürfte, vgl. Schöllhammer, Die Rechtsverbindlichkeit des Patiententestaments, S. 70, Uhlenbruck, FS für Deutsch, S. 849, 857 (für die Vorsorgevollmacht), Berger, JZ 2000, 797, 801.

teressensabwägung und damit letztendlich eine Vernichtung „lebensunwerten Lebens" unter neuen Vorzeichen. Eine Rechtfertigung oder auch Entschuldigung kann nach richtiger Ansicht ja nur in extremen Ausnahmefällen, gestützt maßgeblich auch auf den dringlichen Wunsch des Betroffenen, in Betracht kommen (vgl. oben aa (2)(4)). Die Taburespektierungsinteressen der Allgemeinheit und der Schutz des Lebens, ein Höchstwert im deutschen Verfassungsrecht, verbieten daher eine solche gezielte Tötung, die sich nicht auf die ausdrückliche Bitte des Betroffenen stützen kann, ohne Ausnahme.
Dies muss wohl auch für schwerste, durch Palliativmedizin nicht mehr kontrollierbare Schmerzzustände beim Sterbenden gelten. Möglich kann hier allenfalls die (mehr oder minder) dauerhafte Sedierung sein. Man mag es für sinnlose Prinzipienreiterei halten, denn wenn der Betroffene dem Tode schon so nahe ist und er auch mit der hier vorgeschlagenen Sedierung seinen Tod nicht mehr bewusst miterleben kann, was macht es dann für einen Unterschied, wenn man ihm die „Gnadenspritze" sofort gibt? Meines Erachtens macht es einen Unterschied, denn das ausdrückliche und ernstliche Verlangen ist die einzige mit einiger Sicherheit festlegbare Grenze zwischen möglicherweise strafloser und strafbarer aktiver Sterbehilfe. Erklärt man auch sie für unbeachtlich, steht der Bewertung der Lebensqualität des Betroffenen durch Dritte im Grunde nichts mehr im Wege und ist eine Ausweitung der zulässigen Sterbehilfe auf weitere Leidenszustände nur mehr eine Frage der Zeit.
Auch der oben genannte Vorschlag *Hoersters*[254] ist aus diesen Gründen abzulehnen, so dass auch de lege ferenda eine zulässige direkte Sterbehilfe bei nicht (mehr) einwilligungsfähigen Personen ausgeschlossen ist.

2. Die passive Sterbehilfe

Unter passiver Sterbehilfe versteht man das Sterbenlassen durch Verzicht auf den Beginn oder die Fortsetzung lebensverlängernder oder lebenserhaltender Maßnahmen.[255] Auch hier ist zu unterscheiden zwischen passiver Sterbehilfe im engeren Sinn bzw. „Hilfe beim Sterben", wenn der Sterbevorgang bereits eingesetzt hat, der Tod also nahe bevorsteht, und Sterbehilfe im weiteren Sinn bzw. „Hilfe zum Sterben", wenn der Patient noch nicht im Sterben liegt.[256]

Strafrechtlich relevant nach §§ 211, 212 oder 216 StGB wird ein solches Unterlassen indes von vornherein nur, wenn durch Aufnahme oder Fortführung der Behandlung der Todeseintritt (selbst wenn auch nur kurzfristig) weiter hätte hinausgezögert werden können und dem Unterlassenden als Garanten i.S.v. § 13 StGB eine entsprechende Erfolgsabwendungspflicht oblag.[257] Erforderlich ist demnach, dass derjenige, der lebensverlängernde Maßnahmen unterlässt oder abbricht, rechtlich dafür einzustehen hatte, dass der Erfolg (der Tod des Patienten) nicht eintritt. Dabei hat natürlich insbesondere der Arzt kraft Übernahme einer

---

[254] Hoerster, Sterbehilfe im säkularen Staat, S. 169 f.

[255] Sch/Sch-Eser, Vorbem §§ 211 ff. Rdnr. 27, Joecks, Vor § 211 Rdnr. 31, MüKo-Schneider, Vor §§ 211 ff. Rdnr. 104, SK-Horn, § 212 Rdnr. 26a, Thias, Möglichkeiten und Grenzen eines selbstbestimmten Sterbens, S. 51 f.

[256] Lackner/Kühl-Kühl, Vor § 211 Rdnr. 8, Trück, Mutmaßliche Einwilligung und passive Sterbehilfe durch den Arzt, S. 7 f., Lilie, FS für Steffen, S. 273 ff.; vgl. auch BGH St 40, 257, 260 sowie oben I.

[257] Sch/Sch-Eser, Vorbem §§ 211 ff. Rdnr. 27, Joecks, Vor § 211 Rdnr. 31, Lackner/Kühl-Kühl, Vor § 211 Rdnr. 8

Schutzfunktion eine Garantenstellung gegenüber dem Patienten.[258] (Hatte der Unterlassende keine Garantenpflicht, kommt allerdings eine Strafbarkeit nach § 323c StGB in Betracht.) Bei der passiven Sterbehilfe gibt es drei verschiedene Konstellationen, die auch juristisch unterschiedliche Konsequenzen nach sich ziehen: Das Unterlassen lebensverlängernder Maßnahmen geschieht auf ausdrücklichen Wunsch des Patienten (dazu unten a)) oder gegen dessen Willen (dazu unten b)); schließlich besteht noch die Möglichkeit, dass der Patient nicht bzw. nicht mehr in der Lage ist, sich zu äußern (dazu unten c)).
Die Zulässigkeit passiver Sterbehilfe entsprechend dem erklärten oder mutmaßlichen Patientenwillen durch Nichteinleitung oder den Abbruch lebensverlängernder Maßnahmen, um dem Sterben – ggf. unter wirksamer Schmerzmedikation – seinen natürlichen, der Würde des Menschen gemäßen Verlauf zu lassen, ist höchstrichterlich im Grundsatz anerkannt[259], im Einzelnen ist aber noch vieles problematisch und streitig. Zu berücksichtigen sind bei der Beurteilung passiver Sterbehilfe stets auch verfassungsrechtliche Wertungen. Demnach sind die vorrangig betroffenen Grundrechte, das Recht auf Leben gemäß Art. 2 Abs. 2 Satz 1 GG, das Selbstbestimmungsrecht des Einzelnen gemäß Art. 2 Abs. 1 i.V.m. Art. 1 Abs. 1 GG bzw. Art. 2 Abs. 2 GG sowie die Menschenwürde gemäß Art. 1 Abs. 1 GG im Einzelfall miteinander in angemessenen Ausgleich zu bringen, so dass zum Einen von einem Recht auf ein menschenwürdiges Sterben, zum Anderen aber auch von einem Recht auf ein selbstbestimmtes Sterben gesprochen werden kann. Lebensschutz und Sterbensfreiheit schließen sich insoweit nicht aus.[260]

a) Unterlassen lebensverlängernder Maßnahmen auf ausdrücklichen Wunsch des Patienten

aa) Grundsatz beim Normalpatienten

Verlangt der Patient, dass eine Behandlung nicht aufgenommen oder abgebrochen werden soll, so ist dieser Wille zu respektieren. Wer auf den Wunsch des Patienten lebensverlängernde Maßnahmen unterlässt, ist daher nicht strafbar.[261] Dies gilt auch dann, wenn der Wille des Patienten nach objektivem Urteil falsch oder gar unverantwortlich ist, weil es sich um einfach zu heilende Krankheiten und im Grunde harmlose Eingriffe handelt. Oberstes Gesetz ist also, auch wenn es um Lebensrettung geht, nicht „salus“, sondern „voluntas

---

[258] Zur Garantenstellung des Arztes s. statt vieler Roxin, StR AT/II, § 32 Rdnr. 70 ff. m.w.N. Vgl. zudem zu den Garantenstellungen der beteiligten Personen sowie der Kausalität und Erfolgszurechnung bei unterlassener Behandlung ausführlich Thias, Möglichkeiten und Grenzen selbstbestimmten Sterbens, S. 60 ff.
[259] BGH St 37, 376, 379
[260] Czerner, MedR 2001, 354, 356 ff., vgl. auch Laber, Der Schutz des Lebens im Strafrecht, S. 214 ff., Storr, MedR 2002, 436, 437 sowie Saliger, MedR 2004, 237, 238; zum Prinzip der Patientenautonomie im Bereich passiver Sterbehilfe s. des weiteren Jarass/Pieroth, Art. 2 GG Rdnr. 81, Dreier-Dreier, Art. 1 I GG Rdnr. 157, Dreier-Schulze-Fielitz, Art. 2 I GG Rdnr. 31, Art. 2 II GG Rdnr. 32, 63 ff., BK-Zippelius, Art. 1 Abs. 1 u. 2 GG Rdnr. 96, NK-Neumann, Vor § 211 Rdnr. 103 ff., MüKo-Schneider, Vor §§ 211 ff. Rdnr. 92,Tröndle/Fischer, Vor §§ 211 bis 216 Rdnr. 23 f., Langer, in: Kruse/Wagner, Sterbende brauchen Solidarität, S. 128. Nach Landau, ZRP 2005, 50, 51, ist dabei auch zu beachten, dass in die Menschenwürde erst eingegriffen wird, wenn der Einzelne tatsächlich zum seelenlosen Objekt medizinischer Apparate erniedrigt wird. Zur schwierigen Bestimmung der „Menschenwürde“ s. auch ausführlich Antoine, Aktive Sterbehilfe in der Grundrechtsordnung, S. 82 ff.
[261] Roxin, Medizinstrafrecht, S. 100

aegroti".[262]
Nach dem BGH fordert das durch Art. 2 Abs. 2 Satz 1 GG gewährleistete Recht auf körperliche Unversehrtheit die Berücksichtigung des Willens des Patienten auch bei einem Menschen, der es ablehnt, seine körperliche Unversehrtheit selbst dann preiszugeben, wenn er dadurch von einem gefährlichen Leiden befreit würde. Niemand dürfe sich zum Richter in der Frage aufwerfen, unter welchen Umständen ein anderer vernünftigerweise bereit sein sollte, seine körperliche Unversehrtheit zu opfern. Das Recht und die Pflicht des Arztes, den Kranken, soweit möglich, zu heilen, finden in dem grundsätzlichen freien Selbstbestimmungsrecht des Menschen über seinen Körper ihre Grenze.[263] Auch das BVerfG erkennt das Recht des Einzelnen, eine Behandlung abzulehnen, selbst wenn das zum Tod führt, aufgrund der eigenen, freien und durch Art. 2 Abs. 1 GG geschützten Handlungsfreiheit des Patienten an.[264]
Grund für die Straflosigkeit des Arztes, der diesen Willen respektiert, ist die Begrenzung seiner Hilfspflicht durch die Autonomie des Patienten. Hatte der Arzt bislang die Behandlung nicht aufgenommen, bewirkt die frei verantwortliche Ablehnung der Aufnahme von lebensverlängernden Maßnahmen, dass eine zur Lebenserhaltung verpflichtende Garantenstellung i.S.v. § 13 StGB erst gar nicht entsteht. Lehnt der Patient erst im Verlauf der Behandlung weitere Maßnahmen ab bzw. verlangt er dann den Behandlungsabbruch, so endet damit die Garantenstellung des Arztes.[265] Das Selbstbestimmungsrecht ermöglicht dem Einzelnen die Entscheidung, dass der ihm verbleibende Lebensrest nicht durch ärztliche Maßnahmen verlängert werden soll und eine Behandlung nicht vorzunehmen ist. Noch weitergehend entfällt sogar, wenn der Patient einen Behandlungsabbruch verlangt, ein Behandlungsrecht des Arztes. Denn wegen des allgemeinen Selbstbestimmungsrechts jedes Menschen und seinem Recht auf körperliche Unversehrtheit bedarf der Arzt zu jedem Heileingriff grundsätzlich der Einwilligung des Patienten. Andernfalls macht er sich eines Körperverletzungsdelikts schul-

---

[262] Geilen, Euthanasie und Selbstbestimmung, S. 8, Engisch, FS für Dreher, S. 309, 321 ff., Roxin, Medizinstrafrecht, S. 100, vgl. auch NK-Neumann, Vor § 211 Rdnr. 104, Thias, Möglichkeiten und Grenzen selbstbestimmten Sterbens, S. 78.

[263] BGH St 11, 111, 113 f., vgl. auch BGH St 37, 376, 378, BGH St 40, 257, 260, sowie BGHZ 29, 46, 49 f., 54 f., BGHZ 29, 176, 179 f.

[264] BVerfGE 32, 98, 110 (keine Strafbarkeit nach § 323c StGB des Gatten, der es aufgrund der gemeinsamen Glaubensüberzeugungen unterließ, die Ehefrau gegen ihren Willen zur Behandlung in ein Krankenhaus zu verbringen); auch auf Art. 2 Abs. 2 Satz 1 GG abstellend hingegen BVerfGE 89, 119, 130. Die Gegenauffassung – jeder Patient muss in der Intensivmedizin behandelt werden, wenn eine noch so geringe Überlebenschance besteht, und zwar grundsätzlich auch dann, wenn Defekte bleiben werden, mit denen der Patient nicht leben möchte – wird heute praktisch nicht mehr vertreten. Sie ist mit der ganz herrschenden auch verfassungsrechtlichen Rechtsprechung und Literatur nicht vereinbar (zur Kritik an dieser Auffassung s. explizit Kaufmann, MedR 1983, 121, 123). In der Literatur vgl. etwa MüKo-Schneider, Vor §§ 211 ff. Rdnr. 105, SK-Horn, § 212 Rdnr. 26b, Tröndle/Fischer, Vor §§ 211 bis 216 Rdnr. 24, Geilen, Euthanasie und Selbstbestimmung, S. 8 f., Rieger, Die mutmaßliche Einwilligung in den Behandlungsabbruch, S. 32 ff., Trück, Mutmaßliche Einwilligung und passive Sterbehilfe durch den Arzt, S. 27 ff., Thias, Möglichkeiten und Grenzen selbstbestimmten Sterbens, S. 78 ff., Laber, Der Schutz des Lebens im Strafrecht, S. 222 ff., Antoine, Aktive Sterbehilfe in der Grundrechtsordnung, S. 214 ff., Achenbach, JURA 2002, 542, 545, Ankermann, MedR 1999, 387, 388, Hufen, NJW 2001, 849, 851 f., Fröschle, JZ 2000, 72, 73.

[265] Genauer wohl: die Garanten*pflicht* des Arztes; insoweit differenzierend Trück, Mutmaßliche Einwilligung und passive Sterbehilfe durch den Arzt, S. 69 ff. Gegen die Verortung des Problems bei einer Beschränkung der Garantenpflichten und vielmehr generell für eine Lokalisierung des Problems passiver Sterbehilfe im Bereich der Rechtfertigungsgründe Merkel, ZStW 107 (1995), 545, 568 ff., ihm folgend NK-Neumann, Vor § 211 Rdnr. 106. Eine (wiederauflebende) Strafbarkeit nach § 323c StGB wird insoweit kaum diskutiert (vgl. aber Fn. 281). Richtigerweise mangelt es auch bereits an einem Unglücksfall, jedenfalls aber an der Erforderlichkeit der Hilfeleistung. Dies muss auch der BGH anerkennen, der nur den einer Behandlung entgegenstehenden Willen des Suizidpatienten für unbeachtlich erklärt, s. dazu unten bb).

dig.[266] Das Recht zur Selbstbestimmung über den eigenen Körper gehört zum Kernbereich der durch Art. 1 Abs. 1 und Art. 2 Abs. 1 GG geschützten menschlichen Würde und Freiheit. Dieses Recht enthält auch ein Recht zur Selbstgefährdung bis zur Selbstaufgabe. Der Wille, sich nicht behandeln zu lassen, wird dadurch ebenso geschützt wie der Wille, sich behandeln zu lassen.[267]

Auch steht einer solchen Selbstbestimmung nicht wie bei der aktiven Sterbehilfe die Einwilligungssperre des § 216 StGB entgegen. Dies wird zum Teil damit begründet, dass § 216 StGB (und damit die Einwilligungssperre) von vornherein auf die aktive Tötung durch einen anderen beschränkt ist.[268] Das folge zum Einen aus dem Unterschied, der schon normativ zwischen dem (gegen aktives Töten gerichteten) Lebens*vernichtungsverbot* und dem (auf Todesabwendung gerichteten) Lebens*erhaltungsgebot* bestehe, zum Anderen aus dem Sinn und Zweck der Einwilligungssperre des § 216 StGB, der die Tabuisierung *fremden* Lebens zum Ziel habe.[269] Ansonsten würde die Strafdrohung des § 216 StGB unzulässigerweise in eine gesetzliche Ermächtigung für den Arzt zur Zwangsbehandlung umgedeutet und dem Arzt eine „Vernunfthoheit" über den Patienten zugesprochen, den er stets dann behandeln dürfte (bzw. müsste), wenn er das für gut und richtig hält.[270]

Doch nach dem BGH ist auch ein Unterlassen im Anwendungsbereich des § 216 StGB denkbar, da das Tötungsverlangen die Garantenpflicht des Unterlassenden nicht ohne weiteres entfallen lasse.[271] Nichtsdestotrotz besteht über die Straffreiheit des einverständlichen Behandlungsverzichts bzw. –abbruchs im wesentlichen Einigkeit.[272] Dies wird etwa damit begründet, dass, wenn die aktive Selbstmordbeihilfe und auch ein bloßes Unterlassen der

---

[266] v. Dellingshausen, Sterbehilfe und Grenzen der Lebenserhaltungspflicht des Arztes, S. 358 ff., vgl. auch Geilen, Euthanasie und Selbstbestimmung, S. 8 ff. Nach zunehmend vertretener Ansicht ist hier deshalb die eigentlich primäre Frage, ob die Einleitung bzw. Fortführung lebenserhaltender Maßnahmen erlaubt, und nicht, ob sie geboten ist, vgl. NK-Neumann, Vor § 211 Rdnr. 103, Hufen, NJW 2001, 849, 850, 853.

[267] Hufen, ZRP 2003, 248, 250; das Recht auf Selbstbestimmung über die körperliche Integrität aus Art. 2 Abs. 2 Satz 1 GG ableitend dagegen etwa Antoine, Aktive Sterbehilfe in der Grundrechtsordnung, S. 215 ff., vgl. auch Lilie, FS für Steffen, S. 273, 276 f.

[268] Sch/Sch-Eser, Vorbem §§ 211 ff. Rdnr. 28, § 216 Rdnr. 10, Joecks, Vor § 211 Rdnr. 31, LK-Jähnke, Vor § 211 Rdnr. 13, § 216 Rdnr. 9, NK-Neumann, § 216 Rdnr. 9, Eser, in: Auer/Menzel/Eser, Zwischen Heilauftrag und Sterbehilfe, S. 109, Thias, Möglichkeiten und Grenzen eines selbstbestimmten Sterbens, S. 93, Laber, Der Schutz des Lebens im Strafrecht, S. 219 ff., Kaufmann, MedR 1983, 121, 122, Rudolphi, JURA 1979, 39, 42, Sax, JZ 1975, 137, 146 Fn. 81; vgl. auch Holzhauer, ZRP 2004, 41, 42 ff., dem zufolge § 216 StGB mit Verweis auf seinen Zweck, die „Unantastbarkeit" fremden Lebens zu schützen, teleologisch zu reduzieren ist, so dass passive Sterbehilfe auf Verlangen und damit insbesondere auch aufgrund einer Patientenverfügung (dazu unten c,bb (5)) stets zulässig sei.

[269] Eser, in: Auer/Menzel/Eser, Zwischen Heilauftrag und Sterbehilfe, S. 109, s. auch Sax, JZ 1975, 137, 146 Fn. 81, Hirsch, FS für Welzel, S. 775, 779 f., Thias, Möglichkeiten und Grenzen eines selbstbestimmten Sterbens, S. 90 f., 93; mit dem Selbstbestimmungsrecht des Einzelnen und dem korrespondierenden Prinzip der Eigenverantwortlichkeit argumentiert dagegen NK-Neumann, § 216 Rdnr. 9, der aus diesem Grunde die Verwirklichung des § 216 StGB durch Unterlassen auch zulässt, wenn ein Garant bei der Tötung des Sterbewilligen durch einen Dritten nicht einschreitet (vgl. auch OLG Düsseldorf, NJW 1973, 2215 f.).

[270] Kaufmann, MedR 1983, 121, 122, Rudolphi, JURA 1979, 39, 42, Laber, Der Schutz des Lebens im Strafrecht, S. 219 f.

[271] BGH St 13, 162, 166, s. auch BGH St 32, 367, 370 ff.; ebenso Helgerth, JR 1976, 45, 46, Herzberg, JuS 1975, 171, 172, Beckert, Probleme um Suizidbeteiligung und Sterbehilfe, S. 282; differenzierend MüKo-Schneider, § 216 Rdnr. 61 f.

[272] Eser, in: Auer/Menzel/Eser, Zwischen Heilauftrag und Sterbehilfe, S. 110, vgl. dazu auch Baumann, JZ 1975, 202, 203, Helgerth, JR 1976, 45, 47, Wimmer, FamRZ 1975, 438, 440, v. Dellingshausen, Sterbehilfe und Grenzen der Lebenserhaltungspflicht des Arztes, S. 362 f., Rieger, Die mutmaßliche Einwilligung in den Behandlungsabbruch, S. 52 f., Hanack, in: Hiersche, Euthanasie, S. 142 f.

Selbstmordhinderung durch den Garanten jedenfalls gegenüber einem unheilbar Kranken keine Hilfspflicht aus § 216 StGB begründe[273], dies erst recht nicht bei einem bloßen Abstandnehmen von lebensverlängernden Maßnahmen mit dem erklärten Willen des Patienten angenommen werden könne. Denn hier fehle jeglicher Eingriff in das Leben sowohl von Täter- als auch von Betroffenenseite.[274] Zum Teil wird auch die nach § 13 StGB erforderliche Gleichwertigkeit von Tun und Unterlassen bezweifelt[275] oder das Selbstbestimmungsrecht, das beim einsichtsfähigen Patienten grundsätzlich auch die Selbstbestimmung zum Tode einschließe, herangezogen.[276] Schließlich kann darauf verwiesen werden, dass im Grunde genommen eine Selbsttötungssituation vorliegt[277], an der sich der dem Willen des Patienten unterordnende Arzt nur beteiligt.[278] Entscheidend dürfte letztendlich sein, dass der Patient, der eine Behandlung überhaupt oder bestimmte lebensverlängernde Maßnahmen ablehnt bzw. den Abbruch der Behandlung verlangt, nur seiner Krankheit und damit dem Schicksal den natürlichen Lauf lässt.[279] Eine Pflicht zu leben besteht in unserer Gemeinschaft nach h.M. nicht[280] und kann auch angesichts der Wertung des Art. 2 Abs. 1 i.V.m. Art. 1 Abs. 1 GG bzw. Art. 2 Abs. 2 GG, dem Selbstbestimmungsrecht des Einzelnen, nicht durch § 216 StGB begründet werden. Das bloße Unterlassen lebensverlängernder Maßnahmen gemäß dem Wunsch des Betroffenen wird daher nicht von § 216 StGB erfasst.[281]

---

[273] Diese Annahme erfolgt unter Berufung etwa auf BGH St 6, 147, 153, wonach der Suizid in äußersten Ausnahmefällen nicht vom Sittengesetz missbilligt werde, und BGH St 2, 150, 154, dem zufolge eine unheilbare und qualvolle Krankheit als Grund für die Befreiung von der grundsätzlichen Fürsorge- und Abwehrpflicht als möglich erachtet wird, vgl. v. Dellingshausen, Sterbehilfe und Grenzen der Lebenserhaltungspflicht des Arztes, S. 245

[274] v. Dellingshausen, Sterbehilfe und Grenzen der Lebenserhaltungspflicht des Arztes, S. 362 f., vgl. auch Rieger, Die mutmaßliche Einwilligung in den Behandlungsabbruch, S. 52

[275] Eser, in: Auer/Menzel/Eser, Zwischen Heilauftrag und Sterbehilfe, S. 110 unter Berufung auf Simson, FS für Schwinge, S. 89, 98 f., der allerdings vor allem Fälle (auch medizinisch) sinnloser Leidensverlängerung im Auge hat.

[276] Hanack, in: Hiersche, Euthanasie, S. 142 f., s. auch Rieger, Die mutmaßliche Einwilligung in den Behandlungsabbruch, S. 52 f., OLG München, JZ 1988, 201, 203 f.

[277] LK-Jähnke, Vor § 211 Rdnr. 13 m.w.N., § 216 Rdnr. 9, Tröndle/Fischer, Vor §§ 211 bis 216 Rdnr. 24, MüKo-Schneider, Vor §§ 211 ff. Rdnr. 105

[278] Vgl. v. Dellingshausen, Sterbehilfe und Grenzen der Lebenserhaltungspflicht des Arztes, S. 362 f., Thias, Möglichkeiten und Grenzen eines selbstbestimmten Sterbens, S. 93. Dies setzte allerdings voraus, dass man die Abgrenzung zwischen Tatherrschaft und Teilnahme nach der sog. subjektiven bzw. animus-Theorie vornimmt. Zur äußerst problematischen und strittigen Abgrenzung bei der Beteiligung an einer Selbsttötung durch Unterlassen s. genauer unten 4.)

[279] S. auch Kutzer, NStZ 1994, 110, 114, dem zufolge Strafgrund des § 216 StGB die prinzipielle Gewährleistung der Unantastbarkeit fremden Lebens ist sowie der Schutz des Lebensmüden davor, dass Dritte sein Todesverlangen herbeiführen. Dieser Normzweck werde durch das Selbstbestimmungsrecht des Patienten nicht berührt, soweit es nur darauf gerichtet ist, eine tödlich verlaufende Krankheit nicht weiter behandeln zu lassen.

[280] Vgl. Bottke, in: Bottke/Fritsche/Huber/Schreiber, Lebensverlängerung, S. 45, Roxin, FS für Dreher, S. 331, 337 ff., Heyers, Passive Sterbehilfe und das Betreuungsrecht, S. 192 f. m.w.N., und eingehend Chatzikostas, Die Disponibilität des Rechtsgutes Leben, S. 209 ff. sowie aus verfassungsrechtlicher Perspektive Antoine, Aktive Sterbehilfe in der Grundrechtsordnung, S. 168 ff.; zur Gegenauffassung s. insbesondere Schmidhäuser, FS für Welzel, S. 801, 817 f. mit dem Argument, dass ein Gemeinwesen, das sich selbst ernst nehme, nicht seine Existenz in das Belieben jedes Einzelnen stellen könne. Dann müsste aber konsequenterweise etwa auch die Ausreisemöglichkeit des einzelnen Bürgers verwehrt werden, vgl. Roxin, FS für Dreher, S. 331, 338. S. zur Frage einer „Pflicht zum Leben“ auch unten 4a,bb.

[281] Zutreffenderweise kann dann auch keine Hilfeleistungspflicht nach § 323c StGB (gegen den Willen des Betroffenen) bestehen, vgl. Sch/Sch-Cramer/Sternberg-Lieben, § 323c Rdnr. 25a, 26, Möllering, Schutz des Lebens, S. 51, Thias, Möglichkeiten und Grenzen eines selbstbestimmten Sterbens, S. 96. Eine anderslautende Entscheidung des BGH JZ 1983, 151, 152, der zufolge der entgegenstehende Wille der Kranken (die 21-jährige

Es stellt auch keine Paradoxie dar, dass der Wille des Patienten im Bereich passiver Sterbehilfe ohne Rücksicht auf seine „salus“ für unbedingt verbindlich erklärt wird, obgleich bei der aktiven Tötung auf Verlangen die Selbstbestimmung („voluntas aegroti“) unter die einschränkenden Maßstäbe der „salus“ gestellt wird. Denn dies wird dadurch verständlich, dass es das gleiche „Noli me tangere“ ist, das den Arzt in beiden Fällen davon abhalten soll, dem Patienten „auf den Leib zu rücken“.[282]

bb) Ausnahme bei Suizidpatienten?

Fraglich ist nun, ob die gleichen Prinzipien auch für Suizidpatienten gelten, Patienten also, deren ärztliche Behandlung erforderlich machender Zustand auf einem (zumindest zunächst) nicht vollendeten Selbstmordversuch beruht.
Zweifel daran ergeben sich aus der Rechtsprechung des BGH zum „Fall Wittig“.[283] Darin stellt der BGH zunächst fest, dass es keinen Grundsatz gebe, wonach das Geschehenlassen eines auf freier Entschließung beruhenden Selbstmords von § 216 StGB nicht erfasst werde, wenn sich der Garant dem Willen des bewusstlos angetroffenen Suizidenten unterordne. Die Beteiligung an einem Selbstmord sei für denjenigen, den Garantenpflichten für das Leben des Suizidenten treffen, nach den Tötungstatbeständen strafbar, soweit sich nicht aus der Entscheidung des Gesetzgebers, die Beteiligung am Selbstmord als solche straffrei zu lassen, Einschränkungen ergeben. Nach allgemeinen Grundsätzen mache sich wegen eines Tötungsdelikts strafbar, wer einen Bewusstlosen in einer lebensbedrohlichen Lage antreffe und ihm trotz seiner Garantenpflicht nicht die erforderliche und zumutbare Hilfe leiste. An dieser Beurteilung ändere sich nichts dadurch, dass dieser Zustand vom Opfer absichtlich herbeigeführt worden ist. Wenn nämlich der Suizident die tatsächliche Möglichkeit der Beeinflussung des Geschehens („Tatherrschaft“) endgültig verloren habe, weil er infolge Bewusstlosigkeit nicht mehr von seinem Entschluss zurücktreten kann, hänge der Eintritt des Todes jetzt allein vom Verhalten des Garanten ab.[284] Im Ergebnis gelangte der BGH im konkreten Fall allerdings doch zu einem Freispruch, den er auf die „besonderen Umstände des Falles“ stützte: Da der angeklagte Arzt davon ausgegangen sei, dass die Patientin im Falle einer Rettung schwere Dauerschäden erleiden werde, und er wusste, dass die Patientin jede intensivmedizinische Maßnahme für sich stets abgelehnt hatte, sei er in einen Konflikt zwischen dem ärztlichen Auftrag, jede Chance zur Rettung des Lebens seiner Patientin zu nutzen, und dem Gebot, ihr Selbstbestimmungsrecht zu achten, geraten. Wenn der Arzt in einer solchen Grenzsituation diesen Konflikt dadurch löste, dass er nicht den bequemeren Weg der Einweisung in eine Intensivstation wählte, sondern in Respekt vor der Persönlichkeit der Sterbenden bis zu ihrem Tode bei ihr ausharrte, könne seine ärztliche Gewissensentscheidung nicht von Rechts wegen als unvertretbar angesehen werden.[285]

---

lehnte eine Klinikeinweisung ab, da sie panische Angst davor hatte, ihre Mutter könnte von der (ungewollten) Eileiterschwangerschaft erfahren) unbeachtlich war, weil ihr Leben bedroht war und sie hierüber nicht verfügen konnte, ist daher abzulehnen, vgl. auch Eser, NStZ 1984, 49, 57, Lilie, NStZ 1983, 314, 315, Schmitt, JZ 1984, 866, 867, Thias, Möglichkeiten und Grenzen selbstbestimmten Sterbens, S. 97.

[282] Engisch, FS für Dreher, S. 309, 323, vgl. ausführlich zur Frage eines moralisch wie verfassungsrechtlich bedeutsamen Unterschieds zwischen aktiver und passiver Sterbehilfe Antoine, Aktive Sterbehilfe in der Grundrechtsordnung, S. 184 ff., der den prinzipiellen Unterschied zwischen Töten und Sterbenlassen ebenfalls in der Achtung der körperlichen Integrität des Patienten sieht.

[283] BGH St 32, 367

[284] BGH St 32, 367, 371 ff.

[285] BGH St 32, 367, 377 ff.

Die Entscheidung hat in der Folge heftige Kritik in der Literatur erfahren.[286] Handelt der Suizident in einem verantwortlichen Zustand, also ohne einer psychischen Störung zu unterliegen, so gebe es keinen rationalen Grund, die autonome Willensentscheidung des Patienten nicht auch beim Suizid zu respektieren. Die sittliche, meist aus religiösen Vorgaben hergeleitete Missbilligung des Selbstmordes, aus der der BGH ursprünglich die Unbeachtlichkeit jedes Selbstmordentschlusses hergeleitet hatte[287], könne diese Folgerung in einer Rechtsordnung, die keinen Glaubens- und Gewissenszwang kennt, nicht tragen.[288] Des weiteren sind andernfalls auch innere Widersprüche unvermeidlich: denn entweder wird auch der Suizidwille als beachtlich anerkannt oder aber man erblickt im Suizid einen rechtlich missbilligenswerten Akt – dann aber ist es unlogisch, es für zulässig zu erachten, zunächst einmal den Suizidversuch tatenlos geschehen zu lassen (oder sogar aktiv zu fördern!), um bei Eintritt der Hilflosigkeit des Suizidenten diesen dann doch noch um den erstrebten Erfolg zu bringen.[289] Schließlich stößt bereits die Einordnung in die eine oder andere Patientengruppe auf Schwierigkeiten. Denn konsequenterweise müsste auch der als „Normal-Patient" ins Krankenhaus Eingelieferte zum „Suizid-Patienten" werden, wenn er lebensnotwendige Behandlungsmaßnahmen verweigert, die aus ärztlicher Sicht notwendig und vernünftig erscheinen. Umgekehrt stellt sich die Frage, ob nicht der „Suizid-Patient" zum „Normal-Patient" wird, wenn er nach zunächst erfolgreicher Rettung den Abbruch der ihn nun am Leben haltenden Intensivbehandlung wünscht.[290]

Gerade im Bereich der Sterbehilfe, also bei dem Suizidversuch eines schwer Kranken oder Sterbenden verdienen diese Ausführungen Zustimmung. Dies gilt insbesondere dann, wenn man mit der hier vertretenen Auffassung die Selbsttötung als geeigneten Ausweg aus subjektiv nicht mehr erträglichem Leid ansieht und auch anerkennt, dass das Bedürfnis nach aktiver direkter Sterbehilfe in dem Maße abnimmt, in dem man die Möglichkeit zur Selbsttötung eröffnet bzw. freihält. Will ein schwer Leidender sterben und führt sein Selbstmordversuch nicht unmittelbar zum erwünschten Erfolg, der Erlösung im (schnellen) Tod, so kann sich kein Gesunder anmaßen, diesen Willen des Schwerkranken, wenn er denn freiverantwortlich gefasst und ernsthaft in die Tat umgesetzt war, als unbeachtlich zu deklarieren. Dies würde eklatant gegen das grundrechtlich garantierte Selbstbestimmungsrecht des Einzelnen verstoßen. Auch unter Berücksichtigung der Erkenntnisse der moderneren Suizidforschung, nach denen der Selbsttötungswunsch nach ursprünglich durchaus ernsthaftem Selbstmordversuch noch häufig revidiert wird, und auf die sich der BGH unter anderem zur Ablehnung der Beachtlichkeit des Willens des Suizidenten stützt[291], ist zumindest im Bereich der Sterbehilfe

---

[286] Vgl. etwa Tröndle/Fischer, Vor §§ 211 bis 216 Rdnr. 12, MüKo-Schneider, Vor §§ 211 ff. Rdnr. 107, LK-Jähnke, Vor § 211 Rdnr. 24, Lackner/Kühl-Kühl, Vor § 211 Rdnr. 15, Sch/Sch-Eser, Vorbem §§ 211 ff. Rdnr. 43, Roxin, Medizinstrafrecht, S. 101, Laber, Der Schutz des Lebens im Strafrecht, S. 225 ff., Uhlenbruck, ZRP 1986, 209, 215 f., Schünemann, GA 1985, 341, 378 f., Otto, Gutachten D zum 56. DJT, S. D 94 f., Hirsch, FS für Lackner, S. 597, 599 ff., 615 f., Eser, MedR 1985, 6, Schmitt, JZ 1985, 365, 367 f., Sowada, JURA 1985, 75, 77 ff., Gropp, NStZ 1985, 97, 100 ff., Schultz, JuS 1985, 270, 272 ff., Brändel, ZRP 1985, 85, 86 ff., Hiersche, MedR 1987, 83, 84 f., Tröndle, ZStW 99 (1987), 25, 45, Charalambakis, GA 1986, 485, 504, Verrel, JZ 1996, 224, 229 f., Storr, MedR 2002, 436, 438.

[287] vgl. BGH St 6, 147, 153, daran anknüpfend BGH NJW 2001, 1802, 1803.

[288] Roxin, Medizinstrafrecht, S. 101, Sowada, JURA 1985, 75, 86

[289] Eser, in: Auer/Menzel/Eser, Zwischen Heilauftrag und Sterbehilfe, S. 111, ders., MedR 1985, 6, 9 ff., vgl. etwa auch Sch/Sch-Eser, Vorbem §§ 211 ff. Rdnr. 43, LK-Jähnke, Vor § 211 Rdnr. 24, Thias, Möglichkeiten und Grenzen eines selbstbestimmten Sterbens, S. 95.

[290] Verrel, JZ 1996, 224, 229 f., Schneider, Tun und Unterlassen beim Abbruch lebenserhaltender medizinischer Behandlung, S. 240

[291] BGH St 32, 367, 376

keine andere Beurteilung gerechtfertigt. Denn das (objektiv verständliche und nachvollziehbare) Motiv für den Suizid, der schwere Leidenszustand, schließt eine Wandlung der Gesinnung nach dem Selbstmordversuch praktisch aus.
Auch der BGH hat in seiner späteren Rechtsprechung angedeutet, dass er geneigt ist, einem ernsthaften und freiverantwortlichen Selbsttötungsentschluss in Zukunft stärkere rechtliche Bedeutung zuzumessen, als dies im Wittig-Urteil der Fall war. Bei dem Konflikt zwischen Verpflichtung zum Lebensschutz und der Achtung des Selbstbestimmungsrechts des Patienten müsse es genügen, wenn feststehe, dass der Patient den Selbsttötungsentschluss ernsthaft und freiverantwortlich gefasst hat und dass er demgemäß nicht mit einer Verhinderung des von ihm erstrebten Todes einverstanden ist.[292]
Somit ist nach richtiger Ansicht davon auszugehen, dass auch die Ablehnung lebensverlängernder bzw. lebenserhaltender ärztlicher Maßnahmen durch einen Suizidenten die Garantenpflicht des Arztes entfallen lässt.

cc) Situation bei anderen Garanten, insbesondere Angehörigen

Fraglich bleibt nun die Behandlung der Strafbarkeit von Nicht-Ärzten, die aus anderem Rechtsgrund Garanten für das Leben des (Normal- bzw. Suizid-)Patienten sind. Zu denken ist beispielsweise an den Angehörigen, der den ausdrücklichen Wunsch des Kranken respektiert und ihn nicht zur Behandlung zum Arzt oder in ein Krankenhaus bringt bzw. bringen lässt. Anders als beim behandelnden Arzt besteht eine Begrenzung durch den Behandlungswunsch des Patienten hier nämlich grundsätzlich nicht, vielmehr trifft die Garantenpflicht den Angehörigen an sich unabhängig vom Willen des Patienten, denn der nahe Angehörige (Ehegatte, Verwandte gerader Linie, Geschwister, Verlobte) ist Beschützergarant aufgrund enger natürlicher Verbundenheit.[293]
Die Garantenpflicht könnte allerdings aufgrund der Unzumutbarkeit normgemäßen Verhaltens entfallen. Anerkannt ist, dass auch bei den unechten Unterlassungsdelikten das Untätigbleiben nur dann strafbar ist, wenn normgemäßes Verhalten zumutbar war. Fraglich ist allerdings, auf welcher Ebene dies zu berücksichtigen ist.[294] So soll das Unterlassen bei Unzumutbarkeit nach einer Ansicht schon nicht tatbestandsmäßig sein, nach anderer Auffassung lediglich nicht rechtswidrig oder gar bloß entschuldigt. Die Rechtsprechung dazu ist uneinheitlich.[295] Richtig ist es wohl, die Zumutbarkeit als Bestandteil des Tatbestandes anzusehen. Denn da es bei den unechten Unterlassungsdelikten an Kausalität und Tatbestandshandlung fehlt, kommt es darauf an, welche Handlung im Einzelfall vom Täter zu fordern ist.[296] Das dürfte aber eine Frage des Tatbestandes sein. Auch ist nicht einzusehen, warum von der bei § 323c StGB ausdrücklich erfolgten Gleichbehandlung von Zumutbarkeit und Erforderlichkeit abgewichen werden sollte.[297]
Unzumutbar ist eine Handlung, wenn durch sie eigene billigenswerte Interessen in einem dem drohenden Erfolg nicht angemessenen Umfang gefährdet würden.[298] Zwar orientiert sich der

---

[292] BGH NJW 1988, 1532
[293] Wessels/Beulke, StR AT, § 16 II 5, Sch/Sch-Stree, § 13 Rdnr. 17 ff., Joecks, § 13 Rdnr. 23; im Zusammenhang mit der Sterbehilfeproblematik vgl. insbesondere Beckert, Probleme um Suizidbeteiligung und Sterbehilfe, S. 287 ff.
[294] Wessels/Beulke, StR AT, § 16 V 2
[295] Sch/Sch-Stree, Vorbem §§ 13 ff. Rdnr. 155
[296] Tröndle/Fischer, § 13 Rdnr. 16
[297] Sch/Sch-Stree, Vorbem §§ 13 ff. Rdnr. 155
[298] Lackner/Kühl-Kühl, § 13 Rdnr. 5, Sch/Sch-Stree, Vorbem §§ 13 ff. Rdnr. 156

Angehörige, der etwa die Veranlassung einer Behandlung auf Wunsch des Betroffenen unterlässt, an den Interessen des Kranken. Doch kann die Unzumutbarkeit für den Garanten als Derivat einer Unzumutbarkeit für den Kranken aufgefasst werden.[299] So stellt die Respektierung des Willens des Patienten auch ein eigenes Interesse des Unterlassenden dar, der dem Kranken diesen Wunsch erfüllen möchte. Ansonsten wäre der Angehörige gezwungen, dem Kranken Hilfe gegen seinen Willen aufzunötigen.[300] Daher ist es gerechtfertigt, in diesem Fall anzunehmen, dass durch die Pflicht zum Tätigwerden eigene Interessen des Nichthandelnden gefährdet wären. Dass diese am Selbstbestimmungsrecht und damit an der Würde des Patienten ausgerichteten Interessen auch billigenswert sind, folgt aus den obigen Erwägungen zur Respektierung des Patientenwillens durch den Arzt. Diese müssen hier entsprechend angewandt werden.

Somit lässt der Wunsch des Patienten, dass lebensverlängernde bzw. –erhaltende Maßnahmen nicht veranlasst oder abgebrochen werden, auch die Garantenpflicht der Angehörigen entfallen.[301] Ein dahin gehendes Unterlassen ist also ebenfalls nicht strafbar.

dd) Sonderproblem des technischen Behandlungsabbruchs

Ein Sonderproblem stellt der sog. technische Behandlungsabbruch dar. Es handelt sich dabei um den Vorgang des Abschaltens lebensverlängernder Geräte, die ausgefallene oder defekte Körperfunktionen des Kranken technisch ersetzen bzw. unterstützen, insbesondere des Beatmungsgeräts.[302] Insoweit wird auch vom „tätigen" Behandlungsabbruch gesprochen.[303] Betrachtet man den Vorgang des Abschaltens lebensverlängernder Geräte unbefangen, rein naturalistisch, so ergibt sich zweifelsohne, dass dieses Verhalten mit Blick auf den Einsatz von Energie durch körperliche Aktivität ein positives Tun darstellt.[304] Es handelte sich somit um grundsätzlich strafbare aktive Sterbehilfe. Jedoch wird ein solches Verhalten von der h.M. (zumindest bei einem Arzt) als Unterlassen aufgefasst, da es sich wertungsmäßig als eine Einstellung der Behandlung und damit als ein Unterlassen weiterer Tätigkeit darstelle.[305] Der technische Behandlungsabbruch wäre nach dieser Auffassung also tatbestands- und damit straflos, wie aus den obigen Ausführungen zur passiven Sterbehilfe auf Wunsch des Patienten folgt. Im Folgenden soll nun untersucht werden, wie der technische Behandlungsabbruch dogmatisch richtig einzuordnen ist und welche Konsequenzen sich daraus für die Strafbarkeit ergeben.[306] Dabei ist zwischen dem Behandlungsabbruch durch einen Arzt und dem durch einen Nicht-Arzt zu differenzieren.

---

[299] Vgl. dazu Merkel, Früheuthanasie, S. 310 f.

[300] Vgl. insoweit Eser, in: Auer/Menzel/Eser, Zwischen Heilauftrag und Sterbehilfe, S. 110, allerdings für die Nichtzumutbarkeit für den *Arzt*, dem Kranken Hilfe aufzunötigen. Der Rechtsgedanke passt aber ebenso gut auf andere Garanten.

[301] Für eine Rechtfertigung nach § 34 StGB hingegen Beckert, Probleme um Suizidbeteiligung und Sterbehilfe, S. 302 ff.

[302] MüKo-Schneider, Vor §§ 211 ff. Rdnr. 108, Sch/Sch-Eser, Vorbem §§ 211 ff. Rdnr. 32, Roxin, Medizinstrafrecht, S. 101

[303] Lackner/Kühl-Kühl, Vor § 211 Rdnr. 8, LK-Jähnke, Vor § 211 Rdnr. 18

[304] MüKo-Schneider, Vor §§ 211 ff. Rdnr. 109, Schneider, Tun und Unterlassen beim Abbruch lebenserhaltender medizinischer Maßnahmen, S. 31, vgl. auch Engisch, FS für Dreher, S. 309, 325 f.

[305] MüKo-Schneider, Vor §§ 211 ff. Rdnr. 109, kritisch dazu LK-Jähnke, Vor § 211 Rdnr. 18.

[306] Dabei darf nicht außer Acht gelassen werden, dass es den Ärzten in der Praxis fast stets möglich sein dürfte, ihr Verhalten als rein passives auszugestalten, indem etwa die zum Funktionieren der Respiratoren notwendigen Sauerstoffkolben nicht ausgewechselt oder von vornherein nur in geringen Dosierungen angeschlossen werden. Den Arzt auf solche Umwege zu verweisen, erscheint indes als sinnwidriger reiner Formalismus. Vielmehr ist

(1) Technischer Behandlungsabbruch durch einen Arzt

Zunächst soll die Rechtslage beim technischen Behandlungsabbruch des Arztes analysiert werden. Bei der Abgrenzung von Tun und Unterlassen sind zwei wesentlich unterschiedliche Ansatzpunkte vorzufinden: der eine nimmt die Abgrenzung anhand rein ontologischer Kriterien vor, während der andere auf normative, also wertende Gesichtspunkte zurückgreift.[307]

(a) Bewertung des Abbruchs als Tun

Nimmt man die Abgrenzung zwischen Tun und Unterlassen anhand des Kriteriums des „Energieeinsatzes" vor, ist der technische Behandlungsabbruch zunächst als Tun zu bewerten. Tun stellt danach nämlich das Aufwenden von Energie in eine bestimmte Richtung, Unterlassen das Nichteinsetzen von Energie in eine bestimmte Richtung dar.[308] Das Abschalten des lebenserhaltenden Geräts enthält nun einen (wenn auch geringfügigen) Einsatz von Energie.[309]

Auch anhand des Kriteriums der „körperlichen Aktivität", das den Knopfdruck zum Abschalten des Reanimators als Einsatz einer körperlichen Bewegung und damit als aktives Tun versteht, gelangt man zur Annahme eines positiven Tuns.[310]

Schließlich ergibt sich das gleiche Ergebnis, wenn das sog. Kausalitätskriterium zur Abgrenzung zwischen Tun und Unterlassen herangezogen wird.[311] Danach lassen sich Handeln und Unterlassung dadurch unterscheiden, dass der Handelnde für den Erfolg kausal wird, der Unterlassende dagegen nichts verursacht. Tun und Unterlassen grenzen sich nicht nur auf der Verhaltensseite, sondern auch im Erfolg voneinander ab. Die Tötung durch Handeln ist Verursachung einer Lebens*verkürzung*, die Tötung durch Unterlassen ist die Nichtverursachung einer Lebens*verlängerung*. Der tiefere Grund hierfür liege darin, dass die Verbotsnorm das Rechtsgut vor den Gefahren durch die Rechtsgenossen, die Sozietät, bewahre; die Gebotsnorm verbessere die Lage des Rechtsguts demgegenüber dadurch, dass Mitglieder der Sozietät für den von der Norm intendierten Zustand zur Bedingung werden.[312] Aus dieser Sicht verursacht der Arzt, der das selbständig weiterlaufende Gerät abschaltet, den konkreten Tod des Patienten, er bewirkt eine Lebensverkürzung um die Zeitspanne, die das Gerät ohne sei-

---

eine Lösung zu finden, die allen diesen Situationen gerecht wird, vgl. v. Dellingshausen, Sterbehilfe und Grenzen der Lebenserhaltungspflicht des Arztes, S. 430 f., Chatzikostas, Die Disponibilität des Rechtsguts Leben, S. 113, Engisch, FS für Dreher, S. 309, 327.

[307] Schneider, Tun und Unterlassen beim Abbruch lebenserhaltender medizinischer Maßnahmen, S. 53

[308] Chatzikostas, Die Disponibilität des Rechtsguts Leben, S. 114, Schneider, Tun und Unterlassen beim Abbruch lebenserhaltender medizinischer Maßnahmen, S. 57 f.; zum „Energiekriterium" grundlegend Engisch, Die Kausalität als Merkmal der strafrechtlichen Tatbestände, S. 29, Engisch, FS für Gallas, S. 163, 170 ff.

[309] Engisch, FS für Dreher, S. 309, 325 f., Otto/Brammsen, JURA 1985, 530, 531

[310] Chatzikostas, Die Disponibilität des Rechtsguts Leben, S. 115; Schneider, Tun und Unterlassen beim Abbruch lebenserhaltender medizinischer Maßnahmen, S. 55 ff. spricht insoweit (inhaltsgleich) vom „Körperbewegungskriterium". Die Entfaltung körperlicher Aktivität und damit ein Tun im strafrechtlichen Sinne nimmt etwa Maurach/Gössel/Zipf, StR AT/2, § 45 II Rdnr. 32, an, wonach die Unterlassung weiterer Behandlung erst nach dem Abschalten des Reanimators einsetzt. S. unter anderem auch Radbruch, Der Handlungsbegriff in seiner Bedeutung für das Strafrechtssystem, S. 129 ff., Gallas, ZStW 67 (1955), 1, 8 ff., 13 ff., Lampe, ZStW 71 (1959), 579, 588, Schünemann, Grund und Grenzen der unechten Unterlassungsdelikte, S. 239, Struensee, FS für Stree/Wessels, S. 133, 143 ff., v. Liszt/Schmidt, Lehrbuch des deutschen Strafrechts, S. 127 ff.

[311] Chatzikostas, Die Disponibilität des Rechtsguts Leben, S. 115 f.

[312] Samson, FS für Welzel, S. 579, 587 ff.

nen Eingriff weitergelaufen wäre. Damit stellt sich der technische Behandlungsabbruch aber als Tun dar.[313]

(b) Bewertung des Abbruchs als Unterlassen

Nach der wohl vorherrschenden Auffassung ist dieser äußerlich ausgerichteten Sichtweise aber nicht zu folgen. Vielmehr ist der ärztlich verantwortete Behandlungsabbruch demzufolge wertungsmäßig als Unterlassen zu klassifizieren. Als Begründung wird zum Teil auf den Schwerpunkt der Vorwerfbarkeit oder den sozialen Sinn des Verhaltens abgehoben, zum Teil wird auch das Ausschalten des Geräts als „Unterlassen durch Tun" interpretiert, parallel zum Abbruch eigener Rettungsbemühungen, die die Sphäre des Opfers noch nicht erreicht haben.[314]

Das Abgrenzungskriterium „Schwerpunkt der Vorwerfbarkeit" gilt als die heute herrschende Abgrenzungsmethode. Die Unterscheidung zwischen aktivem Tun und Unterlassen kann danach nur wertungsmäßig vorgenommen werden; sie soll nicht von der äußeren Gestaltung des Geschehens abhängen. Entscheidungsrelevant sei vielmehr, wogegen sich der rechtliche Vorwurf des Verhaltens richte bzw. wo der Schwerpunkt der Vorwerfbarkeit des Verhaltens zu sehen sei.[315] Der Unwert des ärztlichen Verhaltens liege – trotz des prima facie aktiven Charakters des technischen Behandlungsabbruchs – im Verstoß gegen die Verpflichtung der weiteren Behandlung.[316]

Nach anderer Auffassung ist hingegen der soziale Sinn des Verhaltens maßgeblich für die Abgrenzung zwischen aktivem Tun und Unterlassen. Damit soll vermieden werden, dass Zufälligkeiten im äußeren Geschehensablauf bei der Abgrenzung eine entscheidende Bedeutung erhalten.[317] Der Abbruch der Tätigkeit eines Reanimators soll dabei nicht anders als der sonstige Abbruch einer begonnenen, manuellen Behandlung bewertet und der Reanimator nur als der „verlängerte Arm" des Arztes betrachtet werden. Entscheidend sei der Sinn der Handlung, nicht ihr vordergründiger Ablauf.[318]

---

[313] Samson, FS für Welzel, S. 579, 601; so auch SK-Horn, § 212 Rdnr. 22, Jescheck/Weigend, StR AT, § 58 II 2, S. 603 f., Stoffers, MDR 1992, 621, 626, Küpper, Grenzen der normativierenden Strafrechtsdogmatik, S. 73 f., 81 f., Hirsch, FS für Lackner, S. 597, 605, Sieber, JZ 1983, 431, 436

[314] MüKo-Schneider, Vor §§ 211 ff. Rdnr. 109, NK-Neumann, Vor § 211 Rdnr. 122, s. auch Bottke, in: Bottke/Fritsche/Huber/Schreiber, Lebensverlängerung, S. 122, Borttscheller, Die Bedeutung des Patientenwillens im Bereich der Sterbehilfe, S. 85 f., Beckert, Probleme um Suizidbeteiligung und Sterbehilfe, S. 340 ff., Helgerth, JR 1976, 45, 47; mit abweichender Begründung der Einordnung als Unterlassen etwa Zimmermann, NJW 1977, 2101, 2105 f sowie aus verfassungsrechtlicher Sicht Antoine, Aktive Sterbehilfe in der Grundrechtsordnung, S. 43 f.

[315] Schneider, Tun und Unterlassen beim Abbruch lebenserhaltender medizinischer Behandlung, S. 75 f., Nagel, Passive Euthanasie, S. 46; zum Schwerpunkt der Vorwerfbarkeit s. in der Rechtsprechung BGH St 6, 46, 59, BGH NStZ 1999, 607, OLG Stuttgart, FamRZ 1959, 74, OLG Karlsruhe, NJW 1980, 1859, 1860, OLG Düsseldorf, MedR 1984, 28, 29, OLG Saarbrücken, NJW 1991, 3045, 3046; in der Literatur s. Mezger, Dt StR, S. 52, Wessels/Beulke, Strafrecht AT, § 16 I 2 und ausführlich Stoffers, Die Formel „Schwerpunkt der Vorwerfbarkeit", passim.

[316] Chatzikostas, Die Disponibilität des Rechtsgutes Leben, S. 125; Sch/Sch-Stree, Vorbem §§ 13 ff. Rdnr. 158, 160, BGH St 40, 257, 265 f., Trück, Mutmaßliche Einwilligung und passive Sterbehilfe durch den Arzt, S. 14 ff.

[317] Schneider, Tun und Unterlassen beim Abbruch lebenserhaltender medizinischer Behandlung, S. 77

[318] NK-Neumann, Vor § 211 Rdnr. 122, Geilen, JZ 1968, 145, 151, ders., FamRZ 1968, 121, 126 Fn. 35, Engisch, FS für Dreher, S. 309, 326 f., Ulsenheimer, in: Laufs/Uhlenbruck, Handbuch des Arztrechts, § 149 Rdnr. 16, Chatzikostas, Die Disponibilität des Rechtsgutes Leben, S. 123; vgl. auch Beckert, Probleme um Suizidbeteiligung und Sterbehilfe, S. 340 ff.

Als Begründung für die Bewertung des technischen Behandlungsabbruchs als Unterlassen wird weiterhin die Rechtsfigur vom Unterlassen durch Tun herangezogen. Diese Sicht wurde insbesondere von *Roxin*[319] vertreten. Wenn sich herausstelle, dass weitere Reanimierungsbemühungen völlig aussichtslos seien, dann hätte der Arzt die zwecklose künstliche Lebensverlängerung etwa durch einen Reanimator, eine Herz-Lungen-Maschine, von vornherein unterlassen dürfen. Dann aber stellt sich die Abschaltung des Reanimators lediglich als Aufgabe eines objektiv nicht gebotenen Erfolgsabwendungsversuches bzw. als Rücktritt von einer wegen der Hoffnungslosigkeit der Situation nicht (oder nicht mehr) geforderten Lebensverlängerungshandlung dar. Das sei dem Anhalten einer gesetzlich nicht geforderten Rettungskausalität vergleichbar. Durch das Abschalten des Gerätes werde keine neue Todesursache gesetzt, sondern nur der status quo ante wiederhergestellt. Im Unterschied etwa zum Wiederauftrennen einer Wundnaht[320], bei der die erwünschte Blutungshemmung ersichtlich erreicht worden ist, sei eine Einstellung der künstlichen Beatmung erlaubt, wenn sich der mit dem Anschluss an den Reanimator verfolgte Zweck, den Patienten ins bewusste Leben zurückzurufen, als unerreichbar erwiesen habe. Auch falle der Rücktritt durch „positives" Tun dann aus dem Begehungstatbestand heraus, wenn eine ursprünglich begründete Handlungspflicht durch eine Wandlung der Situation nachträglich entfällt, wenn der durch den Rücktritt hergestellte Zustand keine Handlungspflicht mehr auslösen würde.[321]
Diese dogmatische Konstruktion hat in der Folge sowohl Zustimmung wie auch Ablehnung erfahren.[322] So wurde etwa eingewendet, dass der Rücktritt vom beendeten Gebotserfüllungsversuch den rechtsgutsverletzenden Erfolg verursache und damit nach dem Kausalitätskriterium Begehung anzunehmen sei. Dies sei auch bei wertender Betrachtung gerechtfertigt, denn der Täter verschlechtere durch sein Verhalten die Rechtsgutslage, wobei unerheblich sei, ob der Täter die das Rechtsgut begünstigenden Umstände zunächst selbst geschaffen habe.[323] Auch handele es sich beim „Unterlassen durch Tun" an sich um das Unterlassen einer Rettungshandlung dadurch, dass der Täter statt dessen eine in eine andere Richtung als das zu rettende Rechtsgut gerichtete Tätigkeit vornimmt, z.B. wegläuft, statt zu retten. Hier wirke er dagegen durch sein Tun auf das Objekt ein, um dessen Rettung es gerade gehe.[324] Weiterhin sei der Vergleich mit dem Anhalten einer gesetzlich nicht geforderten Rettungskausalität deshalb nicht angebracht, weil in diesen Fällen die abgebrochene eigene oder fremde Rettungskausalität *noch nicht rechtsgutserhaltend zu wirken begonnen* habe. Im Falle des Abschaltens etwa des Reanimators sei hingegen die *Rettungskausalität zunächst einmal wirksam geworden*, denn der Kranke, der ohne die künstliche Reanimation längst gestorben wäre, lebe eben wegen des Reanimators noch.[325]
Auch wenn die Rechtsfigur des Unterlassens durch Tun für die Einordnung des technischen Behandlungsabbruchs durch den Arzt als Unterlassen nicht vollends zu überzeugen vermag, ist die Bewertung des Abbruchs als Unterlassen letztendlich sachgerecht. Dabei darf noch einmal daran erinnert werden, dass der technische Vorgang stets auch so ausgestaltet werden

---

[319] Roxin, FS für Engisch, S. 380 ff. in Anschluss an *v. Overbeck*.
[320] nach Bockelmann, Strafrecht des Arztes, S. 112 ein Beispiel dafür, dass auch das Abschalten des Reanimators aktives Tun sei
[321] Roxin, FS für Engisch, S. 380, 398 ff., vgl. auch ders., StR AT/II, § 31 Rdnr. 115 ff.
[322] Gegen die Rechtsfigur des Unterlassens durch Tun Samson, FS für Welzel, S. 579 ff., Sax, JZ 1975, 137 ff., Otto, Grundkurs StR, § 6 Rdnr. 28, Stoffers, MDR 1992, 621, 626 ff., Küpper, Grenzen der normativierenden Strafrechtsdogmatik, S. 81 f.; zustimmend etwa Eser, StR/II, Fall 25 Rdnr. 20, SK-Rudolphi, Vor § 13 Rdnr. 47, Helgerth, JR 1976, 45, 47.
[323] Samson, FS für Welzel, S. 579, 598 ff.
[324] Hirsch, FS für Lackner, S. 597, 605
[325] Sax, JZ 1975, 137, 141 (Hervorhebungen durch den Autor)

könnte, dass der Arzt auch rein äußerlich bloß untätig bleibt, indem etwa der – zwingend nach gewisser Zeit vorzunehmende – Austausch der Sauerstoffkolben des Beatmungsgeräts unterbleibt.[326] Bettet man das Aktivwerden des Arztes – den Druck auf den Ausschaltknopf – in den Gesamtkontext ein und vergleicht man insbesondere das Verhalten des Arztes mit dem bei manueller Reanimation (die, gäbe es die modernen medizinischen Geräte nicht, Herzschlag und Atmung aufrechterhalten würden), ergibt sich der Gesamtcharakter als Unterlassen. Wertungsmäßig stellt der technische Behandlungsabbruch daher ein Unterlassen dar.

(c) Strafbarkeit des technischen Behandlungsabbruchs durch den Arzt

Doch auch wenn man, entgegen der hier vertretenen Auffassung, den technischen Behandlungsabbruch durch einen Arzt als Tun ansieht, besteht doch weithin Übereinstimmung darin, dass ein solches Handeln in diesem Fall ausnahmsweise nicht strafbar sein soll.[327] Die Begründungen für die Straflosigkeit der Sterbehilfe im Sonderfall des technischen Behandlungsabbruchs durch den Arzt divergieren jedoch wiederum.

Nach *Samson* ist etwa eine eng umgrenzte Zulassung der Tötung durch aktives Tun aufgrund der Besonderheiten des Falles denkbar. Angesichts der Fortschritte der medizinischen Wissenschaft, die es nun ermöglicht, den Hirntod für erhebliche Zeit zu verhindern, obwohl wesentliche Körperorgane irreversibel geschädigt und ausgefallen sind, sei das Recht auf einen „natürlichen Tod" auch für das Begehungsdelikt nicht ohne weiteres von der Hand zu weisen.[328] Offen bleibt danach allerdings die dogmatische Begründung, die eine solche Ausnahme tragen soll, auch sind die Grenzen der Zulassung aktiver Tötung ganz unbestimmt.[329]

Sax nimmt hingegen konkreter einen Tatbestandsausschluss wegen Haftungsbegrenzung durch den Schutzzweck der Norm an.[330] Denn wer den Reanimator abstellt, beende nur das aufgrund der *Krankheit sonst längst durch den Tod abgeschlossene, aber künstlich verlängerte Sterben*. Der Arzt bewirke somit durch sein *Tun* genau das gleiche, was er auch durch *Unterlassen* des Anschlusses des Sterbenden an den Reanimator bewirkt hätte. Ein Unterlassen der mechanisch-künstlichen Lebensverlängerung verletze aber das Rechtsgut Leben nicht, da ein rechtlich geschütztes Interesse an der Lebenserhaltung durch Sterbensverlängerung fehle. Somit *verletze auch das Rechtsgut Leben nicht*, wer einen mechanischen Vorgang nutzloser Sterbensverlängerung abbricht.[331] Diese Begründung versagt indes dann, wenn der technische Behandlungsabbruch auf ausdrücklichen Wunsch des Patienten erfolgt, eine Verbesserung des Krankheitszustandes aber durchaus noch möglich erscheint. Denn dann kann von einer künstlichen und nutzlosen Sterbensverlängerung nicht gesprochen werden. Doch ist nicht einzusehen, warum der Patient einen Anschluss an Geräte zur mechanischen Lebensverlängerung von vornherein soll verbieten können, nicht aber den nachträglichen Abbruch einer solchen Behandlung. Weiterhin ist auch die Annahme zu kritisieren, wegen des aussichtslosen Zustands des Patienten fehle es schon an einem Rechtsgut, das verletzt

---

[326] Vgl. Fn. 306.

[327] Vgl. SK-Horn, § 212 Rdnr. 26a, Samson, FS für Welzel, S. 579, 601 f., Sax, JZ 1975, 137, 148 ff., Stoffers, MDR 1992, 621, 628, Hirsch, FS für Lackner, S. 597, 605 f., Küpper, Die Grenzen der normativierenden Strafrechtsdogmatik, S. 82, Möllering, Schutz des Lebens, S. 66 f., Tröndle, FS für Göppinger, S. 595, 603 ff., Otto, Gutachten D zum 56. DJT, S. D 43 ff.; die Gegenauffassung vertritt etwa Bockelmann, Strafrecht des Arztes, S. 112 ff.

[328] Samson, FS für Welzel, S. 579, 601 f.

[329] Vor einem Dammbruch warnt deshalb auch Nagel, Passive Euthanasie, S. 45.

[330] Sax, JZ 1975, 137, 150

[331] Sax, JZ 1975, 137, 149 f. (Hervorhebungen durch den Autor)

werden könnte. Das wird deutlich, wenn man die Situation mit derjenigen vergleicht, in der jemand den in hoffnungslosem Zustand befindlichen Patienten erschlägt.[332]
Nach *Hirsch* liegt die Besonderheit des technischen Behandlungsabbruchs vielmehr darin, dass keine Rechtspflicht mehr zur Vornahme des bewahrenden Kausalverlaufs, in den eingegriffen wird, bestehe. Wenn jedoch eine solche Rettungshandlung von niemand mehr verlangt würde, dann auch nicht ihre Unterbindung durch ein Tun. Es fehle in solchen Fällen daher bereits am objektiven Tatbestand.[333] Unklar ist indes auch hier, wie diese Wertung in die herkömmliche Dogmatik eingeordnet werden kann: Denn Voraussetzung für den objektiven Tatbestand beim Begehungsdelikt ist nur das Bestehen eines Handlungsverbots, das hier im Verbot aktiver Fremdtötung gegeben ist.[334]
Tröndle wiederum betont, dass der Patient, dessen Intensivbehandlung gegen seinen Willen verstößt, Opfer einer eigenmächtigen (und als Körperverletzung strafbaren) Krankenbehandlung würde. Das Abschalten des Geräts sei also nichts anderes als das Beenden eines rechtswidrigen Zustandes. Ein Akt, der Unrecht beseitigt, dem Rechtsträger wieder zum verfassungsrechtlich geschützten Recht verhilft und zu dessen Durchführung unter Umständen sogar eine Rechtspflicht bestehen kann, sei per se nicht geeignet, die objektiven Voraussetzungen eines Straftatbestandes zu erfüllen.[335]
Denkbar ist aber auch eine Rechtfertigung des technischen Behandlungsabbruchs.
Diese Auffassung vertritt etwa *Otto*[336]: Entscheidet sich der Patient dafür, den Krankheitsverlauf nicht weiter hinauszuziehen und das Sterben nicht weiter zu verzögern, so sei der Arzt nicht nur verpflichtet, weitere medizinische Maßnahmen zu unterlassen, sondern auch, dem Patienten die durch den Anschluss an die technischen Geräte eingeschränkte Handlungsfreiheit durch Befreiung von der Behandlung wieder einzuräumen. Dies gebiete die Achtung der Würde der Person, die dem möglichen Gebot, Schmerz und Agonie zu verlängern, vorgehe. Da es um die Herstellung der Behandlungsfreiheit und damit die Verwirklichung des Selbstbestimmungsrechts gemäß Art. 1, 2 Abs. 2 Satz 1 GG gehe, seien die zur Verwirklichung des verfassungsgemäßen Zustandes nötigen Maßnahmen gerechtfertigt.[337]

[332] Hirsch, FS für Lackner, S. 597, 605, vgl. auch Nagel, Passive Euthanasie, S. 44.
[333] Hirsch, FS für Lackner, S. 597, 605 f.
[334] Daran ändert auch die Begründung von Küpper, Die Grenzen der normativierenden Strafrechtsdogmatik, S. 82, nichts, wonach das Erlöschen der Garantenpflicht sich dergestalt auswirkt, dass dem Bemühen auch ein Ende gesetzt werden darf, das Fehlen der Rechtspflicht also in eine Gestattung positiven Tuns umschlägt. Denn diese Annahme bleibt ebenfalls unfundiert.
[335] Tröndle, FS für Göppinger, S. 595, 603; ähnlich aus verfassungsrechtlicher Perspektive Antoine, Aktive Sterbehilfe in der Grundrechtsordnung, S. 43 f., der daran allerdings die Unterscheidung zwischen aktiver und passiver Sterbehilfe knüpft (passive Sterbehilfe bei bloßer Beendigung eines Eingriffs in die körperliche Unversehrtheit). Noch weitergehend wirft hingegen *Tröndle* anschließend die Frage auf, ob es überhaupt sachgerecht sei, den Behandlungsabbruch auf Wunsch des Patienten als „Tötung" oder als „Todesverursachung" zu bezeichnen. Denn die Folgen des Behandlungsabbruchs seien dem Arzt, der den Wunsch des Patienten respektiert, nicht zuzurechnen. Vielmehr sei Ursache für den vorzeitigen Tod die Weisung des Patienten gewesen, der er Folge zu leisten hatte. Es könnte daher schon an einem strafrechtlich relevanten Vorgang fehlen, weil der Behandlungsabbruch dem Schutz des Lebens, zu dem auch die Achtung vor dem naturgegebenen Tod und der Schutz des natürlichen Sterbens gehöre, gedient habe, vgl. Tröndle, FS für Göppinger, S. 595, 603 ff. Gegen diese Auffassung spricht aber, dass allein die Weisung oder der Wunsch, das Beatmungsgerät abzustellen, die Zurechnungskette nicht unterbrechen kann, vgl. Schneider, Tun und Unterlassen beim Abbruch lebenserhaltender medizinischer Behandlung, S. 222 f.; ablehnend auch Trück, Mutmaßliche Einwilligung und passive Sterbehilfe durch den Arzt, S. 37 f.
[336] Otto, Gutachten D zum 56. DJT, S. D 43 ff.
[337] Otto, Gutachten D zum 56. DJT, S. D 45

Schließlich kann auch eine Rechtfertigung nach § 34 StGB herangezogen werden.[338] Vorteilhaft erscheint gegenüber der Ansicht von *Otto*, dass die Rechtfertigung dann innerhalb des Systems der gesetzlich typisierten Rechtfertigungsgründe verankert wird. Die von *Otto* angeführten Gesichtspunkte lassen sich auch in die Wertung nach § 34 StGB einbringen: Die Achtung des Selbstbestimmungsrechts und der Würde des Patienten sind demnach höhere Werte als das von ihm unerwünschte qualvolle Weiterleben bzw. –sterben. Im Rahmen der in dieser Arbeit vertretenen Ansichten ist diese Lösung auch vorzugswürdig, weil sie die Argumentation bei der indirekten und direkten Sterbehilfe konsequent fortsetzt. Will man also den technischen Behandlungsabbruch durch den Arzt als aktives Tun ansehen, ist dieser nach § 34 StGB gleichwohl gerechtfertigt, wenn er in Respektierung des Wunsches des Patienten erfolgt.

(2) Technischer Behandlungsabbruch durch andere Personen

Problematisch bleibt aber, wie der technische Behandlungsabbruch durch Dritte zu beurteilen ist.

(a) Relevanter Personenkreis

Dabei ist zunächst zu klären, wer in solchen Fällen als „Dritter" anzusehen ist. Denn im Zuge einer intensivmedizinischen Behandlung wird der Patient regelmäßig nicht nur von einem Arzt, sondern von verschiedenen Mitarbeitern des Krankenhauses betreut.[339] Angesprochen ist damit also insbesondere das Problem des Schichtwechsels.[340] Dritte sind richtigerweise nur Personen, denen die begonnene Behandlung nicht als eigene zugerechnet werden kann.[341] Auch Ärzte, die mit der Aufnahme der technischen Maßnahme nichts zu tun hatten, nun aber wegen eines Schichtwechsels mit der Behandlung des Patienten betraut sind, sind angesichts der organisatorischen Abläufe des Krankenhausbetriebs auf Grund ihres planvollen Näheverhältnisses zum Patienten nun für seine Betreuung verantwortlich. Bei einem Schichtwechsel geht grundsätzlich die gesamte Pflichtensituation von dem vorher diensttuenden Arzt auf den nachfolgenden über, ohne dass es dazu eines besonderen Übertragungsaktes oder einer besonderen Ermächtigung bedürfte. Andererseits sind Ärzte auch des gleichen Krankenhauses, die mit der Behandlung des Patienten nichts zu tun haben, als Dritte zu betrachten.[342]

(b) Einordnung als Tun oder Unterlassen

Fraglich ist nun, wie der technische Behandlungsabbruch solcher Dritter zu behandeln ist. Denkbar ist zunächst dann, wenn man den technischen Behandlungsabbruch durch einen Arzt

[338] Herzberg, JZ 1988, 182, 186 f. zieht eine solche in dem Fall heran, dass ein Nicht-Arzt die Behandlung abbricht.
[339] MüKo-Schneider, Vor §§ 211 ff. Rdnr. 110
[340] Vgl. Samson, FS für Welzel, S. 603 Fn. 92 sowie Sax, JZ 1975, 137, 138, der die Notwendigkeit einer Lösung betont, die allen möglichen Fallvarianten (Tätigwerden des behandelnden Arztes, eines fremden Arztes, der im Zuge des Schichtwechsels Dienst tut, sonstiger Dritter) gerecht wird.
[341] Schneider, Tun und Unterlassen beim Abbruch lebenserhaltender medizinischer Behandlung, S. 179 Fn. 545, Chatzikostas, Die Disponibilität des Rechtsguts Leben, S. 126
[342] MüKo-Schneider, Vor §§ 211 ff. Rdnr. 110, v. Dellingshausen, Sterbehilfe und Grenzen der Lebenserhaltungspflicht des Arztes, S. 469 ff., Sax, JZ 1975, 137, 138, Schneider, Tun und Unterlassen beim Abbruch lebenserhaltender medizinischer Behandlung, S. 179 Fn. 545

als Unterlassen ansieht, auch das Verhalten Dritter konsequent stets als Unterlassen einzustufen, denn rein äußerlich unterscheiden sich die Vorgänge nicht voneinander.[343]
Diese Ansicht greift aber zu kurz. Denn alle Auffassungen, die den technischen Behandlungsabbruch durch den Arzt als Unterlassen einordnen, stützen sich dabei auf eine normative Betrachtung, die die phänotypisch vorhandene Aktivität nicht verleugnet, sondern durchaus anerkennt, aber eben für rechtlich-wertend unerheblich hält. Es kann daher nicht von vornherein als inkonsequent abgelehnt werden, wenn der technische Behandlungsabbruch durch einen Dritten trotz äußerlich identischer Vorgehensweise abweichend beurteilt wird.
Die wohl überwiegende Ansicht geht davon aus, dass der technische Behandlungsabbruch durch Dritte stets aktives Tun ist.[344] Das wird etwa damit begründet, dass der unbefugte Dritte, der den Apparat aus Habgier vorzeitig abschaltet, nicht im Rahmen einer Heilbehandlung handele, so dass er sich nicht darauf berufen könne, dass sein – isoliert betrachtet – natürlich *aktives* Eingreifen durch Abschalten des Reanimators nur die Nichtfortsetzung einer Heilbehandlung sei.[345] Ihm könne eben der Gebotserfüllungsversuch durch Anschalten an die Apparatur in keiner Weise zugerechnet werden.[346] Das Abbrechen medizinischer Behandlung durch einen Dritten stelle einen Eingriff in einen (fremden) rettenden Kausalverlauf dar und müsse daher als aktives Tun qualifiziert werden.[347]
Eine Ausnahme könnte allenfalls beim nicht böswillig handelnden Dritten gemacht werden, der den Reanimator etc. auf Wunsch des Patienten abstellt. Dass eine solche Konstellation ohne weiteres praktisch relevant werden kann, zeigt der dem Urteil des LG Ravensburg[348] zugrunde liegende Sachverhalt. Die Ehefrau des Angeklagten litt an einer Rückenmarkserkrankung, die durch stetig fortschreitende Lähmung zum Tode führt. Bei der Einlieferung ins Krankenhaus war sie bewusstlos und lag im Sterben. Sie hatte zuvor mehrmals geäußert, im Endstadium der Krankheit „auf keinen Fall künstlich beatmet werden" zu wollen. Die künstliche Beatmung wurde dann aber doch durchgeführt. Die Frau kam daraufhin vorübergehend wieder zu Bewusstsein, ohne dass jedoch mehr als eine Verlängerung des Sterbevorgangs hätte erreicht werden können. Sie erklärte mit Hilfe einer Spezialschreibmaschine, dass sie sterben wolle, weil ihr Zustand nicht mehr erträglich sei, je schneller, desto besser. Ihr Ehemann schaltete im Folgenden in einem unbeobachteten Augenblick das Beatmungsgerät aus, um ihr damit einen letzten Liebesdienst zu erweisen. Der Tod trat etwa eine Stunde später ein.[349]
Roxin vertritt in diesem Fall die Auffassung, dass nicht nur dem behandelnden Arzt oder einem von ihm Ermächtigten das Abschalten des Geräts gestattet sei. Vielmehr müsse der Behandlungsabbruch, der durch den Wunsch des Sterbenden legitimiert sei, jedem gestattet sein, der Adressat der Patientenerklärung war; dass der Abbruch durch einen Nichtarzt gegen die Ordnung des Krankenhauses verstoße, sei strafrechtlich irrelevant.[350]

---

[343] Vgl. LK-Jähnke, Vor § 211 Rdnr. 18.
[344] MüKo-Schneider, Vor §§ 211 ff. Rdnr. 110; Wessels/Hettinger, StR BT I, § 1 III 3, v. Dellingshausen, Sterbehilfe und Grenzen der Lebenserhaltungspflicht des Arztes, S. 470 f., Schneider, Tun und Unterlassen beim Abbruch lebenserhaltender medizinischer Behandlung, S. 190; s. auch Haft, StR AT, S. 172, Engisch, FS für Dreher, S. 309, 328, die allerdings nur auf den „böswilligen Dritten" abstellen.
[345] Engisch, FS für Dreher, S. 309, 328
[346] v. Dellingshausen, Sterbehilfe und Grenzen der Lebenserhaltungspflicht des Arztes, S. 470
[347] Schneider, Tun und Unterlassen beim Abbruch lebenserhaltender medizinischer Behandlung, S. 187 ff., 190, MüKo-Schneider, Vor §§ 211 ff. Rdnr. 110
[348] LG Ravensburg, NStZ 1987, 229
[349] Genaue Sachverhaltsbeschreibung bei Roxin, NStZ 1987, 345, 348 f.
[350] Roxin, NStZ 1987, 345, 350, vgl. auch ders., StR AT/II, § 31 Rdnr. 123; allerdings hatte auch *Roxin* zunächst die Ansicht vertreten, dass ein Dritter nur straflos sei, wenn er auf Geheiß des dazu berechtigten Arztes die Ma-

Diese Auffassung ist aber in der Folge teils sehr heftig kritisiert worden. Denn die Achtung des Willens und damit des Selbstbestimmungsrechts des Patienten müssen für die Einordnung des Verhaltens in die Unterlassungs- oder die Begehungsdelikte außer Betracht bleiben, da der Wille des Patienten nicht Bestandteil der Handlungsform des Dritten ist und zur Kennzeichnung des Verhaltens also nichts beiträgt.[351]

Dieser Kritik ist auch letztlich zuzustimmen. Das Abschalten des Beatmungsgeräts durch einen Dritten, der auf Wunsch des Patienten handelt, ist daher nicht als Unterlassen der weiteren Lebensverlängerung, sondern als aktives Tun einzuordnen.

(c) Konsequenzen für die Strafbarkeit des Dritten

Damit ist aber noch nichts über die Strafbarkeit des Dritten entschieden. Zwar besteht im wesentlichen Übereinstimmung, dass der böswillige Dritte wegen vorsätzlicher aktiver Tötung, und zwar regelmäßig wegen Mordes gemäß § 211 StGB strafbar ist.[352] Doch soll dies beim nicht böswilligen Dritten, der auf Wunsch des Patienten handelt, nach h.M. nicht der Fall sein.[353] Die Begründungen divergieren jedoch wiederum.

Samson geht davon aus, dass es unerheblich sein müsste, ob ein Arzt oder Dritter den Apparat abschaltet, denn die eigentliche Frage sei, wo das Postulat nach formalisiertem und unbegrenztem Lebensschutz in Inhumanität umschlägt.[354]

Sax stellt darauf ab, ob der Dritte in der ärztlich sicher begründeten Erkenntnis die Apparate abschaltet, dass eine Fortsetzung der künstlichen Reanimation bloß eine sinnlose Verlängerung des Sterbens ist. Denn nur dann habe dieser die Vorstellung, trotz Verursachung des Todes des Sterbenden sein Rechtsgut Leben nicht zu verletzen.[355] Problematisch bleibt bei dieser Begründung (Tatbestandsausschluss wegen Haftungsbeschränkung durch den Schutzzweck der Norm, s. oben (1)(c)) indes die Rechtslage, wenn der Zustand des Patienten noch nicht hoffnungslos ist, er aber eine Einstellung der Behandlung ausdrücklich wünscht.

Tröndle wiederum bezieht seine Ausführungen zur Tatbestandslosigkeit des technischen Behandlungsabbruchs (s. oben (1)(c)) von vornherein auch auf den Dritten.[356]

---

schine abstelle, strafbar sei dasselbe Tun aber allemal, wenn der Dritte aus eigener Initiative die Lebenserhaltungshandlung eines anderen zunichte macht, s. Roxin, FS für Engisch, S. 380, 399. Ähnlich auch Beckert, Probleme um Suizidbeteiligung und Sterbehilfe, S. 343, der zufolge dem Ausschalten des medizinischen Apparates der Sinngehalt eines Unterlassens zukommen könne, wenn der Dritte nach seinem Vorstellungsbild dadurch den Kampf um das Leben des anderen aufgibt.

[351] MüKo-Schneider, Vor §§ 211 ff. Rdnr. 110, Schneider, Tun und Unterlassen beim Abbruch lebenserhaltender medizinischer Behandlung, S. 191 f.; des weiteren kann nicht davon ausgegangen werden, dass die Einordnung des technischen Behandlungsabbruchs als Tun von BGH St 40, 257, 265 f. bestätigt wurde. Zwar wird dort auch die vom Sohn der Patientin als Dritten mitunterschriebene schriftliche Anweisung des Arztes an das Pflegepersonal, die künstliche Ernährung auf Tee umzustellen, als Unterlassen sowohl des Arztes als auch des Sohnes angesehen. Doch hat sich der BGH mit dieser Problematik ersichtlich nicht auseinandergesetzt. Vgl. zustimmend zum BGH insoweit aber Helgerth, JR 1995, 338, 339, Schöch, NStZ 1995, 153,154 , Verrel, JZ 1996, 224, 227; kritisch hingegen Merkel, ZStW 107 (1995), 545, 550 ff.

[352] a.A. wohl Sax, JZ 1975, 137, 150, Samson, FS für Welzel, S. 603 Fn. 93, wenn der Dritte die Umstände, nämlich die sinnlose und qualvolle Sterbensverlängerung, richtig erfasst hat.

[353] MüKo-Schneider, Vor §§ 211 ff. Rdnr. 111, Lackner/Kühl-Kühl, § 216 Rdnr. 6, s. auch Thias, Möglichkeiten und Grenzen eines selbstbestimmten Sterbens, S. 225, der dies zutreffenderweise auf den mutmaßlichen Willen des Patienten erweitert; a.A. LK-Jähnke, Vor § 211 Rdnr. 18, der die rechtliche Zulässigkeit des technischen Behandlungsabbruchs jedenfalls auf Ärzte beschränken will.

[354] Samson, FS für Welzel, S. 579, 602 f. und Fn. 92 auf S. 603

[355] Sax, JZ 1975, 137, 150

[356] Tröndle, FS für Göppinger, S. 595 ff.

Nach Auffassung etwa von *Herzberg* schließlich kann der technische Behandlungsabbruch durch Dritte gerechtfertigt sein nach § 34 StGB, da dieser durch Verhindern der Lebensrettung den *höheren* Wert verwirklicht habe.[357] Die Formulierung ist unklar und wurde daher zu Recht kritisiert, denn Voraussetzung für die Anwendung des § 34 StGB ist die konkrete Bezeichnung der Gefahr und des Rechtsguts, dem sie droht.[358] Die betroffenen Rechtsgüter sind hier im Selbstbestimmungsrecht des Patienten gemäß Art. 2 Abs. 2 Satz 1 GG bzw. Art. 2 Abs. 1 GG und der Menschenwürde gemäß Art. 1 Abs. 1 GG, die darin zum Ausdruck kommt, zu sehen. Diese Rechtsgüter sind bedroht, wenn der Patient entgegen seinem Willen an seinem „natürlichen Tod" durch eine künstliche, qualvolle Sterbensverlängerung gehindert wird. Will man keine Vernunfthoheit des Arztes und die Möglichkeit eines „Kurierzwanges" anerkennen, ist es unumgänglich, dem Selbstbestimmungsrecht des Patienten im Zweifelsfall Vorrang einzuräumen.[359] Dass ein solches Überwiegen gegenüber dem Lebensschutz möglich ist, wurde bereits bei der Erörterung der direkten und indirekten Sterbehilfe ausgeführt.[360]

Auch hier ist die letzt genannte Ansicht – Rechtfertigung nach § 34 StGB – aus dem Grunde vorzugswürdig, weil sie in die anerkannte Strafrechtsdogmatik unproblematisch integriert werden kann und zudem eine konsequente Einordnung in die in dieser Arbeit zuvor vertretenen Auffassungen zulässt, wonach die aktive Sterbehilfe in Ausnahmefällen nach § 34 StGB gerechtfertigt sein kann. Die obigen Ausführungen (s. 1c,aa (2)) sind also insoweit zu ergänzen, als aktive direkte Sterbehilfe auch dann gerechtfertigt sein kann, wenn ein unbeteiligter Dritter die technischen Apparate, die eine vom Patienten nicht (mehr) gewünschte künstliche Lebensverlängerung bewirken, abstellt.

b) Unterlassen lebensverlängernder Maßnahmen gegen den Willen des Patienten

Weiter stellt sich bei der passiven Sterbehilfe die Frage, ob lebensverlängernde oder lebenserhaltende Maßnahmen auch gegen den Willen des Patienten unterlassen werden können.[361]

aa) Grundsätzliche Pflicht zur Lebensverlängerung

Unterbleibt eine Behandlung bzw. Weiterbehandlung, obwohl der Patient diese wünscht, liegt grundsätzlich eine Tötung durch Unterlassen gemäß §§ 212, 13 StGB bzw. §§ 211, 13 StGB

---

[357] Herzberg, JZ 1988, 182, 187 (Hervorhebung durch den Autor)

[358] Tröndle, FS für Göppinger, S. 595, 602

[359] Vgl. Schneider, Tun und Unterlassen beim Abbruch lebenserhaltender medizinischer Behandlung, S. 298 f. sowie Thias, Möglichkeiten und Grenzen eines selbstbestimmten Sterbens, S. 225, der allerdings aufgrund dessen eine teleologische Reduktion des § 216 StGB dahingehend annimmt, dass aktives Verhalten, das sich in seinem Bedeutungsgehalt darin erschöpft, den (mutmaßlichen) Patientenwillen, nicht weiterbehandelt zu werden, durchzusetzen, nicht von § 216 StGB erfasst ist.

[360] Zuzugeben ist allerdings auch hier, dass dann, wenn sich die Gefahr für das Rechtsgut „personale Selbstbestimmung" durch eigene Initiative des Patienten abwenden lässt, kein Raum für eine Rechtfertigung des Behandlungsabbruchs durch Dritte nach Notstandsregeln ist, vgl. MüKo-Schneider, Vor §§ 211 ff. Rdnr. 111. Dies dürfte dann der Fall sein, wenn der Patient seinen Willen gegenüber dem Arzt äußern kann und dieser gewillt ist, das Selbstbestimmungsrecht des Patienten zu respektieren. Die Situation ist dann vergleichbar mit der eines Sterbewilligen, der zum Suizid noch physisch in der Lage ist.

[361] Zwar sollen nach NK-Neumann, Vor § 211 Rdnr. 87 Verhaltensweisen gegen den Willen des Patienten nicht unter den Begriff der Sterbehilfe fallen, wenn auch im Einzelfall ein Unterlassen medizinischer Maßnahmen gegen den Willen des Patienten zulässig sein könne. Um einer erschöpfenden und zugleich einfacheren Darstellung willen sollen diese Konstellationen hier aber jedenfalls unter dem Begriff der passiven Sterbehilfe abgehandelt werden.

vor, wenn der Unterlassende Garant für das Leben des Patienten ist.[362] Andernfalls kommt eine Strafbarkeit wegen unterlassener Hilfeleistung nach § 323c StGB in Betracht. Selbstverständlich ist eine solche Strafbarkeit nur gegeben, wenn die Untätigkeit zum (früheren) Tode geführt hat, wenn also ein Tätigwerden nicht hinzugedacht werden kann, ohne dass der Erfolg mit an Sicherheit grenzender Wahrscheinlichkeit entfiele.[363] Daher ist es auch ohne weiteres einsichtig, dass sich der Arzt den Wünschen des Patienten verweigern darf, deren Erfüllung nicht zur Lebensverlängerung bzw. –erhaltung beiträgt und auch sonst nicht das Los des Patienten, etwa durch Schmerzlinderung, verbessern kann. Die Aussage, dass eine sinnlose Geschäftigkeit vom Arzt nicht verlangt werden könne und diese ihn von seinen eigentlichen Aufgaben abziehen würde[364], ist daher selbstverständlich, denn wenn die verlangte Behandlung das Leben des Patienten weder verlängern noch verbessern kann, mangelt es schon an der Quasikausalität als Voraussetzung für die Zurechnung des Todes des Patienten.

bb) Grenzen der ärztlichen Behandlungspflicht

Fraglich ist allerdings, ob auch eine weitergehende Einschränkung der ärztlichen Behandlungspflicht angenommen werden kann.

So wird vorgebracht, dass der Arzt wohl nicht verpflichtet sei, eine gewünschte Operation durchzuführen, wenn nur ganz geringe Chancen bestehen, dass der Patient sie überlebt, oder wenn diese Chance zwar besteht, der Patient aber mit Sicherheit irreversibel bewusstlos sein und bleiben wird.[365] In die gleiche Richtung tendiert auch ein Dictum des BGH, wonach es „keine Rechtsverpflichtung zur Erhaltung eines erlöschenden Lebens um jeden Preis gibt. Maßnahmen zur Lebensverlängerung sind nicht schon deswegen unerlässlich, weil sie technisch möglich sind. Angesichts des bisherige Grenzen überschreitenden Fortschritts medizinischer Technologie bestimmt nicht die Effizienz der Apparatur, sondern die an der Achtung des Lebens und der Menschenwürde ausgerichtete Einzelfallentscheidung die Grenze ärztlicher Behandlungspflicht."[366]

Problematisch ist indes, dass eine solche Grenze der ärztlichen Behandlungspflicht nicht auf das Selbstbestimmungsrecht des Patienten gestützt werden kann. Denn in den hier besprochenen Fallkonstellationen werden die lebensverlängernden bzw. -erhaltenden Maßnahmen ja gerade gegen den Willen des Patienten unterlassen. Nach *Eser*[367] ist beim einseitigen Behandlungsabbruch zu differenzieren: Geschieht dies, um damit einem Schwerleidenden, bei dem der Sterbeprozess bereits eingesetzt hat, weitere Schmerzen zu ersparen, so könne wegen der Unzumutbarkeit weiterer lebensverlängernder Maßnahmen bereits die Garantenpflicht ent-

---

[362] Eine solche Garantenpflicht besteht etwa nicht, wenn der Arzt – von Bereitschaftsfällen abgesehen – die Übernahme der Behandlung von vornherein nicht übernimmt, vgl. v. Dellingshausen, Sterbehilfe und Grenzen der Lebenserhaltungspflicht des Arztes, S. 365 f.

[363] Sog. Quasikausalität bzw. hypothetische Kausalität, Lackner/Kühl-Kühl, Vor § 13 Rdnr. 12, Sch/Sch-Stree, § 13 Rdnr. 61, Joecks, § 13 Rdnr. 16, LK-Jescheck, § 13 Rdnr. 18

[364] Roxin, Medizinstrafrecht, S. 103

[365] v. Dellingshausen, Sterbehilfe und Grenzen der Lebenserhaltungspflicht des Arztes, S. 368

[366] BGH St 32, 367, 379 f.; zwar behandelt dieses Urteil an sich die Pflichten des Arztes gegenüber dem bewusstlosen Suizidpatienten, der sich jede weitere Behandlung verbeten hat, die hier zitierte Passage ist aber dem Kontext nach nicht auf den Willen des Bewusstlosen bezogen, sondern beansprucht vielmehr Allgemeingültigkeit, s. etwa Roxin, Medizinstrafrecht, S. 103 f. Vgl. auch v. Mangoldt/Klein, Starck-Starck, Art. 2 GG Rdnr. 191 (keine Pflicht zur künstlichen Lebensverlängerung bei unheilbar Krankem), NK-Neumann, Vor § 211 Rdnr. 101, Tröndle/Fischer, Vor §§ 211 bis 216 Rdnr. 19, LK-Jähnke, Vor § 211 Rdnr. 12, 17.

[367] Sch/Sch-Eser, Vorbem §§ 211 ff. Rdnr. 29 f., Eser, in: Auer/Menzel/Eser, Zwischen Heilauftrag und Sterbehilfe, S. 119 ff.

fallen bzw. zumindest die Bevorzugung des Schmerzlinderungsinteresses gerechtfertigt sein. Besteht dagegen kein Schmerzlinderungsbedürfnis, ist weiter zu unterscheiden: Eine Einstellung der Behandlung kommt dann in Betracht, wenn die (weitere) Lebensverlängerung faktisch unmöglich ist[368] oder für den Arzt oder den Patienten normativ unzumutbar. Ein einseitiger Behandlungsabbruch müsse auch dann zulässig sein, wenn die Lebensverlängerungsmaßnahmen gegen die Menschenwürde des Sterbenden verstoßen würden, etwa weil die Hinauszögerung des Todes nur finanzielle Interessen der Angehörigen (z.B. Erhaltung von Pensionsansprüchen) oder des Krankenhauses dienen würde. Schließlich sei auch fraglich, inwieweit ein einseitiger Behandlungsabbruch wegen Unverhältnismäßigkeit von Aufwand und potentiellem Erfolg zulässig sein könne.
Man ist versucht, der Aussage, dass ein einseitiger Behandlungsabbruch bei Verstoß gegen die Menschenwürde des Patienten möglich sein muss, ohne weiteres zuzustimmen.[369] Wann aber ist ein solcher denkbar, wenn die Weiterbehandlung dem Willen des Patienten entspricht? Zwar sind Fälle vorstellbar, in denen persönlichkeitsfremde Motive Anlass für den übermäßigen Behandlungswunsch sind, der Patient etwa nur den Angehörigen – ihren finanziellen Interessen – zuliebe die Fortbehandlung wünscht.[370] Dies führt aber zu der schwierigen Frage eines Menschenwürdeschutzes „gegen sich selbst“. Richtig dürfte hier die Auffassung sein, dass die Menschenwürde nur insoweit unverzichtbar ist, als der Rechtsträger seiner Selbstbestimmungsfähigkeit nicht auf Dauer entsagen kann (wie bei der unumkehrbaren Selbstversklavung), im Übrigen aber nicht gegen den Willen des Betroffenen geschützt werden kann.[371] Ist aber der Patient irreversibel entscheidungsunfähig, insbesondere bewusstlos, geworden, kann sich indes die Frage einer mutmaßlichen Willensänderung stellen, etwa wenn die Fortführung der Behandlung nur noch drittbezogener Experimentalforschung, nicht aber dem Betroffenen dient.
Fraglich ist im Übrigen, was genauer Maßstab für die Grenze der ärztlichen Behandlungspflicht (für die normative Unzumutbarkeit im Sinne *Esers*) sein soll. Sowohl die o.g. Begriffe „ganz geringe Chance“ als auch „erlöschendes Leben“ bzw. „um jeden Preis“ sind äußerst unbestimmt und lassen Raum für weitgehende Interpretationen.
Häufig wird darauf abgestellt, ob eine Verlängerung des Leidens bei objektiver Beurteilung für den Patienten noch irgendeinen Sinn haben kann, also auf die Sinnlosigkeit weiterer Behandlung.[372] Doch auch der Begriff der „Sinnlosigkeit“ ist sehr abstrakt. Kriterien für die Beurteilung einer solchen „Sinnlosigkeit“ wurden bislang von keinem Autor benannt. Es besteht daher die Gefahr, dass der Arzt subjektive und damit auch willkürliche Kriterien anwenden und dadurch bevormundend in das Selbstbestimmungsrecht des Patienten eingreifen würde.[373]

---

[368] dazu schon oben. Siehe auch Thias, Möglichkeiten und Grenzen eines selbstbestimmten Sterbens, S. 214 ff.
[369] Kritisch zum Heranziehen der Menschenwürde als Legitimation für einen Behandlungsabbruch allerdings Merkel, Früheuthanasie, S. 313 ff. sowie Chatzikostas, Die Disponibilität des Rechtsgutes Leben, S. 105 f., ihnen folgend etwa NK-Neumann, Vor § 211 Rdnr. 102, da das Prinzip der Menschenwürde zur Abgrenzung zulässiger Sterbehilfe zu unbestimmt sei.
[370] Vgl. auch Schöch, FS für Hirsch, S. 693, 706.
[371] Vgl. Dreier-Dreier, Art. 1 I GG Rdnr. 151 ff., Pieroth/Schlink, Grundrechte, Rdnr. 356 f., v. Mangoldt/Klein/Starck-Starck, Art. 1 Abs. 1 GG Rdnr. 32.
[372] S. etwa Schreiber, in: Bottke/Fritsche/Huber/Schreiber, Lebensverlängerung, S. 143 f., Roxin, Medizinstrafrecht, S. 103 f., Weißauer/Opderbecke, MedR 1995, 456, 461, wonach eine solche Behandlung medizinisch nicht mehr indiziert sei.
[373] Vgl. Eser, in: Auer/Menzel/Eser, Zwischen Heilauftrag und Sterbehilfe, S. 127 f., ders., in: Jens/Küng, Menschenwürdig sterben, S. 160, Chatzikostas, Die Disponibilität des Rechtsgutes Leben, S. 103 f.; vgl. auch Merkel, Früheuthanasie, S. 294 ff., der darauf hinweist, dass das Kriterium der „Sinnlosigkeit“ die qualitative Beurteilung des Lebens nicht vermeiden kann, denn die weitere ärztliche Behandlung kann nur dann „sinnlos“ sein,

Auch die „Natürlichkeit des Todes“[374] ist als Abgrenzungsmerkmal ungeeignet. Ebenso verhält es sich mit der Unterscheidung zwischen „gewöhnlichen“ und „außergewöhnlichen“ Maßnahmen.[375] Schließlich wird die Grenze aus der Zielsetzung des ärztlichen Auftrags, der auf Erhaltung und Ermöglichung menschlicher Selbstverwirklichung gerichtet sei, hergeleitet. Die Lebenserhaltungspflicht finde daher dort ihre Grenze, wo dem Menschen aufgrund des unwiderruflichen Verlustes jeglicher Reaktions- und Kommunikationsfähigkeit jede Möglichkeit weiterer Selbstwahrnehmung und –verwirklichung genommen ist.[376]
Richtig ist es, zu differenzieren. Hat der Patient seinen Willen, die Behandlung fortführen zu lassen, ausdrücklich geäußert, etwa weil er auf die Entdeckung eines neuartigen Medikaments hofft, und besteht dieser Wille fort, so ist der Arzt und jeder andere hieran grundsätzlich gebunden. Das gilt zum Einen dann nicht, wenn die Weiterführung bzw. Aufnahme der Behandlung den Erfolg – den Tod – nicht mit an Sicherheit grenzender Wahrscheinlichkeit zu verhindern vermag, denn dann fehlt es schon an der Quasikausalität für die Erfolgsverursachung und damit am Tatbestand eines Tötungsdelikts. Darüber hinaus darf sich der Arzt aber nicht zum Richter darüber machen, welche Behandlung der Patient noch sinnvoll wünschen mag und wieviel Hoffnung er noch verwenden soll. Allenfalls kann er versuchen, dem Patienten die praktisch hoffnungslose Lage eindringlich vor Augen zu führen, um diesem die geringen Erfolgsaussichten und damit die Sinnlosigkeit seiner Wünsche klar zu machen. Zum Anderen ist aber für diejenigen Fälle eine Ausnahme zu machen, in denen der Patient zwar zunächst ausdrücklich erklärt hat, er wolle eine Lebensverlängerung um jeden Preis, später aber nicht mehr äußerungsfähig ist und Anzeichen bestehen, dass er bei Kenntnis und verständiger Würdigung der Sachlage seine Meinung geändert haben würde. Sind solche Indizien vorhanden, kann die aus ärztlicher Sicht sinnlose Behandlung abgebrochen werden, denn dann ist der Behandlungsabbruch vom mutmaßlichen Willen des Patienten gedeckt. Dies ist z.B. dann der Fall, wenn der Patient nachweisbar irreversibel bewusstlos ist und keine besonderen Anzeichen bestehen, dass er etwa wegen bestimmter religiöser Wertvorstellungen seinen Willen keinesfalls geändert haben würde. Diese Ansicht stimmt also im Normalfall mit der oben genannten Grenze des ärztlichen Heilauftrags überein.
Abzulehnen ist eine Begrenzung der ärztlichen Behandlungspflicht wegen Unverhältnismäßigkeit von Aufwand und potentiellem Erfolg. Dabei handelt es sich um ein Einfallstor für ökonomische Interessen Dritter.[377] Ökonomische Aspekte sollten aber gerade nicht Ausmaß

---

wenn es das damit erzielbare Resultat, der noch erhaltbare Lebensrest, ebenfalls ist, ihm folgend NK-Neumann, Vor § 211 Rdnr. 102; ähnlich auch Trück, Mutmaßliche Einwilligung und passive Sterbehilfe durch den Arzt, S. 41 f.

[374] Sax, JZ 1975, 137, 149, Trück, Mutmaßliche Einwilligung und passive Sterbehilfe durch den Arzt, S. 46

[375] So Papst Pius XII. in einer Ansprache vom 24.11.1957, zitiert in Eser, in: Auer/Menzel/Eser, Zwischen Heilauftrag und Sterbehilfe, S. 128 Fn. 191, Simson, FS für Schwinge, S. 89, 98; kritisch dazu etwa Everschor, Probleme der Neugeboreneneuthanasie, S. 266 ff., Eser, in: Auer/Menzel/Eser, Zwischen Heilauftrag und Sterbehilfe, S. 128, v. Loewenich, MedR 1985, 30, 33, Geilen, Euthanasie und Selbstbestimmung, S. 18 f., Trück, Mutmaßliche Einwilligung und passive Sterbehilfe durch den Arzt, S. 45.

[376] Sch/Sch-Eser, Vorbem §§ 211 ff. Rdnr. 29, SK-Horn, § 212 Rdnr. 26c, Dölling, MedR 1987, 6, 9, Leonardy, DRiZ 1986, 281, 284 f., kritisch dazu Stratenwerth, FS für Schreiber, S. 893, 898 f. sowie Thias, Möglichkeiten und Grenzen eines selbstbestimmten Sterbens, S. 185 f., da damit dem betroffenen Patienten sein Selbstbestimmungsrecht abgesprochen werde; auf den Schutzzweck der Norm als Grenze der Lebenserhaltungspflicht stellt Sax, JZ 1975, 137, 147 ff. ab, dem zufolge kein rechtliches Gebot besteht, die verlöschenden Lebensfunktionen durch mechanische Vorkehrungen künstlich aufrecht zu erhalten und damit kein rechtlich geschütztes Interesse an der Lebensverlängerung durch Sterbensverlängerung. Kritisch zu dieser letztendlich qualitativen Lebensbewertung Trück, Mutmaßliche Einwilligung und passive Sterbehilfe durch den Arzt, S. 50 ff.

[377] Zweifelnd gegenüber einer Abwägung zwischen Lebenserhaltungsinteressen des Patienten und (ökonomischen) Interessen der Allgemeinheit etwa auch Schreiber, NStZ 1986, 337, 341; zur Frage des einseitigen Be-

und Umfang einer Behandlung im Einzelfall bestimmen. Kritisch ist dabei insbesondere eine mögliche Berücksichtigung familiär-sozialer oder wirtschaftlicher Interessen.[378]
Ein anderes Problem und kein eigentlicher Fall von Sterbehilfe ist es, wenn dem Arzt aktuell die für die Behandlung benötigten Geräte oder Medikamente nicht ausreichend für alle Patienten zur Verfügung stehen, etwa weil aufgrund eines schweren Unglücksfalls mehrere Personen verletzt ins Krankenhaus eingeliefert werden. Nach h.M. gilt dann grundsätzlich das Prioritätsprinzip, d.h. der Patient, der zuerst eingeliefert wurde und bei dem die Behandlung bereits aufgenommen wurde, ist weiter zu behandeln, während der später eingelieferte Patient notgedrungen keine Behandlung erhält.[379] Der an medizinischen Gesichtspunkten, insbesondere den Rettungschancen, ausgerichtete Entschluss des Arztes ist indes dann maßgebend,

---

handlungsabbruchs wegen Unverhältnismäßigkeit von Aufwand und potentiellem Erfolg s. auch Sch/Sch-Eser, Vorbem §§ 211 ff. Rdnr. 30., der von einer „Pflege-Ökonomie" spricht. Demgegenüber scheint NK-Neumann, Vor § 211 Rdnr. 87, 120 den Behandlungsabbruch gegen den Willen des Patienten gerade und nur aus diesem Grunde zuzulassen, wenn nämlich die weitere Behandlung in Hinblick auf die begrenzten Ressourcen des Gesundheitssystems nicht mehr zu rechtfertigen, in diesem Sinne „sinnlos" und deshalb den behandelnden Personen nicht mehr zumutbar ist. Ähnlich auch Verrel, JZ 1996, 224, 228, Nagel, Passive Euthanasie, S. 106 f., wonach der Selbstbestimmungsgrundsatz unter dem Vorbehalt der Finanzierbarkeit „zweckloser" Intensivmedizin liegt. Burchardi, FS für Deutsch, S. 477, 490, hält Überdiagnostik, Überversorgung und ineffiziente Medizin nicht nur für ökonomisch, sondern auch für ethisch bedenklich, da sie Ressourcen verbrauchen, die anderweitig hätten eingesetzt werden können.

[378] Vgl. Sch/Sch-Eser, Vorbem §§ 211 ff. Rdnr. 30; bedenkenswert ist aber auch, dass sich die Diskussion um eine sinnvolle Verteilung immer begrenzter werdender Ressourcen angesichts der demographischen Entwicklung und leerer öffentlicher Kassen langfristig kaum vermeiden lassen wird. Realistisch betrachtet hat die Verteilung knapper Ressourcen bereits seit längerem begonnen, vgl. Broschüre des Bundesministeriums für Gesundheit und Soziale Sicherung, Referat Öffentlichkeitsarbeit, Stand Juli 2003, S. 17 ff. (Fn. 189). Eine frühzeitige und offene Diskussion eröffnet insoweit die Möglichkeit, dass alle relevanten Interessen in der Öffentlichkeit vorgetragen und berücksichtigt werden. Ist die Mehrheit der Bevölkerung etwa nicht bereit, auf die garantierte Versorgung mit bestimmten Ressourcen für alle und jederzeit zu verzichten, muss diskutiert werden, an welchen anderen Stellen die dafür erforderlichen Gelder im sozialen System eingespart oder wie sie erwirtschaftet werden sollen. Die Notwendigkeit einer Diskussion des Problems der Begrenzung der Patientenautonomie bei „übermäßigen Lebensverlängerungswünschen" betont auch Otto, JURA 1999, 434, 439.

[379] Zwar scheint dagegen ein utilitaristisches Argument zu sprechen, denn wird der Patient mit den geringeren Erfolgsaussichten versorgt, so ist die Wahrscheinlichkeit, dass letztendlich beide Patienten sterben, wesentlich größer, als wenn der Patient in besserem Zustand versorgt wird; dann hat wenigstens dieser eine reelle Chance. Vorzugswürdig ist aber das Prioritätsprinzip (ganz h.M., vgl. Sch/Sch-Eser, Vorbem §§ 211 ff. Rdnr. 30, LK-Jähnke, Vor § 211 Rdnr. 19, Krey, JuS 1971, 248 f., Zimmermann, NJW 1977, 2101 f., Nagel, Passive Euthanasie, S. 105. Ausgenommen ist davon nur der Fall, dass bei dem bereits in Behandlung befindlichen Patienten die Voraussetzungen eines einseitigen Behandlungsabbruchs aus anderen Gründen bestehen). Denn der Gewinn für die Gemeinschaft ist bei der alleinigen Ausrichtung an den Behandlungsaussichten nur vordergründig größer. Könnte dem bereits eingelieferten Patienten ohne weiteres die Behandlung entzogen werden, so hätte dies einen schweren Vertrauensverlust im Verhältnis Arzt – Patient zur Folge. Auch würde der Arzt mit der Entscheidung über die Erfolgsaussichten mit einem weiten Entscheidungsspielraum belastet. Das Prioritätsprinzip hingegen ist klar und einfach handhabbar. Trotz der im Einzelfall sicherlich tragischen Ergebnisse ist es daher vorzuziehen. Juristisch lässt sich dies damit begründen, dass andernfalls eine Rechtfertigung nach § 34 StGB ausscheidet, weil dies eine (unzulässige) Abwägung Leben gegen Leben voraussetzen würde (ganz h.M., vgl. Lackner/Kühl-Kühl, § 34 Rdnr. 7, Sch/Sch-Lenckner/Perron, § 34 Rdnr. 23, Tröndle/Fischer, § 34 Rdnr. 10, SK-Samson, § 34 Rdnr. 43). Eine rechtfertigende oder entschuldigende Pflichtenkollision ist ebenfalls nicht gegeben, da die Pflicht des Arztes, den früher eingelieferten Patienten, dessen Behandlung bereits übernommen wurde, weiter zu behandeln, vorrangig ist gegenüber der Pflicht, die Behandlung des danach eingelieferten Patienten zu übernehmen (Krey, JuS 1971, 248, 249, ebenso Nagel, Passive Euthanasie, S. 105). Schließlich liegen auch die Voraussetzungen eines übergesetzlichen Verantwortungsausschlusses nicht vor, vgl. Roxin, StR AT/I, § 22 Rdnr. 142 ff., 159 f.

wenn die begrenzte Kapazität der Klinik die Entscheidung abverlangt, welcher von mehreren gleichzeitig eingelieferten Patienten behandelt werden soll.[380]

c) Unterlassen lebensverlängernder Maßnahmen bei Entscheidungsunfähigkeit des Patienten

Eine der derzeit am umstrittensten und vielleicht auch praktisch bedeutsamsten Fragen im Bereich der Sterbehilfe ist die Möglichkeit der Nichtaufnahme bzw. des Abbruchs lebensverlängernder oder lebenserhaltender Maßnahmen, wenn der Patient im Zeitpunkt der Entscheidung nicht entscheidungsfähig ist.

aa) Behandlungsabbruch bei Entscheidungsunfähigkeit des Patienten, wenn der Sterbevorgang bereits eingesetzt hat (passive Sterbehilfe im engeren Sinne)

Weniger Probleme bereitet dabei der Abbruch bzw. die Nichtaufnahme lebensverlängernder Maßnahmen bei einem Sterbenden, einem tödlich Kranken also, dessen Grundleiden mit infauster Prognose einen irreversiblen Verlauf genommen hat und dessen Tod in kurzer Zeit eintreten wird. Man spricht insoweit auch von passiver Sterbehilfe im engeren Sinne. Die passive Sterbehilfe im engeren Sinne ist nach ganz h.M. zulässig, so dass dem Arzt der Verzicht auf lebensverlängernde Maßnahmen wie Beatmung, Bluttransfusion oder künstliche Ernährung erlaubt ist. Entsprechend dem erklärten oder mutmaßlichen Patientenwillen muss ein natürlicher Sterbeprozess nicht unter allen Umständen in aufgehalten werden.[381]
Dabei könnte differenziert werden[382]: Erfolgt der Behandlungsabbruch, um dem Schwerleidenden weitere Schmerzen zu ersparen, so ist eine der indirekten aktiven Sterbehilfe vergleichbare Situation gegeben. Denkbar ist dann eine Begründung der Straflosigkeit entsprechend den dort vertretenen Ansichten (s.o. 1b,aa), insbesondere durch rechtfertigenden Notstand gemäß § 34 StGB, oder aber die Annahme, dass hier bereits die Garantenpflicht wegen Unzumutbarkeit weiterer lebens- wie leidensverlängernder Maßnahmen entfalle.[383]
Richtig ist aber, eine mutmaßliche Einwilligung des Patienten heranzuziehen. Dies ist anders als bei der indirekten aktiven Sterbehilfe möglich, da die Einwilligungssperre des § 216 StGB bei der passiven Sterbehilfe nicht entgegensteht (s.o. 2a,aa)) und daher auch auf das Rechtsinstitut der mutmaßlichen Einwilligung zurückgegriffen werden kann. Sind keine konkreten Anhaltspunkte für den Willen des Patienten vorhanden, können Notstandsgesichtspunkte im Rahmen einer Interessensabwägung herangezogen werden. Hier kollidiert nämlich das Interesse des Patienten an der Wahrung seiner körperlichen Integrität und an der Linderung oder Beendigung seiner Leiden mit dem Interesse an der Lebenserhaltung und –verlängerung.[384]
Berücksichtigt man, dass zusätzlich zum Leidvermeidungsinteresse das Interesse des Patienten an der Wahrung seiner Menschenwürde gemäß Art. 1 Abs. 1 GG betroffen sein kann, darf, wenn also keine gegenteiligen Indizien ersichtlich sind, stets davon ausgegangen wer-

---

380 LK-Jähnke, Vor § 211 Rdnr. 19 m.w.N. (Begründungen: rechtsfreier Raum, Pflichtenkollision, Schuldausschluss); bedenklich ist insoweit die von Eser angesprochene Tendenz zur Berücksichtigung sonstiger familiär-sozialer oder wirtschaftlicher Interessen, Sch/Sch-Eser, Vorbem §§ 211 ff. Rdnr. 30., ders., in: Auer/Menzel/Eser, Zwischen Heilauftrag und Sterbehilfe, S. 135 f.

381 BGH St 40, 257, 260 – Kemptener Urteil, BGH St 37, 376, 379, Tröndle/Fischer, Vor §§ 211 bis 216 Rdnr. 19, LK-Jähnke, Vor § 211 Rdnr. 17, Lackner/Kühl-Kühl, Vor § 211 Rdnr. 8, Hirsch, FS für Lackner, S. 597, 601 ff., Lilie, FS für Steffen, S. 273 f., a.A. Bockelmann, Strafrecht des Arztes, S. 24 f.

382 Vgl. Sch/Sch-Eser, Vorbem §§ 211 ff. Rdnr. 29 für den einseitigen Behandlungsabbruch.

383 Sch/Sch-Eser, Vorbem §§ 211 ff. Rdnr. 29 für den einseitigen Behandlungsabbruch

384 Vgl. v. Dellingshausen, Sterbehilfe und Grenzen der Lebenserhaltungspflicht des Arztes, S. 407 f.

den, dass der Abbruch der lebensverlängernden Maßnahmen während des Sterbevorgangs dem mutmaßlichen Willen des nicht mehr entscheidungsfähigen Patienten entspricht.[385]
Besteht dagegen kein Schmerzlinderungsbedürfnis, etwa weil der Patient ohnehin bereits bewusstlos ist, ist für eine am Leidvermeidungsinteresse des Patienten orientierte Abwägung und Ergründung des mutmaßlichen Willens kein Raum.[386] Der Verzicht auf die Aufnahme bzw. Weiterführung der Behandlung des Sterbenden ist dem Arzt aber auch hier gestattet. Begründet wird dies von der wohl h.M. damit, dass schon tatbestandlich keine Tötung vorliege.[387] So soll etwa die Garantenpflicht des Arztes aufgrund normativer Unzumutbarkeit weiterer Lebenserhaltungsmaßnahmen entfallen, da die Lebenserhaltungspflicht in der Zielsetzung des ärztlichen Auftrags – Erhaltung und Ermöglichung menschlicher Selbstverwirklichung – ihre Grenze findet und damit dort, wo dem Menschen aufgrund unwiderruflichen Verlustes jeglicher Reaktions- und Kommunikationsfähigkeit jede Möglichkeit weiterer Selbstwahrnehmung und Selbstverwirklichung genommen ist.[388] Ergebe die medizinische Prognose zur vollen ärztlichen Gewissheit, dass eine ursächliche Leidensbekämpfung nicht möglich ist, wandele sich seine Aufgabe in die der alleinigen Leidminderung. Dies folge aus der Unmöglichkeit der Erfüllung des ärztlichen Behandlungsauftrages zur Heilung und dem richtig verstandenen Umfang des Schutzbereichs des Tötungsverbots.[389] Auch hier wird also auf die Sinnlosigkeit weiterer Bemühungen abgestellt.[390]
Meines Erachtens reicht eine solche Begründung aber nicht für die Straflosigkeit des Behandlungsabbruchs aus. Vielmehr ist auch hier auf die mutmaßliche Einwilligung des Patienten abzustellen. Denn es ist allein das Recht des Patienten zu entscheiden, welche Behandlung aufgenommen oder fortgeführt werden soll; ist er nicht mehr entscheidungsfähig, kommt es wegen der notwendigen Verwirklichung des Selbstbestimmungsrechts auf den mutmaßlichen Willen des Patienten an. Dabei ist zu berücksichtigen, dass für den Sterbenden kein objektives Interesse mehr an einer medizinisch sinnlosen, eine bloße Sterbensverlängerung darstellenden Behandlung besteht. Bestehen also keine besonderen Anhaltspunkte, dass der Patient die Aufnahme bzw. Fortführung der Behandlung wünschen würde (etwa weil er auf eine spätere Rettung durch verbesserte medizinische Möglichkeiten hofft, was aber dann, wenn der Sterbevorgang bereits eingesetzt hat, praktisch nie der Fall sein wird), geht der mutmaßliche Wille des Patienten dahin, dass eine lebensverlängernde Behandlung abgebrochen bzw. nicht aufgenommen wird (zur Bestimmung des mutmaßlichen Willens vgl. auch unten bb (1)).[391]
Im Ergebnis besteht daher – außer in absoluten Ausnahmefällen – kein Unterschied zur h.M.

bb) Behandlungsabbruch bei Entscheidungsunfähigkeit des Patienten, wenn der Sterbevorgang noch nicht eingesetzt hat (passive Sterbehilfe im weiteren Sinne)

Höchst problematisch ist dagegen der Behandlungsabbruch bei schwerkranken Patienten, die noch nicht im Sterben liegen, sondern noch Monate oder Jahre leben könnten, aber nicht mehr

---

[385] bzw. keine mutmaßliche Einwilligung in die Fortführung lebensverlängernder oder –erhaltender Maßnahmen besteht, wie es Voraussetzung für den Eingriff in die körperliche Integrität durch diese Maßnahmen wäre, vgl. NK-Neumann, Vor § 211 Rdnr. 120.
[386] Vgl. Sch/Sch-Eser, Vorbem §§ 211 ff. Rdnr. 29 für den einseitigen Behandlungsabbruch und oben 2b,bb.
[387] Tröndle/Fischer, Vor §§ 211 bis 216 Rdnr. 19
[388] Sch/Sch-Eser, Vorbem §§ 211 ff. Rdnr. 29, Eser, in: Jens/Küng, Menschenwürdig sterben, S. 161 ff.
[389] LK-Jähnke, Vor § 211 Rdnr. 16 f.
[390] So explizit MüKo-Schneider, Vor §§ 211 ff. Rdnr. 115, Roxin, Medizinstrafrecht, S. 103 f., Hirsch, FS für Lackner, S. 597, 602.
[391] Vgl. auch NK-Neumann, Vor § 211 Rdnr. 120., Thias, Möglichkeiten und Grenzen eines selbstbestimmten Sterbens, S. 213 f.

entscheidungsfähig sind. Dabei handelt es sich vor allem um Patienten, die irreversibel das Bewusstsein verloren haben und sich nun im sog. apallischen Syndrom bzw. Wachkoma befinden. Davon spricht man, wenn die Großhirnrinde, das Pallium, bei erhaltener Funktion des Stammhirns dauerhaft ausfällt.[392] Es handelt sich dabei nicht um einen Zustand dauernder Bewusstlosigkeit (Koma) im eigentlichen Sinn, vielmehr wechseln sich Schlaf- und Wachphasen ab (daher der Begriff „Wachkoma"). Bei den betroffenen Patienten fehlen Hinweise auf eine bewusste Wahrnehmung der eigenen Person und der Umwelt. Sprachverständnis und Sprachvermögen sind aufgehoben. In der Wachphase liegt der Patient mit geöffneten Augen da, doch lassen sich keine willkürlichen Reaktionen auf Außenreize feststellen. Bestimmte Reflexe können aber auslösbar sein.[393] Zu beachten ist dabei zudem, dass sich auch ein persistierendes (d.h. länger als einen Monat bestehendes) apallisches Syndrom zurückbilden kann. Nach einer amerikanischen Untersuchung haben 46 % aller Patienten 6 Monate nach der Diagnose des apallischen Syndroms das Bewusstsein wiedererlangt, 12 Monate nach der Diagnose waren es insgesamt 52 % der Patienten, wobei bei mehr als der Hälfte dieser Patienten deutliche Behinderungen zurückblieben. Später als 12 Monate erlangten nach dieser Studie 1,3 % aller Patienten das Bewusstsein wieder.[394]

(1) Zulässigkeit des Abbruchs lebensverlängernder bzw. lebenserhaltender Maßnahmen beim zunächst entscheidungsfähigen Patienten

Als erstes soll hier der Frage nachgegangen werden, wie der Abbruch lebensverlängernder bzw. lebenserhaltender Maßnahmen zu beurteilen ist, wenn es sich um einen nunmehr entscheidungsunfähigen Patienten handelt, der aber früher durchaus in der Lage war, derartige Entscheidungen selbständig zu treffen.

(a) Mutmaßliche Einwilligung als Grundlage passiver Sterbehilfe im weiteren Sinne – das Kemptener Urteil des BGH

Fraglich ist dabei, inwieweit bei solchen Patienten der Abbruch lebensverlängernder bzw. – erhaltender Maßnahmen zulässig ist. Der BGH hat sich zum ersten Mal in dem sog. Kempte-

---

[392] Roxin, Medizinstrafrecht, S. 104, MüKo-Schneider, Vor § 211 Rdnr. 20a, Benzenhöfer, Der gute Tod?, S. 194 f. Siehe zum apallischen Syndrom auch ausführlich Nagel, Passive Euthanasie, S. 14 ff. sowie Thias, Möglichkeiten und Grenzen eines selbstbestimmten Sterbens, S. 171 ff.

[393] Benzenhöfer, Der gute Tod?, S. 195. Interessant sind dabei auch die Ausführungen Benzenhöfers unter Verweis auf Nacimiento, DÄBl 94 (1997), A-661 ff. Danach lässt sich die fehlende Wahrnehmungsfähigkeit von Apallikern nach wissenschaftlichen Kriterien derzeit nicht beweisen, wenn auch gute Gründe für diese Annahme sprechen; vgl. auch Nagel, Passive Euthanasie, S. 16 f. Unter Berufung auf weitere ärztliche Stellungnahmen nennt Benzenhöfer die Schmerzwahrnehmung bei apallischen Patienten „zumindest vorstellbar", vgl. Benzenhöfer, Der gute Tod?, S. 252 Fn. 26 zu Kap. IX. Siehe des weiteren Thias, Möglichkeiten und Grenzen eines selbstbestimmten Sterbens, S. 174, dem zufolge eine nach medizinischen Kriterien nicht völlig auszuschließende Restwahrnehmungsfähigkeit jedenfalls die eindeutige Diagnose einer unumkehrbaren Bewusstlosigkeit verhindert.

[394] Benzenhöfer, Der gute Tod?, S. 195 f. Ab welchem Zeitpunkt von einem irreversiblen apallischen Syndrom gesprochen werden kann, und welche Chancen der Rückbildung eines apallischen Syndroms bestehen, hängt auch von der Ursache desselben (z.B. unfallbedingte Hirnschädigungen gegenüber degenerativen Störungen des zentralen Nervensystems) ab, vgl. Nagel, Passive Euthanasie, S. 18 ff. S. zur Feststellung des Vorliegens und der Irreversibilität eines apallischen Syndroms zudem ausführlich Thias, Möglichkeiten und Grenzen eines selbstbestimmten Sterbens, S. 175 ff.

ner Urteil mit dieser Frage auseinander gesetzt.[395] Dabei ging es um eine ältere Frau, die nach einem Herzstillstand mit anschließender Reanimation irreversibel schwerst cerebralgeschädigt war. Sie war nicht mehr ansprechbar, geh- und stehunfähig und reagierte auf optische, akustische und Druckreize nur mit Gesichtszuckungen und Knurren. Anzeichen für Schmerzempfinden bestanden nicht. Sie wurde über eine Magensonde künstlich ernährt. Nach 3 Jahren unveränderten Zustandes wiesen der behandelnde Arzt und der zum Betreuer bestellte Sohn der Patientin das Pflegepersonal an, die künstliche Ernährung auf Tee umzustellen, so dass die Patientin mangels Nahrungszufuhr alsbald verstorben wäre. Die Patientin hatte ihrem Sohn gegenüber viele Jahre zuvor unter dem Eindruck einer Fernsehsendung über einen Pflegefall geäußert, so wolle sie nicht enden. Entgegen der Erwartungen der Angeklagten hielt sich das Pflegepersonal jedoch nicht an die Anweisung, vielmehr wurde das Vormundschaftsgericht verständigt, das die Einstellung der künstlichen Ernährung untersagte.[396]
Der BGH stellte zunächst fest, dass ein Fall der (ohne weiteres) zulässigen passiven Sterbehilfe im engeren Sinne nicht vorlag, sondern der Abbruch einer einzelnen lebenserhaltenden Maßnahme. Dieser kann zwar bei entsprechendem Patientenwillen ausnahmsweise ebenfalls zulässig sein, denn auch in dieser Situation ist das Selbstbestimmungsrecht des Patienten zu achten, jedoch sind an die Annahme des darauf gerichteten *mutmaßlichen* Willens erhöhte Anforderungen zu stellen.[397] Entscheidend ist nun der mutmaßliche Wille des Patienten im Tatzeitpunkt, wie er sich nach sorgfältiger Abwägung aller Umstände darstellt. Zu berücksichtigen sind dabei frühere mündliche oder schriftliche Äußerungen des Kranken sowie seine religiöse Überzeugung, seine sonstigen persönlichen Wertvorstellungen, seine altersbedingte Lebenserwartung oder das Erleiden von Schmerzen. Objektiven Kriterien kommt keine eigenständige Bedeutung zu, sie können lediglich Anhaltspunkte für die Ermittlung des individuellen hypothetischen Willens sein. Lassen sich konkrete Umstände für die Feststellung des individuellen mutmaßlichen Willens nicht finden, so kann und muss nach dem BGH auf Kriterien zurückgegriffen werden, die allgemeinen Wertvorstellungen entsprechen. Dabei ist jedoch Zurückhaltung geboten; im Zweifel hat der Schutz menschlichen Lebens Vorrang vor persönlichen Überlegungen des Arztes, der Angehörigen oder einer anderen beteiligten Person. Im Einzelfall soll die Entscheidung auch davon abhängen, wie aussichtslos die ärztliche Prognose und wie nahe der Patient dem Tode ist.[398]

(b) Rezeption des Kemptener Urteils in der Literatur

Diese Ausführungen des BGH sind in der Lehre auf Zustimmung wie auch Kritik gestoßen. Überwiegend positiv wurde die Auffassung des BGH, wonach der Wille des Kranken als Maßstab in den Mittelpunkt gerückt wird, unter dem Gesichtspunkt der Stärkung des Selbstbestimmungsrechts aufgenommen.[399] Auch die Bestärkung des BGH, dass im Zweifelsfall der Lebensschutz Vorrang genieße, hat Zustimmung erfahren.[400]

---

[395] BGH St 40, 257
[396] BGH St 40, 257, 258 f.
[397] BGH St 40, 257, 260, 262 (Hervorhebung im Original)
[398] BGH St 40, 257, 263 unter teilweisem Verweis auf BGH St 35, 246, 249 f. Unter zivilrechtlichen Aspekten BGH NStZ 2003, 477 in einem obiter dictum: Maß sei das Wohl des Betroffenen, das einerseits eine ärztlich für sinnvoll erachtete lebenserhaltende Behandlung gebietet, andererseits aber nicht jede medizinisch-technisch mögliche Maßnahme verlangt.
[399] Vgl. LK-Jähnke, Vor § 211 Rdnr. 20a, NK-Neumann, Vor § 211 Rdnr. 113 ff., Schöch, NStZ 1995, 153, 155, ders., FS für Hirsch, S. 693, 702 f., Verrel, JZ 1996, 224, 227, 230 f., Coeppicus, NJW 1998, 3381, 3382; die Wertung der Einwilligungssperre des § 216 StGB steht der Annahme einer mutmaßlichen Einwilligung richti-

Der Weg über die mutmaßliche Einwilligung als solcher wird aber auch kritisiert.
Aus verfassungsrechtlicher Perspektive ist fraglich, ob nicht ein Verstoß gegen Art. 2 Abs. 2 Satz 3 GG, dem zufolge ein Eingriff des Staates in das Grundrecht auf Leben einer gesetzlichen Grundlage bedarf, vorliegt.[401] Wenig Probleme bereitet dies bei privaten Krankenhäusern und Pflegeeinrichtungen, da der Staat hier nicht direkt in das Recht auf Leben eingreift, sondern nur aufgrund seiner Schutzpflicht aus Art. 2 Abs. 2 GG gehalten ist, das Leben des Patienten gegen Übergriffe Dritter zu schützen. Diese ist mit der ebenso bestehenden Schutzpflicht des Staates für das Recht des Patienten auf körperliche Unversehrtheit gemäß Art. 2 Abs. 2 GG[402], seiner Menschenwürde gemäß Art. 1 Abs. 1 GG und auch seinem Selbstbestimmungsrecht gemäß Art. 2 Abs. 1 i.V.m. Art. 1 Abs. 1 GG bzw. Art. 2 Abs. 2 Satz 1 GG in Einklang zu bringen. Auf das Recht auf Selbstbestimmung kann nämlich auch bei einem Einwilligungsunfähigen insoweit abgestellt werden, als seine persönlichen Präferenzen, Vorstellungen und Werte, wie er sie zu der Zeit, als er noch einwilligungsfähig war, geäußert hat, bei der mutmaßlichen Einwilligung berücksichtigt werden.[403] Höchst problematisch ist aber die Frage bei staatlichen Einrichtungen. Denn dann könnte das Verhalten des Arztes dem Staat als Grundrechtseingriff zurechenbar sein. Das gewohnheitsrechtliche Institut der mutmaßlichen Einwilligung würde dem Gesetzesvorbehalt des Art. 2 Abs. 2 Satz 3 GG aber nicht gerecht.[404] Zwar werden die Ärzte in staatlichen Einrichtungen nicht hoheitlich tätig. Aber auch mittelbar hervorgerufene Verletzungen werden vom Begriff des Grundrechtseingriffs erfasst, wenn sie bei einer normativen Betrachtung der staatlichen Tätigkeit zurechenbar sind.[405] Richtig dürfte es aber sein, einen staatlichen Eingriff in diesem Zusammenhang abzulehnen. Denn eine von privaten Dritten selbständig zu verantwortende Tätigkeit reicht in diesem Zusammenhang nicht aus.[406] Der Arzt wird indes auch im staatlichen Krankenhaus aufgrund des (zivilrechtlichen) Behandlungsvertrages mit dem Patienten tätig, und zwar nach den allgemeinen Regeln für das Patientenverhältnis. Das ärztliche Verhalten ist dem Staat daher nicht direkt zurechenbar. Insofern die Krankenhausleitung in einem staatlichen Krankenhaus gehalten ist, die ärztliche Tätigkeit zu überwachen, wird sie aufgrund der staatlichen Schutzpflicht für das Leben tätig, bei der der Gesetzesvorbehalt des Art. 2 Abs. 2 Satz 3 GG irrelevant ist. Diese Auffassung ist allerdings nicht unzweifelhaft, so dass es de lege ferenda mehr als ratsam erscheint, die mutmaßliche Einwilligung im Rahmen passiver Sterbehilfe auf eine gesetzliche Grundlage zu stellen, um Art. 2 Abs. 2 Satz 3 GG gerecht zu werden.

---

gerweise nicht entgegen, vgl. Trück, Mutmaßliche Einwilligung und passive Sterbehilfe durch den Arzt, S. 121, Kutzer, NStZ 1994, 110, 114, Schöch, NStZ 1995, 153, 155.

400 Schöch, NStZ 1995, 153, 155, Bernat, FS für Deutsch, S. 443, 459, Laber, Der Schutz des Lebens im Strafrecht, S. 235, vgl. auch NK-Neumann, Vor § 211 Rdnr. 118 (dies verdiene Zustimmung jedenfalls als Appell, nicht vorschnell aus der „Sinnlosigkeit" weiterer lebenserhaltender Maßnahmen auf den mutmaßlichen Patientenwillen zu deren Beendigung zu schließen). Zur Kritik hieran s.u.

401 So Storr, MedR 2002, 436, 439 f.: weder die §§ 1901, 1904 BGB analog für die Entscheidung des Betreuers (dazu unten (4)) noch die mutmaßliche Einwilligung als nicht geregeltes Rechtsinstitut entsprächen diesen Anforderungen. Vgl. dazu auch Alberts, BtPrax 2003, 139, 140.

402 was Storr, MedR 2002, 436, 441, ohne überzeugende Begründung nur anerkennen will, wenn der Sterbeprozess bereits begonnen hat.

403 Anders Storr, MedR 2002, 436, 440, der die Beachtung eines Selbstbestimmungsrechts bei einem Selbstbestimmungsunfähigen für ausgeschlossen hält. Vgl. demgegenüber Hahne, FamRZ 2003, 1619, 1620, Holzhauer, ZRP 2004, 41, 43, wenn auch letzterer explizit nur für die Vorabausübung des Selbstbestimmungsrechts durch eine Patientenverfügung.

404 Vgl. v. Mangoldt/Klein/Starck-Starck, Art. 2 Abs. 2 GG Rdnr. 183, Dreier-Schulze-Fielitz, Art. 2 II GG Rdnr. 53.

405 Jarass/Pieroth, Art. 2 GG Rdnr. 67

406 Laber, Der Schutz des Lebens im Strafrecht, S. 36

Aber auch aus strafrechtlicher Sicht wird das Abstellen auf die mutmaßliche Einwilligung kritisiert. Denn beim Apalliker fehle der hierfür erforderliche „interne Interessenkonflikt“, zudem lasse sich in den Sterbehilfefällen der wirkliche Wille des Patienten nachträglich niemals als Korrektiv erforschen.[407] Dagegen ist indes anzuführen, dass bei einer solchen Verneinung des Interessenskonflikts die möglichen Interessen des Wachkomapatienten fälschlich auf ein (wohl nicht vorhandenes) Schmerzvermeidungsinteresse reduziert werden.[408] Gegen letzteres Argument ist zudem einzuwenden, dass die nachträgliche Feststellung des wirklichen Willens nicht Voraussetzung für die Annahme einer mutmaßlichen Einwilligung ist und etwa auch in Fällen der unaufschiebbaren Risikooperation nicht immer möglich ist, wenn nämlich der Patient bei dieser verstirbt. Das lässt sich auch daraus folgern, dass eine Tat schon dann gerechtfertigt ist, wenn sie aus ex-ante-Sicht dem mutmaßlichen Willen entspricht, selbst wenn sich hinterher herausstellt, dass der Betroffene keine Einwilligung erteilt haben würde.[409]

Weiterhin wird die Annahme einer mutmaßlichen Einwilligung abgelehnt, weil sie die entscheidenden Wertungsfragen verdecke. Vielmehr sei regelmäßig eine Abwägung erforderlich. Denn eine angemessene Lösung müsse den im Fall eines vollständig und für immer willensunfähigen Patienten typischerweise auftretenden Konflikt zwischen vergangenen persönlichen Präferenzen und gegenwärtigen bzw. zukünftigen (von diesen Präferenzen unabhängigen) Interessen abbilden; sie dürfe ihn nicht zugunsten des (vollständig und definitiv) Vergangenen umgehen. Daher sei eine Abwägung entsprechend den Regeln des rechtfertigenden Notstands gemäß § 34 StGB notwendig.[410] Nach einer weiteren Ansicht ist indes anstelle des Notstands eine Parallele zur rechtfertigenden Pflichtenkollision heranzuziehen, da sich hier der Arzt angesichts der Pflicht zur Erhaltung eines problematischen Lebensrestes und der gegenüberstehenden Pflicht, seinem Patienten auch beim Sterben zu helfen, für einen Behandlungsabbruch entscheiden können müsse.[411] Letztere Ansicht ist aber jedenfalls abzulehnen. Denn ihre Basis, der Arzt dürfe in Erfüllung der Pflicht, dem Patienten beim Sterben zu helfen, diesen sterben lassen, ist im Grunde nicht mehr als eine Behauptung.

Zudem sei auch der Ansatzpunkt falsch gewählt: nicht der Abbruch, sondern vielmehr die Aufnahme bzw. Weiterführung der Behandlung als körperlicher Eingriff seien rechtfer-

---

[407] Lilie, FS für Steffen, S. 273, 280, 282 ff., zu letzterem s. auch Merkel, ZStW 107 (1995), 545, 565, der die Notwendigkeit einer wenigstens prinzipiellen Möglichkeit der künftigen Wahrnehmung und Billigung der getroffenen Entscheidung betont.

[408] NK-Neumann, Vor § 211 Rdnr. 115

[409] Vgl. LK-Hirsch, Vor § 32 Rdnr. 137.

[410] Merkel, ZStW 107 (1995), 545, 568 ff. sowie ders., Früheuthanasie, S. 340 ff., dem zufolge die eigentliche Begründung für den Behandlungsabbruch im Fehlen jeden Interesses des Patienten an seinem weiteren Leben zu suchen ist; vgl. auch SK-Horn, § 212 Rdnr. 24, Stratenwerth, FS für Schreiber, S. 893, 898, dagegen aber NK-Neumann, Vor § 211 Rdnr. 116, da das Abstellen auf die mutmaßliche Einwilligung den Bezug zum hier zentralen Aspekt der Autonomie des Patienten (besser) wahre; MüKo-Schneider, Vor §§ 211 ff. Rdnr. 120 hält dann, wenn es mangels konkreter Anhaltspunkte um die Ermittlung des hypothetischen Patientenwillens nach Maßgabe objektiver allgemeiner Vernunfterwägungen geht, die Lösung über § 34 StGB für „methodenehrlicher“. Zu den weiteren Einwänden Merkels (ZStW 107 (1995), 545, 563 ff.) gegen die Annahme einer mutmaßlichen Einwilligung, insbesondere in den Fällen von noch nie entscheidungsfähigen Patienten und Konfliktfällen zwischen mutmaßlicher Einwilligung anhand früherer Einstellungen und eventuellen aktuellen Interessen sowie ihrer angemessenen Lösung s.u. (2) sowie (5)(b). Für eine Vorzugswürdigkeit der mutmaßlichen Einwilligung gegenüber § 34 StGB dagegen ausführlich Trück, Mutmaßliche Einwilligung und passive Sterbehilfe durch den Arzt, S. 84 ff.

[411] Stratenwerth, FS für Schreiber, S. 893, 900 f. (der rechtfertigende Notstand wird demgegenüber abgelehnt, weil zum Einen die Notstandsvoraussetzung einer aktuellen Bedrängnis wie auch das mehr oder minder eindeutige Überwiegen des wahrgenommenen Interesses fehle).

tigungsbedürftig.[412] Daraus wird zum Teil auch der Schluss gezogen, dass sich die Vorgabe des BGH, „in dubio pro vita" im Zweifelsfall den Behandlungsabbruch abzulehnen[413], nicht halten lasse. Im Gegenteil sei die Behandlung einzustellen, sofern sich für deren Fortsetzung keine überwiegend gewichtigen Anhaltspunkte finden lassen. Denn in den Fällen der Entscheidungsunsicherheit bzw. des „non liquet" verhielten sich die Wahrscheinlichkeiten für den jeweiligen mutmaßlichen Patientenwillen umgekehrt proportional: fehlen hinreichende Anhaltspunkte für einen mutmaßlichen Willen zum Abbruch, dann ist die Weiterbehandlung bei Strafe des § 212 StGB geboten, fehlen sie dagegen im Hinblick auf die Weiterbehandlung, dann ist bei Strafe des § 223 StGB deren Abbruch geboten. Je mehr man also an Sicherheit für die mutmaßliche Einwilligung in die eine der beiden Alternativen verlangt, desto sicherer liegt eine Strafbarkeit nach der anderen Alternative vor.[414] Dagegen lässt sich allerdings einwenden, dass von einer mutmaßlichen Einwilligung bei der Einleitung von intensivmedizinischen Maßnahmen eher ausgegangen werden darf, als bei deren Beendigung, denn oft zeigt sich erst bei Durchführung der Maßnahme, wie groß die Erfolgschancen sind.[415] Allerdings gilt dieser Einwand nur bei Aufnahme der Behandlung, doch muss auch die *Fortführung* der Behandlung stets von der (mutmaßlichen) Einwilligung des Patienten getragen sein. Hat sich im Laufe der Behandlung aber erwiesen, dass die Behandlung keine Besserung des Zustandes mehr verspricht, kann diese Vermutung für die Einwilligung in die Behandlung nicht mehr angeführt werden. Denkbar ist aber, den Grundsatz „in dubio pro vita" als Willensermittlungsregel zu verstehen. Sind demnach keine genügenden Anhaltspunkte für einen Behandlungsabbruch vorhanden, so dürfte es angesichts der Irreversibilität des Behandlungsabbruchs im Sinne des Patienten sein, solange weiterzubehandeln, bis sich sein mutmaßlicher Wille hinreichend verdichtet hat.[416]

Negativ wird andererseits zum Teil auch das Abstellen auf allgemeine Wertvorstellungen bewertet.[417] Damit sei der individuelle Entscheidungsrahmen als Voraussetzung einer mut-

---

[412] MüKo-Schneider, Vor §§ 211 ff. Rdnr. 121, Merkel, ZStW 107 (1995), 545, 559, Hoerster, Sterbehilfe im säkularen Staat, S. 87 ff., Schöch, FS für Hirsch, S. 693, 703. So auch Thias, Möglichkeiten und Grenzen eines selbstbestimmten Sterbens, S. 145 ff.: eine rechtfertigende mutmaßliche Einwilligung in den Behandlungsabbruch sei rechtsdogmatisch gar nicht möglich; jedoch lasse auch der mutmaßliche Wille, die (weitere) Behandlung zu unterlassen, wie der ausdrücklich erklärte die Garantenpflichten für das Leben des Kranken nebst der allgemeinen Hilfeleistungspflicht aus § 323c StGB entfallen. Ob es aber wirklich keine mutmaßliche Einwilligung in den Behandlungsabbruch geben kann, ist zweifelhaft. Es wäre dies dann der Fall, wenn es keine mutmaßliche Einwilligung in Unterlassensdelikte (hier: Totschlag durch Unterlassen) geben kann. Dieser Frage kann hier allerdings nicht im Einzelnen nachgegangen werden. Sie ist aber letztendlich auch ohne Bedeutung, wenn man wie *Thias* statt dessen das Entfallen der Garantenpflichten bzw. Hilfeleistungspflichten bei mutmaßlicher Einwilligung zulässt.

[413] BGH St 40, 257, 263

[414] Merkel, ZStW 107 (1995), 545, 560, MüKo-Schneider, Vor §§ 211 ff. Rdnr. 121, Hoerster, Sterbehilfe im säkularen Staat, S. 90 f.; nach a.A. ergibt sich die Bedeutung des Grundsatzes „in dubio pro vita" gerade für diese „non liquet"-Fälle, in denen bei Berücksichtigung aller Indizien und auch der allgemeinen Wertvorstellungen ein mutmaßlicher Wille nicht ermittelbar ist. Andernfalls ist nach den gewichtigeren Indizien zu entscheiden, vgl. NK-Neumann, Vor § 211 Rdnr. 119 unter Verweis auf Roxin, Medizinstrafrecht, S. 109.

[415] Schöch, FS für Hirsch, S. 693, 703

[416] Vgl. Trück, Mutmaßliche Einwilligung und passive Sterbehilfe durch den Arzt, S. 129 Fn. 626, 151 f.; diese zunehmende Verdichtung des mutmaßlichen Willens muss dann anhand der vom BGH angeführten allgemeinen Wertvorstellungen und der Variabilität einzelner Kriterien (z.B. Todesnähe) erfolgen.

[417] LK-Jähnke, Vor § 211 Rdnr. 20b f., Schreiber, FS für Hanack, S. 735, 742, vgl. auch Hahne, FamRZ 2003, 1619, 1621, die darauf hinweist, dass es in diesem Grenzbereich noch keine allgemein gültigen abstrakten Wertvorstellungen gebe, allerdings im Folgenden das – aus der Menschenwürde und dem Selbstbestimmungsrecht abgeleitete – Recht auf einen würdigen Tod anführt. Dagegen wohl Thias, Möglichkeiten und Grenzen eines selbstbestimmten Sterbens, S. 190 ff., dem zufolge nach den vorherrschenden sozialen Wertvorstellungen

maßlichen Einwilligung verlassen. Es sei äußerst zweifelhaft, wann und warum solche „allgemeinen Wertvorstellungen" in einer Gesellschaft, die die Pflege ihrer Alten und Gebrechlichen zum Bestandteil des Generationenvertrages gemacht hat, die Beendigung eines Lebens begründen können sollten.[418] Es wird zudem hinterfragt, ob Beweisnot in solchen Fällen dazu führen dürfe, doch einen „verständigen" oder „vernünftigen" Patienten als Maßfigur zu substituieren, denn dies sprenge den dogmatischen Rahmen der mutmaßlichen Einwilligung.[419] Es handle sich nicht mehr notwendig um den hypothetischen individuellen Willen, sondern um den mutmaßlichen objektivierten Willen des vernünftigen Durchschnittspatienten.[420] Darauf kann allerdings erwidert werden, dass dieses Abstellen auf allgemeine Wertvorstellungen doch dem Institut der mutmaßlichen Einwilligung immanent ist. Sind Indizien anhand der persönlichen Umstände nicht vorhanden, wird der individuelle hypothetische Wille stets aufgrund objektiver Kriterien und dem, was ein „objektiv verständiger" „Normalpatient" gewünscht hätte, ermittelt.[421]
Auch werden andere Kriterien teils für problematisch gehalten. So könnten frühere mündliche Äußerungen kaum herangezogen, da solche Aussagen üblicherweise nicht verbindlich getätigt werden, daher auch bei einer Meinungsänderung kaum „offiziell" korrigiert werden und sich zudem in der Erinnerung der Zeugen verfälschen könnten.[422] Wegen der Möglichkeit eines Missbrauchs oder einer Fehlinterpretation sollten dieser Ansicht zufolge auch religiöse oder sonstige Überzeugungen des Patienten nicht herangezogen werden.[423] Dabei handelt es sich aber um rein tatsächliche Probleme bei der Ermittlung des hypothetischen Willens im konkreten Fall, nicht hingegen um einen treffenden Einwand gegen die Heranziehung der mutmaßlichen Einwilligung überhaupt. Diesen Bedenken muss vielmehr bei der Ermittlung des mutmaßlichen Willens Rechnung getragen werden, indem etwa mehrere Personen befragt und die einzelnen Aussagen jeweils nur als Indiz angesehen werden.
Insgesamt ist – trotz der aufgezeigten praktischen Schwierigkeiten und vorbehaltlich der formulierten Bedenken hinsichtlich der verfassungsrechtlichen Notwendigkeit einer gesetzlichen Grundlage – das Abstellen auf die mutmaßliche Einwilligung somit zu begrüßen, da es die Interessen des individuellen Patienten in den Vordergrund rückt und somit sein Persönlichkeitsrecht stärkt. Den vorgebrachten Bedenken gegen einzelne Kriterien kann durch die richtige Gewichtung in der Ermittlung des mutmaßlichen Willens im Einzelfall Rechnung getragen werden. Richtig und wichtig ist auch der Grundsatz des BGH, dass der Lebensschutz im Zweifelsfall Vorrang genieße. Denn wenn keine Indizien für den individuellen mutmaßlichen Willen des Betroffenen bestehen, ist die Gefahr, dass letztlich (regelmäßig ökonomische) Drittinteressen über den Behandlungsabbruch entscheiden, viel zu groß. Zu betonen

---

bei irreversiblem Bewusstseinsausfall typischerweise lebensverlängernde Maßnahmen als der eigenen Person unwürdig abgelehnt würden. Kritisch zur (zivilrechtlichen) Ermittlung des Wohls durch den Arzt nach kollektiven Wertvorstellungen Saliger, MedR 2004, 237, 245.

[418] LK-Jähnke, Vor § 211 Rdnr. 20b f.

[419] Vogel, MDR 1995, 337, 338

[420] Verrel, JZ 1996, 224, 228

[421] Sch/Sch-Lenckner, Vorbem §§ 32 ff. Rdnr. 57, LK-Hirsch, Vor § 32 Rdnr. 137, BGH St 35, 246, 249 f., Trück, Mutmaßliche Einwilligung und passive Sterbehilfe durch den Arzt, S. 142 f. Die vom BGH angesprochenen objektiven Kriterien und deren Gewichtung werden etwa von Trück, aaO, S. 143 ff. genauer untersucht. Eine ausführliche Auseinandersetzung mit möglichen subjektiven und objektiven Kriterien für den mutmaßlichen Willen findet sich auch bei Thias, Möglichkeiten und Grenzen eines selbstbestimmten Sterbens, S. 151 ff. Positiv zum Abstellen auf die „allgemeinen Wertvorstellungen" etwa NK-Neumann, Vor § 211 Rdnr. 116, wohl auch Helgerth, JR 1995, 338, 340, Schöch, NStZ 1995, 153.

[422] Chatzikostas, Die Disponibilität des Rechtsgutes Leben, S. 99 f.

[423] Chatzikostas, Die Disponibilität des Rechtsgutes Leben, S. 100

bleibt aber, dass es aus verfassungsrechtlicher Perspektive mehr als wünschenswert scheint, diesen der Situation angemessenen Lösungsansatz auf eine gesetzliche Grundlage zu stellen.

(2) Zulässigkeit des Abbruchs lebensverlängernder bzw. -erhaltender Maßnahmen bei einem Patienten, der niemals entscheidungsfähig war

Nunmehr ist auf das Problem einzugehen, wie in Fällen zu verfahren ist, in denen der aktuell entscheidungsunfähige Patient noch nie in der Lage war, selbständig derartige Entscheidungen zu treffen, z.B. bei einem von Geburt an geistig schwer Behinderten, der nun Apalliker ist, oder bei Kindern, die ins apallische Syndrom fallen (zur Spezialproblematik der Früheuthanasie s.u. 3.).

Hier stößt nämlich die Lösung des BGH im Kemptener Fall an ihre Grenzen. Zwar setzt eine Rechtfertigung aufgrund einer mutmaßlichen Einwilligung richtigerweise nicht voraus, dass der Betroffene später nochmals in der Lage sein muss, die getroffene Entscheidung zu billigen. Eine mutmaßliche Einwilligung als gegenüber der tatsächlichen Einwilligung subsidiäres Rechtsinstitut kann aber nur vorliegen, wenn der betroffene Patient zumindest früher in der Lage gewesen wäre, eine solche Einwilligung zu erteilen oder zu verweigern. Denn ansonsten fehlt es an jedem Ansatzpunkt für einen (mutmaßlichen) Willen des Betroffenen.[424]

Schöch allerdings zieht eine Lösung über die vom BGH im Kemptener Fall erwähnten allgemeinen Wertvorstellungen zumindest in Betracht.[425] Dies verkennt aber, dass die allgemeinen Wertvorstellungen nach dem BGH nur zur Klärung des mutmaßlichen Willens heranzuziehen sind; kann ein solcher Wille nicht einmal fiktiv gebildet werden, gibt es keinerlei Basis für das Abstellen auf die „allgemeinen Wertvorstellungen". *Schöch* schlägt als mögliche Lösung im Folgenden eine objektive Abwägung der Interessen analog § 34 StGB oder eine Kombination von mutmaßlicher Einwilligung und erlaubtem Risiko nach der von *Rieger*[426] vertretenen Ansicht vor. Gegebenenfalls müsste allerdings sogar der Gesetzgeber entscheiden.[427]

Merkel geht in diesem Zusammenhang von einer Rechtfertigung aufgrund Notstands gemäß § 34 StGB (ggf. analog, da es bei der Abwägung nur um Interessen des Patienten selbst gehe) aus. Beim Apalliker bestehe die Besonderheit, dass bei der Abwägung der Interessen die Zukunftsseite völlig leer bleibe – denn der apallische Patient lebe zwar, doch *erlebe* er nichts mehr. Gewichtige *postpersonale* Interessen, insbesondere die, die sich auf das Erinnerungsbild erstrecken, das von der einstigen Persönlichkeit und ihrer Lebensgeschichte im

---

[424] Vgl. Merkel, ZStW 107 (1995), 545, 563 f., ders., Früheuthanasie, S. 324 ff., sowie Laber, MedR 1990, 182, 185 f., Schmitt, JZ 1979, 462, 463 f.; anders wohl Taupitz, Gutachten A zum 63. DJT, S. A 44 f. für das Zivilrecht: demnach ist auf eine mutmaßliche Einwilligung in die (Weiter-)Behandlung auch abzustellen, wenn der Betroffene nie in einwilligungsfähigem Zustand einen Willen hat formulieren können, allerdings soll dann dieser mutmaßliche Willen allein auf einer objektiven Interessensabwägung basieren.

[425] Schöch, FS für Hirsch, S. 693, 704 f.

[426] Rieger, Die mutmaßliche Einwilligung in den Behandlungsabbruch, S. 106 ff.: Danach ist für die Prüfung, ob eine mutmaßliche Einwilligung anzunehmen ist, das in der Tatsituation objektiv verfügbare Indizienmaterial für die Willensrichtung des Rechtsgutsträgers zusammenzutragen. Ob die so gewonnene Mutmaßung tragfähig ist, um die in Frage kommende Rechtsgutsverletzung zu rechtfertigen, ist eine Frage des erlaubten Risikos. Kann jede Handlungsalternative zur Verletzung eines Rechtsgutes führen (hier: Tötung und Eingriff in die körperliche Integrität des Patienten), bestimmt sich das Risiko jeder Alternative nach dem möglichen Schaden, der bei einer im Widerspruch zum Willen des Betroffenen eintretenden Rechtsgutsverletzung eintreten würde, sowie aus der Wahrscheinlichkeit, dass dem Willen des Betroffenen nicht entsprochen wird.

[427] Schöch, FS für Hirsch, S. 693, 705

Gedächtnis der nahestehenden Personen zurückbleibt, sprächen auch bei Menschen, die nie ein autonomes eigenes Leben führen konnten, für eine Einstellung der Behandlung.[428]
Richtig erscheint in diesen Fällen tatsächlich eine Interessenabwägung nach § 34 StGB. Eine Analogie ist dabei nicht nötig, da § 34 StGB nicht voraussetzt, dass die Interessen verschiedener Rechtsgutsträger gegeneinander abgewogen werden (vgl. auch oben bei direkter und indirekter Sterbehilfe). Ist der Zustand des Patienten irreversibel, so ist an sich zuzugestehen, dass – nach dem bisherigen Kenntnisstand – tatsächlich keinerlei Interessen des Patienten an einer Lebensverlängerung, also der Verlängerung des von ihm nicht bewusst wahrgenommenen Zustandes bestehen. Im Gegensatz zum früher entscheidungsfähigen Patienten kann derjenige, der niemals entscheidungsfähig war, nämlich auch keine „irrationalen" Interessen wie früheren unbedingten Optimismus und Glauben an die Fortschritte der Medizin oder religiöse Wertvorstellungen haben. Allerdings ist zu berücksichtigen, dass es absolute Sicherheit bei der medizinischen Frage der Irreversibilität des Wachkomas nicht geben kann. Solange eine – wenn auch geringe – Chance an einer Rückkehr des Bewusstseins besteht, ist die Seite des Lebensinteresses bei der Abwägung nicht völlig leer.[429] Doch mit fortschreitender Zeit und zunehmender Unwahrscheinlichkeit der Rückkehr des Bewusstseins nimmt zugleich das Lebensinteresse in der Abwägung ab. In diese Abwägung wird man wohl auch einzubeziehen haben, dass der Wachkomapatient, falls er wirklich das Bewusstsein wiedererlangen sollte, nicht sogleich „kerngesund aufwacht". Dies soll nun nicht dahin verstanden werden, dass aufgrund wahrscheinlich zurückbleibender Behinderungen ein solches Leben „nicht lebenswert" wäre. Doch darf durchaus berücksichtigt werden, dass mit dem Bewusstsein auch das Schmerzempfinden zurückkehrt, so dass in die Abwägung auch die bei Rückerlangung des Bewusstseins zu erwartenden physischen Qualen des Patienten einzustellen sind.[430] Besteht nach ärztlichem Ermessen also kein begründeter Zweifel an der Irreversibilität des Komas und sind andererseits bei einer Rückkehr des Bewusstseins schwere physische Qualen des Patienten für einen unbestimmten Zeitraum mit an Sicherheit grenzender Wahrscheinlichkeit zu erwarten, führt eine Abwägung zur Zulässigkeit des Behandlungsabbruchs.[431] Auch ist ein Behandlungsabbruch dann als zulässig anzusehen, wenn der Patient im Endstadium seiner Krankheit im Einzelfall unter nicht (mehr) mit Schmerzmitteln beherrschbaren Schmerzzuständen leidet und sein Schmerzlinderungsinteresse gegenüber seinem Weiterlebensinteresse damit eindeutig überwiegt.[432]

(3) Unterscheidung nach der Art der einzustellenden Maßnahme – Problem des „Verhungernlassens" bzw. „Verdurstens"

Ein weiteres Problem stellt die Frage dar, ob die vorgenannten Grundsätze bei jeder Form der Behandlungseinstellung gelten sollen oder ob Beschränkungen nach der Art der einzustellenden Maßnahme vorzunehmen sind. So wird teilweise das Argument vorgebracht, eine Ein-

---

[428] Merkel, ZStW 107 (1995), 545, 568 f., 571, 573 f. (Hervorhebungen durch den Autor)
[429] Stratenwerth, FS für Schreiber, S. 893 f., 896
[430] Vgl. Stratenwerth, FS für Schreiber, S. 893, 896 f.
[431] Zwar wird dadurch letztendlich eine Beurteilung des Lebens nach qualitativen Gesichtspunkten vorgenommen. Dies könnte zu dem Grundsatz des absoluten Lebensschutzes und der prinzipiellen Gleichrangigkeit jeder Form menschlichen Lebens im Widerspruch stehen. Eine Abwägung und damit passive Sterbehilfe muss aber nichtsdestotrotz in diesen Fällen ausnahmsweise zulässig sein, da ansonsten ein rein quantitativ-biologistisches Grundrechtsverständnis vertreten würde. S. genauer dazu beim ähnlich gelagerten Problem der Früheuthanasie, unten 3a,bb (5).
[432] Vgl. dazu auch Thias, Möglichkeiten und Grenzen eines selbstbestimmten Sterbens, S. 206 ff.

stellung der künstlichen Ernährung sei schon deshalb unzulässig, weil sie zu einem gegen die Menschenwürde verstoßenden Verhungernlassen des Patienten führe.[433]
Dabei darf nicht übersehen werden, dass das Argument, man lasse der Krankheit ihren natürlichen, schicksalhaften Verlauf, beim Abbruch der Ernährung nicht möglich ist. Denn mit dem Nahrungsentzug wird eine ganz *neue*, von der Erkrankung unabhängige Kausalität in Gang gesetzt, die zum Tode führt.[434] Auch ist zu beachten, dass nach den Grundsätzen der Bundesärztekammer zur Sterbehilfe der Arzt in jedem Fall für eine Basisbetreuung zu sorgen hat. Dazu gehört unter anderem auch das Stillen von Hunger und Durst.[435]
Dennoch überwiegen die Stimmen, die den Entzug der Nahrung dem sonstiger lebenserhaltender Mittel gleichstellen. Das stützt sich vor allem auf den Befund, dass Patienten im irreversiblen apallischen Syndrom von ihrem „Verhungern" subjektiv nichts erleben und also auch nichts erleiden können.[436] Trotz des emotionalen Symbolismus, der mit Ernährung zusammenhängt, ist künstliche Ernährung ein medizinisches Verfahren mit Risiken und Nebeneffekten, das von speziell ausgebildetem medizinischen Personal ausgeführt wird, um gestörte orale Funktionen zu überbrücken.[437] Beatmung, Ernährung oder Medikamentenzuführung sind in solchen Fällen also gleichermaßen notwendige und „künstliche" Formen der Le-

[433] Nagel, Passive Euthanasie, S. 50 ff., Eibach, MedR 2002, 123 ff., Laufs, NJW 1998, 3399, 3400 sowie aus verfassungsrechtlicher Perspektive Storr, MedR 2002, 436, 440 f.: angesichts der staatlichen Schutzpflicht aus Art. 2 Abs. 2 GG, gerichtet auf Gewährung eines Existenzminimums, hat jeder einen Anspruch gegenüber dem Staat auf eine Minimalversorgung und damit auch auf künstliche Ernährung. Vgl. demgegenüber Antoine, Aktive Sterbehilfe in der Grundrechtsordnung, S. 178: aus dem (verfassungsrechtlichen) Leistungsanspruch auf Basisversorgung folgt keine Pflicht zu ihrer Inanspruchnahme.

[434] Merkel, ZStW 107 (1995), 545, 562 f., ders., Früheuthanasie, S. 333, Borttscheller, Die Bedeutung des Patientenwillens im Bereich der Sterbehilfe, S. 111, Nagel, Passive Euthanasie, S. 50

[435] Grundsätze der Bundesärztekammer zur ärztlichen Sterbebegleitung, NJW 1998, 3406; beachte dazu allerdings die Ausführungen von Kutzer, MedR 2001, 77, 78, wonach zur Verpflichtung zur Basisversorgung das Stillen von Hunger und Durst gehöre, „das heißt die wirksame Unterdrückung dieser Empfindungen". In diesem Sinne auch Uhlenbruck/Ulsenheimer, in: Laufs/Uhlenbruck, Handbuch des Arztrechts, § 132 Rdnr. 19: wohl wissend, dass es sich bei Hunger und Durst um subjektive Empfindungen handelt, deren allmähliches Nachlassen bekannt ist, habe man an dieser Stelle bewusst auf den Begriff „Ernährung" verzichtet. So jetzt auch ausdrücklich die Grundsätze der Bundesärztekammer zur ärztlichen Sterbebegleitung (2004), Ziff. I: zur Basisbetreuung gehören nicht immer Nahrungs- und Flüssigkeitszufuhr, da sie für Sterbende eine schwere Belastung darstellen können. Jedoch müssen Hunger und Durst als subjektive Empfindungen gestillt werden.

[436] Merkel, ZStW 107 (1995), 545, 562, Borttscheller, Die Bedeutung des Patientenwillens im Bereich der Sterbehilfe, S. 112, Rieger, Die mutmaßliche Einwilligung in den Behandlungsabbruch, S. 150 ff., sowie ausführlich Merkel, Früheuthanasie, S. 336 ff.; s. auch NK-Neumann, Vor § 211 Rdnr. 121 (Annahme einer mutmaßlichen Einwilligung in den Behandlungsabbruch unter der Voraussetzung, dass der Patient nicht leidet); vgl. demgegenüber aber die Ausführungen Benzenhöfers, Der gute Tod?, S. 252 Fn. 26, wonach die Schmerzwahrnehmung von Apallikern „zumindest vorstellbar" ist (s. auch oben Fn. 393), in gleichem Sinne Nagel, Passive Euthanasie, S. 51. Differenzierend hingegen Thias, Möglichkeiten und Grenzen eines selbstbestimmten Sterbens, S. 201 ff.: Die Einschränkung von Ernährungsmaßnahmen sei zulässig, wo dies vom Patienten vorab ausdrücklich festgelegt wurde oder Indizien für einen solchen Willen vorhanden sind, nicht jedoch bei einem Behandlungsabbruch aufgrund des objektiviert-mutmaßlichen Willens des Patienten, da ein entsprechender sozialer Konsens hinsichtlich der Einstellung auch künstlicher Ernährung nicht bestehe. Im Übrigen verweist er auf den (nach dem objektiviert-mutmaßlichen Willen möglichen) Therapieverzicht bei Interkurrenzerkrankungen.

[437] Vgl. New Jersey Supreme Court, In re Conroy, 98 N.J. 373, 486 A. 2d 1235, 1236, zitiert nach Füllmich, NJW 1990, 2301 Fn. 6; s. auch Hufen, NJW 2001, 849, 853 f., Uhlenbruck, NJW 2003, 1710, 1711, Strätling/Fieber/Sedemund-Adib/Schmucker, MedR 2004, 433, 437 f. Fn. 35; dagegen Nagel, Passive Euthanasie, S. 54 f., der die Ernährung über eine Magensonde gar als „natürliche" Ernährung und damit in jedem Fall als Teil der Basispflege einordnen will.

bensverlängerung, für ihre unterschiedliche Behandlung gibt es keinen überzeugenden Grund.[438]
Allerdings bleibt zu beachten, dass in Fällen, in denen ein subjektives Schmerzempfinden und Erleiden nicht mit letzter Sicherheit ausgeschlossen werden kann, dafür Sorge zu tragen ist, dass der Patient keinen besonderen Qualen ausgesetzt ist. Als Beispiel kann hier die ärztliche Anordnung dienen, die in einem Fall des OLG München getroffen worden war. Danach sollte die künstliche Ernährung und Zuführung von Flüssigkeit reduziert werden. Vorsorglich sollten Opiate als Zugaben über die PEG-Sonde zugeführt, sowie ein Schmerzpflaster aufgeklebt werden.[439] So ist sichergestellt, dass die Einstellung der künstlichen Ernährung zu keinem schmerzvollen „Verhungern" bzw. „Verdursten" führen würde. Bedenken gegen eine Einstellung der künstlichen Ernährung bestehen dann nicht mehr.[440]

(4) Betreuungsrechtliche Aspekte

Besonders intensiv wurde in Rechtsprechung und Literatur seit der Kemptener Entscheidung die Bedeutung des Betreuungsrechts bei der Frage des Abbruchs lebensverlängernder bzw. – erhaltender Maßnahmen diskutiert. Insoweit ist eine weitgehende Verlagerung der Debatte vom Straf- ins Zivilrecht zu beobachten. Ausgangspunkt waren die Ausführungen des BGH im Kemptener Urteil, wonach die Zustimmung des Betreuers zum Abbruch lebenserhaltender Maßnahmen zu ihrer Wirksamkeit der Genehmigung des Vormundschaftsgerichts bedürfe gemäß § 1904 BGB analog, der seinem Sinn und Zweck nach auf Fälle der passiven Sterbehilfe im weiteren Sinne aufgrund eines Erst-Recht-Schlusses anzuwenden sei.[441]

(a) Der Streit um eine vormundschaftsgerichtliche Genehmigung gemäß § 1904 BGB analog

In der Folgezeit ergingen unterschiedliche Entscheidungen der Zivilgerichte, die eine Genehmigungsbedürftigkeit durch das Vormundschaftsgericht teils bejahten[442], teils verneinten[443].

---

[438] Roxin, Medizinstrafrecht, S. 109, Merkel, ZStW 107 (1995), 545, 561 ff., Chatzikostas, Die Disponibilität des Rechtsgutes Leben, S. 85 f., Borttscheller, Die Bedeutung des Patientenwillens im Bereich der Sterbehilfe, S. 110 ff., Antoine, Aktive Sterbehilfe in der Grundrechtsordnung, S. 45 f., Taupitz, Gutachten A zum 63. DJT, S. A 48; Zustimmung signalisieren etwa auch Füllmich, NJW 1990, 2301, und Schöch, FS für Hirsch, S. 693, 704. Gegen diese Auffassung wendet sich Nagel, Passive Euthanasie, S. 52 f., da die Besonderheit der Einstellung der künstlichen Ernährung darin liege, dass sie zu einem *langwierigen* Sterben führe (Hervorhebung durch den Autor).

[439] Vgl. OLG München, NJW 2003, 1743.

[440] Nach den oben genannten Bedenken hinsichtlich einer absolut gesicherten Schmerzunempfindlichkeit von Apallikern (vgl. Fn. 393 und 436) sollte eine solche Vorgehensweise also bei apallischen Patienten vorsorglich eingehalten werden.

[441] BGH St 40, 257, 261 f.; dabei ist davon auszugehen, dass es bei der Entscheidung über den Abbruch der Behandlung (bzw. richtiger: über die Einwilligung in die weitere Behandlung) Aufgabe des Betreuers ist, den individuellen, mutmaßlichen Willen des Patienten zu ermitteln. Denn § 1901 BGB gibt vor, dass sich der Betreuer am Wohl des Betreuten auszurichten hat, welches nicht objektiv, sondern vorrangig subjektiv zu verstehen ist, vgl. BGH NStZ 2003, 477, 478 f., Hahne, FamRZ 2003, 1619, 1620. Teilweise einschränkend hingegen Thias, Möglichkeiten und Grenzen eines selbstbestimmten Sterbens, S. 263 ff.

[442] So etwa OLG Frankfurt/M., MedR 1998, 519, LG Duisburg, NJW 1999, 2744, OLG Karlsruhe, NJW 2002, 685.

[443] S. etwa AG Hanau, BtPrax 1997, 82, LG München I, NJW 1999, 1788, LG Augsburg, NJW 2000, 2363, zweifelnd OLG Düsseldorf, MDR 2001, 940. Laut OLG Brandenburg, NJW 2000, 2361, 2362 kann § 1904 BGB

Gegen eine analoge Anwendung des § 1904 BGB wurde eingewandt, dass es sich bei der Entscheidung sterben zu wollen, um eine höchstpersönliche Angelegenheit handele, die einem Betreuer schon gar nicht übertragen werden könne.[444] Auch fehle es an der für jede Analogie erforderlichen Regelungslücke. Denn dem Gesetzgeber war die Entscheidung des BGH im Kemptener Urteil bei der letzten Änderung des Betreuungsrechts im Jahr 1998 bekannt, so dass davon auszugehen sei, dass er § 1904 BGB bewusst nicht verändert habe.[445] Weiterhin sei auch keine Vergleichbarkeit der Fälle gegeben, wobei darüber hinaus der Tatsache Rechnung zu tragen sei, dass es sich bei § 1904 BGB um eine Ausnahmevorschrift handele, die nicht ohne weiteres analog angewandt werden könne. Denn ein ärztlicher Heileingriff mit dem Risiko des Todes, wie er von § 1904 BGB vorausgesetzt wird, sei etwas ganz anderes als ein ärztlicher Eingriff mit dem Ziel des Todes, der gerade nicht der Gesundheit des Betreuten diene.[446] Schließlich dürfe nicht zuletzt aus rechtsethischen und rechtshistorischen Gründen vom Richter keine Entscheidung verlangt werden, die ihn zum Herrn über Leben und Tod mache.[447]

Für eine analoge Anwendung des § 1904 BGB wurde dagegen angeführt, dass keine höchstpersönliche, dem Betreuten vorbehaltene Angelegenheit gegeben sei, da der Betreuer die Entscheidung des Behandlungsabbruchs nicht an Stelle des Betreuten treffe, sondern lediglich dessen mutmaßlichen Willen, nicht weiter behandelt zu werden, durchsetze.[448] Auch sei die erforderliche Regelungslücke gegeben, da Zielsetzung des Betreuungsrechtsänderungsgesetzes 1998 vor allem die finanzielle Entlastung des Justizetats war und die Frage der analogen Anwendbarkeit des § 1904 BGB nach dem Willen des Gesetzgebers Rechtsprechung und Literatur überlassen werden sollte.[449] Die von § 1904 BGB geregelte Risikooperation und der nicht geregelte Behandlungsabbruch seien bei wertendem Denken nicht absolut ungleich, wobei auch nicht entgegenstehe, dass beim Behandlungsabbruch ärztliches Untätigbleiben mit tödlichem Ausgang vorliegt, während § 1904 BGB ausdrücklich nur ein aktives ärztliches Handeln mit dem Risiko des Todes beinhaltet.[450] Bedürfe die Einwilligung des Betreuers schon dann der vormundschaftsgerichtlichen Genehmigung, wenn die begründete Gefahr besteht, dass der Betreute auf Grund der Maßnahme stirbt oder einen schweren und länger dauernden Schaden erleidet, so müsse die Genehmigung des Vormundschaftsgerichts erst recht eingeholt werden, wenn die ärztliche Maßnahme mit Sicherheit binnen kurzem zum Tod des Betreuten führt.[451] Hinter der Ansicht, unserer Rechtsordnung sei ein „Richter über Leben und Tod" fremd, stehe der Gedanke an das Euthanasieprogramm der Nationalsozialisten, mit dem der wenigstens vom mutmaßlichen Willen des Betroffenen getragene Behandlungsabbruch aber nichts gemein habe. Eine Entscheidung über Leben und Tod des Patienten träfen weder Betreuer noch Vormundschaftsgericht, vielmehr setzten sie nur das Selbstbestimmungsrecht des Patienten durch. Die präventive Kontrolle erhöhe überdies gerade den Le-

---

jedenfalls nicht analog angewendet werden, wenn statt eines Betreuers ein Sorgeberechtigter um Genehmigung – des Familiengerichts – bezüglich des beabsichtigten Abbruchs lebenserhaltender Maßnahmen bei einem Kind nachsucht.

[444] LG München I, NJW 1999, 1788, 1789, LG Augsburg, NJW 2000, 2363

[445] LG München I, NJW 1999, 1788, 1789, LG Augsburg, NJW 2000, 2363 f.

[446] AG Hanau, BtPrax 1997, 82, 83, LG München I, NJW 1999, 1788, 1789, LG Augsburg, NJW 2000, 2363 f.

[447] AG Hanau, BtPrax 1997, 82, 83

[448] OLG Karlsruhe, NJW 2002, 685 f.

[449] OLG Karlsruhe, NJW 2002, 685, 687

[450] OLG Frankfurt/M., MedR 1998, 519, 520

[451] OLG Karlsruhe, NJW 2002, 685, 688, LG Duisburg, NJW 1999, 2744

bensschutz des Betreuten, da einem Missbrauch entgegengewirkt werde.[452] Zudem könne den Beteiligten mehr Rechtssicherheit gegeben werden.[453]
Auch in der Rechtsliteratur wurde die Erforderlichkeit einer Genehmigung der Einwilligung des Betreuers in den Behandlungsabbruch im Anschluss an das Kemptener Urteil und insbesondere die Entscheidung des OLG Frankfurt[454] kontrovers diskutiert.[455]

(b) Beschluss des XII. Zivilsenates des BGH aus dem Jahr 2003

In einem Beschluss aus dem Jahr 2003 hat nun der XII. Zivilsenat des BGH zu dem zivilrechtlichen Streit Stellung genommen.[456] Danach haben, wenn ein Patient einwilligungsunfähig ist und sein Grundleiden einen irreversiblen tödlichen Verlauf angenommen hat, lebenserhaltende oder -verlängernde Maßnahmen zu unterbleiben, wenn dies dem zuvor erklärten oder subsidiär dem mutmaßlichen Willen des Patienten entspricht. Der für den Patienten bestellte Betreuer hat dem Patientenwillen gegenüber Arzt und Pflegepersonal in eigener rechtlicher Verantwortung Ausdruck und Geltung zu verschaffen. Seine Einwilligung in eine ärztlicherseits angebotene lebenserhaltende oder –verlängernde Maßnahme kann der Betreuer jedoch nur mit Zustimmung des Vormundschaftsgerichts wirksam verweigern. Die Entscheidungszuständigkeit des Vormundschaftsgerichts ergibt sich indes nicht aus einer analogen Anwendung des § 1904 BGB, sondern aus einem unabweisbaren Bedürfnis des Betreuungsrechts.[457] Im Wege einer Fortbildung des Betreuungsrechts sei demnach eine vormundschaftsgerichtliche Prüfungszuständigkeit eröffnet. Die Befugnis zu dieser Rechtsfortbildung ergebe sich aus einer Gesamtschau des Betreuungsrechts und dem unabweisbaren Bedürfnis, mit den Instrumenten des Rechts auch auf Fragen im Grenzbereich menschlichen Lebens und Sterbens für alle Beteiligten rechtlich verantwortbare Antworten zu finden.[458] Nach dem BGH ist also eine vormundschaftsgerichtliche Genehmigung des Behandlungsabbruchs nötig.
Auch diese Entscheidung hat in der rechtswissenschaftlichen Literatur wiederum Ablehnung wie auch Zustimmung erfahren.[459] Zwar hat der BGH hinsichtlich des vormundschaftsgericht-

---

[452] OLG Frankfurt/M., MedR 1998, 519, 520, OLG Karlsruhe, NJW 2002, 685, 686, LG Duisburg, NJW 1999, 2744

[453] OLG Karlsruhe, NJW 2002, 685, 686, LG Duisburg, NJW 1999, 2744

[454] OLG Frankfurt/M., MedR 1998, 519

[455] Ablehnend etwa Nickel, MedR 1998, 520, Laufs, NJW 1998, 3399, 3400, Müller-Freienfels, JZ 1998, 1123, 1124 ff., Dodegge, NJW 1999, 2709, 2714, Eberbach, MedR 2000, 267, 269, Alberts, NJW 1999, 835 f., Trück, Mutmaßliche Einwilligung und passive Sterbehilfe durch den Arzt, S. 106 ff., 112 ff.; zustimmend hingegen NK-Neumann, Vor § 211 Rdnr. 134 f., Nagel, Passive Euthanasie, S. 94 f., Thias, Möglichkeiten und Grenzen eines selbstbestimmten Sterbens, S. 246 ff., Schöch, NStZ 1995, 153, 155 ff., Knieper, NJW 1998, 2720 f., Coeppicus, NJW 1998, 3381, 3383, Gründel, NJW 1999, 3391 ff., Saliger, JuS 1999, 16 ff., Frister, JR 1999, 73 f., Verrel, JR 1999, 5, 7 f., Otto, JURA 1999, 434, 440 und ausführlich Taupitz, Gutachten A zum 63. DJT, S. A 86 ff.

[456] BGH NStZ 2003, 477

[457] BGH NStZ 2003, 477

[458] BGH NStZ 2003, 477, 479

[459] Grundsätzlich zustimmend etwa Deutsch, NJW 2003, 1567, Saliger, MedR 2004, 237. Offene Fragen und Bedenken bezüglich Reichweite und dogmatischer Herleitung des Genehmigungsvorbehalts formulieren etwa Verrel, NStZ 2003, 449 ff., Holzhauer, FamRZ 2003, 991 f., Alberts, BtPrax 2003, 139 ff., aber auch Saliger, MedR 2004, 237, 243 ff., der insbesondere das „Konfliktmodell" des BGH (Genehmigungsverfahren nur bei Konflikt zwischen Arzt und Betreuer) kritisiert; s. zudem Stackmann, NJW 2003, 1568, 1569, Bienwald, MDR 2003, 694 f., Lipp, FamRZ 2003, 756; verfassungsrechtliche Bedenken insbesondere hinsichtlich des dogmatischen Fundaments und der mit einem vormundschaftsgerichtlichen Verfahren verbundenen Verzögerung finden sich bei Hufen, ZRP 2003, 248 ff. Zur Herleitung des Genehmigungsvorbehalts auch kritisch Deutsch, NJW 2003, 1567.

lichen Genehmigungserfordernisses zunächst Gewissheit verschafft, zugleich aber weitere Fragen hinsichtlich des Umfangs des Genehmigungsvorbehalts und der Reichweite zulässiger passiver Sterbehilfe aufgeworfen.[460] Dass weiterer Klärungsbedarf besteht, zeigt auch die Einsetzung einer interdisziplinären Arbeitskommission durch das Bundesministerium der Justiz als Reaktion auf den Beschluss des BGH, deren Ergebnisse inzwischen Grundlage eines Referentenentwurfs zu einer Reform des Betreuungsrechts geworden sind. Ob diese Reformbemühungen letztendlich zu einer gesetzgeberischen Regelung führen werden, ist derzeit aber noch unklar (s. genauer unten (7)).

(c) Das Verhältnis von Betreuungs- und Strafrecht

Zu klären bleibt nun allerdings das Verhältnis von Betreuungs- und Strafrecht. Ist es für die strafrechtliche Beurteilung eines Verhaltens denn überhaupt relevant, ob der Betreuer die vormundschaftsgerichtliche Genehmigung eingeholt hat?
Nach den Ausführungen des BGH im Kemptener Urteil scheint dies der Fall zu sein, denn danach scheidet die Annahme einer mutmaßlichen Einwilligung unter anderem deswegen aus, weil die Zustimmung des Betreuers zu dem Behandlungsabbruch mangels vormundschaftsgerichtlicher Genehmigung nicht wirksam war.[461] Auch wird die Genehmigungspflicht in Bezug auf die Vermeidbarkeit eines eventuellen Verbotsirrtums des Betreuers als relevant angesehen.[462] Allerdings lässt sich dem Urteil auch entnehmen, dass eine Rechtfertigung der passiven Sterbehilfe nach den Regeln der mutmaßlichen Einwilligung selbst dann möglich ist,

---

[460] Nach Kutzer, ZRP 2003, 209, 212, ders., ZRP 2003, 213, kommt es entgegen dem BGH insbesondere nicht darauf an, dass ein mit (letzter) Sicherheit irreversibler tödlicher Krankheitsverlauf festgestellt werden kann, vielmehr sei das Selbstbestimmungsrecht hinsichtlich der Entscheidung über den Abbruch lebenserhaltender Maßnahmen voll anzuerkennen, ebenso Verrel, NStZ 2003, 449, 451, Lipp, FamRZ 2003, 756, Hufen, NJW 2003, 248, 250 f., dagegen insoweit zustimmend Spickhoff, JZ 2003, 739, 740 f. Saliger, MedR 2004, 237, 240 ff. interpretiert die Ausführungen des BGH dahingehend, dass auch Wachkomapatienten unter die Formulierung „irreversibler tödlicher Verlauf des Grundleidens" fallen (vgl. auch Bühler/Stolz, FamRZ 2003, 1622, 1623, Verrel, NStZ 2003, 449, 451 sowie die Erläuterungen der Vorsitzenden Richterin des XII. Zivilsenats (Hahne, FamRZ 2003, 1619, 1621)), eine „letzte Sicherheit" könne bei einer medizinischen Prognose im übrigen nie gefordert werden, genauso Verrel, NStZ 2003, 449, 452; s. zur problematischen Feststellung der Irreversibilität eines Wachkomas auch Stratenwerth, FS für Schreiber, S. 893 f. sowie Thias, Möglichkeiten und Grenzen eines selbstbestimmten Sterbens, S. 182 ff., der allerdings zu dem Ergebnis kommt, dass die medizinische Feststellung einer unumkehrbaren Bewusstlosigkeit mit an Sicherheit grenzender Wahrscheinlichkeit gegenwärtig möglich sein kann. Kritisch zum Kriterium des „ärztlichen Angebots" Spickhoff, JZ 2003, 739 f., der eine Genehmigungspflicht vielmehr immer dann fordert, wenn sowohl die Weiterbehandlung als auch der Therapieabbruch medizinisch vertretbar sind, vgl. auch Stackmann, NJW 2003, 1568 f., Saliger, MedR 2004, 237, 242 f. sowie Holzhauer, ZRP 2004, 41, 44, der auch einen ökonomischen Aspekt in dem Begriff der „medizinischen Indikation" und damit des ärztlichen Angebotes ausmacht. Diese Bedenken räumen auch die Erläuterungen von Hahne, FamRZ 2003, 1619, 1622, nicht aus, die auch die „medizinische Sinnlosigkeit" als Kriterium für das ärztliche Angebot anführt, die sich wiederum am Patientenwillen, in der letzten Lebensphase nicht sämtlichen denkbaren lebens-, aber ggf. auch schmerzverlängernden medizinischen Möglichkeiten unterzogen zu werden, orientieren soll. Mit dieser subjektiven Richtlinie für das ärztliche Angebot wird aber eine erhebliche Rechtsunsicherheit geschaffen. Vgl. zudem Simon/Lipp/Tietze/Nickel/van Oorschot, MedR 2004, 303, 304: eine Umfrage unter deutschen Vormundschaftsrichtern zu medizinischen Maßnahmen und Entscheidungen am Lebensende ergab eine erhebliche Unsicherheit hinsichtlich der Reichweite der Genehmigungspflicht und der Zulässigkeit passiver Sterbehilfe.

[461] BGH St 40, 257, 261 f.

[462] BGH St 40, 257, 264

wenn das betreuungsrechtliche Verfahren von den Tatbeteiligten nicht eingehalten wurde.[463] Die Grenzen zulässiger Sterbehilfe werden also letztlich vom Strafrecht bestimmt.[464]
Dies wird auch in der Literatur teilweise anerkannt, soweit sie sich mit dieser Frage überhaupt auseinandersetzt.
Nach einer Ansicht ist allerdings ein selbständiger Rückgriff auf den Patientenwillen im Anwendungsbereich des Betreuungsrechts abzulehnen. So entfalte insbesondere die betreuungsrechtlich wirksame Entscheidung des Vertreters für den Arzt eine strikte Bindungswirkung.[465] Dafür spricht zum Einen die Subsidiarität des Rechtsinstitutes der mutmaßlichen Einwilligung, die grundsätzlich nur dann herangezogen werden darf, wenn eine Entscheidung des Betreuten oder seines Vertreters nicht möglich ist.[466] Zum Anderen würde andernfalls eine weitgehende Umgehung des betreuungsrechtlichen Genehmigungsverfahrens ermöglicht.[467]
Richtigerweise kann es aber nicht darauf ankommen, ob ein Betreuer bestellt ist und eine vormundschaftsgerichtliche Genehmigung eingeholt worden ist. Zwar kann zur Begründung nicht darauf abgestellt werden, dass ein richterlicher Genehmigungsvorbehalt aufgrund einer analogen Anwendung des § 1904 BGB oder einer Rechtsfortbildung aufgrund eines unabweisbaren Bedürfnisses des Betreuungsrechts schon per se nicht geeignet ist, eine Strafbarkeit desjenigen zu begründen, der dieses betreuungsrechtliche Procedere nicht einhält, weil dies auf eine Analogie zu Ungunsten des Täters hinausliefe, die mit dem Grundsatz „nullum crimen sine lege“ (Art. 103 Abs. 2 GG) nicht vereinbar wäre. Denn das Analogieverbot gilt nach h.M. nicht für die Einschränkung nur gewohnheitsrechtlicher Rechtfertigungsgründe wie die mutmaßliche Einwilligung.[468] Dennoch ist ein Abstellen auf das (strafrechtliche) Institut der mutmaßlichen Einwilligung möglich, wenn auch das betreuungsrechtliche Verfahren nicht eingehalten wurde. Denn, so wird angeführt, der Verstoß gegen formale Regelungen des richterlichen Genehmigungsvorbehalts erscheine deshalb nicht als Tötungsdelikt strafwürdig,

---

[463] BGH St 40, 257, 262 ff.

[464] BGH NStZ 2003, 477, 478, Verrel, NStZ 2003, 449, 452; vgl. demgegenüber allerdings Nagel, Passive Euthanasie, S. 88 ff., dem zufolge für den (strafrechtlichen) subsidiären Rechtfertigungsgrund gar kein Raum mehr ist, wo eine Entscheidung des Betreuers (auf den das Entscheidungsmonopol für den Betreuten übergegangen sei) und deren vormundschaftsgerichtliche Genehmigung möglich sind. Das dürfte die Dinge aber auf den Kopf stellen. Denn bei der strafrechtlichen Beurteilung geht es in der Regel nicht nur um die Strafbarkeit des Arztes, sondern gerade auch um die Rechtfertigung des Verhaltens des Betreuers. Dessen Entscheidung kann aber nicht Rechtfertigungsgrund in sich selbst sein. Die Genehmigung durch das Vormundschaftsgericht stellt wiederum nur eine Überprüfung der Betreuerentscheidung und keinen eigenen hoheitlichen Rechtfertigungsgrund dar.

[465] Rieger, Die mutmaßliche Einwilligung in den Behandlungsabbruch, S. 127, Helgerth, JR 1995, 338, 340, Kutzer, NStZ 1994, 110, 114

[466] Vgl. hierzu allgemein Sch/Sch-Lenckner, Vor §§ 32 ff. Rdnr. 54, Roxin, StR AT/I, § 18 Rdnr. 10 sowie im hier relevanten Bereich des Behandlungsabbruchs beim Entscheidungsunfähigen Rieger, Die mutmaßliche Einwilligung in den Behandlungsabbruch, S. 127, Kutzer, NStZ 1994, 110, 114 sowie Fn. 464.

[467] Rieger, Die mutmaßliche Einwilligung in den Behandlungsabbruch, S. 127, Weißauer/Opderbecke, MedR 1995, 456, 459 f.; dagegen allerdings Thias, Möglichkeiten und Grenzen eines selbstbestimmten Sterbens, S. 281, mit dem (zutreffenden) Argument, dass eine praktische Entwertung des Genehmigungsverfahrens außerordentlich unwahrscheinlich ist, da es Arzt oder Betreuer kaum riskieren werden, ohne erforderliche Genehmigung die Behandlung abzubrechen und darauf zu vertrauen, bei einem späteren Strafprozess werde die Übereinstimmung mit dem mutmaßlichen Patientenwillen schon festgestellt werden.

[468] Vgl. LK-Hirsch, Vor § 32 Rdnr. 39, Lackner/Kühl-Lackner, § 1 Rdnr. 5, Sch/Sch-Eser, § 1 Rdnr. 14a, Vorbem §§ 32 ff. Rdnr. 25

weil der Täter zu Gunsten des Rechtsgutsträgers in dessen Sinne handele.[469] Auch begründe die Nichteinhaltung dieser Förmlichkeiten allein noch keinen strafrechtlichen Vorwurf. Aus einem Handlungsunwert, der sich auf formelles Zivilunrecht beschränkt, einen materiellen Strafvorwurf herzuleiten, dürfte auch mit dem verfassungsrechtlichen Verhältnismäßigkeitsgrundsatz unvereinbar sein.[470]

Dem ist in Ausnahme zu dem Grundsatz der Subsidiarität der mutmaßlichen Einwilligung bei der möglichen Einholung von Vertreterentscheidungen im Bereich passiver Sterbehilfe zu folgen, denn entscheidend kann für die Strafbarkeit der Beteiligten nur sein, ob der Behandlungsabbruch dem (mutmaßlichen) Willen des betroffenen Patienten entsprochen hat und dass derjenige, der die Behandlung abbricht, auch von diesem mutmaßlichen Willen ausgeht. Strengt er etwa ein Genehmigungsverfahren nicht an, weil er die damit verbundene zeitliche Verzögerung für sinnlose Quälerei hält, kann das die von der mutmaßlichen Einwilligung getragene Behandlungseinstellung nicht rechtswidrig machen. Das Verfahren zur Feststellung des mutmaßlichen Willens muss also letztendlich unerheblich sein, wenn der mutmaßliche Wille nur richtig ermittelt wurde. Das (strafrechtliche) Risiko, dass der Wille des Betroffenen falsch ermittelt wird, sowie das Risiko eventueller zivilrechtlicher Ansprüche und Konsequenzen muss derjenige, der die Behandlung ohne Einholung der Genehmigung des Vormundschaftsgerichts abbricht, dann aber auch tragen.[471]

Zweifelsohne ist den Beteiligten die Anstrengung eines Genehmigungsverfahrens nach Betreuungsrecht daher zu empfehlen. Denn durch eine Genehmigung des Vormundschaftsgerichts kann das strafrechtliche Risiko praktisch völlig ausgeschaltet werden: Genehmigt das Vormundschaftsgericht die Einwilligung in den Abbruch, weil es zu der Überzeugung kommt, dass dies dem mutmaßlichen Patientenwillen entspricht, so können sich Betreuer und Arzt dann, wenn in einem späteren Strafprozess festgestellt werden sollte, dass der Behandlungsabbruch doch nicht vom mutmaßlichen Willen des Patienten getragen war, auf einen Erlaubnistatbestandsirrtum berufen, der wegen der Genehmigung des Vormundschaftsgerichts auch stets unvermeidbar gewesen sein dürfte.[472] Eine Strafbarkeit wäre dann sowohl hinsichtlich einer Vorsatz- wie auch einer Fahrlässigkeitstat ausgeschlossen.[473]

---

[469] MüKo-Schneider, Vor §§ 211 ff. Rdnr. 129, obgleich er davon spricht, dass der direkte Rückgriff auf die zum Behandlungsabbruch führende Entscheidung „strafrechtsdogmatisch anrüchig“ erscheinen möge. Er führe indes letztendlich zu überzeugenden Ergebnissen.

[470] Vgl. Verrel, NStZ 2003, 449, 452, Thias, Möglichkeiten und Grenzen eines selbstbestimmten Sterbens, S. 281 ff., der allerdings de lege ferenda eine eigene Strafvorschrift im Betreuungsrecht für schlichte Verfahrensverstöße anregt.

[471] Vgl. des weiteren Diederichsen, FS für Schreiber, S. 635, 652 ff., zu der (zivilrechtlichen) Frage, ob die Möglichkeit der Ermittlung des mutmaßlichen Patientenwillens durch den Arzt – etwa durch Angaben Angehöriger – die Erforderlichkeit einer Betreuerbestellung gemäß § 1896 Abs. 2 BGB entfallen lässt. Danach darf sich der Arzt, wo er Anlass dazu hat, auf „windige Behauptungen“ von Familienangehörigen zu angeblichen Sterbehilfeäußerungen des Patienten nicht verlassen, sondern muss unter Umständen die Anordnung einer Betreuung veranlassen. Dem ist insoweit zuzustimmen, als dann im Grunde auch gar keine Anhaltspunkte für einen mutmaßlichen Willen des Patienten gegeben sind. Zur Erforderlichkeit einer Betreuerbestellung bei passiver Sterbehilfe s. auch Thias, Möglichkeiten und Grenzen eines selbstbestimmten Sterbens, S. 231 ff.

[472] Vgl. BGH NStZ 2003, 477, 480 (hinsichtlich des Betreuers), Verrel, NStZ 2003, 449, 452 f., Saliger, MedR 2004, 237, 239.

[473] Zur dogmatisch umstrittenen Einordnung des Erlaubnistatbestandsirrtums s. Sch/Sch-Eser, § 16 Rdnr. 14 ff.: nach h.M. ist der Erlaubnistatbestandsirrtum jedenfalls von den Rechtsfolgen her bzw. unmittelbar wie ein Tatbestandsirrtum gemäß § 16 StGB zu behandeln.

(5) Patientenverfügung und weitere Instrumente des Betreuungsrechts

Eine besondere Bedeutung kommt im Bereich der passiven Sterbehilfe den sog. Patientenverfügungen, auch Patiententestamente oder englisch „living will" genannt, zu.[474] Hierbei handelt es sich um vorweg erteilte schriftliche Anweisungen an den Arzt, in näher beschriebenen Situationen von der Vornahme oder Fortführung bestimmter lebensverlängernder bzw. –erhaltender Maßnahmen abzusehen. Andererseits enthalten solche Verfügungen regelmäßig auch Anweisungen zur Schmerzlinderung oder Aufrechterhaltung bestimmter Maßnahmen.[475] Als Folge der höchstrichterlichen Rechtsprechung zur Zulässigkeit passiver Sterbehilfe im weiteren Sinne nach dem mutmaßlichen Patientenwillen wurde den Patientenverfügungen ein erheblicher Bedeutungszuwachs prognostiziert.[476] Auch in die Grundsätze der Bundesärztekammer zur Sterbehilfe sind sie inzwischen aufgenommen.[477]

(a) Voraussetzungen einer wirksamen Patientenverfügung

Voraussetzung einer wirksamen Patientenverfügung ist zunächst, dass sie von einer einsichts- und urteilsfähigen Person für den hypothetischen Fall einer späteren Entscheidungsunfähigkeit aufgrund körperlicher oder seelischer Krankheit verfasst wurde.[478] Dafür muss der Verfügende grundsätzlich über Bedeutung und Tragweite seiner Erklärung aufgeklärt worden sein bzw. auf die Aufklärung wirksam verzichtet haben.[479] Weiterhin ist erforderlich, dass die Verfügung freiwillig getroffen wurde. Dies ist nicht der Fall, wenn sie auf Täuschung, Drohung, Zwang oder Gewalt beruht.[480] Es muss sich ferner in Anlehnung an die allgemeine Einwilligungsdogmatik um eine ernstliche Willensäußerung handeln.[481] Eine bestimmte Form ist nicht vorgeschrieben, wobei allerdings in der Regel Schriftlichkeit implizit vorausgesetzt wird

---

[474] Zur weiteren Begrifflichkeit s. Uhlenbruck, MedR 1992, 134.

[475] MüKo-Schneider, Vor §§ 211 ff. Rdnr. 123, NK-Neumann, Vor § 211 Rdnr. 108, Heyers, Passive Sterbehilfe und das Betreuungsrecht, S. 106 f., Taupitz, Gutachten A zum 63. DJT, S. A 105 f., Borttscheller, Die Bedeutung des Patientenwillens im Bereich der Sterbehilfe, S. 115

[476] MüKo-Schneider, Vor §§ 211 ff. Rdnr. 123, Roxin, Medizinstrafrecht, S. 106, Schöch, NStZ 1995, 153, 155, Verrel, MedR 1999, 547 ff.

[477] Grundsätze der Bundesärztekammer zur ärztlichen Sterbebegleitung (2004), Ziff. IV, V, vgl. auch bereits Grundsätze der Bundesärztekammer zur ärztlichen Sterbebegleitung, Ziff. V, NJW 1998, 3406, 3407. Zudem hat die Bundesärztekammer sog. Handreichungen für Ärzte im Umgang mit Patientenverfügungen erarbeitet, die Ärzten als Hinweise dienen sollen, wenn sie um Rat bei der Aufstellung von Patientenverfügungen gefragt werden oder wenn ihnen eine Patientenverfügung vorgelegt wird (im Internet unter http://www.bundesaerztekammer .de/30/Richtlinien/Empfidx/Patientenverf.html).

[478] Vgl. MüKo-Schneider, Vor §§ 211 ff. Rdnr. 123, 125, NK-Neumann, Vor § 211 Rdnr. 111, Uhlenbruck/Ulsenheimer, in: Laufs/Uhlenbruck, Handbuch des Arztrechts, § 132 Rdnr. 35, Heyers, Passive Sterbehilfe und das Betreuungsrecht, S. 108 ff., Rieger, Die mutmaßliche Einwilligung in den Behandlungsabbruch, S. 80 f., 85; nach Taupitz, Gutachten A zum 63. DJT, S. A 117 ist dagegen volle Geschäftsfähigkeit bei Errichtung der Patientenverfügung erforderlich, ebenso Nagel, Passive Euthanasie, S. 68.

[479] Borttscheller, Die Bedeutung des Patientenwillens im Bereich der Sterbehilfe, S. 117 ff., vgl. auch NK-Neumann, Vor § 211 Rdnr. 111, Berger, JZ 2000, 797, 801 f., Hufen, NJW 2001, 849, 856, Storr, MedR 2002, 436, 439; einen Verzicht auf die Aufklärung lehnt hingegen Taupitz, Gutachten A zum 63. DJT, S. 111 ff. explizit ab, vielmehr könne die Patientenverfügung nur bei entsprechender Aufklärung des Patienten verbindlich sein, ebenso wohl Tröndle/Fischer, Vor §§ 211 bis 216 Rdnr. 26.

[480] Heyers, Passive Sterbehilfe und das Betreuungsrecht, S. 131 f., Rieger, Die mutmaßliche Einwilligung in den Behandlungsabbruch, S. 86, Borttscheller, Die Bedeutung des Patientenwillens im Bereich der Sterbehilfe, S. 128 f.

[481] MüKo-Schneider, Vor §§ 211 ff. Rdnr. 125, Rieger, Die mutmaßliche Einwilligung in den Behandlungsabbruch, S. 86 f., Heyers, Passive Sterbehilfe und das Betreuungsrecht, S. 132 ff., Borttscheller, Die Bedeutung des Patientenwillens im Bereich der Sterbehilfe, S. 129 ff.

bzw. jedenfalls dringend zu empfehlen ist, damit der notwendige Nachweis des Patientenwillens gegenüber dem Arzt auch möglich ist.[482] Da das Patiententestament jederzeit und formlos in allen oder einzelnen Bestimmungen widerrufen werden kann[483], ist schließlich zu fordern, dass die Patientenverfügung auch noch aktuell wirksam ist. Deshalb ist zu erforschen, ob konkrete Anhaltspunkte für einen Widerruf vorliegen.[484]

(b) Verbindlichkeit und Grenzen einer Patientenverfügung

Fraglich ist aber, ob eine derart wirksam errichtete und fortgeltende Patientenverfügung auch rechtsverbindlich ist, d.h. ob der Arzt in der konkret eingetretenen Situation auch verpflichtet ist, den in der Verfügung getroffenen Bestimmungen Folge zu leisten.
Überwiegend wurde den Patientenverfügungen bislang nur indizielle Bedeutung zugeschrieben. So sollen die dort getroffenen Anordnungen lediglich Anhaltspunkte für den mutmaßlichen Willen des Patienten liefern, wobei der Stellenwert dieses Indizes teils sehr hoch, teils niedriger eingeschätzt wird.[485] Grund für die Annahme einer nur indiziellen Wirkung ist zum Einen die Erwägung, dass letztlich niemand in der Lage sei, in einer nicht selbst erlebten, sondern nur hypothetisch vorgestellten existenziellen Situation verbindlich vorauszusagen, was er in einer solchen Situation tatsächlich wünschen wird. Denn die Fähigkeit, der Wille und die Einstellung zum Ertragen von Leiden und Krankheit ließen sich nur in der konkreten Situation selbst beurteilen.[486] Zum Anderen wird die Entscheidungsfreiheit des Erklärenden bezweifelt, da dieser die Verfügung in der Regel ohne vorherige konkrete ärztliche Aufklärung verfasse.[487] Auch die Ungenauigkeit von Patientenverfügungen stünden einer Verbindlichkeit entgegen.[488] Schließlich wird die Möglichkeit eines Widerrufs gegen die Verbindlichkeit der Patientenverfügung angeführt. Denn es müsse bei einem bewusstlosen Patienten stets danach gefragt werden, ob er die Erklärung im gegenwärtigen Zeitpunkt vernünftigerweise

---

[482] Uhlenbruck, MedR 1992, 134, 138, Heyers, Passive Sterbehilfe und das Betreuungsrecht, S. 149 f., Hahne, FamRZ 2003, 1619, 1620; Schriftform als Voraussetzung der Verbindlichkeit fordern hingegen NK-Neumann, Vor § 211 Rdnr. 111, Taupitz, Gutachten A zum 63. DJT, S. A 118, Nagel, Passive Euthanasie, S. 69, bei derart lebenswichtigen Entscheidungen.

[483] Uhlenbruck/Ulsenheimer, in: Laufs/Uhlenbruck, Handbuch des Arztrechts, § 132 Rdnr. 36, Uhlenbruck, MedR 1992, 134, 136, Berger, JZ 2000, 797, 802, Hartmann, NStZ 2000, 113, 115

[484] Heyers, Passive Sterbehilfe und das Betreuungsrecht, S. 141 ff., MüKo-Schneider, Vor §§ 211 ff. Rdnr. 126, Rieger, Die mutmaßliche Einwilligung in den Behandlungsabbruch, S. 89 ff.; eine regelmäßige Bestätigung wird von der h.M. nicht als Wirksamkeitsvoraussetzung angesehen, vgl. NK-Neumann, Vor § 211 Rdnr. 111, Berger, JZ 2000, 797, 802, Spickhoff, NJW 2000, 2297, 2302, Hufen NJW 2001, 849, 856, Taupitz, Gutachten A zum 63. DJT, S. A 115 ff., Borttscheller, Die Bedeutung des Patientenwillens im Bereich der Sterbehilfe, S. 141 f.; a.A. etwa Meier, BtPrax 1996, 161, 163, Eisenbart, Patienten-Testament und Stellvertretung in Gesundheitsangelegenheiten, S. 179.

[485] BGH St 40, 257, 263, LK-Jähnke, Vor § 211 Rdnr. 13, Hirsch, FS für Lackner, S. 597, 604, Schöch, FS für Hirsch, S. 693, 706 f., Detering, JuS 1983, 418, 422, Spann, MedR 1983, 13, 14, Kutzer, MDR 1985, 710, 715, Dölling, MedR 1987, 6, 9, Fritsche, MedR 1993, 126, 130, v. Dellingshausen, Sterbehilfe und Grenzen der Lebenserhaltungspflicht des Staates, S. 369 ff., Beckert, Probleme um Suizidbeteiligung und Sterbehilfe, S. 361 ff., Weißauer/Opderbecke, MedR 1995, 456, 459 (letztere allerdings mit Ausnahme der Fälle irreversibler Bewusstlosigkeit, in denen Verbindlichkeit angenommen wird), Spickhoff, JZ 2003, 739, 741

[486] v. Dellingshausen, Sterbehilfe und Grenzen der Lebenserhaltungspflicht des Arztes, S. 370 f., Weißauer/Opderbecke, MedR 1995, 456, 459

[487] Spickhoff, JZ 2003, 739, 741

[488] Vgl. v. Dellingshausen, Sterbehilfe und Grenzen der Lebenserhaltungspflicht des Arztes, S. 370, Spann, MedR 1983, 13, 15

widerrufen würde oder nicht.[489] In diesem Zusammenhang lässt sich auch die Zweifelhaftigkeit einer Verbindlichkeit von Patientenverfügungen anführen, die bereits vor mehreren Jahren erstellt wurden, da diese nicht mehr den aktuellen Willen sicher wiedergeben könnten.[490]

Nach zunehmend vertretener Ansicht sind Patientenverfügungen hingegen für den Arzt bindend, so dass dieser dem (schriftlich) erklärten Wunsch des Patienten grundsätzlich zwingend nachkommen muss.[491] Zwar mag es zutreffen, dass lebensbedrohlich erkrankte Menschen häufig eine Verschiebung ihres Wertegefüges erfahren und bereit sind, Leiden auf sich zu nehmen, deren Erduldung für sie in gesundem Zustand unvorstellbar war.[492] Das Selbstbestimmungsrecht garantiert aber nicht nur die Freiheit zur Entscheidung über Aufnahme oder Beendigung der medizinischen Behandlung, sondern auch das Recht, den Zeitpunkt dieser Entscheidung nach eigenem Gutdünken zu bestimmen.[493] Solche Willensänderungen können unproblematisch auch zum jederzeitigen Widerruf der Patientenverfügung führen, solange der Patient noch entscheidungsfähig ist.[494] Es gehe demgegenüber nicht an, dass, wenn der Betroffene seinen Willen vorab bekundet hat, dieser durch Rückgriff auf den mutmaßlichen Willen unterlaufen wird, unter spekulativer Berufung darauf, dass der Patient vielleicht in der konkreten Situation doch etwas anderes gewollt hätte.[495] Auch die eventuell fehlende ärztliche Aufklärung kann die Verbindlichkeit einer Patientenverfügung nicht beseitigen. Denn das Selbstbestimmungsrecht räumt dem (zukünftigen) Patienten weiterhin die

---

[489] Eser, in: Auer/Menzel/Eser, Zwischen Heilauftrag und Sterbehilfe, S. 114, Detering, JuS 1983, 418, 422, Beckert, Probleme um Suizidbeteiligung und Sterbehilfe, S. 361

[490] Vgl. Spickhoff, JZ 2003, 739, 741, Meier, BtPrax 1996, 161, 163, Eisenbart, Patienten-Testament und Stellvertretung in Gesundheitsangelegenheiten, S. 179; zur (empfehlenswerten) Absicherung durch regelmäßige Erneuerung der Unterschrift s. etwa Stackmann, NJW 2003, 1568, Thias, Möglichkeiten und Grenzen eines selbstbestimmten Sterbens, S. 114 f.

[491] MüKo-Schneider, Vor §§ 211 ff. Rdnr. 126, NK-Neumann, Vor § 211 Rdnr. 110, Hiersche, MedR 1987, 83, 84, Sternberg-Lieben, NJW 1985, 2734, 2738, Berger, JZ 2000, 797, 798, 800 f., Taupitz, Gutachten A zum 63. DJT, S. A 109 ff., Nagel, Passive Euthanasie, S. 64 ff. (unter Verweis gerade auch auf die Notwendigkeit von Rechtssicherheit für den Arzt), Antoine, Aktive Sterbehilfe in der Grundrechtsordnung, S. 317 ff., vgl. auch Storr, MedR 2002, 436, 438 sowie Holzhauer, ZRP 2004, 41, 42 ff.; einschränkend Trück, Mutmaßliche Einwilligung und passive Sterbehilfe durch den Arzt, S. 105 f. Nach dem Krankheitszustand abstufend etwa Landau, ZRP 2005, 50, 52.

[492] Bottke, in: Bottke/Fritsche/Huber/Schreiber, Lebensverlängerung, S. 100; wegen der Schwierigkeit der Vorwegnahme dieser existentiellen Entscheidung ohne eigene Konfrontation mit dem Tod beschränkt Trück, Mutmaßliche Einwilligung und passive Sterbehilfe durch den Arzt, S. 105 f. die Möglichkeit bindender Patientenverfügungen auf bestimmte Personen wie etwa bereits schwer erkrankte oder alte Menschen, ebenso Thias, Möglichkeiten und Grenzen eines selbstbestimmten Sterbens, S. 107 ff.

[493] MüKo-Schneider, Vor §§ 211 ff. Rdnr. 125, Sternberg-Lieben, FS für Lenckner, S. 349, 356 Fn. 38, Taupitz, Gutachten A zum 63. DJT, S. A 107 f., 115 ff.

[494] NK-Neumann, Vor § 211 Rdnr. 110, Bottke, in: Bottke/Fritsche/Huber/Schreiber, Lebensverlängerung, S. 101 f., Chatzikostas, Die Disponibilität des Rechtsgutes Leben, S. 96, Diederichsen, FS für Schreiber, S. 635, 648 f.; nach Taupitz, Gutachten A zum 63. DJT, S. A 117 f., muss es dem Patienten weitergehend sogar im einwilligungsunfähigem, aber noch äußerungsfähigem Zustand möglich sein, eine entgegenstehende frühere verbindliche Entscheidung aufzuheben und stattdessen die Grundsätze des mutmaßlichen Willens zum Tragen kommen zu lassen. Damit bewirkt die Patientenverfügung letztlich eine bloße Beweisvermutung für den aktuellen Patientenwillen, die dem Arzt die Darlegungs- und Beweislast zuweist, wenn er ihr nicht folgen will. Dies stellt aber im Grunde eine weitgehende Entwertung der zuvor getroffenen Aussage der Verbindlichkeit von Patientenverfügungen dar, die abzulehnen ist. Das Risiko, die betroffenen Personen über einen Sinneswandel in Kenntnis zu setzen, trägt also – wie auch sonst üblich – derjenige, der die Erklärung in die Welt gesetzt hat, vgl. Diederichsen, FS für Schreiber, S. 635, 648 f. Vgl. demgegenüber auch Thias, Möglichkeiten und Grenzen eines selbstbestimmten Sterbens, S. 111 ff., zur Notwendigkeit der Berücksichtigung des „natürlichen Lebenswillens" beim urteilsunfähigen Patienten.

[495] Taupitz, Gutachten A zum 63. DJT, S. A 41, Hahne, FamRZ 2003, 1619, 1620

Freiheit zum Verzicht auf ärztliche Aufklärung und Beratung ein.[496] Schließlich kann auch der Einwand mangelnder Präzision vieler Patientenverfügungen nicht durchschlagen. Denn dabei handelt es sich nicht um ein Argument gegen die generelle Bindungswirkung von Patientenverfügungen, sondern vielmehr um einen Hinweis auf das Erfordernis der Auslegung von Patiententestamenten und damit die inhaltliche Reichweite der getroffenen Bestimmungen.[497] Allerdings ist zuzugestehen, dass einer Patientenverfügung im Einzelfall, wenn sie nur Allgemeinplätze enthält[498], keine Bindungswirkung zukommen kann. Der Einwand, wegen der Widerruflichkeit eines Patiententestaments könne diesem von Haus aus keine Verbindlichkeit zukommen, ist indes inkonsequent: denn dann würde wegen der Widerrufsmöglichkeit aufgrund des Selbstbestimmungsrechts die Ausübung des Selbstbestimmungsrechts durch Errichten einer Patientenverfügung überhaupt verwehrt.[499] Dem Argument der mangelnden Aktualität gerade bei länger zurückliegenden Patientenverfügungen oder auch des zwischenzeitlichen Verlustes der Entscheidungsfähigkeit lässt sich zudem der Rechtsgedanke des § 130 Abs. 2 BGB entgegensetzen, dem zufolge diese die Beachtlichkeit der Patientenverfügung nicht beeinträchtigen dürften, sowie der Verweis auf die grundsätzliche Möglichkeit eines Widerrufs.[500]

Richtig ist es daher, von einer Verbindlichkeit des im Patiententestament Verfügten auszugehen, sofern nicht konkrete Anhaltspunkte für einen Widerruf bzw. für Unwirksamkeitsgründe bestehen.[501] Auch der BGH hat nun entschieden, dass Patientenverfügungen als Aus-

---

[496] MüKo-Schneider, Vor §§ 211 ff. Rdnr. 125, Trück, Mutmaßliche Einwilligung und passive Sterbehilfe durch den Arzt, S. 104, Chatzikostas, Die Disponibilität des Rechtsgutes Leben, S. 97, Thias, Möglichkeiten und Grenzen eines selbstbestimmten Sterbens, S. 106 f., Uhlenbruck, MedR 1992, 134, 137, Heyers, Passive Sterbehilfe und das Betreuungsrecht, S. 127 ff. unter der Einschränkung, dass die Verfügung mit hinreichender Deutlichkeit erkennen lässt, dass der Patient sich über typische Krankheitsbilder informiert hat und ihren Verlauf kennt. Vgl. demgegenüber etwa Taupitz, Gutachten A zum 63. DJT, S. A 111 ff., Tröndle/Fischer, Vor §§ 211 bis 216 Rdnr. 26 (umfassende Aufklärung und zutreffende Vorstellung über Krankheitszustand sowie damit verbundene Leiden als Voraussetzung einer wirksamen Patientenverfügung), Nagel, Passive Euthanasie, S. 68.

[497] MüKo-Schneider, Vor §§ 211 ff. Rdnr. 125, NK-Neumann, Vor § 211 Rdnr. 111, Höfling, JuS 2000, 111, 115 f., Heyers, Passive Sterbehilfe und das Betreuungsrecht, S. 136 ff., s. auch Borttscheller, Die Bedeutung des Patientenwillens im Bereich der Sterbehilfe, S. 144, Trück, Mutmaßliche Einwilligung und passive Sterbehilfe durch den Arzt, S. 104.

[498] Etwa „wenn die Lage sinnlos ist...", „sollte ich in einen menschenunwürdigen Zustand geraten...", vgl. Höfling, JuS 2000, 111, 116 Fn. 62 sowie Thias, Möglichkeiten und Grenzen eines selbstbestimmten Sterbens, S. 113 f.

[499] Sternberg-Lieben, NJW 1985, 2734, 2735, Chatzikostas, Die Disponibilität des Rechtsgutes Leben, S. 96, Thias, Möglichkeiten und Grenzen eines selbstbestimmten Sterbens, S. 104 f., s. auch Heyers, Passive Sterbehilfe und das Betreuungsrecht, S. 143 f., Borttscheller, Die Bedeutung des Patientenwillens im Bereich der Sterbehilfe, S. 142 f., Trück, Mutmaßliche Einwilligung und passive Sterbehilfe durch den Arzt, S. 104, Nagel, Passive Euthanasie, S. 67, Ankermann, MedR 1999, 387, 390.

[500] wenn § 130 Abs. 2 BGB auch nicht direkt anwendbar ist, da es sich bei der Patientenverfügung nicht um eine rechtsgeschäftliche Willenserklärung handelt, vgl. BGH NStZ 2003, 477, 478, Holzhauer, ZRP 2004, 41, 42, Hahne, FamRZ 2003, 1619, 1620, Taupitz, Gutachten A zum 63. DJT, S. A 107, 117 f., Saliger, MedR 2004, 237, 238.

[501] So erkennen auch die Grundsätze der Bundesärztekammer zur ärztlichen Sterbebegleitung die grundsätzliche Bindungswirkung von Patientenverfügungen inzwischen weithin an (vgl. dabei die Formulierung in den Grundsätzen 2004, Ziff. IV: „ist die in einer Patientenverfügung zum Ausdruck gebrachte Ablehnung einer Behandlung für den Arzt bindend, sofern ... keine Anhaltspunkte für eine nachträgliche Willensänderung erkennbar sind" gegenüber der Formulierung aus dem Jahr 1998, Ziff. V: „Patientenverfügungen sind verbindlich, sofern ... keine Umstände erkennbar sind, dass der Patient sie nicht mehr gelten lassen würde. Es muss stets geprüft werden, ob die Verfügung ... auch für die aktuelle Situation gelten soll ... Bei der Abwägung der Verbindlichkeit kommt der Ernsthaftigkeit eine wesentliche Rolle zu"). Das einer Patientenverfügung noch in den Grundsätzen 1998 entgegengebrachte Misstrauen ist also substanziell abgeschwächt worden.

druck des fortwirkenden Selbstbestimmungsrechts bindend sind, denn schon die Würde des Betreuten (Art. 1 Abs. 1 GG) verlange, dass eine von ihm eigenverantwortlich getroffene Entscheidung auch dann noch respektiert wird, wenn er die Fähigkeit zu eigenverantwortlichem Entscheiden inzwischen verloren hat. Eine Korrektur dieser Willensbekundung durch Rückgriff auf den mutmaßlichen Willen komme nur ausnahmsweise dann in Betracht, wenn sich der Betreute von seiner früheren Verfügung mit erkennbarem Widerrufswillen distanziert oder die Sachlage sich nachträglich so erheblich verändert hat, dass die frühere Entscheidung die aktuelle Sachlage nicht umfasst.[502] Trotz dieser Stärkung der Bedeutung von Patiententestamenten hält der BGH es auch dann, wenn sich der Betreuer strikt an diesen Willen hält, für möglich, das Verlangen des Betreuers, die ärztlicherseits angebotene Behandlung einzustellen, einer vormundschaftsgerichtlichen Kontrolle zu unterziehen.[503]

Unklar ist zudem, ob in Fällen eines eindeutig auf eine Behandlungsbegrenzung gerichteten Patientenwillens nach dieser Entscheidung die Einleitung eines Betreuungsverfahrens erforderlich ist, wenn ein solcher noch nicht bestellt war.[504] Dies ist wegen der damit verbundenen Zeitverzögerung allerdings abzulehnen. Vielmehr ist davon auszugehen, dass wegen der eigenen Vorabentscheidung des Patienten eine Betreuerbestellung für den Bereich der Heilbehandlung angesichts des in § 1896 Abs. 2 BGB enthaltenen Subsidiaritätsgrundsatzes schon nicht erforderlich und damit unzulässig ist.[505] Zwar hat das BVerfG bereits im Jahre 2001 entschieden, dass die amtsgerichtliche Anordnung einer befristeten vorläufigen Betreuung (in Unkenntnis der bereits bestehenden Gesundheitsvorsorgevollmacht) im Zusammenhang mit der Bluttransfusion auf eine bewusstlose Patientin, die sich zuvor als Zeugin Jehovas aus Glaubensgründen gegen eine solche Transfusion ausgesprochen hatte, nicht gegen die Grundrechte der Patientin auf körperliche Unversehrtheit, auf Entscheidungsfreiheit und Religionsfreiheit verstieß. Denn dass das Gericht Zweifel hegte, ob die Patientin auch in Kenntnis der inzwischen eingetretenen Lebensgefahr ihre Ablehnung aufrechterhalten wollte, und deshalb den Ehemann als Betreuer zur Klärung dieser Frage bestellt habe, sei angesichts des Rechts auf Leben der Betroffenen aus Art. 2 Abs. 2 GG, das in die Erwägungen habe einbezogen werden müssen, verfassungsrechtlich nicht zu beanstanden. Auch eine Verletzung der Religionsfreiheit liege nicht vor, da dieser durch den Schutz der Familie und des Kindeswohls nach Art. 6 GG Grenzen gesetzt seien.[506] Dieser Entscheidung kann aber nicht zugestimmt werden. Angesichts der konkreten Umstände – die Patientin hatte ihre Patientenverfügung unmittelbar vor der Operation, aufgrund derer schließlich Bluttransfusionen erforderlich wurden, den Ärzten übergeben – gab es für Zweifel an einer Aufrechterhaltung ihres Willens

[502] BGH NStZ 2003, 477, 479, ablehnend Spickhoff, JZ 2003, 739, 740 f.

[503] BGH NStZ 2003, 477, 479, zustimmend Saliger, MedR 2004, 237, 240; insoweit anders Taupitz, Gutachten A zum 63. DJT, S. A 113: wenn eine als endgültig und bindend gewollte Patientenverfügung vorliegt, kann weder auf einen mutmaßlichen Willen zurückgegriffen noch ein Betreuer bestellt werden und kann ein Betreuer auch nicht entscheiden, so dass dessen Entscheidung vom Gericht kontrolliert werden dürfte; kritisch dazu auch Kutzer, ZRP 2003, 213 f.

[504] Verrel, NStZ 2003, 449, 452

[505] NK-Neumann, Vor § 211 Rdnr. 112, Sternberg-Lieben, FS für Lenckner, S. 349, 360, Schöllhammer, Die Rechtsverbindlichkeit des Patiententestaments, S. 137 ff., Heyers, Passive Sterbehilfe und das Betreuungsrecht, S. 351 ff., Thias, Möglichkeiten und Grenzen eines selbstbestimmten Sterbens, S. 238 f., Taupitz, Gutachten A zum 63. DJT, S. A 113, Diederichsen, FS für Schreiber, S. 635, 649. Zwar dürfte Betreuungsbedarf in der Regel schon früher und außerhalb der Sterbehilfeentscheidung entstehen. Dass die Frage nach der Subsidiarität einer Betreuerbestellung aber nicht rein akademischer Natur ist, wie Saliger, MedR 2004, 237, 239 Fn. 37 meint, zeigt der Sachverhalt der Entscheidung des BVerfG NJW 2002, 206, in der im Grunde eine Betreuerbestellung zur Umgehung der Patientenverfügung, in der die Ablehnung einer Bluttransfusion enthalten war, erfolgte.

[506] BVerfG NJW 2001, 206, 207

schon überhaupt keine tatsächlichen Anhaltspunkte, ganz abgesehen davon, dass solche bloß mutmaßlichen Willensänderungen gar nicht relevant sein dürften.[507] Die Bestellung des Betreuers erfolgte vielmehr recht offensichtlich zu dem Zweck, den als sinnlos empfundenen Tod der Patientin zu vermeiden und dem Ehemann die Gattin, dem Kind die Mutter zu erhalten. Dies sind zwar grundsätzlich ehrenwerte Motive, verkennt indes die Bedeutung des grundrechtlichen Selbstbestimmungsrechts des Einzelnen. Dieses gibt eben auch das Recht zu „unvernünftigen" Entscheidungen, Pflichten gegenüber Familienangehörigen können nur insoweit bestehen, als der Einzelne lebt, nicht jedoch besteht eine Pflicht zum Weiterleben.[508] Zutreffenderweise ist die Anordnung einer Betreuung bei Vorliegen einer eindeutigen Patientenverfügung als unzulässig zu erachten.

Allerdings bleibt die Verbindlichkeit einer Patientenverfügung in Grenzfällen problematisch. *Merkel* führt (allerdings in anderem Zusammenhang) das Beispiel an, dass eine frühere explizite Anweisung des Patienten im Widerspruch zu seinen vermuteten aktuellen Interessen stehe. Das sei z.B. der Fall, wenn ein strenggläubiger Zeuge Jehovas angesichts einer bevorstehenden Operation, die das Risiko birgt, dass er anschließend schwer geistig behindert bleibt, eine Patientenverfügung verfasst, in der er für einen solchen Fall anordnet, dass bei allen nachfolgenden medizinischen Behandlungen insbesondere keine Bluttransfusionen vorgenommen werden dürfen. Die Operation lässt den Patienten im Zustand schwerster geistiger Retardierung zurück, er weiß nichts mehr von seiner früheren Persönlichkeit, seiner Religion und seiner Verfügung, aber er lebt offensichtlich gerne, freut sich an Spielzeug, am Essen etc. Nunmehr wird bei einer an sich leichten Verletzung eine Bluttransfusion erforderlich.[509] *Merkel* nutzt dieses Beispiel, um die seiner Meinung nach verfehlte Begründung der Zulässigkeit passiver Sterbehilfe bei entscheidungsunfähigen Personen (mit der mutmaßlichen Einwilligung) zu kritisieren. Denn auf dieser Basis müsste der Arzt den Patienten hier sterben lassen, da für die jetzt eingetretene Situation ja gerade ein wirklicher Wille artikuliert wurde und dessen Urheber zu dem jetzigen Problem, das zu verstehen er völlig außerstande ist, auch gar keinen anderen Willen mehr bilden kann. Dies sei aber moralisch inakzeptabel.[510] Denn im Grunde gebe es keine hinreichende psychische Identität mehr zwischen dem Urheber der Verfügung und dem Adressaten ihrer Wirkung, um dem letzteren Verfügung und Folgen einfach zurechnen zu können. Die Person A1 dürfe nun einmal nicht über den Tod einer anderen Person A2 entscheiden; und an der personalen Verschiedenheit beider ändere bei vollständiger und endgültiger Bewusstseinsscheidung auch ihre körperliche Identität nichts.[511] Unabhängig von dem philosophischen Problem, wieviel an psychischer Kontinuität die personale Identität einer Person voraussetzt, sollte aber das Strafrecht schon um der Rechtsklarheit willen nicht an den uneinheitlich verwandten, vielgestaltigen ethischen Begriff der „Person", sondern an einfach handhabbare, stabile Voraussetzungen anknüpfen, nämlich die Einheit des Körpers als Einheit des fraglichen Rechtssubjekts.[512] Dann kann aber auch

---

[507] Kritisch, wenn auch letztlich zustimmend hingegen Ohler/Weiß, NJW 2002, 194 f., da angesichts der beschränkten Prüfungsdichte die Entscheidung des BVerfG, Zweifel an der Wirksamkeit oder Geltung der Patientenverfügung zuzulassen, verfassungsrechtlich nicht unvertretbar sei.

[508] Vgl. insoweit auch BVerfGE 32, 98, 110 f., wonach sich das Recht auf Glaubensfreiheit auch gegen die Grundrechte anderer aus Art. 6 GG durchsetzt.

[509] Merkel, ZStW 107 (1995), 545, 566

[510] Merkel, ZStW 107 (1995), 545, 566 f.

[511] Merkel, ZStW 107 (1995), 545, 568 unter Berufung auf Parfit, Reasons and Persons, S. 199 ff., ebenso Bernat, FS für Deutsch, S. 443, 452 ff.

[512] Sternberg-Lieben, FS für Lenckner, S. 349, 359; vgl. auch Borttscheller, Die Bedeutung des Patientenwillens im Bereich der Sterbehilfe, S. 147 ff., die nach ausführlicher Beschäftigung mit dem philosophischen Problem

nicht davon gesprochen werden, dass der vorab Verfügende gleichsam eine „Verfügung zu Lasten Dritter“, nämlich des entscheidungsunfähigen Kranken, getroffen habe.[513] Dieses Ergebnis ist auch nicht, wie *Merkel* behauptet, moralisch inakzeptabel. Denn der vorab Verfügende muss das Recht haben, bestimmen zu können, was mit seinem Körper nach dem „Bewusstseinsverlust“ geschieht. Er hat etwa ein berechtigtes Interesse daran, bei Angehörigen und Freunden ein bestimmtes Erinnerungsbild seiner Person zu hinterlassen.[514] Tatsächlich stoßen hier allerdings Recht wie auch Moral an ihre Grenzen.[515]

(c) Weitere Instrumente des Betreuungsrechts: Vorsorgevollmacht und Betreuungsverfügung

Kurz sollen nun noch zwei weitere Instrumente des Betreuungsrechts erwähnt werden, die im Zusammenhang mit passiver Sterbehilfe bedeutsam sind: die Vorsorgevollmacht und die Betreuungsverfügung.

Unter einer Vorsorgevollmacht in medizinischen Angelegenheiten versteht man die zum Zweck der Vorsorge erfolgende zielgerichtete Bevollmächtigung einer Person durch den Betroffenen, diese solle im Fall seiner Entscheidungsunfähigkeit die notwendigen Erklärungen und Behandlungsanweisungen nach eventuell genauer festgelegten inhaltlichen Vorgaben treffen.[516] Vorteil ist dabei, dass ein vom Patienten selbst ausgewählter Dritter (also eine Vertrauensperson) mit dem behandelnden Arzt unmittelbar zusammenzuarbeiten vermag. Problematisiert wurde früher insbesondere, ob die Höchstpersönlichkeit derartiger Entscheidungen einer entsprechenden Einräumung von Rechtsmacht nicht entgegensteht.[517] Mit dem BtÄndG vom 25. Juni 1998 wurde indes § 1904 Abs. 2 BGB geschaffen und damit die Vorsorgevollmacht zur Erteilung von Behandlungsanweisungen gegenüber dem Arzt gesetzlich anerkannt. Die Vorsorgevollmacht geht der Bestellung eines Betreuers auch wiederum vor gemäß § 1896 Abs. 2 Satz 2 BGB, wobei sich bei der Entscheidung des Bevollmächtigten

---

der personalen Identität das Körperlichkeitskriterium als einzig verlässliche Basis und damit entscheidend ansieht.

513 Sternberg-Lieben, FS für Lenckner, S. 349, 359

514 Vgl. dazu auch die Äußerungen von Jens, in: Jens/Küng, Menschenwürdig sterben, S. 196, und von Küng, ebenda, S. 209, die eine weit verbreitete Ansicht wiedergeben dürften.

515 Nach Borttscheller, Die Bedeutung des Patientenwillens im Bereich der Sterbehilfe, S. 173 ff. ist stets zu prüfen, ob nicht ein mutmaßlicher Widerruf der Patientenverfügung vorliegt; von der Bindungswirkung der Verfügung sei eine Ausnahme zu machen, wenn deutliche Anhaltspunkte für eine genau auf die eingetretene Situation abzielende Willensänderung gegeben sind. Im obigen Beispielsfall ist aber gerade kein Raum für eine solche Willensänderung, da die Verfügung die Möglichkeit einer solchen zukünftigen geistigen Retardierung gerade einbezogen hat. Das Grunddilemma bleibt also erhalten. Vgl. auch Taupitz, Gutachten A zum 63. DJT, S. A 117 f., der einen Widerruf „bis zuletzt“ auch des einwilligungsunfähigen Patienten aufgrund dessen Persönlichkeitsrechts zulassen will. Doch stellt sich – unabhängig davon, ob man wirklich einen Widerruf durch einen Nichteinwilligungsfähigen rechtlich zulassen möchte – die Frage, ob dies tatsächlich dem Persönlichkeitsrecht des Betroffenen dienen würde, der schließlich zuvor in Ausübung seines Persönlichkeitsrechts genau diese Situation verbindlich regeln wollte. Ähnlich der hier vertretenen Auffassung dagegen Hoerster, Sterbehilfe im säkularen Staat, S. 80 ff., der die Patientenverfügung grundsätzlich auch in solchen Fällen für verbindlich erachtet, wenn nicht ausnahmsweise ein Irrtum des Verfügenden bei der Errichtung der Patientenverfügung darüber vorlag, dass er die betreffende Behandlung im nachhinein durchaus billigen würde, und wenn ihn dieses Wissen von der Errichtung der Patientenverfügung abgehalten hätte.

516 Heyers, Passive Sterbehilfe und das Betreuungsrecht, S. 151, Nagel, Passive Euthanasie, S. 69, Diederichsen, FS für Schreiber, S. 635, 646 f.

517 Sternberg-Lieben, FS für Lenckner, S. 349, 364, Uhlenbruck, FS für Deutsch, S. 849, 852 ff., vgl. auch Nagel, Passive Euthanasie, S. 72 ff. sowie Thias, Möglichkeiten und Grenzen eines selbstbestimmten Sterbens, S. 118 ff.

über einen Behandlungsabbruch hinsichtlich der Frage der Erforderlichkeit einer vormundschaftsgerichtlichen Genehmigung die gleichen Probleme stellen wie bei einer eingerichteten Betreuung.[518]
Unter einer Betreuungsverfügung versteht man die Möglichkeit, schon vor der Bestellung eines Betreuers Vorschläge zur Person des Betreuers und Wünsche zur Wahrnehmung der Aufgaben des Betreuers, insbesondere auch zu Art und Weise einer ärztlichen Behandlung, zu äußern. Diesen Wünschen muss der Vormundschaftsrichter bei der Bestellung des Betreuers Folge leisten, wenn sie dem Wohl des Betroffenen nicht entgegenstehen (§§ 1897 Abs. 4 Satz 3, 1901 Abs. 3 Satz 2, 1901a BGB). Das Handeln des Betreuers richtet sich dann grundsätzlich nach den allgemeinen zivilrechtlichen Regeln für das Betreuerhandeln, so dass sich insoweit kaum Besonderheiten ergeben.[519]

(6) Anspruch auf passive Sterbehilfe

Fraglich bleibt nun noch, ob in bestimmten Fällen nicht nur ein Recht zur passiven Sterbehilfe besteht, sondern auch ein Anspruch des (entscheidungsunfähigen) Patienten hierauf.
Die Frage stellt sich im Anschluss an eine Entscheidung des OLG München, die die Weigerung des Pflegeheimpersonals, die künstliche Ernährung eines Wachkomapatienten gemäß seinem in einer Patientenverfügung vorab geäußerten Wunsch einzustellen, behandelt.[520] Danach ergeben sich aus einem Heimvertrag keine vertraglichen Ansprüche auf Mitwirkung an der Herbeiführung des Todes durch Einstellung der künstlichen Ernährung. Denn dieser Vertrag sei auf die Bewahrung von Leben ausgerichtet. Zwar könne das Selbstbestimmungsrecht des Patienten auch eine Selbstbestimmung zum Tode einschließen. Die Grenzen der Selbstbestimmung seien jedoch vertraglich eingeschränkt und für die Parteien bindend festgelegt worden. Pflegekräfte könnten sich vielmehr unter Berufung auf ihre Gewissensentscheidung nach Art. 1, 2 und 4 GG weigern, an einer gewünschten Sterbehilfe mitzuwirken.[521]
Diese Entscheidung sieht sich aber dem Einwand ausgesetzt, dass das Selbstbestimmungsrecht des Patienten durch eine vertragliche Vereinbarung weitgehend ausgehebelt wird, die der Patient nicht einmal selbst getroffen hat (sondern sein Betreuer für ihn). Das Urteil des OLG München wirft dabei nicht nur die grundsätzliche Frage auf, ob Dritte, die die Ernährungssonde nicht gelegt haben, verpflichtet sind, bei Vorliegen einer Patientenverfügung und einer eventuellen Zustimmung des Vormundschaftsgerichts die künstliche Ernährung abzubrechen und sich auf palliative Maßnahmen zu beschränken. Vielmehr stellt sich auch schon die Vorfrage, ob derjenige, der die Sonde gelegt hat, bei Feststellung des Patientenwillens verpflichtet ist, diese wieder zu beseitigen. Verneint man diese Fragen, wird die Zumutbarkeit für das Pflegepersonal als wichtiger eingestuft als die Frage der Zumutbarkeit einer künstlichen Ernährung gegen seinen Willen für den Patienten.[522]

---

[518] Vgl. Taupitz, Gutachten A zum 63. DJT, S. A 97 ff., Heyers, Passive Sterbehilfe und das Betreuungsrecht, S. 353 ff., 357 ff., Thias, Möglichkeiten und Grenzen eines selbstbestimmten Sterbens, S. 240, Burchardi, FS für Schreiber, S. 615, 624; diese Frage wurde von der Rechtsprechung bislang nicht entschieden, vgl. Saliger, MedR 2004, 237, 245, Strätling/Fieber/Sedemund-Adib/Schmucker, MedR 2004, 433, 436 f. Zu Einzelfragen im Zusammenhang mit der Bevollmächtigung s. auch Thias, Möglichkeiten und Grenzen eines selbstbestimmten Sterbens, S. 131 ff.

[519] Zur Betreuungsverfügung, insbesondere auch der eventuellen Subsidiarität gegenüber einer Patientenverfügung, s. Taupitz, Gutachten A zum 63. DJT, S. A 119 ff; des weiteren Nagel, Passive Euthanasie, S. 76 f.

[520] OLG München, NJW 2003, 1743

[521] OLG München, NJW 2003, 1743 ff.

[522] Uhlenbruck, NJW 2003, 1710, 1712

Dazu ist anzumerken, dass zwar die entsprechende Vereinbarung nicht durch den Patienten selbst, aber durch den Betreuer als seinem gesetzlichen Vertreter getroffen wurde. Da sich der Betreuer nach den Wünschen des Betreuten zu richten hat (§ 1901 Abs. 3 Satz 1 BGB: sofern dies nicht dem Wohl des Betreuten zuwiderläuft), ist eine Berücksichtigung des Selbstbestimmungsrechts des Betreuten bei Vertragsabschluss eigentlich gewährleistet.
Das Problem spitzt sich also auf die Frage zu, ob das Pflegepersonal seine Gewissensentscheidung gemäß Art. 4 GG auch gegenüber dem Selbstbestimmungsrecht des Patienten durchsetzen kann. Durch die Fortsetzung der Sondenernährung gegen den Willen des Patienten liegt ein rechtswidriger Eingriff in die körperliche Integrität des Patienten und damit eine Körperverletzung vor. Der Patient hat also an sich einen Anspruch auf Beendigung der Sondenernährung und das Pflegepersonal ist verpflichtet, diese zu beseitigen. Weigert sich das Personal indes, ist dies aber möglicherweise aufgrund deren Gewissensentscheidung entschuldigt. Dies dürfte solange der Fall sein, als keine gewissensneutrale Alternative zur Verfügung steht (vgl. die Ausführungen zur Gewissenstat oben 1c,aa (3)). Wegen der Besonderheiten der passiven Sterbehilfe kann eine solche Alternative allerdings nicht in der bloßen „Duldung" der passiven Sterbehilfe „durch Dritte" gesehen werden. Denn das Wesen der passiven Sterbehilfe bringt es mit sich, dass sich dieser Vorgang über längere Zeit hinzieht und das Pflegepersonal sich in dieser Zeit ständig durch sein Gewissen verpflichtet fühlen könnte, die Behandlung eben wieder aufzunehmen.
Letztlich muss daher wohl trotz der schweren Konsequenzen[523] der Entscheidung des OLG München im Ergebnis zugestimmt werden. Zwar hat der Patient einen Anspruch auf passive Sterbehilfe, doch ist dieser wegen der zulässigen Gewissensentscheidung des Pflegepersonals ggf. nicht durchsetzbar.

(7) Rechtslage de lege ferenda

Fraglich bleibt die Ausgestaltung der Rechtslage de lege ferenda.
Im Gutachten A zum 63. Deutschen Juristentag im Jahr 2000 wurde bereits ein dringender Regelungsbedarf hinsichtlich der Frage, unter welchen Voraussetzungen der nicht Äußerungsfähige medizinisch behandelt werden darf, konstatiert. Das Genehmigungserfordernis durch das Vormundschaftsgericht gemäß § 1904 BGB sei vom Gesetzgeber auch auf die Behandlungsverweigerungsentscheidung des Betreuers und des Gesundheitsbevollmächtigten auszudehnen. Eine gesetzliche Regelung der Patientenverfügung sei zur Beseitigung zahlreicher Zweifel wünschenswert.[524]
Inzwischen hat die vom Bundesjustizministerium im Anschluss an die Entscheidung des BGH vom 17.3.2003[525] eingesetzte Arbeitsgruppe „Patientenautonomie am Lebensende", die sich interdisziplinär aus Juristen, Vertretern der Bundesärztekammer, der Hospizbewegung, der Regierung, der Kirchen sowie Vertretern von Wohlfahrts- und Verbraucherverbänden zusammensetzt, ihren Arbeitsbericht vorgelegt und Änderungen des Straf- und Betreuungsrechts

---

[523] Vgl. Uhlenbruck, NJW 2003, 1710, 1711, wonach der Patient zwar jederzeit aus dem Heim verlegt werden könnte, allerdings keine adäquaten Alternativen zur Verfügung stünden: Hospize und Palliativeinrichtungen nehmen grundsätzlich keine Koma-Patienten auf, und Pflegeheime werden regelmäßig die Aufnahme zum Zwecke der Sterbehilfe ablehnen. So bleibe praktisch nur ein Ausweichen ins Ausland.
[524] Taupitz, Gutachten A zum 63. DJT, S. A 124 ff.; zum Reformbedarf bei passiver Sterbehilfe s. auch Nagel, Passive Euthanasie, S. 110.
[525] BGH NStZ 2003, 477

angeregt.[526] Danach soll das Recht auf Selbstbestimmung gestärkt werden. Patientenverfügungen seien bindend. Vormundschaftsgerichte sollten nur im Konfliktfall eingeschaltet werden, etwa wenn keine Patientenverfügung vorliegt und zwischen Arzt und Betreuer Uneinigkeit besteht, ob die Behandlung abgebrochen werden soll. Auch die Zulässigkeit indirekter Sterbehilfe solle gesetzlich festgeschrieben werden.[527]
Auf der Grundlage dieses Arbeitsberichts hat das Bundesjustizministerium einen Referentenentwurf erarbeitet, mit dem eine entsprechende Änderung (nur) des Betreuungsrechts noch in der Legislaturperiode bis 2006 vorgenommen werden soll. Ziele der Reform sind zum Einen die Stärkung des Selbstbestimmungsrechts und Erhöhung der Rechtssicherheit, zum Anderen eine eindeutige Richtungsentscheidung gegen eine Legalisierung aktiver Sterbehilfe. Der Referentenentwurf sieht dafür zunächst die gesetzliche Verankerung der Patientenverfügung im Betreuungsrecht ohne Befristung oder Formvorschriften und ohne eine Beschränkung der Reichweite auf ein bestimmtes Krankheitsstadium vor. Patientenverfügungen sind danach grundsätzlich bindend. Liegt eine den konkreten Fall erfassende Patientenverfügung vor, ist eine Entscheidung des Betreuers nicht erforderlich, Aufgabe des Vertreters ist aber die Durchsetzung des Patientenwillens. Erfasst die Patientenverfügung nicht den konkreten Fall, dient sie dem Betreuer als Indiz für den mutmaßlichen Willen als Grundlage der Entscheidung über die Einwilligung in die ärztliche Maßnahme anstelle des Betroffenen. Hinsichtlich der Beteiligung der Vormundschaftsgerichte sieht der Referentenentwurf vor, dass eine Genehmigung der Entscheidung des Betreuers, nicht aber des Bevollmächtigten, grundsätzlich erforderlich ist, wenn das Unterlassen der Behandlung dazu führen kann, dass der Betreute stirbt oder einen schweren und länger andauernden gesundheitlichen Schaden erleidet. Die Genehmigungspflicht soll aber entfallen, wenn zwischen Arzt und Betreuer Einigkeit über den konkreten und behandlungsbezogenen mutmaßlichen Willen des Patienten besteht. Des weiteren kann jeder Dritte jederzeit das Vormundschaftsgericht einschalten, wenn er Missbrauch des Betreuers oder des Bevollmächtigten befürchtet. Durch diese Stärkung der Patientenautonomie und Schaffung von Rechtssicherheit wird nach dem Referentenentwurf zugleich der Forderung einer Legalisierung aktiver Sterbehilfe entgegengetreten. Passive und indirekte Sterbehilfe reichen demnach zur Sicherung eines würdigen Sterbens aus.[528]
Es bleibt abzuwarten, inwiefern sich die nach dem oben Ausgeführten überwiegend sinnvollen Klarstellungen und Regelungen im gesetzgeberischen Prozess verwirklichen lassen.[529] Aufgrund der rechtspolitischen Brisanz des Themas[530] und auch der Kritik an bestimmten

[526] Bericht der Arbeitsgruppe „Patientenautonomie am Lebensende" vom 10.06.2004, im Internet abrufbar unter http://www.bmj.bund.de/media/archive/695.pdf

[527] SZ vom 11.6.2004, S. 10, Bericht der Arbeitsgruppe „Patientenautonomie am Lebensende", S. 7 ff.

[528] S. die Vorstellung des Referentenentwurfs durch das Bundesjustizministerium (Information für die Presse) „Eckpunkte zur Stärkung der Patientenautonomie", im Internet unter http://www.bmj.bund.de/media/archive/791 .pdf. Der Referentenentwurf ist im Internet abrufbar unter http://wwwuser.gwdg.de/~ukee/bmj_041101re.pdf.

[529] Dass Diskussionsbedarf besteht, zeigt auch die Erarbeitung eines Berichts über „Sterbehilfe und Sterbebegleitung" der Bioethik-Kommission des Landes Rheinland-Pfalz (Bericht vom 23.04.2004, s. http://www.justiz.r lp.de (Link „Ministerium" und „Bioethik")) und eines Zwischenberichtes der Enquete-Kommission Ethik und Recht der modernen Medizin des Deutschen Bundestages über „Patientenverfügungen" (BT-Drucksache 15/3700 vom 13.09.2004). Auch der Nationale Ethikrat hat inzwischen (abrufbar im Internet unter http://www.ethikrat.org/stellungnahmen/stellungnahmen.html) Empfehlungen zur Regelung von Patientenverfügungen erarbeitet, die insbesondere eine Stärkung des Selbstbestimmungsrechts des Patienten zum Ziel haben, vgl. SZ vom 03.06.2005, S. 8.

[530] So sind bereits Stimmen laut geworden, die vor einem gesetzgeberischen Tätigwerden warnen. Ausschlaggebend ist auch hier wiederum die Angst vor einer schleichenden Ausweitung der Zulässigkeit der Sterbehilfe – letztlich also vor einem Dammbruch (vgl. etwa die Äußerungen des Präsidenten der Bundesärztekammer Hoppe, SZ vom 11.6.2004, S. 10). Infolge der Tätigkeit der Arbeitsgruppe ist es aber auch zur Forderung nach weiter-

Punkten dieses Entwurfs, insbesondere der Rechtsverbindlichkeit nur mündlicher Patientenverfügungen und das Fehlen einer Beschränkung auf bestimmte Krankheitszustände,[531] hat die Bundesjustizministerin den Entwurf im Folgenden zurückgezogen, statt dessen wurde das Thema erstmals im März 2005 im Bundestag unter Aufhebung des Fraktionszwangs erörtert. Ob es tatsächlich zu einer gesetzlichen Regelung von passiver Sterbehilfe beim entscheidungsunfähigen Patienten kommen sollte und wie eine solche ausgestaltet wäre, ist derzeit daher noch völlig unklar.[532]
In Planung ist auch ein Alternativ-Entwurf Sterbebegleitung (AE-StB), mit dem angesichts der Entwicklungen in Rechtsprechung, Wissenschaft und Gesetzgebung der Alternativ-Entwurf Sterbehilfe aus dem Jahr 1986 aktualisiert und fortgeschrieben werden soll.[533] Der AE-StB, der auch ausführliche Darstellungen zu Fragen der passiven Sterbehilfe, insbesondere der Patientenverfügung und dem Verhältnis von Straf- und Betreuungsrecht, enthalten soll, wird vermutlich im Sommer 2005 veröffentlicht werden.

3. Die sog. Früheuthanasie

Unter Früheuthanasie versteht man die Euthanasie im Säuglings- und Kleinkindalter, also insbesondere die Tötung von schwer körperlich und/oder geistig geschädigten oder extrem unreifen Neugeborenen durch positives Tun oder ihr Sterbenlassen durch „Liegenlassen".[534] Spezielle Regelungen für die Behandlung solcher Neugeborener existieren nicht. Somit sind die auftretenden Probleme mit den allgemeinen Instrumentarien des Strafrechts zu bewältigen. Bei der Tötung Neugeborener durch positives Tun oder durch Unterlassen der Behandlung kommt insbesondere eine Strafbarkeit nach den §§ 211, 212 StGB, evtl. i.V.m. § 13 StGB in Betracht. Zu beachten sind noch die sog. Einbecker Empfehlungen über die Grenzen

---

gehenden Regelungen gekommen, für die indes derzeit keine parlamentarische Mehrheit erreichbar sein dürfte (vgl. SZ vom 10.6.2004, S. 1: Ankündigung einer Gesetzesinitiative für die aktive Sterbehilfe durch einen SPD-Abgeordneten, Zulässigkeit aktiver Sterbehilfe in extremen Fällen nach der rheinland-pfälzischen Bioethik-Kommission. Beide Vorschläge sind allerdings auf breite Ablehnung gestoßen).

[531] Vgl. in der Rechtslehre Landau, ZRP 2005, 50, 52 f. Zur politischen Diskussion s. etwa SZ vom 23.03.2005, S. 13, SZ vom 24./25.03.2005, S. 2.

[532] Der Fall der amerikanischen Wachkoma-Patientin Terri Schiavo im Frühjahr 2005 hat auch hierzulande die Diskussion um die Zulässigkeit passiver Sterbehilfe verstärkt. Nach 15 Jahren im Wachkoma sollte – gegen den Willen der Eltern, aber nach dem vom Ehemann vermittelten mutmaßlichen Willen der Patientin – die künstliche Ernährung der Patientin eingestellt werden, was über mehrere gerichtliche Instanzen hinweg bestätigt wurde. Das Sterben der 41-jährigen wurde dabei nicht nur zum Schauplatz erbitterter juristischer Auseinandersetzungen, sondern auch von Medien und Politik instrumentalisiert, vgl. etwa SZ vom 21.03.2005, S. 1, SZ vom 22.03.2005, S. 3, SZ vom 23.03.2005, S. 13, SZ vom 24./25.03.2005, S. 2, SZ vom 26.-28.03.2005, S. 6, 13, SZ vom 01.04.2005, S. 15. Auch wenn nach dem Tod Terri Schiavos die Debatte wieder verebbt ist, hat sie doch die mit dem Thema verbundenen Emotionen und besonderen Konfliktstoff auch in Deutschland aufgezeigt.

[533] Vgl. bereits Fn. 240.

[534] Lackner/Kühl-Kühl, Vor § 211 Rdnr. 5, NK-Neumann, Vor § 211 Rdnr. 124, Everschor, Probleme der Neugeboreneneuthanasie, S. 16, Laber, MedR 1990, 182. Zwar wird weithin von Früheuthanasie nur als dem Sterbenlassen bzw. den Grenzen der Behandlungspflicht bei schwerst geschädigten oder extrem unreifen Neugeborenen gesprochen, vgl. MüKo-Schneider, Vor §§ 211 ff. Rdnr. 130, LK-Jähnke, Vor § 211 Rdnr. 20d, Tröndle/Fischer, Vor §§ 211 bis 216 Rdnr. 25, Sch/Sch-Eser, Vorbem §§ 211 ff. Rdnr. 32a, Roxin, Medizinstrafrecht, S. 117. Hier soll der Begriff aber umfassender im Sinne auch aktiver Tötungshandlungen verstanden werden. Ob eine solche aktive Tötung von Neugeborenen rechtlich zulässig sein kann, ist eine andere Frage, die im Laufe der Abhandlung geklärt werden wird.

ärztlicher Behandlungspflicht bei schwerstgeschädigten Neugeborenen, die durch eine Arbeitsgruppe, bestehend aus Mitgliedern der Akademie für Ethik in der Medizin, der Deutschen Gesellschaft für Kinderheilkunde und der Deutschen Gesellschaft für Medizinrecht, erarbeitet wurden.[535] Es handelt sich dabei allerdings um bloße Leitlinien, die – auch nach eigenem Verständnis – nur als Orientierungshilfe für die konkrete, vom einzelnen Arzt zu verantwortende Situation dienen können.[536] Auch die Grundsätze der Bundesärztekammer zur ärztlichen Sterbebegleitung enthalten – unverbindliche – Aussagen über die Behandlungspflicht bei schwerst geschädigten Neugeborenen und extrem unreifen Frühgeborenen.[537] Die Grenzen zulässiger Sterbehilfe bestimmen sich also auch bei der Früheuthanasie nach dem Strafrecht.

a) Absoluter Lebensschutz als Ausgangspunkt

Nach der wohl h.M. wird im Rahmen der Früheuthanasie zunächst die Absolutheit des Lebensschutzes betont: Nach Art. 2 Abs. 2 GG wird das Recht auf Leben „jedem" garantiert. Die Vorschrift beinhaltet ein Prinzip von höchstem verfassungsrechtlichem Rang; sie schützt das Leben in jeder Form und Gestalt.[538] Ausgangspunkt ist also die Gleichwertigkeit allen Lebens.[539]

Anschließend wird aber meist festgestellt, dass vom Grundsatz des Lebensschutzes abgewichen werden kann, wenn auch nur in eng begrenzten und extremen Ausnahmefällen, etwa bei der (Erwachsenen-) Sterbehilfe. Da die Früheuthanasie nur eine erweiterte Form der Euthanasie sei, könnten Tötungshandlungen bei Neugeborenen allenfalls in dem Umfang erlaubt sein, wie es bei der allgemeinen Euthanasie der Fall ist.[540] Dies folge aus der Gleichwertigkeit jeden Lebens, weshalb grundsätzlich keine Unterschiede bezüglich der Behandlung Neugeborener und Erwachsener zu machen seien.[541]

Orientiert man sich an den Vorgaben für die zulässige Sterbehilfe bei Erwachsenen, so kann nach der Art der Tötungshandlung, also zwischen aktiver und passiver Sterbehilfe unterschieden werden.

aa) Aktive Tötungshandlungen

Aktive Sterbehilfe im Sinne einer gezielten Lebensverkürzung wird von der h.M. als stets unzulässig angesehen (vgl. oben 1c)). Demgemäß ist auch die aktive direkte Sterbehilfe bei Neugeborenen als unzulässig zu beurteilen, und zwar auch dann, wenn sie aus Mitleid, zur Schmerzbeseitigung oder zur Erlösung von einem qualvollen Leben erfolgt.[542] Wenn man,

---

535 Revidierte Fassung, abgedruckt in MedR 1992, 206

536 Einbecker Empfehlungen, MedR 1992, 206, Präambel

537 Grundsätze der Bundesärztekammer zur ärztlichen Sterbebegleitung (2004), Ziff. II

538 Hanack, MedR 1985, 33, 34, Laber, MedR 1990, 182, 183, Kaufmann, JZ 1982, 481, 482

539 LK-Jähnke, Vor § 211 Rdnr. 20d, v. Loewenich, MedR 1985, 30, Ulsenheimer, MedR 1994, 425, 426, vgl. auch die Einbecker Empfehlungen, MedR 1992, 206, Ziff. I.

540 Laber, MedR 1990, 182, 183 f.; vgl. kritisch zur Beurteilung des Sterbenlassens Neugeborener nach gleichen Maßstäben wie die Sterbehilfe im Angesicht eines unabwendbaren Todes aber Eser, in: Auer/Menzel/Eser, Zwischen Heilauftrag und Sterbehilfe, S. 142.

541 Ulsenheimer, MedR 1994, 425, 426, LK-Jähnke, Vor § 211 Rdnr. 20d

542 MüKo-Schneider, Vor §§ 211 ff. Rdnr. 131, SK-Horn, § 212 Rdnr. 26d, Eser, FS für Narr, S. 47, 55, Ulsenheimer, MedR 1994, 425, 426, Laber, MedR 1990, 182, 184, Kaufmann, JZ 1982, 481, 483. Zum Sonderproblem der aktiven Sterbehilfe bei anenzephalen Neugeborenen zum Zweck der Organtransplantation s. Antoine, Aktive Sterbehilfe in der Grundrechtsordnung, S. 349 ff.; die ganz überwiegende Auffassung lehnt eine

wie in dieser Arbeit vertreten, auch die direkte Sterbehilfe in extrem gelagerten, eng umgrenzten Ausnahmefällen für gerechtfertigt hält, ist eine solche Rechtfertigung hier indes ggf. fraglich: zwar liegt keinesfalls eine Situation vor, in der Selbstmord nur deshalb ausscheidet, weil der Betroffene physisch dazu nicht in der Lage ist. Doch könnte eine aktive Sterbehilfe bei nicht mehr kontrollierbaren extremen Schmerzzuständen ausnahmsweise für zulässig erachtet werden, wenn sich diese auch nicht auf den Willen des Betroffenen, sondern nur auf sein Interesse an Schmerzlinderung stützen kann. Hat der Sterbevorgang bereits eingesetzt, könnte also das Schmerzlinderungsinteresse ausnahmsweise das Lebensinteresse überwiegen und eine Notstandsrechtfertigung angenommen werden.[543] Doch wird man dies wie auch bei nicht entscheidungsfähigen Erwachsenen abzulehnen haben und statt dessen auf die Möglichkeit einer Sedierung verweisen müssen, um die Grenzziehung zwischen ggf. zulässiger aktiver Sterbehilfe auf Verlangen und unzulässiger aktiver Sterbehilfe aufgrund einer Interessenbewertung durch Außenstehende nicht völlig unmöglich zu machen.
Rechtlich zulässig muss indes auch hier die indirekte Sterbehilfe sein, wenn die lebensverkürzende Wirkung als unbeabsichtigte, aber unvermeidliche Nebenwirkung einer wirksamen Schmerzbehandlung eintritt.[544] Zwar findet auch dann eine Interessensabwägung durch Außenstehende statt. Doch ist eine solche eben nur soweit möglich, als sie angesichts der Schmerzzustände des betroffenen Neugeborenen unerlässlich ist.[545]

bb) Passive Früheuthanasie: Grenzen der Lebenserhaltungspflicht

Im Mittelpunkt der Diskussion steht die passive Früheuthanasie, also das Sterbenlassen eines Neugeborenen durch Verzicht auf lebensverlängernde oder –erhaltende Maßnahmen.
Passive Sterbehilfe ist bei Erwachsenen nach h.M. zunächst zulässig, wenn der Behandlungsabbruch dem ausdrücklichen oder mutmaßlichen Willen des Patienten entspricht (vgl. oben 2a), 2c)).
Bei Neugeborenen oder Kleinstkindern kommt naturgemäß aber weder eine ausdrücklich erklärte noch eine mutmaßliche Einwilligung in Betracht. Denn auch die mutmaßliche Ein-

---

solche aktive Sterbehilfe zutreffend ab, vgl. etwa Sch/Sch-Eser, Vorbem §§ 211 ff. Rdnr. 14, Antoine, Aktive Sterbehilfe in der Grundrechtsordnung, S. 351 ff., Isemer/Lilie, MedR 1988, 66, 68 f., Kloth, MedR 1994, 180, 181. Zur vereinzelten Forderung einer Freigabe nichtfreiwilliger aktiver Sterbehilfe bei Neugeborenen de lege ferenda s. Darstellung und Nachweise bei Antoine, Aktive Sterbehilfe in der Grundrechtsordnung, S. 73 ff.

[543] Vgl. etwa die Falldarstellung bei Merkel, Früheuthanasie, S. 44 f. (Epidermolysis bullosa atophicans letalis mit fortschreitender schmerzhafter Hautablösung in schwerster Form), sowie Antoine, Aktive Sterbehilfe in der Grundrechtsordnung, S. 357 ff., der allerdings eine aktive Sterbehilfe entgegen dem Willen der Eltern angesichts der in Art. 6 Abs. 1 und 2 GG garantierten „Autonomie der Familie" ablehnt, was unter dem Blickwinkel des Art. 6 Abs. 3 GG aber keineswegs zwingend sein dürfte.

[544] Ulsenheimer, MedR 1994, 425, 426, Antoine, Aktive Sterbehilfe in der Grundrechtsordnung, S. 354 ff.; nach Laber, MedR 1990, 182, 184, spielt die indirekte Sterbehilfe bei der Früheuthanasie allerdings „keine Rolle". Dem kann aber nicht zugestimmt werden. Denn auch bei Neugeborenen sind Schmerzzustände vorstellbar (vgl. v. Loewenich, MedR 1985, 30 zur Schmerzempfindlichkeit von Neugeborenen), die nur unter Inkaufnahme einer lebensverkürzenden Wirkung kontrolliert werden können. Stützt man die Zulässigkeit indirekter Sterbehilfe auf eine Interessensabwägung nach § 34 StGB (vgl. oben 1b,aa (4)), ist auch hier das Leidvermeidungsinteresse des Säuglings gegen sein Lebensverlängerungsinteresse abzuwägen.

[545] So ist bei den gerade beschriebenen nicht kontrollierbaren Schmerzzuständen eben eine Interessensabwägung insoweit möglich, als sie unvermeidlich ist: sie rechtfertigt die Sedierung, nicht aber die Tötung. Andere Schmerzzustände rechtfertigen die Schmerzmedikation mit lebensverkürzender Wirkung als Nebeneffekt, nicht aber die Sedierung oder die gezielte Tötung.

willigung setzt eine zumindest ursprünglich entscheidungsfähige Person voraus, andernfalls fehlt es an jedem Ansatzpunkt für den mutmaßlichen Willen (vgl. oben 2c,bb (2)).[546]
Auch der Wille der Eltern kann nicht als Kriterium herangezogen werden.[547] Denn im Bereich der Erwachsenen-Sterbehilfe kommt den Angehörigen keinerlei Entscheidungsrecht zu, allenfalls werden sie zur Ermittlung des mutmaßlichen Willens des Patienten herangezogen, und auch der Betreuer kann nur den mutmaßlichen Willen des betreuten Patienten durchsetzen, nicht aber eine eigene Entscheidung über die Behandlungseinstellung treffen (vgl. oben 2c,bb (4)).[548] Im Bereich der Früheuthanasie kann nichts Besonderes gelten. Den Eltern ein Entscheidungsrecht zuzugestehen, wäre mit der Gefahr verbunden, dass sachfremde Motive in die Entscheidung einfließen, etwa die Furcht vor großen finanziellen Aufwendungen für das später behinderte Kind oder die Bewertung der Lebensqualität eines behinderten Lebens.[549]
Schließlich kann nicht begründet werden, warum den Eltern hier ein Entscheidungsrecht über Leben und Tod des Kindes zukommen soll, wenn ihnen diese Entscheidung bei ihren gesunden Kindern doch absolut entzogen ist (und sowohl bei gesunden wie auch bei kranken Kindern die Eltern etwa mit finanziellen Aufwendungen belastet sind). Die Beachtlichkeit des Willens der Eltern findet also ihre Grenze in der Unverfügbarkeit fremden Lebens.[550]
Daher muss die Zulässigkeit passiver Früheuthanasie letztlich nach den Kriterien des einseitigen Behandlungsabbruchs beurteilt werden.[551]
Werden dem schwerkranken Neugeborenen durch das Unterlassen (weiterer) Behandlung schwerste Schmerzen erspart, so ist der einseitige Behandlungsabbruch unter dem Aspekt der Schmerzlinderung zulässig (vgl. auch oben 2 b,bb).[552]
Besteht hingegen kein Schmerzlinderungsinteresse, wird in Anschluss an *Eser*[553] meist differenziert:[554]

---

[546] S. auch Laber, MedR 1990, 182, 185, MüKo-Schneider, Vor §§ 211 ff. Rdnr. 131; die Ansicht von NK-Neumann, Vor § 211 Rdnr. 125, der auch hier auf den mutmaßlichen Willen anhand der Interessen des Neugeborenen abstellen will, weil dies den Vorrang individueller Präferenzen vor heteronomen und standardisierten Wertungen zum Ausdruck bringe und die Notwendigkeit vermeide, die Voraussetzung des „wesentlichen" Überwiegens des zu wahrenden Interesses gemäß § 34 StGB zu überspielen, ist daher abzulehnen. Sie übersieht, dass es individuelle Präferenzen des Neugeborenen eben gerade nicht geben kann und das „wesentliche" Überwiegen gerade bei der Interessensabwägung durch Außenstehende seine Bedeutung hat (vgl. dazu auch unten c)).

[547] Laber, MedR 1990, 182, 186, Kaufmann, JZ 1982, 481, 484, Schmitt, JZ 1979, 462, 463 f.

[548] S. auch Laber, MedR 1990, 182, 186, Schmitt, JZ 1979, 462, 463.

[549] Laber, MedR 1990, 182, 186, der darauf hinweist, dass es sich bei der Entscheidung, das Kind sterben zu lassen, unter Umständen gar nicht um eine solche aus Mitleid mit dem Kind handelt, sondern aus Mitleid mit der Gesellschaft und sich selbst: aus Missbehagen darüber, mit einem geschädigten oder gestörten Mitmenschen zusammenleben zu müssen.

[550] LK-Jähnke, Vor § 211 Rdnr. 20d; zu beachten ist allerdings, dass auch intensivpädiatrische Maßnahmen als Heileingriffe einer Einwilligung nach vorheriger Aufklärung bedürfen. Eine solche ist anstelle des einwilligungsunfähigen Kindes grundsätzlich von den Eltern als gesetzlichen Vertretern zu erteilen. Die Eltern haben dabei zum Wohl ihres Kindes zu handeln, was ggf. auch vormundschaftsgerichtlich überprüft werden kann, vgl. Eser, FS für Narr, S. 47, 53 ff. Die Eltern haben aber, da sie sich nur am „Wohl" ihres Kindes orientieren dürfen, kein eigenes Entscheidungsrecht im eigentlichen Sinne; vielmehr müssen sie sich an den allgemein festzulegenden Kriterien für die Zulässigkeit passiver Sterbehilfe halten.

[551] Eser, FS für Narr, S. 47, 57 ff., Laber, MedR 1990, 182, 186; vgl. auch Kaufmann, JZ 1982, 481, 484.

[552] Eser, FS für Narr, S. 47, 59, Laber, MedR 1990, 182, 186 m.w.N. zur umstrittenen dogmatischen Begründung.

[553] Eser, in: Auer/Menzel/Eser, Zwischen Heilauftrag und Sterbehilfe, S. 125 ff., Sch/Sch-Eser, Vorbem. §§ 211 ff. Rdnr. 29

[554] Vgl. Laber, MedR 1990, 182, 186 ff., Kaufmann, JZ 1982, 481, 484 ff., Ulsenheimer, MedR 1994, 425, 427 f.

(1) Faktische Unmöglichkeit

Relativ unproblematisch sind die Fälle faktischer Unmöglichkeit, in denen die Lebensverlängerung medizinisch-technisch nicht möglich ist, weil die entsprechenden Behandlungsmethoden noch nicht entwickelt wurden oder die erforderlichen medizinischen Geräte bzw. das nötige Fachpersonal nicht zur Verfügung stehen.[555] Fraglich ist, ob dazu auch die Situation gehört, dass nach dem aktuellen Stand der medizinischen Erfahrungen das Leben des Neugeborenen nicht auf Dauer erhalten werden kann, sondern nur ein in Kürze zu erwartender Tod hinausgezögert wird.[556] Richtigerweise wird man in solchen Fällen aber keine faktische Unmöglichkeit, sondern vielmehr eine normative Unzumutbarkeit der Behandlung (dazu sogleich) anzunehmen haben. Denn ist die Lebensverlängerung – wenn auch nur für kurze Zeit – möglich, scheidet die Annahme einer Unmöglichkeit schon begrifflich aus.[557] Keine faktische Unmöglichkeit liegt zudem dann vor, wenn der Arzt zwar nicht das Leiden oder die Behinderung beheben kann, jedoch das Leben erhalten bzw. verlängern.[558]

(2) Normative Unzumutbarkeit

Ist eine Lebensverlängerung medizinisch-technisch möglich, kommt ein Sterbenlassen aber bei normativer Unzumutbarkeit weiterer Lebenserhaltungsmaßnahmen in Betracht.[559] Problematisch ist insoweit allerdings, wann eine solche normative Unzumutbarkeit angenommen werden kann. Als Kriterien werden etwa die „Sinnlosigkeit weiterer Bemühungen", die „Natürlichkeit" bzw. „Schicksalhaftigkeit" des Sterbeprozesses oder die Differenzierung zwischen gewöhnlichen und außergewöhnlichen Maßnahmen genannt, mangels Objektivierbarkeit und Unschärfe von der wohl h.A. allerdings abgelehnt. Danach ist die Grenze der normativen Unzumutbarkeit vielmehr aus der Zielsetzung des ärztlichen Auftrags herzuleiten.[560] Umstritten ist dabei aber wiederum, worauf diese ärztliche Pflicht gerichtet ist. Nach einer Auffassung muss Ziel des ärztlichen Tätigwerdens sein, dem Neugeborenen ein Mindestmaß an Selbstverwirklichung, also an bewusstem und umweltbezogenem Leben mit eigener Persönlichkeitsgestaltung, zu ermöglichen.[561] Nach anderer Ansicht darf aber nur zur Voraussetzung gemacht werden, dass Aussicht besteht, das Neugeborene werde irgendwann die Fähigkeit zu Wahrnehmung und irgendeinem kommunikativen Leben haben.[562] Andern-

---

[555] Kaufmann, JZ 1982, 481, 485, Laber, MedR 1990, 182, 186, Ulsenheimer, MedR 1994, 425, 427, vgl. auch Sch/Sch-Eser, Vorbem §§ 211 ff. Rdnr. 29, Hanack, MedR 1985, 33, 36; zu beachten ist dabei insbesondere, dass keine Behandlungspflicht des Arztes besteht, die auf der Anwendung wissenschaftlich ungesicherter Methoden basiert, wenn also die therapeutischen Maßnahmen mangels ärztlicher Standards experimentellen Charakter hätten, vgl. Everschor, Probleme der Neugeboreneneuthanasie, S. 247 f., 252 ff., Eser, FS für Narr, S. 47, 58.

[556] Vgl. die Einbecker Empfehlungen, MedR 1992, 206, Ziff. V.

[557] S. auch die kritischen Anmerkungen von Everschor, Probleme der Neugeboreneneuthanasie, S. 242 ff.

[558] Kaufmann, JZ 1982, 481, 485, vgl. auch Sch/Sch-Eser, Vorbem §§ 211 ff. Rdnr. 29; a.A. Ulsenheimer, MedR 1994, 425, 427 (Unmöglichkeit auch dann, wenn die beabsichtigten Maßnahmen die Behinderung des Kindes nicht beheben). Dieser Ansicht kann aber nicht gefolgt werden, da sie den allgemeinen Grundsätzen zur passiven Sterbehilfe widerspricht und auf eine Bewertung des behinderten Lebens als lebensunwert hinausläuft. Es kann nur vermutet werden, dass *Ulsenheimer* die Tragweite dieser Äußerung nicht bedacht hatte, steht sie doch auch im Gegensatz zu seinen folgenden Ausführungen, dass die Tatsache, dass dem Neugeborenen ein Leben mit Behinderungen bevorsteht, selbstverständlich keinen Behandlungsabbruch rechtfertige.

[559] Kaufmann, JZ 1982, 481, 485, Laber, MedR 1990, 182, 186 f., Ulsenheimer, MedR 1994, 425, 427

[560] Vgl. Laber, MedR 1990, 182, 187485, Sch/Sch-Eser, Vorbem §§ 211 ff. Rdnr. 29; nach Kaufmann, JZ 1982, 481, 485 ist umfassender darauf abzustellen, ob weitere ärztliche Bemühungen sinnlos erscheinen und der Heilauftrag des Arztes endet.

[561] Laber, MedR 1990, 182, 187, vgl. auch Sch/Sch-Eser, Vorbem §§ 211 ff. Rdnr. 29.

[562] Kaufmann, JZ 1982, 481, 486, Eser, FS für Narr, S. 47, 59 f., Ulsenheimer, MedR 1994, 425, 427

falls nehme man eine unzulässige Bewertung des Lebens vor und gerate in die Nähe des Gedankens vom „lebensunwerten Leben“.[563] Letzterem ist zuzustimmen, wobei zusätzlich auf die Schwierigkeiten bei der Feststellung, ob eine eigene „Persönlichkeitsgestaltung“ vorliegt, verwiesen werden kann.[564] Die Unmöglichkeit zukünftigen kommunikativen Lebens kann z.B. bei Anenzephalie oder irreversiblem apallischen Syndrom angenommen werden.[565]

(3) Verstoß gegen die Menschenwürde

Ein einseitiger Behandlungsabbruch wird im Rahmen der Erwachsenen-Sterbehilfe auch dann für zulässig erachtet, wenn weitere Lebensverlängerungsmaßnahmen gegen die Menschenwürde des Sterbenden verstoßen würden, z.B. weil der Patient nur als Objekt medizinischer Kunstfertigkeit am Leben erhalten oder die Hinauszögerung des Todes allein von finanziellen Interessen der Angehörigen oder des Krankenhauses bestimmt wird.[566] Zwar spielen solche Fälle bei der Früheuthanasie allenfalls eine geringe Rolle, doch müssen diese Grundsätze auch dort Geltung beanspruchen. Zu betonen bleibt, dass der Aspekt der Unmenschlichkeit angesichts der Prognose oder Tatsache, dass dem Kind ein Leben mit Behinderungen bevorsteht, indes keinesfalls einen Behandlungsabbruch rechtfertigen kann.[567]

(4) Unverhältnismäßigkeit von Aufwand und potentiellem Erfolg

Als weithin ungeklärt wird bei der allgemeinen Sterbehilfe die Frage bezeichnet, ob und inwieweit ein einseitiger Behandlungsabbruch wegen Unverhältnismäßigkeit von Aufwand und potentiellem Erfolg zulässig sein kann. So stehe der Arzt in der Praxis im Sinne einer „Pflege-Ökonomie“ immer wieder vor der Frage, ob sich der Einsatz an sich möglicher Lebensverlängerungsmaßnahmen überhaupt noch lohne.[568] Schon bei der Sterbehilfe gegenüber Erwachsenen (s.o. 2b,bb) wurde diese Einbeziehung ökonomischer Interessen kritisch angesehen. Im Rahmen der Früheuthanasie ist sie indes von vornherein abzulehnen. Denn bei einem geschädigten Neugeborenen, das eine Lebenschance hat, verbieten sich solche Überlegungen, da es in Wahrheit nicht um eine Pflege-Ökonomie, sondern um die Abschätzung des „Wertes“ eines solchen Lebens geht – und damit um die Tötung sog. lebensunwerten Lebens.[569] *Kaufmann* ist darin zuzustimmen, dass eine Gesellschaft, die sich allen möglichen Luxus leistet,

---

[563] Kaufmann, JZ 1982, 481, 486

[564] Vgl. Everschor, Probleme der Neugeboreneneuthanasie, S. 310 ff., die schon die Schwierigkeiten einer klaren Definition der „personalen Selbstverwirklichung“ andeutet.

[565] Merkel, Früheuthanasie, S. 143, der die von Hanack, MedR 1985, 33, 36 angeführten (und von Ulsenheimer, MedR 1994, 425, 427 übernommenen) Beispiele (schwere Mikrozephalie oder schwerste perinatale Hirnschädigung) kritisiert (s. auch Merkel, JZ 1996, 1145, 1147); zu einer ausführlichen Auseinandersetzung mit den im Rahmen der normativen Unzumutbarkeit vertretenen krankheitsspezifischen Kriterien (Beginn des Sterbeprozesses, offensichtliche Lebensunfähigkeit, irreversible Bewusstlosigkeit etc.) s. Everschor, Probleme der Neugeboreneneuthanasie, S. 284 ff.

[566] Eser, in: Auer/Menzel/Eser, Zwischen Heilauftrag und Sterbehilfe, S. 136 f., Kaufmann, JZ 1982, 481, 485, Laber, MedR 1990, 182, 188, Ulsenheimer, MedR 1994, 425, 427

[567] Ulsenheimer, MedR 1994, 425, 427, Eser, FS für Narr, S. 47, 60, Kaufmann, JZ 1982, 481, 485, der davor warnt, unter der Flagge der Menschlichkeit das menschlich Gebotene zu unterlassen.

[568] Eser, in: Auer/Menzel/Eser, Zwischen Heilauftrag und Sterbehilfe, S. 132 ff., Sch/Sch-Eser, Vorbem §§ 211 ff. Rdnr. 30; ähnlich auch Everschor, der Neugeboreneneuthanasie, S. 461 ff.

[569] Kaufmann, JZ 1982, 481, 484 , Laber, MedR 1990, 182, 188; vgl. auch Eser, FS für Narr, 47, 61 f.

keinerlei moralisches Recht hat, sich dieser Menschen zu entledigen, nur weil deren Pflege Geld und Opferbereitschaft erfordert.[570]

(5) Weitere Begrenzungen der Lebenserhaltungspflicht?

Fraglich bleibt, ob über diese Fallgruppen hinaus eine Begrenzung der Lebenserhaltungspflicht des Arztes in Betracht kommt.
Nach *Hanack* ist es zweifelhaft, ob aus der Gefahr einer Abwertung als „lebensunwertes Leben" und einer „gesellschaftsnützigen Eugenik" das rechtliche Gebot folgt, die Grenzen der Behandlungspflicht beim Neugeborenen ohne die abwägenden Aspekte einer qualitativen Lebensbetrachtung zu bestimmen.[571] So sei der Arzt zur lebenserhaltenden Behandlung des Neugeborenen jedenfalls dann nicht verpflichtet, wenn die ermöglichte (begrenzte) Spanne Leben von „Plagen" überwuchert wäre, wie dies etwa bei inoperablen Fällen des angeborenen Steißbein-Syndroms oder angeborenen schwersten Ventilationsstörungen der Fall sei.[572] Problematischer sei der Fall zu beurteilen, dass dem Neugeborenen eine gewisse zeitliche Spanne ohne solche Plagen bevorstünde, dann aber ein qualvoller Tod mit Sicherheit zu erwarten sei. Im Zweifel sei aber ein Behandlungsverzicht zulässig, wobei die zu erwartenden Qualen im Verhältnis zur Lebensdauer ohne Leiden und zu den Leiden in der Sterbephase zu betrachten seien.[573] Schließlich stelle sich die Frage einer Behandlungspflicht bei Neugeborenen, die „auf Dauer" und ohne „Plagen" in diesem Maß leben könnten, aber nur mit Behinderungen, unter denen sie nach den allgemeinen Maßstäben ärztlicher Einsicht auch leiden. Dabei sei die Grenze hoch anzusetzen. Der Arzt dürfe aber fragen, ob die Behinderungen so sind, dass sie mit überwiegender Wahrscheinlichkeit auch die Chance unrealistisch machen, dass das Kind trotz seines Leidens zu einer stabilen seelischen Verfassung findet.[574]
Diese Ausführungen sind aber auf Kritik gestoßen. Der Arzt dürfe sich nicht anmaßen, dem nicht einsichtsfähigen Patienten sein Lebensrecht dadurch abzusprechen, dass er die Vernichtung dessen für „lebensunwert" erachteten Lebens durchführt. Danach führt auch eine Bewertung des Lebens nach dem Nutzen für den Kranken selbst in die Nähe der „Vernichtung lebensunwerten Lebens".[575] Zudem wird die Unbestimmtheit der von *Hanack* gewählten Begriffe bemängelt.[576] Der Fall eines Behandlungsverzichts, wenn dem Neugeborenen eine wenn auch begrenzte Spanne Lebens ohne Leiden bevorsteht, sei auch deshalb abzulehnen, weil dies den Grundsatz, dass das menschliche (sogar gesunde) Leben unantastbar und unverzichtbar ist, untergraben würde; dieses Tabu müsse aus Achtung vor dem menschlichen Leben schlechthin unangetastet bleiben.[577]
Richtigerweise hat eine qualitative Lebensbetrachtung grundsätzlich zu unterbleiben. Sie steht zu den obigen Ausführungen zur Gleichwertigkeit allen Lebens und zum Schutz des Lebens in jeder Form und Gestalt in diametralen Gegensatz. Dem Arzt steht kein Recht zu, die voraussichtliche zukünftige Lebensqualität des Neugeborenen zum Maßstab für sein Tätigwerden zu machen. Bedenkenswert ist allerdings die von *Hanack* vorgebrachte Fallgruppe der

---

[570] Kaufmann, JZ 1982, 481, 484 f.
[571] Hanack, MedR 1985, 33, 36
[572] Hanack, MedR 1985, 33, 36
[573] Hanack, MedR 1985, 33, 36
[574] Hanack, MedR 1985, 33, 36
[575] Laber, MedR 1990, 182, 185
[576] Vgl. Everschor, Probleme der Neugeboreneneuthanasie, S. 321 ff.
[577] Laber, MedR 1990, 182, 185

Neugeborenen, deren begrenzte Lebensspanne mit schweren Qualen verbunden wäre.[578] Leidet das Neugeborene unter schweren Schmerzen und sind diese nicht durch schmerzlindernde Maßnahmen zu kontrollieren, kann also auch die Möglichkeit indirekter Sterbehilfe keine Abhilfe schaffen, so ist im Rahmen der h.M. allenfalls daran zu denken, solche Fälle über eine großzügige Auslegung der Möglichkeit passiver Sterbehilfe bei normativer Unzumutbarkeit der Lebensverlängerung zu lösen. Problematisch bleibt aber, dass kaum Kriterien für den Zeitraum genannt werden können, der als Lebenserwartung höchstens angenommen werden könnte und auch der Schweregrad der „Plagen" nicht exakt bestimmt werden kann. Insgesamt verwischen durch die vorgenommene qualitative Bewertung des Lebens die Grenzen zur Vernichtung lebensunwerten Lebens in kaum akzeptablen Maße.
Der Ansatz der h.M. stößt hier allerdings an seine Grenzen. Denn vergleicht man die Situation mit der eines Erwachsenen, so wird klar, dass in einem solchen Fall, in dem der Sterbensvorgang noch nicht eingesetzt hat, die medizinische Behandlung, die den Tod ja immerhin weiter hinauszögert, vorgenommen werden müsste, wenn der Patient dies wünscht. Für einen einseitigen Behandlungsabbruch wäre dann aber kein Raum.

(6) Pflicht zur Basisversorgung

Selbstverständlich bleibt in jedem Fall die Pflicht des Arztes zur Basisversorgung mit Nahrung und Wärme, Schmerzlinderung und menschlicher Zuwendung. Ein einfaches „Weglegen" oder „Liegenlassen" des Neugeborenen widerspräche der Achtung vor der Würde jeden menschlichen Lebens.[579]

(7) Anforderungen an die Prognose

Zu betonen ist allerdings noch, dass die jeweilige Prognose erwiesen sein muss. Denn gerade bei Kindern können häufig überraschende Entwicklungen beobachtet werden. Der Arzt darf danach niemals auf bloßen Verdacht ein Neugeborenes sterben lassen.[580] Die kollegiale Beratung wird dabei als „nützlich, wenn nicht geboten" angesehen.[581]

b) Kritik und abweichende Konzeption

Das Konzept der h.M. ist aber zum Teil auf heftige Kritik gestoßen und wird insoweit auch durch andere Konzeptionen ersetzt.

aa) Kritik an der herrschenden Ansicht

So wird kritisiert, dass die herrschende Ansicht zwar zunächst die unbedingte Geltung der straf- und verfassungsrechtlichen Prinzipien des Lebensschutzes, insbesondere die Höchstrangigkeit des Rechtsguts Leben und die Gleichbehandlung jeder Form und jeder Phase ge-

---

[578] Hanack, MedR 1985, 33, 37; zu Recht kritisch zur Unschärfe der verwendeten Begriffe „begrenzte Spanne" und „Plagen überwuchert" allerdings Everschor, Probleme der Neugeboreneneuthanasie, S. 321 f.

[579] Kaufmann, JZ 1982, 481, 487, Hanack, MedR 1985, 33, 38, Ulsenheimer, MedR 1994, 425, 427, s. auch die Einbecker Empfehlungen, MedR 1992, 206, Ziff. VII.

[580] Kaufmann, JZ 1982, 481, 486 unter Berufung auf Menzel, in: Auer/Menzel/Eser, Zwischen Heilauftrag und Sterbehilfe, S. 68, Laber, MedR 1990, 182, 188

[581] Hanack, MedR 1985, 33, 38

borenen menschlichen Lebens, herausstellt, anschließend aber diese Grundsätze mit der Begründung von Ergebnissen unterläuft, die zwar angemessen sein mögen, mit diesen Grundsätzen aber eben nicht vereinbar.[582] Auch die Übertragbarkeit der allgemeinen Sterbehilfe-Regeln sei nicht gerechtfertigt, denn es gebe grundlegende moralische Unterschiede zwischen dem Entschluss, ein schwergeschädigtes Neugeborenes, und dem, einen schwerkranken Erwachsenen sterben zu lassen. Zudem seien die aus dem Bereich der allgemeinen Sterbehilfe herangezogenen Grundsätze auch dort nicht völlig klar.[583] Allerdings kann die Heranziehung der allgemeinen Grundsätze der Sterbehilfe bei entscheidungsunfähigen Personen nicht mit dem Argument abgelehnt werden, die sonst zentrale Frage nach dem mutmaßlichen Willen sei hier sinnlos, das Selbstbestimmungsdogma könne für von vornherein einwilligungsunfähige Personen keine Geltung entfalten.[584] Denn die herrschende Ansicht berücksichtigt dies und zieht konsequent nur die Grundsätze über den einseitigen Behandlungsabbruch heran, die sich nicht auf den mutmaßlichen Willen des Patienten stützen.

bb) Abweichende Konzeptionen

(1) Der Ansatz von *Merkel*

Merkel zieht nun stattdessen die Regeln über den rechtfertigenden Notstand gemäß § 34 StGB heran. Der Notstandsparagraph wird dabei als Verbindungsnorm zwischen Recht und Ethik angesehen, der einen rechtlich garantierten Raum eröffnet, innerhalb dessen moralische Überlegungen zu entscheidenden Determinanten rechtlichen Handelns werden.[585]

Merkel begründet zunächst die grundsätzliche Möglichkeit einer Abwägung im Bereich des Lebensschutzes. Wer jede Abwägung etwa zwischen dem Leidvermeidungsinteresse und dem Lebensinteresse von vornherein ablehne, nehme in Kauf, dass das Recht einer Person unter Umständen gegen ihre eigene Interessen durchgesetzt werde. Dem absoluten Lebensrecht korrespondiere dann eine ebensolche Lebenspflicht.[586] Nicht das abstrakte Recht auf Leben, sondern das *individuelle Interesse am Weiterleben* stehe jedoch in einem konkreten einzelnen Fall zur Beurteilung.[587]

Auch ändere sich an diesen Überlegungen nichts bei Fehlen eines Sterbeverlangens. Dieses habe nämlich nur die Funktion, die Grenze zu markieren, jenseits deren das subjektive Lebensrecht in ein Aufzwingen einer Lebenspflicht umschlägt. Auch in Fällen, in denen ein ausdrücklicher Sterbewunsch unmöglich ist, kämen Funktion und Reichweite des subjektiven Rechts auf Leben dort an ihr Ende, wo die weitere Lebenserhaltung definitiv und zweifelsfrei den fundamentalen Interessen des Betroffenen zuwiderläuft. Eine Notstandsabwägung von Lebens- und Sterbensinteressen Einwilligungsunfähiger werde dann möglich, wobei die Lebensinteressen allenfalls mit deren *eigenen* Interessen abgewogen werden dürften, nicht aber unmittelbar mit denen Dritter.[588]

---

[582] Merkel, JZ 1996, 1145, 1146 f., ders., Früheuthanasie, S. 134 ff.
[583] Merkel, JZ 1996, 1145, 1147, ders., Früheuthanasie, S. 141 ff.
[584] So MüKo-Schneider, Vor §§ 211 ff. Rdnr. 131.
[585] Merkel, Früheuthanasie, S. 638 f.
[586] Merkel, JZ 1996, 1145, 1150. Dies könne zwar ebenfalls legitim sein, aber nur dann, wenn eine ausreichende Begründung hierfür gegeben wird, weil etwa das wohlverstandene Eigeninteresse des Rechtsgutsträgers oder überragend wichtige Gemeinschaftsinteressen geschützt werden, Merkel, aaO, 1151.
[587] Merkel, JZ 1996, 1145, 1151 (Hervorhebung durch den Autor)
[588] Merkel, JZ 1996, 1145, 1151 f. (Hervorhebung durch den Autor)

Bei der Früheuthanasie sei dann zu klären, wann aus moralischer Sicht ein subjektives Lebensinteresse des Neugeborenen überhaupt vorliegt und welcher Stellenwert ihm zukommt. Insoweit entwickelt *Merkel* ein „Potentialitätsargument sui generis", dem zufolge zu den berücksichtigungsfähigen und -bedürftigen Interessen eines Neugeborenen auch seine sämtlichen objektivierbaren Entwicklungschancen gehören.[589] Insofern müsse dann im konkreten Einzelfall eine Abwägung der individuellen Lebens- und Sterbensinteressen des Einzelnen stattfinden.[590]

(2) Kritik an *Merkel* aus verfassungsrechtlicher Perspektive

Dieser auf einem bestimmten Menschenbild beruhende interessenethische Ansatz der Notstandsabwägung *Merkels* hat indes aus verfassungsrechtlicher Perspektive Kritik erfahren.[591] Der interessenethische Ansatz habe ein überschießendes Potential, der darauf dränge, aus dem Lebensrecht ein Recht auf den Schutz bloß von Lebens*interessen* zu machen. Dieser normativierende Zugriff auf „interesseloses Leben", dessen Zerstörung den Schutzbereich des Lebensgrundrechts angeblich nicht berühre, sei mit dem Wortlaut von Verfassung und StGB, der sich auf das „Leben" und nicht auf das „Lebensinteresse" beziehe, nicht zu vereinbaren.[592]

Tatsächlich ist festzustellen, dass auch durch die Abwägung von Lebens- und Sterbensinteressen das Grundrecht auf Leben gemäß Art. 2 Abs. 2 GG direkt berührt wird, denn letztendlich wird bei der Annahme zulässiger Sterbehilfe dem Neugeborenen das Leben genommen und damit auch sein Recht auf Leben. Dies kann nicht durch den Hinweis auf eine bloße Abwägung von Lebensinteressen umgangen werden. Eine andere Frage ist aber, ob ein solcher Eingriff in das Grundrecht auf Leben nicht gerechtfertigt sein kann, zumal das Grundrecht auf Leben unter dem Gesetzesvorbehalt des Art. 2 Abs. 2 Satz 3 GG steht. Die Notstandsregelung des § 34 StGB kann – ebenso wie etwa die Notwehrvorschrift nach § 32 StGB – als Schranke i.S.d. Art. 2 Abs. 2 Satz 3 GG angesehen werden, so dass unter Umständen ein

---

[589] Merkel, JZ 1996, 1145, 1152 ff. So sollen minimale Lebensinteressen schon mit dem Beginn der Empfindungsfähigkeit entstehen. Zwar stelle sich dann sogleich die Frage, welches Gewicht ein solches minimales Lebensinteresse im Rahmen einer Notstandsabwägung haben solle. *Merkel* zieht dazu zum Einen ein abgewandeltes Potentialitätsargument (menschliche Babys unterscheiden sich zwar evtl. nicht im Status quo ihrer schutzqualifizierenden Eigenschaften in relevanter Weise von Tieren, aber in ihrem Status ad quem; denn sie sind potentielle Personen mit künftigem vollen Lebensrecht) heran, indem er auf die Rechtsfigur des Anwartschaftsrechts verweist. Denn auch dort wird gerade der Status potentialis einer künftigen Rechtsposition geschützt. Das Argument der personalen Identität (wenn es moralisch verwerflich ist, eine erwachsene Person zu töten, und wenn diese dieselbe Person ist wie das Baby, als das es zur Welt kam, dann wäre es seinerzeit in gleichem Maße verwerflich gewesen, jenes Neugeborene zu töten; dies müsse aus prinzipiellen Gründen für alle Neugeborene gelten, auch für solche, die das „Person"-Alter nicht erreichen könnten) verwirft *Merkel* allerdings, da allein das Körperkriterium kein geeignetes Kriterium der personalen Identität sei und ein psychologisches kontinuierliches Bewusstsein des Neugeborenen bis hin zum Erwachsenen nicht vorliege. Somit würde also eine Tötung des Neugeborenen nur ein *interesseloses* Leben zerstören und ein *anderes*, personales, von Lebensinteresse begleitetes, *lediglich nicht zur Entstehung gelangen lassen*. Zum Anderen werden nach *Merkel* Lebensinteressen nicht einfach nur ermittelt, sondern auch gesellschaftlich zugeschrieben. Er spricht in diesem Zusammenhang von einem „Sozialkontrakt mit Schutzwirkung zugunsten Dritter". Der *Contrat social* moderner Gesellschaften sei nur unter Einschluss einer solchen Schutzwirkung zugunsten aller Neugeborenen sinnvoll zu rekonstruieren, Merkel, aaO, 1152 ff.

[590] Merkel, JZ 1996, 1145, 1154

[591] MüKo-Schneider, Vor §§ 211 ff. Rdnr. 131

[592] Rixen, GA 2002, 293, 299, vgl. auch Antoine, Aktive Sterbehilfe in der Grundrechtsordnung, S. 148 ff., 173 f., der betont, dass nach dem Grundgesetz jeder Mensch Träger des Grundrechts auf Leben ist und Anspruch auf Achtung seiner Würde hat.

Eingriff in das Grundrecht auf Leben, also eine Tötung, auf der Grundlage des § 34 StGB verfassungsrechtlich gerechtfertigt sein kann.

(3) Weitere Lösungsansätze

Die Notstandslösung hat aber auch andere Verfechter gefunden. Danach ist anzuerkennen, dass der Einstellung der Therapie eine qualitative Bewertung des Lebens schwer geschädigter Neugeborener zugrunde liege. Das Rechtsinstitut des rechtfertigenden Notstands biete sich zur Lösung dieser problematischen Abwägung zwischen Lebens- und Sterbensinteressen an. Dabei dürften Drittinteressen ökonomischer und gesellschaftsnützlich-eugenischer Art keine Rolle spielen; vielmehr seien in die Abwägung nur die eigenen Interessen des Rechtsgutsträgers einzustellen, deren genaue Bestimmung und Gewichtung jedoch schwierig sei.[593] Eine Behandlungseinstellung könne im Wege des rechtfertigenden Notstandes wohl nur dann zugelassen werden, wenn das schwerst geschädigte Neugeborene entweder nie ein Bewusstsein erlangen wird oder wenn die Fortführung der Intensivbehandlung dem Kind bei prognostisch kurzer Lebenszeit ausweglose Qualen bereitet.[594]

Weiterhin wird vertreten, dass bei Pflicht der Ärzte zur optimalen Schmerztherapie nur die Erschöpfung des medizinisch Machbaren, bezogen ausschließlich auf die Stabilisierung der biologischen Funktionen der Neugeborenen, Grund für das Erlöschen der Garantenpflicht des Arztes und damit den Abbruch aller medizinischen Maßnahmen darstellen sollte.[595]

Nach der Konzeption von *Everschor* kommt den Eltern die Entscheidungskompetenz über Aufnahme und Fortführung der Behandlung ihres Kindes zu; allerdings ist ihr Entscheidungsrecht nicht absolut, sondern gilt nur innerhalb bestimmter Grenzen. Der Arzt muss die Eltern bei ihrer Entscheidungsfindung durch Beurteilung des medizinischen Befunds unterstützen. Weiterhin sollten danach überregionale Ethikkommissionen geschaffen werden, um die elterliche Entscheidung zu überprüfen.[596] Im Übrigen richtet *Everschor* ihre Konzeption aber an der h.M. aus, d.h. sie zieht die Kriterien des einseitigen Behandlungsabbruchs heran. Hinzuweisen ist noch auf die von ihr aufgestellten Kriterien zur Bestimmung der Unzumutbarkeit, die die Ansicht der h.M. insoweit verbessern und konkretisieren sollen. Die Behandlungsgrenze der Unzumutbarkeit liegt danach vor, wenn das Neugeborene nicht die „Fähigkeit zur Eigenständigkeit bzw. Entfaltung" erreichen kann (weil es vor Erreichen dieser Fähigkeit sterben wird, weil (wiederholt) massive chirurgische Eingriffe wie etwa Organtransplantationen notwendig wären, weil das Kind nicht in der Lage wäre, ohne intensivmedizinische Hilfe zu existieren, da seine Vitalfunktionen auf Dauer durch Apparate aufrecht erhalten werden müssten oder schließlich, weil das Kind aufgrund einer schweren geistigen Störung nicht

---

[593] MüKo-Schneider, Vor §§ 211 ff. Rdnr. 131, vgl. auch Roxin, Medizinstrafrecht, S. 117 f. Roxin merkt aber unter Verweis auf Sch/Sch-Eser, Vor § 211 Rdnr. 32a auch an, dass eine Entscheidung über die Aufrechterhaltung des Lebens schwerstbehinderter Neugeborener nur in dem Maß möglich sei, wie die Allgemeinheit bereit sei, die daraus entstehenden Lasten mitzutragen und dadurch den Eltern solcher Kinder ein Leben zu ermöglichen, an dem sie nicht zerbrechen.

[594] MüKo-Schneider, Vor §§ 211 ff. Rdnr. 131; bedenklich ist insoweit die Ansicht von Roxin, Medizinstrafrecht, S. 118, dem zufolge eine Behandlungseinstellung auch in Betracht kommt, wenn „nach objektivem Urteil die Schmerzen und Behinderungen, denen ein solcher Mensch unterworfen ist, sein kreatürliches Lebensinteresse deutlich überwiegen". Ein solcher Maßstab kann aber wohl gerade nicht eugenische Ziele aus diesem Bereich fernhalten, denn hier wird ein objektives Urteil letztlich darüber gefordert, ob das Leben für das Neugeborene „lebenswert" ist, was dann nach allgemeinen gesellschaftlichen Wertvorstellungen („objektiv"!) zu ermitteln wäre.

[595] Chatzikostas, Die Disponibilität des Rechtsgutes Leben, S. 330 f.

[596] Everschor, Probleme der Neugeboreneneuthanasie, S. 125

in der Lage ist, seine geistigen und eventuellen körperlichen Schäden zu kompensieren und – solange es lebt – auf umfassende Hilfe Dritter angewiesen wäre) oder ihm ein Leben mit „großen Schmerzen" bevorstünde.[597] Gegen diese Kriterien ist aber einzuwenden, dass sie eine massive Diskriminierung behinderten Lebens implizieren. Das kann auch nicht mit dem Hinweis umgangen werden, in Wirklichkeit gehe es um den Wert bzw. Unwert einer Behandlung, und nicht um eine Bewertung des geschädigten Lebens.[598] Denn der Entscheidung über den Wert der Behandlung liegt die Wertung zugrunde, dass die Ermöglichung eines derart geschädigten Lebens nicht wünschenswert sei. Auch hier ist die Grenze der qualitativen Bewertung des Lebens bei weitem überschritten.

c) Eigener Lösungsvorschlag

Richtig erscheint es letztendlich, eine Abwägung nach § 34 StGB zuzulassen. Die Orientierung an den Kriterien für die Zulässigkeit des einseitigen Behandlungsabbruchs kann zwar grobe Leitlinien vorgeben, ist aber letztlich zu unbestimmt, um verlässliche Entscheidungshilfen zu geben. So ist etwa die normative Unzumutbarkeit mit ihrer Ausrichtung am ärztlichen Heilauftrag sehr abhängig von den zugrunde liegenden Wertungen, die aber nicht klar genug herausgestellt werden. Was Inhalt des ärztlichen Heilauftrags ist, ist ja letzten Endes abhängig von der Definition des jeweiligen Autors.

Es ist auch eine andere Beurteilung als bei dem einseitigem Behandlungsabbruch Erwachsener geboten, denn im Gegensatz zur dortigen Situation kann ein ausdrücklicher Wille nicht entgegen stehen, der mutmaßliche Wille, der wegen des Selbstbestimmungsrechts des Patienten vorrangig wäre vor einer Notstandsabwägung, kann mangels Willensbildungsfähigkeit des Neugeborenen nicht herangezogen werden.

Eine Abwägung nach § 34 StGB ist des weiteren zulässig, wenn sie sich innerhalb des verfassungsrechtlichen Systems bewegt. Dabei ist zu beachten, dass das verfassungsrechtlich garantierte Recht auf Leben gemäß Art. 2 Abs. 2 Satz 3 GG eingeschränkt werden kann und Art. 2 Abs. 2 GG nicht nur das Leben, sondern auch die körperliche Unversehrtheit schützt, zu der auch das grundsätzliche Recht auf Schmerzfreiheit gehört.[599]

Einzig abwägbare Faktoren dürfen im Rahmen der Notstandsabwägung daher das Lebensinteresse des Neugeborenen gegenüber seinem Leidvermeidungs- (genauer Schmerzlinderungs-)interesse sein. Daraus folgt zum Einen die Zulässigkeit indirekter Sterbehilfe. Unzulässig ist indes in jedem Fall – auch bei nicht mehr kontrollierbaren Schmerzzuständen – die aktive Sterbehilfe als gezielte Lebensverkürzung, da hier vielmehr auf die (dauerhafte) Sedierung zurückgegriffen werden kann und muss (vgl. oben a,aa)). Zum Anderen kann daraus auf die Zulässigkeit passiver Sterbehilfe geschlossen werden, wenn das Neugeborene bei Fortführung der Behandlung schwere Schmerzen erleidet und ohnehin nur noch kurze Zeit zu leben hat. Aber auch dann, wenn das Neugeborene (bei weiterer Behandlung) noch eine längere Lebenserwartung hat, aber während dieser *gesamten* Zeit unter schweren Qualen (massiven, nicht eindämmbaren Schmerzen) leidet, muss nach diesen Grundsätzen ein Behandlungsabbruch gerechtfertigt sein.

---

[597] Everschor, Probleme der Neugeboreneneuthanasie, S. 379 ff., 395 f., mit entsprechendem Gesetzesvorschlag, S. 477 f.

[598] So Everschor, Probleme der Neugeboreneneuthanasie, S. 391 unter Berufung auf Weißauer/Opderbecke, MedR 1995, 456, 460 f., Weißauer/Opderbecke, MedR 1998, 395, 397, Tröndle, ZStW 99 (1987), S. 25, 31.

[599] BVerfGE 56, 54, 74 f., v. Mangoldt/Klein/Starck-Starck, Art. 2 Abs. 2 GG Rdnr. 177 f., Pieroth/Schlink, Grundrechte, Rdnr. 393, Schmidt-Bleibtreu/Klein, Art. 2 GG Rdnr. 22

Ausscheiden muss ein Behandlungsabbruch hingegen in den Fällen, in denen das Kind ein zunächst gesundes Leben erwartet, aber nach dem Krankheitsverlauf feststeht, dass es noch im Kindesalter unter schweren Leiden versterben wird. Denn dies berücksichtigt weder, dass das Kind in der ihm verbleibenden Zeit seines (gesunden) Lebens dieses durchaus genießen kann, noch die Möglichkeit eines Fortschritts der Medizin, der eine spätere Heilung einschließen kann.

Fraglich bleiben die Fälle, in denen es ausgeschlossen erscheint, dass das Neugeborene irgendwann die Fähigkeit zu Wahrnehmung und irgendeinem kommunikativen Leben haben wird. Zu denken ist dabei an ein irreversibles apallisches Syndrom, das bei Säuglingen etwa als Folge eines perinatalen Traumas auftreten kann, oder an die sog. Anenzephalen, d.h. ohne Großhirn, Neurohypophyse, Zwischenhirn, Schädeldecke und nur mit einem funktionierenden Hirnstamm geborene Kinder.[600] Eine Abwägung mit dem Schmerzlinderungsinteresse scheidet hierbei aus, da diesen Neugeborenen jegliches Schmerzempfinden fehlen dürfte.[601] Aber konsequenterweise wird man davon ausgehen müssen, dass auch keinerlei Lebensinteresse des Neugeborenen besteht. Steht fest, dass es die Fähigkeit zu Wahrnehmung und *irgendeiner* Form kommunikativen Lebens niemals erhalten wird, erscheint die Annahme eines Interesses, dass das Neugeborene in diesem Zustand maschinell am Leben erhalten wird, reine Fiktion. Zwar läuft auch dies auf eine qualitative Bewertung des Lebens hinaus. Eine solche muss aber wohl angesichts der Fakten in eng umgrenzten Maße für zulässig gehalten werden. Denn andernfalls wird doch nur ein rein biologistisches Grundrechtsverständnis verfochten, indem die lediglich quantitativ-biologische Lebensverlängerung an erste Stelle gesetzt wird.[602] Fraglich ist aber, ob ein solches biologistisches Grundrechtsverständnis mit der Menschenwürde gemäß Art. 1 Abs. 1 GG in Einklang zu bringen ist.[603] Dabei ist auch zu beachten, dass der höchste Wert innerhalb der Grundrechte nicht das Leben, sondern eben die Menschenwürde ist. Richtig erscheint es daher, in diesen eng umgrenzten Ausnahmefällen – in denen die Fähigkeit zur Wahrnehmung und irgendeiner Art von Kommunikation definitiv nicht erlangt werden kann – eine solche qualitative Bewertung zuzulassen. Die Ungleichbehandlung gegenüber Erwachsenen, die sich in der Situation irreversibler Bewusstlosigkeit befinden, ist auch gerechtfertigt, denn anders als beim Erwachsenen kommen Lebensinteressen aufgrund vorher geäußerter Wünsche und Überzeugungen (etwa von der Heiligkeit des Lebens, das der Mensch daher um jeden Preis zu erhalten habe) nicht in Betracht. In solchen Situationen kann auch im wahrsten (und eindeutigen) Sinne von der Sinnlosigkeit weiterer Bemühungen gesprochen werden.

---

[600] Vgl. die Ausführungen zu diesen medizinischen Phänomenen bei Merkel, JZ 1996, 1145, 1147, insbesondere Fn. 17.

[601] Eser, FS für Narr, S. 47, 59, Weißauer/Opderbecke, MedR 1995, 456, 459

[602] Vgl. auch MüKo-Schneider, Vor §§ 211 ff. Rdnr. 131.

[603] Widersprüchlich sind allerdings insoweit die Ausführungen von Everschor, Probleme der Neugeboreneneuthanasie, S. 405 ff., 418: Danach ist die Menschenwürde des Kindes verletzt, wenn es nur noch als „Objekt" wahrgenommen wird; dies sei insbesondere der Fall, wenn nur das rein biologische Leben des irreversibel bewusstlosen Kindes verlängert wird und der Tod allein deshalb nicht eintritt, weil die lebensverlängernde Behandlung nicht beendet wird. Die Lebensverlängerung diene dann nicht mehr dem Kind selbst, sondern beruhe auf Interessen, die außerhalb seiner selbst liegen. Anders sei dies aber, wenn die Therapie auf den ausdrücklichen Wunsch der Eltern hin nicht abgebrochen werde, ohne dass dies auf eigennützigen Motiven beruhe. Letztendlich wird dadurch die rein biologistische Lebensverlängerung doch wieder als mit der Menschenwürde vereinbar angesehen, sofern sie nicht auf eigensüchtigen Interessen der Angehörigen oder Ärzte etc. beruht.

d) Sonderfall: Lebenserhaltungspflicht bei ultrakleinen Frühgeborenen

Die Lebenserhaltungspflicht bei sehr kleinen und unreifen Frühgeborenen soll hier als Sonderfall behandelt werden. Das folgt aus der besonderen Situation dieser Patientengruppe. Denn anders als geschädigte Neugeborene sind extrem kleine Frühgeborene regelmäßig nicht krank, da ihre körperliche Entwicklung ihrem Alter entspricht, sondern unmittelbar nach ihrer Geburt an sich gesund. Die intensivmedizinische Hilfe ist lediglich infolge der verfrühten Geburt und der daraus resultierenden Unreife von Anfang an nötig. Diese Unreife ist auch Ursache für die gesundheitlichen Probleme der Frühgeborenen, die häufig zur Notwendigkeit einer lebenslangen Betreuung und zu einer verminderten Lebenserwartung führen.[604]
Die Rettungschancen der extrem kleinen Frühgeborenen sind begrenzt; da ihre Lungen noch nicht vollständig entwickelt sind, leiden sie unter Störungen der Lungenfunktion, so dass meist eine künstliche Beatmung notwendig ist. Folge der Lungenfunktionsstörung ist wiederum eine mangelnde Sauerstoffzufuhr, so dass eine optimale Versorgung der lebenswichtigen Organe nicht stets gewährleistet ist.[605]
Bei Frühgeborenen stellt sich das zusätzliche Problem, nach welchen Kriterien die Prognose, ob das Kind lebensfähig ist und welche Schädigungen zu erwarten sind, zu treffen ist. *V. Loewenich* weist darauf hin, dass das Geburtsgewicht ein wenig verlässliches Kriterium darstellt, da schon die Genauigkeit der Wägung wegen des Fehlens definierter Bedingungen (etwa über die Länge der Abnabelung) nicht gewährleistet ist.[606] Auch sind die Gewichtsgrenzen mit dem medizinischen Fortschritt verschiebbar. So werden heute auch Frühgeborene mit einem Gewicht von unter 750 Gramm beatmet, während noch vor wenigen Jahrzehnten die Gewichtsgrenze bei etwa 1500 Gramm lag. Das Geburtsgewicht kann daher nur Orientierungshilfe sein.[607] Wesentlich wichtiger als das Geburtsgewicht ist der Reifegrad des Kindes, der im wesentlichen von der Schwangerschaftsdauer abhängt. Die Reife eines Frühgeborenen ist wichtig, weil zwar Medikamente die Reifung beschleunigen und Apparate die erforderlichen Funktionen ersetzen können, aber eine bestimmte „biologische Grenze" wohl nicht unterschritten werden kann. So können etwa die Lungen des Frühgeborenen in ihrer anatomischen Entwicklung nicht wesentlich beeinflusst werden. Das Gestationsalter lässt sich aber wiederum nur selten exakt definieren.[608] Allerdings stehen ergänzende Methoden wie die Ultraschalluntersuchung des Gehirns und die Computertomographie Frühgeborener zur Verfügung. Dabei ist allerdings zu beachten, dass sichere Prognosen letztendlich kaum möglich sind. Auch muss nach der Geburt evtl. eine Intensivbehandlung eingeleitet werden, um überhaupt zu erkennen, ob sie indiziert war oder nicht.[609]
Hier ist klarzustellen, dass das Frühgeborene dann, wenn es nach ärztlichem Ermessen eine Überlebenschance hat, auch intensivmedizinisch betreut werden muss. Nicht entscheidend darf dann die Überlegung sein, mit welcher Wahrscheinlichkeit das Frühgeborene Schäden davontragen wird und ob es geistig und/oder körperlich (schwer) behindert bleiben wird. Hinweise auf Schädigungsraten bei einem bestimmten Geburtsgewicht gehen daher fehl. Passive Sterbehilfe ist also nur in den oben umschriebenen engen Grenzen zulässig und nicht etwa, weil dem Frühgeborenen ein Leben mit Behinderung droht. Eine solche Beurteilung hätte nämlich die Grenze zur Eugenik und zur, wenn auch versteckten, Vernichtung „lebensunwerten Lebens" bei weitem überschritten.

---

[604] Everschor, Probleme der Neugeboreneneuthanasie, S. 332
[605] Everschor, Probleme der Neugeboreneneuthanasie, S. 333
[606] v. Loewenich, MedR 1985, 30, 31
[607] v. Loewenich, MedR 1985, 30, 31 f., Everschor, Probleme der Neugeboreneneuthanasie, S. 334 ff.
[608] v. Loewenich, MedR 1985, 30, 31, Everschor, Probleme der Neugeboreneneuthanasie, S. 341
[609] v. Loewenich, MedR 1985, 30, 32, Everschor, Probleme der Neugeboreneneuthanasie, S. 344 f.

4. Die Selbsttötung und die Beteiligung daran

Zum Problembereich der Sterbehilfe im weiteren Sinn gehört schließlich auch die strafrechtliche Behandlung der Selbsttötung bzw. der Beteiligung daran. Relevant wird diese im Rahmen der Sterbehilfe, wenn es sich bei dem Suizidenten um einen Schwerkranken oder eine sonst schwer leidende Person handelt.

a) Die Selbsttötung

aa) Die Straflosigkeit der (versuchten) Selbsttötung

Die §§ 211 ff. StGB richten sich allein gegen die Tötung eines *anderen* Menschen. Der Selbstmord und sein Versuch sind daher nach deutschem Recht tatbestands- und damit straflos.[610]

Dies geht allerdings aus dem Wortlaut des § 211 bzw. § 212 StGB („*einen* Menschen tötet") nicht eindeutig hervor. Unter Berufung hierauf wurde die Tatbestandslosigkeit des Suizids von einigen wenigen Stimmen in der Literatur bezweifelt.[611] So sei bei der Fremd- wie bei der Selbsttötung der letztlich gemeinte Unwertsachverhalt genau der gleiche: dass nämlich ein menschliches Leben vor seinem natürlichen Ablauf beendet wird.[612] Die Selbsttötung müsse auch als rechtswidrig betrachtet werden, wenn man nicht die Konsequenzen tragen wolle, dass jeder, der einen Lebensmüden mit Gewalt von der Begehung des Suizids abhält, wegen Nötigung zu belangen wäre oder etwa eine „Selbsttötungsklinik" eröffnet werden könnte. Auch die daraus folgende Pflicht des Einzelnen zum Weiterleben gegenüber der Gemeinschaft sei akzeptabel, denn ein Gemeinwesen, das sich selbst ernst nehme, könne seine Existenz nicht in das Belieben aller einzelnen stellen.[613] Die (versuchte) Selbsttötung sei aber straffrei aufgrund eines gesetzlich anerkannten „besonderen gesetzlichen Entschuldigungs-

---

[610] Ganz h.M., vgl. LK-Jähnke, Vor § 211 Rdnr. 21, Tröndle/Fischer, Vor §§ 211 bis 216 Rdnr. 10, MüKo-Schneider, Vor §§ 211 ff. Rdnr. 30, Lackner/Kühl-Kühl, Vor § 211 Rdnr. 9, Sch/Sch-Eser, Vorbem §§ 211 ff. Rdnr. 33, SK-Horn, § 212 Rdnr. 7, NK-Neumann, Vor § 211 Rdnr. 36 f., Joecks, § 216 Rdnr. 9, Roxin, Medizinstrafrecht, S 110, Wessels/Hettinger, StR BT I, § 1 IV 1, in der Rechtsprechung RG St 70, 313, 315, BGH St 2, 150, 152, BGH St 6, 147, 154, BGH St 13, 162, 167, BGH St 24, 342, 343, BGH St 32, 367, 371, BGH NStZ 1984, 452, BGH NStZ 2001, 324, 325, BayObLG, JZ 1973, 319.

[611] Schmidhäuser, FS für Welzel, S. 801, 810 ff., Klinkenberg, JR 1978, 441, 442 ff., vgl. auch Bringewat, ZStW 87 (1975), 623, 639 ff., der von einer im Strafgesetz nicht fixierten Tatbestandlichkeit der (versuchten) Selbsttötung als „Sonderdelikt" i.S.d. § 28 Abs. 2 StGB ausgeht, die nicht mit einer „per se" fehlenden Vertatbestandlichung gleichzusetzen sei. Die Straflosigkeit der Selbsttötung beruhe auf gesetzesgleichem Gewohnheitsrecht. Die aktive Beteiligung an der versuchten Selbsttötung sei als Teilnahme i.S.d. §§ 26 ff. StGB strafbar. Hintergrund all dieser Überlegungen ist die durch die Rechtsprechung zur Strafbarkeit der Nichthinderung eines Suizids (dazu unten cc)) entstandene Inkonsequenz einer Straflosigkeit der aktiven Teilnahme an der Selbsttötung. Diesen Widerspruch versuchen die genannten Autoren dahingehend zu lösen, dass sie auch die aktive Teilnahme am Selbstmord für strafbar erklären, welche die h.M. mangels tatbestandsmäßiger und rechtswidriger Haupttat verneint, vgl. Schmidhäuser, FS für Welzel, S. 801 ff., Bringewat, ZStW 87 (1975), 623 ff., 639 ff., Klinkenberg, JR 1978, 441 ff.

[612] Schmidhäuser, FS für Welzel, S. 801, 812

[613] Schmidhäuser, FS für Welzel, S. 801, 815 ff., weiter zu einer solchen „Rechtspflicht zum Weiterleben" Klinkenberg, JR 1978, 441, 443 ff.

grundes", nämlich des Erlebnisses der völligen Sinnlosigkeit des eigenen Lebens durch den Täter.[614]

Demgegenüber wird die Tatbestandsmäßigkeit (und Rechtswidrigkeit) des Suizids von der ganz h.M. abgelehnt.[615] So habe der historische Gesetzgeber nach der Aufhebung aller Strafen für den Selbstmord und die Beteiligung daran die Beschränkung des Tatbestands des § 212 StGB auf die Fremdtötung als selbstverständlich angesehen.[616] Auch aus gesetzessystematischen Gründen umfassen die §§ 212 ff. StGB nur die Tötung eines anderen. Das kann auf eine Parallele zu § 223 StGB, der ausdrücklich die Verletzung eines „anderen" verlangt sowie darauf gestützt werden, dass der Gesetzgeber anderenfalls wie sonst üblich die Wendung „sich oder einen anderen" gebraucht hätte oder zumindest einen gegenüber § 216 StGB abgemilderten Strafrahmen geschaffen hätte.[617] Schließlich können auch teleologische Argumente angeführt werden: vom Unrechtsgehalt her ist es eben nicht das gleiche, ob jemand einen fremden Menschen tötet oder sich selbst. Und das Strafgesetzbuch verbietet prinzipiell nur die Schädigung anderer; die Abwehr von Selbstschädigungen ist, außer bei gleichzeitiger Verletzung überragender Gemeinschaftsinteressen, durch den Zweck des Strafrechts überhaupt nicht gedeckt.[618]

Wollte man die Tatbestandsmäßigkeit des Suizids noch annehmen, so fehle es jedoch jedenfalls an der erforderlichen Rechtswidrigkeit. Eine „Rechtspflicht zum Weiterleben" sei nicht anzuerkennen. So gebe es schon keine Norm, die eine solche „Weiterlebenspflicht" begründen könne. Art. 2 Abs. 2 GG garantiere das „Recht *auf* Leben" gegen Eingriffe von außen, statuiere aber keine „Pflicht *zum* Leben". Das gesellschaftsvertragliche Denkmodell stütze sich gerade auf den Willen aller einzelnen, die als Träger der Staatsgewalt theoretisch auch über die Existenz des Gesellschaftsverbandes verfügen könnten.[619] Dass der Retter eines Suizidenten straflos oder gar gerechtfertigt sein kann, beruhe allein darauf, dass der verhinderte Selbstmord nach allgemeiner Betrachtung auf psychischen Störungen des Suizidenten beruhen könne und die Missbilligung des von achtenswerten Motiven beseelten Retters sozialen Schaden anrichten würde, nicht aber auf einer Pflicht des Suizidenten zum Leben.[620] Auch § 216 StGB impliziere keine „Weiterlebenspflicht", denn die kriminalpolitische Notwendigkeit der Norm liege in dem generalpräventiven Gebot der „Tabuisierung *fremden* Lebens".[621]

---

[614] Schmidhäuser, FS für Welzel, S. 801, 814 f.; auch Klinkenberg, JR 1978, 441, 444 f. favorisiert die Lösung über die Entschuldigung gegenüber einem Strafbarkeitsausschluss aufgrund Gewohnheitsrechts nach Bringewat (vgl. Fn. 511).

[615] Vgl. Lackner/Kühl-Kühl, Vor § 211 Rdnr. 9, LK-Jähnke, Vor § 211 Rdnr. 21, Tröndle/Fischer, Vor §§ 211 bis 216 Rdnr. 10, Sch/Sch-Eser, Vorbem §§ 211 ff. Rdnr. 33, MüKo-Schneider, Vor §§ 211 ff. Rdnr. 30, NK-Neumann, Vor § 211 Rdnr. 36 ff., BGH St 32, 367, 371 f., Roxin, FS für Dreher, S. 331, 336 ff., Herzberg, JA 1985, 131, 133 f., Bottke, Suizid und Strafrecht, S. 35 f., Klinger, Die Strafbarkeit der Beteiligung an einer durch Täuschung herbeigeführten Selbsttötung, S. 13 ff., Beckert, Probleme um Suizidbeteiligung und Sterbehilfe, S. 169 ff.

[616] Roxin, FS für Dreher, S. 331, 336, Herzberg, JA 1985, 131, 133, Bottke, Suizid und Strafrecht, S. 35, Simson, Die Suizidtat, S. 73

[617] Roxin, FS für Dreher, S. 331, 336 f., Herzberg, JA 1985, 131, 133, Bottke, Suizid und Strafrecht, S. 35, Otto, Gutachten D zum 56. DJT, S. D 19, Klinger, Die Strafbarkeit der Beteiligung an einer durch Täuschung herbeigeführten Selbsttötung, S. 14 f., NK-Neumann, Vor § 211 Rdnr. 38

[618] Roxin, FS für Dreher, S. 331, 337, Sax, JZ 1975, 137, 146 f., Schmitt, FS für Maurach, S. 113 ff., Bottke, Suizid und Strafrecht, S. 35 f., Klinger, Die Strafbarkeit der Beteiligung an einer durch Täuschung herbeigeführten Selbsttötung, S. 17 f.

[619] Roxin, FS für Dreher, S. 331, 337 f. (Hervorhebungen durch den Autor), vgl. auch Klinger, Die Strafbarkeit der Beteiligung an einer durch Täuschung herbeigeführten Selbsttötung, S. 28 ff. sowie ausführlich unten bb (4).

[620] Roxin, FS für Dreher, S. 331, 339

[621] Roxin, FS für Dreher, S. 331, 339

Schließlich könne, Tatbestands- und Rechtswidrigkeit einmal unterstellt, die von *Schmidhäuser* angenommene Entschuldigung des erfolglosen Selbstmörders aufgrund seines Erlebnisses der völligen Sinnlosigkeit des eigenen Lebens nicht gefolgt werden, da eine Parallele zu den Fällen des gesetzlichen und übergesetzlichen Notstands, die eine Gleichbehandlung nahelegen könnte, nicht gegeben sei.[622]
Allerdings kann die Selbsttötung gegen andere Strafvorschriften verstoßen, wenn Rechtsgüter von Dritten oder der Allgemeinheit verletzt werden, wie etwa gegen § 218 StGB (bei gleichzeitigem Schwangerschaftsabbruch) oder §§ 109 StGB, 17 WStG (bei Wehrpflichtigen) oder gegen das BtMG, wenn ein Dritter dem Suizidenten Betäubungsmittel zur Verfügung stellt. Die Rechtsordnung kennt keinen Grundsatz, wonach Rechtsgüter Dritter dem Zugriff des Suizidenten straflos preisgegeben sind.[623]

bb) Recht auf Selbstmord

Während die Straflosigkeit der (versuchten) Selbsttötung der einhelligen Lehre und Rechtsprechung entspricht, ist die Frage, ob der Einzelne auch ein (ggf. grundrechtliches) Recht auf Selbsttötung habe, heftig umstritten. Aus der Straflosigkeit des Suizids allein lässt sich nämlich nicht auf die Rechtmäßigkeit oder Rechtswidrigkeit einer solchen Selbsttötung schließen.[624] Der Frage nach einem Recht auf Selbstmord soll hier nachgegangen werden, obschon sie für die Beurteilung der Strafbarkeit der Selbsttötung und der Beteiligung daran unerheblich ist. Denn nur, wenn die Selbsttötung zumindest nicht als rechtswidrig erachtet wird, ist die oben vertretene Auffassung, die Tötung auf Verlangen sei ausnahmsweise zulässig, wo ein Selbstmord physisch ausgeschlossen ist, völlig konsequent.
Besondere Bedeutung gewinnt bei diesem Problem das Verfassungsrecht. Denkbar sind drei Positionen: entweder die Rechtsordnung erkennt dem Einzelnen das Recht zu, sich das Leben zu nehmen, oder sie verbietet ihm ein solches Verhalten oder aber sie enthält sich jeder Normierung in Bezug auf den Selbsttötungsakt. Je nachdem erscheint die Selbsttötung als ein rechtmäßiges, rechtswidriges oder sog. „unverbotenes" Verhalten.[625]

(1) Der Selbstmord als „unverbotenes" Tun

Nach *Gallas* erscheint die Annahme eines Rechts darauf, sich selbst zu töten, mit Art. 2 Abs. 1 GG unvereinbar. Denn von diesem Recht auf Handlungsfreiheit sei ein Verhalten ausgenommen, das gegen das „Sittengesetz" verstößt, wozu auch der von der herrschenden Moral missbilligte Selbstmord gehöre. Auf der anderen Seite bestehe auch kein Anlass, die

---

[622] Roxin, FS für Dreher, S. 331, 339 ff., ablehnend zur bloßen Entschuldigung auch Bottke, Suizid und Strafrecht, S. 36; s. auch Roxin, FS für Dreher, S. 331, 342 f. zur Kritik an der Konstruktion Bringewats (ZStW 87 (1975), 623, 639 ff., vgl. Fn. 511): Ein Tatbestand könne zum Einen nur dann durch Gewohnheitsrecht aufgehoben sein, wenn er unter der Geltung des Gesetzes anfangs bestanden hat. Das sei aber bei der versuchten Selbsttötung gerade nicht der Fall. Zum Anderen müsste ein gewohnheitsrechtlicher Strafausschluss konsequenterweise auch für die aktive Teilnahme an der Selbsttötung gelten. Und schließlich könnten Akzessorietätserwägungen nur stattfinden, wo überhaupt ein Tatbestand vorhanden sei, ein durch Gewohnheitsrecht getilgter Tatbestand sei aber schlechthin nicht mehr existent und könne daher eine Teilnehmerbestrafung nicht tragen. Gegen die Annahme von Gewohnheitsrecht s. zudem Simson, Die Suizidtat, S. 74 f. Ablehnend gegenüber Bringewat, wenngleich mit abweichender Begründung, auch Herzberg, JA 1985, 131, 133 f.

[623] MüKo-Schneider, Vor §§ 211 ff. Rdnr. 21, 31, Sch/Sch-Eser, § 218 Rdnr. 26, LK-Jähnke, Vor § 211 Rdnr. 21, Tröndle/Fischer, Vor §§ 211 bis 216 Rdnr. 10, BGH St 11, 15, 17, BGH NStZ 2001, 324, 325 ff.

[624] Vgl. nur die Ausführungen zur Tatbestandsmäßigkeit, aber Straflosigkeit des Suizidversuchs, oben aa).

[625] Gallas, JZ 1960, 649, 652

Selbsttötung als ein rechtswidriges Verhalten anzusehen; ein Verbot der *Selbst*verletzung könne angesichts des Schweigens des Gesetzgebers nirgends hergeleitet werden. Eine *Rechts*-pflicht zum Weiterleben bestehe nicht. Somit bleibe nur noch die Lösung, dass es sich um ein „*unverbotenes*" Verhalten[626] handele: enthalte sich die Rechtsordnung sowohl in positiver als auch in negativer Hinsicht einer Normierung der Selbsttötung, so vermeide sie es einerseits, für Ausübung einer rechtlichen Befugnis zu erklären, was die Moral verbietet, andererseits, mit einem Verbot der Selbsttötung rechtliche Verhaltensregeln für Situationen höchstpersönlicher Daseins- und Gewissensnot aufzustellen.[627]

(2) Annahme der Rechtswidrigkeit eines Suizids

Nach a.A. ist indes die Selbsttötung rechtswidrig und verboten.[628] *Otto* etwa sieht die Selbsttötung als grundsätzlich rechtswidriges Verhalten an. Denn mit der Anerkennung der Prämisse, dass der Person als Träger menschlicher Würde ein Eigenwert zukommt, der nach der Entscheidung der Grundrechtsordnung auch der Verfügungsbefugnis des Wertträgers entzogen ist, sei es unausweichlich, die Vernichtung dieses Eigenwerts als ein der Wertsetzung des Grundgesetzes widersprechendes Verhalten zu beurteilen, soweit der Entscheidung des Betroffenen der Anspruch auf Achtung menschlicher Würde entgegenstehe. Anders sei aber z.B. zu entscheiden, wenn der Verzicht auf das eigene Leben zur Rettung anderer Leben erfolge oder die Selbsttötung darauf ziele, einer anders nicht behebbaren Verletzung des Anspruchs auf Achtung menschlicher Würde ein Ende zu bereiten oder diesen Anspruch im Tode zu verwirklichen.[629]

(3) (Grundsätzliche) Annahme eines Rechtes auf Selbstmord

Eine weitere Auffassung nimmt hingegen grundsätzlich ein Recht auf Selbsttötung an.
Einer Mindermeinung zufolge lässt sich ein „Recht auf den Tod" aus Art. 2 Abs. 2 GG ableiten, da in Parallele zum Grundrecht auf körperliche Unversehrtheit, auf die verzichtet werden könne, aus dem „Recht auf Leben" auch ein „Grundrecht auf Verfügung über das eigenen Leben" folge.[630] Danach soll also auch die negative Seite des Rechts auf Leben – das Recht auf den eigenen Tod – von Art. 2 Abs. 2 GG umfasst sein. Der vom Normtext des Art. 2 GG vorgegebenen sachlichen Unterscheidung zwischen der körperlichen Dimension des Menschen in Abs. 2 und seiner geistig-persönlichen Funktion in Abs. 1 sei der Interpretation des Abs. 2 auch als negatives Freiheitsrecht Rechnung zu tragen.[631] Diese Auslegung des Art. 2 Abs. 2 Satz 1 GG als negatives Freiheitsrecht ist aber auf Ablehnung gestoßen, da die kör-

---

[626] bzw. um ein Verhalten im „rechtsfreien Raum", s. dazu Kaufmann, FS für Maurach, S. 327, 336 ff.

[627] Gallas, JZ 1960, 649, 653 ff. (Hervorhebungen durch den Autor); für die Annahme eines „unverbotenen" Verhaltens auch Roxin, FS für Dreher, S. 331, 339

[628] Nach der Rechtsprechung wertet die Rechtsordnung eine Selbsttötung – von äußersten Ausnahmefällen abgesehen – als rechtswidrig, vgl. BGH St 6, 147, 153, BGH St 46, 279, 285, BGH NJW 2001, 1802, 1803. Gegen ein Recht auf Selbstmord auch Hirsch, FS für Lackner, S. 597, 611, LK-Jähnke, Vor § 211 Rdnr. 22, Schmidhäuser, FS für Welzel, S. 801, 815 ff., Klinkenberg, JR 1978, 441, 443 ff. sowie Roellecke, in: Eser, Suizid und Euthanasie, S. 336 ff.

[629] Otto, Gutachten D zum 56. DJT, S. D 20 f.; gegen einen Verstoß des freien Suizids gegen die Würde des Betroffenen oder anderer Antoine, Aktive Sterbehilfe in der Grundrechtsordnung, S. 233 ff., BK-Zippelius, Art. 1 Abs. 1 u. 2 Rdnr. 72 ff.

[630] Hamann/Lenz, Art. 2 GG Anm. B 8, Fink, Selbstbestimmung und Selbsttötung, S. 82 ff., 90 ff., Pieroth/Schlink, Grundrechte, Rdnr. 392.

[631] Antoine, Aktive Sterbehilfe in der Grundrechtsordnung, S. 230

perliche Unversehrtheit im Gegensatz zum Leben bei Beeinträchtigung wiederhergestellt oder eine Verletzung bis zu einem gewissen Grad in Geld ausgeglichen werden könne. Zudem erfolge die Auslegung des Rechts auf körperliche Unversehrtheit, deren Verzichtbarkeit, auch im Hinblick auf die Rechtsprechung zum ärztlichen Heileingriff.[632] Hinsichtlich der Möglichkeit eines Grundrechtsverzichts in Bezug auf das Grundrecht Leben wird auch ausgeführt, dass die objektiv-rechtliche Funktion der Grundrechte (Schutzpflicht des Staates für das Leben und das Lebensrecht als originärster Ausdruck der Menschenwürde gemäß Art. 1 Abs. 1 GG) auch einen Schutz des Grundrechtsträgers vor sich selbst beinhalte, so dass der Einzelne aufgrund der verbindlichen Wertentscheidung des Grundrechtskatalogs nicht völlig frei über seine Grundrechte disponieren könne.[633] Entnimmt man dem Art. 2 Abs. 2 GG nun auch ein Recht auf Verfügung über das eigene Leben, stellt sich im übrigen die Frage, ob darauf auch die Schranke des Art. 2 Abs. 2 Satz 3 GG anwendbar ist. Dann könnte das Recht auf Suizid durch schützenswerte Interessen Dritter wie etwa die Versorgungsansprüche von Verwandten oder unter dem Aspekt des Dammbruchs Gefährdungen des Lebensrechtes Dritter – unter Beachtung des Verhältnismäßigkeitsgrundsatzes – eingeschränkt werden.[634]
Nach a.A. gehört der Suizid wiederum zu der von Art. 2 Abs. 1 GG geschützten allgemeinen Handlungsfreiheit. Die Annahme eines „rechtsfreien Raumes" sei nicht nötig, denn das Grundgesetz verrechtliche die Möglichkeit zur freien, allein vor dem Gewissen zu verantwortenden Durchführung der Selbsttötung.[635] Der Freitod, die Verfügung über das eigene Leben, ist demnach als Teil des Selbstbestimmungsrechts des Art. 2 Abs. 1 GG, als „Nichtausübung der positiven Entfaltung", garantiert.[636] Allerdings ist dann die Schrankentrias des Art. 2 Abs. 1 GG als Grenze der Freiheit zur Selbsttötung zu beachten. Nach *Bottke* können demzufolge ausnahmsweise aus privatrechtlichen Sonderbeziehungen stammende, nur be-

---

[632] Vgl. Roellecke, in: Eser, Suizid und Euthanasie, S. 337 f., sowie Beckert, Probleme um Suizidbeteiligung und Sterbehilfe, S. 130 ff., Laber, Der Schutz des Lebens im Strafrecht, S. 116 f., Uhlenbruck, ZRP 1986, 209, 214, Czerner, MedR 2001, 354, 356. Dagegen aber Antoine, Aktive Sterbehilfe in der Grundrechtsordnung, S. 227 ff., da zum Einen dann das Recht, über die körperliche Unversehrtheit zu verfügen, seine Grenze finden müsste, wo das Leben nur durch einen ärztlichen Heileingriff gerettet werden kann, was die h.M. aber ablehnt. Zum Anderen könnte der ärztliche Heileingriff auch über den Eingriff in das allgemeine Persönlichkeitsrecht erfasst werden, das dann als weiteres Schutzgut des § 223 StGB angesehen werden könnte.
[633] Czerner, MedR 2001, 354, 356; dagegen etwa Antoine, Aktive Sterbehilfe in der Grundrechtsordnung, S. 248 ff., denn das Recht auf Leben sei kein objektiviertes, sondern ein subjektives Schutzgut, das dem Rechtsträger als persönliche Freiheitssphäre zu seiner Disposition zugewiesen ist.
[634] So Antoine, Aktive Sterbehilfe in der Grundrechtsordnung, S. 251 f., vgl. demgegenüber etwa Fink, Selbstbestimmung und Selbsttötung, S. 144 ff.
[635] Bottke, Suizid und Strafrecht, S. 42 ff., vgl. auch ders., GA 1982, 346, 349 f.; gegen die Annahme eines „rechtsfreien Raumes" auch Wolter, NStZ 1993, 1, 8, dem zufolge die freiverantwortliche und höchstpersönliche Entscheidung eines Menschen zur Beendigung seines Lebens der Autonomie und Würde nach Art. 1 Abs. 1 GG zugehörig und deshalb die gewaltsame Hinderung einer freiverantwortlichen Selbsttötung grundsätzlich verwerfliche Nötigung und rechtswidrige Körperverletzung sei (gegen die Gewährung eines verfassungsmäßig garantierten Rechts auf Selbstmord aus Art. 1 Abs. 1 GG dagegen ausdrücklich Beckert, Probleme um Suizidbeteiligung und Sterbehilfe, S. 139 f.).
[636] Vgl. NK-Neumann, Vor § 211 Rdnr. 42, Bottke, Suizid und Strafrecht, S. 43 f., Wagner, Selbstmord und Selbstmordverhinderung, S. 90 ff., Laber, Der Schutz des Lebens im Strafrecht, S. 119 f., Jarass/Pieroth, Art. 2 GG Rdnr. 8, 27, Dreier-Schulze-Fielitz, Art. 2 II GG Rdnr. 32, Kunig, JURA 1991, 415, 418, Haffke, ZStW 107 (1995), 761, 776 f., Wassermann, DRiZ 1986, 291, 293, Storr, MedR 2002, 436 f. und wohl auch Brändel, ZRP 1985, 85, 86 ff., der ohne nähere Bezeichnung auf die „Selbstbestimmung" des Einzelnen abstellt. Nach a.A. erscheint es dagegen fraglich, ob das Grundrecht auf freie Entfaltung der Persönlichkeit auch das Recht umfasst, dieser Entfaltung ein unabänderliches Ende zusetzen, s. Gössel, JA 1976, 395, 396 unter Berufung auf BGH St 19, 325, 331 (die Entfaltung, nicht der Verfall der Persönlichkeit werde durch die Grundrechte geschützt); ablehnend auch Beckert, Probleme um Suizidbeteiligung und Sterbehilfe, S. 133 ff.

stimmten Personen gegenüber obliegende Pflichten, z.B. bei minderjährigen Kindern, als „Rechte Dritter" entgegenstehen, so dass ein solcher Selbstmord als rechtswidrig anzusehen sei.[637] Die „verfassungsmäßige Ordnung" beschränke die Freiheit zur Selbsttötung insoweit, als Retter sich auf Rechtfertigungsvorschriften berufen könnten, solange sie nicht in den Wesensgehalt des Art. 2 Abs. 1 GG eingreifen, z.B. bei unheilbar Kranken, die ihren physischen und psychischen Qualen durch Suizid ein Ende setzen wollten. Diese könnten nicht von „Rettungswilligen" zum Weiterleiden verdammt werden.[638] Das „Sittengesetz" schließlich sei im Lichte der Wertordnung der Grundrechte zu interpretieren, so dass ein Suizid, der weder die Rechte anderer antastet noch für ein der Selbstverwirklichung des einzelnen verpflichtetes Gemeinwesen sozialschädlich wirkt, nicht gegen das von Art. 2 Abs. 1 GG gemeinte Sittengesetz verstoße. Bis auf diese Beschränkungen handle es sich beim freiverantwortlichen Suizid aber um ein rechtmäßiges Verhalten.[639] Nach einer weiteren Ansicht ist hingegen die Schutzpflicht des Staates für das Leben gemäß Art. 2 Abs. 2 Satz 1 GG ggf. als Schranke heranzuziehen.[640]

(4) Stellungnahme

Trotz der Gegensätzlichkeit der vertretenen Auffassungen lässt sich feststellen, dass regelmäßig übereinstimmend der Suizid zumindest dort nicht als rechtswidrig angesehen wird, wo ein schwer Kranker seinem Leiden ein vorzeitiges Ende setzen möchte. Dies sind aber genau die im Rahmen der Sterbehilfe relevanten Fälle.

Darüber hinaus ist auch in anderen (wenn auch in der Realität selteneren) Fällen freiverantwortlichen Selbstmordes davon ausgehen, dass der jeweilige Suizident nicht rechtswidrig handelt. Die Rechtswidrigkeit einer Selbsttötung kann richtigerweise nur dann angenommen werden, wenn zugleich eine Verpflichtung des Einzelnen zum Weiterleben anerkannt wird.[641]

---

[637] Bottke, Suizid und Strafrecht, S. 45 f., angedeutet schon bei Bottke, GA 1982, 346, 353.

[638] Bottke, Suizid und Strafrecht, S. 46 ff., ausführlich zu den Rechten auf Suizidverhinderung auch Bottke, GA 1982, 346, 354 ff.; a.A. zur Beurteilung eines Rettungsversuchs gegen den Willen des Suizidenten Wolter, NStZ 1993, 1, 8 (vgl. Fn. 535) sowie Wagner, Selbstmord und Selbstmordverhinderung, S. 106 f.

[639] Bottke, Suizid und Strafrecht, S. 52, vgl. auch Bottke, GA 1982, 346, 352 f., Wagner, Selbstmord und Selbstmordverhinderung, S. 94 ff.; ein allgemein anerkanntes sittliches Verbot des Selbstmords ist heute nicht (mehr) feststellbar, vgl. NK-Neumann, Vor § 211 Rdnr. 42, Dölling, NJW 1986, 1011, 1014. Anders indes Laber, Der Schutz des Lebens im Strafrecht, S. 123 ff., dem zufolge das Sittengesetz einem umfassenden Recht auf freie Entfaltung der Persönlichkeit durch Verfügung über das eigene Leben entgegensteht. Für eine Zuordnung der Selbsttötung zum Schutzbereich von persönlicher Freiheit und Menschenwürde zudem Uhlenbruck, ZRP 1986, 209, 214, vgl. auch NK-Neumann, Vor § 211 Rdnr. 43. Aus strafrechtlicher Perspektive vgl. Sax, JZ 1975, 137, 146: der materiale Grund der Straflosigkeit bestehe darin, dass der Selbstmörder selbst nicht wider ein schutzwürdiges Fremdinteresse an der Erhaltung seines Lebens handele, sondern das allein auf ihn selbst bezogene Interesse, weiterzuleben, tätig verneine, so dass er das Rechtsgut Leben nicht verletze, sondern nur preisgebe. Mangels Rechtsgutsverletzung scheide eine Strafbarkeit schon auf der Tatbestandsebene aus. S. auch Sax, JZ 1976, 80 f.

[640] Dreier-Schulze-Fielitz, Art. 2 II GG Rdnr. 32; vgl. auch Dreier-Dreier, Art. 1 I GG Rdnr. 157: die Beendigung des eigenen Lebens als Akt freien Willens stellt keinen Verstoß gegen die Menschenwürde dar, sondern findet in ihr eine Grundlage.

[641] a.A. aber Otto, Gutachten D zum 56. DJT, S. D 21, dem zufolge auch in den Fällen, in denen die Selbsttötung den Anspruch auf Achtung menschlicher Würde verletze, der Suizid also rechtswidrig sei, diese Wertentscheidung des Grundgesetzgebers lediglich als geistiger Appell aufzufassen sei und damit nicht einer den anderen Mitgliedern der Gesellschaft gegenüber verbindlichen Verpflichtung zum Weiterleben entspreche. Wird die Selbsttötung aber als „rechtswidrig" qualifiziert, folgt daraus allerdings konsequenterweise, dass nur das Weiterleben als rechtmäßig anzusehen ist. Wenn aber das Weiterleben die einzig mögliche rechtmäßige Verhaltensweise ist, muss man von einer *Rechtspflicht* zum Weiterleben ausgehen.

Eine solche Rechtspflicht besteht aber weder gegenüber der Allgemeinheit (s. dazu auch schon oben aa)) noch gegenüber bestimmten Einzelpersonen. Eine derartige Pflicht folgt nämlich nicht etwa aus der Eingriffsermächtigung gegenüber dem Suizidenten nach Polizeirecht.[642] Zwar macht dieses im Wortlaut keinen Unterschied zwischen freiverantwortlichem und unfreiem Selbstmord. Doch selbst wenn ein „totales Suizidhinderungsrecht" vom Gesetzgeber gemeint wäre, müsste dies nicht notwendig die Rechtswidrigkeit aller Selbsttötungen voraussetzen. Denn wenn ein verfassungsrechtlich verbürgtes Recht auf Selbstmord besteht, ist der Wortlaut der polizeirechtlichen Normen im Wege verfassungskonformer Interpretation auf ein grundrechtsgemäßes Maß zu reduzieren, etwa in dem Sinn, dass nur die Feststellung ermöglicht werden soll, ob tatsächlich eine freie Willensentschließung vorhanden ist, und dem Suizidenten die Möglichkeit des Überdenkens seines Entschlusses gegeben werden soll.[643] Auch § 216 StGB kann zur Annahme einer Weiterlebenspflicht nichts beitragen. Obgleich § 216 StGB seinem Wortlaut nach auch die Tötung auf Verlangen von Personen verhindert, die zum Selbstmord faktisch außerstande sind, so ist damit noch keine Weiterlebenspflicht begründet.[644] Vielmehr kann genauso argumentiert werden, dass in solchen Fällen eine Ausnahme vom Fremdtötungsverbot zu machen ist, was auch § 34 StGB positivrechtlich ermöglicht. Zudem kann auf die Unterschiede zwischen Selbsttötung und Tötung auf Verlangen verwiesen werden, etwa dass der Sterbewille durch nichts mit so großer Gewissheit erwiesen wird wie durch die eigenhändige Tötung und dass die Tötung auf Verlangen eben Fremdtötung bleibt.[645] Eine verfassungsrechtliche Grundpflicht zum Leben besteht des weiteren nicht. Art. 2 Abs. 2 GG spricht – im Gegensatz zu anderen Normen des Grundrechtskatalogs – nur von einem „Recht auf Leben", nicht von einer „Pflicht zum Leben". Auch aus der Menschenwürde gemäß Art. 1 Abs. 1 GG lässt sich keine Pflicht zum Leben ableiten.[646]

Weiterhin kann eine Rechtspflicht zum Leben auch nicht anhand allgemeinerer (eher rechtsphilosophischer) Erwägungen begründet werden. So kann der Suizid nicht als direkter Schaden für den Staat, da ein positives Angebot (Bereitstellen von Soldaten, Arbeitskraft etc.) entzogen wird, angesehen werden. Denn in einer freien Gesellschaft kann sich der Einzelne der Gemeinschaft durchaus entziehen, etwa als Eremit oder Emigrant. Zudem würde diese utilitaristische Ansicht höchst bedenkliche Tendenzen eröffnen, denn konsequenterweise müsste etwa der Suizid bestimmter Personen, etwa Langzeitarbeitsloser ohne Aussicht auf neue Arbeit oder Behinderter, die in diesem Sinne nicht zur Gemeinschaft beitragen, gebilligt werden.[647] Auch kann auf die Sinnlosigkeit einer solchen Weiterlebenspflicht hingewiesen werden, denn ein besonders qualitativer Beitrag des Individuums zum Gemeinschaftsleben kann kaum durch Zwang, sondern eher durch positive Motivation erreicht werden.[648] Weiterhin kann der Suizid auch nicht als Bedrohung für die Existenz der Gesellschaft angesehen werden, indem man die theoretische Frage stellt, was passieren würde, wenn alle Menschen Selbstmord begingen.[649] Zum Einen, weil das gesellschaftsvertragliche Denkmodell sich gerade auf den Willen aller Einzelnen stützt, die allein Träger der Staatsgewalt sind und als

---

[642] So aber Klinkenberg, JR 1978, 441, 443.

[643] Bottke, Suizid und Straftat, S. 39 ff., Wellmann, JR 1979, 182, 183, vgl. auch Wagner, Selbstmord und Selbstmordverhinderung, S. 134 ff. sowie Klinger, Die Strafbarkeit der Beteiligung an einer durch Täuschung herbeigeführten Selbsttötung, S. 22 ff.

[644] So aber wiederum Klinkenberg, JR 1978, 441, 443 f.

[645] Bottke, Suizid und Straftat, S. 37, s. auch Roxin, FS für Dreher, S. 331, 345.

[646] Antoine, Aktive Sterbehilfe in der Grundrechtsordnung, S. 168 ff.

[647] Chatzikostas, Die Disponibilität des Rechtsgutes Leben, S. 219 ff.

[648] Vgl. Chatzikostas, Die Disponibilität des Rechtsgutes Leben, S. 227 f.

[649] So aber im Grunde Schmidhäuser, FS für Welzel, S. 801, 817, vgl. oben aa).

solche theoretisch auch über die Existenz des Gesellschaftsverbandes verfügen könnten.[650] Zum Anderen, weil konsequenterweise mit gleicher Begründung etwa eine rechtliche Fortpflanzungspflicht bejaht werden müsste, was aber von niemandem gefordert wird.[651]
Auch einzelnen gegenüber, etwa den minderjährigen Kindern, dürfte keine Weiterlebenspflicht bestehen. Dabei lässt sich eine Parallele zu der bereits mangelnden rechtlichen *Verpflichtung*, für die eigenen Kinder Einkünfte zu gewinnen, ziehen. Haben die Eltern aber schon keine rechtliche Verpflichtung, für ein Einkommen für ihre Kinder zu sorgen, so kann konsequenterweise auch keine Pflicht zum Weiterleben angenommen werden.[652]
Doch selbst wenn man entgegen der hier vertretenen Ansicht eine Rechtspflicht zum Leben annehmen möchte, muss diese doch in Extremfällen an ihre Grenzen stoßen. Denn niemand kann vom Einzelnen verlangen, einen schweren und aussichtslosen Krankheitsverlauf um der Gesellschaft willen duldend zu ertragen.[653] Dies verstößt gegen die vom Grundgesetz garantierte Selbstbestimmung wie auch die Menschenwürde, die richtigerweise auch ein menschenwürdiges Sterben garantiert.
Darüber hinaus kann meines Erachtens dem Grundrecht auf Selbstbestimmung nach Art. 2 Abs. 1 i.V.m. Art. 1 Abs. 1 GG ein Recht auf Verfügung über das eigene Leben entnommen werden. Zur Selbstbestimmung gehört eben auch die essentielle Frage, wann und wie der Einzelne aus seinem Leben scheiden möchte. Das „Sittengesetz“ i.S.d. Art. 2 Abs. 1 GG kann dem nicht entgegenstehen, denn dies würde zumindest einen gesellschaftlichen Konsens über die Sittenwidrigkeit des Selbstmordes voraussetzen. Ein solcher Konsens besteht aber in unserer heutigen pluralistischen Gesellschaft nicht (mehr). Zwar steht dieses Recht unter dem Vorbehalt der „verfassungsmäßigen Ordnung“. Gesetzliche Beschränkungen dürfen aber den Rahmen des Erforderlichen und Verhältnismäßigen nicht überschreiten. Dieser Vorbehalt legitimiert jedoch etwa die Einschreitbefugnisse der Polizei zur Verhinderung eines Selbstmordes, wenn die Freiverantwortlichkeit des Suizidenten (wie fast immer) äußerlich nicht mit Sicherheit erkennbar ist oder wenn andere Rechtsgüter wie etwa die Sicherheit des Verkehrs gefährdet sind, z.B. weil sich der Selbstmörder vor einen schnell fahrenden Zug werfen möchte. Gerade im Bereich der Sterbehilfe ist damit aber ein sehr weitgehendes Recht auf Suizid anzunehmen.

b) Die Beteiligung an der Selbsttötung

aa) Die (aktive) Teilnahme an der Selbsttötung

Aus dem vorher Gesagten zur Tatbestandslosigkeit des Selbstmordes folgt nach der ganz h.M., dass Anstiftung und Beihilfe zur – freiverantwortlichen – Selbsttötung mangels tat-

---

[650] Roxin, FS für Dreher, S. 331, 339; s. auch Chatzikostas, Die Disponibilität des Rechtsgutes Leben, S. 232.
[651] Chatzikostas, Die Disponibilität des Rechtsgutes Leben, S. 231 f.
[652] Vgl. Chatzikostas, Die Disponibilität des Rechtsgutes Leben, S. 233 f. Zwar besteht zivilrechtlich eine Erwerbsobliegenheit der Eltern mit der Folge, dass ihre Unterhaltspflicht ggf. anhand eines fiktiven Erwerbs berechnet wird. Eine Rechts*pflicht zum Erwerb* folgt daraus aber noch nicht. Selbstverständlich dürfen die Eltern auch nicht die Grenze zur Aussetzung gemäß § 221 StGB überschreiten. Richtigerweise haben Eltern gegenüber ihren kleinen Kindern wohl zudem eine *moralische* Pflicht zum Weiterleben wie auch zum Erwerb. Dabei handelt es sich aber eben gerade nicht um eine rechtliche Verpflichtung. Dies übersieht Bottke, Suizid und Strafrecht, S. 45 f., der irrig Art. 6 Abs. 2 Satz 1 GG als Grundlage einer Pflicht der Eltern, ihre Kinder zu erziehen und zu pflegen, und damit einer Pflicht zum Weiterleben heranzieht.
[653] Vgl. Klinkenberg, JR 1978, 441, 444.

bestandsmäßiger Haupttat straflos sind.[654] Nach einer vereinzelt vertretenen Auffassung ist indes jede Beteiligung auch am freiverantwortlichen Suizid stets als Tötungstäterschaft anzusehen, denn der tatbestandslos und damit vorsatzlos handelnde Suizident sei notwendig Werkzeug in der Hand des Mitwirkenden.[655] Dies ist aber einhellig abgelehnt worden. Denn für die Werkzeugqualität des ausführenden Suizidenten ist nicht entscheidend, dass der selbst an sich Hand Legende nicht täterschaftstauglich ist. Vielmehr kommt es darauf an, ob der Ausführende im Rechtssinn unfrei, also nicht eigenverantwortlich gehandelt hat. Denn nur dann kann man sagen, jemand habe als Zentralgestalt des Geschehens die Straftat durch einen anderen bewirkt, indem er den Geschehensablauf beherrscht hat.[656]
Ist also anerkannt, dass die (aktive) Teilnahme an einer Selbsttötung prinzipiell möglich ist, bleibt die schwierige Frage der Abgrenzung der straflosen bloßen Teilnahme am Selbstmord von der als Mord, Totschlag bzw. Tötung auf Verlangen strafbaren Tötungstäterschaft.

(1) Abgrenzung von Suizidteilnahme und mittelbarer Täterschaft

Dabei ist zunächst die Grenzziehung zwischen (aktiver) Teilnahme am Selbstmord (insbesondere Anstiftung) und Mord bzw. Totschlag in mittelbarer Täterschaft gemäß §§ 212, 211 StGB i.V.m. § 25 Abs. 1 Alt. 2 StGB zu klären.
Grenze ist dabei nach allgemeiner Ansicht die Freiverantwortlichkeit des Suizids.[657] Wer einen Suizid veranlasst oder unterstützt, obschon er die mangelnde Freiverantwortlichkeit des Suizidenten kennt, ist mittelbarer Täter; hält er den Suizidenten irrtümlich für nicht verantwortlich, so liegt bloßer Versuch vor. Darüber hinaus kommt Tötung in mittelbarer Täterschaft in Betracht, wenn der Getötete durch Hervorrufen oder Unterstützen eines Irrtums als

---

[654] LK-Jähnke, Vor § 211 Rdnr. 22, Tröndle/Fischer, Vor §§ 211 bis 216 Rdnr. 10, Sch/Sch-Eser, Vorbem §§ 211 ff. Rdnr. 35, MüKo-Schneider, Vor §§ 211 ff. Rdnr. 32, Lackner/Kühl-Kühl, Vor § 211 Rdnr. 10, Joecks, § 216 Rdnr. 9, Roxin, Medizinstrafrecht, S. 110, in der Rechtsprechung BGH St 2, 150, 152, BGH St 13, 162, 167, BGH St 24, 342, 343, BGH St 32, 367, 371, BGH St 46, 279, 284, BGH NJW 2001, 1802, 1803, BayObLG, JZ 1973, 319. Teils wird allerdings eingewandt, die Begründung der Straflosigkeit der Suizidteilnahme durch das Akzessorietätsargument sei formal und inhaltsleer, vgl. MüKo-Schneider, Vor §§ 211 ff. Rdnr. 34, Neumann, JA 1987, 244, 245 ff., Geilen, JZ 1974, 145. Die Begründung der Straflosigkeit der Suizidteilnahme folge vielmehr aus dem Prinzip der Eigenverantwortlichkeit des Suizidenten für seine Rechtsgüter (MüKo-Schneider, Vor §§ 211 ff. Rdnr. 34, NK-Neumann, Vor § 211 Rdnr. 44 f., Neumann, JA 1987, 244, 245 ff., vgl. auch Hohmann/König, NStZ 1989, 304, 307 ff.). Der mündige Bürger benötige keinen paternalistischen Schutz vor sich selbst; denn weil der freiverantwortlich Handelnde die Tragweite und Bedeutung seines Verhaltens voll ermessen könne und für seine Rechtsgüter ohne weiteres selbst zu sorgen vermöge, fehle ein berechtigter Grund zur Pönalisierung der die Selbsttötung fördernden Akte Dritter (MüKo-Schneider, Vor §§ 211 ff. Rdnr. 34). Strafbar ist hingegen die Teilnahme am Suizid insoweit, als sie zugleich gegen andere Vorschriften verstößt und damit andere Rechtsgüter gefährdet, vgl. BGH NJW 2001, 1802 (Strafbarkeit der Einfuhr und des Überlassens eines Betäubungsmittels zum freien Suizid an unheilbar Schwerstkranke wegen Verstoßes gegen das Betäubungsmittelrecht, das vor allem dem Schutz der Volksgesundheit dient; allerdings teleologische Reduktion des Tatbestands der Betäubungsmittelüberlassung mit leichtfertiger Todesverursachung gemäß § 30 Abs. 1 Nr. 3 BtMG).

[655] Schilling, JZ 1979, 159 ff.

[656] Bottke, Suizid und Strafrecht, S. 235 ff., Herzberg, JA 1985, 131, 134, Hirsch, JR 1979, 429, 431, Roxin, NStZ 1984, 71, Charalambakis, GA 1986, 485, 488; genauer zur Abgrenzung von Suizidteilnahme und mittelbarer Täterschaft unten (1).

[657] Tröndle/Fischer, Vor §§ 211 bis 216 Rdnr. 11, LK-Jähnke, Vor § 211 Rdnr. 22, 29, MüKo-Schneider, Vor §§ 211 ff. Rdnr. 32, 35, Sch/Sch-Eser, Vorbem §§ 211 ff. Rdnr. 37, Joecks, § 216 Rdnr. 13, SK-Horn, § 212 Rdnr. 11, NK-Neumann, Vor § 211 Rdnr. 58

„Werkzeug gegen sich selbst“ gebraucht wird.[658] Fraglich ist dabei aber insbesondere, wann von einer „Freiverantwortlichkeit“ des Selbstmordes gesprochen werden kann.

(a) Exkulpationslehre und Einwilligungslehre

Im strafrechtlichen Schrifttum herrscht über die inhaltlichen Voraussetzungen der „Freiverantwortlichkeit“ seit langem Streit. Die Rechtsprechung hat bis dato hierzu nicht eindeutig Stellung bezogen.[659] Es handelt sich dabei um zwei verschiedene Lösungsansätze: die Exkulpations- und die Einwilligungslehre.[660]

(aa) Die Exkulpationslehre

Nach der Exkulpationslehre beurteilt sich die Freiverantwortlichkeit der Willensbildung des Selbstmörders anhand der Regelungen über die strafrechtliche Verantwortlichkeit, also die §§ 19, 20 und 35 StGB sowie § 3 JGG.[661] Zwar sind diese Vorschriften auf die Selbsttötung nicht unmittelbar anwendbar, weil diese keine fremde Rechtsgüter beeinträchtigende strafbare Handlung darstellt. Doch können nach dieser Auffassung diese Normen sinngemäß herangezogen werden, denn durch sie werde die Grenze, bis zu der der Einzelne für seine Handlungen selbst verantwortlich ist, in allgemeiner Form festgelegt.[662] Es sei nicht einzusehen, dass, wer einen anderen dazu überredet oder nötigt, einen Dritten zu töten, nur dann als mittelbarer Täter anzusehen sei, wenn ihm die §§ 3 JGG, 19, 20 und 35 StGB Tatherrschaft zuweisen, sich daran aber etwas ändern solle, wenn der andere zu einer Selbsttötung überredet bzw. genötigt wird.[663] Deutlich wird die Parallele von Selbst- und Fremdschädigung insbesondere in Fällen, in denen der überlebende Suizident weitere Rechtsgüter in strafrechtlich relevanter Weise beeinträchtigt, wobei er die Grenze zur Schuldunfähigkeit nach § 20 StGB nicht überschreitet. Dann erschiene es unverständlich, wenn der Hintermann zwar mittelbarer Täter einer Fremdtötung sein könnte, jedoch nur Anstifter bezüglich der weiteren Rechtsgutsverletzungen wäre.[664] Auch sei die „Einwilligung“ in der Realität ein schnell gesprochenes, oft missdeutbares oder übereiltes und bisweilen bereutes Wort, an dessen Gültigkeit der Gesetzgeber in § 216 StGB mit Recht strenge Anforderungen stelle. Bei der eigenhändigen Selbstschädigung lägen die Dinge jedoch ganz anders, denn dass jemand wirklich sterben will, werde durch nichts so sehr bewiesen als die eigenhändige Selbsttötung. Die Beurteilung

---

[658] Sch/Sch-Eser, Vorbem §§ 211 ff. Rdnr. 37, Lackner/Kühl-Kühl, Vor § 211 Rdnr. 13 ff., Tröndle/Fischer, Vor §§ 211 bis 216 Rdnr. 11, SK-Horn, § 212 Rdnr. 10, NK-Neumann, Vor § 211 Rdnr. 58 f.

[659] MüKo-Schneider, Vor §§ 211 ff. Rdnr. 37; zur Exkulpationslehre tendierend BGH St 32, 38 ff.

[660] Einen völlig anderen Ansatz vertritt hingegen Merkel, in: Hegselmann/Merkel, Zur Debatte über Euthanasie, S. 81 ff.: er stellt vielmehr auf ein Prinzip der Interessensverteidigung des Suizidenten ab, das zwischen den Polen von „Wohl“ des Suizidenten und dessen Autonomie Orientierungen sucht und dabei auf die Wahrnehmung und Beurteilung der sachlichen und persönlichen Umstände, der konkreten Plausibilität des Selbstmordentschlusses, zurückgreift. Zur Kritik an dieser – trotz vermeintlichen bloßen Abstellens auf die Innenperspektive – „weich“ paternalistischen Konstruktion s. Roxin, 140 Jahre GA, S. 177, 181 ff.

[661] Diese Ansicht vertreten etwa MüKo-Schneider, Vor §§ 211 ff. Rdnr. 54 ff., Bottke, Suizid und Strafrecht, S. 250 ff., ders., GA 1983, 22, 30 ff., Beckert, Probleme um Suizidbeteiligung und Sterbehilfe, S. 146, Charalambakis, GA 1986, 485, 498 ff., Dölling, GA 1984, 71, 78 f., Dölling, NJW 1986, 1011 f., Roxin, NStZ 1984, 71, ders., FS für Dreher, S. 331, 344 ff., 349, ders., Medizinstrafrecht, S. 111, Schünemann, NStZ 1982, 60, 62 f., einschränkend Sch/Sch-Cramer/Heine, § 25 Rdnr. 10 ff.

[662] MüKo-Schneider, Vor §§ 211 ff. Rdnr. 38, 60, Roxin, FS für Dreher, S. 331, 344 ff.

[663] Bottke, Suizid und Strafrecht, S. 253 f., ders., GA 1982, 346, 352

[664] MüKo-Schneider, Vor §§ 211 Rdnr. 60, Bottke, Suizid und Strafrecht, S. 251

nach der „Ernstlichkeit" des Selbsttötungswunsches (die angesichts der Tat vernünftigerweise nicht bestritten werden könne) unterziehe in Wirklichkeit den Anlass und die Motive des Selbstmordes einer Wertung und nenne einen nach dem Maßstab nüchtern-besonnenen Menschenverstandes „unvernünftigen" Entschluss „nicht ernstlich".[665] Zwar entfalle bei der Selbstschädigung die Appellwirkung des rechtlichen Verbotes, doch gebe es, da der Mensch in aller Regel weit lieber andere schädige als sich selbst, bei der Selbsttötung hemmende Gegenmotive, die generell keine geringere Stärke hätten; zudem lasse die Stärke „hemmender Gegenmotive" ohnehin keinen Schluss auf die „Freiheit" einer sie missachtenden Handlung zu.[666] Allein die Regeln der strafrechtlichen Verantwortlichkeit ermöglichten schließlich eine rechtssichere Abgrenzung im sensiblen Grenzbereich zwischen Tötungsstrafbarkeit und Straflosigkeit.[667]

(bb) Die Einwilligungslehre

Die im Schrifttum zunehmend vertretene Einwilligungslehre zieht die Grenzen strafloser Suizidbeteiligung deutlich enger.[668] Danach wird die Freiverantwortlichkeit nach Maßgabe der Regeln über die Einwilligung anhand der Kriterien für die „Ernstlichkeit des Verlangens" gemäß § 216 StGB ermittelt.[669] Freiverantwortlich kann der Suizid demnach nur sein, wenn die natürliche Einsichtsfähigkeit des Suizidenten hinsichtlich der Tragweite und Unwiderruflichkeit dieses Schrittes, sein situatives Urteils- und Hemmungsvermögen sowie die Mangelfreiheit seiner Willensbildung gegeben sind. Notwendig ist also auch, dass der Todeswunsch nicht lediglich einer Augenblicksstimmung, einer vorübergehenden Depression oder einer Versagereaktion entspringt sowie, dass der Sterbewille nicht auf unzutreffenden Vorstellungen beruht.[670] Begründet wird dies damit, dass der Suizid der in § 216 StGB geregelten

---

[665] Roxin, FS für Dreher, S. 331, 345, vgl. auch MüKo-Schneider, Vor §§ 211 ff. Rdnr. 61, Charalambakis, GA 1986, 485, 491.

[666] Roxin, FS für Dreher, S. 331, 346, vgl. auch MüKo-Schneider, Vor §§ 211 ff. Rdnr. 60.

[667] Roxin, FS für Dreher, S. 331, 347, ders., Medizinstrafrecht, S. 111, MüKo-Schneider, Vor §§ 211 ff. Rdnr. 55 und nachdrücklich Rdnr. 62 f., Beckert, Probleme um Suizidbeteiligung und Sterbehilfe, S. 146.

[668] Die Einwilligungslehre wird vertreten etwa von Sch/Sch-Eser, Vorbem §§ 211 ff. Rdnr. 36, SK-Horn, § 212 Rdnr. 13 f., NK-Neumann, Vor § 211 Rdnr. 61, Lackner/Kühl-Kühl, Vor § 211 Rdnr. 13a, LK-Jähnke, Vor § 211 Rdnr. 26, Geilen, JZ 1974, 151 f., Herzberg, JuS 1974, 374, 379, ders., JA 1985, 336, 340 ff., ders., NJW 1986, 1635, 1636 f., Krey, StR BT/1, Rdnr. 86 ff., Mitsch, JuS 1995, 888, 891 f., Meyer, Ausschluss der Autonomie durch Irrtum, S. 221, Laber, Der Schutz des Lebens im Strafrecht, S. 255 ff., Brandts/Schlehofer, JZ 1987, 442 ff.

[669] Vgl. grundlegend Herzberg, JuS 1974, 374, 379 im Anschluss an Geilen, JZ 1974, 145, 151 f.

[670] Sch/Sch-Eser, Vorbem §§ 211 ff. Rdnr. 36 f., NK-Neumann, Vor § 211 Rdnr. 61 ff., LK-Jähnke, Vor § 211 Rdnr. 26, Herzberg, JA 1985, 336, 341, Meyer, Ausschluss der Autonomie durch Irrtum, S. 224; nach SK-Horn, § 212 Rdnr. 15, ist indes weitergehend zu erwägen, ob nicht Freiverantwortlichkeit schon ausgeschlossen sein müsse, wenn die „Ernstlichkeit" i.S.d. § 216 StGB nur *zweifelhaft* erscheine. Darunter sollen vor allem der Hungerstreik oder der „goldene (Todes-)Schuss" des Drogenabhängigen fallen, bei denen der Tod aus Sicht des Suizidenten nur „fahrlässig", jedenfalls nicht mit „direktem" Selbsttötungsvorsatz eintritt. Solange aber ein dem Eventualvorsatz vergleichbarer auf seinen Tod gerichteter Wille des Suizidenten vorliegt, müssen jedenfalls bloße Zweifel an der „Ernstlichkeit" des Selbstmordentschlusses außer Betracht bleiben. Im Grunde liegt hier eine versteckte Vernünftigkeitskontrolle der Motive vor, denn die Zweifel an der „Ernstlichkeit" entstehen wohl nur aufgrund der Frage, ob ein solcher Tod vom Suizidenten sinnvoll gewünscht worden sein kann. Des weiteren soll nach SK-Horn, § 212 Rdnr. 16 Freiverantwortlichkeit ausgeschlossen sein, wenn die Leistung des Dritten physisch auch vom Lebensmüden selbst hätte erbracht werden können, dieser „letzte Schritt" aber von ihm psychisch nicht verkraftet worden wäre. Dies wird aber von Sch/Sch-Eser, Vorbem §§ 211 ff. Rdnr. 38, zutreffend abgelehnt, da, wenn nicht weitere Umstände für die mangelnde Ernstlichkeit vorlägen, dies eine bloße Frage des Übergangs von Suizidbeihilfe zu täterschaftlicher Tötung auf Verlangen darstelle.

Situation insoweit entspricht, als es in beiden Fällen um Entscheidungen des Rechtsgutsträgers für die Vernichtung seines Lebens gehe. Zudem enthalte § 216 StGB eine allgemeine Wertung über die Erforderlichkeit und Angemessenheit strafrechtlichen Schutzes von Personen, die in der konkreten Situation nicht in der Lage sind, die volle Bedeutung und Tragweite ihres Handelns zu erfassen oder sich von der entsprechenden Einsicht leiten zu lassen.[671] Diese Ansicht trage auch der normativen Differenz zwischen verbotener Fremdschädigung und der nicht verbotenen Selbstschädigung Rechnung, die die Verlagerung der Verantwortlichkeit auf den Hintermann in den Fällen der Selbsttötung in weiterem Umfang rechtfertigt als bei der Veranlassung einer Fremdschädigung.[672] Auch in Wertungszusammenhängen entstünden Spannungen, denn wenn nur im Sinne der §§ 19, 20, 35 StGB gewichtete, also schwerwiegende Mängel zur mittelbaren Täterschaft des Dritten führen, bliebe offen, warum dies bei einem bloßen Irrtum des Suizidenten ebenso der Fall sein soll.[673] Beeinträchtigungen entsprechend § 21 StGB würden die Selbsttötung nicht unfrei machen, wobei im Zweifel etwa wenige Promille Blutalkoholkonzentration den entscheidenden Unterschied ausmachen könnten.[674] Ein Teil der Literatur führt auch an, dass nach den Erkenntnissen der Suizidforschung von eigenverantwortlichem Handeln des Suizidenten nur im Ausnahmefall gesprochen werden könne. Dabei leide der Lebensmüde vor der Selbsttötung an einem sog. präsuizidalen Syndrom, das sich durch Einengung, Aggression und Selbstmordphantasien auszeichne. Insbesondere die Einengung lasse die Wahrnehmungsfähigkeit, das Werterleben und die Fähigkeit der Wertverwirklichung schrumpfen. Selbstmordversuche stellten häufig einen reinen Appell, einen Hilferuf an die Umgebung, dar.[675]

(b) Übereinstimmende Lösungen

Trotz der verschiedenen Ansätze werden die allermeisten Fallkonstellationen von der Exkulpations- wie von der Einwilligungslehre übereinstimmend beurteilt.[676]

So wird die Beteiligung am Selbstmord strafunmündiger Kinder als strafbar erachtet, nach der Exkulpationslehre aufgrund § 19 StGB analog, nach der Einwilligungslehre, weil Kindern schon die nötige natürliche Einsichtsfähigkeit bezüglich Tragweite und Unwiderruflichkeit

---

[671] Vgl. LK-Jähnke, Vor § 211 Rdnr. 26, Lackner/Kühl-Kühl, Vor § 211 Rdnr. 13a, Neumann, JuS 1985, 677, 680, Herzberg, JA 1985, 336, 340, Brandts/Schlehofer, JZ 1987, 442, 443 f., Meyer, Ausschluss der Autonomie durch Irrtum, S. 221 f.

[672] So könne es den Täter, der seine Frau aus Eifersucht tötet, nicht entlasten, wenn ein Hintermann diese Eifersucht und damit die Tat durch gezielte Falschinformation hervorgerufen hat, da die Rechtsordnung normativ von jedem Bürger erwartet, auch keine Eifersuchtstötung zu begehen. Bei der Selbsttötung fehlt diese normative Erwartung indes, vgl. NK-Neumann, Vor § 211 Rdnr. 61, Lackner/Kühl, Rdnr. 12, 13a, Herzberg, JA 1985, 336, 338 f.

[673] LK-Jähnke, Vor § 211 Rdnr. 26

[674] LK-Jähnke, Vor § 211 Rdnr. 26

[675] LK-Jähnke, Vor § 211 Rdnr. 27 m.w.N. aus der Suizidforschung, vgl. auch Meyer, Ausschluss der Autonomie durch Irrtum, S. 231 ff. Die Zuspitzung dieser These, praktisch jeder Suizidversuch sei als unfrei zu betrachten, da der Wille zum Suizid regelmäßig als pathologisch anzusehen sei (vgl. SK-Horn, § 212 Rdnr. 12, Bringewat, ZStW 87 (1975), 623, 632 ff., Geilen, JZ 1974, 145, 148 ff.), ist aber überwiegend auf Ablehnung gestoßen, vgl. NK-Neumann, Vor § 211 Rdnr. 62, Sch/Sch-Eser, Vorbem §§ 211 ff. Rdnr. 34, Wagner, Selbstmord und Selbstmordverhinderung, S. 110 ff., Sonneck/Ringel, in: Eser, Suizid und Euthanasie, S. 77 f. (zu den Erkenntnissen psychologisch-psychiatrischer Selbstmordforschung).

[676] Vgl. MüKo-Schneider, Vor §§ 211 ff. Rdnr. 43 ff.

des Tuns fehlt.[677]
Beim Suizid Jugendlicher ist hingegen im Einzelfall zu unterscheiden, ob der Jugendliche die Fähigkeit hatte, die Bedeutung der Selbsttötung in ihrer ganzen Tragweite einzusehen und dieser Einsicht gemäß zu handeln (vgl. § 3 JGG bzw. die o.g. Voraussetzungen einer wirksamen Einwilligung). Bei jugendtypischen Kurzschlusshandlungen wie etwa bei Liebeskummer besteht dann nach beiden Ansichten besonderer Anlass, die Freiverantwortlichkeit des Willensentschlusses sorgfältig zu prüfen.[678]
Unstreitig ist auch als mittelbarer Täter strafbar, wer in einem anderen Defektzustände i.S.d. § 20 StGB aktiv hervorruft oder bestehende Defekte ausnutzt. Dazu dürfte auch der Fall gehören, dass der Suizident – etwa durch Vorspiegeln einer schweren Krankheit – in eine dem § 20 StGB wertungsmäßig vergleichbare akute Paniksituation getrieben wird.[679]
Schließlich ist auch mittelbarer Täter, wer mit den Mitteln des § 35 Abs. 1 StGB einen anderen zum Selbstmord nötigt, aber auch, wer dem Opfer eine dem § 35 Abs. 1 StGB entsprechende Notstandslage mit dem Ziel vortäuscht, diesen in den Selbstmord zu treiben. Dies ist etwa dann der Fall, wenn jemand einen anderen unter den Bedingungen einer Diktatur vorspiegelt, ihm stehe die Abholung durch die geheime Staatspolizei bevor. In derartigen Fällen empfindet das über seine Gefahrenlage getäuschte Opfer seine Lage als ausweglose Zwangssituation.[680] Problematisch ist dies indes dann, wenn der Getäuschte auch unter dem Druck der ihn scheinbar bedrängenden Lage den Irrtum unschwer hätte aufklären können. Nach § 35 Abs. 2 StGB führt bei einer Fremdtötung der vermeidbare Irrtum über eine Entschuldigungssituation nur zu einer Strafmilderung, nicht aber zu einem Verantwortungsausschluss. Übertragen auf die Selbsttötung müsste der Suizident dann eigentlich als freiverantwortlich eingestuft werden.[681] Das ist aber insofern zweifelhaft, als auch bei der Fremdtötung mittelbare Täterschaft nicht zwingend ausgeschlossen ist, wenn der unmittelbar Handelnde den Irrtum über das Vorliegen eines entschuldigenden Notstandes hätte vermeiden können.[682] Zudem wird hier die Willensherrschaft kraft Zwangs durch eine andere, nämlich die Willensherrschaft kraft Irrtums überdeckt. Derjenige, der beim Suizidenten den Irrtum über das Vorliegen einer Notstandssituation i.S.d. § 35 StGB auslöst, lenkt das Geschehen als Zentralgestalt, wenn er auch damit rechnen muss, dass der Suizident die Sachlage aufklärt und damit sein Plan fehlschlägt. Auch bei einem vermeidbaren Irrtum ist daher von mittelbarer Täterschaft auszugehen, so dass auch hier Exkulpations- und Einwilligungslehre übereinstimmen.[683]
Schließlich kommen beide Lehren auch noch in den Fällen zu gleichen Ergebnissen, in denen das Opfer durch Hervorrufen oder Unterstützen eines Irrtums als „Werkzeug gegen sich

---

[677] Vgl. etwa Sch/Sch-Eser, Vorbem §§ 211 ff. Rdnr. 36; nach NK-Neumann, Vor § 211 Rdnr. 63, kommt es indes darauf an, ob die Handlung auf den Umständen der Situation oder auf altersbedingt defizienter Entscheidungskompetenz beruht.
[678] MüKo-Schneider, Vor §§ 211 ff. Rdnr. 45
[679] MüKo-Schneider, Vor §§ 211 ff. Rdnr. 44, LK-Roxin, § 25 Rdnr. 106, Bottke, Suizid und Straftat, S. 256 f. Im Übrigen nähern sich die Konzepte auch an, wenn man im Bereich der Selbstschädigung auf der Grundlage der Suizidforschung einen weiteren Krankheitsbegriff annehmen will, da dem Suizidenten häufig das Hemmungsvermögen und damit die „freie“ Willensentscheidung fehlt, vgl. etwa LK-Roxin, § 25 Rdnr. 126 f., Charalambakis, GA 1986, 485, 495.
[680] LK-Roxin, § 25 Rdnr. 106, MüKo-Schneider, Vor §§ 211 ff. Rdnr. 46 f., Klinger, Die Strafbarkeit der Beteiligung an einer durch Täuschung herbeigeführten Selbsttötung, S. 107 f., Bottke, Suizid und Straftat, S. 257 f.
[681] So MüKo-Schneider, Vor §§ 211 ff. Rdnr. 47, Klinger, Die Strafbarkeit der Beteiligung an einer durch Täuschung herbeigeführten Selbsttötung, S. 109 ff.
[682] Vgl. Bottke, Suizid und Straftat, S. 259 ff., LK-Roxin, § 25 Rdnr. 94, Sch/Sch-Cramer/Heine, § 25 Rdnr. 34, MüKo-Joecks, § 25 Rdnr. 87 ff.
[683] Bottke, Suizid und Straftat, S. 258 ff., 264 f.

selbst" gebraucht wird, indem das Opfer veranlasst wird, eine in ihrer tödlichen Dimension nicht erkannte Handlung vorzunehmen, etwa eine Starkstromleitung zu berühren. Wer dem Opfer die Tatsache verschleiert, dass er durch sein Verhalten eine Ursache für den eigenen Tod setzt, beherrscht den irrtumsbefangenen Suizidenten kraft überlegenen Wissens und steuert damit das Geschehen.[684]

(c) Abweichend beurteilte Sachverhalte

(aa) Nötigungsmittel unterhalb der Schwelle des § 35 StGB

Strittig ist die Beurteilung von Fällen, in denen der Täter das Opfer mit Mitteln der Nötigung unterhalb der Schwelle des § 35 StGB zur Selbsttötung veranlasst, z.B. durch Drohung mit der Aufdeckung eines moralisch anstößigen Fehlverhaltens, dessen Bekanntwerden dem Suizidenten die gesellschaftliche Anerkennung oder die wirtschaftliche Existenz entzöge.[685] Nach der Exkulpationslösung ist ein solchermaßen motivierter Suizid als freiverantwortlich anzusehen. Das Gesetz gehe bis zur Schwelle des in § 35 Abs. 1 StGB beschriebenen Nötigungsdrucks davon aus, dass jeder Schuldfähige einem solchen psychischen Druck standhalten könne. Auch geht der Veranlassende nicht straffrei aus, da er immerhin wegen Nötigung nach § 240 StGB strafbar ist.[686] Nach der Einwilligungslehre hingegen schließt die Nötigung das Vorliegen eines freiverantwortlichen Selbsttötungswillens aus, so dass der Nötigende als mittelbarer Täter einer Fremdtötung zu bestrafen wäre.[687]

(bb) Das Hervorrufen von Motivirrtümern

Unterschiedlich wird auch die Freiverantwortlichkeit des Suizids beim Hervorrufen von Motivirrtümern eingeschätzt. Solche Motivirrtümer liegen etwa vor, wenn der Täter dem Suizidenten vortäuscht, mit ihm gemeinsam in den Tod zu gehen, er leide an einer unheilbaren oder mit erheblichen Schmerzen verbundenen Krankheit oder über Zusagen für die Zeit post mortem, die der Versprechende von vornherein nicht einhalten will.[688]

Nach der Exkulpationslehre liegt bei solchen Irrtümern ein freiverantwortlicher Selbstmord vor. Zwar verschleiere der Täuschende dem Suizidenten den fehlenden Handlungssinn seines Tuns. Aber nach den Maßstäben des Strafrechts ist hier keine Determination durch einen anderen gegeben, die als mittelbare Täterschaft qualifiziert werden könnte, denn sonst müsste jeder Anstifter, der Motivirrtümer erregt oder tatbestimmend ausnutzt, als mittelbarer Täter

---

[684] MüKo-Schneider, Vor §§ 211 ff. Rdnr. 48, Sch/Sch-Eser, Vorbem §§ 211 ff. Rdnr. 37, Lackner/Kühl-Kühl, Vor § 211 Rdnr. 13b, LK-Jähnke, Vor § 211 Rdnr. 25, LK-Roxin, § 25 Rdnr. 106, NK-Neumann, Vor § 211 Rdnr. 65, SK-Horn, § 212 Rdnr. 10; s. des weiteren BGH St 32, 38 ff. – Sirius zu dem Sonderfall, dass das Opfer zwar die Tödlichkeit der Handlung an sich erkennt, aber über ein Fortdauern der physischen Existenz in anderer Form irrt, mit Anm. Roxin, NStZ 1984, 71 ff., Merkel, JZ 1999, 502, 503 ff., Neumann, JuS 1985, 677 ff., Schmidhäuser, JZ 1984, 195 f., Charalambakis, GA 1986, 485, 496.

[685] MüKo-Schneider, Vor §§ 211 ff. Rdnr. 50

[686] MüKo-Schneider, Vor §§ 211 ff. Rdnr. 50, Bottke, Suizid und Strafrecht, S. 250 f., 257, Roxin, 140 Jahre GA, S. 177, 178 f., ders., StR AT/II, § 25 Rdnr. 54 ff.; a.A. Renzikowski, Restriktiver Täterbegriff und fahrlässige Beteiligung, S. 98: eine Einwirkung, die die Intensität des § 35 StGB erreicht, ist nicht erforderlich.

[687] Lackner/Kühl-Kühl, Vor § 211 Rdnr. 13a, LK-Jähnke, Vor § 211 Rdnr. 25, Herzberg, JA 1985, 336, 337, Neumann, JuS 1985, 677, 680; vgl. auch NK-Neumann, Vor § 211 Rdnr. 64, dem zufolge als Grenze für die Relevanz der Einflussnahme vielmehr die Schwelle der Nötigung nach § 240 StGB maßgebend ist.

[688] MüKo-Schneider, Vor §§ 211 ff. Rdnr. 51

qualifiziert werden. Das Hervorrufen von Motivirrtümern, die einen anderen zum Suizid bewegen, ohne dass er die durch § 20 StGB gezogene, Rechtssicherheit schaffende Grenze überschreitet, kann zwar als moralisch verwerflich, nicht jedoch als Tötungstäterschaft strafbar sein.[689]

Nach der Einwilligungslösung ist demgegenüber von einem Ausschluss der Autonomie des Suizidenten und somit von einem unfreien Suizid auszugehen, so dass der Täuschende mittelbarer Täter einer Fremdtötung ist.[690] Streit herrscht allerdings innerhalb der Einwilligungslehre, ob alle Motivirrtümer oder nur solche „von Gewicht" die Freiverantwortlichkeit des Selbstmordes ausschließen.[691] Nach einer Ansicht wirken alle Motivirrtümer verantwortungsausschließend, denn sie beeinträchtigen die Autonomie des Rechtsgutsträgers, der den Wert seines Lebens (auch) aufgrund dieses Irrtums beurteilt; der Selbstmord ist dann nicht länger Ausdruck seiner Autonomie.[692] Nach anderer Auffassung ist dagegen danach zu werten, ob die Suizidhandlung eine nachvollziehbare Reaktion auf die irrtümlich angenommene Tatsache darstellt, und zu unterscheiden zwischen Fehlvorstellungen über Sinn und Qualität des zu erwartenden weiteren Lebens (etwa Annahme einer unheilbaren Krankheit) und über die Folgen des Todes (etwa vorgetäuschter Doppelselbstmord) sowie Irrtümern über die näheren Umstände des Todes (etwa Bereitschaft des Dritten zur Pflege des Haustieres nach dem Tod). Grundsätzlich ist der rechtsgutsnähere Irrtum über die Qualität des Lebens dabei höher zu gewichten als ein Irrtum über den „Sinn" des Todes; am leichtesten wiegt hingegen der Irrtum über die Umstände des Todes. Derart wird die Frage der Eigenverantwortlichkeit normativ ausgefüllt. Allgemeingültige Regeln über die Gewichtung der einzelnen Faktoren lassen sich allerdings kaum bilden.[693]

Zwar schafft diese letztere Ansicht weitgehende Flexibilität und sachgerechtere Ergebnisse als die allein auf die individuellen Wertsetzungen des Suizidenten abstellende Auffassung. Doch geschieht dies auf Kosten von Voraussehbarkeit und Entscheidungssicherheit.[694]

In der Rechtsprechung wurde bislang nur ein Fall des vorgetäuschten Doppelselbstmordes entschieden.[695] Die Angeklagte, die ein außereheliches Verhältnis unterhielt, wollte sich ihres Ehemannes entledigen. Dazu spiegelte sie ihm vor, gemeinsam mit ihm Selbstmord begehen zu wollen. Sie gab dem Gatten aus einer vorbereiteten Giftflasche zu trinken, ohne allerdings selbst etwas von dem Gifttrank zu nehmen.[696] Der BGH hielt die Verurteilung wegen Mordes in mittelbarer Täterschaft aufrecht. Dabei ließ er offen, ob die Vorspiegelung des beabsichtigten Doppelselbstmordes allein ausreicht, um die Täterschaft des Täuschenden zu begründen. Denn auch im übrigen habe die Angeklagte die Herrschaft über den von ihr geplanten Geschehensablauf fest in der Hand behalten (Besorgung des Giftes, Auswahl des Zeitpunktes und Ausnutzen der niedergeschlagenen Stimmung des Ehemannes, Durchführung an einem

---

[689] Bottke, Suizid und Strafrecht, S. 265 ff., Charalambakis, GA 1986, 485, 497 ff., Renzikowski, Restriktiver Täterbegriff und fahrlässige Beteiligung, S. 97 f., Klinger, Die Strafbarkeit der Beteiligung an einer durch Täuschung herbeigeführten Selbsttötung, S. 155 f., Roxin, StR AT/II, § 25 Rdnr. 71 f., vgl. auch Muñoz Conde, ZStW 106 (1994), 547, 562 ff.

[690] Neumann, JA 1987, 244, 249 ff., Herzberg, JA 1985, 336, 341 f., Brandts/Schlehofer, JZ 1987, 442, 444 ff., Mitsch, JuS 1995, 888, 891 f., Sch/Sch-Eser, Vorbem §§ 211 ff. Rdnr. 36

[691] Vgl. MüKo-Schneider, Vor §§ 211 ff. Rdnr. 52.

[692] Meyer, Ausschluss der Autonomie durch Irrtum, S. 235 f., Mitsch, JuS 1995, 888, 892, Brandts/Schlehofer, JZ 1987, 442, 447 f.

[693] Vgl. NK-Neumann, Vor § 211 Rdnr. 67, Neumann, JA 1987, 244, 253 f.

[694] MüKo-Schneider, Vor §§ 211 ff. Rdnr. 52; vgl. auch Roxin, StR AT/II, § 25 Rdnr. 71.

[695] S. BGH GA 1986, 508.

[696] BGH GA 1986, 508

einsamen Ort, anschließender Versuch, ein Gewaltverbrechen durch einen Fremden vorzutäuschen).[697]

(cc) Defizite i.S.d. § 21 StGB

Schließlich unterscheiden sich Einwilligungs- und Exkulpationslösung auch in den Fällen, in denen der Suizident Defizite i.S.d. § 21 StGB aufweist. Nach den Maßstäben der Einwilligungslehre wäre ein solcher Suizid aufgrund des psychisch angeschlagenen Zustands des Selbstmörders als unfrei zu beurteilen, nach der Exkulpationslösung hingegen freiverantwortlich, da der Suizident für seine Akte allein verantwortlich ist, wie die Parallele zu Fremdschädigungen zeigt.[698]

(d) Stellungnahme

Es bleibt also festzustellen, dass die Einwilligungslehre die Grenzen des freiverantwortlichen Suizids wesentlich enger zieht und damit die Strafbarkeit des jeweiligen Hintermannes, der dann als mittelbarer Täter zu qualifizieren wäre, gegenüber der Exkulpationslösung erweitert.

Wie oben bereits ausgeführt, sprechen strafrechtsdogmatisch Gründe sowohl für die Exkulpations- wie auch für die Einwilligungslehre, wobei keine dieser Ansichten dogmatisch zwingend sein dürfte.[699] Letztlich ist die Entscheidung also auf kriminalpolitischem Feld zu treffen. Dabei ist abzuwägen, ob die durch die Exkulpationslösung gegenüber der Einwilligungslehre bestehenden Strafbarkeitsfreiräume im Rahmen der durch sie geschaffenen Abgrenzungs- und damit Rechtssicherheit akzeptabel sind.

Für die Einwilligungslehre spricht insoweit, dass der Lebensmüde regelmäßig – wie die Suizidforschung belegt – unter erheblichem psychischen Druck steht. Auch wenn diese psychische Schwäche nicht ausreicht, um ein Krankheitsbild i.S.d. § 20 StGB zu diagnostizieren, muss doch berücksichtigt werden, dass der Lebensmüde in solchen Situationen besonders anfällig ist für fremde Beeinflussung.[700] Auch könnte daran gedacht werden, die Strafbarkeit des Täuschenden auf die Fälle zu beschränken, in denen der Motivirrtum unvermeidbar ist, um so Abgrenzungssicherheit zu erhalten. Dann wäre z.B. der Facharzt, der dem Suizidenten in unlauterer Absicht eine unheilbare Krankheit vortäuscht, als mittelbarer Täter strafbar, nicht aber der Laie, der Gleiches tut, denn es kann erwartet werden, dass der Suizident einem Laien nicht blindlings vertraut, sondern vielmehr Informationen bei Fachleuten einholt.[701] Doch ein Motivirrtum muss immer schon dann unvermeidbar sein, wenn er sich auf innere Tatsachen des Täuschenden bezieht, gleich von welcher „Relevanz" diese Tatsachen sind. Für den Suizidenten ist die Frage, ob der Dritte tatsächlich mit ihm gemeinsam Suizid begehen wird, genauso wenig nachprüfbar wie die, ob er sein Versprechen, das Haustier nach dem Tod des Selbstmörders zu pflegen, einhalten wird. Die Unvermeidbarkeit des Motivirrtums allein

---

[697] BGH GA 1986, 508 f. mit kritischer Anmerkung Charalambakis, GA 1986, 485.

[698] MüKo-Schneider, Vor §§ 211 ff. Rdnr. 53, Neumann, JA 1987, 244, 249; a.A. Renzikowski, Restriktiver Täterbegriff und fahrlässige Beteiligung, S. 99, dem zufolge auch beim grundsätzlichen Ausgehen von der Schuldlösung Defekte i.S.d. § 21 StGB beim Opfer für die Annahme mittelbarer Täterschaft ausreichen, ebenso Schünemann, NStZ 1982, 60, 63. Dagegen wird vorgebracht, dass die Strafmilderung des § 21 StGB eben nur fakultativ ist, was zeige, dass der Täter grundsätzlich für sein Tun verantwortlich ist. Im Übrigen würde die Grenze für freiverantwortliches Tun verwischt, Charalambakis, GA 1986, 485, 500 Fn. 86, Stree, JuS 1985, 179, 182 f.

[699] Vgl. MüKo-Schneider, Vor §§ 211 ff. Rdnr. 55.

[700] MüKo-Schneider, Vor §§ 211 ff. Rdnr. 56

[701] Vgl. MüKo-Schneider, Vor §§ 211 ff. Rdnr. 56 sowie Fn. 173, LK-Roxin, § 25 Rdnr. 106 a.E.

ist deshalb kein geeignetes Eingrenzungskriterium. Allerdings erscheint das Handeln des Täuschenden und Nötigenden unterhalb der Schwelle des § 35 StGB, soweit es mit unlauteren Motiven geschieht, in hohem Grade verwerflich. Ein gewisses Strafbarkeitsbedürfnis ist also durchaus anzuerkennen.
Für die Exkulpationslehre spricht hingegen, dass die Einwilligungslehre die Selbstschutzmöglichkeiten des Opfers weitgehend unberücksichtigt lässt.[702] So kann darauf vertraut werden, dass das Opfer vermeidbare Motivirrtümer aufklärt und auch im Fall von unvermeidbaren Motivirrtümern kaum jemand Suizid begehen wird, der dies nicht schon zuvor beabsichtigt hat. Wenn der Dritte in solchen Fällen dem Suizidenten, anstatt ihm gut zuzureden oder zum Besuch eines Therapeuten zu veranlassen, auch noch durch Vorspiegeln falscher Tatsachen bestärkt, ist das zwar in hohem Grade – moralisch – verwerflich. Den eigentlichen Selbsttötungsentschluss hat der Suizident aber immer noch selbst gefasst, und zwar in einem Zustand, in dem er Tragweite und Bedeutung dieses Schrittes (seinen eigenen Tod) durchaus einsehen konnte. Zusätzlich ist zu erwähnen, dass in Nötigungskonstellationen, wenn sie auch unter dem von § 35 StGB bestimmten Ausmaß bleiben, immerhin eine Bestrafung nach § 240 StGB möglich bleibt. Der Strafrahmen des § 240 StGB (Freiheitsstrafe bis zu drei Jahren) ermöglicht insoweit auch eine angemessene Bestrafung.[703] Ein entscheidender Vorzug der Exkulpationslehre ist aber die mit ihr verbundene Rechtssicherheit. Anhand der Analogie zu den Entschuldigungsvorschriften lassen sich im Einzelfall klar umrissene Lösungen finden. Abgrenzungsschwierigkeiten treten allenfalls dort auf, wo der Krankheitsbegriff des § 20 StGB Unschärfen aufbietet. Demgegenüber sind die Kriterien der Einwilligungslehre unscharf. Insbesondere bei Motivirrtümern gelangt man nur dann zu sachgerechten Ergebnissen, wenn man den Rahmen der normativ relevanten Irrtümer eingrenzend festlegt. Auch die relevanten Nötigungssituationen müssten derart begrenzt werden. Ein die Abgrenzung sicherndes Kriterium ist insoweit aber nicht in Sicht.[704] Eine solche rechtssichere Abgrenzung ist aber dann unverzichtbar, wenn es wie hier um die Abschichtung von Straflosigkeit und Freiheitsstrafe nicht unter 5 Jahren geht.[705] Daher ist letztendlich die Exkulpationslehre vorzuziehen.
Zu betonen bleibt, dass die Straflosigkeit der Suizidteilnahme unabhängig von der Lauterkeit der Motive des Suizidteilnehmers gilt. Auch der aus egoistischen Antrieben Handelnde wird nicht bestraft, wenn sein Verhalten rechtlich eine bloße Förderung des freiverantwortlichen Suizids darstellt.[706]

(e) Rechtsfolgen in Irrtumskonstellationen

Irrt der am Selbsttötungsgeschehen Beteiligte über die Freiverantwortlichkeit des Suizidenten, so kommen folgende Konstellationen in Betracht: Hält der Mitwirkende den Suizidenten fälschlicherweise für freiverantwortlich, scheidet mittelbare Täterschaft mangels Vorsatzes hinsichtlich der Tatherrschaft begründenden Umstände gemäß § 16 Abs. 1 StGB aus. In Be-

[702] MüKo-Schneider, Vor §§ 211 ff. Rdnr. 56
[703] MüKo-Schneider, Vor §§ 211 ff. Rdnr.57, Bottke, Suizid und Strafrecht, S. 255
[704] MüKo-Schneider, Vor §§ 211 ff. Rdnr. 62
[705] Vgl. MüKo-Schneider, Vor §§ 211 ff. Rdnr. 63, Roxin, 140 Jahre GA, S. 177, 179.
[706] Dies ist nach MüKo-Schneider, Vor §§ 211 ff. Rdnr. 34 wegen des Prinzips der Eigenverantwortlichkeit auch sachlich gerechtfertigt; vgl. demgegenüber Roxin, NStZ 1984, 71, 72 f., der die Strafbarkeit des Teilnehmers aus selbstsüchtigen Motiven de lege ferenda anregt. Wie die Strafbarkeit der Suizidbeteiligung nach spanischem Recht ausgestaltet ist und ob sie sich ggf. als Vorbild einer derartigen Regelung für das deutsche Recht ansehen lässt, wird unten abgehandelt.

tracht kommt aber eine fahrlässige Tötung gemäß § 16 Abs. 2, § 222 StGB (zur fahrlässigen Mitverursachung eines Freitods s. auch unten bb)).[707] Nimmt der Mitwirkende irrig an, der Suizident handle nicht freiverantwortlich, während tatsächlich Freiverantwortlichkeit gegeben ist, liegt dagegen eine versuchte Tötung in mittelbarer Täterschaft vor.[708]

(2) Abgrenzung von Suizidteilnahme und Tötung auf Verlangen

Nunmehr bleibt die Abgrenzung von strafloser (aktiver) Teilnahme am Suizid (insbesondere der Beihilfe) und der nach § 216 StGB strafbaren Tötung auf Verlangen zu klären. Beteiligungsakte sind nur straffrei, wenn sie als Veranlassung, Ermöglichung oder Erleichterung einer *Selbst*tötung betrachtet werden können und nicht in eine *Fremd*tötung übergehen.[709] Problematisch ist insoweit etwa die Behandlung des einseitig fehlgeschlagenen Doppelselbstmords sowie von „mittäterschaftlichen" Konstellationen, in denen der Suizident gemeinsam mit dem Mitwirkenden Tatbeiträge für den Selbstmord leistet. Fraglich ist dann, nach welchen Kriterien die Abgrenzung vorzunehmen ist.

(a) Setzen einer täterschaftlich zurechenbaren Ursache für den Erfolg im Sinne des § 216 StGB

Nach einer Auffassung in der Literatur ist in klassisch-kausalitätsorientierter Ausrichtung zu prüfen, ob der zur Tötung Aufgeforderte eine ihm täterschaftlich zurechenbare Ursache für den Erfolg i.S.d. § 216 StGB gesetzt hat. Auf den Tatbeitrag des Opfers könne es nicht ankommen, denn dieses sei an der Selbsttötung stets maßgeblich beteiligt, und sei es nur durch Hingabe des Körpers. Vielmehr ist auf die Steuerung der letzten Bedingung vor dem Erfolgseintritt abzustellen. Demnach können Tatbeiträge Außenstehender nur dann als Suizidbeihilfe straflos bleiben, wenn sie das vom Sterbewilligen im entscheidenden Moment selbst gelenkte Geschehen nur vorstrukturieren oder begleiten.[710] Im Fall des einseitig fehlgeschlagenen Doppelsuizids liegt demnach eine Tötung auf Verlangen vor, wenn nicht das Opfer, sondern der andere Beteiligte den letzten todesursächlichen Beitrag faktisch beherrscht hat, die darauf folgende Passivität des Opfers ist demgegenüber irrelevant.[711] Bei der mittäterschaftlichen Ausführung ist ebenfalls Tötung auf Verlangen gegeben, denn durch das Heranziehen des Außenstehenden und den arbeitsteiligen Handlungsvollzug fehle es an der für den Suizid charakteristischen Eigenhändigkeit der Tatbegehung des Lebensmüden. Die ratio des § 216 StGB könne zu keinem anderen Ergebnis führen.[712]

---

[707] LK-Jähnke, Vor § 211 Rdnr. 30, NK-Neumann, Vor § 211 Rdnr. 85, Sch/Sch-Eser, Vorbem §§ 211 ff. Rdnr. 40, MüKo-Schneider, Vor §§ 211 ff. Rdnr. 64, Tröndle/Fischer, Vor §§ 211 bis 216 Rdnr. 11, Meyer, Ausschluss der Autonomie durch Irrtum, S. 64 ff.

[708] MüKo-Schneider, Vor §§ 211 ff. Rdnr. 64, LK-Jähnke, Vor § 211 Rdnr. 30, Tröndle/Fischer, Vor §§ 211 bis 216 Rdnr. 11

[709] MüKo-Schneider, Vor §§ 211 ff. Rdnr. 36

[710] MüKo-Schneider, § 216 Rdnr. 32, 48, Herzberg, JuS 1988, 771, 772 ff.

[711] MüKo-Schneider, § 216 Rdnr. 48

[712] MüKo-Schneider, § 216 Rdnr. 48, Herzberg, JuS 1988, 771, 772 ff.

(b) Zuständigkeit des Lebensmüden für den Todeseintritt nach Maßgabe normativer Verantwortlichkeitsregeln

Nach überwiegender Ansicht ist dagegen darauf abzustellen, ob der Lebensmüde nach Maßgabe normativer Verantwortlichkeitsregeln für den Todeseintritt trotz der Intervention des Dritten zuständig bleibt.[713]

(aa) Ansicht der Rechtsprechung

Nach der Rechtsprechung bestimmt sich die Abgrenzung zwischen strafloser Suizidteilnahme und strafbarer Tötung auf Verlangen nach den Grundsätzen der Täter- und Teilnahmelehre.[714] In dem sog. „Gisela-Fall" musste sich der BGH mit dem einseitig fehlgeschlagenen Doppelsuizid auseinandersetzen.[715] In Abkehr von der Rechtsprechung des Reichsgerichts wie auch seiner eigenen Rechtsprechung stellte der BGH fest, dass es auf das subjektive Kriterium des „Täterwillens" bzw. „Teilnehmerwillens" nicht ankommen könne. Denn § 216 StGB setze tatbestandlich gerade die Unterordnung unter fremden Willen voraus.[716] Vielmehr müsse es allein darauf ankommen, wer das zum Tode führende Geschehen tatsächlich beherrscht hat. Entscheidend sei demnach, ob sich der Sterbewillige in die Hand eines anderen begeben habe, weil er duldend von ihm den Tod entgegennehmen wollte, oder ob er sich bis zuletzt die freie Entscheidung über sein Schicksal vorbehalten habe.[717] Dafür sei es aber nicht schlechthin ausreichend, dass der eine nach dem Tatbeitrag des anderen tatsächlich noch die freie Entscheidung über Leben und Tod gehabt habe. Vielmehr komme es auf den Gesamtplan an. Sollte nach ihm der Beitrag eines Beteiligten nicht bis zum Eintritt des Erfolges willensgesteuert fortdauern, sondern nur die Ursachenreihe in Gang setzen, so dass nach seinem Vollzug dem anderen Beteiligten noch die volle Freiheit verbleibe, sich den Auswirkungen zu entziehen oder sie zu beenden, so liege nur Beihilfe zur Selbsttötung vor. Sollte hingegen der Beteiligte das gesamte Geschehen – die auf den beiderseitigen Tod abzielende Ausführungshandlung – wie im vorliegenden Fall bis zuletzt in der Hand haben, sei eine Tötung auf Verlangen gegeben.[718] Im Gegensatz dazu stehe der sog. „Gashahn-Fall" des RG.[719] Das passive Verharren in der Gefahrensituation nach dem einmaligen Akt des Aufdrehens des Gashahnes durch den Beteiligten wird demnach als Ausdruck von Tatbeherrschung angesehen.[720] Entscheidend ist also nach der Rechtsprechung, ob sich der Lebensmüde nach dem Gesamtplan in die Hand des anderen begeben hat und dieser damit Tatherrschaft hatte.

---

[713] Vgl. MüKo-Schneider, § 216 Rdnr. 48.

[714] BGH St 19, 135, BGH GA 1986, 508 f., OLG München, JZ 1988, 201, OLG Nürnberg, NJW 2003, 454 f.

[715] BGH St 19, 135: Der Angeklagte und die 16jährige Gisela, deren Liebesbeziehung von den Eltern des Mädchens untersagt worden war, beschlossen auf Initiative von Gisela, gemeinsam aus dem Leben zu scheiden. Dazu setzten sie sich gemeinsam in das Auto des Angeklagten, der einen Schlauch vom Auspuff zum Fenster der Fahrerseite geführt hatte. Gisela verriegelte die Tür zum Beifahrersitz selbst. Der Angeklagte trat dann das Gaspedal durch, bis er das Bewusstsein verlor.

[716] BGH St 19, 135, 138 f.; vgl. demgegenüber noch BGH St 13, 162, 166 ff.

[717] BGH St 19, 135, 139 f.

[718] BGH St 19, 135, 140

[719] BGH St 19, 135, 140; im sog. Gashahn-Fall (RG JW 1921, 579) hatten der Angeklagte und seine Geliebte ebenfalls beschlossen, zusammen aus dem Leben zu scheiden. Dazu öffnete der Angeklagte die Gashähne, während die Geliebte die Türritzen verstopfte. Anschließend erwarteten sie gemeinsam den Tod.

[720] Vgl. MüKo-Schneider, § 216 Rdnr. 34.

(bb) Beherrschung des kritischen Moments

Nach überwiegender Meinung in der Literatur ist hingegen in Modifikation der allgemeinen Tatherrschaftsgrundsätze danach zu fragen, wer die Herrschaft über den letzten, unwiderruflich zum Tod führenden Akt innehat. Liegt sie beim Suizidenten, stellt die Mitwirkung des Außenstehenden lediglich Teilnahme am Suizid dar; liegt sie dagegen beim Außenstehenden, ist eine Tötung auf Verlangen gegeben.[721] Suizid begeht demnach, wer die Grenzlinie, jenseits deren ein Zurück nicht mehr möglich ist und die beim Eintritt der Handlungsunfähigkeit liegt, selbst überschreitet. Maßgeblich ist also, ob dem Sterbewilligen nach dem letzten Tatbeitrag des Dritten noch die freie Entscheidung über Leben und Tod verbleibt. Im Gisela-Fall liegt danach somit bloße Suizidteilnahme vor.[722] Ihre sachliche Berechtigung findet nach *Roxin* die Abgrenzung nach der Herrschaft über den todbringenden Moment zudem in der Annahme, dass dem Gesetzgeber die Autonomie des suizidalen Aktes gegen mögliche Fremdbestimmung nur dann gesichert erscheint, wenn der Lebensmüde die Selbsttötung höchstpersönlich begeht. Eindringlich weist er darauf hin, dass nur derjenige, der sich mit eigener Hand erschießt, den letzten Entschluss durchgestanden hat und seinen Tod selbst verantworten muss. Wer sich hingegen erschießen lässt, überlässt einem anderen den Akt unwiderruflicher Entscheidung, vor dessen Vollzug er selbst vielleicht doch noch zurückgeschreckt wäre.[723]

(cc) Zurechnung nach dem Prinzip der Eigenverantwortlichkeit

Nach einem Teil der Literatur ist hingegen entscheidend für die Abgrenzung zwischen Teilnahme am Suizid und Tötung auf Verlangen das Prinzip der Eigenverantwortlichkeit. Das Prinzip der Eigenverantwortlichkeit dient demnach zur Bildung von Verantwortungsbereichen nach Maßgabe normativer Zuständigkeitserwägungen. Ausreichend ist dafür nicht die bloße „Preisgabe" des Rechtsguts Leben. Vielmehr erreicht der Suizident die Monopolisierung der Zuständigkeit für das Rechtsgut Leben durch „richtungsweisende Aktivitäten" als affirmative Elemente der Eigenverantwortlichkeit. Danach muss der Sterbewillige selbst in einer Weise Hand an sich legen, dass er von einem Gelingen des Suizids ausgehen kann. Eine Einbe-

---

[721] SK-Horn, § 216 Rdnr. 10, Sch/Sch-Eser, § 216 Rdnr. 11, Roxin, Täterschaft und Tatherrschaft, S. 568 f., Krey, StR BT/1, Rdnr. 105, Roxin, Medizinstrafrecht, S. 111, v. Dellingshausen, Sterbehilfe und Grenzen der Lebenserhaltungspflicht des Arztes, S. 274 ff., Otto, FS für Tröndle, S. 157, 162 f., Thias, Möglichkeiten und Grenzen eines selbstbestimmten Sterbens, S. 56, Beckert, Probleme um Suizidbeteiligung und Sterbehilfe, S. 156 ff.

[722] Vgl. Sch/Sch-Eser, § 216 Rdnr. 11, Roxin, Täterschaft und Tatherrschaft, S. 569 f., Wessels/Hettinger, StR BT I, § 2 V 3, Neumann, JA 1987, 244, 245, 249, zweifelnd Otto, FS für Tröndle, 157, 164 f., da der Angeklagte auch nach der Bewusstlosigkeit des Mädchens das Gaspedal durchtrat und sich die Getötete *nach* dem letzten vom Angeklagten erbrachten Tatbeitrag nicht mehr dem Tode entziehen konnte. Indes stellt auch Otto, aaO, insoweit in Übereinstimmung mit der h.L. darauf ab, dass die Strafbarkeit hier nicht von Zufälligkeiten abhängig gemacht werden dürfe, da es aus Sicht der Beteiligten rein zufällig war, wer das Gaspedal betätigte. Vgl. zudem - noch weitergehend - SK-Horn, § 216 Rdnr. 10 f.: jede Mitwirkung beim Setzen der letzten Ursache, die hinter den physischen Möglichkeiten des Lebensmüden nicht zurückbleibt, macht die Tat zum Selbstmord und lässt den anderen straffrei (das kann z.B. schon das Hinstrecken des Armes zur tödlichen Injektion sein). Könne beim (einseitig fehlgeschlagenen) Doppelselbstmord nur einer von beiden die letzte Ursache setzen (z.B. den Gashahn aufdrehen), so komme es darauf an, ob derjenige, der nach dem Gesamtplan diese Tätigkeit nicht vorgenommen hat, in gleicher Weise psychisch hierfür disponiert gewesen wäre wie der letztendlich tatsächlich Tätige. Eine solche völlig subjektive Abgrenzung würde aber zu einer erheblichen Rechtsunsicherheit führen und ist daher abzulehnen.

[723] Roxin, 140 Jahre GA, S. 177, 184, Roxin, Medizinstrafrecht, S. 111 f.

ziehung Außenstehender darf nur noch der Absicherung einer zumindest aus subjektiver Sicht bereits zum Todeseintritt führenden Handlung dienen.[724]

(c) Stellungnahme

Problematisch ist die Ansicht der Rechtsprechung insoweit, als nach ihr die Tatherrschaft mitunter von bloßen Zufälligkeiten abhängt. Entscheidend soll insoweit ja der Gesamtplan sein. Ob sich danach der Lebensmüde bis zuletzt die Entscheidung über sein Schicksal vorbehalten hat, lässt sich aber nicht daraus entnehmen, ob der Beteiligte bis zuletzt seinen Tatbeitrag fortsetzen sollte. Entscheidend müssen vielmehr die Handlungs- und Beherrschungsmöglichkeiten des Einzelnen sein. Treffender erscheint daher die Ansicht, nach der danach zu fragen ist, wer die Herrschaft über den letzten, zum Tod führenden Akt innehat. Fraglich ist aber, ob diese Auffassung auch in den sonstigen problematischen Sonderkonstellationen zu zutreffenden Ergebnissen führen kann. Nur dann ist sie als Grundlage der Abgrenzung von strafloser Suizidteilnahme und Tötung auf Verlangen geeignet.

(aa) Abgrenzung in Extremfällen

Problematisch bleibt zum Einen die Durchführbarkeit der Abgrenzung in Grenzfällen. So stellt sich etwa die Frage, wer die Herrschaft über den todbringenden Moment ausübt, wenn sich der Lebensmüde wie verabredet dem Dritten unter die Räder des Autos wirft.[725] Nach einer Ansicht kann hier der Gesichtspunkt der „Herrschaft über den todbringenden Moment“ nicht weiterführen, da beide Mitwirkenden den „point of no return“ gleichermaßen beherrschen.[726] Richtigerweise ist eine Abgrenzung aber hier noch möglich. Wirft sich etwa der Lebensmüde so unter die Räder, dass der Fahrer nicht mehr ausweichen oder stoppen kann, hat der Suizident die Herrschaft über den letzten zum Tod führenden Akt. Legt er sich dagegen auf die Straße und wartet, bis ihn der Dritte überfährt, ohne dass er sich dem dann noch entziehen könnte, hat der Dritte diese Herrschaft, so dass eine Tötung auf Verlangen vorliegt.[727] Entscheidend ist insoweit ja die Herrschaft über den *letzten*, unwiderruflich zum Tod führenden Akt. Diese hat der Fahrer nur dann, wenn er das Geschehen noch lenken kann, weil er ausweichen oder rechtzeitig bremsen kann. Anderenfalls kann man nicht mehr von einem „Beherrschen“ sprechen, der Fahrer ist vielmehr seinem Gefährt und den Gesetzen der Physik ausgesetzt. Weiterhin ist danach zu fragen, ob der Lebensmüde sich nach diesem Zeitpunkt dem Geschehen noch (durch Wegrollen etc.) entziehen hätte können. Ist das der Fall, hatte der Lebensmüde die Herrschaft über den letzten zum Tod führenden Akt. Es kommt also sowohl darauf an, ob für den Fahrer ein Vermeiden der Kollision noch möglich war, als auch darauf, ob sich der Lebensmüde dem Geschehen dann noch entziehen konnte. Die Grenze zwischen strafloser Suizidteilnahme und strafbarer Tötung auf Verlangen anhand des Kriteriums der Herrschaft über den todbringenden Moment ist zwar in Extremfällen dünn, kann aber durchaus gezogen werden. Dies muss aber reichen, um die Plausibilität des Abgrenzungskriteriums zu gewährleisten.[728]

---

[724] NK-Neumann, Vor § 211 Rdnr. 45, Hohmann/König, NStZ 1989, 304, 308 f.
[725] Beispiel nach Herzberg, JA 1985, 131, 137
[726] Merkel, in: Hegselmann/Merkel, Zur Debatte über Euthanasie, S. 78 ff., Herzberg, JA 1985, 131, 137
[727] Roxin, 140 Jahre GA, S. 177, 185
[728] Vgl. auch Roxin, 140 Jahre GA, S. 177, 186, zustimmend NK-Neumann, Vor § 211 Rdnr. 55.

(bb) Problem der quasi-mittäterschaftlichen Beteiligung

Problematisch sind zum Anderen die Fälle einer quasi-mittäterschaftlichen Beteiligung an einem eigenverantwortlichen Suizid. Nach wohl h.M. schließt nämlich die „Tatherrschaft" des Suizidenten die eines Dritten aus. Auch wenn der Suizidbeteiligte nach allgemeinen Regeln (mittäterschaftliche) Tatherrschaft hat, ist er also nicht strafbar, solange sich das Geschehen als eigenverantwortlich unternommene Selbsttötung darstellt.[729] Dabei wird argumentiert, dass die Mittäterschaftsregeln nach § 25 Abs. 2 StGB nicht anwendbar seien, da die Mittäterschaft auf eine gemeinsame Straftat aufbaut, für den Freitodwilligen die Selbsttötung aber keine „Tat" in diesem Sinne ist.[730] Vielmehr sei auf den Grundgedanken des § 216 StGB zurückzugreifen, dass nämlich derjenige straflos sein soll, der den eigentlichen Freitod-Akt dem Sterbewilligen selbst überlässt, während Tötung auf Verlangen begeht, wer dem Lebensmüden die über Leben und Tod entscheidende Handlung abnimmt.[731] Die Straflosigkeit der quasi-mittäterschaftlichen Beteiligung ist damit im Grunde eine Konsequenz des Prinzips der Eigenverantwortlichkeit des Opfers; nur, wenn er das Geschehen in höherem Maße beherrscht als der Suizident, ist der Dritte demnach strafrechtlich verantwortlich.[732]

Dieser Ausschluss der Verantwortlichkeit des Dritten durch die Tatherrschaft des Suizidenten ist aber nicht unbestritten. Nach *Herzberg* ist die Abgrenzung des § 216 StGB gegen die straflose Suizidteilnahme anhand einer „eng gefassten Mittäterschaftsdogmatik" vorzunehmen, d.h. Suizident und Beteiligter sind dann beide Täter, wenn beide an der Tatausführung, die in der zerstörerischen Einwirkung auf den Körper des Opfers besteht, durch wesentliche Beiträge gestaltend mitgewirkt haben.[733] Später hat er diese Aussage dahingehend eingeschränkt, dass ein Ausschluss der Verantwortlichkeit des Beteiligten nach § 216 StGB dann in Betracht komme, wenn es sich nicht um einen (Quasi-)Mittäter handele, der zugleich vollwertig den Tatbestand des § 216 StGB erfüllt habe. Hat der Beteiligte eigenhändige Tötungsakte vorgenommen, soll seine Verantwortlichkeit aber nicht deshalb ausgeschlossen sein können, weil auch der Getötete suizidale Akte vorgenommen hat.[734] Zudem sei der Sterbewillige schon durch das Einbringen seines Körpers so intensiv beteiligt, dass er beim Herbeiführen des Todes stets auch selber Tatherrschaft habe, so dass eine Tötung auf Verlangen aufgrund des eigenverantwortlichen Suizids dann stets ausgeschlossen sein müsste. Der Ausschluss der

---

[729] Lackner/Kühl-Kühl, § 216 Rdnr. 3, Neumann, JA 1987, 244, 245, 249, Roxin, Täterschaft und Tatherrschaft, S. 571 f., Bottke, Suizid und Strafrecht, S. 238 f. Nach *Jähnke* beurteilt sich im Übrigen die Frage, ob bei quasimittäterschaftlichem Zusammenwirken straflose Suizidteilnahme oder Tötung auf Verlangen vorliegt, danach, ob dem Tatbeitrag des Opfers oder dem des Dritten das Schwergewicht zukommt, was sich in subjektiven Merkmalen wie der beherrschenden Täterpersönlichkeit, aber auch objektiven Kriterien wie dem maßgebenden Einsatz des Tötungsmittels niederschlagen kann (LK-Jähnke, § 216 Rdnr. 11).

[730] NK-Neumann, Vor § 211 Rdnr. 50, Bottke, Suizid und Strafrecht, S. 238, Neumann, JA 1987, 244, 245, Roxin, NStZ 1987, 345, 347, Hohmann/König, NStZ 1989, 304, 307

[731] Roxin, NStZ 1987, 345, 347

[732] NK-Neumann, Vor § 211 Rdnr. 51, Neumann, JA 1987, 244, 247 ff., Hohmann/König, NStZ 1989, 304, 305 ff.

[733] Herzberg, JA 1985, 131, 137; die Ansicht, § 25 Abs. 2 StGB dürfe wegen der Tatbestandslosigkeit der Selbsttötung nicht herangezogen werden, lehnte er als „zeitraubend" und irrelevant ab, Herzberg, aaO, Fn. 19.

[734] Herzberg, JuS 1988, 771, 775; s. jetzt auch ders., NStZ 2004, 1, 2 ff. Nach Kutzer, NStZ 1994, 110, 111 f. kommt Tötung auf Verlangen auch bei Tatherrschaft des Lebensmüden in Betracht. Dann sei zu fragen, ob der Beteiligte *auch* die Tatherrschaft über das Tötungsgeschehen hatte. Dies könne auch dann der Fall sein, wenn das Opfer die eigentliche Tötungshandlung allein vornehme und der aktiv mitwirkende Dritte dadurch gegen seine Garantenpflichten für das Leben des Opfers verstoße.

Verantwortlichkeit des Dritten durch die Tatherrschaft des Sterbewilligen sei daher abzulehnen.[735]
Diese Gegenargumente verfangen gleichwohl nicht. Maßgeblich ist nach dem Kriterium der Beherrschung des kritischen Moments ja nur der letzte zum Tode führende Akt. Seine Rechtfertigung findet dies darin, dass § 216 StGB die Absicherung der Autonomie des suizidalen Aktes gegen Fremdbestimmung sichert, indem der Suizident die „Schwelle zum Tod selbst überschreiten" muss. Dies kann auch Herzberg nicht widerlegen, dem zufolge der Sinn und Zweck des § 216 StGB nur einerseits der Schutz des Lebens auch sterbewilliger Menschen und andererseits die Berücksichtigung des geringeren Unrechts bei ernstlichem Todesverlangen ist.[736] Der Schutz des Lebens auch sterbewilliger Personen kann eben nur so weit gehen, als keine eigenverantwortliche Selbsttötung vorliegt. Der paternalistische Strafrechtsschutz kann in einem Staat, der zwar ein Recht auf Leben, nicht aber eine Pflicht zum Leben grundgesetzlich festgeschrieben hat, den Einzelnen grundsätzlich nicht zum Leben zwingen, sondern allenfalls vor übereilten und später bereuten Entscheidungen schützen.[737] Dies wird durch das Verbot der *Fremd*tötung in § 216 StGB verwirklicht. Hat aber der freiverantwortliche Suizident die „Schwelle zum Tod" selbst überschritten, besteht kein Grund mehr für einen Zweifel an der Unumstößlichkeit des Suizidentschlusses und damit auch kein Grund mehr für den paternalistischen Schutz des § 216 StGB. Das bloß passive „Bereithalten" des Körpers etwa zur Entgegennahme der Spritze ist zudem kein wesentlicher Tatbeitrag, sondern notwendige Voraussetzung der einverständlichen Fremd- wie der eigenverantwortlichen Selbstverletzung. Als bloß unwesentlicher Tatbeitrag begründet dies aber auch keine Tatherrschaft des Sterbewilligen.[738] Der letzte zum Tod führende Akt ist bei der (unweigerlich zum Tod führenden) Giftspritze eben das Spritzen selbst und nicht das Bereithalten des Körpers.

Die teilweise abweichende Auffassung beim Doppelsuizid resultiert aus der zeitlichen Verzögerung der Todesursache. Dort basiert die Tatherrschaft des Sterbewilligen auf der Tatsache, dass er sich der allmählich wirkenden Todesursache noch über einen längeren Zeitraum ohne weiteres entziehen kann. Dem kann auch nicht entgegengesetzt werden, dass man durch reine Passivität, reines Nichtstun grundsätzlich nichts beherrschen kann.[739] Denn die allgemeine Tatherrschaftslehre ist hier eben unter Berücksichtigung der Besonderheiten des § 216 StGB abzuwandeln. Die Herrschaft über den todbringenden Akt behält der Sterbewillige auch dann, wenn es von seiner Mitwirkung abhängt, ob die Handlung des anderen den tödlichen „Erfolg" herbeiführt oder „fehlschlägt".[740] Der letzte, unwiderruflich zum Tod führende Akt liegt in dem bewussten Ausharren in der alsbald tödlich wirkenden Situation, so dass von einer „Beherrschung des kritischen Momentes" ausgegangen werden kann.

---

[735] Herzberg, JuS 1988, 771, 772 f., ablehnend auch Schroeder, ZStW 106, 565, 577 ff., Degener, Die Lehre vom Schutzzweck der Norm und die strafgesetzlichen Erfolgsdelikte, S. 332 ff., vgl. auch Jakobs, Tötung auf Verlangen, S. 16 ff.
[736] Herzberg, JuS 1988, 771, 775, vgl. auch MüKo-Schneider, § 216 Rdnr. 45.
[737] Vgl. dazu Chatzikostas, Die Disponibilität des Rechtsgutes Leben, S. 263 ff.
[738] Der Unterschied zum Schwangerschaftsabbruch, bei dem auch das bloße Zulassen des Eingriffs Täterschaft begründet (vgl. Herzberg, JuS 1988, 771, 773), liegt darin, dass dort genau dieses Bereithalten des Körpers (und damit des Embryos) vertatbestandlicht und damit normativ als wesentlicher Tatbeitrag anzusehen ist.
[739] So aber MüKo-Schneider, § 216 Rdnr. 43.
[740] NK-Neumann, Vor § 211 Rdnr. 52, Sch/Sch-Eser, § 216 Rdnr. 11; s. des weiteren NK-Neumann, Vor § 211 Rdnr. 56 (in den Fällen des einseitig fehlgeschlagenen Doppelsuizids ist auch jenseits der Fälle einer „symmetrischen Herrschaft" über den unmittelbar lebensbeendenden Akt von Eigenverantwortlichkeit beider Lebensmüder auszugehen, wenn beide das Geschehen im Sinne einer Quasi-Mittäterschaft arbeitsteilig gestalten), Roxin, Täterschaft und Tatherrschaft, S. 568 ff., Chatzikostas, Die Disponibilität des Rechtsgutes Leben, S. 275 f.

(cc) Herrschaft über rettende Gegenmaßnahmen

Problematisch ist die Abgrenzung von Suizid und Tötung auf Verlangen weiterhin, wenn dem Sterbewilligen nach dem Tatbeitrag des anderen nur noch die Möglichkeit der Einleitung von rettenden Gegenmaßnahmen verbleibt, wenn der Tatbeitrag des Dritten also zur Tötung führt, wenn der Suizident oder ein Dritter nicht mehr aktiv interveniert. Dies ist etwa der Fall, wenn der Sterbewillige nach der Injektion des tödlich wirkenden Gifts noch ausreichend Zeit und auch die tatsächliche Möglichkeit hat, die Verabreichung des rettenden Gegengifts zu veranlassen. Die Frage muss dann lauten, ob es hier auf die Beherrschung des potenziell tödlichen Geschehens oder auf die Beherrschung von Rettungspotenzialitäten ankommen soll.[741]

Nach *Roxin* ist insoweit lediglich eine straflose Suizidteilnahme anzunehmen, da der Sterbewillige auch nach der Injektion die Entscheidung über Leben und Tod in der Hand hatte.[742] Dies wird aber kritisiert, da es zu problematischen Konsequenzen bei der Abgrenzung zur Versuchsstrafbarkeit führe. Auch drohten Wertungsinkonsistenzen etwa gegenüber dem Fall eines Sterbewilligen, der seinen Todeswunsch ebenfalls bis zuletzt durchgehalten hat, dem aber ein schnell wirkendes Gift verabreicht wurde. Auch sei durch die Einschaltung des Dritten die „natürliche Hemmschwelle“ zur Selbsttötung umgangen worden, weswegen eine Strafbarkeit als Tötung auf Verlangen auch materiell gerechtfertigt sei.[743]

Richtig dürfte es sein, die Beherrschung bloßer Rettungspotenzialitäten grundsätzlich nicht ausreichen zu lassen für die Annahme eines Suizids, wenn nicht ausnahmsweise – und damit wird der Fall sehr theoretisch – der Sterbewillige das notwendige Gegenmittel verfügbar hat und insoweit auch nicht vom Willen Dritter abhängt. Nur dann stellt sich das Handeln des Dritten – nach wertender Betrachtung – als noch nicht entscheidender Tatbeitrag dar. Dass ihm der andere anschließend das Gegenmittel injizieren könnte oder mit sonstigen medizinischen Maßnahmen retten könnte, ist somit nicht ausreichend.

(dd) Sonderproblem der zeitlichen Aufeinanderfolge von Tötungsakten des Suizidenten und eines Außenstehenden

Ein besonderes Problem tritt auf, wenn eigenhändige Tötungsakte des Suizidenten und eines Außenstehenden zeitlich aufeinander folgen.

Anlass für die Diskussion dieser Problematik war der sog. Scophedal-Fall des BGH, in dem er die Anforderungen an ein Tötungsverlangen i.S.d. § 216 StGB präzisiert hatte. Der schwerkranke Onkel des Angeklagten hegte seit längerer Zeit Selbstmordgedanken. Eines Tages begann er in Anwesenheit des Neffen, Ampullen mit dem Narkoanalgetikum Scophedal in eine Spritze zu ziehen. Als er alsbald erschöpft aufhören musste, fragte er den Angeklagten, ob er ihm helfen würde, die Spritze zu geben, wenn er es nicht könne. Als er das erschrockene Zurückweichen des Angeklagten bemerkte, fügte er indes hinzu, er werde ihn „raushalten“, wenn er es könne. Zwei Tage später spritzte sich der Onkel 15 bis 20 ml Scophedal intramuskulär. Nachdem der Angeklagte dies bemerkt hatte, befürchtete er, der Selbstmordversuch werde möglicherweise misslingen. Er entschloss sich, das Leben des Onkels selbst „mit Sicherheit“ zu beenden und spritzte ihm 0,3 ml Scophedal sowie 0,2 ml Dolantin in die Vene. Das führte etwa 1 Stunde später zum Tod des Onkels, der möglicherweise auch an der selbst

---

[741] NK-Neumann, Vor § 211 Rdnr. 53

[742] Roxin, FS 140 Jahre GA, S. 177, 185; ihm folgend etwa Beckert, Probleme um Suizidbeteiligung und Sterbehilfe, S. 159 f.

[743] NK-Neumann, Vor § 211 Rdnr. 54, vgl. auch Arzt/Weber, StR BT, § 3 Rdnr. 40.

gesetzten Spritze verstorben wäre, ohne das Eingreifen des Neffen aber mindestens 1 Stunde länger gelebt hätte.[744]
In seiner Urteilsanmerkung kritisiert *Roxin* die selbstverständliche Annahme einer täterschaftlichen Tötung, da vielmehr eine straflose Beihilfe zum Suizid zu diskutieren gewesen sei.[745] Da den eigenen Tatbeitrag auch der Gehilfe beherrsche, komme es für die Annahme von Täterschaft zunächst darauf an, ob jemand, der einen aktiven Beitrag leistet, die Tat *als ganze* beherrscht oder wenigstens mitbeherrscht. Abzustellen sei insoweit auf das Gesamtgeschehen. Im vorliegenden Fall könne eine Tatherrschaft des Angeklagten nur dann in Betracht kommen, wenn er über das mit den Suizidhandlungen des Onkels einsetzende mehraktige Geschehen durch seinen am Ende stehenden Beitrag die Herrschaft erlangte. Dies sei aber zweifelhaft, da die bloße „Absicherung“ des von einem anderen schon maßgebend herbeigeführten Erfolges eine typische Beihilfehandlung sei. Auch ließe sich die Beteiligung, die ein ohnehin verlorenes Leben nur um eine Stunde einer bewusstlosen biologischen Existenz verkürze, evtl. als unwesentlicher Tatbeitrag deuten.[746] Jedenfalls liege hier die Annahme strafloser Beihilfe nahe, weil die Abgrenzung von Suizidteilnahme und Tötung auf Verlangen richtigerweise nur in tatbestandsbezogener Weise unter Rückgriff auf den Grundgedanken des § 216 StGB durchgeführt werden könne. Entscheidend sei dabei die Herrschaft über den aus Sicht des Suizidenten unmittelbar lebensbeendenden Akt. Denn wenn jemand in voller Verantwortlichkeit den entscheidenden Selbsttötungsakt in eigener Person vornimmt, habe er eine existenzielle Entscheidung getroffen und durchgestanden, in die der Gesetzgeber nicht hineinreden und für die er auch außenstehende Helfer jedenfalls unter dem Gesichtspunkt eines Tötungsdelikts vernünftigerweise nicht verantwortlich machen könne.[747] Da der Onkel bewiesen habe, dass er den letzten unwiderruflichen Schritt selbst zu tun in der Lage war, habe eine in vollem Umfang eigenverantwortliche Tötung vorgelegen, im Verhältnis zu der die nachhelfende Aktivität des Angeklagten als Beihilfe erscheine.[748]
Diese Ansicht wird etwa gestützt durch *Hohmann/König*, die die Anwendbarkeit der in den §§ 25 ff. StGB kodifizierten Zurechnungsregeln bei § 216 StGB ablehnen und stattdessen das Prinzip der Eigenverantwortlichkeit heranziehen. Dieses präzisieren sie dahingehend, dass der Suizident die alleinige Zuständigkeit für sein Rechtsgut Leben durch „richtungsweisende Aktivitäten“ erreichen könne. Demzufolge könne die Beschaffenheit des Moments des „letzten, unwiderruflichen Schrittes“ konkretisiert werden. Der Sterbewillige müsse dafür selbst in der Weise Hand an sich legen, dass er von einem Gelingen des Suizids ausgehen muss. Eine Einbeziehung Außenstehender könne mithin nur noch der Absicherung einer zumindest aus subjektiver Sicht bereits zum Todeseintritt führenden Handlung dienen.[749]
Diese Annahme strafloser Suizidbeteiligung ist in der Folge scharf kritisiert worden.[750] Nach *Herzberg* ist schon der Rückgriff auf das Prinzip der Eigenverantwortlichkeit verfehlt. Denn Ratio des § 216 StGB sei nur die Aufrechterhaltung des Lebensschutzes bei gleichzeitiger

[744] BGH NStZ 1987, 365 – Scophedal
[745] Roxin, NStZ 1987, 345, 346 ff.
[746] Roxin, NStZ 1987, 345, 347 (Hervorhebung durch den Autor); allerdings sprechen auch nach Roxin die besseren Gründe für eine Quasi-Mittäterschaft, da die Beurteilung eines Tatbeitrages als wesentlich oder unwesentlich ex ante zu erfolgen habe und dem Beitrag des Angeklagten insofern eine wesentliche Funktion zukam, als ohne diesen der Todeseintritt und damit die Verwirklichung des Selbstmordes unsicher gewesen sei.
[747] Roxin, NStZ 1987, 345, 347 f., zum Prinzip der Eigenverantwortlichkeit als Grundlage der Abgrenzung der Suizidteilnahme von der Tötung auf Verlangen s. Neumann, JA 1987, 244, 248 f.
[748] Roxin, NStZ 1987, 345, 348
[749] Hohmann/König, NStZ 1989, 304, 306 ff.
[750] Herzberg, JuS 1988, 771, 772 ff., ders., NStZ 1989, 559 ff.; zweifelnd etwa auch Kühl, JR 1988, 338, 340.

Privilegierung des Tötungstäters wegen geminderten Unrechts.[751] Die Abgrenzung strafloser Beteiligung sei allein nach den allgemeinen Tatherrschaftskriterien für unmittelbare, mittelbare und Mittäterschaft vorzunehmen. Das Kriterium der bloßen Absicherung versage zudem in allen Fällen, in denen das Tätigwerden zur Realisierung des Selbstmordes unentbehrlich sei, aber dennoch unstreitig nur Beihilfe vorliege. Die These, eine Straftat nach § 216 StGB entfalle, wenn die Mitwirkung des Sterbewilligen freiverantwortliche Selbsttötung sei, sei angesichts § 25 Abs. 2 StGB unhaltbar. Damit ergebe sich aber im Scophedal-Fall eindeutig die Strafbarkeit als Tötung auf Verlangen.[752]

Wie sind nun die Fälle zeitlich aufeinanderfolgender Tötungsakte von Suizidenten und Außenstehenden zu beurteilen? Zunächst ist festzustellen, dass die Annahme einer straflosen Beihilfe in solchen Fällen mit dem Kriterium des todbringenden Moments nur zu vereinbaren ist, wenn man auf die Perspektive des Suizidenten abstellt. Denn den objektiv letzten, unwiderruflich zum Tod führenden Akt beherrscht hier der Außenstehende. Fraglich ist also, ob das Kriterium des todbringenden Moments dahingehend modifiziert werden kann, dass es nunmehr auf die Sicht des Lebensmüden ankommt. Dies kann nur dann richtig sein, wenn diese Modifikation nicht nur im vorliegenden Scophedal-Fall, sondern in allen dann erfassten Fällen Bestand haben kann. Insoweit sind die von *Herzberg*[753] angeführten Fälle von Bedeutung: der Arzt spritzt wie verabredet weiteres Gift, nachdem das vom Sterbewilligen eingenommene Gift nicht zur Tötung ausgereicht hat; der Außenstehende erdrosselt die vergiftete und jetzt bewusstlose Suizidentin, wie er ihr für den Fall versprochen hat, dass die Wirkung des Giftes nicht rasch genug eintrete. Zu denken ist aber auch an den Fall, dass ein Außenstehender den Suizidenten bewusstlos vorfindet, die Situation durchschaut und, allerdings ungebeten, evtl. auch mit maliziösen Hintergedanken, den „begonnenen Selbstmord eigenmächtig vollendet". Insoweit wäre zwischen strafloser Suizidbeihilfe und Totschlag bzw. Mord abzugrenzen.

Dabei ist zu differenzieren: handelt der Außenstehende auf Veranlassung des Sterbewilligen, der diesen zur Absicherung seines Selbstmordversuches herangezogen hat, ist auf die Sicht des Suizidenten abzustellen, so dass im Ergebnis straflose Beihilfe vorliegt. Es kann dann keinen Unterschied machen, ob der Außenstehende Arzt oder Angehöriger ist oder ob sein Beihilfeakt „sanft" oder „brutal" (Erdrosseln) wirkt.[754] Voraussetzung muss aber sein, dass es sich um einen ernsthaften Suizidversuch handelt, der Suizident also alles aus seiner Sicht Erforderliche getan hat, um seinen Tod herbeizuführen. Andernfalls handelt es sich bei dem Tatbeitrag des Außenstehenden auch nicht um eine bloße Absicherung des Suizids und das wertungsmäßig maßgebliche Kriterium, dass nämlich der Suizident die Schwelle zum Tod selbst überschritten hat, kann als nicht erfüllt angesehen werden. Handelt der Außenstehende dagegen eigenmächtig, ohne vom Suizidenten veranlasst zu sein, ist eine andere Beurteilung gerechtfertigt. Denn insoweit ist ja nicht zwischen Suizidbeihilfe und § 216 StGB abzugrenzen. Für die Abgrenzung zwischen Suizidbeihilfe und Totschlag bzw. Mord ist der Grundgedanke des § 216 StGB – keine Strafbarkeit, wenn der Suizident seinen Tötungsentschluss durch Vornahme eigener Suizidhandlungen unter unzweifelhaften Beweis gestellt

---

[751] Herzberg, JuS 1988, 771, 772

[752] Herzberg, JuS 1988, 771, 772 ff., ders., NStZ 1989, 559, 560 f.; dabei akzeptiert Herzberg inzwischen die Unanwendbarkeit des § 25 Abs. 2 StGB in den Fällen, in denen der Quasi-Mittäter nicht zugleich vollwertig den Tatbestand der Tötung verwirklicht hat, vgl. JuS 1988, 771, 775 f.

[753] Herzberg, NStZ 1989, 559, 561

[754] A.A. Herzberg, NStZ 1989, 559, 561; vgl. auch Wessels/Hettinger, StR BT I, § 2 V 1, der in einem Fall des wesentlichen Abweichens von der gewünschten Tötungsart (auch) die Privilegierung des § 216 StGB verneint.

hat – nicht unmittelbar heranzuziehen. Insoweit kann auch von einer bloßen Absicherung nicht die Rede sein.
Die Fälle der zeitlich aufeinander folgenden Tötungsakte von Suizident und Außenstehendem sind aber grundsätzlich der straflosen Suizidbeihilfe zuzuordnen.

bb) Fahrlässige Mitverursachung eines Suizids

Eine Beteiligung an einer Selbsttötung ist grundsätzlich auch durch fahrlässiges Verhalten denkbar, etwa durch offenes Herumliegenlassen einer Waffe. Die fahrlässige Mitverursachung einer Selbsttötung ist aber nach allgemeiner Auffassung straffrei, wenn es sich um eine freiverantwortliche Selbsttötung handelt.[755]
Die Begründung hierfür divergiert aber wiederum. Einigkeit besteht insoweit, als das zur Begründung der Straflosigkeit bloßer Suizidteilnahme herangezogene Akzessorietätsargument nicht gelten kann, da es im Bereich der Fahrlässigkeit keine Unterscheidung zwischen Täterschaft und Teilnahme gibt, also der Einheitstäterbegriff gilt.[756] Nach einer Ansicht folgt aus der Straflosigkeit vorsätzlicher Beteiligung am Suizid aufgrund eines Erst-Recht-Schlusses „aus Gründen der Gerechtigkeit" auch die Straflosigkeit fahrlässiger Mitwirkung.[757] Nach anderer Ansicht folgt die Straflosigkeit der fahrlässigen Suizidteilnahme dagegen aus den allgemeinen Grundsätzen der Fahrlässigkeitsdogmatik in Verbindung mit dem Prinzip der Eigenverantwortlichkeit des Suizidenten.[758] Denn der Schutzzweck des § 222 StGB erfasst die fahrlässige Beteiligung am Selbstmord nicht, da der Suizident aufgrund seiner freiverantwortlichen Willensentscheidung keines rechtlichen Schutzes bedarf. Der Tod des freiverantwortlichen Suizidenten ist dem Dritten also objektiv nicht zurechenbar.[759]
Strafbar kann hingegen die fahrlässige Ermöglichung oder Förderung eines nicht freiverantwortlichen Selbstmordes sein.

---

[755] BGH St 24, 342, BayObLG, JZ 1973, 319 f., Sch/Sch-Eser, Vorbem §§ 211 ff. Rdnr. 35, MüKo-Schneider, Vor §§ 211 ff. Rdnr. 86, Tröndle/Fischer, Vor §§ 211 bis 216 Rdnr. 10, Lackner/Kühl-Kühl, Vor § 211 Rdnr. 11, LK-Jähnke, Vor § 211 Rdnr. 23, Wessels/Hettinger, StR BT I, § 1 IV 5, Roxin, FS für Gallas, S. 241, 243 ff., Schünemann, NStZ 1982, 60, 61 ff., Mitsch, JuS 1995, 888, 890 f., differenzierend SK-Horn, § 212 Rdnr. 21 (nur, wenn der Dritte bereits die Situation fahrlässig nicht erkennt, aus der heraus sein Verhalten zum Entschluss oder zur Förderung der Selbsttötung des anderen beiträgt, nicht aber, wenn etwa Fehler bei der Rettung des Suizidenten gemacht werden). Vgl. aber auch BayObLG, JZ 1973, 319: fahrlässige Tötung durch Unterlassen des Arztes als Garanten ist möglich, wenn der Suizident die Herrschaft über den von ihm in Gang gesetzten Geschehensablauf verloren hat. Allerdings war die Freiverantwortlichkeit hier nicht klar; zudem ließ das BayObLG offen, ob anders zu entscheiden wäre, wenn dem Arzt eine ausdrückliche Weisung, keinen Rettungsversuch zu unternehmen, bekannt gewesen wäre.

[756] MüKo-Schneider, Vor §§ 211 ff. Rdnr. 86, Sax, JZ 1975, 137, 145, Welp, JR 1972, 427, 428

[757] Vgl. BGH St 24, 342, 343 f., SK-Horn, § 212 Rdnr. 21, Gallas, JZ 1960, 686, 690, Bockelmann, ZStW 66 (1954), 111, 117, Spendel, JuS 1974, 749, 756, Bottke, Suizid und Strafrecht, S. 269 f., Mitsch, JuS 1995, 888, 891.

[758] Vgl. insoweit auch BGH St 32, 262 ff.: die vorsätzliche oder fahrlässige Mitwirkung an einer eigenverantwortlichen Selbstgefährdung ist – soweit es um die Tötung oder Körperverletzung geht – straflos, wenn der sich selbst Gefährdende das Risiko in vollem Umfang übersieht und sich trotzdem bewusst der Gefährdung aussetzt.

[759] MüKo-Schneider, Vor §§ 211 ff. Rdnr. 86, NK-Neumann, Vor § 211 Rdnr. 57, Neumann, JA 1987, 244, 248, Sax, JZ 1975, 137, 145 ff., Welp, JR 1972, 427, 429, Achenbach, JURA 2002, 542, 544 f., Klinger, Die Strafbarkeit der Beteiligung an einer durch Täuschung herbeigeführten Selbsttötung, S. 159 f. Aus den gleichen Grundsätzen folgt nach Roxin, FS für Schreiber, S. 399, 400 ff., im Übrigen auch die Straflosigkeit einer fahrlässigen Mitwirkung an einer Tötung auf Verlangen; vgl. demgegenüber aber OLG Nürnberg, NJW 2003, 454 f., Herzberg, NStZ 2004, 1, 7 ff., Küpper, JuS 2004, 757, 758 ff.

cc) Passive Beteiligung an einer Selbsttötung

Eines der umstrittensten Problemfelder im Rahmen des Suizids stellt schließlich die Frage nach einer strafbaren passiven Beteiligung an einer Selbsttötung dar. In Betracht kommt insoweit eine Strafbarkeit nach §§ 211 ff. i.V.m. § 13 StGB bei Garanten sowie nach § 323c StGB bei Nicht-Garanten (wie auch subsidiär bei Garanten).

(1) Passive Beteiligung an einer Selbsttötung bei Annahme einer Garantenstellung

Unstreitig ist dabei das Geschehenlassen eines nicht freiverantwortlichen Suizids durch einen Garanten als Tötung durch Unterlassen nach §§ 211 bzw. 212 i.V.m. § 13 StGB strafbar. Dabei ist zu beachten, dass der Unterlassende grundsätzlich nicht Teilnehmer, sondern vielmehr stets Täter ist.[760]
Höchst umstritten ist hingegen die Nichthinderung eines freiverantwortlichen Suizids durch einen Garanten.[761]

(a) Die Ansicht der Rechtsprechung

Zwar geht die Rechtsprechung von dem Grundsatz aus, dass die Teilnahme am Suizid straffrei ist. Doch hat die Entwicklung der Rechtsprechung dazu geführt, dass die Nichthinderung einer freiverantwortlichen Selbsttötung im Regelfall dennoch als strafbar erachtet wird.[762]

So hat der BGH in einer Grundsatzentscheidung trotz der Straflosigkeit der Teilnahme am Suizid die Möglichkeit einer Strafbarkeit wegen vorsätzlicher Tötung bejaht, wenn derjenige, der eine Rechtspflicht zur Abwendung von Lebensgefahr von einem anderen hat und diese Pflicht kennt, eine Selbsttötung nicht verhindert, obwohl er es könnte.[763] An dieser generellen Verhinderungs- und Rettungspflicht des Lebensschutzgaranten hält die Rechtsprechung seitdem auch fest, wenn sie auch im Einzelfall Einschränkungen zulässt.[764]

---

760 LK-Jähnke, Vor § 211 Rdnr. 29, MüKo-Schneider, Vor §§ 211 ff. Rdnr. 66, NK-Neumann, Vor § 211 Rdnr. 83, SK-Horn, § 212 Rdnr. 17, Wessels/Hettinger, StR BT I, Rdnr. 54 ff., Bottke, GA 1983, 22, 33, Sowada, JURA 1985, 75, 77. Verkennt der Garant den psychischen Ausnahmezustand des Suizidenten und hält er ihn irrig für freiverantwortlich, ist er nach der Rechtsprechung des BGH zum freiverantwortlichen Suizid (dazu sogleich) wohl gemäß § 16 Abs. 2 StGB nur nach § 216, § 13 StGB strafbar, hingegen nach h.L. gemäß § 16 Abs. 1 StGB allenfalls nach § 222, § 13 StGB strafbar, vgl. SK-Horn, § 212 Rdnr. 17, Sch/Sch-Eser, Vorbem §§ 211 ff. Rdnr. 40, LK-Jähnke, Vor § 211 Rdnr. 30. Glaubt der Garant irrig, einen unfreien Selbstmord vor sich zu haben, während in Wirklichkeit der Suizident freiverantwortlich handelte, so ist der Untätige strafbar wegen Totschlagversuchs durch Unterlassen gemäß §§ 212, 13, 22, 23 Abs. 1 StGB (SK-Horn, § 212 Rdnr. 17, Sch/Sch-Eser, Vorbem §§ 211 ff. Rdnr. 40).

761 Zum Sonderfall der Zwangsernährung bei hungerstreikenden Gefangenen s. Sch/Sch-Eser, Vorbem §§ 211 ff. Rdnr. 45, SK-Horn, § 212 Rdnr. 20, NK-Neumann, Vor § 211 Rdnr. 80 f. So entfällt eine (strafrechtliche) Pflicht zur Zwangsernährung auch bei Eintritt der Handlungsunfähigkeit oder Bewusstlosigkeit dort, wo der Streikende trotz voller Aufklärung und Einsicht das tödliche Risiko durchstehen will. Die strafvollzugsrechtliche Zwangsernährungspflicht und ein vollzugsrechtliches Recht zur Zwangsernährung sind dagegen in § 101 StVollzG enthalten. Zur Notwendigkeit einer verfassungskonformen Auslegung im Lichte des Art. 2 Abs. 1 GG dahingehend, dass eine Eingriffsermächtigung nur im Rahmen der Eingriffsverpflichtung nach § 101 Abs. 1 Satz 2 StVollzG besteht, NK-Neumann, Vor § 211 Rdnr. 81.

762 Gropp, NStZ 1985, 97, 98

763 BGH St 2, 150; vgl. auch BGH JR 1955, 104 f. sowie BayObLG, JZ 1973, 319 f. (zur fahrlässigen Tötung).

764 MüKo-Schneider, Vor §§ 211 ff. Rdnr. 68; vgl. etwa BGH St 13, 162, 166 f. (bei mangelndem Täterwillen zur Tatherrschaft), OLG Düsseldorf, NJW 1973, 2215 f. (bei willensmäßiger Unterordnung mit bloßem Gehilfenvorsatz), LG Berlin, JR 1967, 269, LG Bonn, MDR 1968, 66.

Bedeutsam ist in diesem Zusammenhang auch die Auffassung der Rechtsprechung, dass der den Suizid Geschehen lassende Mitwirkende als Täter zu beurteilen ist, wenn der Suizident selbst nicht mehr handlungsfähig ist. Wird der Suizident nach Beendigung seines Selbstmordversuchs bewusstlos und damit handlungsunfähig, tritt demnach ein Tatherrschaftswechsel ein, weil der Suizident dann die tatsächliche Möglichkeit der Beeinflussung des Geschehens endgültig verloren hat. Der Eintritt des Todes hänge dann allein vom Verhalten des Garanten ab.[765] Sonstige Tatherrschafts- oder subjektive Faktoren wie der mangelnde Täterwille oder die Unterordnung unter den Selbsttötungswillen des Suizidenten spielen dabei also keine Rolle.[766]

Zudem nimmt die Rechtsprechung sehr weitgehende Garantenpflichten im Einzelfall an. So wird insbesondere die Frage einer Einschränkung der Garantenpflicht im Zusammenhang mit der Suizidproblematik, die sich im Übergangsbereich zur passiven Sterbehilfe findet, kaum gestellt.[767] Im Fall Wittig[768] hat der BGH eine Entpflichtung des Garanten aufgrund einverständlichen Hilfsverzichts abgelehnt. Demnach macht sich der Garant wegen einer Tötung durch Unterlassen strafbar, wenn er den Bewusstlosen in einer lebensbedrohenden Lage antrifft und ihm die erforderliche und zumutbare Hilfe zur Lebensrettung nicht leistet. Zwar seien die Einschränkungen zu beachten, die aus der Entscheidung des Gesetzgebers, die Beteiligung an dem Selbstmord als solche straffrei zu lassen, folgten. So werde die Garantenpflicht bis zum Übergang der Tatherrschaft durch diese gesetzgeberische Entscheidung überlagert.[769] Im Übrigen misst der BGH der gesetzgeberischen Wertung aber keinerlei weitergehende Bedeutung bei, wenn er auch über die Anerkennung der ärztlichen Gewissensentscheidung im Fall Wittig letztendlich doch zur Straflosigkeit des angeklagten Arztes gelangte.[770]

In späteren Entscheidungen lässt sich allerdings die Tendenz erkennen, diese restriktive Beurteilung der Beteiligung am eigenverantwortlichen Suizid durch Unterlassen durch eine liberalere, dem Willen des Suizidenten höhere Bedeutung zumessende Auffassung abzulösen. So hat das OLG München im sog. Fall Hackethal[771] entschieden, dass – trotz prinzipieller Anerkennung der Rechtsprechung des BGH im Wittig-Fall – der Verlust der Handlungsfä-

---

[765] BGH St 2, 150, 152 f., BGH NJW 1960, 1821 f., BGH St 32, 367, 373 f.

[766] Gropp, NStZ 1985, 97, 99; Ausnahmen stellen allerdings die schon o.g. Entscheidungen BGH St 13, 162, 166 f. – Hammerteich-Fall (Abstellen auf mangelnden Tatherrschaftswillen), sowie OLG Düsseldorf, NJW 1973, 2215 f. (willensmäßige Unterordnung mit bloßem Gehilfenvorsatz) dar.

[767] Gropp, NStZ 1985, 97, 99 f. ; als Ausnahme kann etwa der Jugendfreund-Fall (BGH NStZ 1983, 117) genannt werden: der Angeklagte hatte einen alten Jugendfreund in seine Wohnung aufgenommen, der schwer erkrankte und auch zunehmend verwahrloste. Der Angeklagte unterließ es auf Wunsch des Freundes, einen Arzt oder eine andere Person zu Hilfe zu holen. Der BGH nahm Straflosigkeit an, da keine Rechtspflicht aus Wohn- und Lebensgemeinschaft bestehe, den anderen am selbstgewollten Ableben zu hindern, sofern sich dieser in freier Willensbildung dazu entschlossen hat, dem für ihn erkennbar herannahenden Tod keinen Widerstand mehr entgegenzusetzen, sondern dem dazu führenden Geschehen seinen Lauf zu lassen. Allerdings lag hier keine typische Suizidsituation vor, da der Sterbenswillige seinen Tod nicht durch aktive Selbsttötungsakte herbeiführen, sondern vielmehr allein seinem Leiden seinen Lauf lassen wollte. Auch war er bis zuletzt bei Bewusstsein, so dass sich die Frage eines Tatherrschaftswechsels gar nicht stellte.

[768] BGH St 32, 367

[769] BGH St 32, 367, 373 f. Eine Entlassung aus der Garantenstellung lehnte der BGH im konkreten Fall ab, da für den Abend des Suizids ein Hausbesuch des Arztes vereinbart gewesen war und deshalb von einem Fortbestehen des die Garantenpflicht begründenden Arzt-Patientenverhältnisses trotz der ausdrücklichen schriftlichen Anweisung an den Arzt, Wiederbelebungsmaßnahmen und sonstige lebenserhaltende Maßnahmen zu unterlassen, auszugehen sei, BGH St 32, 367, 377.

[770] BGH St 32, 367, 380 f. Zum Fall Wittig s. schon oben 2a,bb)

[771] OLG München, JZ 1988, 201

higkeit nicht ohne weiteres den Übergang der Tatherrschaft zur Folge hat.[772] Zudem verneint das OLG das Vorliegen einer strafrechtlichen Garantenpflicht, den Tod der freiverantwortlich handelnden Suizidentin zu verhindern. Es gebe keine rechtlich zwingende Begründung dafür, dass anders als beim „Normalpatienten“ die mit der Verweigerung der Einwilligung in lebensverlängernde Maßnahmen auf Aufhebung der Lebensschutzverantwortung des Arztes gerichtete Willenserklärung eines urteilsfähigen, freiverantwortlich handelnden Suizidpatienten rechtlich unbeachtlich sei. Eine Garantenstellung aus Ingerenz (wegen der Überlassung des Giftes) scheide angesichts der vom Gesetz gewollten Straflosigkeit der Teilnahme an einer Selbsttötung aus. Der mögliche Verstoß gegen ärztliche, berufsrechtliche Pflichten könne an der strafrechtlichen Beurteilung nichts ändern, da berufsrechtliche Pflichten eben weiter reichen können als die strafrechtlichen allgemeinen Pflichten.[773] Auch der BGH wies in einem späteren Urteil in einem obiter dictum auf seine Neigung hin, einem ernsthaften, freiverantwortlich gefassten Selbsttötungsentschluss eine stärkere rechtliche Bedeutung beizumessen, als dies im Wittig-Urteil der Fall war.[774]

(b) Auffassungen in der Literatur

Die äußerst bestrafungsfreundliche Ansicht des BGH ist in der Literatur teils auf Zustimmung[775], überwiegend aber auf Ablehnung[776] gestoßen.

Nach *Herzberg* ist dem BGH insoweit Recht zu geben, als er auch bei freiverantwortlichem Suizid der Haftung aus Tötungsdelikten prinzipiell Raum gibt. Allerdings plädiert er in diesem Zusammenhang zunächst für eine Erweiterung, nämlich eine tatherrschaftsgelöste Haftung, die durch Androhung von Strafe aus §§ 216, 13 StGB dem Beschützergaranten schon vor dem Eintritt der Bewusstlosigkeit ein Einschreiten befiehlt.[777] Auch könne die Garantenpflicht etwa des Arztes nicht schon aufgrund der Freiverantwortlichkeit des Todesbegehrens entfallen.[778] Vielmehr sei eine Lösung über eine Rechtfertigung durch Abwägung kollidie-

---

[772] OLG München, JZ 1988, 201, 202: allerdings stützt sich das OLG im Folgenden darauf, dass sich das Unterlassen des Arztes nicht als (quasi-)kausal für den aufgrund des schnell wirkenden Giftes eintretenden Tod der Suizidentin habe feststellen lassen, OLG München, aaO, 203. Auf mangelnde Rettungsmöglichkeiten nach Eintritt der Bewusstlosigkeit stellte auch der BGH in einem späteren Fall ab, vgl. BGH St 46, 279, 290.

[773] OLG München, JZ 1988, 201, 203 ff.; das OLG nimmt dabei an, dass die Entscheidung BGH St 32, 367 einer solchen rechtlichen Beurteilung nicht entgegenstehen kann, weil sich dieses Urteil nur auf den zum Zeitpunkt des Hinzukommens schon bewusstlosen Suizidenten beziehe, vgl. OLG München, aaO, 204.

[774] BGH NJW 1988, 1532

[775] Herzberg, JA 1985, 265, 267 ff., ders., NJW 1986, 1635, 1638 ff., ders., JZ 1988, 182, 183 ff., Kutzer, MDR 85, 710, 712 ff.

[776] NK-Neumann, Vor § 211 Rdnr. 70 ff., Eser, MedR 1985, 6, 7 ff., Schmitt, JZ 1985, 365, 367 f., Sowada, JURA 1985, 75, 77 ff., Gropp, NStZ 1985, 97, 100 ff., Schultz, JuS 1985, 270, 272 ff., Brändel, ZRP 1985, 85, 86, Schünemann, GA 85, 341, 378 f., Otto, Gutachten D zum 56. DJT, S. D 94, Hirsch, FS für Lackner, S. 597, 601, 615 f., Hirsch, FS für Tröndle, S. 19, 29 ff., Roxin, NStZ 1987, 345, 346, ders., Medizinstrafrecht, S. 101, Uhlenbruck, ZRP 1986, 209, 215 f., Hiersche, MedR 1987, 83, 84, Tröndle, ZStW 99 (1987), 25, 45, ders., MedR 1988, 163, 164, Charalambakis, GA 1986, 485, 504, Ranft, JZ 1987, 908, 912 ff., Verrel, JZ 1996, 224, 229 f.

[777] Herzberg, NJW 1986, 1635, 1638, ders., JZ 1988, 182, 183 f.; Kutzer, NStZ 1994, 110, 112 lässt eine Unterlassensstrafbarkeit durch Nichthinderung des Suizids schon vor Eintritt der Bewusstlosigkeit offen. Die Rechtsprechung ist dieser Auffassung indes später nicht gefolgt, vgl. etwa BGH NJW 2001, 1802, 1805.

[778] Herzberg, NJW 1986, 1635, 1638, ders., JZ 1988, 182, 184 f., allerdings jeweils unter Anerkennung, dass die Verantwortung des Arztes für seinen Patienten nach Dauer und Umfang prinzipiell vereinbarungsabhängig ist und somit jedenfalls dann, wenn das Hilfesuchen von Anfang an und ausschließlich auf Sterbehilfe gerichtet ist, eine Garantenpflicht verneint werden kann. Ausführlich auch Herzberg, JA 1985, 265, 267 ff., Kutzer, MDR 1985, 710, 713 f.

render Pflichten, nämlich der Pflicht, Leben zu retten, und der Pflicht, das Verlangen des Leidenden nach dem erlösenden Tod zu achten, zu suchen. Auch die dahingehenden Formulierungen im Wittig-Urteil könne man nur so verstehen, dass der BGH dem Arzt ein gerechtfertigtes Verhalten zubillige.[779] Nach *Kutzer* müssen aus ethischen und rechtlichen Gründen der Behandlungsverzicht trotz lebensbedrohlicher Krankheit und der behandlungsbedürftige Zustand nach einem Selbstmordversuch unterschiedlich beurteilt werden. Die zielgerichtete Tötung von eigener Hand sei nicht Ausübung des Rechts, selbst über die Behandlung eigener Leiden zu entscheiden, sondern Negation des Lebens als eines Höchstwertes der grundgesetzlichen Ordnung. Auch die psychische Einstellung des Betroffenen sei bei beiden Fallgruppen unterschiedlich. Zwar könnten sich diese Fallgruppen im Einzelfall überschneiden, doch müsse das Strafrecht seine tragenden Grundsätze im Hinblick auf die Regel- und nicht auf die Ausnahmefälle entwickeln.[780] Die Freiverantwortlichkeit sei dabei im Einzelfall kaum festzustellen, die mitmenschliche Solidarität erfordere aber eine grundsätzliche strafbewehrte Hilfspflicht bei Selbstmordversuchen.[781]
Die restriktive Haltung der Rechtsprechung hat in der Lehre teilweise auch insoweit Zustimmung erfahren, als der ursprünglich durchaus ernsthafte Selbsttötungswille nach Beendigung des Suizidversuchs häufig verfalle. Darauf, dass der ursprünglich Lebensmüde zu erkennen gibt, er wolle an dem Selbsttötungsentschluss nicht mehr festhalten, kommt es demnach zwar materiellrechtlich nicht an. Jedoch ist dann für eine Strafbarkeit des Unterlassenden wohl zumindest erforderlich, dass nach dem Verlauf des Suizidgeschehens oder aufgrund sonstiger Umstände eine Sinnesänderung nicht ausgeschlossen werden kann.[782]
Die h.L. lehnt eine grundsätzliche Strafbarkeit des Unterlassenden bei einem freiverantwortlichen Selbstmord auch nach Eintritt der Bewusstlosigkeit des Suizidenten indes ab.[783]
So könne das Untätigbleiben eines Garanten nicht nach Tatherrschaftskriterien beurteilt werden. Die Tatherrschaftslehre sei nämlich im Unterlassensbereich nicht anzuwenden, denn durch Nichtstun könne man nichts beherrschen.[784] Auch ein Übergang der Tatherrschaft mit Bewusstlosigkeit des Suizidenten sei abzulehnen, denn ab dem Zeitpunkt der Versuchsbeendigung könne es nicht mehr um die Beherrschung von Kausalverläufen, sondern nur noch um deren Verhinderung gehen. Bloße Erfolgsabwendungsmöglichkeiten begründen aber

---

[779] Herzberg, JZ 1988, 182, 184 f.; ausführlich zur Rechtfertigung ders., NJW 1986, 1635, 1639 ff.
[780] Kutzer, MDR 1985, 710, 712 f.
[781] Kutzer, MDR 1985, 710, 713 f.; nach Kutzer, NStZ 1994, 110, 112 ist darüber hinaus bei Annahme einer Garantenstellung wie im Fall Hackethal (von der die Patientin ihren Arzt nicht wirksam habe entbinden können) die Möglichkeit einer aktiven Tötung auf Verlangen besonders zu prüfen. So könne trotz eigenverantwortlichen Suizids Tötung auf Verlangen vorliegen, wenn das Tatopfer die eigentliche Tathandlung allein vornimmt und der dabei aktiv mitwirkende Dritte dadurch gegen seine Garantenpflichten für das Leben des Tatopfers verstößt. Zur Schwierigkeit, die Freiverantwortlichkeit des Selbsttötungsentschlusses festzustellen, s. auch Lauter/Meyer, MSchrKrim 1988, 370, 374 ff.
[782] Vgl. SK-Horn, § 212 Rdnr. 18, Sch/Sch-Eser, Vorbem §§ 211 ff. Rdnr. 44, Gallas, JZ 1960, 686, 689. Etwas anderes muss in Abweichung vom BGH aber auch nach dieser Ansicht gelten, wenn (etwa aufgrund eines sog. Patiententestaments) davon auszugehen ist, dass der andere seinen Suizidwillen unzweideutig bis zum tödlichen Ende durchhalten will, vgl. SK-Horn, § 212 Rdnr. 19.
[783] NK-Neumann, Vor § 211 Rdnr. 70 ff., MüKo-Schneider, Vor §§ 211 ff. Rdnr. 68, LK-Jähnke, Vor § 211 Rdnr. 24, Eser, MedR 1985, 6, 8 f., 13 ff., Schmitt, JZ 1985, 365, 367 f., Sowada, JURA 1985, 75, 77 ff., Gropp, NStZ 1985, 97, 100 ff., Schultz, JuS 1985, 270, 272 ff., Brändel, ZRP 1985, 85, 86, Schünemann, GA 1985, 341, 378 f., Hirsch, FS für Lackner, S. 597, 601 ff., ders., FS für Tröndle, S. 19, 29 ff., Roxin, NStZ 1987, 345, 346, Roxin, Medizinstrafrecht, S. 101, Hiersche, MedR 1987, 83, 84, Tröndle, ZStW 99 (1987), 25, 45, ders., MedR 1988, 163, 164, Charalambakis, GA 1986, 485, 504, Ranft, JZ 1987, 908, 912 ff., Verrel, JZ 1996, 224, 229 f.
[784] MüKo-Schneider, Vor §§ 211 ff. Rdnr. 73, Roxin, NStZ 1987, 345, 346, NK-Neumann, Vor § 211 Rdnr. 70, vgl. auch Sch/Sch-Eser, Vorbem §§ 211 ff. Rdnr. 43.

keine Tatherrschaft, sondern sind schon Voraussetzung dafür, dass das Unterlassen überhaupt (quasi-)kausal ist.[785]
Die Rechtsprechung wird zudem insgesamt als widersprüchlich kritisiert. So folge aus der Straflosigkeit der aktiven Suizidteilnahme, dass der Garant, der nichts zur Verhinderung des freiverantwortlichen Selbstmordes tut, ebenfalls straffrei bleiben muss. Sonst müsste etwa die Ehefrau, die ihrem lebensmüden Gatten sanktionslos den Strick zum Erhängen reichen darf, bei Eintritt der Bewusstlosigkeit diesen sofort durchtrennen, auch wenn keine Anhaltspunkte für eine Willensumkehr ersichtlich sind.[786] Die Argumentation des BGH, ein Widerspruch sei nicht gegeben, da der Dritte auch vor der Bewusstlosigkeit des Opfers aus §323c StGB verpflichtet sei, alles ihm Mögliche und Zumutbare zur Verhinderung des Suizids zu tun und diese Strafbarkeit im Fall des Tatherrschaftswechsels infolge Bewusstlosigkeit des Suizidenten nur von den §§ 211 ff., 13 StGB verdrängt werde,[787] verfängt demnach nicht. Denn der gleiche Widerspruch tritt auch bei Annahme einer Strafbarkeit nach § 323c StGB auf und wird zudem die Frage aufgeworfen, warum aus der relativ geringen Strafbarkeit nach § 323c StGB nun eine deutlich höhere wegen eines Tötungsdelikts werden sollte.[788]
Auch die nach dem BGH grundsätzlich weite Annahme von Garantenpflichten lehnt die h.L. ab. Es sei nicht die Funktion strafrechtlicher Garantenstellungen, eine autonome Willensentscheidung freiverantwortlich handelnder Personen auszuhebeln. Dauer und Umfang der Garantenstellung eines Arztes seien angesichts der in der Rechtsprechung anerkannten Grundsätze zum Selbstbestimmungsrecht und der daraus abgeleiteten Befugnis zum Behandlungsverzicht vereinbarungsabhängig. Eine abweichende Behandlung in Suizidkonstellationen ist somit nicht gerechtfertigt, denn auch der Entscheidung zum Suizid liegen unter Umständen sittlich und rechtlich anerkennenswerte Erwägungen zugrunde, zumal beide Fallgruppen ineinander übergehen können. Es sei nicht nachweisbar, dass die Sozialethik eine Missbilligung des freiverantwortlich gefassten Selbsttötungsentschlusses über den Selbstbestimmungsgrundsatz erhebt. Wenn sich ein Suizident aber jegliche Behandlung durch seinen Arzt verbitten kann, müsse er auch Dritte daran hindern können einzugreifen. Die freiverantwortliche Willensentscheidung des Suizidenten müsse daher auch die Garantenpflicht etwa von Angehörigen aufheben.[789]
Zudem führe diese Rechtsprechung dazu, dass der Suizidhelfer dem Sterbewilligen entweder ein besonders schnell wirkendes Medikament zugänglich machen muss, so dass eine Hilfeleistung nach Eintritt der Bewusstlosigkeit nicht mehr in Betracht kommt, oder den Patienten „rechtzeitig" allein lassen muss, um straflos zu bleiben. Gerade im Bereich der Sterbehilfe

---

[785] MüKo-Schneider, Vor §§ 211 ff. Rdnr. 73, Otto, Gutachten D zum 56. DJT, S. D 68, Sowada, JURA 1985, 75, 78
[786] LK-Jähnke, Vor § 211 Rdnr. 24, MüKo-Schneider, Vor §§ 211 ff. Rdnr. 68, 73, Sch/Sch-Eser, Vorbem §§ 211 ff. Rdnr. 43, Roxin, FS für Dreher, S. 331, 348, Bottke, GA 1983, 22, 23 f., Engisch, FS für Dreher, S. 309 f., Dölling, NJW 1986, 1011, 1012, Sowada, JURA 1985, 75, 78; einen Widerspruch verneint hingegen Geilen, JZ 1974, 145, 153, indem er auf den Aspekt einer „Unterlassung durch Begehung" abstellt. So liege die von der sonst straflosen Teilnahme sich abhebende Pflichtverletzung des Garanten dann bereits im positiven Tun. Kritisch gegenüber diesem Argument auch NK-Neumann, Vor § 211 Rdnr. 74 f. S. im Übrigen bereits oben 2a,bb.
[787] Vgl. BGH St 32, 367, 374 f.
[788] Sowada, JURA 1985, 75, 78, Schultz, JuS 1985, 270, 274
[789] LK-Jähnke, Vor § 211 Rdnr. 24, MüKo-Schneider, Vor §§ 211 ff. Rdnr. 74 ff., NK-Neumann, Vor § 211 Rdnr. 71, 76 f., Ranft, JZ 1987, 908, 912 f., Sowada, JURA 1985, 75, 82 ff., Otto, Gutachten D zum 56. DJT, S. D 66, Thias, Möglichkeiten und Grenzen selbstbestimmten Sterbens, S. 83 ff. A.A. Beckert, Probleme um Suizidbeteiligung und Sterbehilfe, S. 292 f.

wird das abgelehnt: es handle sich nicht um der Situation todkranker, sterbender Menschen angemessene Verhaltensweisen.[790]

(c) Stellungnahme

Zuzustimmen ist nach alledem der herrschenden Literatur, die eine Strafbarkeit wegen Tötung durch Unterlassen beim freiverantwortlichen Suizid verneint. Die Fälle des Sinneswandels des Suizidenten (die nach der hier vertretenen Ansicht die Freiverantwortlichkeit des Suizids nicht entfallen lassen) können über ein Wiederaufleben oder Entstehen von Garantenpflichten bzw. über eine Hilfspflicht nach § 323c StGB (dazu unten (2)) gelöst werden, wobei zu fordern ist, dass ein solcher Sinneswandel für den Dritten erkennbar ist.[791] Die – aus dem Rechtsstaatsprinzip abzuleitende – Widerspruchsfreiheit der Rechtsordnung erfordert, die Entscheidung des Gesetzgebers, die Teilnahme am freiverantwortlichen Suizid straflos zu stellen, nicht dadurch zu umgehen, dass durch die Hintertür der Unterlassungsstrafbarkeit doch noch eine Bestrafung des Außenstehenden erreicht wird. Allein diese uneingeschränkte Anerkennung des freiverantwortlichen Suizidwillens führt auch zu rechtspolitisch akzeptablen Ergebnissen. Die Gegenauffassung der Rechtsprechung, die auf die Gesamtumstände im Einzelfall abstellt, hat eine große Rechtsunsicherheit zur Folge. Die Annahme einer Rechtfertigung im Einzelfall in Sterbehilfesituationen, wie von *Herzberg* vertreten, führt zwar in diesen Fällen zu befriedigenden Ergebnissen, läuft aber im Ergebnis auf eine Bewertung der Motive des Selbstmörders als „vernünftig" oder „unvernünftig" hinaus. Diese Ansicht kann zwar einen hohen moralischen Anspruch für sich geltend machen, verkennt aber, dass nach dem Menschenbild des Grundgesetzes dem Einzelnen als selbstbestimmten Wesen auch das Recht auf unvernünftige Entscheidungen zusteht. Wer anerkennt, dass der Einzelne etwa das Recht hat, auf eine einfach durchzuführende, lebensrettende Operation zu verzichten, gleich aus welchen Gründen, der muss auch akzeptieren, wenn jemand seinem Leben in freiem Entschluss ein Ende setzen möchte. Zwar ist eine moralische Pflicht, einer verzweifelten, einsamen, kranken Person neuen Lebensmut zuzusprechen, durchaus gegeben. Eine rechtliche Pflicht, die freiverantwortliche Entscheidung in den Tod zu gehen zu unterbinden, kann aber nicht anerkannt werden.

(2) Strafbarkeit nach § 323c StGB – der Suizid als Unglücksfall

Nun bleibt noch zu klären, inwieweit eine Strafbarkeit nach § 323c StGB in Betracht kommen kann, wenn jemand einen freiverantwortlichen Suizid nicht verhindert. Dies betrifft vornehmlich den untätigen Nicht-Garanten, kann jedoch auch beim Garanten relevant werden.

Zentrales Problem stellt dabei die Frage dar, ob ein freiverantwortlicher Suizid ein „Unglücksfall" im Sinne dieser Vorschrift ist.[792]

---

[790] Wolfslast, FS für Schreiber, S. 913, 919

[791] Vgl. auch NK-Neumann, Vor § 211 Rdnr. 78, Lackner/Kühl-Kühl, Vor § 211 Rdnr. 15, Otto, Grundkurs StR, § 6 Rdnr. 60.

[792] Allgemein wird hingegen angenommen, dass ein unfreier Suizid ein Unglücksfall i.S.d. § 323c StGB (§ 330c StGB a.F.) ist, vgl. MüKo-Schneider, Vor §§ 211 ff. Rdnr. 81, NK-Neumann, Vor § 211 Rdnr. 84, Sch/Sch-Cramer/Sternberg-Lieben, § 323c Rdnr. 7, SK-Rudolphi, § 323c Rdnr. 8, BGH St 2, 150 f., Bottke, Suizid und Strafrecht, S. 295, 315 f., Otto, Gutachten D zum 56. DJT, S. D 71.

(a) Die Ansicht der Rechtsprechung

Der BGH hat zunächst im Anschluss an die Rechtsprechung des RG angenommen, dass ein Unglücksfall ein plötzliches äußeres Ereignis sei, das erheblichen Schaden an Personen oder Sachen anrichtet und weiteren Schaden zu verursachen droht. Dieses äußere Ereignis sei vom Willen des Verunglückten unabhängig. Ein Unglücksfall sei daher begrifflich und sprachlich ausgeschlossen, solange das verantwortliche Handeln des Selbstmörders die Lebensgefahr im Wesentlichen so gestaltet, wie er es sich vorgestellt hat, und solange sein Selbsttötungswille fortbesteht.[793]
Diese Ansicht wurde jedoch alsbald durch eine Entscheidung des Großen Senats[794] revidiert. Die Frage, wann ein Unglücksfall vorliegt, sei aus der Perspektive desjenigen zu beantworten, der durch § 323c StGB zur Hilfe aufgerufen wird. Sprachlich bestünden daher keine Bedenken, die durch einen Selbstmordversuch herbeigeführte Gefahrenlage als Unglücksfall anzusehen, denn auch dann sei ein Mensch in Not geraten, aus der ihm geholfen werden muss.[795] Unglücksfall sei nach der ratio legis des § 323c StGB, mitmenschliche Hilfe in Notfällen als einem sittlichen Gebot entsprechend zu leisten, jedes mit einer gewissen Plötzlichkeit eintretende Ereignis, das eine erhebliche Gefahr bringt oder zu bringen droht, gleichgültig ob die Gefahrenlage dem Gefährdeten von außen zugestoßen oder ob sie, wie beim Selbstmörder, von seinem Willen hervorgerufen ist.[796] Es komme nicht darauf an, ob der Wille des Selbstmörders krank oder gesund war, ob der Selbstmörder die durch den Suizidversuch entstandene Gefahrenlage noch beherrscht oder ob er seinen eigenen Tod noch will und dies zum Ausdruck bringt oder nicht. Das Recht könne nicht anerkennen, dass die Hilfspflicht des Dritten hinter dem sittlich missbilligten Willen des Selbstmörders zurückzustehen habe. Auch wäre es in der Praxis nicht durchführbar, wenn der hinzukommende Dritte erst langwierige und meist ergebnislose Überlegungen darüber anstellen müsste, ob es sich um einen freiverantwortlichen Suizid handelte und ob der Suizident den Tod auch weiterhin wollte.[797] Später hat der BGH die Anwendung des § 323c StGB damit untermauert, dass dieser seine dem solidarischen Lebensschutz dienende Funktion auch in Selbstmordfällen erfüllen solle und deshalb die allgemeine Hilfspflicht nicht von der – in der schnelle Entscheidungen erfordernden Situation kaum feststellbaren – Freiverantwortlichkeit abhängig gemacht werden könne.[798]

Nach dem BGH besteht jedoch auch die Möglichkeit, in „äußersten Grenzlagen“ eine Ausnahme von der Strafbarkeit nach § 323c StGB insoweit zuzulassen, als die Hilfeleistung dann als nicht zumutbar anzusehen ist.[799] Ein ähnlicher Gedanke wurde vom OLG München im Fall Hackethal entwickelt. Danach kann der Tatbestand der unterlassenen Hilfeleistung entfallen, wenn die Verhinderung des Suizids aufgrund der außergewöhnlichen Umstände nicht mehr als erforderliche „Hilfe“ i.S.d. § 323c StGB gewertet werden kann. Dass die Hilfeleistungspflicht entfällt, wenn der Bedrohte sich weigert, Hilfe anzunehmen, wird für den Fall anerkannt, dass der Gefährdete über das bedrohte Rechtsgut verfügen kann. Eine solche Verfügungsbefugnis sei hier ausnahmsweise gegeben, da in entsprechender Anwendung der

---

[793] BGH St 2, 150 f.
[794] BGH St 6, 147
[795] BGH St 6, 147, 149 (zu § 330c StGB a.F., der nunmehr § 323c StGB entspricht).
[796] BGH St 6, 147, 151 f. In einer späteren Entscheidung nimmt der BGH die Hilfeleistungspflicht explizit schon dann an, wenn sich der Suizident in erkannter Selbsttötungsabsicht unmittelbar in Gefahr bringt, BGH St 13, 162, 169; bestätigt durch BGH St 32, 367, 375.
[797] BGH St 6, 147, 153 f.
[798] BGH St 32, 367, 375 f.
[799] BGH St 6, 147, 154, BGH St 13, 162, 169, BGH St 32, 367, 381 (dort Unzumutbarkeit wegen der von der Rechtsordnung hingenommenen ärztlichen Gewissensentscheidung).

Notstandsregeln gemäß § 34 StGB der Wert des Lebens der Suizidentin in diesem Extremfall weniger wog als der Wert der Erlösung. Nicht allein die Freiverantwortlichkeit, sondern auch das hoffnungslose Leiden der Suizidentin seien demnach Grund für das Entfallen der Hilfspflicht.[800]

(b) Die Auffassungen der Rechtslehre

Ein Teil der Lehre folgt grundsätzlich der Rechtsprechung zur Einordnung des Suizids als Unglücksfall gemäß § 323c StGB.[801] Jedoch wird regelmäßig weitergehend als vom BGH die Zumutbarkeit der Hilfeleistungspflicht verneint, etwa wenn ein echter Bilanzselbstmord vorliegt oder der Lebensmüde zuvor bei klarem Bewusstsein Hilfe untersagt hat.[802] Dadurch wird ein Ausgleich gesucht zwischen dem Erfordernis der Rechtssicherheit auf der einen Seite, das klare Handlungsanweisungen verlangt für die Person, die sich angesichts eines Suizidversuchs entscheiden muss, ob sie eingreifen soll, und dem einer sachlich angemessenen Lösung auf der anderen Seite, die eine sorgfältige Abwägung zwischen dem Bedürfnis nach Hilfe für in Not geratene Personen und dem Respekt vor menschlicher Entscheidungsfreiheit fordert.[803] Ersichtlich wird dabei das Bemühen, Hilfspflichten nur insoweit entfallen zu lassen, als der Hinzukommende die Motivlage und damit die Freiverantwortlichkeit des Suizidenten sicher kennt.[804]

Die h.L. verneint hingegen das Vorliegen eines Unglücksfalles bei einem freiverantwortlichen Selbstmord.[805] Ein bewusst herbeigeführter Selbstschädigungsakt könne sprachlich nur schwer als äußeres Ereignis, das Hilfspflichten auslöst, eingeordnet werden.[806] Auch sei es widersprüchlich, der freiverantwortlichen Willensentscheidung keine Bedeutung einzuräumen, obgleich sie die Strafbarkeit einer vorausgehenden aktiven Teilnahme am Selbstmord ausschließt. Durch Anwendung des § 323c StGB werde der Grundsatz der Straflosigkeit der Beteiligung an einer freiverantwortlichen Selbsttötung letztendlich doch ausgehebelt, da der außenstehende aktive „Gehilfe" mit der einen Hand zurückhalten müsste, was er mit der anderen eigentlich geben darf.[807] Zudem könne die Strafrechtsordnung angesichts des Selbstbe-

---

[800] OLG München, JZ 1988, 201, 206 f. unter Berufung auf BGH JR 1956, 347, 348 (Möglichkeit des Entfallens der Hilfeleistungspflicht bei Weigerung des Bedrohten bei disponiblen Rechtsgütern).

[801] LK-Jähnke, Vor § 211 Rdnr. 24, Schmidhäuser, Strafrecht BT, 16. Kap. Rdnr. 5, Maurach, JR 1956, 348, 349, Geilen, JZ 1974, 145, 153 f., Dölling, NJW 1986, 1011, 1014 f., Klinger, Die Strafbarkeit der Beteiligung an einer durch Täuschung herbeigeführten Selbsttötung, S. 196 ff., Otto, Gutachten D zum 56. DJT, S. D 76 ff.; für den Fall des bloßen Appellsuizids etwa NK-Neumann, Vor § 211 Rdnr. 79, NK-Seelmann, § 323c Rdnr. 26.

[802] Vgl. MüKo-Schneider, Vor §§ 211 ff. Rdnr. 83, Achenbach, JURA 2002, 542, 545, Dölling, NJW 1986, 1011, 1015 ff., Klinger, Die Strafbarkeit der Beteiligung an einer durch Täuschung herbeigeführten Selbsttötung, S. 206 ff., weiter einschränkend allerdings Otto, Gutachten D zum 56. DJT, S. D 80 ff.; Neumann, JA 1987, 244, 254 f. verneint dagegen bei Vorliegen eines Bilanzselbstmordes bereits das Vorliegen eines Unglücksfalles.

[803] Dölling, NJW 1986, 1011, 1015

[804] MüKo-Schneider, Vor §§ 211 ff. Rdnr. 83, vgl. auch Achenbach, JURA 2002, 542, 545, Dölling, NJW 1986, 1011, 1016 f.

[805] Sch/Sch-Eser, Vorbem §§ 211 ff. Rdnr. 41, Sch/Sch-Cramer/Sternberg-Lieben, § 323c Rdnr. 7, SK-Rudolphi, § 323c Rdnr. 8, Tröndle/Fischer, § 323c Rdnr. 2a, 3a, Lackner/Kühl-Kühl, § 323c Rdnr. 2, LK-Spendel, § 323c Rdnr. 50 ff., MüKo-Schneider, Vor §§ 211 ff. Rdnr. 84 f., Wessels/Hettinger, StR BT I, § 1 IV 4, Thias, Möglichkeiten und Grenzen eines selbstbestimmten Sterbens, S. 99, Beckert, Probleme um Suizidbeteiligung und Sterbehilfe, S. 173 ff., Laber, Der Schutz des Lebens im Strafrecht, S. 273 ff., Ranft, JZ 1987, 908, 913 f., Sowada, JURA 1985, 75, 86 ff.

[806] MüKo-Schneider, Vor §§ 211 ff. Rdnr. 84

[807] Vgl. Tröndle/Fischer, § 323c Rdnr. 3a, MüKo-Schneider, Vor §§ 211 ff. Rdnr. 84, Bottke, GA 1983, 22, 35, Ranft, JZ 1987, 908, 913, Sowada, JURA 1985, 75, 86.

stimmungsrechts des Einzelnen niemanden unter Berufung auf mitmenschliche Solidarität bevormunden, indem sie zur Gefahrenabwehr gegen den Willen des verantwortlichen Individuums zwingt.[808] Als Rechtsgut des § 323c StGB wird teilweise auch gar nicht die Gewährleistung mitmenschlicher Solidarität, sondern vielmehr die Erhaltung der betroffenen Individualgüter des in Not Geratenen selbst angesehen. Daher sei ein nach § 323c StGB gebotenes Eingreifen erst dann anzunehmen, wenn erkennbar wird, dass der (freiverantwortliche) Suizident den Selbsttötungswillen aufgegeben hat und in Wirklichkeit nicht mehr sterben will.[809] Zwar bestehe die Gefahr, dass in Zukunft Suizidversuchen mit zunehmender Gleichgültigkeit begegnet und das Untätigbleiben dann damit zu rechtfertigen gesucht wird, dass der Außenstehende irrig von einem freiverantwortlichen Suizid ausgegangen sei. Angesichts der Häufigkeit unfreier Suizidversuche werde der einen Selbstmord zufällig beobachtende Passant aber davon auszugehen haben, dass der Suizid unfrei ist. Insofern liege in den allermeisten Fällen zumindest bedingter Vorsatz hinsichtlich der Annahme eines unfreien Suizids vor.[810]

(c) Stellungnahme

Überzeugend erscheint letztlich nur die Ansicht, die den freiverantwortlichen Suizid von vornherein aus dem Anwendungsbereich des § 323c StGB herausnimmt. Es überdehnt schon den Wortlaut, einen freiverantwortlichen Selbstmord als „Unglücksfall", der etwas Ungewolltes impliziert, einzuordnen. Zwar mag auch der freiverantwortliche Selbstmord letztendlich auf ungewolltem Leiden des Suizidenten beruhen (schwere Krankheit, Verzweiflung wegen Verlust des langjährigen Partners etc.). Doch kann es hierauf für die Beurteilung des „Unglücksfalles" nicht ankommen. Es würde die Anforderungen an strafbewehrte mitmenschliche Solidarität bei weitem überspannen, wollte man jede schwierige Lebenslage als „Unglücksfall" charakterisieren. Entscheidend können daher nicht Motiv oder Anlass des Suizids sein, sondern ob die Gefahrenlage für das (eigene) Rechtsgut Leben willentlich herbeigeführt wurde und fortbestehen soll.

Zudem lässt sich der von der Literatur angeführte Wertungswiderspruch zwischen strafloser aktiver Teilnahme und Strafbarkeit passiver Beteiligung am freiverantwortlichen Suizid nicht ausräumen. Kann der Dritte straffrei den Selbstmord aktiv fördern, so kann er sich auch nach der Bewusstlosigkeit des Suizidenten durch das bloße Nichtstun nicht strafbar machen. Ist der Wille des Suizidenten nämlich grundsätzlich beachtlich und liegt kein Anhaltspunkt für eine Meinungsänderung des Sterbewilligen vor, so besteht auch kein Grund für die Annahme einer Strafbarkeit des Außenstehenden.[811]

---

[808] Ranft, JZ 1987, 908, 913

[809] Wie der Einzelne ursprünglich in Gefahr geraten ist, hat insoweit keine Bedeutung mehr, vgl. MüKo-Schneider, Vor §§ 211 ff. Rdnr. 84, NK-Neumann, Vor § 211 Rdnr. 78, SK-Rudolphi, § 323c Rdnr. 1, 8, Bottke, Suizid und Strafrecht, S. 305 ff., Thias, Möglichkeiten und Grenzen eines selbstbestimmten Sterbens, S. 99, Frellesen, Die Zumutbarkeit der Hilfeleistung, S. 135 ff., 144 ff.

[810] MüKo-Schneider, Vor §§ 211 ff. Rdnr. 84 f., Wessels/Hettinger, StR BT I, § 1 IV 4; zur Würdigung der Einlassung des Dritten, er sei von einem freiverantwortlichen Suizid ausgegangen, s. auch LK-Jähnke, Vor § 211 Rdnr. 31. A.A. dagegen Sowada, JURA 1985, 75, 86 f., dem zufolge dolus eventualis nur angenommen werden soll, wenn sich ein Untätigbleiben auch für den Fall feststellen lässt, dass der Außenstehende sich die mangelnde Freiverantwortlichkeit als sicher vorgestellt hätte. Andernfalls fehle es am voluntativen Element des bedingten Vorsatzes. Dies sei auch hinnehmbar, da der ein Suizidopfer Antreffende regelmäßig auch ohne Strafandrohung helfen werde.

[811] Vgl. BGH St 6, 147, 153: „Wäre der Wille des Selbstmörders zu seinem eigenen Tode überhaupt zu achten, so wäre er auch dann noch zu achten, wenn der Selbstmörder hilflos oder bewusstlos geworden ist." Die vom

Bedenkenswert bleibt aber, dass die Ermöglichung der Berufung darauf, man habe den Suizid irrtümlich für freiverantwortlich gehalten, nicht zu einer Einladung werden darf, jedem Suizid grundsätzlich gleichgültig gegenüber zu stehen. Die Bereitschaft in unserer Gesellschaft, dem Nächsten, sei er bekannt oder unbekannt, zu helfen, scheint ständig zu schwinden. § 323c StGB erfüllt insoweit eine wichtige soziale Funktion. Die Erkenntnis, dass die meisten Suizide auf psychischen Erkrankungen beruhen, insbesondere auch als Appell zu verstehen sind, dürfte aber in der Bevölkerung weit verbreitet sein. Insofern kann sich praktisch kein Außenstehender ohne Kenntnis der genaueren Umstände darauf berufen, er sei von der Freiverantwortlichkeit des Suizids ausgegangen, auch nicht bei alten oder kranken Menschen, da die Möglichkeit eines Appellsuizids auch dort geradezu greifbar ist.[812] Dies ist auch nicht als Umgehung des in dubio pro reo-Grundsatzes anzusehen. Denn es ist üblich, abgesehen von der Einlassung des Angeklagten von objektiven Umständen auf die subjektive Tatseite zu schließen (etwa von der objektiven Gefährlichkeit der Handlung auf den Tötungsvorsatz des Täters).[813] Bedingter Vorsatz ist damit bei Dritten, die die Umstände des konkreten Falles nicht kennen, praktisch durchwegs anzunehmen.[814] Somit entstehen auch keine kriminalpolitisch bedenklichen Strafbarkeitslücken durch Beschränkung des § 323c StGB auf nicht freiverantwortliche Suizide.
Richtig ist es daher, den freiverantwortlichen Suizid schon nicht als „Unglücksfall" anzusehen, eine Strafbarkeit des Nicht-Garanten wie auch des Garanten nach § 323c StGB scheidet demnach aus.

Mit diesen Ausführungen soll nun die spezifische Darstellung der deutschen Rechtslage abgeschlossen werden. Schon an dieser Stelle lässt sich sagen, dass – trotz der eingehenden und differenzierten Auseinandersetzung mit der Problematik in der deutschen Rechtslehre und teilweise auch der Rechtsprechung – die geltende Rechtslage von weitgehenden Streitigkeiten geprägt ist, die für Rechtsunsicherheit sorgt. Besonders auffällig ist dies im Bereich der passiven Sterbehilfe, insbesondere im Zusammenhang mit dem Betreuungsrecht, weniger beachtet, aber nicht weniger relevant ist es im Bereich der Früheuthanasie und der Selbstmordbeteiligung. Im rechtspolitischen Fokus steht jedoch weiterhin die aktive direkte Sterbehilfe, ohne dass eine allseits befriedigende Regelung in Sicht wäre.
Auf den folgenden Seiten wird allerdings zunächst die spanische Rechtsordnung und ihre Regelung der Sterbehilfe untersucht. Eine abschließende Stellungnahme kann indes erst am Ende der Arbeit erfolgen, nachdem beide Rechtsordnungen einander gegenübergestellt wurden.

BGH in diesem Urteil angenommene generelle Unbeachtlichkeit des Selbsttötungswillens als gegen das Sittengesetz verstoßend ist aber heute jedenfalls überholt (vgl. Roxin, Medizinstrafrecht, S. 101, Sowada, JURA 1985, 75, 86).

[812] Vgl. etwa Verrel, JZ 1996, 224, 230.

[813] Vgl. Sch/Sch-Cramer/Sternberg-Lieben, § 15 Rdnr. 87, 87b.

[814] Ist umgekehrt der Suizid doch freiverantwortlich, so muss der Eingreifende auch keine Strafbarkeit fürchten: die gewaltsame Suizidverhinderung ist wohl schon mangels Vorsatzes nicht als strafbare Nötigung zu sehen, hinsichtlich einer eventuellen Körperverletzung läge wohl ein Erlaubnistatbestandsirrtum vor. Zur möglichen Strafbarkeit einer dem freiverantwortlich handelnden Suizidenten aufgedrängten Rettungshandlung als Nötigung oder Körperverletzung sowie einer ggf. möglichen Rechtfertigung derselben s. auch NK-Neumann, Vor § 211 Rdnr. 82, Maurach/Schroeder/Maiwald, StR BT/1, § 1 Rdnr. 24, Kaufmann, ZStW 73 (1961), 341, 368, Wagner, Selbstmord und Selbstmordverhinderung, S. 130 ff.

D: Rechtslage in Spanien

I. Einleitung

Im Folgenden ist nun die Rechtslage in Spanien darzustellen. Der augenfälligste Unterschied zur deutschen Rechtslage soll hier gleich vorweggenommen werden. Er besteht darin, dass das im Jahr 1995 reformierte spanische Strafgesetzbuch, der Código Penal (CP), in seinem Art. 143 nicht nur eine ausdrückliche Regelung der Beteiligung am Selbstmord, sondern auch der Sterbehilfe im Speziellen vorsieht. An dieser Normierung muss sich auch die Darstellung der Rechtslage orientieren, um in sich stimmig zu sein, auch wenn dies zwangsläufig ein Abweichen von der Systematik der Darstellung der deutschen Rechtslage impliziert und ein direktes Gegenüberstellen der beiden Rechtsordnungen erschwert. Daher werden zunächst die in der spanischen Strafrechtslehre ausführlich behandelten verfassungsrechtlichen Fragen nach einem Recht auf den eigenen Tod untersucht sowie die Regelung der Beteiligung am Selbstmord, die für das Verständnis der anschließenden Darstellung der Sterbehilferegelung unerlässlich ist.

Schon jetzt kann indes angemerkt werden, dass die gesetzliche Regelung keineswegs die juristische und gesellschaftliche Debatte über die Problematik der Sterbehilfe gelöst hat. Besondere Aufmerksamkeit in der öffentlichen Diskussion hat dabei der Fall des Ramón Sampedro ausgelöst, der als junger Mann einen Badeunfall erlitten hatte und infolgedessen ab dem Hals abwärts gelähmt war. Sein nach mehr als 20 Jahren, die er in diesem Zustand unter Pflege seiner Angehörigen verbracht hatte, geäußerter Wunsch, diejenigen Personen, die ihm bei der Realisierung eines Suizids behilflich wären, straflos zu stellen, stieß auf breites Verständnis, aber auch heftige Ablehnung in der Öffentlichkeit. Sein Versuch der gerichtlichen Durchsetzung einer Straflosigkeit dieser Hilfe scheiterte, so dass er sich letztlich gezwungen sah, seinen Selbstmord im Jahr 1998 so durchzuführen, dass die ihm dabei behilflichen Personen von den Strafverfolgungsbehörden nicht ermittelt werden konnten.[815] Der tragische Fall weist auf viele in der spanischen Regelung enthaltenen Probleme hin, die nun im Folgenden umfassend dargestellt werden sollen.

II. Die Regelung der Selbsttötung und der Beteiligung daran

1. Die Verfügbarkeit des eigenen Lebens unter verfassungsrechtlicher Perspektive

Die strafrechtliche Regelung des Art. 143 CP ist eng an die Frage gebunden, ob dem Einzelnen ein Recht auf Verfügung über sein eigenes Leben zusteht und inwieweit er Dritte in diese Verfügung einbeziehen darf. Diese Frage wird in der spanischen Rechtsliteratur und auch Rechtsprechung traditionell unter verfassungsrechtlichen Aspekten beleuchtet. Die verfassungsrechtliche Beurteilung ist insofern von großer Bedeutung, als sich aus ihr Auslegungs-

[815] Vgl. die ausführliche Darstellung seines Leidensweges etwa bei Nuñez Paz, Homicidio consentido, S. 35 ff.

maßstäbe und Korrektive der strafrechtlichen Regelung ergeben können, vereinzelt wird sogar die Regelung des Art. 143 CP[816] als verfassungswidrig bezeichnet.

a) Die Verfügbarkeit des eigenen Lebens für den Einzelnen selbst – die Zulässigkeit des Selbstmordes nach der Rechtslehre

Zunächst soll dabei der Frage nachgegangen werden, ob das Leben für den Einzelnen selbst verfügbar ist. Damit ist das Problem der Zulässigkeit des Selbstmordes aufgeworfen. Der Selbstmord bzw. sein Versuch sind in der spanischen Rechtsordnung nicht strafbar. Im Grunde lassen sich hier drei große Linien unterscheiden: so handelt es sich nach einer Auffassung in der Lehre beim Selbstmord um ein rechtswidriges Verhalten, das nur aus Gründen der Praktikabilität oder der Kriminalpolitik straffrei ist, nach einer anderen Ansicht indes um einen aus juristischer Sicht freien Akt, während eine dritte Auffassung den Suizid gar als Entscheidung versteht, auf die jeder Mensch ein (verfassungsrechtliches) Recht hat.

aa) Der Selbstmord als rechtswidriges Verhalten

Traditionell wird der Selbstmord als rechtswidriges Verhalten verstanden, das nur aus Gründen der Praktikabilität oder der Kriminalpolitik nicht unter Strafe gestellt ist. Das Leben stellt danach ein nicht verfügbares Rechtsgut dar.[817]
Begründet wird dies etwa damit, dass auch der Selbstmord eines an sich geistig Gesunden als Produkt eines defizitären Erlernens in einem bestimmten sozio-kulturellen Umfeld aufzufassen ist, das zu einem „präsuizidalen Syndrom" führt.[818] Auch lässt sich anführen, dass Suizide regelmäßig auf bestimmten, nur temporären Krisensituationen beruhen und häufig gescheiterte Selbstmörder den erfolglosen Suizidversuch nicht zu wiederholen suchen.[819] Die Straflosigkeit des Selbstmordes resultiert nach dieser Ansicht allein daraus, dass eine Bestrafung des Suizidenten nicht möglich ist (wenn der Selbstmordversuch erfolgreich war) oder aber aus spezial- und generalpräventiven Gründen sinnlos, da eine Strafdrohung gegenüber demjenigen, der sogar sein Leben aufgeben wollte bzw. will, keine Wirkung entfalten kann.[820]

bb) Das Verständnis des Selbstmordes als freier Akt

Vertreten wird aber zunehmend die Ansicht, dass der Selbstmord ein aus juristischer Sicht freier Akt ist.[821] Aus der Verfassung lasse sich zum Einen weder der absolute Schutz des Le-

---

[816] bzw. des Art. 409 CP, in dem die Beteiligung an einer Selbsttötung vor der Strafrechtsreform im Jahr 1995 enthalten war

[817] Espín, in: López Guerra/Espín, Derecho Constitucional, S. 204, Bueno Arús, PJ 15 (1985), 11, 14, Muñoz Conde, Derecho Penal – PE, S. 63, Calderón Cerezo/Choclán Montalvo, Derecho Penal – PE, S. 598, vgl. zudem Bajo Fernández, Manual de Derecho Penal – PE, S. 73 f., Serrano Gómez, Derecho Penal – PE, S. 51; zur Qualifizierung des Rechts auf Leben als unverzichtbar und unverfügbar s. auch Fernández-Espinar, CPC 51 (1993), 755, 760 f.

[818] Bajo Fernández, Manual de Derecho Penal – PE, S. 73 f.

[819] Serrano Gómez, Derecho Penal – PE, S. 50, 61 f.

[820] Bajo Fernández, Manual de Derecho Penal – PE, S. 74, Muñoz Conde, Derecho Penal – PE, S. 63 f.; dagegen aber Sánchez Tomás, in: Rodríguez Ramos/Cobos Gómez de Linares/Sánchez Tomás, Derecho Penal – PE, S. 44, da diese Begründung nicht erklären könne, warum dann nicht zumindest eine Maßregel der Sicherung zur Anwendung komme.

[821] Del Rosal Blasco, ADPCP 40 (1987), 73, 86, Díez Ripollés, in: Díez Ripollés/Gracia Martín, Delitos contra bienes jurídicos fundamentales, S. 208, ders., in: Díez Ripollés/Gracia Martín/Laurenzo Copello, Comentarios al

bens noch seine Unverfügbarkeit ableiten. Der Lebensschutz werde schon durch die Gegebenheiten der Wirklichkeit relativiert, etwa dadurch, dass durch die Fortschritte der Medizin die Möglichkeiten der Lebensverlängerung weit verbessert wurden, dem Arzt im konkreten Fall aber nicht immer die notwendigen Mittel zur Verfügung stehen, so dass er notwendig eine Auswahl zu treffen hat. Auch könne der Staat einen Krieg erklären und dadurch den Lebensschutz aufweichen. Weiterhin zeige etwa das Recht auf Notwehr die Relativierung des Lebensschutzes. Die Unverzichtbarkeit des Rechts auf Leben könne dagegen nur unter utilitaristischen oder kollektivistischen Gesichtspunkten oder anhand bestimmter moralischer Ansichten gerechtfertigt werden.[822] Aus dem Recht auf Leben nach Art. 15 der spanischen Verfassung (Constitución Española – CE) könne allein die an den Staat gerichtete positive Verpflichtung gefolgert werden, das Leben aller zu respektieren und zu schützen. Darüber hinaus lassen sich danach aber keine Schlussfolgerungen hinsichtlich der Verfügbarkeit des eigenen Lebens aus der Verfassung entnehmen. Die Verfassung gebe weder eine Pflicht zu leben, noch ein Recht, das Leben aufzugeben, vor.[823] Eine „Sozialfunktion", wie sie etwa Art. 33 Abs. 2 CE für das Recht auf Eigentum enthält, gibt es beim Recht auf Leben nicht.[824]

Ein weiterer Begründungsansatz geht dahin, dass eine systematische Auslegung des Rechts auf Leben vorzunehmen sei und damit eine Auslegung des Art. 15 CE im Zusammenhang mit der Menschenwürde und der freien Entwicklung der Persönlichkeit des Art. 10 Abs. 1 CE, der Freiheit gemäß Art. 1 CE sowie Art. 17 CE[825], aber auch der Intimsphäre (intimidad personal) gemäß Art. 18 CE sowie dem Verbot der unmenschlichen und demütigenden Behandlung gemäß Art. 15 CE. Demgemäß könne das Recht auf Leben nicht stets als unverletzlich angesehen werden, vielmehr sei es abstufbar und der Abwägung zugänglich, da das Leben nicht auf ein rein biologisches Phänomen reduziert werden dürfe, sondern in seiner Eigenschaft als freies, würdiges, persönliches und von seinem Inhaber gewolltes Leben zu verstehen sei.[826]

CP – PE, Art. 143 Rdnr. 12 ff., Nuñez Paz, in: Diego Díaz-Santos/Sánchez López, Nuevas cuestiones penales, S. 142 f., 149, Romeo Casabona, RDPC 2 (1998), 327, 344 f.

[822] Del Rosal Blasco, ADPCP 40 (1987), 73, 84 ff., s. auch Cabello Mohedano/García Gil/Viqueira Turnez, Entre los límites personales y penales de la eutanasia, S. 99 ff., Martín Gómez/Alonso Tejuca, LL 1992 – III, 861, 862.

[823] Díez Ripollés, in: Díez Ripollés/Gracia Martín, Delitos contra bienes jurídicos fundamentales, S. 208, ders., in: Díez Ripollés/Gracia Martín/Laurenzo Copello, Comentarios al CP – PE, Art. 143 Rdnr. 12, Nuñez Paz, in: Diego Díaz-Santos/Sánchez López, Nuevas cuestiones penales, S. 142 f., 149; auf eine mögliche Unterscheidung zwischen dem Verzicht auf das Recht selbst und den Verzicht auf seine Ausübung im konkreten Fall weist Díez Ripollés, Eguzkilore 9 (1995), 113, 126, hin: selbst wenn man von der Unverzichtbarkeit des Rechts auf Leben ausgehe, so könne angenommen werden, dass der Verzicht auf die Ausübung des Rechtes auf Leben im Einzelfall nicht den behaupteten unverzichtbaren Charakter des Grundrechts auf Leben verletze, wenn der Rechtsinhaber nicht einem Dritten die völlige Entscheidungsmacht darüber überlasse, ob, wann und wie er auf sein Leben verzichte.

[824] Marín Gámez, REDC 54 (1998), 85, 109

[825] Art. 17 CE soll nach h.M. allerdings nur die Bewegungsfreiheit des Einzelnen schützen, nicht hingegen eine Art allgemeiner Handlungsfreiheit, vgl. STC 120/1990, de 27 de junio, F.J. 11, Díez Ripollés, Eguzkilore 9 (1995), 113, 122, Romeo Casabona, El derecho y la bioética, S. 114 f. Zweifelnd gegenüber einer Beschränkung des Art. 17 CE auf die bloße Bewegungsfreiheit indes Nuñez Paz, Homicidio consentido, S. 297.

[826] Muñagorri Laguía, Eutanasia y derecho penal, S. 43 f., 102; demgegenüber betont Marín Gámez, REDC 54 (1998), 85, 103 f. – im Grunde auf die gleichen Vorschriften gestützt – vor allem das Recht des Menschen auf Selbstbestimmung bei der Frage nach der Verfügbarkeit des eigenen Lebens.

Abgelehnt wird zum Anderen auch, die Verfügbarkeit des eigenen Lebens als verfassungsrechtliches Recht anzusehen. Art. 15 CE selbst äußere sich nicht über ein solches verfassungsrechtliches Recht auf den eigenen Tod.[827] Dieses könne auch nicht etwa aus der Freiheit als Höchstwert der Verfassung oder der Menschenwürde und der freien Entwicklung der Persönlichkeit abgeleitet werden, da diese Prinzipien nur dazu dienten, den Umfang konkreter Rechte oder vorgegebener Freiheiten zu bestimmen, nicht aber, diese Rechte und Freiheiten zu ersetzen oder mit ganz neuen Elementen zu ergänzen.[828] Die nach Art. 10 Abs. 1 CE geschützte freie Entwicklung der Persönlichkeit könne kaum ein Recht auf den eigenen Tod umfassen, da die Zerstörung des Lebens nicht als Akt der Persönlichkeitsentwicklung, sondern vielmehr der Zerstörung und Beendigung derselben anzusehen sei.[829] Auch müssten die Besonderheiten des Rechtsguts Lebens (Unwiederbringlichkeit bei einer Verletzung, Basis der Ausübung aller anderen Rechte, enorme soziale Auswirkungen im Falle einer Aufweichung des Lebensschutzes) im Rahmen einer solchen Auslegung im Zusammenhang mit den Höchstwerten der Verfassung wie der Freiheit berücksichtigt werden.[830]
Nach einem weiteren Begründungsansatz kann nur das würdige und damit freie Leben das von Art. 15 CE geschützte Leben darstellen. Es sei daher sinnlos, einen Konflikt zwischen Leben und Freiheit oder Menschenwürde anzunehmen. Selbst in Grenzsituationen, wenn ein menschenwürdiges Leben nicht mehr gewährleistet werden könne, sei kein Recht auf Selbstmord, sondern nur die Freiheit zum Sterben gegeben. Ein subjektives Recht auf Selbstmord müsse ausscheiden, weil die Aufgabe des Lebens auch die Aufgabe des Menschseins mit sich bringe.[831]

cc) Annahme eines Rechtes auf Selbstmord

Am weitesten geht schließlich der Teil der Lehre, dem zufolge der Selbstmord eine Entscheidung darstellt, auf die jeder Mensch ein (verfassungrechtliches) Recht hat. Es handelt sich insoweit um eine Mindermeinung, für die verschiedene Begründungsansätze angeführt werden können.
Denkbar ist zunächst, ein verfassungsmäßiges Recht auf Suizid aus Art. 15 CE herzuleiten. Wie auch bei anderen Grundrechten könnte man auch beim Grundrecht auf Leben davon ausgehen, dass dem Schutz der positiven Grundrechtsausübung auch ein Schutz der negativen Seite gegenübersteht – und damit ein Recht auf den eigenen Tod.[832] Weiterhin könnte auch die Gewissensfreiheit gemäß Art. 16 CE zur Begründung eines verfassungsrechtlichen Rechts auf Beendigung des eigenen Lebens herangezogen werden, wenn man das Recht, nicht nur dem Leben, sondern auch dem Tod einen bestimmten Sinn zu geben, als von der Gewissens-

---

[827] Nuñez Paz, Homicidio consentido, S. 307
[828] Díez Ripollés, in: Díez Ripollés/Gracia Martín, Delitos contra bienes jurídicos fundamentales, S. 208 f., ders., in: Díez Ripollés/Gracia Martín/Laurenzo Copello, Comentarios al CP – PE, Art. 143 Rdnr. 12; hinsichtlich der Menschenwürde als schwer bestimmbaren Wert s. auch Tomás-Valiente Lanuza, La disponibilidad de la propia vida, S. 367 f.
[829] Nuñez Paz, Homicidio consentido, S. 314
[830] Vgl. Nuñez Paz, in: Diego Díaz-Santos/López Sánchez, Nuevas cuestiones penales, S. 141.
[831] Bueno Arús, AP 1991 – 2, 395, 396; einen ähnlichen Ausgangspunkt haben die Ausführungen von Hernando García, in: Escritos jurídicos en Memoria de Luis Mateo Rodríguez, S. 251, 275 ff., der insbesondere das Recht auf ein menschenwürdiges Leben bis hin zum Tod unterstreicht. Allerdings mag dieser Autor nicht ausschließen, dass dem Einzelnen, wenn er sich in einer nicht mehr menschenwürdigen Situation befindet, einen Selbstmord aber nicht selbst ausführen kann, die Möglichkeit zustehen muss, die Hilfe Dritter, eventuell gar des Staates selbst, hierfür in Anspruch zu nehmen.
[832] Vgl. zum Aspekt der negativen Grundrechtsseite etwa del Rosal Blasco, ADPCP 40 (1987), 73, 86.

freiheit umfasst sieht.[833]
Zumeist wird aber auf die überragende Bedeutung der Freiheit in der verfassungsrechtlichen Rechtsordnung gemäß Art. 1 Abs. 1 CE und die freie Entwicklung der Persönlichkeit gemäß Art. 10 Abs. 1 CE abgestellt, wobei jeweils verschiedene Aspekte betont werden. Die Freiheit stellt nach Art. 1 Abs. 1 CE einen Höchstwert der Rechtsordnung, die freie Entwicklung der Persönlichkeit gemäß Art. 10 Abs. 1 CE die Grundlage der politischen Ordnung und des sozialen Friedens dar. Nach einer Ansicht folgt der verfassungsrechtliche Schutz des Suizids allein aus Art. 1 Abs. 1 CE. Zwar erfahren bestimmte Ausdrucksweisen der Freiheit durch die Verfassung einen besonderen Schutz, nämlich durch die Grundrechte. Dies könne aber nicht bedeuten, dass jedes andere menschliche Verhalten jeglichen verfassungsrechtlichen Schutzes gegenüber einer Einmischung des Gesetzgebers entbehre. Vielmehr stelle die (individuelle) Freiheit gemäß Art. 1 Abs. 1 CE einen Höchstwert dar, der als Verbot für die öffentliche Gewalt verstanden werden könne, Einschränkungen vorzunehmen, die keinen rationalen, zulässigen Zweck verfolgen, willkürlich oder unverhältnismäßig sind. Ein Verbot des Selbstmordes selbst müsste aber als solch willkürliche Einschränkung der Freiheit verstanden werden, da es nur auf religiöse oder moralische Motive gestützt werden könnte.[834] Nach anderer Ansicht führt eine integrative Auslegung von Leben und Freiheit, und damit die Interpretation des Art. 15 CE im Licht der freien Entwicklung der Persönlichkeit dazu, das Leben als ein Recht, nicht als eine Pflicht anzusehen. Die Rechte des Einzelnen könnten nicht von einem individualistischen Verständnis des Menschen als Zweck in sich selbst und Herr seines eigenen Schicksals getrennt werden. Dies müsse zu einem Verständnis der Verfassung dahin gehend führen, dass diese dem Bürger keinesfalls Pflichten unabhängig von seiner Freiheit und Menschenwürde auferlege. Nur das vom Einzelnen selbst gewollte Leben kann demnach Objekt strafrechtlichen Schutzes sein.[835]
Fundamental auf die Würde des Menschen und die freie Entwicklung der Persönlichkeit gemäß Art. 10 Abs. 1 CE stellt hingegen eine weitere Ansicht ab. Da die Verfassung keine Auslegung des Grundrechts auf Leben zulasse, die mit der Menschenwürde unvereinbar wäre, und daher jeglicher Versuch der Instrumentalisierung des Einzelnen abzulehnen sei, um die freie Entwicklung der Persönlichkeit zu gewährleisten, müsse der Suizid als Ausdruck der Ausübung eines verfassungsmäßig geschützten Rechtes aufgefasst werden.[836]

dd) Sonderfall: Das Recht, eine medizinische Maßnahme abzulehnen

Einen Sonderfall stellt in der Diskussion um die Verfügbarkeit des eigenen Lebens das Recht des Einzelnen, eine medizinische Maßnahme abzulehnen, dar. Davon ist auch durchaus die

---

[833] Tamarit Sumalla, La libertad ideológica, S. 425 ff.

[834] Tomás-Valiente Lanuza, La disponibilidad de la propia vida, S. 326 ff., dies., La cooperación al suicidio y la eutanasia, S. 38 f.; unbestimmt bleibt die Auffassung von Marín Gámez, RJC 3 (1995), 275, 286, der zufolge aufgrund der Verankerung der Freiheit in Art. 1 Abs. 1 CE das Recht auf den eigenen Tod „beinahe“ als Grundrecht anzusehen sei und der Gesetzgeber Inhalt und Grenzen dieses „möglichen“ Rechtes zu sterben regeln müsse.

[835] Carbonell Mateu, in: Vives Antón et al., Comentarios al CP de 1995, Art. 143 S. 749, ders., CJ 10 (1993), 26 ff., ders., CPC 45 (1991), 661 ff., der zudem betont, dass die besondere Bedeutung des Einzelnen und der (individuellen) Freiheit als Zentralpunkt der verfassungsrechtlichen Ordnung insbesondere gemäß Art. 10 Abs. 1 CE das Verbot staatlicher Intervention in Bereichen und Verhaltensweisen, die keinerlei Auswirkungen auf andere haben, mit sich bringt. Vgl. auch Corcoy Bidasolo, Libro homenaje al Prof. Ángel Torío López, S. 261 ff., 282.

[836] Valle Muñiz, in: Quintero Olivares/Morales Prats, Comentarios a la Parte Especial del Derecho Penal, Art. 143 S. 79 f.; auch nach Gómez Pavón, Tratamientos médicos, S. 16 ff., umfasst die Anerkennung der Menschenwürde und der freien Entwicklung der Persönlichkeit die Freiheit, über den eigenen Körper zu verfügen.

Frage nach der Verfügbarkeit des eigenen Lebens betroffen, da die Ablehnung lebensnotwendiger therapeutischer Maßnahmen als eine Art „Selbstmord durch Unterlassen" qualifiziert werden könnte und Argumente, die sich für die Unverfügbarkeit des Rechtsgutes Leben anführen lassen, etwa die besondere Bedeutung aufgrund der Unwiederbringlichkeit des Verlustes, auch in diesem Bereich Geltung erlangen.[837]

(1) Verfassungsrechtliche Anerkennung des Rechts auf Ablehnung medizinischer Maßnahmen

Die h.L. in Spanien erkennt ein verfassungsrechtliches Recht jedes Patienten, auch lebensnotwendige medizinische Maßnahmen abzulehnen, grundsätzlich an.
Nach einer weit verbreiteten Ansicht leitet sich dieses Recht aus Art. 15 CE ab. Neben dem Recht auf Leben ist dort das Recht auf körperliche Integrität enthalten. Jedes Einwirken auf den Körper eines anderen ohne dessen Einwilligung ist demgemäß, auch wenn es zu Heilzwecken erfolgt, eine Verletzung dessen körperlicher Unversehrtheit. Somit wird auch die körperliche Unversehrtheit ohne Rücksicht auf das Vorliegen einer Minderung der Gesundheit geschützt.[838]
Nach a.A. ist dagegen darauf abzustellen, ob das Leben durch Verfahren oder unter Umständen erhalten wird, die unmenschlich und demütigend sind. Eine solche Lebensverlängerung sei als unvereinbar mit der Menschenwürde gemäß Art. 10 Abs.1 CE und damit auch als Verstoß gegen Art. 15 CE anzusehen, der weiterhin die unmenschliche und demütigende Behandlung untersagt.[839] *Díez Ripollés* betont allerdings, dass die bloße Tatsache, dass das Leben gegen den Willen des Betroffenen erhalten wird, nicht ohne weiteres eine unmenschliche oder demütigende Behandlung darstellen dürfte.[840] Jedenfalls die künstliche Lebensverlänge-

---

[837] Vgl. bei Tomás-Valiente Lanuza, La cooperación al suicidio y la eutanasia, S. 37; die Zurückweisung lebensverlängernder oder –erhaltender Maßnahmen als Selbstmord einzuordnen, wird aber weithin abgelehnt: nur wer bewusst sterben, das Leben abkürzen will, handle mit Selbsttötungsabsicht. Wer nur der Natur seinen Lauf lassen will und bloß eine Behandlung zurückweise, begehe daher keinen Selbstmord, vgl. Bueno Arús, AP 1991-2, 395, 403 sowie Bajo Fernández, CPC 25 (1985), 127, 133 f. Hinsichtlich desjenigen, der eine bestimmte Behandlung aus religiösen Motiven ablehnt, wird etwa zudem angeführt, es bestehe kein Konflikt zwischen einem Recht auf den Tod und dem Recht auf Leben, sondern zwischen dessen Glaubensüberzeugungen und seinem Recht auf Leben, s. Espinosa Labella, AP 1996 - 2, 943, 944. Die Angleichung an das Verhalten eines Suizidenten wird indes etwa von Valle Muñiz, CJ 25 (1994), 12, 18 f. sowie Díez Ripollés, in: Díez Ripollés/Gracia Martín/Laurenzo Copello, Comentarios al CP, Art. 143 Rdnr. 29 ff. m.w.N. unterstützt. Vom „passiven Selbstmord" spricht Silva Sánchez, LL 1987 – I, 955, 961. S. zu der Frage, ob ein rein passives Verhalten als Selbstmord i.S.d. Art. 143 CP eingeordnet werden kann, weiterhin unten 3a,cc.

[838] Tomás-Valiente Lanuza, La cooperación al suicidio y la eutanasia, S. 36 f., González Rus, in: Cobo del Rosal, Compendio de derecho penal, S. 57, Mata de Antonio, AIS 17 (2003), 9, 22, vgl. auch Espín, in: López Guerra/Espín, Derecho constitucional, S. 206.

[839] Díez Ripollés, in: Díez Ripollés/Gracia Martín, Delitos contra bienes jurídicos fundamentales, S. 209, ders., in: Díez Ripollés/Gracia Martín/Laurenzo Copello, Comentarios al CP – PE, Art. 143 Rdnr. 13, Bajo Fernández, CPC 51 (1993), 709, 735 f., Nuñez Paz, in: Diego Díaz-Santos/López Sánchez, Nuevas cuestiones penales, S. 135, 149; vgl. auch Valle Muñiz, in: Quintero Olivares/Morales Prats, Comentarios a la Parte Especial del Derecho Penal, Art. 143 S. 81. Den Verstoß insbesondere gegen die Menschenwürde durch eine künstliche Lebenserhaltung oder –verlängerung durch unverhältnismäßige Mittel unterstreicht Hernando García, in: Escritos Jurídicos en Memoria de Luis Mateo Rodríguez, S. 251, 276 f.

[840] Díez Ripollés, in: Díez Ripollés/Gracia Martín, Delitos contra bienes jurídicos fundamentales, S. 209 sowie ders., in: Díez Ripollés/Gracia Martín/Laurenzo Copello, Comentarios al CP – PE, Art. 143 Rdnr. 13; damit wird wohl letztendlich dem Gesetzgeber die Entscheidungskompetenz in der Frage zugewiesen, ob der Einzelne ein Recht hat, jegliche therapeutische Maßnahme abzulehnen. Diese Frage ist im spanischen Recht auch eindeutig geregelt, s. dazu unten (2).

rung eines Patienten, der sich im Endstadium seiner Krankheit befindet oder der unerträgliche Schmerzen erleidet, sowie ausdrücklich sein Sterbenlassen verlangt, stellt danach aber eine unmenschliche und demütigende Behandlung gemäß Art. 15 CE dar.[841]
Weiterhin wird zum Teil auch die Selbstbestimmung des Einzelnen als Grundlage des Rechts des Patienten, eine Behandlung abzulehnen, angesehen.[842]
Besondere Relevanz hat die Frage nach dem Recht, eine Zwangsbehandlung abzulehnen, in zwei Konstellationen gewonnen: im Fall des Zeugen Jehovas, der eine lebensnotwendige Bluttransfusion aus Glaubensgründen ablehnt, und im Fall der Zwangsernährung von Gefangenen im Hungerstreik in Strafvollzugsanstalten. Die Behandlung dieser Fälle ist insofern abweichend, als wegen der Gründe, auf denen die Ablehnung der jeweiligen medizinischen Maßnahme beruht, auch die Berufung auf weitere, spezielle Grundrechte in Betracht kommt.

(a) Die Ablehnung einer lebensnotwendigen Bluttransfusion aus Glaubensgründen

Die Behandlung von Fällen, in denen ein Zeuge Jehovas eine notwendige Bluttransfusion aufgrund seines Glaubens ablehnt und sich dabei auch insbesondere auf die Glaubens- und Gewissensfreiheit gemäß Art. 16 CE beruft, ist in der Rechtslehre immer noch umstritten.
Bedeutsam sind dabei zwei Aspekte: die mögliche Strafbarkeit eines Richters, der eine Bluttransfusion zwangsweise anordnet, und des diese vornehmenden Arztes, sowie die mögliche Strafbarkeit derselben Personen, wenn sie die lebensrettende Bluttransfusion nicht anordnen bzw. nicht vornehmen und der Patient infolgedessen verstirbt.
Nach einer Ansicht handelt es sich bei einer gegen den Willen des erwachsenen Patienten vorgenommenen Bluttransfusion um eine unmenschliche und demütigende Behandlung[843], die grundsätzlich nicht gerechtfertigt werden kann. Eine Notstandsrechtfertigung müsse ausscheiden, da sie mit elementaren und für das soziale Zusammenleben unersetzlichen Werten (Respekt vor dem Willen des anderen, keine Ausnahmebefugnisse zum Eingreifen in fremde Interessen, keine unmenschlichen und demütigenden Behandlungen) nicht vereinbar sei. Eine Zwangsbehandlung widerspricht demnach der Würde des Einzelnen als Anknüpfungspunkt aller Grundrechte. Auch mache sich derjenige, der eine Bluttransfusion nicht anordnet oder nicht vornimmt, keineswegs wegen dieser Unterlassung strafbar. Die Annahme einer Beihilfe zum Selbstmord durch Unterlassen scheitere daran, dass derjenige, der die Bluttransfusion ablehne, kein Suizident sei, da er gerade nicht sterben wolle.[844] Auch gebe es keine Garantenpflicht des Arztes gegen den ausdrücklichen Willen des Patienten. Eine Strafbarkeit wegen unterlassener Hilfeleistung scheide aus, weil angesichts der Tatsache, dass die Vornahme der Bluttransfusion ein, wenn auch geringes, Gesundheitsrisiko berge, der entgegenstehende Wille des Patienten auch jegliche Rettungspflicht erlöschen lasse.[845] Nach a.A. kann angesichts der Tatsache, dass der Betroffene seinen eigenen Tod zumindest mit Eventualvorsatz akzeptiert, zwar durchaus von „Selbstmord“ die Rede sein. Doch müsse die Ablehnung der Bluttransfusion als mit den Grundwerten der Rechtsgemeinschaft vereinbar respektiert werden. Die Pflicht des Staates, für Gesundheit und Leben des Einzelnen zu sorgen, müsse angesichts dessen entgegenstehenden Willens und unter Berücksichtigung insbesondere seines

[841] S. Bajo Fernández, CPC 51 (1993), 709, 735.
[842] Romeo Casabona, El Derecho y la Bioética, S. 132 f., 458
[843] Nach Bacigalupo, PJ no. especial XII (1990), 147, 161 verwirklicht die zwangsweise Bluttransfusion denn auch den Tatbestand der Körperverletzung.
[844] Dagegen aber etwa Romeo Casabona, RDPC 2 (1998), 327, 348 f., der jedoch ebenfalls davon ausgeht, dass keine Garantenpflicht gegen den Willen des Patienten bestehe, dazu sogleich.
[845] Bajo Fernández, CPC 51 (1993), 709, 719 ff., vgl. auch Bacigalupo, PJ no. especial XII (1990), 147, 161.

Rechts auf Religions- und Gewissensfreiheit zurücktreten. Die Garantenstellung des Arztes erlösche, wenn der entscheidungsfähige Erwachsene die lebensnotwendige Bluttransfusion sehenden Auges zurückweise.[846]

Nach a.A. kommt eine solche Beschränkung der Garantenpflicht aber nur in Betracht, wenn der Patient sich jeglicher Behandlung verweigert, nicht aber im Fall des Zeugen Jehovas, der nur die Bluttransfusion selbst ablehnt, im übrigen aber Behandlung und die Rettung seines Lebens wünscht.[847] Des weiteren sei ein Einschreiten auch gegen den Willen des Patienten aufgrund eines Notstands gerechtfertigt, da das Leben gegenüber der Gewissens- oder Religionsfreiheit das höhere Gut sei.[848]

Überwiegend dürfte aber demnach jedenfalls die Ansicht herrschen, dass die Ablehnung einer lebensnotwendigen Bluttransfusion durch einen erwachsenen Zeugen Jehovas zulässig und auch verfassungsrechtlich geschützt ist, wenn auch die Strafbarkeit des Richters, der die Bluttransfusion dennoch anordnet, oder des Arztes, der diese gegen den Willen des Patienten durchführt, umstritten ist.[849]

Weitere Rechtsfragen wirft die Ablehnung einer Behandlung durch einen Minderjährigen auf. Wird die Einwilligung von den Eltern als gesetzlichen Vertretern für den minderjährigen Patienten versagt, ist nach der Rechtslehre so vorzugehen, als ob überhaupt keine Einwilligung eingeholt werden könnte. Nach einer Auffassung ist dann auf die Regeln der mutmaßlichen Einwilligung abzustellen.[850] Nach h.L. ist jedoch die Einwilligung der Eltern durch den zuständigen Richter zu ersetzen, um das Leben des Minderjährigen zu retten. Dem Leben des Kindes kommt insoweit auch Vorrang vor der Religions- und Gewissensfreiheit zu.[851]

(b) Die Zwangsernährung von Strafgefangenen im Hungerstreik

Strittig ist auch seit längerem die Zulässigkeit der Zwangsernährung von Gefangenen in Strafvollzugsanstalten, die in den Hungerstreik treten, um damit bestimmte politische Ziele durchzusetzen.[852]

---

[846] Nuñez Paz, Homicidio consentido, S. 108 ff. Fundamental auf die Religionsfreiheit stellt etwa Queralt Jiménez, Derecho penal español – PE, S. 22 f., ab.

[847] Gómez Rivero, La responsabilidad penal del médico, S. 470 ff.

[848] Serrano Gómez, Derecho Penal – PE, S. 60; Nuñez Paz, Homicidio consentido, S. 121, führt aus, dass das Einschreiten des Arztes oder ggf. des Richters nach Art. 20 Abs. 7 CP gerechtfertigt wäre.

[849] Vgl. die Darstellung bei Nuñez Paz, Homicidio consentido, S. 106 ff. m.w.N.

[850] Bacigalupo, PJ no. especial XII (1990), 147, 162

[851] Vgl. etwa Tomás-Valiente Lanuza, La disponibilidad de la propia vida, S. 363, Cerezo Mir, ADPCP 1987, 273, 294. Nach Serrano Gómez, Derecho Penal – PE, S. 60, ist die Meinung des Minderjährigen zwar zu hören, eine Verweigerung der Einwilligung in die Bluttransfusion wie auch die der Eltern angesichts des überragenden Rechtsguts Leben aber irrelevant. Unklar bleibt bei dieser Ansicht, ob eine Vornahme der Bluttransfusion demnach durch den Arzt ohne weiteres zulässig wäre oder nicht doch ebenfalls ein Einschreiten des Richters für notwendig erachtet wird. Fraglich ist schließlich auch die strafrechtliche Beurteilung des Verhaltens der Eltern, insbesondere, ob das Unterlassen der Eltern als (versuchter) Totschlag durch Unterlassen durch eine Berufung auf die Gewissens- bzw. Religionsfreiheit straffrei bleiben kann. Die wohl überwiegende Ansicht in der spanischen Rechtslehre geht davon aus, dass Straffreiheit auf der Grundlage einer Gewissenstat nur in Betracht kommt, wenn die Eltern ihr Kind zumindest zu einem Arzt bringen und damit ermöglichen, dass die notwendige Behandlung notfalls mit Hilfe richterlichen Einschreitens durchgeführt wird, vgl. die Darstellung bei Tomás-Valiente Lanuza, La disponibilidad de la propia vida, S. 363 ff. m.w.N.

[852] Zwar wurde durch die Strafvollzugsordnung im Jahr 1996 eine Regelung eingeführt, der zufolge der Arzt zur Zwangsbehandlung berechtigt ist, wenn ansonsten das Leben des Gefangenen in Gefahr ist. Problematisch ist dabei indes schon, dass diese Regelung nur durch Real Decreto (also eine Norm der Exekutive) eingeführt wurde. Erforderlich wäre aber angesichts der bestehenden Grundrechtsrelevanz eine Regelung des Gesetzgebers

Nach einer Ansicht handelt es bei der Zwangsernährung eines solchen Hungerstreikenden um ein rechtswidriges Verhalten, das wiederum eine unmenschliche und demütigende Behandlung i.S.d. Art. 15 CE darstellt. Ausgehend von der Menschenwürde seien, abgesehen von dem genannten Recht aus Art. 15 CE, sowohl das Recht des Einzelnen auf Meinungsfreiheit gemäß Art. 20 CE als auch auf Gewissensfreiheit gemäß Art. 16 CE in die Abwägung mit der Verpflichtung der Strafvollzugsanstalt, über das Leben, die Unversehrtheit und die Gesundheit der Inhaftierten zu wachen, einzubeziehen. Diese Verpflichtung könne aber zudem nur als Garantie verstanden werden und nicht etwa auch als Pflicht des Inhaftierten, diesen Beistand gegen seinen Willen zu ertragen. Auch wenn die Zwangsernährung nicht darauf gerichtet sei, Leiden zu verursachen oder die Integrität des Einzelnen zu verletzen, würde dies dennoch hervorgerufen, weshalb die Zwangsernährung auch nicht konform der lex artis erfolge. Des weiteren könne diese auch nicht damit gerechtfertigt werden, dass dem Unterlassenden ansonsten eine Strafbarkeit wegen Beihilfe zum Selbstmord, Totschlag durch Unterlassen oder unterlassener Hilfeleistung drohe. Denn beim Hungerstreikenden handle es sich wiederum nicht um einen Selbstmörder, da er seinen Tod nicht wünsche; zudem könne gegen seinen Willen keine Handlungspflicht bestehen. Jedenfalls bis zum Zeitpunkt, in dem der Hungerstreikende das Bewusstsein und damit die Kontrolle über den weiteren Verlauf der Dinge verliert, handle es sich auch um keine schutzlose Person als Voraussetzung der Anwendung des Straftatbestands der unterlassenen Hilfeleistung.[853]

Doch auch hier wird wiederum eingewandt, dass eine Beschränkung der Garantenpflicht nur dort in Betracht komme, wo der Patient jegliche Behandlung verweigern könne. Im Bereich des Strafvollzugs könne sich der Gefangene aufgrund des besonderen Gewaltverhältnisses, dem er unterworfen sei, aber gerade nicht jeglicher medizinischer Behandlung entziehen.[854] Auch wird dem Arzt, der eine Zwangsernährung durchführt, eine Rechtfertigung aufgrund eines Notstands zugebilligt, da es sich beim Leben um einen höheren Wert als die Freiheit handele.[855] Zwar begehe der Arzt, der eine Zwangsernährung unterlasse, keine Beihilfe zum Suizid durch Unterlassen, da aufgrund der Ablehnung der Hilfe durch den Gefangenen die Garantenstellung entfalle. Jedoch mache sich der Arzt dann einer unterlassenen Hilfeleistung schuldig.[856]

(2) Exkurs: Einfachgesetzliche und standesrechtliche Regelung der Ablehnung einer lebensnotwendigen medizinischen Maßnahme

Die Zulässigkeit einer Ablehnung medizinischer Maßnahmen ist im Übrigen vom einfachen Gesetzgeber sowie standesrechtlich anerkannt worden.

So war das Recht eines Patienten, medizinische Maßnahmen abzulehnen, bislang einfachgesetzlich in Art. 10 Abs. 6 lit. c), Abs. 9 Ley General de Sanidad (LGS), dem allgemeinen Gesetz betreffend das Gesundheitswesen, enthalten. Nach Art. 10 Abs. 9 LGS konnte sich der

---

selbst. Die Regelung ist daher nicht geeignet, die bestehende juristische Debatte zu lösen. Zur weiteren, auch materiellrechtlichen Kritik s. Tomás-Valiente Lanuza, La disponibilidad de la propia vida, S. 498.

[853] Bajo Fernández, CPC 51 (1993), 709, 726 ff., ähnlich Nuñez Paz, Homicidio consentido, S. 124 ff. (der allerdings annimmt, auch wer seinen Tod nur mit Eventualvorsatz akzeptiere, könne Suizident sein, was aber das grundsätzliche Recht, eine Zwangsernährung abzulehnen, unberührt lassen soll).

[854] Gómez Rivero, La responsabilidad penal del médico, S. 471 f.; gegen die Einschränkung von Grundrechten auf der Basis des besonderen Gewaltverhältnisses aber etwa explizit Nuñez Paz, Homicidio consentido, S. 295.

[855] Serrano Gómez, Derecho Penal – PE, S. 57

[856] Serrano Gómez, Derecho Penal – PE, S. 58

Patient jeglicher Behandlung verweigern und ggf. seinen Entlassungsschein verlangen[857]; für die Durchführung jeden Eingriffs war gemäß Art. 10 Abs. 6 LGS grundsätzlich die vorherige schriftliche Zustimmung des Patienten erforderlich. Ausnahmen hiervon ergaben sich, wenn die Dringlichkeit des Eingriffs keine Verzögerung zuließ, da sonst irreversible Verletzungen entstehen oder Todesgefahr bestehen würden. Dies war allerdings dahin zu verstehen, dass nur in solchen Fällen auf die Einwilligung des Patienten verzichtet werden konnte, in denen auch vor dem Eintreten der Notsituation keine Einholung der Einwilligung möglich war.[858] Des weiteren war ein rechtmäßiger Eingriff wohl auch dann nicht möglich, wenn Anhaltspunkte für einen dem Eingriff entgegenstehenden Willen des Patienten bestanden.[859]
Die Regelung des Art. 10 Abs. 6 und 9 LGS wurde inzwischen durch Art. 2 Abs. 4 und Art. 9 Abs. 2, 3 sowie Art. 21 ley 41/2002, de 14 de noviembre, básica reguladora de la Autonomía del Paciente y de Derechos y Obligaciones en materia de Información y Documentación clínica (Rahmengesetz über die Patientenautonomie) abgelöst. Gemäß Art. 2 Abs. 4 dieses Gesetzes hat jeder Patient grundsätzlich das Recht, eine Behandlung abzulehnen. Nach Art. 9 Abs. 2 lit. b) ist für jeden Eingriff die Zustimmung des Patienten erforderlich, wenn nicht ein schweres und unmittelbares Gesundheitsrisiko für den Patienten besteht und seine vorherige Zustimmung nicht eingeholt werden kann, wobei auch ggf. seine Angehörigen oder der (nichteheliche) Partner zu Rate gezogen werden sollen. Nur bei entscheidungsunfähigen Patienten und Patienten unter Betreuung kann gemäß Art. 9 Abs. 3 ley 41/2002, de 14 de noviembre, die Einwilligung durch einen Vertreter oder subsidiär einen Angehörigen erteilt werden. Die zwangsweise Entlassung ist, wenn sich der Patient einer bestimmten Behandlung verweigert, nur möglich, wenn keinerlei andere Behandlungsmöglichkeiten, selbst solche mit nur palliativem Charakter, zur Verfügung stehen (Art. 21 Abs. 1 ley 41/2002, de 14 de noviembre). Mit diesen Regelungen sollte, wie sich aus den den Bestimmungen im Einzelnen vorangestellten Gesetzesmotiven ergibt, die Patientenautonomie auch ausdrücklich gestärkt werden. Das Recht eines Patienten, auch lebensnotwendige medizinische Maßnahmen abzulehnen, dürfte damit jetzt auch ohne weiteres einfachgesetzlich festgeschrieben worden sein.
Auch die standesrechtlichen Regelungen der Ärzteschaft erkennen das Recht des Einzelnen, selbst lebensnotwendige medizinische Maßnahmen abzulehnen, inzwischen explizit an.[860]

---

[857] Kritisch zu der möglichen Folge, dass bei Ablehnung einer bestimmten Behandlung der Patient in Einschränkung seiner Selbstbestimmung zu einer Entlassung gezwungen wird, etwa Betancor, Eguzkilore 9 (1995), 97, 108 f., Nuñez Paz, Homicidio consentido, S. 449.

[858] Gómez Pavón, Tratamientos médicos, S. 210, vgl. auch Bueno Arús, AP 1991 - 2, 395, 404 sowie Nuñez Paz, Homicidio consentido, S. 65 ff.; nach einer Mindermeinung folgte aus dieser Vorschrift hingegen, dass bei Vorliegen einer Lebensgefahr die Einwilligung des Patienten schlechthin entbehrlich und damit auch eine Behandlung gegen den Willen des Patienten möglich sei. Um Widersprüche zu vermeiden, müsse auch die Ablehnung der Behandlung durch Familienangehörige, deren Einwilligung im Falle Entscheidungsunfähiger ansonsten das Gesetz in Art. 10 Abs. 6 lit. b) fordert, ausgeschlossen sein, s. Cabello Mohedano/García Gil/Viqueira Turnez, Entre los límites personales y penales de la eutanasia, S. 118 f. Diese Interpretation ist aber abzulehnen, da sie das Erfordernis der Dringlichkeit für den Verzicht auf die Einwilligung nicht hinreichend beachtet und damit überhaupt erst in die Verlegenheit einer zusätzlichen Auslegung des Rechts der Angehörigen, Behandlungen zu untersagen, kommt.

[859] Gómez Pavón, Tratamientos médicos, S. 211 f.

[860] Vgl. Art. 9 Abs. 4, Art. 27 Abs. 2 (speziell zur Problematik der Sterbehilfe) Código de Ética y Deontología Médica de 1999. Weit weniger klar war noch die Regelung in Art. 10, 31 Código de Ética y Deontología Médica de 1990, der zufolge der Arzt zwar im Falle der Ablehnung einer Behandlung die Freiheit des Patienten zu achten hatte, ihn jedoch zu überzeugen suchen sollte, dieses Verhalten aufzugeben, und „in Grenzsituationen" mit vorheriger gerichtlicher Ermächtigung die notwendige Behandlung durchzuführen hatte.

b) Die Beteiligung Dritter an einer Verfügung über das eigene Leben im Streit der Rechtslehre

Weitgehend unabhängig von der Frage nach der verfassungsrechtlichen Zulässigkeit des Suizids wird in der spanischen Rechtslehre die Diskussion darüber geführt, ob die Beteiligung Dritter an einer Verfügung des Einzelnen über sein Leben zulässig ist und damit die Frage nach der Verfassungsmäßigkeit des Art. 143 CP, der diese Beteiligung unter Strafe stellt. Anders ist dies nur bei dem Teil der Rechtslehre, der das Leben als unverfügbares Rechtsgut versteht und daher schon den Selbstmord selbst für rechtswidrig hält. Die Beteiligung Dritter an einem solchen Selbstmord ist nach dieser Ansicht selbstverständlich ebenfalls unzulässig, der Art. 143 CP daher verfassungskonform.

Jene Teile der Literatur, die davon ausgehen, dass die Verfassung die Zulässigkeit des Suizids offen lässt, oder aber ein verfassungsrechtliches Recht des Einzelnen auf Verfügung über sein Leben annehmen, halten aber regelmäßig die Frage nach der (verfassungsrechtlichen) Zulässigkeit einer Beteiligung Dritter an diesem Selbsttötungsakt nicht für präjudiziert.[861] Dabei lassen sich wiederum mehrere Strömungen in der Rechtslehre unterscheiden:

aa) Verfassungswidrigkeit jeglichen Verbots der Beteiligung Dritter am Suizid

Einer Mindermeinung, die dem Einzelnen ein verfassungsrechtliches Recht auf Suizid zugesteht, zufolge ist auch die Beteiligung Dritter an einer solchen Selbsttötung verfassungsrechtlich geschützt.

Nach *Carbonell Mateu* ist es nur Aufgabe des Strafrechts, das verfassungsmäßig anerkannte Leben, d.h. das frei gewollte Leben, zu schützen. Denn ein demokratischer Staat könne nur diejenigen Verhaltensweisen verbieten, die gegen die freie Entwicklung der Persönlichkeit eines anderen gerichtet sind. Weiterhin sei es ausgeschlossen, dass die Verfassung dem einzelnen Bürger Pflichten auferlegt, die von den Werten seiner Freiheit und Menschenwürde losgelöst sind. Angesichts der Grundwerte der individuellen Freiheit und der Menschenwürde müsse die Existenz einer verfassungsrechtlichen Pflicht, das Leben gegen den Willen seines Inhabers zu schützen, abgelehnt werden. Art. 143 CP sei daher als verfassungswidrig anzusehen.[862]

Nach *Valle Muñiz* bestehen aufgrund des verfassungsmäßigen Rechts, über sein eigenes Leben selbst zu verfügen, „ernsthafte Zweifel" bezüglich einer verfassungsrechtlichen Pflicht, das Leben gegen den Willen seines Inhabers zu schützen. Daher gebe es keine Verpflichtung, die Beteiligung an der Selbsttötung einer Strafe zu unterwerfen. Die strafrechtliche Relevanz der Beteiligung am Selbstmord eines anderen finde keine Entsprechung in der verfassungsrechtlichen Konzeption des Rechts auf Selbstbestimmung, vielmehr könne diese Regelung nur in der Moral oder Religion ihre Rechtfertigung finden.[863] Eine solche Rechtfertigung der strafrechtlichen Regelung widerspricht aber der pluralistischen Verfassungsordnung.

---

[861] Vgl. etwa García Arán, in: Díez Ripollés, Delitos contra la vida e integridad física, S. 22, 34 ff., González Rus, in: Cobo del Rosal, Curso de derecho penal español – PE, S. 79, Nuñez Paz, Homicidio consentido, S. 454 ff. Kritisch zu der Auffassung, trotz Annahme eines verfassungsrechtlichen Rechtes auf Suizid sei es möglich, die Beteiligung Dritter an der Selbsttötung voll zu bestrafen, Tomás-Valiente Lanuza, La disponibilidad de la propia vida, S. 386 ff.

[862] Carbonell Mateu, in: Vives Antón et al., Comentarios al CP de 1995, Art. 143 S. 749 ff. und zur Verfassungswidrigkeit der früheren (noch strengeren) Regelung des Art. 409 CP Carbonell Mateu, CPC 45 (1991), 661, 664 ff., ders., CJ 10 (1993), 26, 28 ff.

[863] Valle Muñiz, in: Quintero Olivares/Morales Prats, Comentarios a la Parte Especial del Derecho Penal, Art. 143 S. 80

Nach dieser Auffassung dürfte also die Regelung des Art. 143 CP als verfassungswidrig einzustufen sein und ist daher die Straflosigkeit jeglicher Beteiligung am Suizid de lege ferenda zu fordern.[864]

bb) Teilweise Verfassungswidrigkeit der Strafbarkeit der Beteiligung Dritter an der Selbsttötung gemäß Art. 143 CP

Weiterhin wird vertreten, dass das strafrechtliche Verbot der Beteiligung am Selbstmord angesichts der verfassungsrechtlichen Wertungen zwar nicht völlig, aber doch teilweise verfassungswidrig ist.
So habe der Staat angesichts der ungemeinen Bedeutung des Rechtsguts Leben und einer Verfügung hierüber sowie seiner Verpflichtung zum Lebensschutz wohl nicht nur das Recht, sondern gar die Pflicht, eine Regelung der Anforderungen an die Einwilligung sowie gewisse Beschränkungen der Wirksamkeit derselben vorzunehmen. Dies gehe bis hin zur Untersagung bestimmter Formen des Einschreitens Dritter in diesen freien Selbsttötungsakt. Daher sei die Bestrafung solcher Verhaltensweisen möglich, bei denen das *fremde* Leben nicht respektiert wird. Das strafrechtliche Verbot der Beteiligung am Selbstmord sei somit verfassungskonform nur insoweit, als Anstiftung und diejenige Beihilfe, die im definitiven Bestärken des Suizidwunsches besteht, Beteiligungsformen also, mit denen auf den Willensbildungsprozess des Suizidenten Einfluss genommen wird, sowie die vollziehende Beihilfe bestraft werden.[865]

Nach anderer Ansicht setzt das Recht auf Selbstmord voraus, dass dieses vom Suizidenten höchstpersönlich und somit alleine ausgeübt wird, denn nur dann könne sicher festgestellt werden, dass die Entscheidung zu sterben wirklich frei getroffen wurde. Art. 143 CP ist daher nur insoweit als verfassungswidrig anzusehen, als er auch Fälle erfasst, in denen sich der Betroffene nicht selbst töten kann und auf fremde Hilfe angewiesen ist, im übrigen wird die Bestrafung der Beteiligung Außenstehender aber als verfassungskonform betrachtet.[866]

Schließlich wird vertreten, dass die Verfügbarkeit des Rechtsgutes Leben für seinen Inhaber und die daraus folgende Rechtmäßigkeit des Suizids keineswegs die Festlegung hindere, dass in den Entscheidungsprozess des Suizidenten und die anschließende Durchführung des Selbstmordes kein Außenstehender intervenieren dürfe. Der Suizident treffe seine Entscheidung regelmäßig in einem psychologischen Ausnahmezustand und sei daher auch besonders verletzlich, was äußere Einflüsse angehe. Um möglichen Missbrauch zu verhin-

---

[864] Vgl. auch Sánchez Tomás, in: Rodríguez Ramos/Cobos Gómez de Linares/Sánchez Tomás, Derecho Penal – PE, S. 45 ff., dem zufolge die strafrechtliche Regelung von einem irrigen Sachverhalt ausgeht, dass nämlich jeder Selbstmörder im Grunde krank ist. Ist der Suizident jedoch tatsächlich nicht in der Lage, frei zu entscheiden, ist eine Bestrafung wegen Totschlags möglich, weshalb die Regelung des Art. 143 CP zudem völlig überflüssig sei.

[865] del Rosal Blasco, ADPCP 40 (1987), 73, 87 ff. (noch zur früheren Regelung des Art. 409 CP; die Ausführungen sind aber auf die neue Regelung des Art. 143 CP ohne weiteres übertragbar. Zur Neuregelung des Art. 143 CP führt del Rosal Blasco, in: Libro homenaje al Prof. Torío López, S. 675, 695 f., ergänzend aus, die Beschränkung der Wirksamkeit der Einwilligung des Rechtsinhabers beruhe darauf, dass diese Tatbestände nicht nur das Interesse des Einzelnen an der Erhaltung seines Lebens, sondern vielmehr das allgemeine Interesse am Respekt vor fremden Leben schütze; es handle sich insofern um abstrakte Gefährdungstatbestände, die insoweit gerechtfertigt sind, als sie die Fähigkeit des Einzelnen zur Selbstbestimmung schützen.) De lege ferenda hat sich dieser Autor indes für eine völlige Straflosigkeit aller Teilnahmeformen am Suizid ausgesprochen. Denn wenn die Letztentscheidung beim Inhaber des Rechtsgutes Leben verbleibe und er persönlich die Verfügung über sein Leben vollzieht, werde bestraft, wer lediglich an einem freien Akt teilnimmt. Eine solche Bestrafung sei aber nur schwierig zu legitimieren, s. del Rosal Blasco, ADPCP 40 (1987), 73, 90.

[866] Díaz Aranda, Dogmática del suicidio y homicidio consentido, S. 92, 116 f., 140 ff., 230 ff.

dern, sei die Strafbarkeit der Beteiligung Dritter daher aufrecht zu erhalten. Eine Ausnahme sei jedoch insoweit im Bereich der Sterbehilfe zu machen, weshalb die Regelung des Art. 143 Abs. 4 CP, die lediglich eine Strafmilderung vorsieht, verfassungswidrig sein dürfte.[867]

cc) Verfassungsrechtliche Zulässigkeit einer Strafbarkeit der Beteiligung Dritter

Die wohl h.M. erachtet die Regelung der Strafbarkeit der Beteiligung Dritter an fremder Selbsttötung in Art. 143 CP indes für verfassungskonform, gleichgültig, ob sie den Selbstmord als freien Akt ansieht oder ein verfassungsrechtliches Recht des Einzelnen auf eine Verfügung über sein eigenes Leben annimmt.

Dabei wird regelmäßig betont, dass es angesichts der besonderen Bedeutung des Rechtsgutes Leben und der unumkehrbaren Konsequenzen des Vollzugs des Sterbewillens dem ordentlichen Gesetzgeber überlassen bleiben müsse, die Verfügbarkeit des Lebens hinsichtlich der Mitwirkung Dritter zu beschränken.[868] Auch eine Interpretation des Rechts auf Leben unter Berücksichtigung der Freiheit (insbesondere Art. 1 Abs. 1 CE) sowie der Würde des Menschen und der freien Entwicklung der Persönlichkeit gemäß Art. 10 Abs. 1 CE führe zu keinem anderen Ergebnis.[869] Wegen der vermuteten Missbrauchs- und Dammbruchgefahr[870] handle es sich auch um keine unbegründete, willkürliche oder unverhältnismäßige Einschränkung der Freiheit des Einzelnen. Dabei sei das große öffentliche Interesse an der Verhinderung eines Missbrauchs hinsichtlich besonders schutzloser Personen und die grundsätzliche Möglichkeit, sich selbst umzubringen, zu berücksichtigen. Zwar könne man es für kriminalpolitisch wünschenswert halten, bestimmte Verhaltensweisen zu entkriminalisieren, um damit möglicherweise den verfassungsrechtlichen Rechten und Wertungen besser zu entsprechen, doch sei eine solche Entkriminalisierung eben nicht verfassungsrechtlich zwingend geboten.[871]

Doch wird demgegenüber auch vertreten, dass die Entscheidung des Gesetzgebers, die Beteiligung Dritter am Selbstmord strafrechtlich zu sanktionieren, kriminalpolitisch richtig sei. So sei der Suizident in der Regel nicht völlig frei in seiner Entscheidung, sondern leide vielmehr unter dem sog. präsuizidalen Syndrom. Aufgrund seiner psychologisch instabilen Situation sei er besonders anfällig für fremde Einflüsse und daher auch besonders schützenswert.[872]

---

[867] González Rus, in: Cobo del Rosal, Compendio de derecho penal, S. 56

[868] Tomás-Valiente Lanuza, La cooperación al suicidio y la eutanasia, S. 39 f., Díez Ripollés, in: Díez Ripollés/Gracia Martín, Delitos contra bienes jurídicos fundamentales, S. 209 ff., ders., in: Díez Ripollés/Gracia Martín/Laurenzo Copello, Comentarios al CP – PE, Art. 143 Rdnr. 14 ff., vgl. auch Borja Jiménez, Curso de Política Criminal, S. 129 ff. sowie des weiteren Gómez Pavón, Tratamientos médicos, S. 36 f.

[869] Anders sei dies indes insoweit, als sich daraus ein Verbot der Einmischung Dritter in die freie Verfügung des Einzelnen über sein Leben entnehmen lasse und somit ein Recht auf Ablehnung lebensverlängernder oder –erhaltender Maßnahmen sowie grundsätzlich darauf, dass sich Dritte jeglicher Verhinderung des freien Selbstmordes enthalten, vgl. Nuñez Paz, Homicidio consentido, S. 310 ff., 418 ff.

[870] ausführlich zu dieser Problematik der "schiefen Ebene" (im Spanischen unter dem Begriff der „pendiente resbaladiza", wörtlich „rutschiger Abhang", diskutiert) Tomás-Valiente Lanuza, La disponibilidad de la propia vida, S. 134 ff.

[871] Tomás-Valiente Lanuza, La cooperación al suicidio y la eutanasia, S. 40, dies., La disponibilidad de la propia vida, S. 384

[872] Vgl. Olmedo Cardenete, in: Roxin/Mantovani/Olmedo Cardenete/Barquín Sanz, Eutanasia y suicidio, S. 109 ff., sowie ders., in: Cobo del Rosal, Comentarios al CP, Art. 143 S. 181 ff.

c) Die Auffassung der Rechtsprechung

Die Rechtsprechung hat sich bislang kaum mit der Frage der verfassungsrechtlichen Zulässigkeit des Selbstmordes, einer Beteiligung daran oder der Sterbehilfe im Speziellen auseinander gesetzt. Jedoch hat sie in einigen Urteilen zu verwandten Fragen Stellung genommen und dabei auch Leitlinien für die hier in Frage stehende Thematik vorgegeben. Dabei handelt es sich insbesondere um Urteile zur Frage der verfassungsrechtlichen Zulässigkeit einer Zwangsernährung bei Hungerstreiks in Strafvollzugsanstalten und die Zurückweisung von Bluttransfusionen durch Zeugen Jehovas.

aa) Verfassungsrechtliche Zulässigkeit des Selbstmordes

In Bezug auf die Frage der verfassungsrechtlichen Zulässigkeit des Selbstmordes, also der Verfügung des Einzelnen über sein eigenes Leben, kann zunächst darauf verwiesen werden, dass auch nach der verfassungsgerichtlichen Rechtsprechung der Lebensschutz jedenfalls nicht absolut ist. In seinem Urteil zur verfassungsrechtlichen Zulässigkeit einer Indikationslösung bei der Abtreibung hat der Tribunal Constitucional (TC), das spanische Verfassungsgericht, zwar zunächst das menschliche Leben als Höchstwert bezeichnet und die Bedeutung des Grundrechts auf Leben als notwendige Voraussetzung und Basis jeglicher Grundrechtsausübung betont. Dennoch hat er es für möglich erachtet, dass das Leben des Ungeborenen mit anderen verfassungsrechtlich geschützten Werten wie Leben und Würde der Mutter in Konflikt gerät und insofern der Abwägung zugänglich wird.[873]
Nach Auffassung des TC kann der Selbstmord jedoch jedenfalls auch nicht als Ausübung des Rechtes auf Leben gemäß Art. 15 CE in seiner negativen Seite angesehen werden. Das Recht auf Leben beinhalte einen positiven Schutz, weshalb es nicht möglich sei, dieses Grundrecht als Freiheitsrecht zu betrachten, das ein Recht auf den eigenen Tod einschließe. Danach wäre es nicht möglich anzunehmen, dass die Verfassung in Art. 15 CE ein Recht auf den eigenen Tod garantiert. Allerdings könne der Einzelne faktisch über seinen eigenen Tod verfügen, was aber nur ein „agere licere“ darstelle insoweit, als das Herbeiführen des eigenen Todes ein Akt sei, den das Gesetz nicht verbiete. Ein subjektives oder gar Grundrecht auf die Ermöglichung des eigenen Todes bestehe demgemäß nicht.[874] Die Rechtsprechung des TC kann hier am ehesten dahin verstanden werden, dass die Verfassung die Beurteilung der Zulässigkeit des Selbstmordes offen lässt und weder eine Pflicht zu leben, noch ein genuines Recht zu sterben vorgibt.
Demgegenüber hat der Tribunal Supremo, der oberste Gerichtshof, den Selbstmord als rechtswidrigen Akt eingeordnet und den unverfügbaren Charakter des Rechtsgutes Leben auch für den Inhaber selbst betont.[875]

---

[873] STC 53/1985, de 11 de abril de 1985, F.J. 3, 9. Allerdings ist dabei die Besonderheit zu berücksichtigen, dass sich die Aussagen des TC auf das noch ungeborene Leben beziehen. So hat der TC auch abgelehnt, den Nasciturus als Inhaber des Rechtes auf Leben anzusehen, im Folgenden aber erklärt, das Leben des Nasciturus sei ein von Art. 15 CE geschütztes Rechtsgut (F.J. 5 – 7). Das Urteil lässt damit jedenfalls die Tendenz erkennen, das Leben als ein der Abwägung nicht von vornherein entzogenes Rechtsgut anzusehen.

[874] STC 120/1990, de 27 de junio, F.J. 7, bestätigt durch STC 137/1990, de 19 de julio, F.J. 5. (je zur verfassungsrechtlichen Zulässigkeit der Zwangsernährung bei Hungerstreiks)

[875] ATS de 14 de marzo de 1979 (Selbstmord als rechtswidriger Akt)

bb) Verfassungsrechtliche Beurteilung der Beteiligung Dritter am Suizid

Zur Frage, wie die Beteiligung am Selbstmord verfassungsrechtlich zu beurteilen ist, hat die verfassungsgerichtliche Rechtsprechung bislang nicht Stellung genommen, auch nicht, was die Sterbehilfe im Speziellen angeht.[876] Auch die Rechtsprechung im Übrigen hat sich bislang dem Grunde nach nicht mit der verfassungsrechtlichen Zulässigkeit der Regelung der Sterbehilfe auseinander gesetzt.[877]
Ausführlicher hat die Rechtsprechung hingegen zur Frage Stellung genommen, inwieweit der Einzelne berechtigt ist, auch lebensnotwendige medizinische Maßnahmen abzulehnen.

(1) Rechtsprechung des Tribunal Supremo

Prinzipiell eher restriktiv ist dazu die Haltung des Tribunal Supremo (TS). Demnach ist die Einwilligung, wenn sie das Leben als unverfügbares Rechtsgut betrifft, völlig unwirksam.
Bei der Frage der Zulässigkeit von Bluttransfusionen, die der Patient aus Glaubensgründen ablehnt, sei der Konflikt zwischen dem Rechtsgut Leben und dem Recht auf Religionsfreiheit dahin zu lösen, dass das Recht auf Leben als Kern aller übrigen Rechte absoluten Vorrang genieße.[878] Zuletzt hat der TS indes seine Position dahingehend abgeändert, dass der entscheidungsfähige Erwachsene seine Gewissensentscheidung der medizinischen Behandlung entgegensetzen kann und diese Entscheidung zu respektieren ist, wenn nicht fremde Rechte oder Interessen, die öffentliche Gesundheit oder sonstige Güter, die besonderen Schutzes bedürfen, in Gefahr gebracht oder verletzt werden. Es könne nicht angenommen werden, dass das Leben stets unbeschränkt überwiege, vielmehr seien auch die Freiheit des Einzelnen, seine ethischen oder religiösen Überzeugungen und seine Würde zu berücksichtigen.[879]

---

[876] Durch Beschluss hatte der TC zunächst die Zulassung einer von Ramón Sampedro gegen ein Urteil der Audiencia Provincial de Barcelona (s.u. Fn. 877) eingelegten Verfassungsbeschwerde abgelehnt, da der Rechtsweg nicht erschöpft und zudem diese Entscheidung – Nichtbefassung wegen Unzuständigkeit – verfassungsrechtlich nicht zu beanstanden sei (ATC 931/1994, de 27 de julio). Später hat er die Fortsetzung der von Ramón Sampedro nach erfolgloser Anrufung der zuständigen (Fach-)Gerichte nunmehr erneut eingelegten Verfassungsbeschwerde durch dessen Erbin abgelehnt, da die Frage, ob ein Recht auf ein würdiges Sterben mit Hilfe einer straflosen Beteiligung Dritter in Sterbehilfefällen bestehe, einen höchstpersönlichen Charakter aufweise und daher nur von dem Betroffenen selbst geltend gemacht werden könne, ATC 242/1998, de 11 de noviembre, F.J. 4. Eine verfassungsgerichtliche Beurteilung speziell der Sterbehilfe steht daher weiterhin aus.

[877] Bislang gibt es in Spanien nur einen Fall, in dem die gerichtliche Autorisierung eines Aktes aktiver Sterbehilfe gefordert wurde. Die von Ramón Sampedro im Wege der freiwilligen Gerichtsbarkeit eingelegte Klage wurde vom erstinstanzlichen Gericht wegen sachlicher und territorialer Unzuständigkeit abgewiesen. Im übrigen verwies das Gericht pauschal auf die verfassungsgerichtliche Rechtsprechung zur Zulässigkeit der Zwangsernährung bei Hungerstreiks (STC 120/1990) und die dort enthaltene Ablehnung eines verfassungsrechtlichen Rechts auf den eigenen Tod, s. Auto del Juzgado de Primera Instancia no. 5 de Barcelona, de 18 de junio de 1993, abgedruckt in Casado González, La Eutanasia, S. 133 ff. Die dagegen eingelegte Berufung blieb – unter Hinweis unter anderem auf die Zuständigkeit des Gesetzgebers für eine Regelung aktiver Sterbehilfe – ohne Erfolg, s. Auto de la Audiencia Provincial de Barcelona, sección 14 B, de 28 de febrero de 1994, abgedruckt in Casado González, La Eutanasia, S. 142 ff.

[878] Vgl. etwa STS 2626/1990, de 27 de marzo, F.J. 2: demnach handelt ein Zeuge Jehovas, der die Bluttransfusion an einer anderen Gläubigen aktiv verhindert, rechtswidrig und verwirklicht den Straftatbestand des Totschlags. S. weiterhin ATS de 27 de septiembre de 1978, ATS de 14 de marzo de 1979 und ATS de 22 de diciembre de 1983 sowie ATS de 25 de enero de 1984, die die richterliche Anordnung und ärztliche Durchführung von Bluttransfusionen gegen den Willen des Patienten für zulässig erklären.

[879] ATS de 23 de diciembre de 1992, F.J. 11, STS de 27 de junio de 1997. Dieses Urteil betrifft allerdings direkt nur die Entscheidung eines Minderjährigen, eine lebensnotwendige Bluttransfusion zurückzuweisen. Es bleibt daher abzuwarten, ob der TS diese Aussagen zur Zurückweisung lebensnotwendiger Behandlung Erwachsener – die insoweit auch vom TC bestätigt wurden – letztendlich aufrecht erhält.

(2) Rechtsprechung des Tribunal Constitucional

Nach dem Tribunal Constitucional ist das Recht eines Erwachsenen, therapeutische Maßnahmen abzulehnen, hingegen grundsätzlich verfassungsrechtlich geschützt aufgrund des Rechts auf körperliche Unversehrtheit gemäß Art. 15 CE. Dieses Recht schütze den Einzelnen gegen jede Art von Eingriff in seine körperliche und geistige Unversehrtheit ohne Zustimmung und damit auch gegen das Aufzwingen einer medizinischen Maßnahme gegen seinen Willen.[880] Im Fall des Hungerstreiks im Strafvollzug erachtet der TC allerdings die Zwangsernährung aufgrund des besonderen Gewaltverhältnisses zwischen Strafgefangenem und Staatsgewalt als verfassungsrechtlich zulässig, wenn – wie im konkreten Fall – zudem illegitime Ziele mit dem Hungerstreik verfolgt werden. Mit Erfüllung der den Strafvollzugsbehörden auferlegten Pflicht, für das Leben der Strafgefangenen zu sorgen, werde das Recht der Gefangenen auf körperliche und geistige Unversehrtheit nicht verletzt, da die Zwangsbehandlung zugleich dem Erhalt verfassungsrechtlich geschützter Rechte wie insbesondere dem Recht auf Leben als Höchstwert der Verfassungsordnung diene.[881] Problematisch ist dabei, dass der TC insoweit mit dem Vorrang des Rechtsguts Leben argumentiert. Auch wenn der TC betont, dass sein Urteil die Zulässigkeit zwangsweiser medizinischer Behandlung außerhalb des Strafvollzugs nicht präjudiziere, da diese eine andere Beurteilung verlangen (und damit durchaus das Grundrecht auf körperliche Integrität des Kranken verletzen) „könnte"[882], ist der Hinweis auf den Vorrang des Rechtsguts Leben ohne jede Einschränkung doch geeignet, das Recht jedes Kranken, auch lebensnotwendige medizinische Maßnahmen abzulehnen, einzuschränken.[883]

Doch kann hier ergänzend die verfassungsrechtliche Rechtsprechung zur Ablehnung von Bluttransfusionen von Zeugen Jehovas herangezogen werden. Zwar hat der TC bislang noch kein rechtswidriges Handeln in der Anordnung einer zwangsweisen Bluttransfusion bei einem Erwachsenen angenommen.[884] Doch wird durch ein neueres Urteil des Tribunal Constitucional das Recht auf Ablehnung von Bluttransfusionen weitgehend gestützt. Darin wird ein Urteil des Tribunal Supremo aufgehoben, in dem die Eltern eines 13jährigen, allesamt Zeugen Jehovas, wegen Totschlages durch Unterlassen verurteilt werden, weil sie zunächst die Zustimmung zur Bluttransfusion ihres Sohnes verweigerten und es angesichts der gerichtlichen Anordnung der Bluttransfusion unterließen, ihren Sohn, der sich heftig gegen die Durchführung der Bluttransfusion wehrte, zu dieser zu überreden. Das Verfassungsgericht führt zunächst aus, dass der Minderjährige zwar sowohl Inhaber des Rechts auf Religionsfreiheit gemäß Art. 16 CE, als auch auf körperliche Unversehrtheit gemäß Art. 15 CE war, jedoch nicht mit Sicherheit feststellbar war, dass er auch die nötige Reife und Urteilsfähigkeit besaß, um eine derartige lebenswichtige Entscheidung zu treffen. Die Garantenstellung der Eltern schloss danach hingegen nicht die Pflicht ein, entgegen ihren religiösen Überzeugungen positiv auf ihr Kind einzuwirken, um dieses zur Bluttransfusion zu überreden, oder die Bluttransfusion demgemäß ausdrücklich zu billigen. Eine solche positive Pflicht würde gegen den eigentlichen Kern der religiösen Überzeugungen und damit gegen das Grundrecht auf Religionsfreiheit gemäß Art. 16 Abs. 1 CE verstoßen. Ausreichend müsse vielmehr sein,

---

880 STC 120/1990, de 27 de junio, F.J. 8, bestätigt durch STC 137/1990, de 19 de julio, F.J. 6; s. auch STC 48/1996, de 25 de marzo, F.J. 3.

881 STC 120/1990, de 27 de junio, F.J. 8 (dagegen mit abweichender Meinung Richter Leguina Villa: Verstoß gegen die Freiheit und Selbstbestimmung des Einzelnen), bestätigt durch STC 137/1990, de 19 de julio, F.J. 6.

882 STC 120/1990, de 27 de junio, F.J. 5, bestätigt durch STC 137/1990, de 19 de julio, F.J. 3.

883 Tomás-Valiente Lanuza, La cooperación al suicidio y la eutanasia, S. 33 f.

884 Vgl. ATC de 20 de junio de 1984; zu beachten ist indes, dass sich dieser Beschluss hauptsächlich mit prozessualen Fragen beschäftigt und auf die Frage der materiellrechtlichen Zulässigkeit der gerichtlichen Anordnung nur oberflächlich eingeht.

dass die Eltern sich der gerichtlichen Anordnung der Bluttransfusion nicht widersetzten und ihr Kind auch insoweit nicht dem Wirkungsbereich der Ärzte entzogen.[885]
Schließlich kann noch ausgeführt werden, dass nach der Rechtsprechung des TC eine medizinische Behandlung gegen den Willen des Betroffenen ausnahmsweise auch eine nach Art. 15 CE verbotene unmenschliche oder herabwürdigende Behandlung darstellen kann. Zwar sei eine solche Behandlung regelmäßig nicht darauf gerichtet, körperliche oder psychische Leiden hervorzurufen, so dass ein solcher Verstoß ausscheide. Doch könne ein solcher vorliegen, wenn die Behandlung gegen den Willen des Patienten eine reine Verlängerung des Leidens darstelle, ohne den Tod verhindern zu können.[886]

(3) Fazit

Festzuhalten bleibt, dass sich somit eine deutliche Diskrepanz zwischen verfassungsgerichtlicher Rechtsprechung des TC und höchstrichterlicher Rechtsprechung des TS ergibt[887]. Während der TS Anordnung und Vornahme einer medizinischen Maßnahme gegen den Willen des Patienten bei Lebensgefahr für möglich, wenn nicht gar geboten erachtet, müsste unter Heranziehung der verfassungsgerichtlichen Rechtsprechung eine solche – mit Ausnahme der beschriebenen Sondersituation im Strafvollzug - beim entscheidungsfähigen Patienten unterbleiben.

d) Stellungnahme

Richtig ist es, davon auszugehen, dass die spanische Verfassung dem Einzelnen weder ein verfassungsrechtlich garantiertes Recht auf den eigenen Tod gewährt noch die Unverfügbarkeit des eigenen Lebens zwingend vorschreibt.
Zwar erscheint es prinzipiell denkbar, ein solches Recht auf den eigenen Tod als negative Seite des Art. 15 CE von der verfassungsrechtlichen Gewährleistung des Rechts auf Leben umfasst zu sehen. Denn auf den ersten Anschein ist kein Grund ersichtlich, hier anders zu verfahren als bei anderen Grundrechten, die auch in ihrer negativen Facette anerkannt sind, so wie etwa das Recht auf Religionsfreiheit nach ganz allgemeiner Auffassung das Recht umfasst, keiner Religion zu folgen und keine Religion auszuüben. Doch dürfen hier die Besonderheiten des Rechtsguts Leben nicht außer Acht gelassen werden: so stellt das Leben die notwendige Voraussetzung *jeglicher* Grundrechtsausübung dar. Ein Verlust des Lebens ist in jedem Fall unwiederbringlich und irreversibel. Deshalb ist eine Abweichung von der Behandlung anderer Grundrechte nötig.
Bedenklich erscheint es indes weiterhin, ein Recht auf den eigenen Tod aus der Freiheit als Höchstwert der spanischen Rechtsordnung gemäß Art. 1 Abs. 1 CE abzuleiten. Die Freiheit ist hier nicht als eigenständiges Grundrecht ausgestaltet, sondern dient vielmehr als „Orientierung" jeglichen staatlichen Handelns, muss dem staatlichen Handeln als Wert zugrunde liegen. Auch die Würde des Menschen und die freie Entwicklung der Persönlichkeit gemäß Art. 10 Abs. 1 CE sind nicht als Grundrechte ausgestaltet, vielmehr liegen sie als Grundwerte

---

[885] STC 154/2002, de 18 de julio, F.J. 10, 14, 15; zu dieser Fallkonstellation s. in der Literatur Romeo Casabona, RDPC 2 (1998), 327, 330 ff., der ebenfalls zu dem Ergebnis kommt, dass den Eltern ein Überreden des Kindes gegen ihre religiösen Überzeugungen nicht zugemutet werden könne, und indes eine Unterlassensstrafbarkeit der Ärzte in Betracht zieht, da diese den – noch nicht entscheidungsfähigen – Minderjährigen notfalls mit Hilfe einer vorherigen Betäubung der Bluttransfusion hätten unterziehen müssen.
[886] STC 120/1990, de 27 de junio, F.J. 9, bestätigt durch STC 137/1990, de 19 de julio, F.J. 7.
[887] Vgl. Nuñez Paz, Homicidio consentido, S. 300.

der Rechtsordnung und jedem staatlichen Handeln zugrunde. Konkrete verfassungsrechtliche subjektive Rechte hieraus abzuleiten, ist indes problematisch.
Andererseits kann auch nicht davon ausgegangen werden, dass die Verfassung das Leben als unverfügbares und absolut geschütztes Rechtsgut ausgestaltet hat. Richtig ist zwar, dass das Leben ontologische Voraussetzung jeglicher sonstigen Grundrechtsausübung ist. Auch ist der Verlust des Lebens definitiv und unwiederbringlich. Doch muss hier berücksichtigt werden, dass die Ausgestaltung des Lebens als unverfügbares Rechtsgut gleichzeitig eine Pflicht zu leben impliziert, dann nämlich, wenn der Inhaber des Rechtsguts Leben sich des Lebens „entledigen" möchte. Eine Pflicht zu leben kann der Verfassung indes nicht entnommen werden. Schon der Wortlaut des Art. 15 CE spricht nur von einem „Recht auf Leben", nicht hingegen von einer Pflicht. Eine solche Pflicht zu leben erscheint auch mit dem freiheitlichen Charakter der spanischen Verfassung – insoweit ist Art. 1 Abs. 1 CE also von großer Bedeutung – nicht vereinbar.
Dies lässt indes nur die Schlussfolgerung zu, dass eine Verfügbarkeit des eigenen Lebens von der Verfassung weder vorgeschrieben noch untersagt wird. Diese Entscheidung ist vielmehr dem einfachen Gesetzgeber überlassen, der hierbei allerdings die verfassungsrechtlichen Wertungen und Vorgaben zu berücksichtigen hat. Insbesondere ist dabei der Charakter des Strafrechts als ultima ratio auch aus verfassungsrechtlicher Sicht zu betonen. So würde etwa eine Strafandrohung für den (versuchten) Selbstmord angesichts der bereits mehrfach beschriebenen kriminalpolitischen Sinnlosigkeit gegen den Grundsatz des sinn- und maßvollen Strafens verstoßen und wäre daher als verfassungswidrig zu erachten.
Diese Maßgaben sind auch für die verfassungsrechtliche Beurteilung der Strafbarkeit der Beteiligung Dritter am Suizid eines anderen heranzuziehen. So wenig die Verfassung über die Verfügbarkeit des Lebens für den Einzelnen selbst Vorgaben macht, überlässt sie auch die Beteiligung Dritter am Selbstmordgeschehen grundsätzlich der Beurteilung des Gesetzgebers. Diesem kommt prinzipiell innerhalb der verfassungsrechtlichen Maximen ein weiter Einschätzungsspielraum zu Gute. Die Einschätzung des spanischen Gesetzgebers, angesichts der typischerweise psychisch labilen Situation der Suizidenten und möglicher Missbrauchsgefahren sowie einer daraus folgenden Dammbruchsgefahr die Beteiligung Dritter am Selbstmord unter Strafe zu stellen, kann daher an sich verfassungsrechtlich nicht zurückgewiesen werden. Bei der Ausgestaltung des Strafmaßes und auch der Auslegung des einfachen Gesetzesrechts sind aber die verfassungsrechtlichen Vorgaben zu beachten.[888] Die aktuelle Regelung des Art. 143 CP mit abgestuften Strafmaßen für die jeweiligen Beteiligungsformen und einer zusätzlichen Strafmilderung in Sterbehilfefällen, die eine Strafaussetzung zur Bewährung ermöglicht (dazu genauer unten), kann daher nicht als verfassungswidrig angesehen werden, allerdings unter der Prämisse, dass bei der Auslegung der Vorschriften im konkreten Fall und auch der Frage nach eventuellen Ausnahmen von der Strafbarkeit den verfassungsrechtlichen Wertungen ausreichend Geltung verschafft wird. Ob die derzeitige Regelung kriminalpolitisch in allen Aspekten befriedigen kann, darf bezweifelt werden, ändert allerdings nichts an der grundsätzlichen Verfassungsgemäßheit der Regelung.
Das Recht des Einzelnen, medizinische, auch lebensnotwendige, Maßnahmen abzulehnen, kann indes vom einfachen Gesetzgeber prinzipiell nicht eingeschränkt werden. Denn das Recht auf körperliche Unversehrtheit gemäß Art. 15 CE schließt dieses Recht ein. Man kann

---

[888] So dürfte etwa die Regelung des früheren Art. 409 CP insoweit verfassungswidrig gewesen sein, als sie dem Sterbewillen des Suizidenten praktisch keinerlei Relevanz eingeräumt hatte und selbst Fälle der einfachen Beihilfe mit gleichem Strafmaß wie den normalen Totschlag bedacht hatte. Dies wurde dem freiheitlichen Grundgedanken der Verfassung, die den Einzelnen als grundsätzlich autonomes Wesen ansieht, sicherlich nicht gerecht.

hier nicht argumentieren, dass in einem Konflikt mit dem Grundrecht auf Leben dieses überwiegen müsse. Denn wie bereits ausgeführt, ist das Leben nicht unverfügbar, das Recht auf Leben nicht absolut. Eine Zwangsbehandlung gegen den *ausdrücklichen* Willen des Einzelnen dürfte zugleich einen Verstoß gegen die Menschenwürde darstellen, denn es macht ihn zum bloßen Objekt paternalistischer Bevormundung. Eine solche Zwangsbehandlung darf der Staat daher angesichts Art. 10 Abs. 1 CE nicht zulassen. Insoweit ist auch die verfassungsrechtliche Rechtsprechung, die die Zwangsernährung von Strafgefangenen im Hungerstreik für zulässig erklärt, zu kritisieren. Ob die damit verbundenen Grundrechtseingriffe allein mit einem angeblichen – gesetzlich nicht geregelten – besonderen Gewaltverhältnis im Strafvollzug begründet werden können, erscheint höchst zweifelhaft. Hier wäre vielmehr ein Tätigwerden des Gesetzgebers, um eine illegitime „moralische Erpressung" des Staates zu verhindern, nötig. Das verfassungsrechtliche Recht, medizinische Maßnahmen abzulehnen, verhindert daher auch jegliche Auslegung der einfachgesetzlichen Regelung gemäß Art. 10 Abs. 6 lit. c), Abs. 9 LGS bzw. jetzt Art. 2 Abs. 4, Art. 9 Abs. 2 lit. b), Abs. 3 ley 41/2002, de 14 de noviembre, die eine Einschränkung dieses Rechts darstellen würde.

2. Der (versuchte) Selbstmord

Der Selbstmord an sich ist – wie bereits ausgeführt - in der spanischen Rechtsordnung nicht vertatbestandlicht und daher straffrei. Art. 143 CP enthält lediglich eine Strafbarkeit der Beteiligung am Suizid. Angesichts der expliziten Strafbarkeit bestimmter Formen der Beteiligung an der Selbsttötung ist diese Straffreiheit des (versuchten) Suizids auch völlig unstrittig.

3. Die Regelung der Beteiligung an der Selbsttötung

Im Folgenden soll nun die Regelung der Beteiligung am Selbstmord untersucht werden, die Voraussetzung für das Verständnis der anschließenden Darstellung der Sterbehilferegelung im Einzelnen ist.

Die Beteiligung an einer Selbsttötung ist in Art. 143 Abs. 1-3 CP geregelt. Dabei enthält Art. 143 Abs. 1 CP die Strafbarkeit der Anstiftung zum Selbstmord (inducción al suicidio), während Art. 143 Abs. 2 CP die sog. notwendige Beihilfe zur Selbsttötung (cooperación necesaria al suicidio) normiert. In Art. 143 Abs. 3 CP ist schließlich die sog. vollziehende Beihilfe (cooperación ejecutiva al suicidio) geregelt.

Anders als im deutschen Strafrecht ist also die Beteiligung an einer Selbsttötung explizit unter Strafe gestellt. Die Besonderheit der in Frage stehenden Delikte, insbesondere der Anstiftung und der notwendigen Beihilfe zum Selbstmord, besteht demzufolge darin, dass hier Verhaltensweisen zu strafbaren Tatbeständen erhoben wurden, die nach dem Akzessorietätsprinzip an sich straflos wären: denn die Selbsttötung als Quasi-Haupttat ist eben nicht tatbestandsmäßig. Art. 143 Abs. 1 und 2 CP zeichnen sich also dadurch aus, dass sie zu tatbestandsmäßiger Haupttat erheben, was im Grunde nichts anderes als eine Form der Beteiligung an einer fremden Tat ist.[889]

---

[889] Jorge Barreiro, in: Rodríguez Mourullo/Jorge Barreiro, Comentarios al CP, Art. 143 S. 410, Olmedo Cardenete, in: Roxin/Mantovani/Barquín Sanz/Olmedo Cardenete, Eutanasia y suicidio, S. 107, Olmedo Cardenete/Barquín Sanz, in: Cobo del Rosal, Comentarios al CP, Art. 143 CP, S. 178

a) Gemeinsame Voraussetzungen von Anstiftung und notwendiger Beihilfe zum Selbstmord

aa) Vorliegen eines freien Selbstmordes

Zunächst ist sowohl für die Anstiftung als auch für die notwendige Beihilfe zum Selbstmord Voraussetzung, dass ein im juristischen Sinne freier Selbstmord vorliegt. Sollte dies nicht der Fall sein, fällt die Beteiligung des Dritten nicht unter die Vorschrift des Art. 143 Abs. 1 oder 2 CP, sondern ist vielmehr als Totschlag oder Mord in mittelbarer oder direkter Täterschaft zu beurteilen (Art. 138, 139 i.V.m. Art. 28 CP).[890]

Daher müssen die Anforderungen an einen freien Selbstmord im juristischen Sinne geklärt werden, die gesetzlich nicht festgelegt sind. Es geht also wie im deutschen Strafrecht um die Freiverantwortlichkeit des Selbstmordes, wobei festzustellen ist, dass diese Debatte im spanischen Recht insgesamt weniger intensiv geführt wird. Dies dürfte darauf zurückzuführen sein, dass es dort nicht wie im deutschen Recht um die Extreme absoluter Straflosigkeit gegenüber Strafbarkeit wegen Mordes oder Totschlags geht, sondern nur um die Frage einer Strafbarkeit wegen Beteiligung am Suizid auf der einen oder wegen Mordes bzw. Totschlags auf der anderen Seite.[891]

Bei der Frage der Freiverantwortlichkeit eines Suizids werden nun hauptsächlich die folgenden Kriterien vertreten:

(1) Die Schuldfähigkeit (imputabilidad) als Kriterium

Eine Ansicht geht davon aus, dass für die Bestimmung der Freiverantwortlichkeit auf die Schuldfähigkeit des Suizidenten abzustellen ist, so dass ein freiverantwortlicher Suizid ausscheidet, wenn in der Person des Selbstmörders einer der Schuldunfähigkeitsgründe des Art. 19 oder Art. 20 Abs. 1 Nr. 1 – 3 CP vorliegt.[892] Der Selbstmord wird demzufolge als „gewollter Tod einer schuldfähigen Person" definiert.[893] Problematisch und in der Rechtslehre ungeklärt ist insoweit aber, ob nur der Schuldunfähige von der Begehung eines freiverantwort-

---

[890] Tomás-Valiente Lanuza, La cooperación al suicidio y la eutanasia, S. 41, Olmedo Cardenete/Barquín Sanz, in: Cobo del Rosal, Comentarios al CP, Art. 143 S. 185, Jorge Barreiro, in: Rodríguez Mourullo/Jorge Barreiro, Comentarios al CP, Art. 143 S. 411 f. Zu der Problematik, ob tatsächlich stets dann, wenn ein freier Selbstmord ausgeschlossen ist, der Dritte aber nur Tatbeiträge geleistet hat, die als Beihilfe zum Suizid zu qualifizieren wären, Tatherrschaft des Dritten und damit Täterschaft angenommen werden kann, s. Tomás-Valiente Lanuza, La disponibilidad de la propia vida, S. 412 ff. m.w.N.

[891] Dies galt insbesondere für die Rechtslage vor dem Jahr 1995, aufgrund derer die Einordnung als freier oder nicht freiverantwortlicher Selbstmord praktisch kaum einen Unterschied im Strafmaß zur Folge hatte; vgl. zur Bedeutung dieses Rechtsstreits und seiner Entwicklung Tomás-Valiente Lanuza, La disponibilidad de la propia vida, S. 406, 409 ff.

[892] Gemäß Art. 19 CP sind Minderjährige bis 18 Jahre nicht strafrechtlich verantwortlich nach dem Código Penal, sondern ggf. nach dem Gesetz über die strafrechtliche Verantwortlichkeit von Minderjährigen (Ley orgánica reguladora de la responsabilidad penal de los menores, de 12 de enero 2000). Gemäß Art. 20 Abs. 1 Nr. 1 CP ist schuldunfähig, wer zur Zeit der Tat aufgrund einer psychischen Erkrankung das Unrecht der Tat nicht einsehen oder nicht dieser Einsicht gemäß handeln kann. Nach Art. 20 Abs. 1 Nr. 2 CP ist schuldunfähig, wer sich zur Zeit der Tat in einem Zustand des Vollrauschs befindet oder unter dem Einfluss eines Entzugssyndroms handelt, das ihn hindert, des Unrecht der Tat einzusehen oder dieser Einsicht gemäß zu handeln. Schließlich ist nach Art. 20 Abs. 1 Nr. 3 CP schuldunfähig, wer aufgrund einer seit der Geburt oder der Kindheit veränderten Wahrnehmung ein stark verändertes Wirklichkeitsbewusstsein hat.

[893] Torío López, Homenaje a D. Ignacio Serrano y Serrano, S. 653, 663

lichen Selbstmordes ausgeschlossen wird[894] oder aber auch der vermindert Schuldfähige, so dass etwa auch (leichtere) Depressionen die Annahme eines freiverantwortlichen Suizids verhindern würden.[895]
Die Rechtsprechung folgt grundsätzlich diesem weiten Konzept des freien Selbstmordes anhand des Schuldfähigkeitskriteriums, wobei bislang die Frage nach den Kriterien eines freiverantwortlichen Selbstmordes praktisch nicht thematisiert wurde, insbesondere nicht die Frage, ob nicht auch eine verminderte Schuldfähigkeit zum Ausschluss der Freiverantwortlichkeit führt. In der Vergangenheit schien die Rechtsprechung aber stets davon auszugehen, dass nur die volle Schuldunfähigkeit die Freiverantwortlichkeit ausschließt.[896]
Kritisiert wird an der Schuldfähigkeit als einzigem Kriterium aber unter anderem, dass Fälle außer Betracht bleiben, die die Freiverantwortlichkeit des Suizids ausschließen müssten, wenn etwa der Suizident unter dem Einfluss von Gewalt oder Drohung handelt.[897]

(2) Die Regeln für eine wirksame Einwilligung

Nach einer anderen Ansicht ist für die Ermittlung der Freiverantwortlichkeit des Selbstmordes auf die Voraussetzungen abzustellen, die der Código Penal für eine wirksame Einwilligung in eine Körperverletzung enthält.[898] Gemäß Art. 155 CP muss die Einwilligung demnach gültig sein, frei und „spontan“ sowie ausdrücklich erteilt worden sein. In keinem Fall gültig ist dabei die Einwilligung eines Minderjährigen oder eines Geschäftsunfähigen (incapaz).[899] Art. 156 CP stellt die Kriterien für eine Einwilligung in eine Organtransplantation, Sterilisation oder Geschlechtsumwandlung auf. Demzufolge darf die Einwilligung insbesondere nicht durch Täuschung, gegen Entgelt oder Entschädigung erhalten worden sein.
An dieser Auffassung wird unter anderem kritisiert, dass die Geschäftsunfähigkeit in diesem Sinne nicht die Fälle der Schuldunfähigkeit oder verminderten Schuldfähigkeit aufgrund eines vorübergehenden Vollrauschs erfasst, in solchen Fällen aber nicht von Freiverantwortlichkeit gesprochen werden kann.[900] Dem ist insofern zuzustimmen, als ein Selbstmord im Drogen- oder Alkoholvollrausch sicher nicht als freiverantwortlich angesehen werden kann. Diese Ansicht verkennt aber wohl, dass die Geschäftsunfähigkeit nach Art. 155 CP nur einen Unterfall der nicht gültigen Einwilligung darstellt und nicht ausschließt, dass die Einwilligung aus anderen Gründen – etwa einem Vollrausch – ungültig ist. Auch unter Zugrundelegung der Art. 155 f. CP wäre der Selbstmord im Vollrausch also als nicht freiverantwortlich anzusehen.

---

[894] So etwa Torío López, Homenaje a D. Ignacio Serrano y Serrano, S. 653, 664 f., grundsätzlich auch Valle Muñiz, CJ 25 (1994), 12, 14.
[895] So etwa Carbonell Mateu, in: Vives Antón et al., Comentarios al CP de 1995, S. 754.
[896] Vgl. die Analyse der Rechtsprechung des Tribunal Supremo bei Tomás-Valiente Lanuza, La cooperación al suicidio y la eutanasia, S. 44 ff.
[897] Olmedo Cardenete, in: Roxin/Mantovani/Barquín Sanz/Olmedo Cardenete, Eutanasia y suicidio, S. 115, Olmedo Cardenete/Barquín Sanz, in: Cobo del Rosal, Comentarios al CP, Art. 143 S. 186
[898] González Rus, in: Cobo del Rosal, Curso de Derecho penal - PE, S. 81 f., Sánchez Tomás, in: Rodríguez Ramos/Cobos Gómez de Linares/Sánchez Tomás, Derecho Penal – PE, S. 49
[899] Nach Art. 25 CP ist geschäftsunfähig (incapaz) unabhängig von einer gerichtlichen Entmündigung jede Person, die aufgrund einer dauerhaften Krankheit nicht in der Lage ist, ihre persönlichen und wirtschaftlichen Angelegenheiten selbst zu regeln.
[900] Olmedo Cardenete, in: Roxin/Mantovani/Barquín Sanz/Olmedo Cardenete, Eutanasia y suicidio, S. 115, Olmedo Cardenete/Barquín Sanz, in: Cobo del Rosal, Comentarios al CP, Art. 143 S. 186

Des weiteren muss die Einwilligung „frei“ sein, d.h. weder auf Gewalt, Drohung oder einer Täuschung beruhen, die das Wesen der Verfügungshandlung beeinträchtigt.[901] Insofern soll auch ein Entgelt oder eine Entschädigung bereits die Freiheit der Entscheidung entfallen lassen.[902] „Spontan“ ist die Entscheidung, wenn der Wille in keiner Weise beeinträchtigt ist.[903] Mit der Ausdrücklichkeit der Einwilligung wird gefordert, dass der Entscheidung klar und unmissverständlich Ausdruck verliehen wurde.[904]

Problematisch ist nun insbesondere, wann von einer solchen „freien“ Entscheidung ausgegangen werden kann.

Die Forderung, dass diese weder aufgrund irgendeiner Form von Gewalt noch Drohung zustande gekommen ist, ist nämlich nicht unumstritten. Nach a.A. schließen Gewalt oder Drohung bis auf extreme Ausnahmefälle das Vorliegen eines freien Selbstmordes nicht aus, wenn dem anderen die Möglichkeit bleibt, einen Selbstmord abzulehnen, auch wenn dies mit der Erfüllung des angedrohten Übels verbunden ist. Eine vermittelnde Ansicht geht in Anlehnung an die deutsche Exkulpationslehre davon aus, dass Gewalt oder Drohung dann einen freiverantwortlichen Suizid ausschließen, wenn sie den Suizidenten in eine dem entschuldigenden Notstand vergleichbare Situation versetzen.[905] Die Rechtsprechung hat jedenfalls den Fall eines geistig und körperlich Behinderten, der von seinen Angreifern überfallen, geschlagen und anschließend mit dem Messer bedroht gezwungen wurde, sich in einen Abgrund zu stürzen, als Tötung in mittelbarer Täterschaft angesehen, ohne allerdings auf die dogmatischen Streitigkeiten im Einzelnen einzugehen.[906]

Problematisch ist weiterhin, welche Täuschungen für den Ausschluss der „freien“ Entscheidung als relevant angesehen werden. Unproblematisch fallen hierunter Irrtümer über die tödliche Wirkung der realisierten Handlung, wenn sich also der „Suizident“ gar nicht darüber bewusst ist, dass er eine tödliche Handlung vornimmt. Denn es ist allgemein anerkannt, dass der Wille des Handelnden auf das Herbeiführen seines eigenen Todes gerichtet sein muss, andernfalls kann nicht von einem Selbstmord gesprochen werden.[907] Darunter fallen wohl auch Irrtümer über die Tatsache des Todes selbst, wenn sich das Opfer also darüber im Unklaren ist, dass die (als tödlich verstandene) Handlung tatsächlich den Tod als solchen nach sich ziehen wird.[908] Unklar ist allerdings die Behandlung reiner Motivirrtümer. Darunter können so verschiedene Situationen fallen wie der einseitig vorgetäuschte Doppelselbstmord, die Vorspiegelung, dass das Opfer an einer unheilbaren, bald zu einem schmerzhaften Tode führenden Krankheit leide oder aber auch die bewusst unwahre Mitteilung an den fanatischen

---

[901] González Rus, in: Cobo del Rosal, Curso de derecho penal – PE, S. 81, Díez Ripollés, in: Díez Ripollés/Gracia Martín/Laurenzo Copello, Comentarios al CP – PE, Art. 143 Rdnr. 31

[902] Art. 156 CP wäre demnach rein wiederholend, s. Fernández Pantoja, in: Cobo del Rosal, Comentarios al CP, Art. 155 y 156 S. 575.

[903] Art. 156 CP spricht demgegenüber von einer „bewussten“ Entscheidung. Damit werde besonders auf die Notwendigkeit einer vollständigen Information des Patienten für die Wirksamkeit seiner Einwilligung in einen medizinischen Eingriff Bezug genommen, vgl. Fernández Pantoja, in: Cobo del Rosal, Comentarios al CP, Art. 155 y 156 S. 575. Soweit man eben dies nicht bereits aufgrund der „Spontaneität“ der Einwilligung fordert, kann man das Erfordernis der bewussten Entscheidung nach Art. 156 CP als Voraussetzung der Freiverantwortlichkeit einbeziehen.

[904] Fernández Pantoja, in: Cobo del Rosal, Comentarios al CP, Art. 155 y 156 S. 576

[905] S. dazu Juanatey Dorado, Derecho, suicidio y eutanasia, S. 201, Cancio Meliá, Conducta de la víctima a imputación objetiva, S. 360 ff.

[906] STS de 7 de julio de 1948 zum hinsichtlich der Frage der Freiverantwortlichkeit wortgleichen Art. 409 CP a.F.

[907] Tomás-Valiente Lanuza, La cooperación al suicidio y la eutanasia, S. 58, Muñoz Conde, ADPCP 40 (1987), 301, 311 f.

[908] Muñoz Conde, ADPCP 40 (1987), 301, 312 ff. am Beispiel des (deutschen) Sirius-Falles BGH St 32, 38.

Fußballfan, sein Team habe ein entscheidendes Spiel verloren, in der Hoffnung, dadurch den anderen zum Suizid zu bewegen, oder auch in Verbindung mit der direkten Aufforderung, seinem Leben doch besser ein Ende zu bereiten.[909] Nach einer Mindermeinung ist es auch im Fall von Motivirrtümern durchaus möglich, einen unfreien Selbstmord und damit eine mittelbare Täterschaft desjenigen anzunehmen, der den Motivirrtum in dem Suizidenten hervorgerufen hat. Entscheidend sei allein, ob im Einzelfall Tatherrschaft und damit mittelbare Täterschaft angenommen werden könne.[910] Die wohl h.L lehnt in diesen Fällen die Annahme mittelbarer Täterschaft ab, was darauf zurückzuführen sein dürfte, dass die Möglichkeit einer Bestrafung nach Art. 143 Abs. 1 CP (in Fällen direkter Anstiftung) oder nach Art. 143 Abs. 2 CP (als notwendige (psychische) Beihilfe oder Beihilfe durch Unterlassung, wenn der Dritte nur angesichts der psychischen Verfassung des Opfers davon ausgehen kann, dass dieses aufgrund der vorgespiegelten Tatsachen den Entschluss zum Suizid fassen wird) ein insoweit bestehendes Strafbedürfnis befriedigt.[911] Die Annahme eines freiverantwortlichen Selbstmordes lässt sich auch damit begründen, dass die Letztentscheidung für den Tod durch den Suizidenten selbst getroffen wurde, wenn sie auch ihres vermeintlichen Hintergrundes und damit tieferen Sinnes beraubt wurde.[912] Zudem führt das Hervorrufen von Motivirrtümern auch im Normalfall der Fremdschädigung nach herrschender Auffassung nicht zu einer mittelbaren Täterschaft des Dritten. Letzteres Argument lässt sich aber dadurch abschwächen, dass im Gegensatz zum Normalfall der Fremdschädigung keine klaren normativen Erwartungen existieren, die den Handelnden in jedem Fall – unabhängig von seinen Motiven – von der vorliegenden Tat abhalten möchten.[913] Festzuhalten bleibt indes, dass nach h.L das Hervorrufen von Motivirrtümern zu keiner mittelbaren Täterschaft über den Suizidenten führt, sondern vielmehr ein freier Selbstmord angenommen wird.

(3) Natürliche Urteils- und Einsichtsfähigkeit (capacidad natural de juicio y raciocinio)

Eine dritte Auffassung geht davon aus, dass allein auf die Einsichts- und Urteilsfähigkeit abzustellen ist. Entscheidend ist demnach nur, ob der Suizident die Bedeutung seiner Entscheidung verstehen konnte, unabhängig von der Frage der Schuldfähigkeit. Zwar wird die Schuldunfähigkeit des Selbstmörders als Indiz dafür angesehen, dass er dazu gerade nicht in der Lage ist. Jedoch sind Fälle denkbar, in denen ausnahmsweise dem Suizidenten trotz seiner Schuldunfähigkeit die Bedeutung seines Handelns klar ist, wie etwa bei einem 17jährigen.[914]

---

[909] Muñoz Conde, ADPCP 40 (1987), 301, 305 ff., Tomás-Valiente Lanuza, La cooperación al suicidio y la eutanasia, S. 59 f.

[910] Silva Sánchez, ADP 40 (1987), 451, 461 f., der allerdings insgesamt nicht die Kriterien der Einwilligung als maßgeblich für die Freiverantwortlichkeit erachtet, sondern vielmehr mittelbare Täterschaft ausgehend von der Schuldfähigkeit und im Fall verminderter Schuldfähigkeit anhand des Kriteriums der natürlichen Einsichts- und Urteilsfähigkeit (dazu unten (3)) bestimmt.

[911] Muñoz Conde, ADPCP 40 (1987), 301, 308 ff., Tomás-Valiente Lanuza, La cooperación al suicidio y la eutanasia, S. 59 f., vgl. auch Nuñez Paz, Homicidio consentido, S. 403 ff.; das zusätzliche Unrecht, das in Fällen des Hervorrufens eines Motivirrtums gegenüber den „normalen" Fällen der Anstiftung und Beihilfe zum Selbstmord gesehen werden kann, kann durch die Strafbemessung innerhalb der Strafrahmen des Art. 143 CP berücksichtigt werden, Muñoz Conde, ADPCP 40 (1987), 301, 309 f., 317.

[912] Muñoz Conde, ADPCP 40 (1987), 301, 310

[913] Tomás-Valiente Lanuza, La cooperación al suicidio y la eutanasia, S. 60

[914] Díez Ripollés, in: Díez Ripollés/Gracia Martín/Laurenzo Copello, Comentarios al CP – PE, Art. 143 Rdnr. 27, Juanatey Dorado, Derecho, suicidio y eutanasia, S. 184 ff.; eine starre Altersgrenze wird auch von Nuñez Paz, Homenaje al Dr. Marino Barbero Santos, S. 433, 434, abgelehnt.

Problematisch ist auch bei dieser Ansicht jedoch, dass ein Handeln etwa unter Drohung oder Gewalt nicht berücksichtigt werden kann, da diese die natürliche Urteils- oder Einsichtsfähigkeit nicht beeinträchtigen.[915] Richtigerweise kann aber nicht von einer freiverantwortlichen Entscheidung gesprochen werden, wenn diese nur auf äußeren schweren Druck hin entstanden ist. Denn auch wenn dem Suizidenten die Bedeutung seines Handelns völlig klar ist, er sich aber durch Drohung oder Gewalt hierzu gezwungen sieht, er also im Prinzip keine Wahl hat, kann nicht von freiverantwortlichem Suizid gesprochen werden. Ebensowenig ist etwa eine Täuschung über die tödliche Qualität des Handelns erfasst, obgleich diese nach allgemeiner Ansicht einen freiverantwortlichen Selbstmord ausschließt.
Nach *Silva Sánchez* ist Freiverantwortlichkeit jedenfalls bei Schuldunfähigkeit des Suizidenten ausgeschlossen. Darüber hinaus sei aber nicht schematisch vorzugehen, vielmehr könne auch in Fällen verminderter Schuldunfähigkeit die Voraussetzung für mittelbare Täterschaft gegeben sein. Dies bestimme sich dann nach dem Kriterium der natürlichen Einsichts- und Urteilsfähigkeit.[916]

(4) Ernsthaftigkeit oder Überlegtheit der Entscheidung

Nach a.A. soll es dagegen auf die Ernsthaftigkeit oder Überlegtheit der Entscheidung des Suizidenten ankommen. In diesem Zusammenhang werden auch die Motive, die den Einzelnen zum Suizid bewegen, in Erwägung gezogen.[917]
Dies führt aber zu einer erheblichen Rechtsunsicherheit, indem die persönliche Entscheidung des Einzelnen überprüft und beurteilt werden müsste, welche Motive als geeignet und welche als ungeeignet für die Begründung eines Suizids anzusehen sind.[918]
Dieses Kriterium scheint zudem aus dem Grunde zweifelhaft, dass auch derjenige, der unter Drohung oder Zwang handelt, möglicherweise eine ernsthafte und überlegte Entscheidung trifft, und seine Motive (etwa weitere Misshandlung oder die angedrohten schlimmeren Übel zu vermeiden) durchaus nachzuvollziehen sein können, evtl. sogar besonders ehrenwert sind (wenn beispielsweise der Suizident die angedrohte Misshandlung seiner Familie vermeiden möchte).
Im Übrigen erscheint es insgesamt problematisch, die Motive des Einzelnen einer genauen Analyse und Bewertung zu unterziehen. Was dem Einen rationaler Grund für einen Selbstmord erscheint (z.B. Verlust des geliebten Familienmitglieds), mag für einen Anderen allenfalls eine überwindbare Lebenskrise sein. Grundsätzlich muss es aber jedem Einzelnen überlassen sein, die Gründe festzulegen, die für ihn Anlass sind, sich das Leben zu nehmen.

---

915 Olmedo Cardenete, in: Roxin/Mantovani/Barquín Sanz/Olmedo Cardenete, Eutanasia y suicidio, S. 115, Olmedo Cardenete/Barquín Sanz, in: Cobo del Rosal, Comentarios al CP, Art. 143 S. 186. Diese Autoren dehnen ihre Kritik auch auf die angeblich fehlende Berücksichtigung eines momentanen Vollrausches aus. Relevanter Zeitpunkt für die Beurteilung der Einsichts- und Urteilsfähigkeit muss aber immer der Moment der Tat sein, so dass bei einem Vollrausch zur Zeit des Suizids die natürliche Einsichts- oder Urteilsfähigkeit gerade nicht gegeben sein dürfte.

916 Silva Sánchez, ADP 40 (1987), 451, 459 f.

917 Tomás-Valiente Lanuza, La cooperación al suicidio y la eutanasia, S. 51; auf diese Art und Weise sollen insbesondere Sachverhalte einfacher (nicht notwendiger) Beihilfe erfasst werden, die bei Annahme eines freiverantwortlichen Suizids nach der Regelung des Art. 143 CP aus dem Jahr 1995 straflos blieben, was nach Ansicht dieser Autorin zum Einen aus kriminalpolitischen Gründen nicht wünschenswert sei, zum Anderen die innere Logik des Art. 143 CP nicht wahre.

918 Olmedo Cardenete, in: Roxin/Mantovani/Barquín Sanz/Olmedo Cardenete, Eutanasia y suicidio, S. 115, Olmedo Cardenete/Barquín Sanz, in: Cobo del Rosal, Comentarios al CP, Art. 143 S. 186.

(5) Kombination mehrerer Kriterien

Schließlich wird auch die Auffassung vertreten, dass keines der genannten Kriterien allein die Frage der Freiverantwortlichkeit klären kann, und vielmehr eine Kombination mehrerer Kriterien zur Lösung führe. Demnach müsse etwa der Suizident zunächst voll schuldfähig sein. Des weiteren müsse seine Entscheidung frei, also nicht unter Drohung, Zwang oder Täuschung getroffen und ausdrücklich erklärt worden sein. Schließlich müsse die Erklärung auch bewusst getroffen worden sein.[919] Nach anderer Auffassung ist entscheidend, dass die Entscheidung des Selbstmörders frei ist und mit der notwendigen Urteilsfähigkeit vorgenommen wurde, was ausgeschlossen sein soll, wenn es sich um einen Geschäftsunfähigen (incapaz) oder Minderjährigen handelt oder die Entscheidung aufgrund von Gewalt, Drohung, Täuschung oder finanziellen Ausgleich zustande gekommen ist.[920]

(6) Stellungnahme

Voraussetzung einer angemessenen Lösung der Frage der Freiverantwortlichkeit ist, dass sowohl dem Erfordernis der Rechtssicherheit als auch dem der gerechten Lösung des Einzelfalls Rechnung getragen wird.
Insofern scheidet das Kriterium der Ernsthaftigkeit oder Überlegtheit der Entscheidung von vornherein aus, da die Bewertung der Motive des Einzelnen aufgrund ihrer Subjektivität zu einer erheblichen Rechtsunsicherheit führen müssten. Auch das Kriterium der natürlichen Einsichts- und Urteilsfähigkeit dürfte eine zu große Rechtsunsicherheit zur Folge haben. Somit stehen sich folgende Lösungsansätze gegenüber: das gesetzlich geregelte Kriterium der Schuldfähigkeit, die Orientierung an den ebenfalls gesetzlich geregelten Voraussetzungen einer wirksamen Einwilligung oder eine Kombination des Schuldfähigkeitskriteriums mit dem Erfordernis einer „freien", bewussten und ausdrücklichen Entscheidung.
Wie aber oben bereits ausgeführt, führt das Kriterium der Schuldfähigkeit allein nicht stets zu Einzelfallgerechtigkeit, da jedenfalls Fälle außer Betracht bleiben, in denen der Suizident unter dem Einfluss von Gewalt oder Drohung handelt. Dann kann aber nicht mehr von einer „freiverantwortlichen" Entscheidung zu sterben gesprochen werden, wenn sich der Suizident nur dem äußeren Druck beugt und ihm keine eigentliche Wahl bleibt.
Insoweit bietet sich eine Kombination des Kriteriums der Schuldfähigkeit mit dem Erfordernis einer „freien" Entscheidung an, die nach herkömmlicher Anschauung ausscheidet, wenn der Suizident aufgrund von Gewalt, Drohung oder Täuschung handelt. Problematisch ist aber wiederum die mit diesen relativ unbestimmten Begriffen verbundene Rechtsunsicherheit. Daher bietet sich eine Anlehnung an anderweitig gesetzlich geregelte Konzepte an: von Freiverantwortlichkeit kann demnach nur dann nicht mehr gesprochen werden, wenn sich der Suizident einem Druck durch Dritte ausgesetzt sieht, der dem einer Drohung nach Art. 169 CP oder einer Nötigung nach Art. 172 CP entspricht. Nach Art. 169 CP sind damit Situationen umfasst, in denen der Dritte dem Suizidenten, seiner Familie oder anderen Personen, mit denen er eng verbunden ist, mit der Begehung eines der in Art. 169 CP enthaltenen Delikte (Totschlag, Körperverletzung, Sexualdelikte, Vermögensdelikte etc.[921]) droht. Fraglich ist die Einbeziehung der Drohung nach Art. 171 CP. Diese umfasst die Drohung mit einem Übel, das

---

[919] Olmedo Cardenete/Barquín Sanz, in: Cobo del Rosal, Comentarios al CP, Art. 143 S. 186 f.
[920] Jorge Barreiro, in: Rodríguez Mourullo/Jorge Barreiro, Comentarios al CP, Art. 143 S. 411
[921] Art. 169 CP lautet: Wer einen anderen damit bedroht, ihm, seiner Familie oder anderen Personen, die eng mit ihm verbunden sind, ein Übel zuzufügen, das ein Delikt des Totschlags, der Körperverletzung, der Abtreibung, ein Delikt gegen die persönliche Freiheit, der Folter oder gegen die geistige Unversehrtheit, gegen die Ehre, gegen das Vermögen oder gegen die sozioökonomische Ordnung darstellt, wird bestraft..."

kein Delikt darstellt, etwa mit der Publikmachung privater Vorfälle, die das Ansehen des Bedrohten beeinträchtigen können. Mit der Systematik des spanischen Strafgesetzbuchs scheint es zwar besser vereinbar, auch bei Drohungen i.S.v. Art. 171 CP die Freiverantwortlichkeit entfallen zu lassen, da der spanische Gesetzgeber mit der Kriminalisierung entsprechender Drohungen eindeutig die (negative) Relevanz solcher Verhaltensweisen festgelegt hat. Für die geringere Relevanz dieser Verhaltensweisen spricht indes die niedrigere Strafdrohung in Art. 171 CP. Zwar besteht durchaus ein Strafbedürfnis hinsichtlich desjenigen, der in maliziöser Absicht mit der Veröffentlichung entsprechender Details droht, um den anderen in den Selbstmord zu treiben. Zu berücksichtigen ist aber, dass es bei der Frage, ob ein freiverantwortlicher Suizid vorliegt, letztendlich um die Differenzierung einer Strafbarkeit wegen Mord oder Totschlags auf der einen oder wegen Beteiligung am Suizid auf der anderen Seite geht. Auch wenn man den Suizid als freiverantwortlich ansieht, bleibt also der Dritte keineswegs straffrei. Um die strengere Strafbarkeit für Mord oder Totschlag zu rechtfertigen und zugleich eine rechtssichere Abgrenzung zu ermöglichen, bietet es sich an, die Freiverantwortlichkeit nur in den Fällen auszuschließen, in denen der Suizident aufgrund der Drohung den Schuldausschließungsgrund des Art. 20 Abs. 6 CP erfüllt, weil er sich in einem unüberwindbaren Angstzustand (miedo insuperable) befindet. Eine Nötigungssituation nach Art. 172 CP, die die Freiverantwortlichkeit des Selbstmordes in jedem Fall ausschließt, liegt schließlich vor, wenn der Dritte Gewalt einsetzt, um den anderen zum Suizid zu bewegen. In diesen Fällen dürfte auch stets ein Handeln unter unüberwindbarer Furcht i.S.d. Art. 20 Abs. 6 CP vorliegen. Relevante Täuschung darf aus Rechtssicherheitsgründen des weiteren nur die Täuschung über die tödlichen Folgen der Handlung, nicht aber das Hervorrufen von Motivirrtümern sein.

Dem steht als Konzept die Heranziehung der Regeln über eine wirksame Einwilligung nach Art. 155 f. CP gegenüber. Trotz der gesetzlichen Regelung ist aber fraglich, ob dieses Konzept den Anforderungen der Rechtssicherheit gerecht wird. Dies dürfte nur dann der Fall sein, wenn man mit der h.L. das Herbeiführen bloßer Motivirrtümer als irrelevant für den Ausschluss der Freiverantwortlichkeit ansieht. Dies führt auch zu kriminalpolitisch vertretbaren Ergebnissen, da dem in solchen Fällen evtl. erhöhten Strafbedürfnis durch ein Ausschöpfen des Strafmaßes des Art. 143 Abs. 1 bzw. Abs. 2 CP nach oben hin Rechnung getragen werden kann. Wird die Entscheidung zum Suizid aufgrund von Drohung oder Gewalt getroffen, so kann richtigerweise nicht mehr von einem freiverantwortlichen Selbstmord gesprochen werden, wenn diese zu einem unüberwindbaren Angstzustand (miedo insuperable) i.S.d. Art. 20 Abs. 6 CP führen. Dadurch wird das notwendige Korrektiv eingeführt, um Drohungen und Gewalt von untergeordneter Bedeutung die Relevanz hinsichtlich der Freiverantwortlichkeit zu versagen.

Unter den genannten Voraussetzungen gleichen sich die letztgenannten Lösungen so weit an, dass kaum noch ein Unterschied ausgemacht werden kann. Unter diesen Umständen erscheint die Lösung über die Regeln über eine wirksame Einwilligung nach Art. 155 f. CP vorzugswürdig, da sie kompakt im Gesetz geregelt ist und nicht erst durch die Kombination verschiedener – wenn auch an verschiedenen Orten stets gesetzlich geregelter – Kriterien gewonnen werden muss und daher dem Erfordernis der Rechtssicherheit noch besser gerecht werden dürfte.

bb) Willensform des Suizidenten

Gemeinsame Voraussetzung aller Beteiligungsformen am Suizid ist weiterhin, dass der Wille des Suizidenten auf seinen eigenen Tod gerichtet sein muss.

Strittig ist allerdings, ob hierfür ein dem direkten Vorsatz vergleichbarer auf den eigenen Tod gerichteter Wille nötig ist oder ob nicht auch ein dem dolus eventualis vergleichbarer Wille des Suizidenten ausreicht.
Für die Forderung, der Suizident müsse einen dem dolus directus vergleichbaren Sterbewillen aufweisen, wird vorgebracht, das bloße Akzeptieren des Todes als mögliche Folge des Verhaltens, ohne den eigenen Tod wirklich zu wollen, mache den Einzelnen noch nicht zum Selbstmörder.[922] Dies lasse sich auch aus Art. 143 Abs. 4 CP ableiten, der das ausdrückliche, ernsthafte und unmissverständliche Verlangen des Sterbewilligen voraussetze und daher schlecht mit einem bloßen Akzeptieren des möglichen Todes vereinbar sei. Danach fallen solche Fälle nicht unter Art. 143 CP, in denen sich jemand nur sehenden Auges in Todesgefahr begibt, ohne den eigenen Tod zu wünschen, wie etwa der Zeuge Jehovas, der sich einer Bluttransfusion verweigert.[923] Dieser Auffassung scheint sich auch die Rechtsprechung anzuschließen. So könne der Zeuge Jehovas, der eine Bluttransfusion ablehnt, nicht als Selbstmörder eingeordnet werden, denn dieser wolle nicht sterben, sondern leben, wenn auch nicht unter allen Umständen und um jeden Preis.[924]
Nach zunehmend vertretener Ansicht ist allerdings ein dem dolus eventualis vergleichbarer auf den Tod gerichteter Wille des Selbstmörders ausreichend. Dabei wird argumentiert, dass kein Grund ersichtlich sei, hier ein anderes Konzept der Willentlichkeit zu verwenden als in der Strafrechtsdogmatik sonst üblich.[925] Zum Teil wird zudem angeführt, angesichts der oft in der Nähe des Pathologischen anzusiedelnden seelischen Verfassung des Suizidenten müsse das Strafrecht umso eher eingreifen, als kein fester, voll überzeugter Wille zum Sterben vorliege, sondern sich das Opfer mit dem möglicherweise tödlichen Ausgang nur abfinde.[926]

Dieser Ansicht, die auch den dem Eventualvorsatz entsprechenden auf seinen Tod gerichteten Willen des Suizidenten ausreichen lässt, dürfte auch zuzustimmen sein. Insbesondere kann Art. 143 Abs. 4 CP nicht als Argument für das Konzept des Suizids herangezogen werden, da das dort geforderte Verlangen jedenfalls für Anstiftung und notwendige Beihilfe irrelevant ist.[927] Im Übrigen ist eine Aufforderung zur Mitwirkung an einer Selbstgefährdung

---

[922] Vgl. Bajo Fernández, CPC 25 (1985), 127, 133 f. sowie Bueno Arús, AP 1991-2, 395, 403.

[923] González Rus, in: Cobo del Rosal, Curso de derecho penal – PE, S. 82; vielmehr seien solche Fälle unter den Totschlag zu subsumieren.

[924] ATS de 23 de diciembre de 1992, F.J. 8 unter Rückgriff auf die Formulierung von Bajo Fernández, CPC 25 (1985), 127, 134; danach fehlt es in solchen Fällen an strafrechtlicher Relevanz, es kommt also bei einer solchen Risikoabwägung des Patienten nicht etwa zu einer Strafbarkeit wegen Totschlags durch Unterlassen, vgl. ATS de 23 de diciembre de 1992, F.J. 11.

[925] Tomás-Valiente Lanuza, La cooperación al suicidio y la eutanasia, S. 53, Nuñez Paz, Homenaje al Dr. Marino Barbero Santos, S. 433, 438, Silva Sánchez, ADP 40 (1987), 451, 456 f., Díez Ripollés, in: Díez Ripollés/Gracia Martín/Laurenzo Copello, Comentarios al CP- PE, Art. 143 S. 190 f.; vgl. auch Romeo Casabona, RDPC 2 (1998), 327, 348 f.

[926] Olmedo Cardenete, in: Roxin/Mantovani/Barquín Sanz/Olmedo Cardenete, Eutanasia y suicidio, S. 119, Olmedo Cardenete/Barquín Sanz, in: Cobo del Rosal, Comentarios al CP, Art. 143 S. 190. Dieses Argument verfängt aber nur, wenn der gegenteilige Fall – Beteiligung an einer Selbstgefährdung mit bloßer Akzeptanz des tödlichen Ausgangs – als straffrei erachtet wird. Dies kann aber wohl nur bei Teilnahme an der fremden Selbstgefährdung der Fall sein, nicht aber, wenn der Dritte den Geschehensablauf als mittelbarer Täter steuert oder ihm Tatherrschaft als unmittelbarer Täter zukommt, also bei Fremdgefährdung mit bloßer Einwilligung des Opfers.

[927] Nach Ansicht von González Rus, in: Cobo del Rosal, Curso de derecho penal – PE, S. 86 ist indes – unter Verweis auf die Privilegierung des Art. 143 Abs. 4 CP – auch im Rahmen der notwendigen Beihilfe ein ausdrückliches Verlangen des Suizidenten erforderlich. Diese Frage wird aber allgemein nur im Rahmen der vollziehenden Beihilfe des Art. 143 Abs. 3 CP diskutiert, bei dem die Form der Mitwirkung des Suizidenten und Dritten höchst umstritten ist (s. dazu unten b,cc (1),(2)). Für Art. 143 Abs. 2 CP fordert indes die ganz h.M. kein Verlangen des Suizidenten, sondern erachtet die Vornahme der Selbsttötungshandlung durch den Suizidenten selbst für ausreichend.

und damit ein dem Art. 143 Abs. 4 CP entsprechendes Verlangen auch denkbar, wenn der tödliche Ausgang nur als mögliche Folge akzeptiert wird. Ein dem Eventualvorsatz entsprechender auf den eigenen Tod gerichteter Wille des Suizidenten muss daher ausreichen.

cc) Voraussetzung eines aktiven Verhaltens des Suizidenten?

Eng verbunden mit der Frage nach der erforderlichen Willensform und daher ebenfalls strittig ist das Problem, ob das Verhalten des Suizidenten aktiv auf die Herbeiführung seines eigenen Todes gerichtet sein muss oder ob es ausreicht, wenn er durch ein Unterlassen, ein „Sterbenlassen" den eigenen Tod herbeizuführen sucht. Dies ist insofern von großer Bedeutung, als insbesondere die Ablehnung lebensnotwendiger therapeutischer Maßnahmen dann als eine Art „Selbstmord durch Unterlassen" qualifiziert werden und grundsätzlich ebenfalls unter Art. 143 CP fallen könnte.

Die Einordnung der Ablehnung lebensverlängernder oder –erhaltender Maßnahmen als Selbstmord wird zum Teil abgelehnt: nur wer bewusst sterben, das Leben abkürzen will, handle mit Selbsttötungsabsicht. Wer nur der Natur seinen Lauf lassen will und lediglich eine Behandlung zurückweise, begehe daher keinen Selbstmord.[928] Als Kennzeichen eines Selbstmordes wird es demnach angesehen, wenn der Suizident „sich selbst tötet" in dem Sinne, dass er auf den natürlichen Verlauf der Dinge Einfluss nimmt und eine zuvor nicht vorhandene Gefahr für sein Leben schafft.[929]

Nach zunehmender Ansicht ist aber ein aktives Herbeiführen des Todes durch den Suizidenten nicht Voraussetzung eines Selbstmordes. Vielmehr könne auch eine Art „passiver Selbstmord" angenommen werden. Sobald der Einzelne die Möglichkeit habe, seinen eigenen Tod zu verhindern und dies ablehne, ist ihm sein eigener Tod auch zurechenbar, unabhängig davon, ob das Risiko des Todes auf natürlichen Ursachen wie einer Krankheit herrühre oder durch den Einzelnen etwa dadurch herbeigeführt werde, dass er die Nahrung verweigere oder aktiv Hand an sich legt.[930] Auch kann die Abgrenzung zwischen Ingangsetzen eines eigenen, zum Tod führenden Kausalverlaufs und bloßem „der Krankheit ihren Lauf lassen" im Einzelfall höchst problematisch sein, etwa wenn der bereits schwerkranke Patient eine künstliche Ernährung ablehnt.[931]

Richtig ist es daher, eine Beschränkung des Selbstmordes auf aktive Verhaltensweisen abzulehnen. Vielmehr ist Art. 143 CP auch in Fällen bloß passiven Verhaltens des Suizidenten grundsätzlich einschlägig.

dd) Der Tod des Suizidenten als Voraussetzung der Strafbarkeit – Zulässigkeit des Versuchs

Umstritten ist des weiteren in der spanischen Rechtslehre, inwieweit der Tod des Suizidenten im Rahmen des Art. 143 Abs. 1 und 2 CP Voraussetzung der Strafbarkeit des beteiligten Dritten ist und ob insbesondere eine Versuchsstrafbarkeit möglich ist.

Inzwischen ist aber absolut h.M., dass der Tod des Suizidenten Voraussetzung nicht nur einer Strafbarkeit nach Art. 143 Abs. 3 CP, sondern auch gemäß Art. 143 Abs. 1 und 2 CP ist, da es

---

[928] Vgl. Bueno Arús, AP 1991 – 2, 395, 403.

[929] Luzón Peña, LL 1988 – I, 992, 996 f.

[930] Vgl. bei Silva Sánchez, LL 1987 – I, 955, 961, Tomás-Valiente Lanuza, La disponibilidad de la propia vida, S. 417 f.,Valle Muñiz, CJ 25 (1994), 12, 18 f.

[931] Vgl. zu möglichen Abgrenzungsschwierigkeiten auch Tomás-Valiente Lanuza, La disponibilidad de la propia vida, S. 418.

sich eben um mit dem Selbstmord (dem Tod eines anderen) verbundene Verhaltensweisen handelt, sie sich im Abschnitt der Straftaten der Tötung befinden und im Zusammenhang mit Art. 143 Abs. 3 CP zu interpretieren sind, der den Tod des Suizidenten ausdrücklich fordert. Auch würde jede andere Interpretation zu Widersprüchen im Strafmaß etwa der nicht vollendeten Teilnahme am Selbstmord und des versuchten Totschlags führen.[932]
Die Strafbarkeit des Versuchs hängt indes davon ab, welche Rechtsnatur dem Tod des Suizidenten für die Strafbarkeit der Anstiftung und Beihilfe zukommt.[933]

(1) Der Tod des Selbstmörders als tatbestandlicher Erfolg

Von einem Teil der Lehre wird der Tod des Selbstmörders als tatbestandlicher Erfolg angesehen und damit die Möglichkeit des Versuchs grundsätzlich eröffnet.
Dies wird aber insofern kritisiert, als der Tod vom Teilnehmer-Täter nicht kausal verursacht bzw. ihm nicht zugerechnet werden könne, weil der Kausal- oder Zurechnungszusammenhang notwendigerweise durch das freie Dazwischentreten des Suizidenten unterbrochen werde. Der Tod des Suizidenten könnte lediglich der tatbestandliche Erfolg in dem hypothetischen Fall sein, dass ein Tatbestand des Selbstmords existieren würde.[934] Gegen diese Kritik lässt sich indes anführen, dass sich wie auch im Rahmen der normalen Teilnahmelehre eine Kausalitätsbeziehung zwischen Beitrag des Anstifters oder Gehilfen und dem tatbestandlichen Erfolg herstellen lässt.[935] Zwar gibt es keinen eigenen Tatbestand des Suizids, dessen Erfolg die Beteiligung herbeiführen könne. Doch geht es hier gerade um die Frage, ob der Tod des Suizidenten nicht in Art. 143 Abs. 1 und 2 CP als Erfolg vertatbestandlicht ist. Dass die freiverantwortliche Entscheidung des Suizidenten den Zurechnungszusammenhang nicht unterbrechen kann, folgt aus der Eigenart der Strafbarkeit der Teilnahme am freiverantwortlichen Suizid als eigenständigem Delikt, also letztlich aus der Entscheidung des Gesetzgebers, diesem freien Willen nur eingeschränkt Relevanz zukommen zu lassen. Weiterhin wird gegen die Interpretation des Todes des Suizidenten als tatbestandlichem Erfolg argumentiert, dass damit der Selbstmord letztlich als rechtswidriger Akt verstanden werde, was mit der verfassungsmäßigen Anerkennung der Verfügbarkeit des Lebens nicht vereinbar wäre. Ist die Verursachung des eigenen Todes erlaubt, könne der Tatbestand, der die Teilnehmer hieran bestraft, nicht den Tod des Suizidenten als Erfolg dieser Verhaltensweisen umfassen.[936] Dagegen lässt sich aber einwenden, dass die Beurteilung des Todes des Suizidenten als tatbestandlicher Erfolg nicht voraussetzt, dass der Selbstmord als rechtswidriger Akt verstanden wird. Denn der

---

[932] Carbonell Mateu, in:Vives Antón et al., Comentarios al CP de 1995, Art. 143 S. 752 f., Jorge Barreiro, in: Rodríguez Mourullo/Jorge Barreiro, Comentarios al CP, Art. 143 S. 412, Tomás-Valiente Lanuza, La cooperación al suicidio y la eutanasia, S. 55

[933] Unproblematisch ist demgegenüber die Frage nach einer Zulässigkeit des Versuchs im Rahmen des Art. 143 Abs. 3 CP. Nach ganz allgemeiner Auffassung handelt es sich beim Abs. 3 des Art. 143 CP um ein Erfolgsdelikt. Hat der Täter mit der Ausführung der Tat begonnen, ohne dass der Tod des Opfers letztendlich eintritt, ist demnach ein strafbarer Versuch gegeben, vgl. Tomás-Valiente Lanuza, La cooperación al suicidio y la eutanasia, S. 100, Olmedo Cardenete/Barquín Sanz, in: Cobo del Rosal, Comentarios al CP, Art. 143 S. 218, Olmedo Cardenete, in: Roxin/Mantovani/Barquín Sanz/Olmedo Cardenete, Eutanasia y suicidio, S. 152, Nuñez Paz, Homenaje al Dr. Marino Barbero Santos, S. 433, 450 f.

[934] Carbonell Mateu, in: Vives Antón et al., Comentarios al CP de 1995, Art. 143 S. 753, Sánchez Tomás, in: Rodríguez Ramos/Cobos Gómez de Linares/Sánchez Tomás, Derecho Penal – PE, S. 48

[935] Olmedo Cardenete, in: Roxin/Mantovani/Barquín Sanz/Olmedo Cardenete, Eutanasia y suicidio, S. 125 f., Olmedo Cardenete/Barquín Sanz, in: Cobo del Rosal, Comentarios al CP, Art. 143 S. 195 f.; vgl. auch del Rosal Blasco, ADPCP 40 (1987), 73, 93, Nuñez Paz, Homicidio consentido, S. 420 f.

[936] González Rus, in: Cobo del Rosal, Curso de derecho penal - PE, S. 83 f.

Gesetzgeber hat eben (vergleichbar mit der Beurteilung des Verhaltens von Täter und Opfer bei der notwendigen Teilnahme an einem Fremddelikt) die mittelbare Gefährdung oder Verletzung des Lebens des Suizidenten durch Dritte einem eigenen Unwertsurteil unterworfen.[937]

(2) Der Tod des Selbstmörders als objektive Bedingung der Strafbarkeit

Nach a.A. stellt der Tod des Suizidenten dagegen eine objektive Bedingung der Strafbarkeit dar, da es sich um ein von der Tathandlung zu unterscheidendes Element handele, das unabhängig vom Willen des Täters eintrete. Angesichts der Tatsache, dass eine Kausalitätsbeziehung zwischen Verhalten des Täters nach Art. 143 Abs. 1 und 2 CP und dem Verhalten des Selbstmörders nicht hergestellt werden könne, könne sich der Vorsatz des Dritten auch nur auf die mögliche Wirksamkeit seiner Anstiftung oder seines Tatbeitrages beziehen. Diese Ansicht schließt die Annahme eines strafbaren Versuchs aus, vielmehr wird das Tatunrecht bereits mit der bloßen Anstiftungshandlung oder dem Beihilfeakt vollendet.[938] Sie ist aber abzulehnen, da der Tod des Selbstmörders kein zukünftiges unsicheres Ereignis ist, das vom Willen des Täters völlig unabhängig ist. Vielmehr steht außer Zweifel, dass der Wille des Täters auch auf dieses Ergebnis gerichtet sein muss.[939]

(3) Einordnung des Todes des Suizidenten als „tatbestandliche Situation" bzw. „Bedingung der rechtlichen Relevanz des Verhaltens"

Schließlich wird noch die Ansicht vertreten, es handele sich beim Tod des Suizidenten allein um eine „tatbestandliche Situation", da Anstiftung und Beihilfe zum Selbstmord als nur zum eigenständigen Delikt erhobene Teilnehmerhandlungen reine Tätigkeitsdelikte seien. Somit sei der Tod allein eine Voraussetzung, um die rechtliche Relevanz des Verhaltens annehmen zu können.[940] Auch nach dieser Ansicht wäre der bloße Versuch an sich nicht strafbar.[941] Dagegen lässt sich aber einwenden, dass auch die normale Teilnahme an einem fremden Delikt kein reines Tätigkeitsdelikt darstellt, sondern auf die Erfüllung des eigentlichen Tatbestands bezogenes Erfolgsdelikt. Die gegen diese Annahme im Fall von Anstiftung und Beihilfe zum Suizid vorgebrachten Argumente lassen sich, wie oben bereits ausgeführt, durchaus widerlegen. Auch stellt die Einordnung des Todes als „Bedingung der juristischen Relevanz des Verhaltens" eher die Feststellung des Offensichtlichen als ein Urteil über die Rechtsnatur dieses Elementes dar.[942]

---

[937] Olmedo Cardenete, in: Roxin/Mantovani/Barquín Sanz/Olmedo Cardenete, Eutanasia y suicidio, S. 123 ff., Olmedo Cardenete/Barquín Sanz, in: Cobo del Rosal, Comentarios al CP, Art. 143 S. 193 ff., die aber letztlich die Beurteilung des Todes des Selbstmörders als tatbestandlichen Erfolg ablehnen, um eine eigenständige Zurechenbarkeitsbeziehung anzunehmen, die hinsichtlich der Strafbarkeit des Versuchs zu gleichen Ergebnissen führt.

[938] Torío López, in: Homenaje a D. Ignacio Serrano y Serrano, S. 653, 663 f., Sánchez Tomás, in: Rodríguez Ramos/Cobos Gómez de Linares/Sánchez Tomás, Derecho Penal – PE, S. 48 f., Serrano Gómez, Derecho Penal – PE, S. 51

[939] Carbonell Mateu, in: Vives Antón et al., Comentarios al CP de 1995, Art. 143 S. 753, Olmedo Cardenete, in: Roxin/Mantovani/Barquín Sanz/Olmedo Cardenete, Eutanasia y suicidio, S. 121 f., Olmedo Cardenete/Barquín Sanz, in: Cobo del Rosal, Comentarios al CP, Art. 143 S. 192

[940] Carbonell Mateu, in: Vives Antón, Comentarios al CP de 1995, Art. 143 S. 753; vgl. auch González Rus, in: Cobo del Rosal, Curso de derecho penal – PE, S. 84.

[941] González Rus, in: Cobo del Rosal, Curso de derecho penal – PE, S. 84, wenn er auch von Carbonell Mateu, in: Vives Antón et al., Comentarios al CP de 1995, Art. 143 S. 758 durchaus für möglich erachtet wird!

[942] del Rosal Blasco, ADPCP 40 (1987), 73, 93

(4) Stellungnahme

Richtig ist es also, auch bei Anstiftung und Beihilfe zum Selbstmord von einem Erfolgsdelikt auszugehen und damit den Versuch grundsätzlich zuzulassen.

Von einem Teil der Literatur wird allerdings trotz Annahme eines Erfolgsdelikts aus teleologischen und kriminalpolitischen Gründen die Möglichkeit eines Versuchs abgelehnt. Denn die Strafbarkeit bei diesen eigentlichen Formen der Teilnahme an einem fremden Geschehen sei weitest möglich zu beschränken, weil es sich bei diesem ja um ein tatbestandsloses Verhalten handele, das zudem den Bereich der freien Entwicklung der Persönlichkeit betreffe (bzw. die Ausübung des Rechts auf freie Verfügbarkeit des eigenen Lebens darstelle).[943]

Richtigerweise bestehen aber wohl keine Gründe, trotz der Einordnung als Erfolgsdelikt die Annahme eines strafbaren Versuches von vornherein abzulehnen. Der Gesetzgeber hat sich mit der Vertatbestandlichung der Teilnahme am Selbstmord als eigenständigem Unrecht gegen eine volle Anerkennung eines Rechts auf freie Verfügbarkeit des eigenen Lebens auch unter Mitwirkung Dritter entschieden. Ein Wille des Gesetzgebers, die Strafbarkeit der Teilnahme am Selbstmord so eng wie möglich zu fassen, ist nicht erkennbar. Auch wenn eine möglichst enge Fassung der Strafbarkeit des Teilnehmers am Suizid kriminalpolitisch wünschenswert sein mag, ist sie de lege lata dem Gesetz doch nicht zu entnehmen.[944]

Aus systematischen Gründen, um Widersprüche zur Strafbarkeit des Versuchs im Bereich der Beteiligung am einfachen Totschlag zu vermeiden, ist der Versuch aber nur dann strafbar, wenn der Suizident mit der Ausführung des Selbstmords begonnen hat.[945] Strafbar ist also nicht die versuchte Beteiligung, sondern nur die Beteiligung am versuchten Suizid.

ee) Die Teilnahme an der Beteiligung am Selbstmord

Fraglich bleibt, inwieweit eine Teilnahme an der Beteiligung am Suizid gemäß Art. 143 Abs. 1 – 3 CP möglich ist.

(1) Teilnahme an der Teilnahme am Selbstmord gemäß Art. 143 Abs. 1, 2 CP

Dabei ist zunächst auf die Frage einzugehen, ob die Möglichkeit einer Teilnahme an der Teilnahme am Selbstmord gemäß Art. 143 Abs. 1, 2 CP angenommen werden kann.

Dies erscheint angesichts der Tatsache, dass Anstiftung und Beihilfe zum Selbstmord eigenständige Delikte darstellen, an sich ohne weiteres möglich. Dennoch wird die Teilnahme an der Teilnahme am Selbstmord von der ganz h.L. abgelehnt. Denn die Teilnahme an einer Form der Teilnahme und die Kettenteilnahme seien generell und daher auch hier unzulässig.[946] Diesem Argument kann aber, da die Teilnahme am Selbstmord eben als eigenständiges Delikt ausgestattet ist, keine Relevanz zukommen. Weiterhin wird allerdings angebracht, dass die Anstiftung zu einer Anstiftung zum Selbstmord nicht wie erforderlich als direkte Aufforderung angesehen werden kann.[947] Doch auch hier lässt sich anführen, dass eine direkte Aufforderung durchaus vorliegt, nämlich zur Vornahme eines eigenständigen Deliktes, der

---

[943] Díez Ripollés, in: Díez Ripollés/Gracia Martín/Laurenzo Copello, Comentarios al CP – PE, Art. 143 Rdnr. 55, Queralt Jiménez, Derecho penal español – PE, S. 20, del Rosal Blasco, ADPCP 40 (1987), 73, 93

[944] Vgl. Tomás-Valiente Lanuza, La cooperación al suicidio y la eutanasia, S. 63 f.

[945] S. dazu ausführlich Tomás-Valiente Lanuza, La cooperación al suicidio y la eutanasia, S. 64 ff., 89 f.

[946] Carbonell Mateu, in: Vives Antón et al., Comentarios al CP de 1995, Art. 143 S. 757

[947] Carbonell Mateu, in: Vives Antón et al., Comentarios al CP de 1995, Art. 143 S. 757

Anstiftung zum Suizid.[948] Zudem wird die Restriktion der Möglichkeit der Teilnahme auch mit kriminalpolitischen Argumenten untermauert, dass nämlich die Strafbarkeit bei diesen Delikten so weit als möglich zu beschränken sei, weil es sich im Grunde um die Teilnahme an einem tatbestandslosen Verhalten handele, das sich auf das Recht auf freie Verfügbarkeit des eigenen Lebens stützen könne.[949] Dem lässt sich aber wiederum entgegenhalten, dass die Entscheidung des Gesetzgebers, die Teilnahme am Selbstmord als eigenständiges Delikt zu normieren, eben zu respektieren ist. Schließlich ist aber noch ein systematisches Argument zu nennen: auch hier sind Widersprüchlichkeiten zur Bestrafung im Bereich des Totschlags als größerem Unrecht zu vermeiden. Ein Verhalten, das im Bereich des Totschlags nur straflose Teilnahme an der Teilnahme oder Kettenteilnahme darstellen würde, kann daher nicht im Rahmen des geringeren Unrechts, der Teilnahme am Suizid, zur Strafbarkeit führen. Strafbar ist daher nur ein Verhalten, das als gemeinsame Anstiftung oder gemeinsame Beihilfe zum Selbstmord qualifiziert werden kann, nicht aber die Teilnahme an der Teilnahme am Suizid.[950]

(2) Zulässigkeit der Teilnahme im Rahmen des Art. 143 Abs. 3 CP

Schwierig ist auch die Frage nach der Zulässigkeit der Teilnahme im Rahmen des Art. 143 Abs. 3 CP, die zur Wahrung des sachlichen Zusammenhangs ebenfalls an dieser Stelle abgehandelt wird.

So soll die Mithilfe hinsichtlich einer Begehung des Art. 143 Abs. 3 CP durch einen Dritten zugleich eine Beihilfe gemäß Art. 143 Abs. 2 CP darstellen.[951] Nach a.A. ist dagegen eine Beihilfe zu Art. 143 Abs. 3 CP möglich, die ihrerseits aber keinesfalls eine notwendige Beihilfe i.S.d. Art. 143 Abs. 2 CP darstellen könne, da Art. 143 Abs. 2 CP einen Selbstmord des Opfers voraussetze, der hier nicht vorliege (vgl. zu der schwierigen Einordnung des Art. 143 Abs. 3 CP als Teilnahmeform am fremden Suizid oder als genuinem Fremdtötungsdelikt, das die Annahme eines Suizids ausschließt, unten b,cc (1)).[952] Denkbar erscheint allerdings, in den Fällen, in denen sowohl das Opfer als auch der Täter Tatherrschaft aufweisen und somit ein Selbstmord des Opfers bei gleichzeitiger Täterschaft des Außenstehenden angenommen werden kann (dazu unten b,cc (1)), die Beihilfe des Dritten unter Art. 143 Abs. 2 CP einzuordnen, wenn sie denn notwendig war. Nur wenn dem Opfer keine Tatherrschaft zukommt, liegt demnach eine (notwendige) Beihilfe des Dritten zur (Fremd-)tötung mit Einwilligung des Opfers gemäß Art. 143 Abs. 3 CP vor. Weiterhin muss die bloße Beihilfe zu Art. 143 Abs. 3 CP jedenfalls straflos bleiben, um Widersprüchlichkeiten mit der Entscheidung des

---

[948] Tomás-Valiente Lanuza, La cooperación al suicidio y la eutanasia, S. 69, vgl. auch Serrano Gómez, Derecho Penal – PE, S. 54

[949] Díez Ripollés, in: Díez Ripollés/Gracia Martín/Laurenzo Copello, Comentarios al CP – PE, Art. 143 Rdnr. 58; nach Olmedo Cardenete, in: Roxin/Mantovani/Barquín Sanz/Olmedo Cardenete, Eutanasia y suicidio, S. 135 f., Olmedo Cardenete/Barquín Sanz, in: Cobo del Rosal, Comentarios al CP, Art. 143 S. 205 handelt es sich um der einfachen Beihilfe vergleichbare, für die Gefahr für das Leben des Suizidenten nur sekundäre Verhaltensweisen, die angesichts der Straflosigkeit der einfachen Beihilfe ebenfalls straflos zu bleiben haben.

[950] Tomás-Valiente Lanuza, La cooperación al suicidio y la eutanasia, S. 69, 90

[951] Carbonell Mateu, in: Vives Antón et al., Comentarios al CP de 1995, Art. 143 S. 760

[952] González Rus, in: Cobo del Rosal, Curso de derecho penal – PE, S. 92; so auch Olmedo Cardenete, in: Roxin/Mantovani/Barquín Sanz/Olmedo Cardenete, Eutanasia y suicidio, S. 154, Olmedo Cardenete/Barquín Sanz, in: Cobo del Rosal, Comentarios al CP, Art. 143 S. 219.

Gesetzgebers in Art. 143 Abs. 2 CP, nur die notwendige Beihilfe zu bestrafen, zu vermeiden.[953]
Die Anstiftung dürfte dagegen nur möglich sein, wenn nicht das Opfer bereits durch sein Verlangen den Dritten zur Tötung veranlasst hat. Denn dann handelt es sich um einen omnimodo facturus, der nicht mehr zur Tat „bestimmt“ werden kann.[954]

b) Die Beteiligungsformen im Einzelnen

Im Folgenden sollen nun die Besonderheiten der einzelnen Beteiligungsformen, der Anstiftung, der notwendigen und der vollziehenden Beihilfe zum Selbstmord untersucht werden.

aa) Die Anstiftung zum Selbstmord (inducción al suicidio), Art. 143 Abs. 1 CP

Gemäß Art. 143 Abs. 1 CP wird, wer einen anderen zum Selbstmord anstiftet, mit Freiheitsstrafe von vier bis acht Jahren bestraft.[955]

(1) Anforderungen an die Anstiftungshandlung

Die Anstiftungshandlung besteht darin, in einem anderen den Wunsch zu wecken, seinem Leben ein Ende zu setzen.[956]
Nach ganz h.L. besteht die Anstiftungshandlung (wie bei der Anstiftung stets[957]) allein in einem aktiven Verhalten, so dass die Begehung dieses Deliktes durch Unterlassung ausgeschlossen ist. In einer solchen Unterlassung kann jedoch ggf. eine notwendige Beihilfe zum Selbstmord liegen.[958]
Zudem muss die Anstiftungshandlung nach allgemeiner Ansicht direkt sein, d.h. auf eine bestimmte Person oder einen bestimmten Personenkreis gerichtet sein und einen offenen und unmissverständlichen Vorschlag bzw. Aufforderung darstellen. Andernfalls ließe sich an eine notwendige psychische Beihilfe zum Selbstmord denken.[959]

---

[953] Vgl. Olmedo Cardenete, in: Roxin/Mantovani/Barquín Sanz/Olmedo Cardenete, Eutanasia y suicidio, S. 154, Olmedo Cardenete/Barquín Sanz, in: Cobo del Rosal, Comentarios al CP, Art. 143 S. 219 f.

[954] Olmedo Cardenete/Barquín Sanz, in: Cobo del Rosal, Comentarios al CP, Art. 143 S. 218 f., Olmedo Cardenete, in: Roxin/Mantovani/Barquín Sanz/Olmedo Cardenete, Eutanasia y suicidio, S. 152 f.; unklar, aber die Anstiftung wegen der Bedeutung des Verlangens des Opfers wohl insgesamt ablehnend Carbonell Mateu, in: Vives Antón et al., Comentarios al CP de 1995, Art. 143 S. 760.

[955] Die Anstiftung zum Selbstmord ist insofern mit geringerer Strafe bedroht als die vollziehende Beihilfe nach Art. 143 Abs. 3 CP (Freiheitsstrafe von sechs bis zehn Jahren). Dies steht in gewissem Gegensatz zu der allgemeinen Regelung des Art. 28 CP, nach der die Anstiftung mit gleicher Strafe wie die Täterschaft bestraft wird. Doch wird diese Unterscheidung regelmäßig als angemessen betrachtet, da zwischen der Anstiftung zum Selbstmord eines anderen und der Tötung des anderen – wenn auch mit dessen Willen – wertungsmäßig ein beträchtlicher Unterschied besteht, vgl. etwa González Rus, in: Cobo del Rosal, Curso de derecho penal español, S. 80.

[956] Tomás-Valiente Lanuza, La cooperación al suicidio y la eutanasia, S. 57

[957] Vgl. etwa López Barja de Quiroga, in: Cobo del Rosal, Comentarios al CP, Art. 28 S. 147.

[958] Jorge Barreiro, in: Rodríguez Mourullo/Jorge Barreiro, Comentarios al CP, Art. 143 S. 413, Olmedo Cardenete, in: Roxin/Mantovani/Barquín Sanz/Olmedo Cardenete, Eutanasia y suicidio, S. 132 f., Olmedo Cardenete/Barquín Sanz, in: Cobo del Rosal, Comentarios al CP, Art. 143 S. 202, Gómez Rivero, AP 1998.2, 889, 900

[959] Jorge Barreiro, in: Rodríguez Mourullo/Jorge Barreiro, Comentarios al CP, Art. 143 S. 413, Olmedo Cardenete, in: Roxin/Mantovani/Barquín Sanz/Olmedo Cardenete, Eutanasia y suicidio, S. 132 f., Olmedo Cardenete/Barquín Sanz, in: Cobo del Rosal, Comentarios al CP, Art. 143 S. 202

Die Anstiftungshandlung muss weiterhin wirksam werden. Hat der Suizident also bereits vor der Einwirkung durch den anderen seine Entscheidung zu sterben getroffen, war er ein „omnimodo facturus", ist eine Anstiftung nicht mehr möglich. Allenfalls kann man in solchen Fällen daran denken, das Verhalten wiederum als eine notwendige psychische Beihilfe gemäß Art. 143 Abs. 2 CP einzuordnen. Möglich bleibt eine Anstiftung indes, wenn sich der Suizident noch in seiner Entscheidung unsicher war, durch den anderen aber zu einem festen Suizidentschluss gebracht wird, oder zunächst nur ein weniger schädliches Verhalten wie etwa eine Selbstverletzung im Sinn hatte.[960]

(2) Subjektive Tatseite

Weiterhin ist Vorsatz des Anstiftenden nötig, der sowohl auf das Hervorrufen der Entscheidung zu sterben als auch auf die Durchführung des Selbstmordes selbst gerichtet sein muss.[961] Strittig ist indes, ob es sich hierbei wegen der Natur des in Frage stehenden Deliktes um einen direkten Vorsatz handeln muss[962] oder ob nicht auch Eventualvorsatz des Anstiftenden ausreicht. Zutreffend ist, dass der Wortlaut eine derartige Beschränkung nicht zwingend fordert. Zwar muss die Anstiftungshandlung selbst jedenfalls offen und unmissverständlich sein, doch schließt dies nicht aus, dass sich der andere seiner Wirkung auf den späteren Suizidenten nicht völlig sicher ist, so dass insofern nur von dolus eventualis gesprochen werden kann. Da der Eventualvorsatz in den Fällen der Anstiftung zum fremden Delikt allgemein als ausreichend angesehen wird, besteht nach zutreffender Ansicht kein Grund, diesen bei der Anstiftung zum Selbstmord auszuschließen.[963]

bb) Die notwendige Beihilfe zur Selbsttötung (cooperación necesaria al suicidio), Art. 143 Abs. 2 CP

Nach Art. 143 Abs. 2 CP wird derjenige, der mit notwendigen Handlungen zum Selbstmord einer Person beihilft, mit Freiheitsstrafe von zwei bis fünf Jahren bestraft.[964]

---

[960] Tomás-Valiente Lanuza, La cooperación al suicidio y la eutanasia, S. 57, Jorge Barreiro, in: Rodríguez Mourullo/Jorge Barreiro, Comentarios al CP, Art. 143 S. 413, Olmedo Cardenete, in: Roxin/Mantovani/Barquín Sanz/Olmedo Cardenete, Eutanasia y suicidio, S. 134 f., Olmedo Cardenete/Barquín Sanz, in: Cobo del Rosal, Comentarios al CP, Art. 143 S. 203 f.

[961] Tomás-Valiente Lanuza, La cooperación al suicidio y la eutanasia, S. 61

[962] González Rus, in: Cobo del Rosal, Curso de derecho penal - PE, S. 85, Queralt Jiménez, Derecho penal – PE, S. 20, Díez Ripollés, in: Díez Ripollés/Gracia Martín/Laurenzo Copello, Comentarios al CP - PE, Art. 143 Rdnr. 51, Serrano Gómez, Derecho Penal – PE, S. 51. Das Erfordernis eines dolus directus wurde unter Geltung des früheren CP auch aus dem Wortlaut des Art. 409 CP abgeleitet, dem zufolge strafbar war, wer einen anderen anstiftet, "damit" er sich umbringt ("para que se suicide"), s. Díez Ripollés, in: Díez Ripollés/Gracia Martín, Delitos contra bienes jurídicos fundamentales, S. 227. Mit dem geänderten Wortlaut des Art. 143 Abs. 1 CP ("wer zum Selbstmord eines anderen anstiftet") entfällt dieses Argument allerdings.

[963] Vgl. Olmedo Cardenete, in: Roxin/Mantovani/Barquín Sanz/Olmedo Cardenete, Eutanasia y suicidio, S. 135, Olmedo Cardenete/Barquín Sanz, in: Cobo del Rosal, Comentarios al CP, Art. 143 S. 204

[964] Auch die notwendige Beihilfe wird dabei mit geringerer Strafe bedroht als die vollziehende Beihilfe gemäß Art. 143 Abs. 3 CP, entgegen der allgemeinen Regelung in Art. 28 CP, nach der die notwendige Beihilfe die gleiche Strafe wie die Täterschaft nach sich zieht. Des weiteren ist im Gegensatz zur Regelung des Art. 28 CP auch die angedrohte Strafe geringer als bei der Anstiftung. Doch wird diese Differenzierung bei den Sanktionen in der Regel als zutreffend erachtet, da die Beihilfe zum Selbstmord eines anderen wertend einen geringeren Unrechtsgehalt aufweist als die Verleitung eines anderen zum Selbstmord oder gar die Tötung des anderen, wenn auch mit seinem Willen (vgl. insoweit González Rus, in: Cobo del Rosal, Curso de derecho penal – PE, S. 80 sowie Fn. 955).

(1) Abgrenzung der notwendigen Beihilfe

Im Gegensatz zur früheren Regelung beschränkt sich die Strafbarkeit der Selbstmordbeihilfe mit dem Código Penal aus dem Jahre 1995 auf die Fälle der sog. notwendigen Beihilfe (cooperación necesaria), während die bloße Beihilfe (complicidad) straffrei bleibt. Eine der größten Schwierigkeiten der neuen Regelung besteht demzufolge in der Abgrenzung der notwendigen von der einfachen, nicht notwendigen Beihilfe.[965]

Dabei kann auf die Kriterien zurückgegriffen werden, die in der Rechtslehre zur Abgrenzung des Anwendungsbereiches der notwendigen Beihilfe zu einem fremden Delikt i.S.d. Art. 28 lit. b) CP entwickelt wurden.[966] Danach ist der notwendigen Beihilfe zum Suizid schuldig, wer mit einer Handlung zu diesem beigetragen hat, ohne die der Selbstmord nicht zustande gekommen wäre.[967] Zur inhaltlichen Ausgestaltung dieses Kriteriums sind im Rahmen des Art. 28 lit. b) CP mehrere Theorien gebildet worden.

In Betracht kommt dabei zunächst die (herrschende) „Notwendigkeitstheorie" (teoría de la necesidad). Demnach ist auf der Grundlage der Äquivalenztheorie, also der Gleichwertigkeit aller Bedingungen im Rahmen der Kausalität, zu fragen, ob der Gehilfe direkt auf das Tatgeschehen Einfluss genommen hat und wirksame und notwendige Bedingung desselben in dem Sinne war, dass es ohne diesen Tatbeitrag nicht verwirklicht worden wäre (dann notwendige Beihilfe), oder nur indirekt mit Handlungen von objektiv geringerer Bedeutung beigetragen hat (dann bloße Beihilfe). Problematisch ist dann, ob diese Notwendigkeit der Handlung auf konkrete oder abstrakte Weise zu bestimmen ist. Insoweit dürfte inzwischen eine differenzierte Betrachtungsweise herrschen. Bezogen auf den Selbstmord muss aus einer objektiven Perspektive heraus ein hypothetisches Urteil darüber gebildet werden, ob, ausgehend vom konkreten Zeitpunkt der Tat, der Suizident ohne die Beihilfe von der Durchführung des Selbstmordes hätte Abstand nehmen müssen oder ihn zumindest hätte verschieben müssen (dann notwendige Beihilfe), oder ob er auch sonst die Möglichkeit zur Erreichung

---

in der Regel als zutreffend erachtet, da die Beihilfe zum Selbstmord eines anderen wertend einen geringeren Unrechtsgehalt aufweist als die Verleitung eines anderen zum Selbstmord oder gar die Tötung des anderen, wenn auch mit seinem Willen (vgl. insoweit González Rus, in: Cobo del Rosal, Curso de derecho penal – PE, S. 80 sowie Fn. 955).

[965] Carbonell Mateu, in: Vives Antón et al., Comentarios al CP de 1995, Art. 143 S. 755, Jorge Barreiro, in: Rodríguez Mourullo/Jorge Barreiro, Comentarios al CP, Art. 143 S. 413; kritisch zur Entscheidung des Gesetzgebers, die einfache Beihilfe straffrei zu lassen, und deren Konsequenzen (insbesondere der schwierigen Abgrenzung zwischen notwendiger und einfacher Beihilfe) Tomás-Valiente Lanuza, La disponibilidad de la propia vida, S. 410 ff., 420 ff.

[966] Nach nunmehr ganz h.L. handelt es sich bei der notwendigen Beihilfe um eine Form der Teilnahme und nicht der Täterschaft. Dies erscheint zwar bei der hier gewählten Übersetzung der notwendigen „Beihilfe" selbstverständlich; dabei ist indes zu berücksichtigen, dass die Terminologie des spanischen Strafgesetzbuchs durchaus zwischen „cooperación" und „complicidad" unterscheidet und zunächst nur mangels adäquater Übersetzungsmöglichkeiten im Deutschen hier in beiden Fällen von „Beihilfe" die Rede ist. Zudem ist zu beachten, dass nach Art. 28 CP Anstifter und notwendige Gehilfen „auch als Täter angesehen werden". Dies ist aber als Angleichung nur in den Rechtsfolgen (gleiche Strafbarkeit) zu verstehen. Vgl. die ausführliche Darstellung der einzelnen Theorien im Streit um die Einordnung der notwendigen Beihilfe bei Pérez Alonso, La coautoría y la complicidad (necesaria), S. 22 ff. Die Rechtsprechung ist in dieser Frage uneinheitlich und vor allem unbestimmt, da eine konkrete Einordnung angesichts der Gleichordnung im Strafmaß auch nicht zwingend notwendig ist, vgl. Pérez Alonso, La coautoría y la complicidad (necesaria), S. 111 ff.

[967] Jorge Barreiro, in: Rodríguez Mourullo/Jorge Barreiro, Comentarios al CP, Art. 143 S. 413, Tomás-Valiente Lanuza, La cooperación al suicidio y la eutanasia, S. 70, González Rus, in: Cobo del Rosal, Curso de derecho penal – PE, S. 86 f.

seines Zieles gehabt hätte (dann bloße Beihilfe).[968]
Des Weiteren kann auf die von *Gimbernat Ordeig* begründete „Theorie der knappen Mittel" (teoría de los bienes escasos) abgestellt werden. Dieser weist die Äquivalenztheorie und damit ein hypothetisches Urteil ex post zur Abgrenzung der notwendigen Beihilfe zurück und stellt vielmehr auf die objektive Bedeutung des Beitrags ab. Ausgehend vom allgemeinen Sprachgebrauch sei zu fragen, wann ein Tatbeitrag unerlässlich für das Erreichen des Zieles sei, nämlich dann, wenn die Tätigkeit oder das beigetragene Tatmittel schwer erhältlich, knapp ist (dann notwendige Beihilfe). Handelt es sich dagegen um ein reichlich vorhandenes, leicht erhältliches Mittel oder eine solche Tätigkeit, liegt bloße Beihilfe vor. Dies ist aus einer Perspektive ex ante unter Berücksichtigung auch der konkreten Umstände zu beurteilen.[969]
Nach der Theorie der Beurteilung des Motivationsprozesses des Täters (teoría del juicio sobre el proceso motivacional del autor) ist, ausgehend vom Gesetzeswortlaut, nicht darauf abzustellen, ob der Täter die Tat auch ohne den Tatbeitrag des Gehilfen hätte vornehmen *können*, sondern, ob er sie auch vorgenommen *hätte*. Es geht demnach also gerade nicht um die bloße Feststellung der objektiven Möglichkeiten des Täters, vielmehr wird ein subjektives Kriterium herangezogen.[970] Damit würde die notwendige Beihilfe auf die Fälle beschränkt, in denen – ohne den Tatentschluss hervorzurufen (dann läge Anstiftung vor) – der Täter in seiner Entscheidung zumindest psychisch gestärkt wurde. Demnach wäre es als straffreie bloße Beihilfe einzuordnen, wenn der Suizident die Entscheidung, sich das Leben zu nehmen, schon zuvor getroffen hatte, ohne dass die Hilfe des anderen auf seinen Willen Einfluss genommen hat. Andererseits wäre als notwendige Beihilfe anzusehen, wenn dadurch der Entscheidungsprozess des Suizidenten beeinflusst würde. Diese Auffassung dürfte aber insoweit mit dem Gesetz schwer zu vereinbaren sein, als danach auch objektiv schlichtweg unerlässliche Beihilfehandlungen (z.B. beim vollständig Gelähmten, der ohne fremde Hilfe nicht zum Selbstmord in der Lage wäre) als nicht notwendige Beihilfe einzuordnen sind, wenn sie nicht von Einfluss auf den Willen des Suizidenten waren. Die Abgrenzung kann aber nicht allein davon abhängig gemacht werden, inwieweit der Suizident schon zur Tat entschlossen war, weshalb diese Theorie abzulehnen ist.[971]
Schließlich wird auch eine Kombination der Theorie der knappen Mittel mit einer objektiven Bewertung der Bedeutung des Beitrags für die Verletzung des geschützten Rechtsguts vorgeschlagen.[972] Richtigerweise kann diese Kombination aber zu dem Erfordernis der objektiven Beurteilung nichts mehr Entscheidendes beitragen, denn die Knappheit der dem Suizdenten zur Verfügung stehenden Mittel ist eben einer der objektiven Umstände, die in die Beurteilung unter Berücksichtigung aller konkreter Umstände einzustellen sind.

---

[968] Jorge Barreiro, in: Rodríguez Mourullo/Jorge Barreiro, Comentarios al CP, Art. 143 S. 413 f., Tomás-Valiente Lanuza, La cooperación al suicidio y la eutanasia, S. 72 f. Zur Entwicklung der Notwendigkeitstheorie und den in deren Rahmen vertretenen Kriterien s. Pérez Alonso, La coautoría y la complicidad (necesaria), S. 88 ff.
[969] Vgl. die Darstellung der Theorie der knappen Mittel bei Pérez Alonso, La coautoría y la complicidad (necesaria), S. 98 ff.
[970] S. die Ausführungen zu dieser Theorie bei Pérez Alonso, La coautoría y la complicidad (necesaria), S. 106 f.; im Rahmen des Suizids s. González Rus, in: Cobo del Rosal, Curso de derecho penal – PE, S. 87.
[971] Tomás-Valiente Lanuza, La cooperación al suicidio y la eutanasia, S. 72 f.
[972] Olmedo Cardenete, in: Roxin/Mantovani/Barquín Sanz/Olmedo Cardenete, Eutanasia y suicidio, S. 137 f., Olmedo Cardenete/Barquín Sanz, in: Cobo del Rosal, Comentarios al CP, Art. 143 S. 206

Unstrittig kann die notwendige Beihilfe jedenfalls sowohl in materiellen wie auch in bloß psychischen Beiträgen bestehen.[973]
Die notwendige Beihilfe ist weiterhin von der sog. vollziehenden Beihilfe des Art. 143 Abs. 3 CP abzugrenzen. Der Gehilfe darf also den Tod des Opfers nicht selbst durch täterschaftliche Beiträge vollziehen.[974] Zu dieser Abgrenzung s.indes unten cc).

(2) Begehung durch Unterlassung

Höchst problematisch und umstritten ist nun die Frage, ob eine notwendige Beihilfe zum Selbstmord auch durch Unterlassung möglich ist.[975]

(a) Zulassung der notwendigen Beihilfe durch Unterlassen

Nach traditioneller Ansicht ist die notwendige Beihilfe auch in Form der Unterlassung möglich, wenn der andere die vom Suizidenten in Gang gesetzte Kausalkette nicht unterbricht.[976] Auch die Rechtsprechung hat eine Begehung der notwendigen Beihilfe zum Selbstmord durch Unterlassung grundsätzlich für möglich gehalten. Zu beachten ist dabei allerdings, dass in den abgeurteilten Fällen zum Teil auch ein aktives Verhalten vorlag, das zugleich eine psychische Form der Beihilfe darstellen konnte, und zudem teilweise der freie Wille des Suizidenten nicht sicher feststellbar war. Eine Auseinandersetzung mit den mit einer solchen Zulassung verbundenen Fragen fehlt indes.[977]

[973] Olmedo Cardenete, in: Roxin/Mantovani/Barquín Sanz/Olmedo Cardenete, Eutanasia y suicidio, S. 139, Olmedo Cardenete/Barquín Sanz, in: Cobo del Rosal, Comentarios al CP, Art. 143 S. 208, Jorge Barreiro, in: Rodríguez Mourullo/Jorge Barreiro, Comentarios als CP, Art. 143 S. 414

[974] Zumindest missverständlich erscheint insoweit die Formulierung bei Serrano Gómez, Derecho Penal - PE, S. 55, der Beitrag von Suizident und Drittem sei „gleichermaßen entscheidend".

[975] Diese Frage ist auch eng verbunden mit dem Problem, inwieweit eine Teilnahme durch Unterlassen überhaupt möglich ist, ob der Teilnehmende insoweit eine Garantenposition aufzuweisen hat sowie ob und ggf. wie eine Abgrenzung zur Täterschaft durch Unterlassen möglich ist. Diesen Problemkreis hier auszuführen, würde allerdings den Umfang der vorliegenden Arbeit sprengen. Sie hat sich daher auf die Feststellung zu beschränken, dass Teile der spanischen Rechtslehre wie auch die Rechtsprechung die Beihilfe durch Unterlassung für durchaus möglich erachten und der Gehilfe hierfür nach herrschender Auffassung eine Garantenstellung innehaben muss. Beihilfe durch Unterlassen ist demnach gegeben, wenn ein Garant eine Handlung unterlässt, die voraussichtlich die Tatbegehung verzögert oder erschwert hätte, die Schwere des tatbestandlichen Erfolges gemindert oder Umstände, die den Erfolg des Tatplanes sicherten, ausgeschaltet hätte, s. López Peregrin, La complicidad en el delito, S. 330 ff. Die Rechtsprechung grenzt die verschiedenen Beteiligungsformen dabei nach der „Kausalität" der Unterlassung für den tatbestandlichen Erfolg ab, d.h. nach der „Bedeutung" der Unterlassung (vgl. López Barja de Quiroga, in: Cobo del Rosal, Comentarios al CP, Art. 28 S. 157 f.). Die Abgrenzung bleibt aber naturgemäß unscharf und kasuistisch.

[976] Carbonell Mateu, in: Vives Antón et al., Comentarios al CP de 1995, Art. 143 S. 756, Jorge Barreiro, in: Rodríguez Mourullo/Jorge Barreiro, Comentarios al CP, Art. 143, S. 414, Olmedo Cardenete, in: Roxin/Mantovani/Barquín Sanz/Olmedo Cardenete, Eutanasia y suicidio, S. 140 ff., Olmedo Cardenete/Barquín Sanz, in: Cobo del Rosal, Comentarios al CP, Art. 143 S. 208 ff., Serrano Gómez, Derecho Penal - PE, S. 55

[977] Vgl. STS de 26 de marzo de 1916 (einseitig fehlgeschlagener Doppelselbstmord) sowie STS de 8 de noviembre de 1961, auszugsweise abgedruckt in Alastuey Dobón, ADPCP 45 (1992), 969, 987 ff. sowie dazu Calderón Cerezo/Choclán Montalvo, Derecho Penal – PE, S. 600. In einem weiteren Urteil erklärte der TS abstrakt die Begehung der Teilnahme am Suizid durch Unterlassen für möglich, obgleich er im konkreten Fall wegen aktiver vollziehender Beihilfe verurteilte, s. STS de 15 de diciembre de 1977, in den wesentlichen Passagen abgedruckt in Manzanares Samaniego/Albácar López, Código Penal (Comentarios y Jurisprudencia), S. 989 f. Ebenso STS de 23 de noviembre de 1994, F.J. 4, unter Berufung auf STS de 15 de diciembre de 1977.

Als Argument für die Zulassung der notwendigen Beihilfe durch Unterlassung lässt sich nun ein Umkehrschluss aus Art. 143 Abs. 4 CP anführen: dort hat der Gesetzgeber nämlich ausdrücklich nur den mit Strafe bedroht, der aktiv zum Tod eines anderen beihilft („cooperare activamente“), weshalb dort nach allgemeiner Auffassung ein Unterlassen tatbestandslos ist. Diese Regelung mit dem Ziel, die passive Sterbehilfe ganz aus dem Bereich der strafbaren Sterbehilfe herauszunehmen, lässt sich aber nicht ohne weiteres auf den „normalen“ Suizid übertragen. Fehlt also im Bereich des Art. 143 Abs. 2 CP die ausdrückliche Voraussetzung aktiven Verhaltens, so ist das dahin zu verstehen, dass in diesem Rahmen auch eine Tatbestandsverwirklichung durch Unterlassen möglich ist.[978] Auch könne der Wortlaut des Art. 143 Abs. 2 CP („mit notwendigen Handlungen“) nicht als Argument gegen eine Verwirklichung des Tatbestandes durch Unterlassen angeführt werden, da es gerade Aufgabe des Art. 11 CP sei, eine Unterlassungsstrafbarkeit in solchen Fällen herzuleiten, in denen sich diese nicht direkt aus dem Wortlaut des entsprechenden Straftatbestands ergibt.[979] Zum Teil wird auch angeführt, dass angesichts der leichten Beeinflussbarkeit und psychischen Instabilität des Suizidenten die Bestrafung desjenigen, der einen solchen Selbstmord zulässt, Strafe verdiene. Nur wenn die völlige Freiheit der Entscheidung feststehe, könne von einer wirklichen Verfügung über das eigene Leben ausgegangen werden.[980]

Innerhalb der Befürworter der Zulassung der Unterlassung im Rahmen der notwendigen Beihilfe ist aber umstritten, ob eine Garantenstellung für eine Strafbarkeit nach Art. 143 Abs. 2 CP erforderlich ist. Nach einer Mindermeinung ist eine solche Garantenposition nicht Voraussetzung der notwendigen Beihilfe durch Unterlassen. Begründet wird dies etwa damit, dass bei der Beihilfe keine Zurechnung zwischen Unterlassung und Erfolg erforderlich sei, da es sich um ein echtes Unterlassungsdelikt handele. Erforderlich ist demnach nur der Beihilfewille des Unterlassenden.[981] Überwiegend wird aber das Vorliegen einer Garantenstellung im Rahmen der notwendigen Beihilfe gefordert.[982] Da Art. 143 Abs. 2 CP ein aktives Verhalten umschreibt, könne kein echtes Unterlassungsdelikt angenommen werden. Vielmehr müsse nach Art. 11 CP, um den Tod des Suizidenten dem Unterlassenden zurechnen zu können, eine

---

[978] Olmedo Cardenete, in: Roxin/Mantovani/Barquín Sanz/Olmedo Cardenete, Eutanasia y suicidio, S. 140 f., Olmedo Cardenete/Barquín Sanz, in: Cobo del Rosal, Comentarios al CP, Art. 143 S. 209; s. aber auch den gegenteiligen Umkehrschluss von Díez Ripollés, Fn. 999 sowie ihm folgend Romeo Casabona, RDPC 2 (1998), 327, 349 f.

[979] Gómez Rivero, AP 1998.2, 889, 902

[980] García Arán, in: Díez Ripollés, Delitos contra la vida e integridad física, S. 36 ff. unter Berufung auf Silva Sánchez. Problematisch ist an dieser Auffassung indes, dass sie noch einmal ein Kriterium zwischen (völlig) unfreiem Selbstmord (der eine Bestrafung des Dritten wegen Totschlags durch Unterlassen nach sich ziehen müsste) und (völlig) freiem Selbstmord (dann keinerlei Bestrafung) einzuführen scheint, das kaum zu bestimmen sein dürfte.

[981] Carbonell Mateu, in: Vives Antón et al., Comentarios al CP de 1995, Art. 143 S. 756: sollte der Beihilfewille nicht vorliegen, kommt indes eine unterlassene Hilfeleistung nach Art. 195 CP in Betracht.

[982] Jorge Barreiro, in: Rodríguez Mourullo/Jorge Barreiro, Comentarios al CP, Art. 143 S. 414, Serrano Gómez, Derecho Penal - PE, S. 55, Olmedo Cardenete, in: Roxin/Mantovani/Barquín Sanz/Olmedo Cardenete, Eutanasia y suicidio, S. 142, Olmedo Cardenete/Barquín Sanz, in: Cobo del Rosal, Comentarios al CP, Art. 143 S. 210 f., Muñoz Conde, Derecho Penal – PE, S. 68 f. Dieser Auffassung scheint auch die Rechtsprechung zu sein, wenn sie auch (bislang) nicht explizit eine Garantenstellung forderte. So verurteilte der TS den Ehemann, der den Selbstmord seiner Frau nicht verhinderte und es insbesondere unterließ, einen Arzt zuzuziehen, angesichts auch seines Vorverhaltens, das zumindest teilweise Anlass des Suizids war, wegen Beihilfe zum Selbstmord durch Unterlassen. Im übrigen betonte er die Pflicht jeglicher Person zur Hilfeleistung, deren Unterlassen als unterlassene Hilfeleistung zu bestrafen wäre (STS de 8 de noviembre de 1961, teilweise abgedruckt in Manzanares Samaniego/Albácar López, Código Penal (Comentarios y Jurisprudencia), S. 990).

Garantenstellung wie auch eine Vergleichbarkeit von Tun und Unterlassen gegeben sein.[983] Der Wille des Selbstmörders könne die Garantenstellung dabei nicht ohne weiteres aufheben, da diesem Willen aufgrund der ausdrücklichen Strafbarkeit der Beteiligung Dritter an einem Selbstmord nur beschränkte Bedeutung zukomme. Der vom Gesetzgeber beabsichtigte absolute Schutz des Lebens des Suizidenten gegenüber Dritten könne nicht einfach im Unterlassensbereich eingeschränkt werden.[984] Nach einer anderen Ansicht ist die erforderliche Garantenstellung dann gegeben, wenn der Unterlassende zuvor eine Gefahrensituation für den Suizidenten geschaffen hat, wenn also z.B. derjenige, der giftige Substanzen zu verwahren hat, diese dem unter seiner Obhut stehenden Suizidenten frei zugänglich lässt.[985] *Gómez Rivero* etwa führt hinsichtlich der Vergleichbarkeit von Tun und Unterlassen aus, dass diese im Fall der notwendigen Beihilfe nur vorliegen könne, wenn das Unterlassen auf eine ganz bestimmte Handlung bezogen war, die in direkter und unmittelbarer Weise den Suizid verhindert hätte.[986]

Weiterhin ist umstritten, ob andernfalls (wenn also keine Garantenposition bzw. kein Beihilfewille gegeben ist) eine unterlassene Hilfeleistung gemäß Art. 195 CP (omisión del deber de socorro) angenommen werden kann.[987] Diesbezüglich wird zum Einen vertreten, dass eine unterlassene Hilfeleistung nicht vorliegen könne, da sich diejenige Person, die sich freiverantwortlich dafür entscheidet, sich das Leben zu nehmen, normalerweise nicht in einer

---

[983] Olmedo Cardenete, in: Roxin/Mantovani/Barquín Sanz/Olmedo Cardenete, Eutanasia y suicidio, S. 142, Olmedo Cardenete/Barquín Sanz, in: Cobo del Rosal, Comentarios al CP, Art. 143 S. 210 f.; nach Art. 11 CP werden Verbrechen und Vergehen sowie Übertretungen, die in dem Erreichen eines Erfolges bestehen, nur dann als Unterlassung bestraft, wenn das Nichtvermeiden des Erfolges seiner Verursachung entspricht. In diesem Sinn wird das Unterlassen dem Handeln gleichgestellt: a) wenn eine spezifische Handlungspflicht aus Gesetz oder Vertrag besteht b) wenn der Unterlassende durch eine vorangegangene Handlung oder Unterlassung eine Gefahrensituation für das geschützte Rechtsgut geschaffen hat.

[984] Gómez Rivero, AP 1998.2, 889, 898 f. Beachte aber auch die Relativierung dieser Aussage durch Gómez Rivero, La responsabilidad penal del médico, S. 466 f.: Zwar könne der Sterbewillen des Suizidenten allein nicht die Garantenstellung des Arztes zu Fall bringen, doch müsse eine solche überhaupt noch bestehen. Dies sei regelmäßig nicht der Fall, wenn der Patient jegliche Behandlung ablehnt und damit keine Verpflichtung zur Behandlung mehr gegeben ist.

[985] Muñoz Conde, Derecho Penal – PE, S. 68 f.

[986] Gómez Rivero, AP 1998.2, 889, 904 ff.

[987] Gemäß Art. 195 Abs. 1 CP wird, wer einer Person, die sich schutzlos und in offensichtlicher und schwerer Gefahr befindet, nicht hilft, obwohl er dies ohne Risiko für sich selbst oder Dritte tun könnte, mit Geldstrafe von drei bis zwölf Monaten bestraft. Von vornherein kaum zur Anwendung kommen kann hingegen Art. 196 CP als Qualifizierungs- bzw. eigener Unterlassungstatbestand (zu diesem Streit s. Faraldo Cabana, in: Brandariz García/Faraldo Cabana, Responsabilidad penal del Personal Sanitario, S. 140 f.) im Bereich der medizinischen Assistenz. Danach wird derjenige, der – obgleich er hierzu verpflichtet ist – die medizinische Assistenz verweigert oder die sanitären Einrichtungen verlässt, mit erhöhten Strafen bestraft, wenn sich daraus eine schwere Gesundheitsgefahr ergibt. Voraussetzung des Art. 196 Alt. 1 CP ist also, dass der jeweilige Patient Hilfe in Anspruch nehmen möchte. Allenfalls könnte die zweite Tatbestandsalternative (Verlassen der sanitären Einrichtungen) einschlägig sein. Doch wird man auch hier verlangen müssen, dass Personen betroffen sind, die medizinische Hilfe in Anspruch nehmen wollten, denn andernfalls kann kaum davon die Rede sein, dass sich gerade vom Verlassen der sanitären Einrichtungen eine Gefahr für diese Personen abgeleitet hat, vgl. hierzu Faraldo Cabana, in: Brandariz García/Faraldo Cabana, Responsabilidad penal del Personal Sanitario, S. 144 f. Nach a.A. ist zwar nicht stets das vorherige Verlangen Voraussetzung für die Anwendung des Art. 196 CP, wenn etwa gemäß Art. 10 Abs. 6 LGS (jetzt Art. 9 Abs. 2 ley 41/2002, de 14 de noviembre) auf die Einwilligung des Patienten wegen der Dringlichkeit des Eingriffs verzichtet werden kann (Gómez Pavón, Tratamientos médicos, S. 313). Doch auch danach kann sich eine Verantwortlichkeit nach Art. 196 CP nicht ergeben, wenn der Wille des Patienten einer Behandlung entgegensteht. Ein vorheriges Verlangen stets ablehnend etwa Portilla Contreras, in: Cobo del Rosal, Curso de derecho penal – PE, S. 388 f., der allerdings auf die Problematik eines der Behandlung *entgegenstehenden* Willens nicht eingeht.

„schutzlosen" Situation befindet, wie es Art. 195 CP voraussetzt.[988] Zum Anderen wird die Möglichkeit einer unterlassenen Hilfeleistung zugelassen.[989] Dies wird damit begründet, dass eine Situation der Schutzlosigkeit aufgrund der schwierigen psychologischen Situation des Suizidenten durchaus gegeben sei[990] bzw. der Gesetzgeber dem Willen des Suizidenten eben keine Relevanz zukommen lässt.[991] Nach einer weiteren Ansicht umfasst der Unrechtsgehalt der unterlassenen Hilfeleistung allein die Verletzung der mitmenschlichen Solidarität, die unabhängig davon bestehe, aus welchem Grund sich der andere in einer Gefahrensituation befindet. Allerdings liege die Grenze dort, wo das Opfer unmissverständlich die Hilfe ablehne und also eine Hilfeleistung zugleich eine Nötigung beinhalten würde. Eine Hilfeleistungspflicht nach Art. 195 CP könne daher nur dort angenommen werden, wo das Opfer bewusstlos sei oder sich sonst nicht in der Lage befinde, seinem Willen Ausdruck zu geben.[992]

(b) Ablehnung einer notwendigen Beihilfe durch Unterlassen

Nach einer zunehmend vertretenen Ansicht ist eine Begehung der notwendigen Beihilfe durch Unterlassung aber nicht möglich. Begründet wird dies etwa damit, dass angesichts des Höchstranges der individuellen Freiheit in Art. 1 Abs. 1 CE grundsätzlich nur ein Schutz desjenigen möglich ist, der auch geschützt werden will, da andernfalls die Autonomie des Einzelnen zu sehr beschränkt würde.[993] Auch wäre sonst ein Widerspruch zum Recht jedes Patienten, lebensrettende oder –verlängernde therapeutische Maßnahmen abzulehnen, unvermeidlich.[994] Dieser Widerspruch tritt noch stärker hervor, wenn man berücksichtigt, dass, wer einen Selbstmordversuch unternommen hat, in der Regel ebenfalls einer medizinischen Behandlung unterworfen wird.[995] Auch aus dem Wortlaut des Art. 143 Abs. 2 CP wird teilweise die ausschließliche Zulässigkeit aktiver Beihilfe hergeleitet, da der Ausdruck „mit Hand-

---

988 Jorge Barreiro, in: Rodríguez Mourullo/Jorge Barreiro, Comentarios al CP, Art. 143 S. 415

989 Carbonell Mateu, in: Vives Antón et al., Comentarios al CP de 1995, Art. 143 S. 756 f., Serrano Gómez, Derecho Penal – PE, S. 55; so auch die Rechtsprechung, s. STS de 8 de noviembre de 1961, teilweise abgedruckt in Manzanares Samaniego/Albácar López, Código Penal (Comentarios y Jurisprudencia), S. 990; Olmedo Cardenete, in: Roxin/Mantovani/Barquín Sanz/Olmedo Cardenete, Eutanasia y suicidio, S. 145 f. sowie Olmedo Cardenete/Barquín Sanz, in: Cobo del Rosal, Comentarios al CP, Art. 143 S. 212 f. schränken allerdings insoweit ein, als nur der Nichtgarant, der jegliche Hilfe unterlässt, nach Art. 195 CP strafbar sein soll.

990 Olmedo Cardenete, in: Roxin/Mantovani/Barquín Sanz/Olmedo Cardenete, Eutanasia y suicidio, S. 145, Olmedo Cardenete/Barquín Sanz, in: Cobo del Rosal, Comentarios al CP, Art. 143 S. 213

991 Carbonell Mateu, in: Vives Antón et al., Comentarios al CP de 1995, Art. 143 S. 757 unter Verweis auf die Strafbarkeit der Beteiligung am Selbstmord.

992 Gómez Rivero, AP 1998.2, 889, 917 f.

993 Tomás-Valiente Lanuza, La cooperación al suicidio y la eutanasia, S. 77 f., vgl. auch del Rosal Blasco, ADPCP 40 (1987), 73, 96: ein Verhalten, das nur darin besteht, einen völlig freien Akt nicht zu verhindern, könne nicht strafbar sein. Dagegen wird indes angeführt, dass verfassungsrechtliche Gründe den Richter nicht zu einer Gesetzesauslegung contra legem ermächtigen könnten. Art. 143 i.V.m. Art. 11 CP sei vom TC indes nicht für verfassungswidrig erklärt worden und die grundsätzliche Einschlägigkeit der Regelung daher unumgänglich, Gómez Rivero, AP 1998.2, 889, 898 f.

994 Genauer zum Recht des Patienten, eine Behandlung abzulehnen und seine Verankerung in Art. 10 Abs. 6 lit. c) LGS bzw. Art. 2 Abs. 4, Art. 9 Abs. 2, 3 ley 41/2002, de 14 de noviembre, s. o. 1a,dd (2).

995 Tomás-Valiente Lanuza, La cooperación al suicidio y la eutanasia, S. 80 f.; allerdings wird eine medizinische Behandlung des Selbstmörders auch gegen seinen Willen häufig – etwa aufgrund einer Notstandsrechtfertigung – zugelassen. Dies ändere nichts am grundsätzlichen Recht des Normalpatienten, eine bestimmte, auch lebensnotwendige Maßnahme abzulehnen, da diesem der Suizidwille fehle, vgl. Bueno Arús, AP 1991 - 2, 395, 401 ff. Dass die Abgrenzung zwischen Suizidwillen und „bloßem" Willen, der Natur ihren Lauf zu lassen, im Einzelfall nur schwer möglich ist, wird dabei indes nicht ausreichend berücksichtigt.

lungen beiträgt" („coopere con actos") eindeutig nur positives Handeln beinhalte.[996] Weiterhin wird argumentiert, dass das Fundament der strafbaren Beteiligung des Art. 143 CP darin liege, dass der Dritte sich einmischt und die freie Verfügung des Suizidenten über dessen Leben beeinflusst. Denn nur dann werde das *fremde* Leben missachtet. Diese Einmischung liege dagegen bei einer Beihilfe durch Unterlassen grundsätzlich nicht vor, da sich der Dritte dort darauf beschränke, nicht in den vom Selbstmörder selbst in Gang gesetzten Kausalverlauf einzuschreiten. Die Straflosigkeit der bloßen Beihilfe und der passiven Sterbehilfe zeige, dass bei der Bestrafung von Verhaltensweisen im Zusammenhang mit der Ausübung der freien Entscheidung zu sterben restriktiv zu verfahren sei.[997] Schließlich wird vorgebracht, dass eine strafbare Beihilfe durch Unterlassen nicht mit der Straflosigkeit der aktiven bloßen Beihilfe vereinbar wäre, da sonst die Rechtsordnung den Einzelnen unter Strafdrohung dazu verpflichten würde, das zu verhindern, zu dem er als bloßer Gehilfe rechtmäßig beitragen könnte.[998] Etwas formeller wird zudem argumentiert, dass es bei der Beihilfe an den Voraussetzungen einer Begehung durch Unterlassung fehle, nämlich der Garantenstellung (wegen des Sterbewillens des Suizidenten und seinem - wenn auch begrenzten - Recht auf Verfügbarkeit des eigenen Lebens) und der Vergleichbarkeit zwischen aktivem Handeln und Unterlassen.[999]

Nach dieser Ansicht ist auch die Strafbarkeit wegen unterlassener Hilfeleistung gemäß Art. 195 CP grundsätzlich ausgeschlossen. Denn beim Suizidenten handele es sich aufgrund seiner freien Willensentscheidung zu sterben nicht um eine „schutzlose" Person.[1000] Auf der Grund-

---

[996] Romeo Casabona, RDPC 2 (1998), 327, 349 f., Queralt Jiménez, Derecho penal español – PE, S. 22; ebenso zum früheren Wortlaut "Hilfe leistet" (prestare auxilio) del Rosal Blasco, ADPCP 40 (1987), 73, 96.

[997] Del Rosal Blasco, ADPCP 40 (1987), 73, 89, 96 f. (der allerdings dann eine Begehung durch Unterlassen zulässt, wenn ausnahmsweise durch das Unterlassen auf die Willensbildung des Suizidenten entscheidend eingewirkt wurde), González Rus, in: Cobo del Rosal, Curso de derecho penal – PE, S. 88; lässt man allerdings aktive Hilfsbeiträge auch dann ausreichen, wenn sie den zuvor gefassten Suizidentschluss gar nicht beeinflussen, besteht kein Grund zur unterschiedlichen Behandlung von Tatbeiträgen durch Unterlassung, so Gómez Rivero, AP 1998.2, 889, 900.

[998] Tomás-Valiente Lanuza, La cooperación al suicidio y la eutanasia, S. 81 ff., die sich auch mit dem in der deutschen Diskussion vorgetragenen Argument (s. dazu oben C.II.4b,cc (1)(b)) auseinandersetzt, ein Widerspruch ergebe sich schon deswegen nicht, weil in Wahrheit auch der aktiv handelnde Gehilfe wegen eines Totschlages durch Unterlassen zur Verantwortung gezogen werden könne. Eine Übertragung auf das spanische Recht lehnt sie jedenfalls ab, da sich der Gesetzgeber mit der Reform im Jahr 1995 bewusst für die Straflosigkeit der bloßen Beihilfe entschieden habe und dieser Wille nicht durch die beschriebene Auslegung umgangen werden dürfe.

[999] Díez Ripollés, in: Díez Ripollés/Gracia Martín, Delitos contra bienes jurídicos fundamentales, S. 234, vgl. auch Sánchez Tomás, in: Rodríguez Ramos/Cobos Gómez de Linares/Sánchez Tomás, Derecho Penal – PE, S. 54, Silva Sánchez, ADP 40 (1987), 451, 473 f., Tomás-Valiente Lanuza, La disponibilidad de la propia vida, S. 452 f.; zusätzlich führt Díez Ripollés, in: Díez Ripollés/Gracia Martín/Laurenzo Copello, Comentarios al CP – PE, Art. 143 Rdnr. 62, noch an, aus Art. 143 Abs. 4 CP, der nur bei aktiver notwendiger Beihilfe eine Strafmilderung vorsieht, folge die Straflosigkeit der notwendigen Beihilfe durch Unterlassen auch im Rahmen des Art. 143 Abs. 2 CP, da diese ansonsten absurderweise härter, nämlich ohne Möglichkeit einer Strafmilderung, bestraft würde. Angesichts des genau gegenteiligen Umkehrschlusses aus Art. 143 Abs. 4 CP, dass dessen Beschränkung auf aktive Verhaltensweisen nur Sinn mache, wenn ein Unterlassen grundsätzlich strafbar sei, vgl. oben (a), ist festzuhalten, dass Wortlaut und Systematik des Art. 143 Abs. 2 und 4 CP letztendlich für die Frage, ob auch ein Unterlassen von Art. 143 Abs. 2 CP umfasst ist, nichts hergeben.

[1000] Del Rosal Blasco, ADPCP 40 (1987), 73, 97, Díez Ripollés, in: Díez Ripollés/Gracia Martín/Laurenzo Copello, Comentarios al CP – PE, Art. 143 Rdnr. 63, Tomás-Valiente Lanuza, La cooperación al suicidio y la eutanasia, S. 78, Calderón Cerezo/Choclán Montalvo, Derecho Penal – PE, S. 600, González Rus, in: Cobo del Rosal, Curso de derecho penal – PE, S. 88, Sánchez Tomás, in: Rodríguez Ramos/Cobos Gómez de Linares/Sánchez Tomás, Derecho Penal – PE, S. 54; vgl. auch Portilla Contreras, in: Cobo del Rosal, Curso de derecho penal – PE, S. 370.

lage eines nicht-paternalistischen Konzepts des Art. 195 CP sei davon auszugehen, dass die Rechtsordnung eine Hilfspflicht nur im Interesse des Bedürftigen, nicht aber im bloß öffentlichen Interesse auferlegt. Die von Art. 195 CP geschützte Solidarität könne es nicht gegen den Willen des Betroffenen geben.[1001] Eine „Hilfeleistung" gegen den Willen des Betroffenen könne keinesfalls gefordert werden.[1002]

(c) Problematik der Bewusstlosigkeit des Suizidenten und der Unsicherheit über die Freiheit der Suizidentscheidung

Anders als in der deutschen Rechtsprechung wird der Frage der Bewusstlosigkeit des Suizidenten in der juristischen Debatte in Spanien kaum eine besondere Bedeutung zugestanden; vielmehr wird sie regelmäßig als bloße Phase des gesamten Prozesses hin zum Tod verstanden.[1003] Umstritten ist die Bedeutung der Bewusstlosigkeit allerdings im Zusammenhang mit Hungerstreiks in Haftanstalten. So könne angesichts der Bewusstlosigkeit des Hungerstreikenden nur von einem mutmaßlichen Willen, den Hungerstreik fortzusetzen, ausgegangen werden, denn aufgrund der Bewusstlosigkeit ist der Hungerstreikende der Fähigkeit, seine Meinung zu ändern, beraubt. Dann aber sollen die Garantenpflichten der Strafvollzugsbediensteten aufrecht erhalten bleiben, „im Zweifel für das Leben" der Strafgefangenen entschieden werden. Nur so könne auch die Gefahr vermieden werden, dass sich der Staat unliebsamer Gefangener, indem er sie in einen Hungerstreik herausfordernden Umständen unterbringe, gleichsam entledige.[1004] Doch auch außerhalb der Fälle des Hungerstreiks in Haftanstalten wird dem Kriterium der Bewusstlosigkeit teilweise Bedeutung zugestanden. *Gómez Rivero* etwa nimmt eine besondere Bedeutung der Bewusstlosigkeit zumindest im Zusammenhang mit der Frage nach einer Strafbarkeit wegen unterlassener Hilfeleistung an. Denn eine Hilfeleistungspflicht soll nur dort entfallen, wo sich der Suizident einer Hilfe explizit verweigert, und ist demnach vor allem in Fällen der Bewusstlosigkeit gegeben. Begründet wird dies damit, dass lediglich die Hilfeleistung gegen den ausdrücklichen Willen des Suizidenten die Grenze zur Nötigung überschreiten würde und damit nicht gefordert werden könne.[1005] Weitergehend wird eine Situation der Schutzlosigkeit teilweise auch angenommen, wenn der Suizident zwar nicht bewusstlos ist, aber von seinem Selbstmordversuch nicht mehr selbständig zurücktreten könnte.[1006] Kritikwürdig ist insoweit aber insbesondere die unterschied-

---

[1001] Tomás-Valiente Lanuza, La cooperación al suicidio y la eutanasia, S. 78 f. unter Berufung auf *Baldó Lavilla*.

[1002] Silva Sánchez, ADP 40 (1987), 451, 473 f.

[1003] Tomás-Valiente Lanuza, La cooperación al suicidio y la eutanasia, S. 85 f.; Silva Sánchez, ADP 40 (1987), 451, 474 betont ebenfalls, dass die auf einen freien Selbstmord folgende Bewusstlosigkeit des Suizidenten keine andere Beurteilung nach sich zieht; so auch Romeo Casabona, RDPC 2 (1998), 327, 355, für die Ablehnung von lebensnotwendigen Bluttransfusionen durch Zeugen Jehovas, dem zufolge der Wille des Betroffenen mit all seinen Konsequenzen zu respektieren sei und ein Stadium der Bewusstlosigkeit vor dem Tod so häufig ist, dass die Annahme einer Behandlungspflicht in diesen Fällen den geforderten Respekt vor der Gewissensentscheidung völlig unterlaufen würde.

[1004] Díez Ripollés, in: Díez Ripollés/Gracia Martín/Laurenzo Copello, Comentarios al CP – PE, Art. 143 Rdnr. 121; vgl. auch Luzón Peña, LL 1988 – I, 992, 1001, Muñoz Conde, Derecho Penal – PE, S. 70 f., Nuñez Paz, Homicidio consentido, S. 139 ff.

[1005] Gómez Rivero, AP 1998.2, 889, 918, ebenso Sánchez Tomás, in: Rodríguez Ramos/Cobos Gómez de Linares/Sánchez Tomás, Derecho Penal – PE, S. 54 unter expliziter Beschränkung der Nötigung auf Fälle gewaltsamer Suizidverhinderung.

[1006] Sánchez Tomás, in: Rodríguez Ramos/Cobos Gómez de Linares/Sánchez Tomás, Derecho Penal – PE, S. 54; nach Faraldo Cabana, in: Brandariz García/Faraldo Cabana, Responsabilidad penal del Personal Sanitario, S. 128, entsteht eine Schutzlosigkeit des Betroffenen und damit eine Hilfspflicht nach Art. 195 CP stets dann, wenn

liche Behandlung der hungerstreikenden Strafgefangenen. Es ist kein Grund ersichtlich, dem Faktor der Bewusstlosigkeit hier allein entscheidende Bedeutung zukommen zu lassen, wenn in anderen Fällen der Ablehnung lebensverlängernder oder –erhaltender Maßnahmen keine besondere Bedeutung der Bewusstlosigkeit anerkannt wird. Wenn der Strafgefangene beschlossen hat, den Hungerstreik notfalls bis zu seinem Tod fortzusetzen, ist dieser Tod auch nur ihm zurechenbar. Die Pflicht des Staates, dem Einzelnen jederzeit die nötige Hilfe zukommen zu lassen, wenn er diese in Anspruch nehmen will, bleibt davon selbstverständlich unberührt. Hat der Betroffene im Übrigen die Ablehnung einer Behandlung im Kontext einer konkreten Gefahr für sein Leben formuliert, hat er sich also bereits über seine Situation geäußert, so stellt sich die Bewusstlosigkeit eben als reines Übergangsstadium in dem zum – vom Patienten bereits akzeptierten – Tode führenden Ablauf dar.[1007]
Auch die Bedeutung der Unsicherheit über den freien Charakter des Selbstmordes, in der sich insbesondere der hinzukommende Fremde befindet, ist in der spanischen Literatur und Rechtsprechung kaum diskutiert. *García Arán* etwa betont, dass die volle Freiheit des Willens des Suizidenten nicht vermutet werden könne, so dass stets eine Pflicht zum Einschreiten bestehe, wenn nicht ausnahmsweise die Ernsthaftigkeit und Verantwortlichkeit der Entscheidung offensichtlich sei.[1008] Nach *Tomás-Valiente Lanuza* führt die Einbeziehung dieses Unsicherheitsfaktors dazu, dass angesichts der allseits bekannten hohen Wahrscheinlichkeit einer Störung des Geisteszustandes des Suizidenten in der Mehrzahl der Fälle eine unterlassene Hilfeleistung mit bedingtem Vorsatz angenommen werden kann. Handelte es sich umgekehrt um einen freien Selbstmord, den der Dritte, obgleich er an einen nicht freiverantwortlichen Suizid glaubte, nicht verhindert hat, ist indes strittig, ob ein untauglicher Versuch des Art. 195 CP oder ein strafloses Wahndelikt vorliegt.[1009] Da hier ein Irrtum über die tatsächlichen Voraussetzungen für die Begehung einer unterlassenen Hilfeleistung und nicht über die rechtliche Verbotenheit eines Verhaltens gegeben ist, ist nach richtiger Auffassung ein allerdings ebenfalls strafloser untauglicher Versuch des Art. 195 CP anzunehmen.[1010]

(d) Stellungnahme

Überzeugender erscheint nach alledem die Auffassung, die eine Begehung durch Unterlassung im Rahmen des Art. 143 Abs. 2 CP ausschließt. Denn auch unter Berücksichtigung, dass der spanische Gesetzgeber dem Willen des Suizidenten nur eingeschränkt Bedeutung zukommen lässt, indem er die Beteiligung Dritter am Selbstmord grundsätzlich nicht zulässt, kann eine Garantenpflicht zur Rettung entgegen dem Willen des Suizidenten nur schwerlich angenommen werden, und lässt sich beim freiverantwortlichen Suizid kaum von einer schutzlosen Person sprechen, wenn zur gleichen Zeit jedem Patienten das Recht zugestanden wird, sich einer medizinischen Behandlung zu verweigern und so – mehr oder minder schnell – seinen Tod herbeizuführen. Der Umkehrschluss aus Art. 143 Abs. 4 CP, der explizit positives Tun erfordert, dass also ein Unterlassen nur im Sonderfall der Sterbehilfe aus dem Be-

---

der Suizident nicht mehr seinen Willen zum Ausdruck bringen kann, sei es, weil er bewusstlos geworden ist, sei es, weil er die Herrschaft darüber, sich retten zu können, verloren hat.

[1007] Tomás-Valiente Lanuza, La disponibilidad de la propia vida, S. 465 f. m.w.N.

[1008] García Arán, in: Díez Ripollés, Delitos contra la vida e integridad física, S. 38

[1009] Tomás-Valiente Lanuza, La cooperación al suicidio y la eutanasia, S. 87 f., vgl. auch Portilla Contreras, in: Cobo del Rosal, Curso de derecho penal – PE, S. 370, dem zufolge ein umgekehrter Tatbestandsirrtum vorliegt, wenn der Suizident entgegen der Annahme desjenigen, der ein Einschreiten unterlässt, doch frei handelt.

[1010] Zur Strafbarkeit des untauglichen Versuchs nach Art. 16 Abs. 1 CP s. Berdugo Gómez de la Torre/Arroyo Zapatero, Manual de Derecho Penal – PG, S. 280 ff.

reich der Strafbarkeit ausgeschlossen werden kann, ist nicht zwingend. Die deutlichere Wortwahl des Gesetzgebers im Art. 143 Abs. 4 CP lässt nur darauf schließen, dass jedenfalls die passive Sterbehilfe straflos sein soll, während ein Wille des Gesetzgebers, das Unterlassen im Bereich des Suizids im übrigen abschließend zu bewerten, nicht eindeutig erkennbar ist.

(3) Subjektive Tatseite

Schließlich ist noch auf die subjektiven Voraussetzungen im Rahmen des Art. 143 Abs. 2 CP einzugehen.

Die notwendige Beihilfe ist nur vorsätzlich möglich, wobei der Vorsatz des Gehilfen sowohl auf die eigene Beihilfehandlung wie auch den Suizid des anderen selbst gerichtet sein muss. Fraglich ist auch hier wie bei der Anstiftung, ob die subjektive Tatseite nicht auf den direkten Vorsatz zu beschränken ist.[1011] Eine explizite Begründung für diese Annahme fehlt indes regelmäßig. Zutreffend ist daher, auch im Rahmen der Beihilfe den Eventualvorsatz zuzulassen.[1012] Ein Grund für die Abweichung von den allgemeinen Regeln, denen zufolge eine notwendige Beihilfe selbstverständlich auch mit dolus eventualis möglich ist, ist nicht ersichtlich.

cc) Die vollziehende Beihilfe zum Selbstmord (cooperación ejecutiva al suicidio), Art. 143 Abs. 3 CP

Nach Art. 143 Abs. 3 CP wird der Täter mit Freiheitsstrafe von sechs bis zehn Jahren bestraft, wenn die (Bei-)hilfe so weit reicht, dass der Tod (durch den Dritten) vollzogen wird (si la cooperación llegara hasta el punto de ejecutar la muerte).

(1) Die rechtliche Einordnung des Art. 143 Abs. 3 CP

Eines der schwierigsten Probleme im Rahmen des Art. 143 Abs. 3 CP ist, ob es sich insoweit noch tatsächlich um Teilnahme am fremden Selbstmord handelt oder nicht eher um Täterschaft hinsichtlich einer einvernehmlichen (Fremd-)Tötung. Dies spiegelt sich bereits in der Terminologie wieder: so wird bei Art. 143 Abs. 3 CP von „einverständlicher (Fremd-)Tötung“ (homicidio consentido) oder gar von „Tötung auf Verlangen“ (homicidio a petición), aber auch von „Tötung-Selbstmord“ (homicidio-suicidio) oder „vollziehender Beihilfe zum Selbstmord“ (auxilio ejecutivo al suicidio) gesprochen.[1013]

[1011] So etwa Carbonell Mateu, in: Vives Antón et al., Comentarios al CP de 1995, Art. 143 S. 757, Calderón Cerezo/Choclán Montalvo, Derecho Penal – PE, S. 599, González Rus, in: Cobo del Rosal, Curso de derecho penal – PE, S. 88 f., Serrano Gómez, Derecho Penal – PE, S. 51, Díez Ripollés, in: Díez Ripollés/Gracia Martín, Delitos contra bienes jurídicos fundamentales, S. 235; anders aber jetzt Díez Ripollés, in: Díez Ripollés/Gracia Martín/Laurenzo Copello, Comentarios al CP – PE, Art. 143 Rdnr. 66 angesichts des veränderten Wortlauts des Art. 143 Abs. 2 CP, der nicht mehr die Wendung „*damit* er sich umbringt“ enthält.

[1012] Vgl. Olmedo Cardenete, in: Roxin/Mantovani/Barquín Sanz/Olmedo Cardenete, Eutanasia y suicidio, S. 135, 146, Olmedo Cardenete/Barquín Sanz, in: Cobo del Rosal, Comentarios al CP, Art. 143 S. 204, 214.

[1013] Vgl. González Rus, in: Cobo del Rosal, Curso de derecho penal – PE, S. 89. Angelehnt an den Wortlaut des Gesetzes soll hier im Folgenden der Ausdruck der vollziehenden Beihilfe benutzt werden, ohne dadurch die rechtliche Einordnung des Art. 143 Abs. 3 CP zu umschreiben oder zu präjudizieren. Es geht vielmehr allein um eine konsequent durchgeführte Nomenklatur zur Gewährleistung der Übersichtlichkeit der Ausführungen.

(a) Die Einordnung des Art. 143 Abs. 3 CP als Form der Teilnahme

Ein Teil der Literatur vertritt ausgehend vom Gesetzeswortlaut „Beihilfe“ (cooperación) die Auffassung, dass hier keinesfalls eine Form der einverständlichen Fremdtötung vorliegt, sondern eine Teilnahme am Suizid eines anderen, da im Art. 143 Abs. 3 CP die Entscheidung und der Wille des Suizidenten, sich das Leben zu nehmen, weiterhin zentral seien und der Selbstmörder die Tatherrschaft ausübe, auch wenn ein Dritter materiell diese Entscheidung vollziehe.[1014] Dem Opfer muss also Tatherrschaft hinsichtlich seines eigenen Todes zukommen, wobei strittig ist, wie diese zu bestimmen ist. So soll nach einer Ansicht etwa schon die bloße Einwilligung ausreichend sein für die Tatherrschaft.[1015] Nach a.A. ist dagegen eine weitergehende Kontrolle über den Vollzug des Todes notwendig, wobei die bloße Fähigkeit, den durch den Dritten in Gang gesetzten Kausalverlauf zu unterbrechen, nicht genügen soll. Nur die Herrschaft über die letzte Entscheidung in dem Sinne, dass ein aktiver Rücktritt vom versuchten Selbstmord erforderlich wäre, ist demnach ausreichend.[1016] Teilweise wird sogar gefordert, dass der Suizident die zentrale Vollzugshandlung selbst ausgeführt hat.[1017]
Unterschiedlich wird auch der Tatbeitrag des Dritten beurteilt: während nach einer Auffassung der Tatbeitrag des Dritten eine bloße Beihilfe darstellt (wenn auch eben vollziehend)[1018], muss sein Verhalten nach anderer Auffassung einer Mittäterschaft hinsichtlich des Todes des Suizidenten entsprechen.[1019]
Auch die Rechtsprechung scheint sich dieser Auffassung grundsätzlich anzuschließen. Die notwendige wie auch die vollziehende Beihilfe erfordere, dass dem Suizidenten in jedem Moment die Tatherrschaft zukomme, so dass der Täter nichts anderes mache, als den Willen desjenigen zu erfüllen, der die ganze Zeit über die Entscheidung über die Vollendung des Vorhabens oder einen Rücktritt innehabe.[1020]

(b) Art. 143 Abs. 3 CP als täterschaftliche (Fremd-)Tötung

Nach a.A. stellt Art. 143 Abs. 3 CP hingegen keine bloße Teilnahme an fremdem Selbstmord dar, sondern vielmehr eine einvernehmliche Fremdtötung.[1021] Ausgangspunkt ist dabei die

---

[1014] Jorge Barreiro, in: Rodríguez Mourullo/Jorge Barreiro, Comentarios al CP, Art. 143 S. 415, Valle Muñiz, CJ 25 (1994), 12, 14, Silva Sánchez, ADP 40 (1987), 451, 463

[1015] Gómez Rivero, AP 1998.2, 889, 908 f., Fn. 58, vgl. auch Sánchez Tomás, in: Rodríguez Ramos/Cobos Gómez de Linares/Sánchez Tomás, Derecho Penal – PE, S. 56, dem zufolge die Freiwilligkeit wesentliches Tatbestandselement ist und dem Sterbewilligen, indem er diesen Willen beibehält, auch die Kontrolle über das Geschehen zukomme.

[1016] Valle Muñiz, CJ 25 (1994), 12, 14; auch Silva Sánchez, ADP 40 (1987), 451, 465 betont, dass dem Suizidenten bis zum Schluss Tatherrschaft zukommen müsse, ohne indes zu konkretisieren, wie dessen Tatbeitrag praktisch beschaffen sein soll.

[1017] Díaz y García Conlledo, La autoría en Derecho Penal, S. 238 ff.

[1018] Muñoz Conde, Derecho Penal – PE, S. 72, Valle Muñiz, in: Quintero Olivares/Morales Prats, Comentarios a la Parte Especial del Derecho Penal, Art. 143 S. 82 f.

[1019] Silva Sánchez, ADP 40 (1987), 451, 463 f., Díaz y García Conlledo, La autoría en Derecho Penal, S. 238 ff., Gómez Rivero, AP 1998.2, 889, 907 f., Muñagorri Laguía, Eutanasia y derecho penal, S. 64 f., Sánchez Tomás, in: Rodríguez Ramos/Cobos Gómez de Linares/Sánchez Tomás, Derecho Penal – PE, S. 56

[1020] STS de 23 de noviembre de 1994, F.J. 5, allerdings ist zu berücksichtigen, dass diesem Urteil keine vollziehende Beihilfe zugrunde lag, so dass diese Ausführungen nicht entscheidungserheblich waren und daher auch keine genauere Auseinandersetzung mit der Problematik stattgefunden hat.

[1021] S. etwa Díez Ripollés, in: Díez Ripollés/Gracia Martín, Delitos contra bienes jurídicos fundamentales, S. 220, Olmedo Cardenete, in: Roxin/Mantovani/Barquín Sanz/Olmedo Cardenete, Eutanasia y suicidio, S. 147 f., Nuñez Paz, Homenaje al Dr. Marino Barbero Santos, S. 433, 438, Calderón Cerezo/Choclán Montalvo, Derecho Penal – PE, S. 601, González Rus, in: Cobo del Rosal, Curso de derecho penal – PE, S. 90, Tomás-Valiente

Feststellung, dass sich die (Fremd-)Tötung vom Suizid dadurch unterscheidet, dass diese die Verursachung des Todes eines anderen darstelle, während jener in der Verursachung des eigenen Todes bestehe. Im Rahmen des Art. 143 Abs. 3 CP gehe es nun nicht mehr darum, sich selbst zu töten, sondern vielmehr darum, dass ein Außenstehender den Tod desjenigen vollziehe, der sterben will. Nicht das Konzept des Selbstmordes gebe der Vorschrift des Art. 143 CP demnach ihre innere Einheit, sondern eben das Konzept des Selbstmörders, des Sterbewilligen.[1022] Die Einordnung des Deliktes als Fremdtötung erklärt demnach auch die wesentlich schärfere Strafdrohung des Art. 143 Abs. 3 CP gegenüber Art. 143 Abs. 2 CP.[1023] Wer einen eigentlichen Suizid fordert und dann dem Opfer schon Tatherrschaft zukommen lässt, weil es seinen Tod „organisiert" und sich der andere seinen Wünschen untergeordnet hat, nähere sich im Übrigen einer subjektiven Abgrenzung von Täterschaft und Teilnahme an[1024], die ansonsten jedoch von der ganz h.M. abgelehnt wird.[1025] Unter Zugrundelegung der Tatherrschaftslehre sei das Verhalten des Dritten vielmehr als Täterschaft anzusehen.[1026] Auch könne der Wortlaut „Beihilfe" (cooperación) weit ausgelegt werden, so dass auch Fälle darunter gefasst werden können, in denen dem Opfer keine „Mittäterschaft" bezüglich des eigenen Todes zukommt.[1027] Zudem sei der Wortlaut keineswegs eindeutig, denn Art. 143 Abs. 3 CP spricht zugleich vom „Vollziehen" (ejecutar) des Todes, mit dem üblicherweise Täterschaft umschrieben wird.[1028] Schließlich sei die Konsequenz, dass andernfalls – wenn bei Vorliegen einer bloßen Einwilligung mangels „Tatherrschaft" des Sterbewilligen nicht Art. 143 Abs. 3 CP anzuwenden wäre – vielmehr ein normaler Totschlag gemäß Art. 138 CP anzunehmen wäre, untragbar, da dem aufgrund der Einwilligung weitaus geringeren Unrechtsgehalt des Verhaltens des Dritten dann keinerlei Bedeutung zukommen würde.[1029] Zu beachten ist, dass anders als in Deutschland also nicht danach gefragt wird, ob die quasi-mittäterschaftliche Beteiligung des Opfers eine Fremdtötung ausschließt und eine bloße Selbstmordteilnahme gegeben ist, sondern im Gegenteil, ob nicht ein quasi-mittäterschaftliches Opferverhalten vorliegen muss, damit überhaupt vom privilegierten Tatbestand des Art. 143 Abs. 3 CP ausgegangen werden kann und nicht ein einfacher Totschlag anzunehmen ist.

Voraussetzung des Art. 143 Abs. 3 CP ist demnach täterschaftliches Verhalten des Dritten auf der Grundlage der Tatherrschaftslehre, wobei ein quasi-mittäterschaftliches Verhalten des Sterbewilligen zulässig ist.

Lanuza, La cooperación al suicidio y la eutanasia, S. 95 ff., Sánchez Tomás, in: Rodríguez Ramos/Cobos Gómez de Linares/Sánchez Tomás, Derecho Penal – PE, S. 56, Serrano Gómez, Derecho Penal – PE, S. 61.

[1022] Vgl. Díez Ripollés, in: Díez Ripollés/Gracia Martín, Delitos contra bienes jurídicos fundamentales, S. 220, ders., in: Díez Ripollés/Gracia Martín/Laurenzo Copello, Comentarios al CP – PE, Art. 143 Rdnr. 37, Olmedo Cardenete, in: Roxin/Mantovani/Barquín Sanz/Olmedo Cardenete, Eutanasia y suicidio, S. 147 f., Olmedo Cardenete/Barquín Sanz, in: Cobo del Rosal, Comentarios al CP, Art. 143 S. 215, Nuñez Paz, Homenaje al Dr. Marino Barbero Santos, S. 433, 438, Calderón Cerezo/Choclán Montalvo, Derecho Penal – PE, S. 601, González Rus, in: Cobo del Rosal, Curso de derecho penal – PE, S. 90.

[1023] Olmedo Cardenete, in: Roxin/Mantovani/Barquín Sanz/Olmedo Cardenete, Eutanasia y suicidio, S. 147 f., Olmedo Cardenete/Barquín Sanz, in: Cobo del Rosal, Comentarios al CP, Art. 143 S. 215, González Rus, in: Cobo del Rosal, Curso de derecho penal – PE, S. 90

[1024] Tomás-Valiente Lanuza, La cooperación al suicidio y la eutanasia, S. 95 f.

[1025] Pérez Alonso, La coautoría y la complicidad (necesaria), S. 52 f.

[1026] Nuñez Paz, Homicidio consentido, S. 391 ff.

[1027] Tomás-Valiente Lanuza, La cooperación al suicidio y la eutanasia, S. 96 f.

[1028] Nuñez Paz, Homicidio consentido, S. 385 f.

[1029] Nuñez Paz, Homicidio consentido, S. 387

(c) Stellungnahme

Zutreffend dürfte es sein, Art. 143 Abs. 3 CP als Fremdtötungsdelikt einzuordnen, auch wenn die Wortwahl des Gesetzgebers zunächst das Gegenteil suggeriert. Denn die Konsequenz, dass ansonsten eine Tötung im Einvernehmen oder auf Verlangen des Opfers mit einem einfachen Totschlag gemäß Art. 138 CP gleichzustellen wäre, wenn dem Opfer nicht auch Tatherrschaft über seine Tötung zukommt, erscheint nicht gerechtfertigt. Zweifellos liegt ein anderer Unrechtswert darin, einen anderen ohne seine Einwilligung oder Aufforderung zu töten, als wenn eine solche vorliegt. Richtig ist es daher, Art. 143 Abs. 3 CP auch dann zuzulassen, wenn ein eigentlicher Selbstmord nicht vorliegt, da dem Suizidenten selbst keine Tatherrschaft zukommt.
Vorzunehmen ist somit grundsätzlich eine Abgrenzung des Verhaltens des Drittens anhand der Tatherrschaftslehre, d.h. der Dritte muss einen wesentlichen Tatbeitrag zum Tod des Sterbewilligen geleistet haben.[1030] Konkret kann die Abgrenzung zwischen (notwendiger) Suizidbeihilfe und einverständlicher Fremdtötung danach vorgenommen werden, ob der Tatbeitrag zum Tod des Sterbewilligen führt (bzw. im Fall des Versuchs objektiv zum Tod führen könnte), ohne dass dieser noch später einen zusätzlichen Beitrag leisten müsste.[1031] Entscheidend wäre demnach wie im deutschen Recht, ob der letzte wesentliche Ausführungsakt vom Dritten vorgenommen wurde.

(d) Exkurs: Ausschluss einer Fremdtötung gemäß Art. 143 Abs. 3 CP durch Tatherrschaft des Sterbewilligen

Unabhängig davon ist die im spanischen Recht praktisch nicht diskutierte Frage zu behandeln, ob denn eine solche Fremdtötung überhaupt vorliegen kann oder nicht bloße Teilnahme am Selbstmord, wenn dem Opfer selbst Quasi-Mittäterschaft zukommt. Nach wohl h.M. in der deutschen Rechtsliteratur und auch im Rahmen dieser Arbeit vertretener Ansicht schließt ja die „Tatherrschaft“ des Suizidenten die eines Dritten aus (s.o. C.II. 4b,aa (2)). Auch wenn der Dritte nach allgemeinen Regeln (mittäterschaftliche) Tatherrschaft hat, ist er demzufolge nicht strafbar, solange sich das Geschehen als eigenverantwortlich unternommene Selbsttötung darstellt. Begründet wird dies mit dem Grundgedanken des § 216 StGB, dass derjenige straflos sein soll, der den eigentlichen Freitod-Akt dem Sterbewilligen selbst überlässt, während Tötung auf Verlangen begeht, wer dem Lebensmüden die über Leben und Tod entscheidende Handlung abnimmt.[1032] Diese Argumentation kann aber nicht ohne weiteres auf die spanische Rechtslage übertragen werden. Zu beachten ist hier einerseits, dass nach der Entscheidung des Gesetzgebers auch die Teilnahme am freien Selbstmord strafbar ist. Es kann also nicht darauf rekurriert werden, dass der Gesetzgeber die Trennlinie zwischen strafbarer Fremdtötung und strafloser Teilnahme daran festmachen wollte, ob der Suizident die „Schwelle zum Tod“ selbst überschritten hat. Andererseits ist auch der Wortlaut des Art. 143 Abs. 3 CP zu berücksichtigen, der von „Beihilfe“ (cooperación) spricht. Zwar kann aufgrund einer weiten Auslegung noch davon ausgegangen werden, dass auch solche Fälle von Art. 143 Abs. 3 CP erfasst sind, in denen das Opfer keine Tatherrschaft aufweist, obschon der Wortlaut nahelegt, eine solche zu fordern. Fälle, in denen das Opfer eine solche (Mit-)Tatherrschaft aufweist, von Art. 143 Abs. 3 CP gar auszuschließen, ist mit dem Wortlaut des Art. 143 Abs. 3 CP aber

---

[1030] Vgl. López Barja de Quiroga, in: Cobo del Rosal, Comentarios al CP, Art. 28 S. 133, 140 ff., Berdugo Gómez de la Torre/Arroyo Zapatero, Manual de Derecho Penal – PG, S. 289 ff.
[1031] Olmedo Cardenete/Barquín Sanz, in: Cobo del Rosal, Comentarios al CP, Art, 143 S. 208
[1032] Roxin, NStZ 1987, 345, 347, kritisch hierzu Herzberg, JuS 1988, 771, 775, vgl. auch MüKo-Schneider, § 216 Rdnr. 45

kaum mehr zu vereinbaren. Nur ganz vereinzelt wird im spanischen Recht vertreten, dass der Sterbewillige im Rahmen des Art. 143 Abs. 3 CP keinerlei Beitrag zu seinem Tod leisten dürfe und den Vollzug des Todes völlig dem von ihm ermächtigten Dritten überlassen müsse, dass im Falle einer Quasi-Mittäterschaft also nur notwendige Beihilfe nach Art. 143 Abs. 2 CP vorliege.[1033] Diese Ansicht ist auch insofern problematisch, als sie die im spanischen Recht im Übrigen vertretene Abgrenzung von notwendiger Beihilfe als bloßer Teilnahmeform und Täterschaft aufgrund Tatherrschaft verwischt. Anders als im deutschen Recht schließt die Tatherrschaft (auch) des Opfers daher das Vorliegen der einverständlichen (Fremd-)Tötung nach Art. 143 Abs. 3 CP nicht aus.

(2) Die Anforderungen an das Verhalten des Opfers

Fraglich sind nun auch die Anforderungen an das Verhalten des Opfers, ob insoweit die bloße Einwilligung in die Tötung ausreicht oder ein Verlangen des Opfers nötig ist.

Nach einer Ansicht reicht die bloße Einwilligung des Opfers in die Tötung nicht aus. Vielmehr ist das ausdrückliche Verlangen Voraussetzung für die Annahme des Art. 143 Abs. 3 CP.[1034] Begründet wird dies mit einer Interpretation im Zusammenhang mit Art. 143 Abs. 4 CP, der für die Regelung bestimmter Fälle der Sterbehilfe das ausdrückliche Verlangen des Sterbewilligen erfordert und eine Strafmilderung gegenüber Art. 143 Abs. 3 CP vorsieht. Die Privilegierung des Art. 143 Abs. 4 CP habe ihren Grund allein in der gesundheitlichen Verfassung, in der sich der Sterbewillige befinde, und nicht in seinem Verhalten gegenüber dem Dritten. Dieses müsse daher stets das Gleiche sein, nämlich ein Verlangen.[1035]

Nach inzwischen wohl h.M. genügt indes die Einwilligung des Opfers hinsichtlich seiner eigenen Tötung.[1036] Dies wird hauptsächlich darauf gestützt, dass andernfalls bei bloßer Einwilligung des Opfers ein Fall des einfachen Totschlags gemäß Art. 138 CP vorläge und somit die Tötung mit Einwilligung des Opfers der Tötung ohne eine solche Einwilligung gleichgestellt würde. Bei der Tötung mit Einwilligung des Opfers liege aber ein deutlich geringerer Unwert der Handlung vor.[1037] Angesichts der ausdrücklichen Regelung in Art. 143 Abs. 4 CP, die ein Verlangen voraussetzt, ist das Schweigen des Gesetzgebers in Art. 143 Abs. 3 CP dahin zu verstehen, dass schon die bloße Einwilligung des Opfers ausreichen soll.[1038] Auch lässt sich anführen, dass in der Praxis häufig nur schwer zu klären sein wird, ob eine bloße Einwilligung vorlag oder ein Verlangen des Opfers.[1039]

[1033] Serrano Gómez, Derecho Penal – PE, S. 61

[1034] Carbonell Mateu, in: Vives Antón et al., Comentarios al CP de 1995, Art. 143 S. 758, González Rus, in: Cobo del Rosal, Curso de derecho penal – PE, S. 90 f.

[1035] González Rus, in: Cobo del Rosal, Curso de derecho penal – PE, S. 90 f.

[1036] Vgl. etwa Díez Ripollés, in: Díez Ripollés/Gracia Martín/Laurenzo Copello, Comentarios al CP, Art. 143 Rdnr. 34, Olmedo Cardenete/Barquín Sanz, in: Cobo del Rosal, Comentarios al CP, Art. 143 S. 215 f., Tomás-Valiente Lanuza, La cooperación al suicidio y la eutanasia, S. 98 f., Nuñez Paz, Homenaje al Dr. Marino Barbero Santos, S. 433, 440, Sánchez Tomás, in: Rodríguez Ramos/Cobos Gómez de Linares/Sánchez Tomás, Derecho Penal – PE, S. 56.

[1037] Olmedo Cardenete/Barquín Sanz, in: Cobo del Rosal, Comentarios al CP, Art. 143 S. 215 f., Olmedo Cardenete, in: Roxin/Mantovani/Barquín Sanz/Olmedo Cardenete, Eutanasia y suicidio, S. 148, Tomás-Valiente Lanuza, La cooperación al suicidio y la eutanasia, S. 98 f., Nuñez Paz, Homenaje al Dr. Marino Barbero Santos, S. 433, 440

[1038] Olmedo Cardenete/Barquín Sanz, in: Cobo del Rosal, Comentarios al CP, Art. 143 S. 216, Olmedo Cardenete, in: Roxin/Mantovani/Barquín Sanz/Olmedo Cardenete, Eutanasia y suicidio, S. 148, Nuñez Paz, Homenaje al Dr. Marino Barbero Santos, S. 433, 440, Sánchez Tomás, in: Rodríguez Ramos/Cobos Gómez de Linares/Sánchez Tomás, Derecho Penal – PE, S. 56

[1039] Tomás-Valiente Lanuza, La cooperación al suicidio y la eutanasia, S. 99

Richtig erscheint es, im Rahmen des Art. 143 Abs. 3 CP die bloße Einwilligung ausreichen zu lassen. Denn dem Gesetzgeber musste der Streit über diese Frage bzgl. der früheren Regelung in Art. 409 CP durchaus bekannt sein.[1040] Hat er das Erfordernis eines Verlangens seitens des Opfers nicht in Art. 143 Abs. 3 CP aufgenommen, obwohl er darauf im neu geschaffenen Art. 143 Abs. 4 CP explizit abstellt, kann das nur dahin verstanden werden, dass für die vollziehende Beihilfe nach Art. 143 Abs. 3 CP die Einwilligung des Opfers genügt. Anders als im deutschen Recht (§ 216 StGB) ist also kein Verlangen des Opfers erforderlich für die Privilegierung gegenüber dem einfachen Totschlag.

(3) Subjektive Tatseite

Hinsichtlich der subjektiven Tatseite ist festzuhalten, dass Vorsatz des Täters hinsichtlich der Tötung mit Einwilligung erforderlich ist. Auch im Rahmen des Art. 143 Abs. 3 CP wird vereinzelt vertreten, dass nur der direkte Vorsatz möglich sein soll.[1041] Der h.M. entspricht es aber, auch den Eventualvorsatz ausreichen zu lassen, da mit dem jetzigen Gesetzeswortlaut keinerlei Anhaltspunkt für eine Beschränkung auf den direkten Vorsatz mehr ersichtlich ist.[1042]

(4) Begehung des Art. 143 Abs. 3 CP durch Unterlassen

Schließlich bleibt noch zu klären, ob der Art. 143 Abs. 3 CP auch durch Unterlassen verwirklicht werden kann. Dies ist wiederum strittig.
Die wohl herrschende Ansicht lehnt eine Begehung des Art. 143 Abs. 3 CP durch Unterlassen ab.[1043] Dabei wird gegen die Anwendung des Art. 143 Abs. 3 CP im Unterlassensbereich eingewandt, dass dieser nicht einschlägig sei bei einer bloßen Unterlassung angesichts des Selbstmordes des Opfers, sondern ja vielmehr nur bei einem Vollzug des Todes durch den Dritten.[1044] Weiterhin wird der Wortlaut „vollziehen" (ejecutar) angeführt, der eine spezifisch aktive Handlungsweise erfordere.[1045] Da sich diese Argumente nur speziell gegen Art. 143

[1040] S. zu dem Streit nach altem Recht etwa die Darstellung bei Díez Ripollés, in: Díez Ripollés/Gracia Martín, Delitos contra bienes jurídicos fundamentales, S. 215 f. m.w.N.

[1041] Carbonell Mateu, in: Vives Antón et al., Comentarios al CP de 1995, Art. 143 S. 760, Serrano Gómez, Derecho Penal - PE, S. 51; zur früheren Rechtslage Díez Ripollés, in: Díez Ripollés/Gracia Martín, Delitos contra bienes jurídicos fundamentales, S. 238 f.

[1042] Vgl. Nuñez Paz, Homenaje al Dr. Marino Barbero Santos, S. 433, 450: die Worte "*damit* er sich umbringt" (para que se suicide) des vor der Gesetzesreform 1995 gültigen Art. 409 CP sind im neuen Art. 143 CP nicht mehr enthalten; s. jetzt auch Díez Ripollés, in: Díez Ripollés/Gracia Martín/Laurenzo Copello, Comentarios al CP - PE, Art. 143 Rdnr. 75.

[1043] Sánchez Tomás, in: Rodríguez Ramos/Cobos Gómez de Linares/Sánchez Tomás, Derecho Penal - PE, S. 57, Serrano Gómez, Derecho Penal - PE, S. 62, Nuñez Paz, Homicidio consentido, S. 395 ff., Díez Ripollés, in: Díez Ripollés/Gracia Martín/Laurenzo Copello, Comentarios al CP - PE, Art. 143 Rdnr. 73, Valle Muñiz, CJ 25 (1994), 12, 19 f., Tomás-Valiente Lanuza, La disponibilidad de la propia vida, S. 451 ff. So wohl auch die Rechtsprechung, vgl. STS de 15 de diciembre de 1977 sowie STS de 23 de noviembre de 1994, die jeweils die Möglichkeit einer Begehung durch Unterlassen nur im Zusammenhang mit der notwendigen (und der damals noch tatbestandsmäßigen einfachen) Beihilfe zum Selbstmord anführen.

[1044] Gimbernat Ordeig, Estudios de derecho penal, S. 282

[1045] Díez Ripollés, in: Díez Ripollés/Gracia Martín/Laurenzo Copello, Comentarios al CP - PE, Art. 143 Rdnr. 73, Serrano Gómez, Derecho Penal - PE, S. 62, Nuñez Paz, Homicidio consentido, S. 397; zur alten Gesetzeslage, die explizit forderte, er (der Täter) selbst müsse den Tod vollziehen (ejecutar él mismo la muerte) und der daraus gezogenen Schlussfolgerung, es handle sich um ein eigenhändiges Delikt, das durch Unterlassen nicht begangen werden könne, s. Díez Ripollés, in: Díez Ripollés/Gracia Martín, Delitos contra bienes jurídicos fun-

Abs. 3 CP in der Form der Unterlassung wenden, lassen sie allerdings einen Rückgriff auf Art. 143 Abs. 2 CP zu. So wird auch teilweise vertreten, dass eine Unterlassensstrafbarkeit dann eben im Rahmen des Art. 143 Abs. 2 CP zu lösen sei.[1046]

Nach a.A. bestehen indes keine Gründe, eine Verwirklichung des Art. 143 Abs. 3 CP durch Unterlassen nicht zuzulassen, wenn nur eine Garantenposition vorliegt. Der Sterbewille des Opfers wird insoweit als irrelevant erachtet, da es gerade der Entscheidung des Gesetzgebers in Art. 143 CP entspreche, diesem Willen keine Relevanz einzuräumen.[1047] Dem Einwand, Art. 143 Abs. 3 CP setze einen Vollzug durch den Dritten und nicht eine bloße Unterlassung gegenüber dem Selbstmord des Opfers voraus, wird entgegengesetzt, dass durchaus Anwendungsfälle des Art. 143 Abs. 3 CP gegenüber Art. 143 Abs. 2 CP möglich sind, wenn nämlich das Risiko des Todeserfolges seine Ursache einzig und allein in der Unterlassung hat (weil sich der Sterbewillige und der Dritte etwa darüber einig sind, dass der Dritte diesem die lebensnotwendige Medizin nicht verabreicht), nicht aber, wenn die Unterlassung nur die Suizidhandlung des Opfers begünstigt oder bloß den vom Suizidenten in Gang gesetzten Kausalverlauf nicht unterbricht.[1048] Entscheidend sei nicht, ob eine andere Person den Tod materiell vollzieht, sondern nur, ob dem Unterlassenden diese Verursachung direkt und unmittelbar zurechenbar sei.[1049] Und ob der Wortlaut „vollziehen" tatsächlich die Möglichkeit der Begehung durch Unterlassung ausschließt, erscheint zweifelhaft.[1050] Schließlich wird angeführt, dass Art. 143 Abs. 3 CP lediglich voraussetze, dass der Dritte einen Beitrag zum Vollzug des Todes leiste, wie dies auch bei anderen Formen des Totschlages der Fall sei, und davon nur insoweit abweiche, als es sich um den Vollzug eines Selbstmordwillens handele. Ein eigenhändiges Delikt sei daher nicht gegeben.[1051]

Jedoch sind auch hier die im Rahmen des Art. 143 Abs. 2 CP angestellten Überlegungen zu berücksichtigen. So fehlt es angesichts des Sterbewillens des Opfers wiederum an einer Garantenstellung des Dritten. Dieser Sterbewille ist auch nicht irrelevant, da aufgrund der besonderen Bedeutung der individuellen Freiheit gemäß Art. 1 Abs. 1 CE prinzipiell nur ein Schutz desjenigen möglich sein kann, der auch geschützt werden will. Die Selbstbestimmung des Einzelnen und seine Menschenwürde stehen einer Pflicht zum Einschreiten gegen seinen Willen entgegen. Auch würde andernfalls ein unerträglicher Wertungswiderspruch zu dem ausdrücklich geregelten Recht jedes Patienten, lebensrettende oder –verlängernde therapeutische Maßnahmen abzulehnen, entstehen.[1052] Weiterhin wird angeführt, dass – wie im Rah-

---

damentales, S. 237 f. sowie del Rosal Blasco, ADPCP 40 (1987), 73, 95 f. Mit dem neuen Gesetzeswortlaut, der nur noch vom „Vollziehen" des Todes (ejecutar la muerte) spricht, fällt die Begründung, es handle sich um ein eigenhändiges Delikt, jedenfalls weg.

[1046] Gimbernat Ordeig, Estudios de derecho penal, S. 282, vgl. auch Serrano Gómez, Derecho Penal – PE, S. 55.

[1047] Carbonell Mateu, in: Vives Antón et al., Comentarios al CP de 1995, Art. 143 S. 759 f.

[1048] Olmedo Cardenete/Barquín Sanz, in: Cobo del Rosal, Comentarios al CP, Art. 143 S. 217 f., Olmedo Cardenete, in: Roxin/Mantovani/Barquín Sanz/Olmedo Cardenete, Eutanasia y suicidio, S. 151 f.

[1049] Gómez Rivero, AP 1998.2, 889, 913 ff., die als Beispiel etwa den Weichensteller anführt, der auf Bitten des Suizidenten, der sich mit einem Fahrzeug auf die Gleise stellt, den Zugführer des herannahenden Zuges nicht informiert. Dabei ist allerdings fraglich, ob in diesem Beispiel tatsächlich ein Dritter den Tod des Sterbewilligen verursacht oder dieser nicht allein den Kausalverlauf insofern bestimmt, als es ihm jederzeit freisteht, die Gleise rechtzeitig zu verlassen.

[1050] Vgl. Gómez Rivero, AP 1998.2, 889, 909 f., González Rus, in: Cobo del Rosal, Curso de derecho penal – PE, S. 91 f.

[1051] Gómez Rivero, AP 1998.2, 889, 911 f.

[1052] enthalten in Art. 10 Abs. 6 lit. c), Abs. 9 LGS bzw. jetzt Art. 2 Abs. 4, Art. 9 Abs. 2 lit. b) ley 41/2002, de 14 de noviembre, vgl. Díez Ripollés, in: Díez Ripollés/Gracia Martín, Delitos contra bienes jurídicos fundamentales, S. 238, ders., in: Díez Ripollés/Gracia Martín/Laurenzo Copello, Comentarios al CP – PE, Art.

men des Art. 143 Abs. 2 CP - ein Wille des Gesetzgebers, auch bei Art. 143 Abs. 3 CP nur aktive Verhaltensweisen zu bestrafen, anzunehmen sei. Dies folge aus der Straflosigkeit der bloßen Beihilfe und der passiven Sterbehilfe, die Anlass zu einer restriktiven Interpretation des Art. 143 CP gäben. Fundament der Strafbarkeit der Verhaltensweisen Dritter im Zusammenhang mit der Verfügung über das eigene Leben sei das Einwirken, das Beeinflussen dieses Verfügungsaktes, was im Fall des bloßen Geschehenlassens fehle.[1053]
Wie schon im Rahmen des Art. 143 Abs. 2 CP sind die letzteren Argumente auch hier als überzeugend anzusehen. Richtig ist es daher, eine Begehung des Art. 143 Abs. 3 CP durch Unterlassung abzulehnen.

III. Regelung der Sterbehilfe im Speziellen

Im Folgenden soll nun die Problematik der Sterbehilfe im Speziellen untersucht werden, die im Art. 143 Abs. 4 CP ihre eigene Regelung gefunden hat.

1. Begrifflichkeit

In Spanien wird von der Sterbehilfe regelmäßig als „Euthanasie" (eutanasia) gesprochen. Der Ausdruck „Sterbehilfe" (ayuda a morir) ist im Spanischen zwar bekannt, wird aber praktisch nicht verwendet.[1054] Euthanasie wurde bislang als die freiwillige Verkürzung des Lebens eines unheilbar Kranken, um dessen Leiden ein Ende zu setzen, definiert.[1055] Diese Definition ist aber problematisch insoweit, als sie die Freiwilligkeit der Sterbehilfe, also den auf Sterbehilfe gerichteten Willen des Kranken, voraussetzt, teilweise aber in der strafrechtlichen Literatur auch von Sterbehilfe gesprochen wird, wenn dieser Wille des Kranken nicht vorliegt.[1056] Inzwischen ist aber auch im allgemeinen Sprachgebrauch ein Wandel eingetreten. So enthält jetzt die neueste Ausgabe des Wörterbuchs der Real Academia de la Lengua eine Definition der Euthanasie als Handlung oder Unterlassung, die, um unheilbar kranken Patienten Leiden zu ersparen, deren Tod mit oder ohne ihre Zustimmung beschleunigt.[1057] Im Rahmen der vorliegenden Arbeit soll nun ein möglichst weiter Begriff der Sterbehilfe verwendet werden, der alle denkbaren Konstellationen abdeckt und damit deren Erörterung ermöglicht. Dagegen spricht auch nicht, dass die strafrechtliche Regelung des Art. 143 Abs. 4 CP unmittelbar nur die auf dem Verlangen des Kranken beruhende Sterbehilfe erfasst (dazu im Folgenden). Denn die Zulässigkeit einer Sterbehilfe aufgrund der Einwilligung, ohne oder gegen den Willen des Kranken ist mit dieser Begrifflichkeit ja noch nicht präjudiziert. Vor-

---

143 Rdnr. 73, Tomás-Valiente Lanuza, La cooperación al suicidio y la eutanasia, S. 77 ff., 100, Nuñez Paz, Homenaje al Dr. Marino Barbero Santos, S. 433, 445 ff.

[1053] González Rus, in: Cobo del Rosal, Curso de derecho penal – PE, S. 91 f., 88

[1054] Inhaltlich ergeben sich aber dadurch keine Konsequenzen. Daher soll im Rahmen dieser Dissertation weiterhin vorrangig der Begriff der Sterbehilfe verwendet werden, um das angesichts der deutschen Vergangenheit negativ vorbelastete Wort „Euthanasie" zu vermeiden, vgl. oben C I.

[1055] So Barquín Sanz, in: Roxin/Mantovani/Olmedo Cardenete/Barquín Sanz, Eutanasia y suicidio, S. 157, unter Berufung auf die offizielle Definition der Real Academia Española de la Lengua, der Akademie der Sprachen in Spanien.

[1056] Vgl. etwa Valle Muñiz, in: Quintero Olivares/Morales Prats, Comentarios a la Parte Especial del Derecho Penal, S. 86.

[1057] S. bei Mata de Antonio, AIS 17 (2003), 9, 13.

zugswürdig ist daher eine weite Definition der Euthanasie als Herbeiführen eines schmerzlosen Todes eines unheilbar Kranken, um dessen Leiden ein Ende zu setzen.[1058]
Die Sterbehilfe wird auch in Spanien in verschiedene Kategorien unterteilt. So wird jedenfalls zwischen aktiver (eutanasia activa) und passiver Sterbehilfe (eutanasia pasiva), üblicherweise auch zwischen direkter (eutanasia directa) und indirekter Sterbehilfe (eutanasia indirecta) unterschieden.[1059] Die Begrifflichkeit entspricht insoweit der im deutschen Recht.[1060] Teilweise wird auch die reine Sterbehilfe (eutanasia genuina), also die Sterbebegleitung ohne Lebensverkürzung, aufgeführt, während andere Autoren aufgrund der unstrittigen strafrechtlichen Irrelevanz dieses Verhaltens diesbezüglich gar nicht von Sterbehilfe sprechen.[1061] Ausgeschlossen sind aus dem Konzept der Sterbehilfe jedenfalls unstrittig die sog. eugenische Euthanasie (eutanasia eugenésica), also die Tötung von Personen mit körperlichen oder geistigen Behinderungen oder Krankheiten mit dem Ziel, die „Rasse zu verbessern“ und die wirtschaftliche Euthanasie (eutanasia económica), die Tötung unheilbar Kranker, Alter und geistig Kranker mit dem Ziel, der „Gesellschaft eine unnütze wirtschaftliche Last zu ersparen“ und die verbrechensbezogene Euthanasie (eutanasia criminal), die Tötung „sozial gefährlicher Personen“. Auch die experimentelle Euthanasie (eutanasia experimental), also Tötungen mit wissenschaftlich-experimentellem Charakter, und die „solidarische Euthanasie“ (eutanasia solidaria), d.h. Tötungen, um die Leben anderer Personen zu retten, fallen nicht unter den Begriff der hier abgehandelten Euthanasie bzw. Sterbehilfe. Insoweit handelt es sich vielmehr um Totschlag bzw. Mord.[1062]

[1058] So etwa González Rus, in: Cobo del Rosal, Compendio de derecho penal, S. 63; vgl. auch Brage Camazano, RGD 1993, 4429, Nuñez Paz, Homicidio consentido, S. 55, Díez Ripollés, in: Díez Ripollés/Gracia Martín, Delitos contra bienes jurídicos fundamentales, S. 254 f., ders., in: Díez Ripollés/Gracia Martín/Laurenzo Copello, Comentarios al CP – PE, Art. 143 Rdnr. 82, der neben dem Willen auch auf das Interesse des Betroffenen abstellt, ihm folgend etwa Calderón Cerezo/Choclán Montalvo, Derecho Penal – PE, S. 601.

[1059] Vgl. etwa Bajo Fernández, Manual de Derecho Penal – PE, S. 84, Jorge Barreiro, in: Rodríguez Mourullo/Jorge Barreiro, Comentarios al CP, Art. 143 S. 416, Valle Muñiz, in: Quintero Olivares/Morales Prats, Comentarios a la Parte Especial del Derecho Penal, Art. 143 S. 87, González Rus, in: Cobo del Rosal, Compendio de derecho penal, S. 63 f.; unklar ist die Verwendung des Begriffes „ortotanasia“, mit der teilweise die aktive indirekte Sterbehilfe bezeichnet wird (so etwa Muñoz Conde, Derecho Penal – PE, S. 76), überwiegend aber wohl die passive Sterbehilfe (so etwa González Rus, in: Cobo del Rosal, Compendio de derecho penal, S. 64, Marín Gámez, RJC 3 (1995), 275, 278). Der Begriff leitet sich aus dem Griechischen „orthos“ (richtig, gerecht) und „thanatos“ (Tod) ab und bedeutet also in etwa „normaler und richtiger Tod“, der zu seiner Zeit eintritt (vgl. Cabello Mohedano/García Gil/Viqueira Turnez, Entre los límites personales y penales de la eutanasia, S. 42).

[1060] Eine abweichende Klassifizierung findet sich hingegen bei *Díez Ripollés*, der sich an verschiedenen Krankheitsstadien und medizinischen Situationen orientiert und demgemäß von Sterbehilfe im Endstadium (eutanasia terminal), schmerzlindernder Sterbehilfe (eutanasia paliativa) und qualitativer Sterbehilfe (eutanasia cualitativa) spricht. Damit soll eine wertneutrale Umschreibung erreicht werden im Gegensatz zu einer vorbelasteten Kategorisierung, die die rechtliche Bewertung teilweise schon vorwegnimmt, vgl. Díez Ripollés, Eguzkilore 9 (1995), 113, 118 f., ders., in: Díez Ripollés/Gracia Martín/Laurenzo Copello, Comentarios al – PE, Art. 143 Rdnr. 90 ff. Angesichts der Vorteile der klassischen Kategorisierung gleich dem deutschen Recht für den im Rahmen dieser Arbeit angestrebten Rechtsvergleich folgt die Abhandlung hier aber der herrschenden Unterscheidung in passive und aktive, direkte und indirekte Sterbehilfe.

[1061] In Anschluss an *Torío* sprechen etwa Bajo Fernández, Manual de Derecho Penal – PE, S. 84, Luzón Cuesta, Compendio de Derecho Penal – PE, S. 30, sowie Gómez Pavón, Tratamientos médicos, S. 28 f., von der reinen Sterbebegleitung als Teil der Euthanasie. S. auch Marín Gámez, REDC 54 (1998), 85, 93 f., Martín Gómez/Alonso Tejuca, LL 1992 – III, 861, 864; dagegen etwa Hernando García, in: Escritos jurídicos en Memoria de Luis Mateo Rodríguez, S. 251, 260 f.

[1062] Vgl. Valle Muñiz, in: Quintero Olivares/Morales Prats, Comentarios a la Parte Especial del Derecho Penal, S. 86.

2. Die Regelung der Sterbehilfe im Einzelnen

Gemäß Art. 143 Abs. 4 CP wird, wer mit notwendigen und direkten Handlungen aktiv den Tod eines anderen auf dessen ausdrückliches, ernstes und unmissverständliches Verlangen hin verursacht oder derart dazu beiträgt, wenn das Opfer an einer schweren Krankheit leidet, die notwendig zu seinem Tod führt oder die schwere, dauerhafte und schwer zu ertragende Leiden verursacht, mit einer gegenüber den in Abs. 2 und 3 des Art. 143 CP festgesetzten Strafen um ein oder zwei Grade verminderter Strafe belegt.[1063]

Dabei ist zunächst festzustellen, dass Art. 143 Abs. 4 CP eine Strafmilderung für die in Art. 143 Abs. 2 und 3 CP vorgesehenen Verhaltensweisen, also die notwendige und die vollziehende Beihilfe zum Selbstmord vorsieht. Nicht jedoch erfasst wird die Anstiftung zum Selbstmord gemäß Art. 143 Abs. 1 CP. Nach ganz h.M. führt dies dazu, dass derjenige, der angesichts der schweren Krankheit des Opfers dieses zum Selbstmord bewegt, nicht in den Genuss der Strafmilderung des Art. 143 Abs. 4 CP kommt, sondern vielmehr nach Art. 143 Abs. 1 CP bestraft wird.[1064] Nach einer Mindermeinung ist die Anstiftung zum Selbstmord in einem Sterbehilfekontext indes nicht nach Art. 143 Abs. 1 CP zu behandeln, sondern bleibt vielmehr straflos. Argument hierfür ist die Widersprüchlichkeit, dass ansonsten derjenige strenger bestraft würde, der einen Kranken zum Selbstmord anstiftet (nach Art. 143 Abs. 1 CP), als derjenige, der einen anderen anstiftet, einem Dritten aktive Sterbehilfe zu leisten (nach Art. 28 lit. a) CP mit gleicher Strafe wie der Sterbehelfer, also nach Art. 143 Abs. 4 CP).[1065] Dagegen wird jedoch vorgebracht, dass dieser Vergleich fehlgehe, da schon in den meisten Fällen eine Anstiftung zur vollziehenden Beihilfe zum Selbstmord in Sterbehilfesituationen gar nicht möglich sei, weil die Anwendung des Art. 143 Abs. 4 CP das Verlangen des Kranken voraussetze und dieses regelmäßig das Verhalten des Handelnden bestimme, nicht jedoch die Anstiftung des Außenstehenden.[1066] Weiterhin sei die unterschiedliche Behandlung auch gerechtfertigt, da die Anstiftung zum Selbstmord auch in Sterbehilfekontexten

---

[1063] Nach Art. 70 CP hat dies zur Folge, dass sich für die aktive Sterbehilfe in Form einer notwendigen Beihilfe ein Strafrahmen von sechs Monaten bis zwei Jahren, für aktive Sterbehilfe in Form der vollziehenden Beihilfe ein Strafrahmen von einem Jahr und sechs Monaten bis sechs Jahren ergibt. Wird die Strafe bei aktiver Sterbehilfe in Form der notwendigen Beihilfe um einen Grad gemildert, liegt das Strafmaß zwischen einem und zwei Jahren, wird sie um zwei Grade gemildert, zwischen sechs Monaten und einem Jahr. Hinsichtlich der aktiven Sterbehilfe durch eine vollziehende Beihilfe ergibt sich hingegen bei einer Strafmilderung um einen Grad eine Strafe von drei bis sechs Jahren, bei einer Milderung um zwei Grade eine Strafe von einem Jahr und sechs Monaten bis zu drei Jahren. Somit ist nach Art. 80 CP die Möglichkeit einer Strafaussetzung zur Bewährung gegeben, da diese bei der Verhängung einer Freiheitsstrafe unter zwei Jahren in Betracht kommt. Bleibt die verhängte Freiheitsstrafe unter einem Jahr, ergibt sich zudem die Möglichkeit einer Ersetzung durch den sog. Wochenendarrest (arresto de fines de semana) oder einer Ersetzung durch Geldstrafe, vgl. Muñagorri Laguía, JpD 25 (1996), 67, 71. Art. 143 Abs. 4 CP ermöglicht also eine außerordentlich milde Strafe, aber auch die Verhängung empfindlicher Freiheitsstrafen von bis zu zwei bzw. bis zu sechs Jahren.

[1064] Jorge Barreiro, in: Rodríguez Mourullo/Jorge Barreiro, Comentarios al CP, Art. 143 S. 416, Muñoz Conde, Derecho Penal – PE, S. 76, Tomás-Valiente Lanuza, La cooperación al suicidio y la eutanasia, S. 107, Olmedo Cardenete/Barquín Sanz, in: Cobo del Rosal, Comentarios al CP, Art. 143 S. 222, Barquín Sanz, in: Roxin/Mantovani/Olmedo Cardenete/Barquín Sanz, Eutanasia y suicidio, S. 169, García Arán, in: Díez Ripollés, Delitos contra la vida e integridad física, S. 34

[1065] Vgl. Sánchez Tomás, in: Rodríguez Ramos/ Cobos/Sánchez Tomás, Derecho Penal – PE, S. 60 f.

[1066] Vgl. Olmedo Cardenete/Barquín Sanz, in: Cobo del Rosal, Comentarios al CP, Art. 143 S. 222 f., Barquín Sanz, in: Roxin/Mantovani/Olmedo Cardenete/Barquín Sanz, Eutanasia y suicidio, S. 169 f., der allerdings zugleich zugibt, dass dieses Argument die Widersprüchlichkeit keineswegs beseitigt, sondern eher noch verschärft, da dann die Strafbarkeit nach Art. 143 Abs. 1 CP einerseits der völligen Straflosigkeit andererseits gegenüber stünde.

einen Unwert darstelle, weil nämlich die Entscheidungsbildung auch in diesen Fällen frei von fremden Einflüssen sein soll. Bei der Anstiftung eines Dritten zur vollziehenden Beihilfe fehle jedoch dieser Unwert, da dort keinerlei Einfluss auf die Willensbildung des Kranken, sondern nur des Dritten genommen werde. Schließlich würde auch die vorgeschlagene Straflosigkeit der Anstiftung zum Selbstmord in Sterbehilfekonstellationen zu Widersprüchen führen, denn die vom Gesetz an sich als geringeres Unrecht erachtete notwendige Beihilfe bliebe nach Art. 143 Abs. 4 CP ja strafbar. Die Entscheidung des Gesetzgebers sei als korrekt zu erachten angesichts der speziell verwundbaren psychologischen Situation des Kranken.[1067] Somit bleiben die Fälle der Anstiftung zum Selbstmord auch im Kontext der Sterbehilfe nach Art. 143 Abs. 1 CP ohne jegliche Strafmilderung strafbar.

a) Die aktive Sterbehilfe (eutanasia activa)

Unter aktiver Sterbehilfe wird wie im deutschen Strafrecht die Lebensverkürzung mittels aktiver Handlung verstanden. Zu unterscheiden ist hinsichtlich der strafrechtlichen Behandlung auch hier zwischen indirekter und direkter Sterbehilfe.

aa) Die indirekte Sterbehilfe (eutanasia activa indirecta)

Indirekte Sterbehilfe stellt die schmerzlindernde Behandlung dar, die als unerwünschte Nebenfolge eine Verkürzung des Lebens des Patienten nach sich zieht.[1068]

(1) Umfang der indirekten Sterbehilfe

Fraglich ist dabei zunächst der Umfang der indirekten Sterbehilfe: sind davon nur Fälle erfasst, in denen der Tod des Patienten mit dolus eventualis in Kauf genommen wird oder auch solche Fälle, in denen der Tod als sicher vorausgesehen wird, also dolus directus 2. Grades vorliegt?[1069] Nach einer Ansicht kann nur dann von indirekter Sterbehilfe gesprochen werden, wenn der Tod mit Eventualvorsatz in Kauf genommen wurde, nicht aber bei direktem Vorsatz.[1070] Nach a.A. umfasst die indirekte Sterbehilfe aber auch solche Sachverhalte, in denen der Tod des Patienten mit Sicherheit vorausgesehen wird und als – wenn auch unerwünschte – Nebenfolge akzeptiert wird, in denen also direkter Vorsatz 2. Grades vorliegt.[1071] Im Grunde fehlt aber eine tiefergehende rechtliche Diskussion dieser Frage und werden die jeweiligen

---

[1067] Olmedo Cardenete/Barquín Sanz, in: Cobo del Rosal, Comentarios al CP, Art. 143 S. 223 f., Barquín Sanz, in: Roxin/Mantovani/Olmedo Cardenete/Barquín Sanz, Eutanasia y suicidio, S. 170 f.

[1068] Vgl. Jorge Barreiro, in: Rodríguez Mourullo/Jorge Barreiro, Comentarios al CP, Art. 143 S. 416, Valle Muñiz, in: Quintero Olivares/Morales Prats, Comentarios a la Parte Especial del Derecho Penal, Art. 143 S. 87, González Rus, in: Cobo del Rosal, Compendio de derecho penal, S. 64, Bajo Fernández, Manual de Derecho Penal – PE, S. 84, Barquín Sanz, in: Roxin/Mantovani/Olmedo Cardenete/Barquín Sanz, Eutanasia y suicidio, S. 180.

[1069] Die Ansicht, dass bei der indirekten Sterbehilfe jeglicher Vorsatz fehle und allenfalls eine Haftung wegen Fahrlässigkeit in Betracht komme, wird in der modernen Literatur praktisch nicht mehr vertreten. So allerdings noch Bajo Fernández, Manual de Derecho Penal – PE, S. 84, unter Berufung auf *Torío López*; s. auch Cabello Mohedano/García Gil/Viqueira Turnez, Entre los límites personales y penales de la eutanasia, S. 122.

[1070] Vgl. etwa Valle Muñiz, in: Quintero Olivares/Morales Prats, Comentarios a la Parte Especial del Derecho Penal, Art. 143 S. 87, Mata de Antonio, AIS 17 (2003), 9, 15, wohl auch Nuñez Paz, Homicidio consentido, S. 433.

[1071] S. etwa Martín Gómez/Alonso Tejuca, LL 1992 – III, 861, 871, wohl auch Muñagorri Laguía, JpD 25 (1996), 67, 68.

Ansichten praktisch ohne weitere Begründung (häufig als Teil der Definition der indirekten Sterbehilfe) vorgetragen.
Problematisch ist auch, ob nur solche Situationen einer (zulässigen) indirekten Sterbehilfe zugänglich sind, in denen sich der Patient bereits in der Endphase seines Leidens befindet. Die Frage, ob nur Sterbende speziell von der indirekten Sterbehilfe umfasst sind, hat in der spanischen Rechtslehre bislang nur wenig Beachtung gefunden. Es ist insoweit wohl davon auszugehen, dass eine solche Beschränkung des Umfangs der indirekten Sterbehilfe nicht vorzunehmen ist. Nach *Martín Gómez/Alonso Tejuca* etwa kann (hinsichtlich der zeitlichen Dimensionen) von einer Sterbehilfesituation generell dann gesprochen werden, wenn der Tod des Patienten nahe bevorsteht oder zumindest „vorweggenommen" wird, also aufgrund der Krankheit die Lebenserwartung des Patienten geringer ist als die durchschnittliche Lebenserwartung eines anderen Menschen gleichen Alters. Der Tod des Betroffenen müsse bei der indirekten Sterbehilfe zwar sicher zu erwarten sein, aber nur mehr oder weniger nahe bevorstehen.[1072] *Nuñez Paz* zufolge sind neben Patienten in der Endphase ihrer Krankheit nicht nur etwa Wachkomapatienten, sondern auch sonstige Personen mit unheilbaren und dauerhaften Leiden vom Umfang der indirekten Sterbehilfe umfasst.[1073] Im Übrigen wird eine zeitliche Begrenzung häufig im Rahmen der Bestimmung, ob eine „schwere Krankheit" i.S.d. Art. 143 Abs. 4 CP vorliegt, vorgenommen (s. dazu unten bb (1)(a)). Demzufolge ist eine Begrenzung der indirekten Sterbehilfe auf Patienten, bei denen der Sterbevorgang bereits eingesetzt hat, mit der wohl h.M. abzulehnen.

(2) Rechtliche Behandlung der indirekten Sterbehilfe

(a) Indirekte Sterbehilfe auf Verlangen des Patienten

Die indirekte Sterbehilfe ist nun nach ganz allgemeiner Auffassung straffrei, wenn die Voraussetzungen des Art. 143 Abs. 4 CP vorliegen. Dies folgt im Umkehrschluss aus der Fassung des Art. 143 Abs. 4 CP, der ausdrücklich nur denjenigen in die Strafmilderung mit einbezieht, der mit „direkten" Handlungen zum Tod eines anderen beihilft bzw. ihn verursacht.[1074] Die gegenteilige Schlussfolgerung, die indirekte Sterbehilfe erfahre, da sie nicht unter Art. 143 Abs. 4 CP falle, eben keine Strafmilderung, sondern bleibe nach den Grund-

---

[1072] Martín Gómez/Alonso Tejuca, LL 1992 – III, 861, 865, 867

[1073] Nuñez Paz, Homicidio consentido, S. 143

[1074] Valle Muñiz, in: Quintero Olivares/Morales Prats, Comentarios a la Parte Especial del Derecho Penal, Art. 143 S. 88, Jorge Barreiro, in: Rodríguez Mourullo/Jorge Barreiro, Comentarios al CP, Art. 143 S. 416, Queralt Jiménez, Derecho penal – PE, S. 23, Nuñez Paz, Homicidio consentido, S. 432 f. Zwar könnte der Wortlaut des Art. 143 Abs. 4 CP auch dahin ausgelegt werden, dass nur im Fall der notwendigen Beihilfe „direkte" Handlungen erforderlich wären, doch bezieht sich dieses Erfordernis nach ganz h.M. auch auf die Verursachung des Todes im Rahmen der vollziehenden Beihilfe, vgl. Tomás-Valiente Lanuza, La cooperación al suicidio y la eutanasia, S. 107. A.A. hingegen Díez Ripollés, in: Díez Ripollés/Gracia Martín/Laurenzo Copello, Comentarios al CP – PE, Rdnr. 102 ff., Rdnr. 112 Fn. 357, der statt dessen darauf abstellt, dass im Falle des Endstadiums einer Krankheit die indirekte Sterbehilfe aufgrund einer Beschränkung der objektiven Zurechnung nach dem Schutzzweck der Norm tatbestandslos sei, im übrigen aufgrund einer Pflichtenkollision gemäß Art. 20 Abs. 7 CP gerechtfertigt. Der Interessenskonflikt bestehe dabei zwischen der Pflicht zur Erhaltung des Lebens selbst gegen den Willen des Betroffenen und der Pflicht, ein würdiges Leben, frei von unmenschlichen und demütigenden Behandlungen, zu garantieren und das Recht des Patienten, zwischen den möglichen medizinischen Maßnahmen zu wählen, zu respektieren. Anzumerken ist insoweit jedoch, dass angesichts dieser Argumentation die Annahme eines Notstands gemäß Art. 20 Abs. 5 CP naheliegender erscheint als das Abstellen auf die Erfüllung einer Pflicht gemäß Art. 20 Abs. 7 CP.

tatbeständen des Art. 143 Abs. 2 und 3 CP strafbar, wird als widersinnig abgelehnt. Denn dann würden die grundsätzlich schwerwiegenderen Verhaltensweisen – die direkte Sterbehilfe - eine Strafmilderung erfahren, während die Handlungen, die einen geringeren Unrechtswert aufweisen, wie die indirekte Sterbehilfe, voll strafbar blieben.[1075] Von der Zulässigkeit indirekter Sterbehilfe gehen auch die standesrechtlichen Regelungen der Ärzte aus.[1076] Grundsätzlich kann aber Straffreiheit demnach nur vorliegen, wenn die Voraussetzungen des Art. 143 Abs. 4 CP gegeben sind, d.h. das Opfer muss an einer schweren Krankheit i.S.d. Abs. 4 leiden (dazu unten bb (1)(a)) und es muss sein ausdrückliches, ernstliches und unmissverständliches Verlangen vorliegen.

(b) Indirekte Sterbehilfe ohne Verlangen des Patienten

Problematisch ist nun insbesondere, wie zu verfahren ist, wenn kein Verlangen des Patienten gegeben ist. Grundsätzlich ist ein solches Verhalten nicht nach Art. 143 Abs. 4 CP als straflos, sondern nach den allgemeinen Regeln zu beurteilen.[1077] Liegt also kein Verlangen des Patienten vor, kann aber von seiner Einwilligung ausgegangen werden, so ist dies als Beihilfe zum Selbstmord bzw. Totschlag (wenn man der Ansicht folgen wollte, dass auch für die vollziehende Beihilfe des Art. 143 Abs. 3 CP ein Verlangen des Sterbewilligen erforderlich sei) einzuordnen. Kann der Wille des Patienten etwa aufgrund seiner Bewusstlosigkeit nicht ermittelt werden, ist prinzipiell ebenfalls von einem Totschlag auszugehen.

(aa) Tatbestandslosigkeit der indirekten Sterbehilfe ohne Verlangen

Nach *Valle Muñiz* ist die Verabreichung von schmerzlindernden Mitteln in solchen Fällen indes dennoch tatbestandslos, da sie konform der lex artis erfolge. Die Verabreichung von solchen Mitteln als einziger Möglichkeit der Schmerzlinderung überschreite nicht die Grenze des sozial und rechtlich Geduldeten. Zudem könnte das Unterlassen entsprechender Medikation gar eine eigene Strafbarkeit nach sich ziehen.[1078] Eine andere Auffassung begründet die Tatbestandslosigkeit der indirekten Sterbehilfe damit, dass eine objektive Zurechnung des Erfolges ausscheide. Die Verabreichung von schmerzlindernden Medikamenten bedeute nur eine Abkürzung des Todes, überschreite somit nicht das erlaubte Risiko und befinde sich daher nicht im Schutzbereich der Norm.[1079]

Im Schutzbereich des Totschlages bzw. der Beihilfe zum Selbstmord dürfte indes jede Abkürzung des Lebens eines anderen enthalten sein, auch wenn diese mit guten Absichten vorge-

---

[1075] González Rus, in: Cobo del Rosal, Compendio de derecho penal, S. 67, Barquín Sanz, in: Roxin/Mantovani/Olmedo Cardenete/Barquín Sanz, Eutanasia y suicidio, S. 181, Olmedo Cardenete/Barquín Sanz, in: Cobo del Rosal, Comentarios al CP, Art. 143 S. 231, Mata de Antonio, AIS 17 (2003), 9, 25 f., Nuñez Paz, Homicidio consentido, S. 433; die verwendete Gesetzestechnik, durch die Festlegung der Anforderungen an einen Strafmilderungstatbestand bestimmte Verhaltensweisen auch vom Grundtatbestand auszunehmen, als defizitär kritisierend Tomás-Valiente Lanuza, La cooperación al suicidio y la eutanasia, S. 107 ff.

[1076] Vgl. Art. 27 Abs. 1 Código de Ética y Deontología Médica de 1999. In der vorangegangenen Fassung, dem Código de Ética y Deontología Médica de 1990, fehlte eine solche ausdrückliche Bestimmung allerdings.

[1077] S. etwa González Rus, in: Cobo del Rosal, Curso de derecho penal – PE, S. 98.

[1078] Valle Muñiz, in: Quintero Olivares/Morales Prats, Comentarios a la Parte Especial del Derecho Penal, Art. 143 S. 88; vgl. auch Lema Añón/Brandariz García, in: Brandariz García/Faraldo Cabana, Responsabilidad penal del Personal sanitario, S. 55 f., die neben den im Spiel stehenden Interessen auch die Üblichkeit und Normalität dieser medizinischen Maßnahmen anführen, sowie Nuñez Paz, Homicidio consentido, S. 148 f.

[1079] S. etwa García Arán, in: Díez Ripollés, Delitos contra la vida e integridad física, S. 30 f. sowie Gómez Pavón, Tratamientos médicos, S. 47, die allerdings auf den Willen des Patienten nicht explizit eingeht.

nommen wird. Der Gesetzgeber wollte gerade nicht bestimmte Formen des Totschlags aus Mitleid straflos lassen und hat den Lebensschutz auch des Sterbenden nicht aufgegeben. Eine Tatbestandslosigkeit aufgrund solch unbestimmter Argumente ist daher abzulehnen.[1080]

(bb) Rechtfertigung der indirekten Sterbehilfe ohne Verlangen

Nach a.A. sind dagegen die allgemeinen Strafmilderungs- oder Strafausschließungsgründe wie etwa der Notstand in Betracht zu ziehen.[1081]

Gemäß Art. 20 Abs. 5 CP ist strafrechtlich nicht verantwortlich, wer in einem Notstand, um ein Übel für sich selbst oder einen anderen zu vermeiden, das Rechtsgut einer anderen Person oder eine Rechtspflicht verletzt, wenn das verursachte Übel nicht größer ist als das zu Vermeidende, die Notstandssituation nicht absichtlich vom Täter herbeigeführt wurde und dieser nicht aufgrund seines Berufes oder Amtes die Pflicht hatte, sich aufzuopfern. Als zu vermeidendes Übel lassen sich dabei die unerträglichen Schmerzen des Patienten anführen, so dass sich das Problem auf die Frage zuspitzt, ob das verursachte Übel, nämlich der Tod des Patienten, nicht größer ist als das vermiedene Übel, die Schmerzen. Sieht man das Leben als absoluten Höchstwert der Rechtsordnung an, erscheint es kaum möglich, den Tod als geringeres Übel einzuordnen. Doch haben bereits die verfassungsrechtlichen Betrachtungen (s.o. II.1) ergeben, dass das Grundrecht Leben nicht unabhängig von anderen verfassungsrechtlichen Höchstwerten wie die Menschenwürde und die freie Entwicklung der Persönlichkeit gesehen werden kann.[1082] Angesichts eines in Kürze bevorstehenden Todes kann sicherlich davon ausgegangen werden, dass das Interesse des Patienten, schwerste Schmerzen zu vermeiden, überwiegt und damit die Lebensverkürzung das geringere Übel darstellt.[1083] Auch ist das Grundrecht des Einzelnen auf körperliche und moralische Unversehrtheit, sowie, keinen unmenschlichen oder demütigenden Behandlungen unterworfen zu werden, gemäß Art. 15 CE zu berücksichtigen. Somit kann die indirekte Sterbehilfe auch ohne Verlangen des Patienten aufgrund eines Notstands gerechtfertigt sein.[1084]

Diese Lösung ist auch gegenüber der Tatbestandslösung vorzugswürdig, deren Abstellen auf die lex artis und den Rahmen des rechtlich Relevanten nicht überzeugen. Denn was konform der lex artis ist, bestimmt sich gerade auch nach den Grenzen des Strafrechts.[1085] Eine Verkürzung des Lebens, wie sie mit der indirekten Sterbehilfe immer verbunden ist, ist aber eben grundsätzlich gerade nicht mit der lex artis vereinbar. Sie ist nur aufgrund der damit verbundenen Schmerzvermeidung und dem implizit vorgenommenen Abwägungsvorgang erklärbar. Damit entspricht sie aber voll der im Rahmen des Art. 20 Abs. 5 CP vorgenommenen Güterabwägung des rechtfertigenden Notstands.

[1080] Vgl. Bacigalupo, PJ no. Especial XII (1990), 147, 156, der seine Kritik allerdings auf den angeblichen Ausschluss der indirekten Sterbehilfe aus dem Schutzbereich der Norm und den mangelnden „sozialen Sinn" einer Totschlagshandlung (wie sie in Deutschland teilweise vertreten wird) bezieht.

[1081] González Rus, in: Cobo del Rosal, Compendio de derecho penal, S. 68, vgl. auch Muñoz Conde, Derecho Penal – PE, S. 77, der in Sterbehilfesituationen, in denen keine Einwilligung erlangt werden kann, die Annahme einer Rechtfertigung wegen Notstands für möglich erachtet, Bacigalupo, PJ no. especial XII (1990), 147, 156, sowie García Rivas, Homenaje al Dr. Marino Barbero Santos, S. 149, 163 f.

[1082] Die Abwägung zwischen Leben des Einzelnen und Menschenwürde ist nach Bacigalupo, PJ no. especial XII (1990), 147, 156, zugunsten der letzteren zu lösen, wenn nicht der Wille des Kranken ausdrücklich entgegensteht.

[1083] García Rivas, Homenaje al Dr. Marino Barbero Santos, S. 149, 163

[1084] Zur Rechtfertigung aufgrund Notstands noch nach altem Recht vgl. Bacigalupo, PJ no. especial XII (1990), 147, 155 f. (unter weitgehender Berufung auch auf die deutsche Lehre).

[1085] S. dazu auch García Rivas, Homenaje al Dr. Marino Barbero Santos, S. 149, 164 Fn. 43.

Nach a.A. ist hingegen auf den Rechtfertigungsgrund der Erfüllung einer Pflicht (Art. 20 Abs. 7 CP) abzustellen. Da die Erfüllung der ärztlichen Pflicht, den Patienten zu heilen oder zumindest in Umständen am Leben zu erhalten, die ein wirkliches „(Er)Leben" ermöglichen, nicht mehr möglich sei, bleibe als einzige Pflicht des Arztes übrig, die Schmerzen des Patienten zu lindern. Die auf Schmerzlinderung gerichtete Handlung des Arztes sei daher als Erfüllung seiner – einzig verbleibenden – ärztlichen Pflicht gerechtfertigt. Allerdings müsse, wenn der Patient nicht mehr einwilligungsfähig ist, eine Autorisierung durch den gesetzlichen Vertreter, den Betreuer oder ggf. den Richter vorliegen. Nur auf dieser Grundlage könne der Arzt seine Entscheidung zur indirekten Sterbehilfe treffen.[1086]
Festzuhalten bleibt aber, dass die indirekte Sterbehilfe auch dann, wenn kein ausdrückliches Verlangen des Patienten vorliegt, straffrei bleiben muss.

(c) Indirekte Sterbehilfe gegen den Willen des Patienten

Abzuklären bleibt indes, wie zu verfahren ist, wenn weder ein Verlangen des Patienten noch seine Einwilligung in die indirekte Sterbehilfe angenommen werden können, sein Wille vielmehr ausdrücklich entgegensteht, etwa weil er bis zum letzten Moment des Lebens bei klarem Bewusstsein bleiben möchte.
Dieser Wille des Patienten ist zu respektieren.[1087] Eine Verabreichung von Schmerzmitteln, die als Nebeneffekt das Leben verkürzen, gegen den Willen des Patienten ist als Totschlag oder auch Mord gemäß Art. 138 f. CP anzusehen. Ein solches Verhalten ist keineswegs mit der lex artis, die grundsätzlich die Lebenserhaltung wie auch den Willen des Patienten als Maßstab nimmt, vereinbar, denn beide Maximen würden hier verletzt. Ein Ausschluss der Verantwortlichkeit kommt hier auch nicht unter dem Gesichtspunkt des rechtfertigenden Notstands in Betracht, denn wenn der Kranke seine letzte ihm verbleibende Lebensspanne als bedeutender als die Schmerzfreiheit ansieht, so kann die Rechtsordnung diese Wertung nicht dadurch zunichte machen, dass sie es zulässt, den Schmerz gegenüber dem Tod als schlimmeres Übel einzuordnen. Selbst eine Schuldminderung etwa aufgrund des Mitleidmotivs erscheint mehr als zweifelhaft, denn wer wahrhaft Mitleid verspürt, wird nicht gegen den ausdrücklichen Willen eines schwer Kranken handeln, sondern dessen Willen respektieren.

(d) Keine Schmerzbehandlung trotz ausdrücklichen Verlangens

Schließlich bleiben die Fälle zu klären, in denen trotz Wunsches des Patienten keine (ausreichende) Schmerzbehandlung gewährt wird. Dann ist unzweifelhaft eine Körperverletzung durch Unterlassen gemäß Art. 147 oder Art. 617 i.V.m. Art. 11 CP oder eine unterlassene Hilfeleistung gemäß Art. 195, 196 CP gegeben.[1088] Eine Berufung auf eine entgegenstehende Lebenserhaltungspflicht ist nicht möglich, denn die Wertung des Art. 143 Abs. 4 CP zeigt, dass es bei ausdrücklichem Verlangen des Patienten nach einer indirekt lebensverkürzenden Schmerzbehandlung keinerlei strafbewehrte Lebenserhaltungspflicht gibt. Zwar bleibt eine Berufung auf eine entgegenstehende Gewissenspflicht und damit etwa eine Entschuldigung

---

[1086] Martín Gómez/Alonso Tejuca, LL 1992 – III, 861, 871 f., 875

[1087] Valle Muñiz, in: Quintero Olivares/Morales Prats, Comentarios a la Parte Especial del Derecho Penal, Art. 143 S. 88, García Arán, in: Díez Ripollés, Delitos contra la vida e integridad física, S. 30

[1088] González Rus, in: Cobo del Rosal, Compendio de derecho penal, S. 70, vgl. auch Díez Ripollés, in: Díez Ripollés/Gracia Martín, Delitos contra bienes jurídicos fundamentales, S. 262 f. sowie ders., in: Díez Ripollés/Gracia Martín/Laurenzo Copello, Comentarios al CP – PE, Art. 143 Rdnr. 108, Lema Añón/Brandariz García, in: Brandariz García/Faraldo Cabana, Responsabilidad penal del Personal sanitario, S. 56.

des sich weigernden Arztes prinzipiell denkbar, doch ist insoweit zu beachten, dass indirekte Sterbehilfe etwa auch nach der katholischen Lehre zulässig ist und jedenfalls Glaubensmotive für eine Verweigerung schmerzlindernder Maßnahmen mit lebensverkürzendem Nebeneffekt ausscheiden dürften.

bb) Die direkte Sterbehilfe (eutanasia activa directa)

Direkte aktive Sterbehilfe liegt vor, wenn angesichts der Leiden des Kranken eine aktive Handlung direkt und unmittelbar auf die Lebensverkürzung des Kranken gerichtet ist.[1089] Sie ist in Art. 143 Abs. 4 CP explizit geregelt.

(1) Voraussetzungen der Strafmilderung gemäß Art. 143 Abs. 4 CP

Die Strafmilderung des Art. 143 Abs. 4 CP gegenüber den in Art. 143 Abs. 2 und 3 CP enthaltenen Verhaltensweisen ist zum Einen an bestimmte (objektive) Anforderungen an den Zustand des Kranken, zum Anderen an dessen ausdrückliches, ernstes und unmissverständliches Verlangen geknüpft. Diese Voraussetzungen sollen im Folgenden genauer geklärt werden.

(a) Anforderungen an den Zustand des Patienten

Gemäß Art. 143 Abs. 4 CP muss das Opfer an einer schweren Krankheit leiden, die notwendig zu seinem Tod führt oder schwere, dauerhafte und schwer zu ertragende Leiden verursacht.[1090]

Zunächst muss das Opfer also an einer „schweren Krankheit" leiden. Krankheit wird dabei weit verstanden. So fallen darunter nicht nur krankhafte Vorgänge im eigentlichen Sinn, sondern auch alle Beeinträchtigungen der Gesundheit, die auf eine Verletzung wie z.B. einen Unfall zurückzuführen sind. Krankheit wird somit als Verminderung der Gesundheit verstanden, die auch von einer Verletzung jeglichen Ursprungs herrühren kann.[1091] Nicht umfasst ist hingegen die rein psychische Krankheit.[1092] Diese Krankheit muss zudem „schwer" sein, was

---

[1089] Vgl. Valle Muñiz, in: Quintero Olivares/Morales Prats, Comentarios a la Parte Especial del Derecho Penal, Art. 143 S. 87, González Rus, in: Cobo del Rosal, Compendio de derecho penal, S. 64, Díez Ripollés, in: Díez Ripollés/Gracia Martín, Delitos contra bienes jurídicos fundamentales, S. 263, Bajo Fernández, Manual de Derecho Penal – PE, S. 84

[1090] Zur Kritik an der Unbestimmtheit der Tatbestandsvoraussetzungen s. Carbonell Mateu, in: Vives Antón et al., Comentarios al CP de 1995, Art. 143 S. 764, Jorge Barreiro, in: Rodríguez Mourullo/Jorge Barreiro, Comentarios al CP, Art. 143 S. 418; dagegen aber etwa Barquín Sanz, in: Roxin/Mantovani/Barquín Sanz/Olmedo Cardenete, Eutanasia y suicidio, S. 178 ff., sowie Olmedo Cardenete/Barquín Sanz, in: Cobo del Rosal, Comentarios al CP, Art. 143 S. 228 ff., die die Interpretationsbedürftigkeit der Vorschrift akzeptieren und die Schwierigkeit abstrakter Regelung in dieser Materie hervorheben.

[1091] Carbonell Mateu, in: Vives Antón et al., Comentarios al CP de 1995, Art. 143 S. 763, Valle Muñiz, in: Quintero Olivares/Morales Prats, Comentarios a la Parte Especial del Derecho Penal, Art. 143 S. 90, Queralt Jiménez, Derecho penal español – PE, S. 24; Tomás-Valiente Lanuza, La cooperación al suicidio y la eutanasia, S. 126 f., führt als Argument hierfür auch an, dass der Gesetzgeber in der zweiten Tatbestandsalternative nicht das Wort "Schmerzen" (dolores), sondern "Leiden" (padecimientos) verwendet habe, weshalb auch psychische Leiden – eben etwa eines gelähmten Unfallopfers – erfasst werden könnten. Daraus werden dann Rückschlüsse auf die Interpretation des Krankheitsbegriffes im o.g. Sinn gezogen.

[1092] Tomás-Valiente Lanuza, La cooperación al suicidio y la eutanasia, S. 127 f.: dies schon deshalb, weil Art. 143 Abs. 4 CP mit dem Erfordernis eines „ernstlichen" Verlangens die Möglichkeit, dass der Sterbewillige an

objektiv zu bestimmen sein dürfte. Angesichts der darauf folgenden spezifischen Anforderungen, dass die Krankheit nämlich notwendig zum Tod führen oder schwere, dauerhafte und schwer zu ertragende Leiden verursachen müsse, kommt diesem Kriterium indes keine eigenständige Bedeutung zu.[1093]
Des weiteren muss die Krankheit entweder notwendigerweise zum Tod des Patienten führen oder aber schwere, dauerhafte und schwer zu ertragende Leiden verursachen.
Mit der ersten Tatbestandsalternative sind Fälle unheilbarer Krankheiten erfasst, wobei fraglich ist, ob nur Kranke im Endstadium ihrer Krankheit, also Sterbende, unter diese Tatbestandsalternative fallen. Dies wird aber überwiegend abgelehnt.[1094] Indes wird zusätzlich meist verlangt, dass der Tod in einer relativ bestimmbaren und näheren Zeitspanne eintreten müsse.[1095] Nach a.A. ist dagegen allein entscheidend, dass die Krankheit als unwiderruflich zum Tode führend diagnostiziert wurde, auch wenn der Tod selbst noch nicht in näherer Zeit bevorsteht. Bei einer Krebserkrankung etwa wäre das Tatbestandserfordernis somit erfüllt, sobald die Hoffnungslosigkeit der Behandlung feststeht.[1096] Dieser weniger restriktiven Ansicht ist auch zuzustimmen. Denn dem Wortlaut sind Beschränkungen auf die terminale Phase der Krankheit oder auch auf einen zumindest in naher Zeit absehbaren Tod nicht zu entnehmen.[1097] Es ist auch kein kriminalpolitisch überzeugender Grund für eine solche Einschränkung ersichtlich. Leidet der Kranke etwa an Chorea Huntington, einer Krankheit, die nach mehreren gesunden Lebensjahren zu einem sicheren schmerzhaften Tod führt, so erscheint es eine unnötige Qual, dem Kranken aufzuerlegen, zunächst den schmerzhaften Ausbruch seiner Krankheit abzuwarten. Weiterhin kann der Anwendungsbereich nicht auf Fälle beschränkt werden, in denen der Kranke sich nicht selbst töten kann[1098], denn auch insoweit enthält der Gesetzeswortlaut keinen Anhaltspunkt.[1099] Notwendig, aber auch ausreichend ist für diese Tatbestandsalternative also, dass der tödliche Verlauf der Krankheit feststeht.
Die zweite Tatbestandsalternative umfasst alle Krankheiten, die dem Patienten schwere, dauerhafte und schwer zu ertragende Leiden verursachen. Unter Leiden ist sowohl physisches als auch psychisches Leiden zu verstehen, so dass etwa auch ein Gelähmter, der sein Leben

---

einer schweren psychischen Krankheit leidet, versperrt. S. auch Lema Añón/Brandariz García, in: Brandariz García/Faraldo Cabana, Responsabilidad penal del personal sanitario, S. 46.

1093 Diesem Kriterium wird daher auch in der spanischen Literatur praktisch keinerlei Beachtung geschenkt. Nuñez Paz, Homicidio consentido, S. 434 etwa bestimmt die Schwere der Krankheit, die eine bedeutende Einschränkung der Lebensqualität beinhalte und Dauerhaftigkeit impliziere, anhand der darauffolgenden Tatbestandsalternativen.

1094 Carbonell Mateu, in: Vives Antón et al., Comentarios al CP de 1995, Art. 143 S. 763, González Rus, in: Cobo del Rosal, Compendio de derecho penal, Art. 143 S. 65, Tomás-Valiente Lanuza, La cooperación al suicidio y la eutanasia, S. 124, Valle Muñiz, in: Quintero Olivares/Morales Prats, Comentarios a la Parte Especial del Derecho Penal, Art. 143 S. 90, Jorge Barreiro, in: Rodríguez Mourullo/Jorge Barreiro, Comentarios al CP, Art. 143 S. 417, Nuñez Paz, Homicidio consentido, S. 434 Fn. 298

1095 So etwa González Rus, in: Cobo del Rosal, Compendio de derecho penal, Art. 143 S. 65, Valle Muñiz, in: Quintero Olivares/Morales Prats, Comentarios a la Parte Especial del Derecho Penal, Art. 143 S. 90, Nuñez Paz, Homicidio consentido, S. 434, vgl. auch Jorge Barreiro, in: Rodríguez Mourullo/Jorge Barreiro, Comentarios al CP, Art. 143 S. 417.

1096 Tomás-Valiente Lanuza, La cooperación al suicidio y la eutanasia, S. 124 f.; s. auch Carbonell Mateu, in: Vives Antón et al., Comentarios al CP de 1995, Art. 143 S. 763

1097 Vgl. Carbonell Mateu, in: Vives Antón et al., Comentarios al CP de 1995, Art. 143 S. 763.

1098 So aber etwa Muñagorri Laguía, Eutanasia y derecho penal, S. 79.

1099 Tomás-Valiente Lanuza, La cooperación al suicidio y la eutanasia, S. 126, Lema Añón/Brandariz García, in: Brandariz García/Faraldo Cabana, Responsabilidad penal del Personal Sanitario, S. 46, Sánchez Tomás, in: Rodríguez Ramos/Cobos Gómez de Linares/Sánchez Tomás, Derecho Penal – PE, S. 60

für unerträglich erachtet, unter diese Tatbestandsalternative fallen kann.[1100] Dauerhaft sind die Leiden, wenn sie mit Sicherheit oder zumindest hoher Wahrscheinlichkeit bis zum Tod – der keineswegs nahe bevorstehen muss – fortdauern. Das ist auch gegeben, wenn die Leiden zeitweise nicht oder in abgemilderter Form vorliegen oder etwa mit Schmerzmitteln unterdrückt werden können, solange das Leiden nicht nur sporadisch ist. Daher werden auch chronisch Kranke von dieser Tatbestandsalternative erfasst, wenn die Ursachen ihrer Leiden nicht behoben werden können.[1101] Die Leiden müssen schwer und für den Betroffenen schwer zu ertragen sein (graves … y difíciles de soportar). Somit müssen die Leiden einerseits objektiv schwer – sozial erheblich – sein, andererseits gerade für den Betroffenen subjektiv unerträglich sein.[1102]

(b) Das Verlangen des Opfers

Weitere Voraussetzung der Strafmilderung des Art. 143 Abs. 4 CP ist das ausdrückliche, ernste und unmissverständliche Verlangen des Opfers nach seinem Tod.

(aa) Ausdrückliches, ernstes und unmissverständliches Verlangen

„Ausdrücklich" ist das Verlangen, wenn es vom Betroffenen mündlich, schriftlich oder in ähnlicher Weise geäußert worden ist. Ausgeschlossen ist daher ein stillschweigendes oder vermutetes Verlangen.[1103]

Weiterhin muss das Verlangen „ernstlich" sein, d.h. auf einer überdachten und festen Entscheidung beruhen.[1104] *Tomás-Valiente Lanuza* führt dazu aus, dass die Entscheidung eben nicht auf einem bloß momentanen Gefühlszustand beruhen soll. Des weiteren müsse der Sterbewillige über Schwere und Verlauf der Krankheit korrekt informiert sein. Und schließlich dürfe die freie Willensbildung nicht durch Drohung, Gewalt oder Täuschung eines Dritten beeinträchtigt worden sein.[1105] Zu berücksichtigen sind dann insoweit auch die oben zur Frei-

---

[1100] Carbonell Mateu, in: Vives Antón et al., Comentarios al CP de 1995, Art. 143 S. 764, Tomás-Valiente Lanuza, La cooperación al suicidio y la eutanasia, S. 127, González Rus, in: Cobo del Rosal, Compendio de derecho penal, S. 65, Jorge Barreiro, in: Rodríguez Mourullo/Jorge Barreiro, Comentarios al CP, Art. 143 S. 417, Valle Muñiz, in: Quintero Olivares/Morales Prats, Comentarios a la Parte Especial del Derecho Penal, Art. 143 S. 90

[1101] González Rus, in: Cobo del Rosal, Compendio de derecho penal, S. 65, Valle Muñiz, in: Quintero Olivares/Morales Prats, Comentarios a la Parte Especial del Derecho Penal, S. 90, Carbonell Mateu, in: Vives Antón et al., Comentarios al CP de 1995, Art. 143 S. 764

[1102] Valle Muñiz, in: Quintero Olivares/Morales Prats, Comentarios a la Parte Especial del Derecho Penal, Art. 143 S. 90; s. auch Carbonell Mateu, in: Vives Antón et al., Comentarios al CP de 1995, Art. 143 S. 764.

[1103] González Rus, in: Cobo del Rosal, Compendio de derecho penal, S. 66, Jorge Barreiro, in: Rodríguez Mourullo/Jorge Barreiro, Comentarios al CP, Art. 143 S. 417, Tomás-Valiente Lanuza, La cooperación al suicidio y la eutanasia, S. 128 f.

[1104] González Rus, in: Cobo del Rosal, Compendio de derecho penal, S. 66, Jorge Barreiro, in: Rodríguez Mourullo/Jorge Barreiro, Comentarios al CP, Art. 143 S. 417; problematisch ist indes die bei Marín Gámez, RJC 3 (1995), 275, 280 angedeutete Auffassung, die Verzweiflung, an der leide, wer um aktive Sterbehilfe bitte, könne durchaus eine (relevante) Beeinträchtigung des Willens zur Folge haben. Zwar lässt sich nicht bestreiten, dass die extreme Verzweiflung, die den Betroffenen zum Sterbehilfeverlangen motiviert, diesen in einen psychischen Zustand versetzt, der unter anderen Umständen eventuell an seiner Fähigkeit, eine überdachte und feste Entscheidung zu fassen, zweifeln lassen könnte. Doch sind die äußeren Umstände bei der Entscheidungsfassung zu berücksichtigen. Es ist daher zu fragen, ob der Betroffene unter Berücksichtigung seiner verzweifelten Situation die notwendige Überlegtheit aufweist.

[1105] Tomás-Valiente Lanuza, La cooperación al suicidio y la eutanasia, S. 133 f.

verantwortlichkeit eines Selbstmordes gemachten Ausführungen im Rahmen der Anstiftung und Beihilfe zum Suizid. Nach *Muñagorri Laguía* soll es zudem an dem Erfordernis der Ernstlichkeit fehlen, wenn das Opfer von einem Dritten angestiftet, also zu seiner Entscheidung über den eigenen Tod bestimmt wurde. Dann sei das Verlangen nicht mehr als wirklich eigenes zu verstehen, vielmehr sei das Opfer zu einem Werkzeug des Anstifters geworden. Dieser wiederum werde damit zum mittelbaren Täter.[1106] Diese Auffassung ist aber problematisch, da nicht erkennbar ist, warum die Ernstlichkeit des Verlangens entfallen soll, nur weil es auf Intervention eines Dritten hin entstanden ist. Die Anstiftungshandlung beschränkt sich ja auf eine bloße Einflussnahme auf den freien Willen eines anderen. Dies kann aber nicht verhindern, dass der daraufhin gefasste Entschluss des anderen eine freie und damit ernstliche Entscheidung darstellt. Auch ist diese Auffassung nicht mit der im übrigen vorgenommenen Abgrenzung von Anstiftung und mittelbarer Täterschaft vereinbar, wonach Anstiftung und mittelbare Täterschaft nur alternativ vorliegen können und sich also gegenseitig ausschließen. Diese Ansicht ist daher abzulehnen.

„Unmissverständlich" ist das Verlangen schließlich, wenn kein Raum für Zweifel am Sterbewillen des Kranken besteht.[1107]

(bb) Anforderungen an den Willen des Betroffenen – das Patiententestament als Grundlage einer Strafmilderung gemäß Art. 143 Abs. 4 CP

Um das Verlangen wirksam äußern zu können, muss der Sterbewillige fähig sein, Sinn und Reichweite seines Verlangens zu verstehen und zu würdigen.[1108] Diese Fähigkeit kann aber fehlen, zunächst, weil der Kranke diese Fähigkeit noch nicht erlangt hat, wie etwa beim Minderjährigen, der noch nicht über die notwendige Einsicht verfügt, des weiteren, weil der Kranke niemals über diese Fähigkeit verfügt hat, wie etwa bei von Geburt an geistig schwer Behinderten, oder schließlich, weil er diese Fähigkeit verloren hat, wie etwa bei Bewusstlosen oder geistig schwer Erkrankten, z.B. Alzheimerpatienten.[1109]

Fraglich ist, ob es in solchen Fällen ein Verfahren gibt, durch das der Betroffene selbst oder mittels einer anderen Person ein wirksames Verlangen formulieren kann. Denkbar ist dabei etwa ein Verlangen durch den gesetzlichen Vertreter, eine gerichtliche Erlaubnis ähnlich dem Verfahren bei der Sterilisierung oder der Rückgriff auf ein Patiententestament.[1110]

(aaa) Patiententestament als Verlangen gemäß Art. 143 Abs. 4 CP?

Das Patiententestament (testamento vital) als Grundlage einer Strafmilderung nach Art. 143 Abs. 4 CP kommt allenfalls bei Patienten in Betracht, die ursprünglich die erforderliche Einsichts- und Urteilsfähigkeit besessen, sie aber nunmehr verloren haben, z.B. aufgrund andauernder Bewusstlosigkeit. Unter einem Patiententestament versteht man wie auch im deutschen Recht jedes Dokument, in dem eine Person Anweisungen über die medizinische Be-

---

[1106] Muñagorri Laguía, Eutanasia y derecho penal, S. 91

[1107] Jorge Barreiro, in: Rodríguez Mourullo/Jorge Barreiro, Comentarios al CP, Art. 143 S. 417, González Rus, in: Cobo del Rosal, Compendio de derecho penal, S. 66

[1108] Palma Herrera, in: Cobo del Rosal, Comentarios al CP, Art. 143 S. 278; s. auch González Rus, in: Cobo del Rosal, Compendio de derecho penal, S. 66.

[1109] Vgl. Palma Herrera, in: Cobo del Rosal, Comentarios al CP, Art. 143 S. 278, González Rus, in: Cobo del Rosal, Compendio de derecho penal, S. 67.

[1110] Palma Herrera, in: Cobo del Rosal, Comentarios al CP, Art. 143 S. 278 f.